Schantz/Wolff
Das neue Datenschutzrecht

D1730706

Das neue Datenschutzrecht

Datenschutz-Grundverordnung und Bundesdatenschutzgesetz in der Praxis

von

Dr. Peter Schantz

Referent im Bundesministerium der Justiz
und für Verbraucherschutz, Berlin

Prof. Dr. Heinrich Amadeus Wolff

Lehrstuhl für Öffentliches Recht, Recht der Umwelt,
Technik und Information, Universität Bayreuth

2017

C.H.BECK

www.beck.de

ISBN 978 3 406 69649 7

© 2017 Verlag C.H. Beck oHG
Wilhelmstraße 9, 80801 München

Druck: Nomos Verlagsgesellschaft mbh & Co. KG
In den Lissen 12, 76547 Sinzheim

Satz: Textservice Zink, 74869 Schwarzach
Umschlaggestaltung: Druckerei C.H. Beck Nördlingen

Gedruckt auf säurefreiem, alterungsbeständigem Papier
(hergestellt aus chlorfrei gebleichtem Zellstoff)

Vorwort

Das Datenschutzrecht war schon immer ein dynamisches Rechtsgebiet. Gegenwärtig ist die Geschwindigkeit aber besonders hoch. Der europäische und deutsche Gesetzgeber haben das Datenschutzrecht auf eine vollkommen neue Grundlage gestellt. Die Datenschutzreform wirft zahlreiche – teilweise für Praxis und Wissenschaft grundlegende – Fragen auf, deren Klärung eine gewisse Zeit in Anspruch nehmen wird. Das vorliegende Buch möchte gerne in diesem Prozess einen kleinen Diskussionsbeitrag leisten und dem Praktiker eine Anwendungshilfe bieten. Wie bei Diskussionen üblich, ist dabei auch unsere Meinungsbildung im Fluss. Die Autoren freuen sich daher über Anregungen, Hinweise und Widerspruch, gerne auch per Mail (Heinrich.wolff@uni-bayreuth.de).

Das Buch versteht sich als eine zugleich praxisorientierte und kritische Darstellung des geltenden Rechts, die einen Einstieg und eine vertiefte Beschäftigung mit dem Datenschutzrecht ermöglichen soll.

Wir haben daher in diesem Buch versucht, das Rechtsgebiet möglichst umfassend in den Blick zu nehmen. Das Buch konzentriert sich daher nicht allein auf die Datenschutz-Grundverordnung und ihre Umsetzung im neuen Bundesdatenschutzgesetz vom 30. Juni 2017 (BGBl. I S. 2097). Es bezieht auch die Richtlinie für die Datenverarbeitung durch Polizei und Justiz mit ein und erörtert zudem die verfassungsrechtlichen und unionsrechtlichen Grundlagen. Insbesondere die Rechtsprechung des EuGH wird bei der Auslegung des neuen Datenschutzrechts eine größere Bedeutung finden müssen als bisher, weshalb wir auf die Darstellung des bisherigen „case laws" einen besonderen Schwerpunkt gelegt haben. Ferner haben wir versucht, praxisrelevante Regelungsprobleme und wichtige Entscheidungen deutscher Gerichte im Lichte des reformierten Rechtsrahmens neu zu analysieren. Die in Novellierung befindlichen Landesgesetze sowie die Anpassung der bundesrechtlichen Fachgesetze (z.B. AO, SGB) konnten leider nicht mehr einbezogen werden. Die schnell anwachsende datenschutzrechtliche Literatur und Rechtsprechung wurde bis Anfang 2017 berücksichtigt; gerade in strittigen Fragen wurden aber punktuell auch später erschienene Werke eingearbeitet, insbesondere die neuere Kommentarliteratur zur DS-GVO.

Wir bedanken uns beim Verlag und insbesondere unserem Lektor Dr. Wolfgang Lent für die Geduld während des dynamischen Entstehungsprozesses und bei all denen, die das Erscheinen des Buches ermöglicht haben, vor allem unseren Familien, sowie Heinrich Wolff ganz besonders bei seinen Lehrstuhlmitarbeitern.

Berlin und Bayreuth, im Juli 2017
Peter Schantz
Heinrich Amadeus Wolff

Inhaltsübersicht

Inhaltsverzeichnis

Inhaltsverzeichnis

Inhaltsverzeichnis

Inhaltsverzeichnis

Inhaltsverzeichnis

XXIII

Abkürzungsverzeichnis

durch die zuständigen Behörden zum Zwecke der Verhütung, Ermittlung, Aufdeckung oder Verfolgung von Straftaten oder der Strafvollstreckung sowie zum freien Datenverkehr und zur Aufhebung des Rahmenbeschlusses 2008/977/JI des Rates

JR .... Juristische Rundschau (Zeitschrift)
Juris .... Juris (Fachdatenbank)
JZ .... Juristenzeiten

K&R .... Kommunikation und Recht (Zeitschrift)
KOM-E .... Entwurf der Kommission der DS-GVO (KOM(2012) 11 endgültig)

LG .... Landgericht
lit. .... Litera (Buchstabe)
Ls .... Leitsatz
LT-Drs .... Landtags-Drucksache

MMR .... Multi Media und Recht (Zeitschrift)

nF .... neue Fassung
NJOZ .... Neue juristische Onlinezeitschrift
NJW .... Neue Juristische Wochenschrift
Nr. .... Nummer
NRW .... Nordrhein-Westfalen
NVwZ .... Neue Zeitschrift für Verwaltungsrecht
NVwZ-RR .... Neue Zeitschrift für Verwaltungsrecht – Rechtsprechungsreport
Nw. L. Rev. .... Northwestern University Law Review
NZA .... Neue Zeitschrift für Arbeitsrecht

o.g. .... Oben genannte
öAT .... Zeitschrift für das öffentliche Arbeits- und Tarifrecht
öf-rl. .... öffentlich-rechtlich
OVG .... Oberverwaltungsgericht

PinG .... Privacy in Germany (Zeitschrift)

RDV .... Recht der Datenverarbeitung (Zeitschrift)
RL .... Richtlinie
Rn. .... Randnummer/n
Rs. .... Rechtssache
RVO .... Rechtsverordnung

S. .... Seite/n
s. .... siehe
s.a. .... Siehe auch
s.o. .... Siehe oben
Slg. .... Sammlung

u.a. .... Untere anderem
Urt. .... Urteil

v. .... von/vom
Va. .... Variante

VerfGH	Verfassungsgerichtshof
VerwArch	Verwaltungsarchiv (Zeitschrift)
VG	Verwaltungsgericht
VGH	Verwaltungsgerichtshof
vgl.	vergleiche
WP	Working Paper
WuM	Wohnungswirtschaft und Mietrecht (Zeitschrift)
zB	zum Beispiel
ZD	Zeitschrift für Datenschutz
ZEuS	Zeitschrift für Europarechtliche Studien
ZIP	Zeitschrift für Wirtschaftsrecht und Insolvenzpraxis
ZRP	Zeitschrift für Rechtspolitik
ZStW	Zeitschrift für die gesamte Strafrechtswissenschaft
ZUM	Zeitschrift für Urheber- und Medienrecht
ZUM-RD	Zeitschrift für Urheber- und Medienrecht - Rechtsprechungsdienst

Literaturverzeichnis

Abel, Ralf, Umsetzung der Selbstregulierung im Datenschutz – Probleme und Lösungen, RDV 2003, 11 ff.

Albrecht, Florian, Mangelnde Unabhängigkeit der deutschen behördlichen Datenschutzbeauftragten, jurisPR-ITR 15/2010 Anm. 4.

Albrecht, Jan Philipp, Das neue EU-Datenschutzrecht – von der Richtlinie zur Verordnung, CR 2016, 88 ff.

Albrecht, Jan Philipp/Janson, Nils J., Datenschutz und Meinungsfreiheit nach der Datenschutz-Grundverordnung, CR 2016, 500 ff.

Albrecht, Jan Philipp/Jotzo, Florian, Das neue Datenschutzrecht der EU, 2016.

Alexander, Christian, Digitaler Nachlass als Rechtsproblem?, K&R 2016, 301 ff.

Alich, Stefan/Nolte, Georg, Zur datenschutzrechtlichen Verantwortlichkeit (außereuropäischer) Hostprovider für Drittinhalte, CR 2011, 741 ff.

van Alsenoy, Brendan/Koekkoek, Marieke, Internet and jurisdiction after Google Spain: the extraterritorial reach of the 'right to be delisted', 5 Int'l Data Protection Law 105 ff. (2015).

von Arnauld, Andreas, Freiheit und Regulierung in der Cyberwelt: Transnationaler Schutz der Privatsphäre aus Sicht des Völkerrechts, in: Berichte der Deutschen Gesellschaft für Internationales Recht (BDGVR/BDGIR) 46 (2016), 1 ff.

Arning, Marian/Moos, Flemming/Schefzig, Jens, Vergiss(,) Europa!, CR 2014, 447 ff.

Arnold, René/Hillebrand, Annette/Waldburger, Martin, Informed Consent in Theorie und Praxis, DuD 2015, 730 ff.

Auer-Reinsdorff, Astrid/Conrad, Isabel (Hrsg.), Handbuch IT- und Datenschutzrecht, 2. Aufl. 2016.

Bäcker, Matthias, Das IT-Grundrecht: Funktion, Schutzgehalt, Auswirkungen auf staatliche Ermittlungen, in: Uerpmann-Wittzack, Robert (Hrsg.), Das neue Computergrundrecht, 2009, 1 ff.

Bäcker, Matthias, Die Vertraulichkeit der Internetkommunikation, in Brink, Stefan/ Rensen, Hartmut, Linien der Rechtsprechung des Bundesverfassungsgerichts, Band I, 2009, 99 ff.

Bäcker, Matthias, Grundrechtlicher Informationsschutz gegen Private, Der Staat 51 (2012, 147) 91 ff.

Bäcker, Matthias, Strategische Telekommunikationsüberwachung auf dem Prüfstand, K&R 2014, 556 ff.

Bäcker, Matthias/Hornung, Gerrit, EU-Richtlinie für die Datenverarbeitung bei Polizei und Justiz in Europa, ZD 2012, 147 ff.

Barocas, Solon/Nissenbaum, Helen, Big Data's End Run Around Procedural Privacy Protections, Communications of the ACM, November 2014, 31 ff.

Benecke, Alexander/Wagner, Julian, Öffnungsklauseln in der Datenschutz-Grundverordnung und das deutsche BDSG – Grenzen und Gestaltungsspielräume für ein nationales Datenschutzrecht, DVBl 2016, 600 ff.

Bergmann, Henning, Funktionsauslagerung bei Kreditinstituten, 2010.

Bergmann, Lutz/Möhrle, Roland/Herb, Armin, BDSG, Kommentar, Loseblatt.

Bergt, Matthias, Verhaltensregeln als Mittel zur Beseitigung der Rechtsunsicherheit in der Datenschutz-Grundverordnung, CR 2016, 670 ff.

Schmidt am Busch, Birgit/Gassner, Ulrich M./Wollenschläger, Ferdinand, Der Augsburg-Münchner-Entwurf eines Biobankgesetzes, DuD 2016, 365 ff.

Bittner, Timo, Der Datenschutzbeauftragte gemäß EU-Datenschutz-Grundverordnungs-Entwurf, RDV 2014, 183 ff.

Boehme-Neßler, Volker, Das Ende der Anonymität, DuD 2016, 419 ff.

Bohner, Joachim/Krenberger, Benjamin/Krumm, Carsten, OWiG, 4. Auflage 2016

Bolsinger, Harald, Wo bleibt die digitale Dividende für Europas Konsumenten?, DuD 2016, 382 ff.

Börding, Andreas, Ein neues Datenschutzschild für Europa, CR 2016, 431 ff.

Bradford, Anu, The Brussels Effect, 107 Nw. L. Rev. 1 ff. (2012).

Bräutigam, Peter, Das Nutzungsverhältnis bei sozialen Netzwerken – Zivilrechtlicher Austausch von IT-Leistung gegen personenbezogene Daten, MMR 2012, 635 ff.

Bräutigam, Peter/Schmidt-Wudy, Florian, Das geplante Auskunfts- und Herausgaberecht des Betroffenen nach Art. 15 der EU-Datenschutz-Grundverordnung, CR 2015, 56 ff.

Brink, Stefan/Wolff, Heinrich Amadeus, Anmerkung zur Entscheidung des EuGH vom 9.11.2010 – C-92/09, C-93/09; EuZW 2010, 939 – Zur Frage der Veröffentlichung personenbezogener Daten über den Empfänger von Agrarhilfe, JZ 2011, 206 ff.

Brink, Stefan/Eckardt, Jens, Wann ist ein Datum ein personenbezogenes Datum? Anwendungsbereich des Datenschutzrechts, ZD 2015, 205.

Britz, Gabriele, Vertraulichkeit und Integrität informationstechnischer Systeme, DÖV 2008, 411 ff.

Britz, Gabriele, Informationelle Selbstbestimmung zwischen rechtswissenschaftlicher Grundsatzkritik und Beharren des Bundesverfassungsgerichts, in Hoffmann-Riem, Wolfgang (Hrsg.), Offene Rechtswissenschaft, 2010, 561 ff.

Bouwer, Eveline/Zuiderveen Borgesius, Frederik J., Access to Personal Data and the Right to Good Governance during Asylum Procedures after the cjeu's YS. and M. and S. judgment (C-141/12 and C-372/12), 17 European Journal of Migration and Law 259 ff. (2016).

Buchner, Benedikt, Informationelle Selbstbestimmung im Privatrecht, 2006.

Buchner, Benedikt, Grundsätze und Rechtmäßigkeit der Datenverarbeitung unter der DS-GVO, DuD 2016, 155 ff.

Bull, Hans Peter, Die „völlig unabhängige" Aufsichtsbehörde – Zum Urteil des EuGH vom 9.3.2010 in Sachen Datenschutzaufsicht, EuZW 2010, 488 ff.

von dem Bussche, Axel/Zeiter, Anna /Brombach, Till, Die Umsetzung der Vorgaben der EU-Datenschutz-Grundverordnung durch Unternehmen, DB 2016, 1359 ff.

Bygrave, Lee, Data Privacy Law – An International Perspective, 2014.

Calliess, Christian/Ruffert, Matthias (Hrsg.), EUV/AEUV, 5. Aufl., 2016.

Caspar, Johannes, Klarnamenpflicht versus Recht auf pseudonyme Nutzung, ZRP 2015, 233 ff.

Conrad, Isabell, Transfer von Mitarbeiterdaten zwischen verbundenen Unternehmen, ITRB 2005, 164 ff.

Cornelius, Kai, Die „datenschutzrechtliche Einheit" als Grundlage des bußgeldrechtlichen Unternehmensbegriffs nach der EU-DS-GVO, NZWiSt 2016, 421 ff.

Dammann, Ulrich, Erfolge und Defizite der EU-Datenschutz-Grundverordnung – Erwarteter Fortschritt, Schwächen und überraschende Innovationen, ZD 2016, 307 ff.

Dammann, Ulrich/Simitis, Spiros, EG-Datenschutzrichtlinie, Kommentar, 1997.

Däubler, Wolfgang/Klebe, Thomas/Wedde, Peter/Weichert, Thilo (Hrsg.), BDSG, 5. Aufl. 2016.

Dieterich, Thomas, Canvas Fingerprinting, ZD 2015, 199 ff.

Dieterich, Thomas, Rechtsdurchsetzungsmöglichkeiten der DS-GVO, ZD 2016, 260 ff.

Disselbeck, Kai, Die Industrialisierung von Banken am Beispiel des Outsourcings, 2007.

Dolderer, Günter/Garrel, Gerd von/Müthlein, Thomas/Schlumberger, Peter, Die Auftragsdatenverarbeitung im neuen BDSG, RDV 2001, 223 ff.

Dörr, Oliver/Grote, Rainer/Marauhn, Thilo (Hrsg.), Konkordanzkommentar EMRK/GG, 2. Aufl., 2013.

Drewes, Stefan, Dialogmarketing nach der DS-GVO ohne Einwilligung der Betroffenen, CR 2016, 721 ff.

Dovas, Maria-Urania, Joint Controllership – Möglichkeiten oder Risiken der Datennutzung? Regelung der gemeinsamen datenschutzrechtlichen Verantwortlichkeit in der DS-GVO, ZD 2016, 512 ff.

Dreier, Horst (Hrsg.), Grundgesetz Kommentar, Band I, 3. Aufl. 2013.

Düwell, Franz Josef/Brink, Stefan, Die EU-Datenschutz-Grundverordnung und der Beschäftigtendatenschutz, NZA 2016, 665 ff.

Eckhardt, Jens/Kramer, Rudi, Auftragsdatenverarbeitung beim Einsatz von Persönlichkeitsanalysetools, DuD 2016, 144 ff.

Ehmann, Eugen/Helfrich, Marcus, EG-Datenschutzrichtlinie, 1999.

Ehmann, Eugen/Selmayr, Martin (Hrsg.), Datenschutz-Grundverordnung, Kommentar, 2017.

Eidenmüller, Horst, Liberaler Paternalismus, JZ 2011, 814 ff.

Eifert, Martin, Informationelle Selbstbestimmung im Internet, NVwZ 2008, 521 ff.

Elbrecht, Carola/Schröder, Michaela, Verbandsklagebefugnisse bei Datenschutzverstößen für Verbraucherverbände, K&R 2015, 361 ff.

Emmert, Ulrich, Europäische und nationale Regulierungen, DuD 2016, 34 ff.

Erd, Rainer, Zehn Jahre Safe Harbor Abkommen – kein Grund zum Feiern, K&R 2010, 624 ff.

Ernst, Stefan, Social Plugins: Der „Like-Button" als datenschutzrechtliches Problem, NJOZ 2010, 1917 ff.

Ernst, Stefan, Kundendaten und der „Asset Deal", DuD 2016, 792 ff.

Eschholz, Stefanie, Big Data-Scoring unter dem Einfluss der Datenschutz-Grundverordnung, DuD 2017, 180 ff.

Faust, Florian, Braucht das BGB ein Update?, Gutachten zum 71. Deutschen Juristentag, 2016, F 1 ff.

Faust, Sebastian/Spittka, Jan/Wybitul, Tim, Milliardenbußgelder nach der DS-GVO?, ZD 2016, 120 ff.

Föhlisch, Carsten/Pilous, Madelaine, Der Facebook Like-Button – datenschutzkonform nutzbar?, MMR 2015, 631 ff.

Forum Privatheit, Das versteckte Internet – zu Hause – im Auto – am Körper, White Paper, 2015.

Frenz, Walter, Handbuch Europarecht, Band 4, 2009.

Frenzel, Eike Michael, „Völlige Unabhängigkeit" im demokratischen Rechtsstaat – Der EuGH und die mitgliedstaatliche Verwaltungsorganisation, DÖV 2010, 925 ff.

Freund, Bernhard/Schnabel, Christoph, Bedeutet IPv6 das Ende der Anonymität im Internet? Technische Grundlagen und rechtliche Beurteilung des neuen Internet-Protokolls, MMR 2011, 495 ff.

Gierschmann, Sibylle, Was „bringt" deutschen Unternehmen die GS-DVO?, ZD 2016, 51 ff.

Gleß, Sabine/Weigend, Thomas, Intelligente Agenten und das Strafrecht, ZStW 126 (2014) 561 ff.

Gola, Peter (Hrsg.), Datenschutz-Grundverordnung, Kommentar, 2017.

Gola, Peter/Schulz, Sebastian, DS-GVO – Neue Vorgaben für den Datenschutz bei Kindern? Überlegungen zur einwilligungsbasierten Verarbeitung von personenbezogenen Daten Minderjähriger, ZD 2013, 475 ff.

Gola, Peter/Lepperhoff, Niels, Reichweite des Haushalts- und Familienprivilegs bei Datenverarbeitung, ZD 2016, 9 ff.

Gola, Peter/Pötters, Stephan/Thüsing, Gregor, Art. 82 DS-GVO: Öffnungsklausel für nationale Regelungen zum Beschäftigtendatenschutz – Warum der deutsche Gesetzgeber jetzt handeln muss, RDV 2016, 57 ff.;

Gola, Peter/Schomerus, Rudolf, Bundesdatenschutzgesetz, Kommentar, 12. Aufl. 2015.

Gossen, Heiko/Schramm, Marc, Das Verarbeitungsverzeichnis zur Umsetzung der neuen unionsrechtlichen Vorgaben, ZD 2017, 7 ff.

Grabitz Eberhard/Hilf, Meinhard/Nettesheim, Martin (Hrsg.), Kommentar zur Europäischen Union, Loseblatt, 59. Ergänzungslieferung, Stand 7/2016.

Grafenstein, Maximilian von, Das Zweckbindungsprinzip zwischen Innovationsoffenheit und Rechtssicherheit, DuD 2015, 789 ff.

Greer, Damon, Safe Harbor – ein bewährter Rechtsrahmen, RDV 2011, 267 ff.

Häde, Ulrich/Nowak, Carsten/Pechstein, Matthias, Frankfurter Kommentar zum Europarecht, 2017.

Halfmeier, Axel, Die neue Datenschutzverbandsklage, NJW 2016, 1126 ff.

Härting, Niko, Starke Behörden, schwaches Recht – der neue EU-Datenschutzentwurf, BB 2012, 459 ff.

Härting, Niko, Anonymität und Pseudonymität im Datenschutzrecht, NJW 2013, 2065 ff.

Härting, Niko, Internetrecht, 5. Aufl. 2014.

Härting, Niko, Profiling: Vorschläge für eine intelligente Regulierung, CR 2014, 528 ff.

Härting, Niko, Datenschutz-Grundverordnung, 2016.

Härting, Niko, Digital Goods und Datenschutz – Daten sparen oder monetarisieren?, CR 2016, 735 ff.

Härting, Niko/Scheider, Jochen, Datenschutz in Europa – Plädoyer für einen Neubeginn, CR 2014, 306 ff.

Hauser, Andrea, EU-Datenschutz-Grundverordnung – Auswirkungen auf Krankenhäuser, KH 2016, 690 ff.

de Hert, Paul/Czerniawski, Michael, Expanding the European data protection scope beyond territory: Article 3 of the General Data Protection Regulation in its wider context, 6 Int'l Data Privacy Law 230 ff. (2016).

Heusch, Andreas/Schönenbroicher, Klaus (Hrsg.), Landesverfassung Nordrhein-Westfalen, 2010

Hillenbrand-Beck, Renate, Aktuelle Fragestellungen des internationalen Datenverkehrs, RDV 2007, 231 ff.

Hoeren, Thomas, Wenn Sterne kollabieren, entsteht ein schwarzes Loch – Gedanken zum Ende des Datenschutzes, ZD 2011, 145 f.

Hoeren, Thomas/Sieber, Ulrich/Holznagel, Bernd (Hrsg.), Multimedia-Recht – Rechtsfragen des elektronischen Geschäftsverkehrs, Loseblatt, 44. EL, Stand 2/2017.

Hoffmann-Riem, Wolfgang, Der grundrechtliche Schutz der Vertraulichkeit und Integrität eigengenutzter informationstechnischer Systeme, JZ 2008, 1009 ff.

Hoffmann-Riem, Wolfgang, Freiheitsschutz in den globalen Kommunikationsinfrastrukturen, JZ 2014, 53 ff.

Hoffmann-Riem, Wolfgang, Innovation und Recht – Recht und Innovation, 2016.

Hoffmann-Riem, Wolfgang, Verhaltenssteuerung durch Algorithmen – Eine Herausforderung für das Recht, AöR 142 (2017) 1 ff.

Holznagel, Bernd/Hartmann, Sarah, Das „Recht auf Vergessenwerden" als Reaktion auf ein grenzenloses Internet, MMR 2016, 228 ff.

Hömig, Dieter, Neues Grundrecht, neue Fragen?, Jura 2009, 207 ff.

Hornung, Gerrit, Ein neues Grundrecht, CR 2008, 300 ff.

Hornung, Gerrit, Eine Datenschutz – Grundverordnung für Europa?, ZD 2012, 99 ff.

Hornung, Gerrit/Sädtler, Stephan, Europas Wolken, CR 2012, 638 ff.

Hornung, Gerrit/Hofmann, Kai, Ein „Recht auf Vergessenwerden"?, JZ 2013, 163 ff.

Huppertz, Peter/Ohrmann, Christoph, Wettbewerbsvorteile durch Datenschutzverletzungen?, CR 2011, 449 ff.

Isensee, Josef/Kirchhof, Paul, Handbuch des Staatsrechts der Bundesrepublik Deutschland, Band VII: Freiheitsrechte, 3. Aufl. 2009.

Jandt, Silke/Hohmann, Caroline, Fitness- und Gesundheits-Apps – Neues Schutzkonzept für Gesundheitsdaten?, K&R 2016, 694 ff.

Jandt, Silke/Roßnagel, Alexander, Social Networks für Kinder und Jugendliche, MMR 2011, 637 ff.

Jandt, Silke/Kieselmann, Olga/Wacker, Arno, Recht auf Vergessen im Internet, DuD 2013, 235 ff.

Jarass, Hans D., Charta der Grundrechte der Europäischen Union: GRCh, 3. Aufl. 2016.

Jaspers, Andreas, Die EU-Datenschutz-Grundverordnung, DuD 2012, 571 ff.

Jaspers, Andreas/Reif, Yvette, Der Datenschutzbeauftrage nach der Datenschutz-Grundverordnung: Bestellpflicht, Rechtsstellung und Aufgaben, RDV 2016, 61 ff.

Jerchel, Kerstin/Schubert, Jens M, Neustart im Datenschutz für Beschäftigte, DuD 2016, 782 ff.

Jotzo, Florian, Der Schutz personenbezogener Daten in der Cloud, 2013.

Jülicher, Tim/Röttgen, Charlotte/von Schönfeld, Max, Das Recht auf Datenübertragbarkeit, ZD 2016, 358 ff.

Kahl, Wolfgang, Die Staatsaufsicht, 2000.

Kahlert, Fabian/Licht, Susanne, Die neue Rolle des Datenschutzbeauftragten nach der DS-GVO – Was Unternehmen zu beachten haben, ITRB 2016, 178 ff.

Kamp, Meike/Rost, Martin, Kritik an der Einwilligung, DuD 2013, 80 ff.

Karg, Moritz, Die Rechtsfigur des personenbezogenen Datums, ZD 2012, 255 ff.

Karg, Moritz, Anonymität, Pseudonyme und Personenbezug revisited?, DuD 2015, 520 ff.

Karg, Moritz/Kühn, Ulrich, Datenschutzrechtlicher Rahmen für „Device Fingerprinting", ZD 2014, 285 ff.

Karlsruher Kommentar zum OWiG, hrsg. von *Senge, Lothar,* 4. Auflage 2014

Kartheuser, Ingemar/Klar, Manuel, Wirksamkeitskontrolle von Einwilligungen auf Webseiten, ZD 2014, 500 ff.

Keppeler, Lutz Martin, Was bleibt vom TMG-Datenschutz nach der DS-GVO?, MMR 2015, 779 ff.

Kevin Marschall/Pinkas Müller, Der Datenschutzbeauftragte im Unternehmen zwischen BDSG und DS-GVO, ZD 2016, 415 ff.

Kilian, Wolfgang, Personalinformationssysteme in deutschen Großunternehmen, 2. Auflage (1982)

Klar, Manuel, Räumliche Anwendbarkeit des (europäischen) Datenschutzrechts, ZD 2013, 109 ff.

Klas, Benedikt/Möhrke-Sobolewski, Christine, Digitaler Nachlass – Erbenschutz trotz Datenschutz, NJW 2015, 3475 ff.

Klein, David, Konzerninternes Outsourcing von E-Mail- und anderen Unternehmenskommunikationsdiensten, CR 2016, 606 ff.

Klug, Christoph, Der Datenschutzbeauftragte in der EU, ZD 2016, 315 ff.

Köhler, Sebastian, Zur Inhaltskontrolle beim Payback-System, JR 2009, 204 f.

Koops, Bert-Jaap, The trouble with European data protection law, Int'l Data Privacy Law 4 (2014) 250 ff.

Koós, Clemens, Das Vorhaben eines einheitlichen Datenschutzes in Europa, ZD 2014, 9 ff.

Koós, Clemens/Englisch, Bastian, Eine „neue" Auftragsdatenverarbeitung?, ZD 2014, 276 ff.

Körber, Thorsten, „Ist Wissen Marktmacht?" Überlegungen zum Verhältnis von Datenschutz, „Datenmacht" und Kartellrecht – Teil 2, NZKart 2016, 348 ff.

Körner, Marita, Die Datenschutz-Grundverordnung und nationale Regelungsmöglichkeiten für Beschäftigtendatenschutz, NZA 2016, 1386

Kort, Michael, Die Zukunft des deutschen Beschäftigtendatenschutzes, ZD 2016, 555 ff.

Kort, Michael, Was ändert sich für Datenschutzbeauftragte, Aufsichtsbehörden und Betriebsrat mit der DS-GVO?, ZD 2017, 3 ff.

Kosta, Eleni, Consent in European Data Protection Law, 2013.

Kranig, Thomas/Peintinger, Stefan, Selbstregulierung im Datenschutzrecht, ZD 2014, 3 ff.

Kraska, Sebastian, Datenschutzrecht vereinheitlichen, AuA 2016, 280 ff.

Kraska, Sebastian, Datenschutz-Zertifizierungen in der EU-Datenschutz-Grundverordnung, ZD 2016, 153 ff.

Kriegesmann, Torben, Anmerkung zu einer Entscheidung des BGH, Urt. v. 1.3.2016 (VI ZR 34/15) – Zur Frage der ..., CR 2016, 394 ff.

Kring, Markus/Marosi, Johannes, Ein Elefant im Porzellanladen – Der EuGH zu Personenbezug und berechtigtem Interesse, K&R 2016, 773 ff.

Krohm, Niclas, Abschied vom Schriftformgebot der Einwilligung – Lösungsvorschläge und künftige Anforderungen, ZD 2016, 368 ff.

Krohm, Niclas/Peltzer, Philipp Müller, (Fehlende) Privilegierung der Auftragsverarbeitung unter der Datenschutz-Grundverordnung?, RDV 2016, 307 ff.

Krönke, Christoph, Datenpaternalismus, Der Staat 55 (2016), 319 ff.

Krüger, Philipp L., Datensouveränität und Digitalisierung – Probleme und rechtliche Lösungsansätze, ZRP 2016, 190 ff.

Krüger, Stefan/Apel, Simon, Runes of Magic: Unzulässige Kaufaufforderung an Kinder, K&R 2014, 199 ff.

Kugelmann, Dieter, Datenschutz bei Polizei und Justiz, DuD 2012, 581 ff.

Kühling, Jürgen/Buchner, Benedikt, Datenschutz-Grundverordnung, Kommentar, 2017.

Kühling, Jürgen/Martini, Mario, Die Datenschutz-Grundverordnung: Revolution oder Evolution im europäischen und deutschen Datenschutzrecht?, EuZW 2016, 448 ff.

Kühling, Jürgen/Martini, Mario, Heberlein, Johanna/Kühl, Benjamin/Nink, David/ Weinzierl, Quirin/Wenzel, Michael, Die Datenschutz-Grundverordnung und das nationale Recht, 2016.

Kühling, Jürgen/Schall, Tobias, E-Mail-Dienste sind Telekommunikationsdienste i.S.d. § 3 Nr. 24 TKG, CR 2016, 185 ff.

Kuner, Christopher, European Data Protection Law, 2. Aufl. 2007.

Kuner, Christopher, Transborder Data Flows and Data Privacy Laws, 2013.

Kutzki, Jürgen, Die EU-Datenschutz-Grundverordnung (DS-GVO) und Auswirkungen auf den öffentlichen Dienst, öAT 2016, 115 ff.

Lanearts, Koen, In Vielfalt geeint – Grundrechte als Basis des europäischen Integrationsprozesses, EuGRZ 2015, 353 ff.

Lankhanke, Carmen/Schmidt-Kessel, Martin, Consumer Data as Consideration, EuCML 2015, 218 ff.

Laune, Philip/Nink, Judith/Kremer, Sascha, Das neue Datenschutzrecht in der betrieblichen Praxis, 2016.

Lent, Wolfgang, Elektronische Presse zwischen E-Zines, Blogs und Wikis, ZUM 2013, 914 ff.

Leutheusser-Schnarrenberger, Sabine, Vom Vergessen und Erinnern, DuD 2015, 586 ff.

von Lewinski, Kai, Die Matrix des Datenschutzes, 2014.

von Lewinski, Kai, Privacy Shield – Notdeich nach dem Pearl Harbor für die transatlantischen Datentransfers, EuR 2016, 405 ff.

Linck, Joachim/Baldus, Manfred/Lindner, Joachim/Poppenhäger, Holger/Ruffert, Matthias, Die Verfassung des Freistaats Thüringen, 2013,

Lindner, Josef Franz, EU-Grundrechtecharta-weniger Rechte für Bürger?, BayVBl. 2001, 523.

Lorenz Franck / Yvette Reif, Kündigung eines stellvertretenden Datenschutzbeauftragten, ZD 2016, 339 ff.

Luch, Anika D., Das neue „IT-Grundrecht", MMR 2011, 75 ff.

Maier, Natalie, Der Beschäftigtendatenschutz nach der Datenschutz-Grundverordnung, DuD 2017, 169 ff.

Marschall, Kevin / Müller, Pinkas, Der Datenschutzbeauftragte im Unternehmen zwischen BDSG und DS-GVO, ZD 2016, 415 ff.

Martini, Mario, Der digitale Nachlass und die Herausforderung postmortalen Persönlichkeitsschutzes im Internet, JZ 2012, 1145 ff.

Martini, Mario, Big Data als Herausforderung für den Persönlichkeitsschutz und das Datenschutzrecht, DVBl. 2014, 1481 ff.

Martini, Mario / Fritzsche, Saskia, Mitverantwortung in sozialen Netzwerken, NVwZ extra 2015, 1 ff.

Maschmann, Frank, Datenschutz-Grundverordnung: Quo vadis Beschäftigtendatenschutz?, DB 2016, 2480 ff.

Masing, Johannes, Herausforderungen des Datenschutzes, NJW 2012, 2305 ff.

Mayer-Schönberger, Viktor, Delete: Die Tugend des Vergessens in digitalen Zeiten, 2010.

Mayer-Schönberger, Viktor / Padova, Yann, Regime Change? Enabling Big Data through Europe's New Data Protection Regulation, 17 Colum. Sci. & Tech.L. Rev. 315 ff. (2016).

Meyer, Jürgen (Hrsg.), Charta der Grundrechte der Europäischen Union, 4. Aufl., 2014.)

Meyer-Ladewig, Jens (Hrsg.), EMRK, Kommentar, 4. Aufl., 2017.

Möhrke-Sobolewski, Christine / Klas, Benedikt, Zur Gestaltung des Minderjährigendatenschutzes in digitalen Informationsdiensten, K&R 2016, 373 ff.

Molnár-Gábor, Fruzsina / Korbel, Jan O., Verarbeitung von Patientendaten in der Cloud, ZD 2016, 274 ff.

Münchener Kommentar zum Bürgerlichen Gesetzbuch, hrsg. von *Säcker, Franz-Jürgen / Rixecker, Roland / Oetker, Hartmut / Limperg, Bettina,* 7. Aufl. 2016.

Nebel, Jens, Die Zulässigkeit der Übermittlung personenbezogener Kundenstammdaten zum Vollzug eines Asset Deal, CR 2016, 417 ff.

Nebel, Maxi / Richter, Philipp, Datenschutz bei Internetdiensten nach der DS-GVO, ZD 2012, 407 ff.

Nord, Jantina / Manzel, Martin, „Datenschutzerklärungen" – misslungene Erlaubnisklauseln zur Datennutzung, NJW 2010, 3756 ff.

Nguyen, Alexander, Die Subsidiaritätsrüge des Deutschen Bundesrates gegen den Vorschlag der EU-Kommission für eine Datenschutz-Grundverordnung, ZEuS 2012, 277 ff.

Nietsch, Thomas, Zur Überprüfung der Einhaltung des Datenschutzrechts durch Verbraucherverbände, CR 2014, 272 ff.

Nissenbaum, Helen / Barocas, Solon, Big Data's End Run around Anonymity and Consent, in: Lane, Julis / Stodden, Victoria / Bender, Stefan / Nissenbaum, Helen, Privacy, Big Data, and the Public Good – Frameworks for Engagement, 2014, 44 ff.

Oermann, Markus / Staben, Julian, Mittelbare Grundrechtseingriffe durch Abschreckung? Zur grundrechtlichen Bewertung polizeilicher „Online-Streifen" und „Online-Ermittlungen" in sozialen Netzwerken, Der Staat 52 (2013) 630 ff.

Ohler, Christoph, Die Kontrolle des Datenschutzbeauftragten durch parlamentarische Untersuchungsausschüsse, ThürVBl 2015, 213 ff.

Ohm, Paul, Broken Promises of Privacy: Responding to the Surprising Failure of Anonymization, 57 UCLA L. Rev. 1701 ff. (2010).

Paal, Boris P. / Pauly, Daniel A. (Hrsg.), Datenschutz-Grundverordnung, Kommentar, 2017.

Papier, Hans-Jürgen, Beschränkungen der Telekommunikationsfreiheit durch den BND an Datenaustauschpunkten, NVwZ-Extra 15/2016, 1 ff.

Peifer, Karl-Nikolaus, Beseitigungsansprüche im digitalen Äußerungsrecht, NJW 2016, 23 ff.

Peifer, Markus, Auswirkungen der EU-Datenschutz-Grundverordnung auf öffentliche Stellen, GewArch 2014, 142 ff.

Petri, Thomas, Datenschutzrechtliche Verantwortlichkeit im Internet, ZD 2015, 103 ff.

Petri, Thomas/Tinnefeld, Marie-Theres, Völlige Unabhängigkeit der Datenschutzkontrolle – Demokratische Legitimation und unabhängige parlamentarische Kontrolle als moderne Konzeption der Gewaltenteilung, MMR 2010, 157 ff.

Petri, Thomas/Buchner, Benedict/Tinnefeld, Marie-Theres/Buchner, Benedikt, Einführung in das Datenschutzrecht, 5. Aufl. 2012.

Piltz, Carlo, Rechtswahlfreiheit im Datenschutzrecht?, K&R 2012, 640 ff.

Piltz, Carlo, Der räumliche Anwendungsbereich europäischen Datenschutzrechts, K&R 2013, 292 ff.

Piltz, Carlo, Nach dem Google-Urteil des EuGH: Analyse und Folgen für das Datenschutzrecht, K&R 2014, 566 ff.

Piltz, Carlo, Datentransfers nach Safe Harbor: Analyse der Stellungnahmen und mögliche Lösungsansätze, K&R 2016, 1 ff.

Piltz, Carlo, Die Datenschutz-Grundverordnung (Teil 1), K&R 2016, 557 ff.

Piltz, Carlo, Die Datenschutz-Grundverordnung (Teil 1: Anwendungsbereich, Definitionen und Grundlagen der Datenverarbeitung), K&R 2016, 557 ff.

Piltz, Carlo, Die Datenschutz-Grundverordnung (Teil 2: Rechte der Betroffenen und korrespondierende Pflichten des Verantwortlichen), K&R 2016, 629 ff.

Piltz, Carlo, Die Datenschutz-Grundverordnung (Teil 3: Rechte und Pflichten des Verantwortlichen und Auftragsverarbeiters), K&R 2016, 709 ff.

Piltz, Carlo, Die Datenschutz-Grundverordnung (Teil 4: Internationale Datentransfers und Aufsichtsbehörden), K&R 2016, 777 ff.

Piltz, Carlo, Die Datenschutz-Grundverordnung (Teil 5: Internationale Zusammenarbeit, Rechtsbehelfe und Sanktionen), K&R 2017, 85 ff.

Plath, Kai-Uwe (Hrsg.), BDSG/DS-GVO, Kommentar, 2. Aufl. 2016.

Podszun, Rupprecht/de Toma, Michael, Die Durchsetzung des Datenschutzes durch Verbraucherrecht, Lauterkeitsrecht und Kartellrecht, NJW 2016, 2987 ff.

Preuß, Tamina, Das Datenschutzrecht der Religionsgesellschaften – Eine Untersuchung de lege lata und de lege ferenda nach Inkrafttreten der DS-GVO, ZD 2015, 217 ff.

Raab, Johannes, Die Harmonisierung des einfachgesetzlichen Datenschutzes, 2015.

Rengeling, Hans-Werner/Szcekalla, Peter, Grundrechte in der Europäischen Union, 2004.

Redeker, Konrad/Karpenstein, Ulrich, Über Nutzen und Notwendigkeiten, Gesetze zu begründen, NJW 2001, 2825 ff.

Reidenberg, Joel R., E-Commerce and Trans-Atlantic Privacy, 38 Hous. L. Rev. 717 ff. (2001)

Richter, Philipp, Grundsätze und Rechtmäßigkeit der Datenverarbeitung unter der DS-GVO – Datenschutz zwecklos? – Das Prinzip der Zweckbindung im Ratsentwurf der DS-GVO, DuD 2015, 735 ff.

Ringel, Maik/von Busekist, Konstantin, Konzernrevision und Datenschutz, CCZ 2017, 31 ff.

Ronellenfitsch, Michael, Fortentwicklung des Datenschutzes. Die Pläne der Europäischen Kommission, DuD 2012, 561 ff.

Roßnagel, Alexander (Hrsg.), Europäische Datenschutz-Grundverordnung, 2016.

Roßnagel, Alexander, Handbuch Datenschutzrecht, 2003.

Roßnagel, Alexander, Datenschutz in einem informatisierten Alltag, 2007.

Roßnagel, Alexander, Wie zukunftsfähig ist die Datenschutz-Grundverordnung?, DuD 2016, 561 ff.

Roßnagel, Alexander/Kroschwald, Steffen, Was wird aus der Datenschutz-Grundverordnung? ZD 2014, 495 ff.

Roßnagel, Alexander/Nebel, Max/Richter, Philipp Anmerkung zu EuGH, Urt. v. 9.3.2010 – C-518/07, EuZW 2010, 299 ff.

Roßnagel, Alexander/Nebel, Max/Richter, Philipp, Besserer Internetdatenschutz für Europa, ZD 2013, 103 ff.

Roßnagel, Alexander/Nebel, Max/Richter, Philipp, Was bleibt vom Europäischen Datenschutzrecht?, ZD 2015, 455 ff.

Roßnagel, Alexander/Pfitzmann, Andreas/Garstka, Hansjürgen, Modernisierung des Datenschutzrechts, 2001.

Roßnagel, Alexander/Schnabel, Christoph, Das Grundrecht auf Gewährleistung der Vertraulichkeit und Integrität informationstechnischer Systeme und sein Einfluss auf das Privatrecht, NJW 2008, 3534 ff.

Schaar, Katrin, DS-GVO: Geänderte Vorgaben für die Wissenschaft, ZD 2016, 224 ff.

Schaar, Peter, Datenschutz-Grundverordnung, WzS 2016, 131 ff.

Schantz, Peter, Die Datenschutz-Grundverordnung – Beginn einer neuen Zeitrechnung im Datenschutzrecht, NJW 2016, 1841 ff.

Schmidt, Bernd/Freund, Bernhard, Perspektiven der Auftragsverarbeitung, ZD 2017, 14 ff.

Schreiber, Kristina/Krohm, Simon, Rechtssicherer Datentransfer unter dem EU-US-Privacy-Shield?, ZD 2016, 255 ff.

Schröder, Georg, Datenschutzrecht für die Praxis, 2. Aufl. 2016.

Schuster, Fabian/Hunzinger, Sven, Zulässigkeit von Datenübertragungen in die USA nach dem Safe-Harbor-Urteil, CR 2015, 787 ff.

Schütze, Bernd/Spyra, Gerald, DS-GVO – Was ändert sich im Gesundheitswesen?, RDV 2016, 285 ff.

Schwabenbauer, Thomas, Kommunikationsschutz durch Art. 10 GG im digitalen Zeitalter, AöR 137 (2012) 1 ff.

Schwarze, Jürgen (Hrsg.), EU-Kommentar, 3. Aufl. 2012.

Schwartz, Paul M., „Personenbezogene Daten" aus internationaler Perspektive, ZD 2011, 97.

Schwartz, Paul M./Solove, Daniel J., Reconciling Personal Information in the United States and European Union, 102 Cal. L. Rev. 877 ff. (2014).

Schwichtenberg, Simon, Die „kleine Schwester" der DS-GVO: Die Richtlinie zur Datenverarbeitung bei Polizei und Justiz, DuD 2016, 605 ff.

Simitis, Spiros (Hrsg.), Kommentar zum BDSG, 8. Aufl., 2014

Simitis, Spiros, Die EU-Datenschutzrichtlinie – Stillstand oder Anreiz?, NJW 1997, 281 ff.

Solove, Daniel J., Understanding Privacy, 2008.

Solove, Daniel J., Introduction: Privacy Self-Management and the Consent Dilemma, 126 Harv. L. Rev. 1880 ff. (2013).

Specht, Louisa/Müller-Riemenschneider, Severin, Dynamische IP-Adressen: Personenbezogene Daten für den Webseitenbetreiber?, ZD 2014, 71 ff.

Spelge, Karin, Der Beschäftigtendatenschutz nach Wirksamwerden der Datenschutz-Grundverordnung (DS-GVO), DuD 2016, 775 ff.

Spiecker gen. Döhmann Indra/Eisenbarth, Markus, Kommt das „Volkszählungsurteil" nun durch den EuGH?, Der Europäische Datenschutz nach Inkrafttreten des Vertrags von Lissabon, JZ 2011, 169

Spiecker gen. Döhmann, Indra, Zum Datenschutz im Hinblick auf die Unabhängigkeit der nationalen Aufsichtsstellen über den Datenschutz, JZ 2010, 787 ff.

Spiecker gen. Döhmann, Indra, Big Data intelligent genutzt: Rechtskonforme Video-überwachung im öffentlichen Rau, K&R 2014, 549 ff.

Spindler, Gerald, Persönlichkeitsschutz im Internet – Anforderungen und Grenzen einer Regulierung, Gutachten F zum 69. Deutschen Juristentag, 2012, F 1 ff.

Spindler, Gerald, Die neue EU-Datenschutz-Grundverordnung, DB 2016, 937 ff.

Spindler, Gerald, Selbstregulierung und Zertifizierungsverfahren nach der DS-GVO, ZD 2016, 407 ff.

Spindler, Gerald, Digitale Wirtschaft – analoges Recht: Braucht das BGB ein Update?, JZ 2016, 805 ff.

Spindler, Gerald, Text und Data Mining – urheber- und datenschutzrechtliche Fragen, GRUR 2016, 1112 ff.

Spindler, Gerald/Schuster, Fabian, Recht der elektronischen Medien, Kommentar, 3. Aufl. 2015.

Stelljes, Harald, Stärkung des Beschäftigtendatenschutzes durch die Datenschutz-Grundverordnung?, DuD 2016, 787 ff.

Stiemerling, Oliver, „Künstliche Intelligenz" – Automatisierung geistiger Arbeit, Big Data und das Internet der Dinge, CR 2015, 762 ff.

Streinz, Rudolf (Hrsg.), EUV/AEUV, 2. Aufl., 2012.

Svantesson, Dan Jerker B., A "layered approach" to the extraterritoriality of data privacy laws, 3 Int'l Data Privacy Law 278 ff. (2013).

Taeger, Jürgen/Gabel, Oliver (Hrsg.), BDSG und Datenschutzvorschriften des TKG und TMG, 2. Aufl. 2013.

Taeger, Jürgen/Rose, Edgar, Zum Stand des deutschen und europäischen Beschäftigtendatenschutzes, BB 2016, 819 ff.;

Tavanti, Pascal, Datenverarbeitung zu Werbezwecken nach der Datenschutz-Grundverordnung (Teil 2), RDV 2016, 295 ff.

Tettinger, Peter J./Stern, Klaus, EuGRCh, 2006.

Thode, Jan-Christoph, Der gläserne User – Regelungen und Regelungsbedarf für das Profiling, PinG 2015, 1 ff.

Thode, Jan-Christoph, Die neuen Compliance-Pflichten nach der Datenschutz-Grundverordnung, CR 2016, 714 ff.

Thüsing, Gregor, Beschäftigtendatenschutz und Compliance, 2. Aufl. 2014.

Thüsing, Gregor, Umsetzung der Datenschutz-Grundverordnung im Beschäftigungsverhältnis: Mehr Mut zur Rechtssicherheit, BB 2016, 2165 ff.

Tiedemann, Jens, Auswirkungen von Art. 88 DS-GVO auf den Beschäftigtendatenschutz, ArbRB 2016, 334 ff.

Trute, Hans Heinrich, Die demokratische Legitimation der Verwaltung in Hoffmann-Riehm/Schmidt-Aßmann/Voßkuhle, Grundlagen des Verwaltungsrechts, Bd. I, 2006, § 6,

Tracol, Xavier, Back to basics: The European Court of Justice further defined the concept of personal data and the scope of the right of data subjects to access it, Computer Law & Security Review 31 (2015) 112 ff.

Traut, Johannes, Maßgeschneiderte Lösungen durch Kollektivvereinbarungen?, RDV 2016, 312 ff.

Veil, Winfried, DS-GVO: Risikobasierter Ansatz statt rigides Verbotsprinzip, ZD 2015, 347 ff.

Wagner, Paul Georg/Bretthauer, Sebastian/Birnstill, Pascal/Krempel, Erik, Auf dem Weg zu datenschutzfreundlichen Dashcams, DuD 2017, 159

Wandtke, Artur-Axel, Ökonomischer Wert von persönlichen Daten, MMR 2017, 6 ff.

Warren, Samuel/Brandeis, Louis, The Right to Privacy, 4 Harv. L. Rev. 193 (1890).

Weichert, Thilo, EU-US-Privacy-Shield – Ist der transatlantische Datentransfer nun grundrechtskonform?, ZD 2016, 209 ff.

Weigl, Michaela, The EU General Data Protection Regulation's Impact on Website Operators and eCommerce, CRi 2016, 102 ff.

Wendehorst, Christiane/Graf v. Westphalen, Friedrich, Hergabe personenbezogener Daten für digitale Inhalte – Gegenleistung, bereitzustellendes Material oder Zwangsbeitrag zum Datenbinnenmarkt?, BB 2016, 2179 ff.

Wendehorst, Christiane/Graf v. Westphalen, Friedrich, Das Verhältnis zwischen Datenschutz-Grundverordnung und AGB-Recht, NJW 2016, 3745 ff.

Werkmeister, Christoph/Brandt, Elena, Datenschutzrechtliche Herausforderungen für Big Data, CR 2016, 233 ff.

Wichtermann, Marco, Die Datenschutz-Folgenabschätzung in der DS-GVO, DuD 2016, 797 ff.

Wichtermann, Marco, Einführung eines Datenschutz-Management-Systems im Unternehmen – Pflicht oder Kür?, ZD 2016, 421 ff.

Wieczorek, Mirko, Der räumliche Anwendungsbereich der EU-Datenschutz-Grundverordnung, DuD 2013, 644 ff.

Wintermeier, Martin, Inanspruchnahme sozialer Netzwerke durch Minderjährige, ZD 2012, 230 ff.

Wiedmann, Daniel/Jäger, Thomas, Bundeskartellamt gegen Facebook: Marktmachtmissbrauch durch Datenschutzverstöße?, K&R 2016, 217 ff.

Wilde, Christian Peter/Ehmann, Eugen/Niese, Marcus Niese/Knoblauch, Anton/Will, Michael, Bayerisches Datenschutzgesetz.

Wolff, Heinrich Amadeus, Der EU-Richtlinienentwurf zum Datenschutz in Polizei und, in Dieter Kugelmann/Peter Rackow (Hg.), Prävention und Repression im Raum der Freiheit, der Sicherheit und des Rechts, 2014, S. 61 ff.

Wolff, Heinrich Amadeus, Die „völlig unabhängige" Aufsichtsbehörde, in: FS für Hans Peter Bull, 2011, 1071 ff.

Wolff, Heinrich Amadeus, Die Grenzen des Untersuchungsrechts parlamentarischer Untersuchungsausschüsse über die Tätigkeit der unabhängigen Datenschutzbeauftragten am Beispiel des Freistaats Thüringen, ThürVBl 2015, 205 ff.,

Wolff, Heinrich Amadeus, Selbstbelastung und Verfahrenstrennung, 1996.

Wolff, Heinrich Amadeus, Vorratsdatenspeicherung – Der Gesetzgeber gefangen zwischen Europarecht und Verfassung?, NVwZ 2010, 751 ff.

Wolff, Heinrich Amadeus/Brink, Stefan (Hrsg.), Beck'scher Online-Kommentar Datenschutzrecht, 19 Edition, STand 1.2.2017.

Wollenschläger, Ferdinand, Die Offenlegung von Zuwendungsempfängern im Spannungsfeld von Haushaltstransparenz und Datenschutz, in: AöR 135 (2010), 364.

Wybitul, Tim, DS-GVO veröffentlicht – Was sind die neuen Anforderungen an die Unternehmen?, ZD 2016, 253 ff.

Wybitul, Tim, EU-Datenschutz-Grundverordnung in der Praxis – Was ändert sich durch das neue Datenschutzrecht?, BB 2016, 1077 ff.

Wybitul, Tim, Was ändert sich mit dem neuen EU-Datenschutzrecht für Arbeitgeber und Betriebsräte? ZD 2016, 203 ff.;

Wybitul, Tim/Draf, Oliver, Projektplanung und Umsetzung der EU-Datenschutz-Grundverordnung im Unternehmen, BB 2016, 2101 ff.

Wybitul, Tim/Gierke, Lukas von, Checklisten zur DS-GVO – Teil 2: Pflichten und Stellung des Datenschutzbeauftragten im Unternehmen, BB 2017, 181 ff.

Wybitul, Tim/Sörup, Thorsten/Pötters, Stephan, Betriebsvereinbarungen und § 32 BDSG: Wie geht es nach der DS-GVO weiter?, ZD 2015, 559 ff.

Wybitul, Tim/Ströbel, Lukas, Checklisten zur DS-GVO – Teil 1: Datenschutz-Folgenabschätzung in der Praxis, BB 2016, 2307 ff.

Zeidler, Simon Alexander/Brüggemann, Sebastian, Die Zukunft personalisierter Werbung im Internet, CR 201, 248 ff.

Ziegenhorn, Gero/von Heckel, Katharina, Datenverarbeitung durch Private nach der europäischen Datenschutzreform, NVwZ 2016, 1585 ff.

Zilkens, Martin, Europäisches Datenschutzrecht – Ein Überblick, RDV 2007, 196 ff.

Zuiderveeen Borgesius, Frederik J., Singling out people without knowing their names – Behavioural targeting, pseudonymous data, and the new Data Protection Regulation, Computer Law & Security Review 2016, 256 ff.

A. Verfassungs- und unionsrechtliche Grundlagen

I. Unionsrechtliche Grundlagen

1. Entwicklungslinien des europäischen Datenschutzes

a) Selbstständigkeit des Rechtsgebiets als Voraussetzung eigener Ent- 1
wicklungslinien. Vom Datenschutzrecht als **speziellem Rechtsgebiet** kann man sinnvoller Weise erst ab dem Zeitpunkt sprechen, ab dem der Anknüpfungspunkt für die gesetzlichen Regelungen nicht mehr allein im Schutz der Persönlichkeit lag, sondern an dem personenbezogenen Datum selbst.[1] Der Schutz der Persönlichkeit ist, wie im Rahmen der verfassungsrechtlichen Grundlagen noch darzulegen sein wird, älter als das Datenschutzrecht im eigentlichen Sinne und diesem vorgelagert.

Der **Datenschutz im engeren Sinne** findet seinen sichtbaren Anfang im 2 Jahr 1970 im ersten Datenschutzgesetz, das aus **Hessen** kam.[2] Auf europäischer Ebene kam es im Rahmen des Europarates, das heißt nicht im Rahmen der europäischen Gemeinschaften, im Jahr 1981 zu dem Abkommen zum Schutz der Menschen bei der automatischen Verarbeitung personenbezogener Daten, das 1985 in Kraft trat[3] und zur Zeit überarbeitet wird.

b) Grundlagen europäischer Entwicklung. Die **Entwicklungslinien** 3 von Rechtsgebieten **auf europäischer Ebene** sind in aller Regel durch drei Elemente geprägt: erstens von Kompetenzverschiebungen, zweitens von der Frage, ob relevante Sekundärrechtsnormen erlassen werden, und drittens von der Rechtsprechung des EuGH. Dies gilt auch im Datenschutzrecht. Darüber hinaus bildet das Datenschutzrecht aufgrund seines verhältnismäßig jungen Alters eines der seltenen Rechtsgebiete, bei dem mit der Entstehung des Rechtsgebietes auch schon europäische Regeln bestanden und daher das europäische Recht nicht auf ausgebildete Rechtsordnungen in den Mitgliedsstaaten traf.

aa) Entwicklung des Primär- und Sekundärrechts. Die europäischen 4 Gemeinschaften besaßen **zunächst** keine ausdrückliche **Kompetenz** für den Erlass datenschutzrechtlicher Bestimmungen. Sie sahen aber die Bedeutung dieses Regelungsgebiets schon früh und handelten ohne ausdrückliche Kompetenzgrundlagen, wobei drei Bereiche zu unterscheiden sind: der Datenschutz innerhalb der Organe der Union, im Bereich der Freiheit und Sicherheit und im Bereich des Binnenmarktes, der den Anfang machte.

(1) Handeln der Mitgliedsstaaten im Bereich des Binnenmarktes. Für den 5 Bereich des **Binnenmarktes** erließ die Europäische Wirtschaftsgemeinschaft

---

[1] Zur Entstehungsgeschichte des Datenschutzes s. *Simitis* NJW 1997, 281 sowie *ders.* NJW 1998, 2473; *Roßnagel* in Roßnagel Handbuch Datenschutzrecht Einleitung Rn. 18 ff.

[2] S. zum Hessischen Datenschutzgesetz *Roßnagel* in Roßnagel Handbuch Datenschutzrecht Einleitung Rn. 19.

[3] *Simitis* in Simitis BDSG aF Einleitung Rn. 151.

im Jahr 1995 die Datenschutzrichtlinie (Richtlinie des Europäischen Parlaments und des Rates vom 24.10.1995 zum Schutz natürlicher Personen bei der Verarbeitung personenbezogener Daten und zum freien Datenverkehr [DSRL]), die bis zu ihrer Ablösung durch die DS-GVO im Jahr 2018 die maßgebliche Rechtsquelle auf europäischer Ebene bilden sollte. Gestützt wurde die DSRL, mit Billigung des EuGH,[4] auf die Binnenmarktkompetenz (Art. 95 EGV aF heute Art. 114 AEUV).[5] Die ausdrückliche Kompetenzregelung für diese Datenschutzrichtlinie wurde der Sache nach mit Art. 116 AEUV nachgereicht.

6   *(2) Handeln der Unionsorgane.* Für das **Handeln der europäischen Stellen** wartete die Union bis zum Erhalt einer Kompetenzregelung, bevor sie Sekundärrecht erließ. Mit Art. 286 EGV, eingefügt durch den Vertrag von Amsterdam,[6] wurde der erste ausdrückliche Titel für Datenschutz geschaffen, der sich auf das Handeln der eigenen Behörden bezog. Darauf gestützt wurde die VO (EG) Nr. 45/2001 des Europäischen Parlaments und des Rates vom 18.12.2000 zum Schutz natürlicher Personen bei der Verarbeitung personenbezogener Daten durch die Organe und Einrichtungen der Gemeinschaft und zum freien Datenverkehr[7] erlassen.[8]

7   *(3) Bereich der Polizei und Strafjustiz.* Im Bereich des **Sicherheitsrechts** besaß die heutige Union vor Erlass des Art. 16 AEUV nur schwache Kompetenzen. Diese nützte die Union, um auf der damaligen Säule der Zusammenarbeit im Bereich Justiz und Inneres den Rahmenbeschluss 2008/977/JI des Rates vom 27. November 2008 über den Schutz personenbezogener Daten, die im Rahmen der polizeilichen und justiziellen Zusammenarbeit in Strafsachen verarbeitet werden, zu erlassen, der Vorgaben für den grenzüberschreitenden Informationsaustausch zwecks Verfolgung und Verhütung von Straftaten oder der Vollstreckung strafrechtlicher Sanktionen enthielt.[9]

8   *(4) Datenschutzreform.* Mit dem Vertrag von Lissabon erhielt die Union mit **Art. 16 Abs. 2 AEUV** eine allgemeine Kompetenz zum Erlass datenschutzrechtlicher Normen. Da die Union durch die Datenschutzrichtlinie sachlich von dieser Kompetenz aber schon Gebrauch gemacht hatte, hatte die neue Kompetenz auf der Ebene des Sekundärrechtes erst einmal unmittelbar keine Folgen. Dies änderte sich im Jahr 2009, als die Europäische Kommission (im Folgenden „Kommission"), anfänglich eher im Verborgenen, eine Reformdebatte initiierte,[10] die ihren vorläufigen Abschluss mit dem Entwurf einer DS-GVO[11] und einem Entwurf einer Richtlinie im Bereich der Sicherheit[12] im Ja-

---

[4] EuGH, Urt. v. 6.11.2003 Rs. C-101/01 EuZW 2004, 245 Rn. 95 – Lindqvist.

[5] Insbesondere DSRL u. RL 97/66/EG u. RL 2002/58/EG, s. die Nachweise dazu vor Rn. 1. S. zur DSRL: *Kühling/Raab* in Kühling/Buchner DS-GVO Einf. Rn. 46 ff.

[6] *Kingreen* in Callies/Ruffert AEUV Art. 16 Rn. 1.

[7] ABl. 2001, L 8/1.

[8] Überblick bei *Simitis* in Simitis BDSG aF Einleitung Rn. 217.

[9] ABl. 2008, L 350/60.

[10] Vgl. KOM (2010) 609; s.a. Reding International Data Privacy Law 1 (2011), 3.

[11] KOM (2012) 11.

[12] KOM (2012) 9.

nuar 2012 fand. Die Gründe für die Reformdebatte waren ua[13]: Erstens: Mit Art. 16 Abs. 2 AEUV existiert nun eine weitreichende Kompetenzgrundlage. Zweitens: Die DSRL war aus einer Zeit, in der das Internet noch nicht bekannt war, und verursachte daher gerade in diesem Bereich, vor allem bei der Anwendbarkeit und der Frage der Übermittlung, gewisse Schwierigkeiten. Drittens: Das Datenschutzrecht bildete als Querschnittsthema einen effizienten Hebel für die Harmonisierung der Rechtsordnungen. Die Verhandlungen um die neuen Regelwerke verliefen zäher als erwartet, so dass es zunächst zu einer langwierigen Debatte im zuständigen Ausschuss des Europaparlaments kam und danach zu zahlreichen Änderungswünschen des Rates. Anfang 2016 kam es zu einer Einigung aller Beteiligten.[14]

bb) Entwicklungslinien der Rechtsprechung des EuGH zum Daten- **9** **schutzrecht.** Die **Rechtsprechung des Europäischen Gerichtshofs** zum Datenschutzrecht ist gegenwärtig noch übersichtlich und besteht im Wesentlichen aus ca. einem Dutzend maßgeblicher Entscheidungen, die sich zunächst auf die Datenschutzrichtlinie bezogen und später dann teilweise auch auf Art. 8 GRC. Die Rechtsprechung des EuGH im Datenschutzrecht ist durch verschiedene Grundsätze geprägt.

(1) Zum einen nimmt der EuGH den **Normtext ernst** und legt diesen bei **10** Unsicherheiten im Zusammenhang mit der grammatikalischen Auslegung zunächst systematisch und dann teleologisch aus. Dabei kommt er häufig zu einem Ergebnis, das das Gestaltungsrecht der Mitgliedsstaaten stärker einschränkt als ihnen lieb ist. Bei der teleologischen Auslegung stellt er vor allem auf die Ziele der Richtlinie ab. Er macht dabei insbesondere zwei aus:

– Zum einen sollten **Beeinträchtigungen des Binnenmarktes** auf der Grundlage des nationalen Datenschutzes dadurch verhindert werden, dass ein gemeinschaftsweit harmonisiertes Datenschutzniveau aufgebaut wird, sodass die personenbezogenen Daten unbegrenzt, parallel zu den Waren, innerhalb Europas fließen können. Den Mitgliedsstaaten sollte die Möglichkeit genommen werden, aufgrund von Unterschieden im Datenschutz den freien Warenverkehr bzw den Binnenmarkt insgesamt zu beschränken.[15]
– Darüber hinaus wollte die DSRL aber auch den **Schutz der Rechte des Einzelnen bezwecken.** Dabei wurde ein hohes Datenschutzniveau errichtet. Das hohe Schutzniveau für den Datenschutz versteht der EuGH nicht nur als bloßes Lippenbekenntnis. Vielmehr bemüht er sich, den Schutz personenbezogener Daten natürlicher Personen auf einem solch hohen Niveau auf europäischer Ebene zu gewährleisten, dass den Einzelnen durch die Zurückdrängung der nationalen Gestaltungsfreiheit keine echten Nachteile treffen. Die deutlichste Auswirkung dieser Grundausrichtung lag in der Annahme, dass diese Datenschutzrichtlinie nicht nur eine Mindestharmonisierung, sondern nahezu eine Vollharmonisierung bezwecke, mit der Folge,

---

[13] S. zur Datenschutzreform in Europa allgemein *Simitis* BDSG aF, Einleitung Rn. 252.
[14] S. zum Verlauf der Reform ebenda.
[15] EuGH EuZW 2004, 245 Rn. 37 – Lindqvist; EuGH EuR 2004, 276 Rn. 42 f. – Österreichischer Rundfunk.

dass der Umsetzungsspielraum gering ist.[16] Diese Einschätzung wird dadurch etwas relativiert, aber nicht aufgehoben, dass der EuGH gleichzeitig auch betonte, den Mitgliedsstaaten stünde bei der Umsetzung ein weiter Handlungsspielraum zu.[17] Weiter ist die Grundauswirkung auch daran zu sehen, dass der EuGH trotz des Rückgriffs auf Art. 95 EGV für den Erlass in der Folgezeit aber keinen grenzüberschreitenden Verkehr bzw eine konkrete Binnenmarkrelevanz für die Anwendbarkeit der Richtlinie verlangte.[18]

(2) Der zweite „rote Faden" der Rechtsprechung liegt darin, dass er bei einem **Interessenswiderstreit**, der sich durch die Anwendung der Datenschutzrichtlinie ergibt, schnell auf eine **grundrechtliche Abwägungsüberlegung** der betroffenen Interessen abstellt. Bei zivilrechtlichen Streitigkeiten führt dies zu einer Abwägung der betroffenen Grundrechtspositionen, das heißt insbesondere dem Eigentumsrecht bzw der Meinungsfreiheit auf der einen Seite und dem Datenschutzrecht auf der anderen Seite.[19] Im öffentlichen Bereich führt dies zu einer Abwägung im Rahmen der Erforderlichkeit bzw. der Angemessenheit zwischen der Verfolgung des Gemeinwohlzweckes und der Beeinträchtigung des Datenschutzrechts.

11 (3) Das dritte Kennzeichen der Rechtsprechung ist die Fokussierung auf **bestimmte thematische Fragen** und zwar vor allem auf folgende Komplexe:

– Die Kompetenzfrage zum Erlass der Datenschutzrichtlinie und damit zusammenhängend die Anwendbarkeit des Sekundärrecht insbesondere der Datenschutzrichtlinie;
– Die Vereinbarkeit von Sekundärrecht mit dem Datenschutzgrundrecht;
– Die Unabhängigkeit der Aufsichtsbehörden;
– Die Verfahrensrechte des Einzelnen;
– Die Verarbeitungsgrundsätze;
– Die Übermittlung personenbezogener Daten ins Ausland.

2. Die primärrechtlichen Normen zum Datenschutzrecht

12 Gemäß des **Prinzips der Einzelermächtigung** (Art. 5 Abs. 1 S. 1 EUV) benötigt die EU für den Erlass von Rechtsnormen und die Vornahme von Rechtsakten eine Rechtsgrundlage.

13 **a) Rechtsetzungskompetenz gemäß Art. 16 Abs. 2 AEUV. aa) Allgemein.** Gemäß Art. 16 Abs. 2 AEUV können das Europäische Parlament und der Rat gemäß dem ordentlichen Gesetzgebungsverfahren Vorschriften über den Schutz natürlicher Personen bei der Verarbeitung personenbezogener Daten durch die Organe, Einrichtungen und sonstigen Stellen der Union sowie

---

[16] EuGH EuZW 2004, 245 Rn. 96 – Lindqvist; EuGH NVwZ 2009, 389 Rn. 51 – Huber.
[17] EuGH EuZW 2004, 245 Rn. 97 – Lindqvist; EuGH EuZW 2009, 546 Rn. 56 – Rijkeboer.
[18] EuGH EuZW 2004, 245 Rn. 40 – Lindqvist; EuGH EuR 2004, 276 Rn. 42 f. – Österreichischer Rundfunk.
[19] Diese Abwägung wird bei der Wahrnehmung der Öffnungsklausel aus Art. 85 DS-GVO relevant – s. dazu nur *Albrecht/Janson* CR 2016, 500 ff.

durch die Mitgliedsstaaten im Rahmen der Ausübung von Tätigkeiten, die in den Anwendungsbereich des Unionsrechts fallen, und über den freien Datenverkehr erlassen.[20] Die Einhaltung dieser Vorschriften wird von unabhängigen Behörden überwacht. Gemäß Unterabsatz 2 lassen die auf der Grundlage dieses Artikels erlassenen Vorschriften die spezifischen Bestimmungen des Art. 39 EUV unberührt. **Art. 16 AEUV normiert erstmalig eine Kompetenz** für den Datenschutz, die über das Selbstorganisationsrecht der Unionsorgane hinausgeht.

Art. 16 Abs. 2 AEUV gewährt eine **Normsetzungsbefugnis** auf dem **Ge-**   **14**
biet des Datenschutzes. Die Rechtsakte sind jeweils im ordentlichen Gesetzgebungsverfahren zu erlassen (Art. 289 Abs. 1 AEUV). Es gelten die allgemeinen Voraussetzungen für Gesetzgebungsverfahren, wie insbesondere das Subsidiaritätsprinzip (Art. 5 Abs. 3 EUV).[21] Liegen die Voraussetzungen von Art. 3 Abs. 2 AEUV vor, kann die Union auf dem Gebiet des Datenschutzes auch wegen Art. 16 AEUV internationale Abkommen schließen,[22] was im Datenschutzbereich vor allem wegen der Abkommen mit den USA im Fluggastbereich[23] oder bei Kontodaten nicht unerheblich ist. Die Kompetenz greift auch im Bereich der polizeilichen und justiziellen Zusammenarbeit (Art. 81 ff., 87 ff. AEUV – s.a. die Erklärung Nr. 21 zur Schlussakte des Vertrags von Lissabon).[24] Das Verhältnis zu den Art. 81 ff. AEUV ist nicht ganz einfach. Im Zusammenhang mit einer Gutachteranfrage an den EuGH zur Kompetenz für den Entwurf eines Abkommens zwischen Kanada und der Europäischen Union über die Übermittlung und Verarbeitung von Fluggastdatensätzen, wies der Generalanwalt Paolo Mengozzi darauf hin, dass Art. 16 Abs. 2 EUV parallel zu Art. 82 Abs. 1 Buchst. d und Art. 87 Abs. 2 Buchst. a AEUV zur Anwendung käme.[25]

Eine Rechtsgrundlage, die sich auf Art. 16 Abs. 2 AEUV stützt, muss darüber   **15**
hinaus auch die **weiteren Anforderungen an die Rechtsetzung** erfüllen. So ist insbesondere bei der DS-GVO streitig, ob für die Regelung im öffentlichen Bereich die Union den Grundsatz der Subsidiarität achtet.[26] Dies gilt ua deshalb, weil die DS-GVO durch die weitreichenden Öffnungsklauseln selbst keine Harmonisierung sicherstellen kann. Dass der EuGH diesen Bedenken folgen wird, ist angesichts seiner bisherigen Rechtsprechung unwahrscheinlich, denn der EuGH hat bereits eine Harmonisierungskompetenz im öffentlichen Bereich für die DSRL ohne nennenswerten Begründungsaufwand angenommen.[27]

---

[20] Ausführlich dazu und zu dem Folgenden: *Wolff* in Häde/Nowak/Pechstein Frankfurter Kommentar zum Europarecht Art. 16 AEUV Rn. 11 (im Erscheinen).

[21] *Kingreen* in Calliess/Ruffert EUV/AEUV Art. 16 AEUV Rn. 5.

[22] *Sobotta* in Grabitz/Hilf/Nettesheim Recht der EU Art. 16 AEUV Rn. 29.

[23] EuGH NJW 2006, 2029 Rn. 57 ff. u. 68 – Fluggastdaten; s.a. *Welsing* Recht 2009, S. 147 ff.; *Szczekall* DVBl 2006, 896 ff.

[24] *Kingreen* in Calliess/Ruffert AEUV Art. 16 Rn. 5.

[25] Schlussantrag vom 8. September 2016 zum Gutachten 1/15, ECLI:EU:C:2016: 656.

[26] Kritisch *Koós* ZD 2014, 9 ff.; *Ronellenfitsch* DuD 2012, 561 ff. Der Bundesrat hatte daher zunächst Subsidiaritätsbeschwerde eingelegt, vgl. Bundesrats-Drucksache 12/52.

[27] EuGH NVwZ 2009, 389 Rn. 51 f. – Huber (zum Ausländerzentralregister).

16   Für die **GASP** besteht mit **Art. 39 EUV** eine **Sonderbestimmung**, die gemäß Art. 16 Abs. 2 UAbs. 2 AEUV von der allgemeinen Kompetenz aus Art. 16 AEUV unberührt bleibt. In Art. 39 EUV wird das Verfahren für den Erlass von Datenschutzregeln für die Verarbeitung personenbezogener Daten durch die Mitgliedsstaaten im Rahmen von Tätigkeiten der Gemeinsamen Außen- und Sicherheitspolitik modifiziert. Der Erlass von Sekundärrecht im Datenschutzrecht wird hier in die Zuständigkeit des Rates gelegt, wodurch die Parlamentsbeteiligung im Vergleich zu Art. 16 Abs. 2 AEUV abgeschwächt wird.

17   **bb) Verarbeitung zum Schutz personenbezogener Daten.** Art. 16 Abs. 2 AEUV gewährt eine Normsetzungsbefugnis auf dem Gebiet des Datenschutzes in drei Fällen: beim freien Datenverkehr (Art. 16 Abs. 2 S. 1 Hs. 2 AEUV), bei der Verarbeitung personenbezogener Daten durch die Unionsstellen und bei der Verarbeitung personenbezogener Daten durch Mitgliedsstaaten, wenn und soweit sie im Anwendungsbereich des Unionsrechts tätig sind.

18   Die Kompetenz aus Art. 16 Abs. 2 AEUV greift zunächst bei der Verarbeitung personenbezogener Daten durch Unionsorgane oder die Mitgliedsstaaten in den genannten Fällen. Der kompetenzielle Begriff der **Verarbeitung ist bei Art. 16 Abs. 2 AEUV weit zu verstehen.** „Verarbeitung" meint jede Form der Verwendung von personenbezogenen Daten, unabhängig davon, ob im automatischen oder nicht automatischen Verfahren. Der Begriff „personenbezogene Daten" dürfte bei Art. 16 AEUV so verstanden worden sein wie in der DSRL. Danach sind personenbezogene Daten alle Informationen über eine bestimmte oder bestimmbare Person.

19   Die auf der Grundlage von Art. 16 Abs. 2 UAbs. 1 S. 1 AEUV erlassenen Normen müssen nach dem Normtext **den Schutz natürlicher Personen verfolgen.** Die Zielbestimmung ist nicht eng zu verstehen. Auch Normen, die Eingriffe in das Grundrecht auf Datenschutz ermöglichen, können auf Art. 16 AEUV gestützt werden, selbst wenn sie konkret nicht schützend sind. Nur der Regelungskomplex insgesamt muss dem Schutz dienen. Auch eine Datenschutzregelung, die den Standard im Vergleich zur Vorgängerregelung absenkt, dient dem Schutz natürlicher Personen iSv Art. 16 Abs. 2 UAbs. 1 AEUV.

20   Die **Rechtsetzungskompetenz** der Union für Datenschutz für die ersten beiden Varianten ist **akzessorisch.** Sie setzen entweder ein Handeln der Unionsorgane voraus, (was wiederum nur bei Vorliegen einer Kompetenz möglich ist) oder ein Handeln der Mitgliedsstaaten, das in den Anwendungsbereich des Unionsrechts fällt.

21   Die Regelungskompetenz greift zunächst, wenn **Organe, Einrichtungen oder Stellen der Union Daten verarbeiten.** Der Begriff „Organe der Union" verweist auf Art. 13 Abs. 1 EUV und bezieht daher einen Numerus clausus von Institutionen ein (das Europäische Parlament, den Europäischen Rat, den Rat, die Kommission, den Gerichtshof der Europäischen Union, die Europäische Zentralbank und den Rechnungshof). Einrichtungen sind organisatorisch selbstständige Einheiten, die von der Union errichtet werden, wie insbesondere die Agenturen. „Stellen" ist ein Auffangbegriff, der alle für die Union handelnden Einheiten meint.

Die Regelungskompetenz greift auch, wenn **Mitgliedsstaaten** Daten ver- **22**
arbeiten, dann aber nur eingeschränkt. Die Verarbeitung muss bei Tätigkeiten anfallen, die in den Anwendungsbereich des Unionsrechts fallen. Der
Begriff „Anwendungsbereich des Unionsrechts" ist alles andere als klar. Er
lässt sich sehr unterschiedlich interpretieren. Vom Normtext her und angesichts der Rechtsprechung des EuGH zur DSRL liegt die Annahme eines
weiten Verständnisses nahe.[28] Das Problem ist zwar nicht begrifflich, aber
strukturell identisch wie die Auslegung des vergleichbaren Terms bei Art. 52
Abs. 1 GRC.

Die entscheidende Frage ist, wie eng der Bezug der konkreten Handlung, **23**
für die die unionsrechtliche Datenschutzregelung herangezogen wird, zum
Unionsrecht sein muss. Unstreitig ist der **Anwendungsbereich des Unionsrechts gegeben**, wenn die Mitgliedsstaaten Unionsrecht umsetzen (s va
Art. 288 Abs. 3 AEUV), Unionsrecht anwenden (Art. 291, Art. 197 AEUV)
oder unionsrechtlich gegebene Rechte einschränken, wie insbesondere die
Grundfreiheiten. Der Anwendungsbereich dürfte aber nicht eröffnet sein,
wenn die Union zwar Rechtsnormen erlassen könnte, aber noch nicht erlassen
hat und die Grundfreiheiten nicht eingeschränkt werden. Auch die Eröffnung
des Schutz- oder Anwendungsbereichs von Querschnittsmaterien, insbesondere den Grundfreiheiten (Art. 28 ff. AEUV) und den Diskriminierungsverbo-
ten (Art. 18 AEUV), ohne dass ein Eingriff oder eine rechtfertigungsbedürftige Maßnahme vorliegt, dürfte für eine „Anwendung" iSv Art. 16 AEUV
noch nicht genügen.

Im Zusammenhang mit der DSRL hat der **EuGH** außer der Prüfung der in **24**
der Richtlinie niedergelegten Voraussetzungen keine weitere **Prüfung für die
Frage der Anwendbarkeit vorgenommen**. Ein Handeln innerhalb des Anwendungsbereichs des Unionsrechts wird dort nicht verlangt.[29] Stützt man einen Rechtsakt, wie bei der Grundverordnung geschehen, dagegen auf Art. 16
Abs. 2 AEUV, wird man an diesem Merkmal aber nicht vorbeikommen. Die
Vorstellung, die Grundverordnung sei gewissermaßen immer anzuwenden,
wenn deutsche Stellen Daten verarbeiten, es sei denn, sie führen Gesetze in einem Bereich aus, bei dem die Union keine Kompetenzen besitzt, ist mit dem
Normtext von Art. 16 Abs. 2 AEUV nicht zu vereinbaren. Die Frage wird auch
praktisch relevant werden. Die Unabhängigkeit der Datenschutzbehörden im
privaten Bereich, die vom Unionsrecht innerhalb des Anwendungsbereichs der
Grundverordnung gefordert wird, ist außerhalb des Anwendungsbereichs mit
den Vorgaben des Grundgesetzes zur demokratischen Legitimation nicht zu
vereinbaren. Erlässt eine unabhängige Datenschutzbehörde daher einen Ord-
nungswidrigkeitenbescheid außerhalb des Bereichs, den Art. 16 Abs. 2 AEUV
beschreibt, muss sie einer Kontrolle unterliegen, die den Maßstäben des
Grundgesetzes zur demokratischen Legitimation genügt. Früher oder später
wird die Frage daher praktisch relevant werden.

Auffallend ist, dass Art. 16 AEUV nicht mehr zwischen den Mitgliedsstaa- **25**
ten und der Union selbst trennt. Es wäre daher **denkbar**, dass der Datenschutz

---

[28] In diesem Sinne daher *Kingreen* in Calliess/Ruffert AEUV Art. 16 Rn. 6.
[29] Zurückhaltender allerdings EuGH ZD 2015, 420 Rn. 50 – Willems.

künftig einheitlich geregelt wird. Die Union schöpft diese Möglichkeit zurzeit noch nicht aus. Auf der Ebene des Sekundärrechts besteht noch die Trennung zwischen den Bereichen der Union und der Mitgliedsstaaten.

26 **cc) Freier Datenverkehr.** Die dritte Kategorie datenschutzrechtlicher Normen bildet gemäß Art. 16 Abs. 2 S. 1 Var. 3 AEUV der **freie Datenverkehr.** Die Wendung „freier Datenverkehr" ist grundsätzlich weit und meint jede Fluktuation über die Grenzen hinaus. Nach diesem Verständnis würde diese Variante im Vergleich zu den beiden ersten Varianten der Datenverarbeitung eine deutliche Ausweitung bedeuten, weil sie den Erlass von Normen mit Wirkung für die Mitgliedsstaaten rechtfertigen könnte, unabhängig davon, ob die Mitgliedsstaaten im Anwendungsbereich des Unionsrechts tätig werden, solange es nur um einen grenzüberschreitenden Datenverkehr geht. Da niemand weiß, wie ein Datenfluss verlaufen wird, ist das Merkmal bei großzügiger Anwendung immer eröffnet. Das gilt insbesondere bei elektronisch gespeicherten Daten, va im Bereich des Internets. Es ist leicht zu erkennen, dass die Variante über den freien Datenverkehr den „dunklen Fleck" der Regelung des Art. 16 AEUV bildet, und ein **Einbruchsfeld für kompetenzerweiternde Auslegungen** beherbergt.

27 Diese grammatikalisch mögliche, weite Auslegung wird man **teleologisch aber ausschließen müssen.** Mit dem Begriff „freier Datenverkehr" ist eine inhaltliche Beziehung zu den vier Grundfreiheiten des Binnenmarktes gemeint. Es geht um den Datenverkehr, der den Binnenmarkt ermöglichen soll. Dies ergibt sich auch aus historischen Gründen, da die allgemeine Binnenmarktkompetenz (Art. 114 AEUV (ex-Art. 95 EGV)) bislang die Grundlage für die Datenschutzrichtlinie und die Richtlinie über den Datenschutz bei der elektronischen Kommunikation bildet. Bei diesem Verständnis wird die Variante sachlich zu einer fast überflüssigen Bestimmung, weil ihr kaum eine praktische Bedeutung zukommen dürfte. Dies wird gestützt durch den Umstand, dass in der Literatur bisher kein selbständiger Anwendungsfall für diese Variante erörtert wurde.

28 **b) Der Schutz des Rechts auf informationelle Selbstbestimmung.** Die Kompetenzregel des Art. 16 AEUV begrenzt die **europäischen Grundrechte.** Da durch den Vertrag von Lissabon sowohl Art. 16 AEUV erlassen als auch die Grundrechtscharta auf die Ebene des Primärrechtes gehoben wurde, entstand die ausdrückliche Rechtsetzungsnorm schon von Anfang an grundrechtsgebunden.

29 Relevant für die Datenschutzrechtsetzung ist vor allem das Recht auf Privatheit gemäß **Art. 7 GRC**, das dem Art. 8 EMRK nachgebildet ist, aber vor allem das Recht auf Datenschutz gemäß Art. 8 GRC.

30 **aa) Das Recht auf Achtung des Privat- und Familienlebens – Art. 7 GRC.** Art. 7 GRC schützt weite Bereiche der Privatsphäre und des Persönlichkeitsrechts der Betroffenen. Er **fasst vier Teilbereiche** der Privatsphäre in einem Grundrecht zusammen (Privatleben, Familienleben, Wohnung, Kommunikation), die bei vielen anderen Grundrechtskatalogen, insbesondere auch im Grundgesetz, verschiedenen Grundrechten zugewiesen sind. Er besitzt eine enge Verbindung sowohl zu Art. 8 als auch zu Art. 9 GRC.

Als **ergänzende Garantie zum Datenschutz** ist er insbesondere als Schutz **31**
der Privatheit relevant. Der Begriff Privatleben ist offen. Es sind nicht nur die
Ausschnitte des aktiven Lebens erfasst, sondern auch der Schutz der Persönlichkeit und das Für-sich-Sein des Menschen, sofern dieser Bereich nicht mehr
von der Menschenwürdegarantie selbst erfasst wird.[30] Art. 7 GRC schützt die
Entfaltung der eigenen Persönlichkeit auch im sozialen Umfeld. Gemeint ist
das Recht des Einzelnen, so zu leben und so zu sein, wie es seiner Persönlichkeit am besten gerecht wird, wie er sie am besten entfalten kann.[31] Art. 7 GRC
erfasst auch das Recht, darüber zu entscheiden, wie sehr andere Kenntnis über
das eigene Privatleben erhalten sollen oder nicht. Nicht zutreffend wäre allerdings, das Recht auf die Befugnis, die Öffentlichkeit auszusperren, zu reduzieren, da „privat" nicht nur den Bereich der Nicht-Öffentlichkeit meint, sondern
auch den der Selbstbestimmung.[32] Dies kommt auch in der Kurzfassung zum
Ausdruck, nach der dem Privatleben eben nicht nur das Selbstbestimmungsrecht über den Körper und die Bestimmung über die Privatsphäre, sondern
auch die freie Gestaltung der Lebensführung und der Anspruch auf Achtung
der Persönlichkeit durch Dritte unterfällt.[33]

Das Recht auf **Gewährleistung des Privatlebens** enthält kein allgemeines **32**
Auffanggrundrecht, das die Aufgabe hätte, die fehlende Normierung der allgemeinen Handlungsfreiheit in der Grundrechtecharta auszugleichen.[34] Es gibt
Bereiche, die bei allen Menschen unter den Schutz des Privatlebens fallen, und
wiederum andere, die bei einigen Menschen Teil der Persönlichkeitsentfaltung
sind, bei anderen hingegen nicht.

Üblicherweise wird die Schutzgarantie des Art. 7 GRC auf einzelne Be- **33**
reiche konkretisiert: tätigkeitsbezogene Bereiche, kommunikative Bereiche, räumliche Bereiche und persönlichkeitsbezogene Bereiche.[35] Für den
Datenschutz ist va der letzte Bereich interessant. Danach weise vom Gegenstand her einen besonderen Schutz auf: der Name[36] (mitsamt eventuellen
Änderungen oder unterschiedlichen Sprachbedeutungen), das Recht am eigenen Bild,[37] das Recht auf Unkenntnis über den Gesundheitszustand,[38] die

---

[30] *Bernsdorff* in Meyer GRC Art. 7 Rn. 19.
[31] Deutlich *Tettinger* in Tettinger/Stern EuGRC Art. 7 Rn. 17.
[32] *Kingreen* in Calliess/Ruffert EUV/AEUV Art. 7 GRC Rn. 4; stärker auf Privatheit
abstellend *Bernsdorff* in Meyer GRC Art. 7 Rn. 19.
[33] Vgl. *Jarass* GRC Art. 7 Rn. 3 ff.; *Streinz* in Streinz GRC Art. 7 Rn. 6; *Kingreen* in
Calliess/Ruffert GRC Art. 7 Rn. 3; *Tettinger* in Tettinger/Stern EuGRC Art. 7 Rn. 10.
[34] *Bernsdorff* in Meyer GRC Art. 7 Rn. 15.; *Jarass* GRC Art. 7 Rn. 3; ausführlich
Lindner BayVBl. 2001, 523.
[35] *Wolff* in Häde/Nowak/Pechstein Frankfurter Kommentar zum Europarecht GRC
Art. 7 Rn. 16 ff. (im Erscheinen).
[36] EuGH NJOZ 2011, 1346 Rn. 52 – Sayn-Wittgenstein; EuGH Urt. v. 12.5.2011 Rs.
C-391/09 Slg. 2011, I-3818 Rn. 66 – Runevic; EuGH Urt. v. 2.10.2003, Rs. C-148/02
Slg. 2003, I-11613 Rn. 24 ff. – Garcia Avello/Belgien (ohne Nennung von Art. 7 GRC).
[37] EGMR NJW 2004, 2647 Rn. 50 – Caroline von Hannover/Deutschland; *Frenz*
Handbuch Europarecht, Band 4 Rn. 1185.
[38] EuGH Urt. v. 5.10.1994, Rs. C-404/92 Slg. 1994, I-4737 Rn. 17 – X./Kommission
– in Beamtenrechtsfällen der Unionsverwaltung.

Kommunikation mit sich selbst (Tagebücher)[39] und die Ehre bzw der gute Ruf.[40]

34   Das Recht auf Privatheit in Art. 7 GRC tritt hinsichtlich des Schutzes der Daten grundsätzlich hinter Art. 8 GRC zurück. Als Abwägungsgesichtspunkt für die Frage, wie sehr die Datenverarbeitung die betroffene Person belastet, ist Art. 7 GRC aber relevant.

35   **bb) Schutz personenbezogener Daten – Art. 8 GRC.** *(1) Doppelte Gewährleistung.* Das Recht auf Datenschutz gewährleistet jeder Person das Recht auf den Schutz der sie betreffenden personenbezogenen Daten. Dies wird jetzt ausdrücklich in **Art. 16 Abs. 1 AEUV und in Art. 8 Abs. 1 GRC** normiert, war vom EuGH aber schon vor der ausdrücklichen Anerkennung durch Art. 8 GRC und Art. 16 AEUV, unter Rückgriff auf Art. 8 EMRK als allgemeiner Rechtsgrundsatz anerkannt worden,[41] der nun aber keine Rolle mehr spielt. Es lassen sich drei Entwicklungsphasen ausmachen. Anfänglich tauchte das Recht auf Schutz personenbezogener Daten als ein nicht näher hergeleitetes Recht auf. Er war relevant, weil unter der Berufung auf dieses Recht andere subjektive Rechte und Ansprüche eingeschränkt werden durften,[42] wie etwa als Grenze von Auskunftsrechten des Inhabers von Urheberrechten, mit denen diese Urheberrechtsverletzungen verfolgen wollten.[43] Die zweite Phase der Rechtsprechung begann mit der Geltung der DSRL und betraf Auslegungsfragen dieser oder paralleler Richtlinien.[44] Die dritte Phase begann mit der förmlichen Inkraftsetzung der GRC durch den Lissabon-Vertrag. Nun werden mit überraschender Strenge Sekundärakte der Union an den vorrangigen Grundrechten im Rang von Primärrecht geprüft.[45]

---

[39] *Frenz* Handbuch Europarecht, Band 4 Rn. 1195.

[40] *Tettinger* in Tettinger/Stern EuGRC Art. 7 Rn. 16; *Kingreen* in Calliess/Ruffert GRC Art. 7 Rn. 6; ebenso *EGMR* Urt. v. 19.10.2010, Beschwerde-Nr. 20999/04 (Ozpinar/Türkei) Rn. 47 (im Internet in französischer Sprache abrufbar unter: http:/www.echr.coe.int).

[41] EuGH Urt. v. 12.11.1969, Rs. 29/69, Slg. 1969, 419 Rn. 7 – Stauder/Stadt Ulm; Urt. v. 7.11.1985, Rs. 145/83, Slg. 1985, I-3539 Rn. 34 – Adams/Kommission; Urt. v. 14.9.2000, Rs. C-369/98 Rn. 32 f. – Fisher; EuGH EuR 2004, 276 Rn. 71 – Österreichischer Rundfunk; zur EMRK siehe EGMR Urt. v. 16.2.2000, Beschwerde-Nr. 27798/95 (Amann/Schweiz), Rep. 2000-II, 245 Rn. 65; Urt. v. 4.5.2000 (Rotaru/Rumänien), Beschwerde-Nr. 28341/95, Rep. 2000-V, 109 Rn. 43; Urt. v. 25.2.1997 (Z/Finnland), Beschwerde-Nr. 22009/93, Rep. 1997-I, S. 323 Rn. 95; Urt. v. 26.3.1987, Beschwerde-Nr. 9248/81 (Leander/Schweden), S. 83 (im Internet abrufbar unter: http:/www.echr.coe.int).

[42] EuGH Urt. v. 14.9.2000 Rs. C-369/98 Rn. 32 ff. – Fisher; EuGH EuZW 2010, 617 Rn. 78 – Kommission/Lager Co Ltd.

[43] Vgl. EuGH Urt. v. 14.10.1999, Rs. C-223/98 – Adidas, Slg. 1999 I-7081 Rn. 28; EuGH NJW 2008, 743 Rn. 68; s.a. Urt. v. 24.11.2011, Rs. C-70/10 – Scarlet Extended), Slg. 2011, I-11959 Rn. 53; s. dazu *Rengeling/Szczekalla* Grundrechte, 2004, § 16 Rn. 677.

[44] EuGH EuZW 2004, 245 Rn. 24 ff. – Lindqvist; EuGH NVwZ 2009, 389 Rn. 47 – Huber; EuGH EuZW 2009, 546 Rn. 67 ff. – Rijkeboer; Urt. v. 9.11.2010, verb. Rs. C-92/09 u. C-93/09 – Volker und Markus Schecke, Slg. 2010, I-11063 Rn. 96 ff.; EuGH EuZW 2012, 37 Rn. 52 ff. – ASNEF; EuGH NZA 2013, 723 Rn. 24 ff. – Worten.

[45] EuGH MMR 2011, 122 Rn. 76 – Volker und Markus Schecke; EuGH EuZW 2014, 459 – Digital Rights Ireland.

Die doppelte Gewährleistung des Rechts verursacht ein Auslegungsprob- **36** lem. **Art. 16 AEUV** gewährleistet das Recht auf informationelle Selbstbestimmung anders als Art. 8 Abs. 2 GRC **schrankenlos**. Die Schranken des Art. 52 GRC sind nicht auf Art. 16 AEUV anwendbar. Da Art. 52 Abs. 2 GRC ausdrücklich einen Vorrang der subjektiven Rechte gewährleistet, die in den Verträgen niedergelegt sind (EUV/AEUV), würde man bei Anwendung der allgemeinen Methodenregeln zu dem Ergebnis kommen, dass Art. 16 Abs. 1 AEUV selbstständig neben Art. 8 GRC steht und die Schrankenregelung nicht auf ihn anwendbar ist, mit der Folge, dass das Datenschutzgrundrecht schrankenlos gewährleistet wäre. Dieses Ergebnis will niemand und kann auch niemand ernsthaft befürworten.[46] Es liegt ein klares Redaktionsversehen bei der Formulierung des Art. 16 AEUV vor, das nicht hätte passieren dürfen. Es werden mehrere Lösungen angeboten, die alle zum gleichen Ergebnis kommen.

Am überzeugendsten dürfte sein, auf Art. 16 Abs. 2 AEUV hinzuweisen. **37** Dieser enthält ausdrücklich die Ermächtigung für eingreifende Regelungen[47] und **würde leerlaufen**, wenn Art. 16 Abs. 1 AEUV schrankenlos wäre (→ Rn. 13 ff.).

(2) Spezieller Grundrechtsschutz durch Art. 7 GRC. Das Recht auf Da- **38** tenschutz, oder gleichbedeutend in deutscher Terminologie das Recht auf informationelle Selbstbestimmung, aus Art. 8 GRC, Art. 16 Abs. 1 AEUV bildet einen wichtigen Bestandteil des Persönlichkeitsschutzes. Es ist **lex specialis zu Art. 7 GRC.** Die EMRK kennt dagegen nur das allgemeine Persönlichkeitsrecht, in das der Datenschutz mit hineingelesen wird.[48] Auf diese Weise entsteht die Frage, ob Art. 8 EMRK gemäß Art. 52 Abs. 3 GRC bei der Auslegung von Art. 8 GRC (und nicht nur bei Art. 7 GRC) zu beachten ist. Zutreffender Ansicht nach gilt: Da die GRC ein spezielles Grundrecht kennt und dieses nicht in der EMRK enthalten ist, läuft insofern Art. 52 Abs. 3 GRC vom Normtext und vom Sinn her leer, so dass Art. 7 GRC selbständig auszulegen ist.[49] Im Ergebnis ist daher Art. 8 GRC die einzige Rechtsquelle für das Recht auf informationelle Selbstbestimmung. Der EuGH vereinfacht sich oft das Leben, indem er alle drei Grundrechtsnormen gemeinsam zitiert. Er befindet sich auf dem Weg der Besserung, da er sein anfänglich praktiziertes Mischverfahren[50] langsam aufgibt und beide Grundrechte zwar immer noch parallel aber wenigstens selbständig prüft.[51]

---

[46] *Herrmann* in Streinz EUV/AEUV Art. 16 AEUV Rn. 4; *Schneider* in Wolff/Brink BeckOK DatenschutzR Syst. B Rn. 22.

[47] *Schneider* in Wolff/Brink BeckOK DatenschutzR Syst. B Rn. 23.

[48] *Marauhn/Melijnik* in Grote/Marauhn EMRK/GG Kap. 16 Rn. 29; *Meyer-Ladewig* EMRK Art. 8 Rn. 40 ff.

[49] Ebenso *Kingreen* in Calliess/Ruffert GRC Art. 8 Rn. 4; *Schneider* in Wolff/Brink BeckOK DatenschutzR Syst. B Rn. 19 ff.; unklar insoweit *Sobotta* in Grabitz/Hilf/Nettesheim Recht der EU AEUV Art. 16 Rn. 5.

[50] EUGH NJW 2008, 743 Rn. 64 – Promusicae; EuGH MMR 2011, 122 Rn. 76 – Volker und Markus Schecke; EuGH EuZW 2012, 37 Rn. 40 – ASNEF; EuGH NJW 2015, 2257 Rn. 69 – Google Spain.

[51] EuGH EuZW 2014, 459 Rn. 32 – Digital Rights Ireland; EuGH NJW 2015, 3151 Rn. 39 – Schrems; EuGH NJW 2015, 463 Rn. 27- Ryneš; anders allerdings wieder EuGH NJW 2017, 717 Rn. 107 f. – Tele2 Sverige AB/Post).

39   Die **Sekundärquellen** (insbesondere die DSRL und künftig die DS-GVO) gestalten das **Datenschutzgrundrecht** aus.[52] Trotz dieses Bezugs der Sekundärrechtsnormen zum Grundrecht ist das Datenschutzrecht autonom aus Art. 8 GRC heraus zu bestimmen, und nicht in Wechselwirkung zum Sekundärrecht.[53] Das Sekundärrecht kann allenfalls eine Interpretationshilfe sein, da es zeitlich vor der Formulierung des Art. 8 GRC bestand, und insofern mehr oder weniger den Horizont für die Regelung bildete. Umgekehrt bestehen keine Bedenken, das Sekundärrecht im Lichte des Grundrechts auszulegen, was der EuGH auch macht, um so zu einer weiten Anwendung der Datenschutzrichtlinie zu kommen.[54]

40   *(3) Schutz natürlicher Personen.* Nach dem Normtext ist „jede Person" geschützt, worunter nur natürliche Personen fallen sollen.[55] Daten juristischer Personen sind danach nur dann geschützt, wenn diese die dahinterstehenden natürlichen Personen betreffen. Dies ist etwa möglich, wenn der Name der juristischen Person zugleich (teilweise) auch der Name einer natürlichen Person ist.[56] Die Abgrenzung wird zu Recht als schwer durchführbar kritisiert.[57] Als Begründung für die Beschränkung auf natürliche Personen kann zunächst auf **Art. 16 Abs. 2 AEUV** verwiesen werden, da dort die Regelungskompetenz auf die **natürlichen Personen beschränkt** wird. Allerdings kann der Grundrechtsschutz durchaus weiter gehen als die Kompetenznormen. Dafür spricht vor allem der textliche Zusammenhang von Art. 8 GRC zu den anderen Grundrechtsbestimmungen. **Art. 8 GRC spricht von „Person", und nicht wie Art. 1, Art. 2, Art. 3, Art. 6 GRC von „Mensch".** Die Beschränkung des Art. 8 GRC auf natürliche Personen überzeugt auch sachlich nicht.[58] Der Datenschutz besitzt nicht nur einen Bezug zur Menschenwürde, sondern auch zur allgemeinen Handlungsfreiheit. Es ist nicht konsequent, einerseits jedes personenbezogene Datum zu schützen, und andererseits juristische Personen herauszunehmen. Vom Schutzzweck des Grundrechts (Schutz vor Verarbeitung personenbezogener Daten ohne Kenntnis des Betroffenen) und von der Gefährdungslage her ist der Einbezug von juristischen Personen naheliegend.

41   *(4) Personenbezogene Daten.* Das Recht auf informationelle Selbstbestimmung (Art. 8 GRC/Art. 16 Abs. 1 GRC) schützt personenbezogene Da-

---

[52] EuGH Urt. v. 14.9.2000, Rs. C-369/98 – Fisher, Slg. 2000, I-4279 Rn. 33 f.

[53] Zu großzügig *Herrmann* in Streinz AEUV Art. 16 Rn. 4; *Kingreen* in Calliess/Ruffert GRC Art. 8 Rn. 6–8.

[54] EuGH NJW 2015, 2257 Rn. 69 – Google; EuGH NJW 2015, 464 Rn. 29 – Ryneš; EuGH NJW 2015, 3151 Rn. 38 – Schrems.

[55] EuGH MMR 2011, 122 Rn. 53 – Volker und Markus Schecke; *Sobotta* in Grabitz/Hilf/Nettesheim Recht der EU AEUV Art. 16 Rn. 17.

[56] EuGH MMR 2011, 122 Rn. 53 – Volker und Markus Schecke.

[57] In diesem Sinne auch *Kingreen* in Calliess/Ruffert GRC Art. 8 Rn. 6–8; *Knecht* in Schwarze EU-Kommentar Art. 8 GRC Rn. 3; vgl. auch OVG Lüneburg NJW 2009, 2697 (2697).

[58] Ebenso *Kingreen* in Calliess/Ruffert EUV/AEUV Art. 8 GRC Rn. 11; Streinz in Streinz AEUV Art. 16 Rn. 6; in diese Richtung auch *Schneider* in Wolff/Brink Datenschutz in Bund und Ländern Syst. B Rn. 28; *Knecht* in Schwarze EU-Kommentar GRC Art. 7 Rn. 3.

ten. Das sind **alle Angaben oder Informationen über eine bestimmte oder bestimmbare Person**. Üblicherweise wird die Definition schon auf natürliche Personen eingeschränkt.[59] Überzeugend ist dies nicht, weil Subjekt und Gegenstand des Rechts getrennt werden sollten. Der Begriff ist in seiner primärrechtlichen Bedeutung, dh für den Grundrechtsschutz und die Normsetzungskompetenz weit zu verstehen.

Bestimmt ist eine Person, wenn derjenige, der die Daten verwendet oder **42** der bestimmungsgemäß Zugriff auf die Daten hat, die Person identifizieren kann. **Bestimmbar** ist eine Person, wenn die Identifizierung nicht gegeben ist, aber mit zumutbarem Aufwand vorgenommen werden kann, oder wenn mit einer Identifizierung durch einen anderen ernsthaft gerechnet werden muss.[60] Aus grundrechtlicher Sicht ist dabei maßgeblich, ob die verarbeitende Stelle die Person bestimmen kann (**subjektive Sicht**). Unbenommen bleibt es dem Unionsgesetzgeber, im Sekundärrecht den Schutz auszudehnen und den Personenbezug objektiv zu bestimmen oder bestimmte Daten als personenbezogen zu definieren; so hat der deutsche Gesetzgeber in § 45 S. 2 StVG Kfz-Kennzeichen und Fahrzeugidentifikationsnummern als personenbezogene Daten definiert. Umgekehrt verstößt es aber nicht gegen Art. 8 GRC, wenn das Sekundärrecht eine subjektive Sicht zugrunde legt.

Geschützt sind alle personenbezogene Daten, **unabhängig von** ihrem **In-** **43** **halt**. Möglich ist es, personenbezogene Daten, die aus einer Schutzsphäre stammen, die einem speziellen Grundrecht zugeordnet werden, auch hinsichtlich des Datenschutzes dann diesem Grundrecht zuzuordnen. Möglich wäre dies für personenbezogene Daten, die aus Eingriffen in Telekommunikationsbeziehungen (Art. 7 GRC), aus dem Bereich der Wohnung (Art. 7 GRC), oder der unternehmerischen Freiheit (Art. 16 GRC), va Betriebs- und Geschäftsgeheimnisse, gewonnen wurden. Wollte man dies annehmen, so würden der Inhalt und die Struktur dem allgemeinen Recht aus Art. 8 GRC genügen.

(5) Eingriffe und Verletzungen. Nach Art. 8 Abs. 2 S. 1 GRC sind Rechtfer- **44** tigungsgründe erforderlich, sobald es um eine „Verarbeitung" geht. Eine **Beeinträchtigung** oder ein Eingriff ist jede Verarbeitung personenbezogener Daten durch grundrechtsgebundene Stellen. Auf die Sensibilität der Daten kommt es nicht an.[61] Andere Formen von Eingriffen dürften kaum vorkommen. Das Begriffsverständnis des europäischen Sekundärrechts (Art. 2 Buchst. b DSRL/Art. 4 Nr. 2 DS-GVO – Verarbeitung als jeder mit oder ohne Hilfe automatisierter Verfahren ausgeführte Vorgang oder jede solche Vorgangsreihe im Zusammenhang mit personenbezogenen Daten) kann trotz der Rangunterschiede auch dem Primärrecht zugrundegelegt werden.[62] Beispielsfälle aus der Rechtsprechung sind: Weiterleitung von Daten über die Einkünfte eines Arbeitnehmers oder eines Ruhegehaltsempfängers vom Arbeitgeber an einen Dritten[63] oder die Veröffentlichung von Subventionsda-

---

[59] S. z.B. *Kingreen* in Calliess/Ruffert GRC Art. 8 Rn. 9.
[60] *Albrecht* CR 2016, 88 (91).
[61] *Kingreen* in Calliess/Ruffert GRC Art. 8 Rn. 12.
[62] Ebenso *Knecht* in Schwarze EU-Kommentar GRC Art. 8 Rn. 6.
[63] EuGH EuGH EuR 2004, 276 Rn. 75 – Österreichischer Rundfunk.

ten,[64] die Verpflichtung der Telekommunikationsunternehmen zur Speicherung von Verbindungsdaten,[65] sowie die Zugriffsberechtigung staatlicher Behörden auf diese Verbindungsdaten,[66] Aufzeichnung einer Videoüberwachung.[67] Auch die bloße Speicherung ohne Weitergabe ist ein Eingriff.[68] Ein Eingriff bildet eine Verletzung, wenn dieser nicht gerechtfertigt ist. Die Rechtfertigungsgründe sind zweigeteilt, sie ergeben sich zum einen aus Art. 8 Abs. 2 GRC und zum anderen aus Art. 51 GRC.

45 Ein **Eingriff** in das Recht auf informationelle Selbstbestimmung ist danach **nur dann gerechtfertigt**, wenn:

- Eine gesetzliche Grundlage oder eine Einwilligung der betroffenen Person für die Verarbeitung besteht;
- Daten nach Treu und Glauben verarbeitet werden;
- Die Daten für festgelegte Zwecke verarbeitet werden;
- Die Grenzen der Einwilligung bzw. der gesetzlichen Grundlage eingehalten werden;
- Der Wesensgehalt des Rechts auf informationelle Selbstbestimmung beachtet wird (vgl Art. 52 Abs. 1 S. 1 GRC);
- Der Grundsatz der Verhältnismäßigkeit eingehalten wird (vgl Art. 52 Abs. 1 S. 2 GRC);
- Kein im Vergleich zur EMRK abgesenkter Grundrechtsstandard erreicht wird (vgl Art. 52 Abs. 3 GRC);
- Der Betroffene ein Auskunftsrecht gemäß Art. 8 Abs. 2 S. 2 GRC besitzt;
- Die Kontrolle durch eine unabhängige Stelle installiert worden ist (vgl Art. 8 Abs. 3 GRC; Art. 16 Abs. 2 S. 2 AEUV);
- Über Art. 8 Abs. 2 S. 1 GRC hinaus noch die Schranken des Art. 52 GRC beachtet worden sind, sofern sie sich nicht mit Art. 8 Abs. 2 GRC decken.

46 *(6) Rechtfertigung durch eine gesetzliche Grundlage.* Dieses Erfordernis wird in in den Rechtsgrundlagen des Art. 6 DS-GVO wieder aufgenommen. Der Begriff der **gesetzlichen Grundlage** ist **europarechtlich ausgeformt**. Nicht zwingend erscheint ein Parlamentsgesetz. Der Begriff des Gesetzes ist unionsrechtlich zu verstehen.[69] Erfasst werden Gesetze je nach maßgeblicher Rechtsordnung, dh unionsrechtlich alle im Gesetzgebungsverfahren erlassenen Akte, in Deutschland die Parlamentsgesetze und im common law-Rechtskreis der materielle Gesetzesbegriff.

47 Die gesetzliche Grundlage muss zunächst **legitim** sein. Legitim ist die Verarbeitung immer, wenn sie erforderlich ist, um einen anderen – für sich genommen legitimen – Zweck zu erreichen. Weiter können auch primär informationelle Gründe die Verarbeitung rechtfertigen, wie etwa die Realisierung des Transparenzgrundsatzes.[70] Eine Beschränkung auf die in Art. 7 DSRL aufge-

---

[64] EuGH MMR 2011, 122 Rn. 58 – Volker und Markus Schecke.

[65] EuGH EuZW 2014, 459 Rn. 34 – Digital Rights Ireland; EuGH NJW 2017, 717 Rn. 112 – Tele2 Sverige AB/Post).

[66] EuGH EuZW 2014, 459 Rn. 35 – Digital Rights Ireland.

[67] EuGH, NJW 2015, 463 Rn. 27 – Ryneš.

[68] EuGH NJW 2014, 2169 Rn. 34 – Digital Rights Ireland; abweichend noch EuGH EuR 2004, 276 Rn. 74 – Österreichischer Rundfunk.

[69] Vgl. *Kingreen* in Calliess/Ruffert GRC Art. 8 Rn. 14.

[70] EuGH MMR 2011, 122 Rn. 67 – Volker und Markus Schecke; *Kingreen* in Calliess/ Ruffert EUV/AEUV Art. 8 GRC Rn. 14; *Wollenschläger* AöR 135 (2010), 364 (389).

führten legitimen Zwecke nimmt Art. 8 Abs. 2 GRC nicht inzident vor. Allerdings dürfte es sich dabei um eine Aufzählung handeln, die die meisten Fälle erfasst und die im Kern auch bei künftigen Reformen übernommen werden dürfte. In der Entscheidung zur Vorratsdatenspeicherung wurde die Bekämpfung des Terrorismus als Ziel anerkannt.[71] Diese Eingriffsmöglichkeiten sind wiederum durch Art. 8 Abs. 2, Abs. 3 **48** und Art. 52 GRC eingeschränkt, insbesondere durch das Gebot der Verarbeitung nach Treu und Glauben, den Zweckbindungsgrundsatz, das Erfordernis eines sachlichen Grundes, die Pflicht zur institutionellen Datenschutzkontrolle, die Gewährung von Auskunfts- und Berichtigungsrechten und das Prinzip der Verhältnismäßigkeit. Spezifische Ausformungen des Prinzips der Verhältnismäßigkeit im Datenschutz sind die Prinzipien der Datenvermeidung und der Datensparsamkeit.[72]

(7) Rechtfertigung durch Einwilligung. Art. 8 GRC spricht von der **Ein-** **49** **willigung**, ohne sie inhaltlich näher zu bestimmen. Die Einwilligung ist das Einverständnis des Betroffenen, dass personenbezogene Daten, die ihn betreffen, verarbeitet werden.[73] Die grundrechtlichen Mindestanforderungen an die Wirksamkeit einer Einwilligung sind nicht identisch mit den Anforderungen, die das Sekundärrecht an die Einwilligung stellt. Das Sekundärrecht darf zu Gunsten des Betroffenen strengere Anforderungen an die Einwilligung sein, aber nicht großzügiger. Eine **wirksame Einwilligung** iSv Art. 8 GRC liegt nur vor, wenn der Einwilligende eine hinreichende Einwilligungsfähigkeit besitzt, die Einwilligung freiwillig und hinreichend informiert abgegeben wird und die Einwilligung ausdrücklich oder konkludent erklärt wird. Zutreffender, aber umstrittener Ansicht nach lässt Art. 8 GRC auch eine mutmaßliche Einwilligung zu, dh eine fingierte Einwilligung unter engen Voraussetzungen

Der **Verhältnismäßigkeitsgrundsatz** ist **nicht anwendbar**.[74] Bei der Ein- **50** willigung ist nicht die Frage entscheidend, ob der verfolgte Gemeinwohlgrund die durch den Eingriff hervorgerufene Belastung rechtfertigt, sondern ob der Betroffene autonom über die Zulässigkeit des Eingriffs entscheiden konnte. Anstelle der Verhältnismäßigkeit treten bei der Einwilligung die Voraussetzungen der Freiwilligkeit, die Eindeutigkeit der Einwilligungserklärung und die Einwilligungsfähigkeit.

Art. 8 GRC stellt die **Einwilligung** und die legitime **gesetzliche Grund-** **51** **lage selbstständig** nebeneinander. Es wird kein Vorrang einer der beiden Rechtfertigungsmöglichkeiten festgelegt. Grundsätzlich ist daher von einer Gleichrangigkeit und auch von einer möglichen Parallelität beider Grundlagen auszugehen. Dies gilt aber dann nicht, wenn der jeweilige Schutzzweck der Rechtfertigungsmöglichkeit etwas anderes verlangt. So kann es sein, dass die Schaffung einer speziellen gesetzlichen Grundlage durch den Gesetzgeber zugleich auch den zulässigen Ausschluss einer Rechtfertigung im Wege einer Einwilligung darstellen soll. Dies ist möglich, wenn auf diese Weise der Ge-

---

[71] EuGH EuZW 2014, 459 – Digital Rights Ireland.
[72] *Sobotta* in Grabitz/Hilf/Nettesheim Recht der EU AEUV Art. 16 Rn. 8.
[73] *Knecht* in Schwarze EU-Kommentar GRC Art. 8 Rn. 7.
[74] Ebenso *Kingreen* in Calliess/Ruffert GRC Art. 8 Rn. 13.

setzgeber den Betroffenen schützen will. Das gilt vor allem dann, wenn aufgrund des konkreten Machtgefälles nicht von der Freiwilligkeit einer gegebenenfalls abgegebenen Einwilligung auszugehen ist. In diesen Fällen kann nur auf die gesetzliche Grundlage zur Rechtfertigung abgestellt werden. Umgekehrt sind aber auch Fälle denkbar, in denen trotz gesetzlicher Grundlage auf eine Einwilligung abzustellen ist. Dies ist insbesondere dann der Fall, wenn die Einwilligung im Rahmen von Vertragsverhandlungen abgegeben wurde und auf diese Weise der Betroffene die Voraussetzung für die Datenverarbeitung individuell seinen eigenen Bedürfnissen anpassen konnte. In diesen Fällen wäre die Einwilligung vorrangig vor der gesetzlichen Grundlage.

52   Schwierig ist die **dogmatische Einordnung** der Verarbeitung personenbezogener Daten mit der Einwilligung des Betroffenen. Möglich ist hier, schon den Eingriff in das Recht zu verneinen oder den Eingriff anzunehmen und die Einwilligung als einen Rechtfertigungsgrund zu betrachten. Keine Alternative überzeugt vollständig. Wegen der funktionalen Parallelität von Einwilligung und Rechtsgrundlage in Art. 8 Abs. 2 S. 1 GRC liegt es näher, die **Einwilligung** als **Rechtfertigung** zu verstehen.[75]

53   *(8) Zweckbindung. (a) Allgemein.* Die Verarbeitung darf nur zu festgelegten Zwecken erfolgen. Geht sie darüber hinaus, werden Daten ohne Rechtsgrundlage verarbeitet. Der Zweckbindungsgrundsatz gilt nach dem Normtext von Art. 8 Abs. 2 S. 1 GRC nicht nur bei Eingriffen, die sich auf eine gesetzliche Grundlage stützen, sondern auch bei solchen, die auf eine Einwilligung zurückgehen. Dies ist mit dem Sinn der Einwilligung vereinbar. Es ist daher davon auszugehen, dass sich die Einwilligung europarechtlich auf festgelegte Zwecke beziehen muss. Eine Einwilligung, bei der die Zweckbindung nicht, auch nicht durch Auslegung, ermittelbar ist, ist daher nicht wirksam.

54   Die Zweckbindung begrenzt das **Ausmaß der Datenverarbeitung.** Der Grundsatz ist im Sekundärrecht auch in Art. 5 DS-GVO normiert. Beide Garantien dürften weitgehend übereinstimmen. Der Zweckbindungsgrundsatz besteht aus zwei Teilen: der Pflicht, die Zwecke vor Verarbeitung festzulegen (Gebot der Zweckfestlegung), und der Pflicht, die Daten nur zu diesen Zwecken zu verarbeiten (Zweckbindung bei der Verarbeitung).

55   *(b) Gebot der Zweckfestlegung.* Die Zwecke, zu denen die Verarbeitung erfolgt, müssen **vor dem Eingriff festgelegt** sein.[76] Grundsätzlich ist eine **ausdrückliche Festlegung** erforderlich, unter besonderen Umständen wird man im Einzelfall aber auch eine konkludente Festlegung zulassen können. Die Existenz eines Verarbeitungsgrunds genügt aber nicht. Es gibt keinen ungeschriebenen Grundsatz, nach dem die Verarbeitung immer auf Rechtfertigungsgründe zu beziehen ist. Die verarbeitende Stelle muss den Zweck der Verarbeitung vor der Verarbeitung festlegen. Es ist davon auszugehen, dass dies das Gebot bildet, gegen das am häufigsten verstoßen wird. Die Zweckbestimmung muss konkret sein. Wie **konkret diese sein muss, hängt** wiederum

---

[75] S.a. *Kingreen* in Calliess/Ruffert GRC Art. 8 Rn. 13.
[76] *Frenz* Handbuch Europarecht, Band 4 Rn. 1432.

von der **Schwere des Eingriffs** und den **sonstigen Umständen** ab.[77] In welcher Form die Zwecke festgelegt sein müssen, sagt Art. 8 GRC nicht. Sie müssen nicht in Rechtsnormen gefasst sein und die Rechtfertigung muss auch nicht die gleiche Rangstufe besitzen wie die Norm, die den Eingriff rechtfertigt. Dies verlangt weder der Normtext noch der Sinn von Art. 8 Abs. 2 GRC. Die Art und Weise der Zweckbestimmung ist daher von der Eingriffsrechtfertigung unabhängig. Entscheidend ist aber, dass die Zweckbestimmung für den Betroffenen erkennbar war, vor dem Eingriff vorlag und nicht unbemerkt später verändert werden kann.

(c) Zweckbindung. Die Verarbeitung muss sich an den vorher festgelegten **56** Zwecken orientieren. Geht sie darüber hinaus, werden Daten ohne Rechtsgrundlage (oder Einwilligung) verarbeitet. Die Verarbeitung der Daten ist nur zu den Zwecken zulässig, zu denen sie erhoben wurde. Die **Zweckbindung** kann **unterschiedlich streng ausgestaltet** sein, das europäische Recht ist hier etwas großzügiger als das deutsche Datenschutzrecht.

Die Verwendung zu **anderen als den festgelegten Zwecken** kann sich zu- **57** mindest nicht auf den Rechtsgrund berufen, auf dessen Grundlage die Daten erhoben wurden. Unter welchen Voraussetzungen eine **Zweckänderung** rechtlich möglich ist, sagt Art. 8 GRC nicht. Der Normtext klingt so, als sei eine Zweckänderung völlig ausgeschlossen und eine Neuerhebung zwingend. Da dies aber ggf zu einer höheren Belastung der betroffenen Person führen kann als eine ausdrückliche Zulassung der Zweckänderung, wird man Art. 8 GRC teleologisch so auslegen können, dass er die Zweckänderung nicht vollständig ausschließt.

(d) Verarbeitung nach Treu und Glauben. Das Gebot der Verarbeitung **58** nach **Treu und Glauben** ist nicht nur in Art. 8 EMRK niedergelegt, sondern auch sekundärrechtlich in Art. 5 Abs. 1 lit. a DS-GVO garantiert. Beide Garantien dürften inhaltlich weitgehend identisch sein. Die Vorgabe bezieht sich auf die Art und Weise der Datenverarbeitung und soll dieser Grenzen setzen. Die Art der Verarbeitung besitzt Einfluss auf das Ausmaß der Belastung, die von dem Eingriff ausgeht, und das Gebot der Verarbeitung nach Treu und Glauben ist eine Folge der Verhältnismäßigkeit ieS. Die inhaltlichen Vorgaben des Gebots der Verarbeitung nach Treu und Glauben sind **nicht geklärt**. Das Gebot war vor seiner Aufnahme in Art. 8 GRC schon im Sekundärrecht (Art. 6 DSRL) enthalten. Wirklich mit Substanz ausgefüllt wurde dieses Merkmal bisher aber noch nicht. Es dürfte zwei Ausprägungen haben: zum einen die **Vorhersehbarkeit** und zum anderen die **Transparenz** der Datenverarbeitung.

Bisher wird nur der letzte Aspekt diskutiert. Ew 38 DSRL enthält das Ge- **59** bot, dass die betroffenen Personen über die Verarbeitung ordnungsgemäß und **umfassend informiert** werden, wenn Daten bei ihnen erhoben werden.[78] Daher werden in der Regel die Verfahrensrechte als Folgerung des Gebots der Verarbeitung nach Treu und Glauben verstanden.[79]

---

[77] *Frenz* Handbuch Europarecht, Band 4 Rn. 1432 ff.
[78] So auch EuGH ZD 2015, 577 Rn. 34 – Bara.
[79] *Sobotta* in Grabitz/Hilf/Nettesheim Recht der EU AEUV Art. 16 Rn. 47.

60 Treu und Glauben meint daneben eine Verarbeitung, die innerhalb dessen liegt, womit der Betroffene bei der Erhebung **redlicher Weise** hat **rechnen müssen**. Diese Seite ergänzt das Gebot der Zweckbindung durch eine objektive Sicht der Begrenzung der möglichen Zwecke und unterstützt die Zweckbindung verfahrensrechtlich. Neben das Gebot der Transparenz und der Kontrollmöglichkeit durch Verfahrensrecht tritt somit auch ein Gebot der Vorhersehbarkeit.

61 Eine zentrale Folge des Gebots der Verarbeitung nach Treu und Glauben ist das Gebot, Daten unter bestimmten **Bedingungen zu löschen**, und zwar dann, wenn sie unrichtig, für den verfolgten Zweck nicht mehr erforderlich sind[80] oder deren Rechtsgrundlage entfallen ist. Der Löschungsanspruch kann sich aus sachlichen Gründen in einen Anspruch auf Sperrung umwandeln, etwa wenn die Löschung objektiv unmöglich oder für den Anspruchsgegner unzumutbar ist oder die Sperrung den Interessen der betroffenen Person noch mehr entgegenkommt als die Löschung, zB weil er noch Rechtsschutz einholen will, für den die Löschung kontraproduktiv wäre.

62 *(9) Verhältnismäßigkeit.* Nach dem Grundsatz der Verhältnismäßigkeit gemäß Art. 52 Abs. 1 S. 2 GRC muss die gesetzliche Grundlage des Eingriffs eine dem **Gemeinwohl** dienende **Zielsetzung** verfolgen.

63 Die Erhebung und Verarbeitung personenbezogener Daten muss dem legitimen Zweck dienen, muss für die Erfüllung dieses Zwecks geeignet, aber auch erforderlich sein, dh nicht außer Verhältnis zum Grundrechtseingriff stehen. Der EuGH trennt anders als die deutsche Rechtsprechung, nicht streng zwischen der Erforderlichkeit und der Verhältnismäßigkeit ieS.[81]

64 Nicht von selbst erklärt sich weiter das **Verhältnis** von **Verhältnismäßigkeitsgrundsatz** und **Zweckbindung**. Es liegt nahe, anzunehmen, dass der gesetzliche Zweck des Eingriffs identisch mit dem Zweck der Verarbeitung iSv Art. 8 Abs. 2 S. 1 GRC ist. Dies ist aber nicht notwendig der Fall. Die Zweckbindung der Daten und das Ziel bzw der Zweck des Eingriffs können auseinanderfallen. Der Eingriff wird auf fernerliegende Ziele gerichtet sein als die datenschutzrechtliche Zweckbindung.

65 **Spezifische Ausformungen** des Prinzips der Verhältnismäßigkeit im Datenschutz sind zunächst die Prinzipien der **Datenvermeidung** und der **Datensparsamkeit**.[82] Der EuGH hält die namentliche Veröffentlichung der Empfänger von Agrarsubventionen für nicht erforderlich/angemessen, da Rat und Kommission keine Überlegungen dazu angestellt hätten, ob der Zweck nicht auch in geringer belastender Weise hätte erreicht werden können.[83] Bei dieser Handhabung folgen demnach aus dem Verhältnismäßigkeitsgrundsatz verfahrensrechtliche Forderungen der Abwägung und der Dokumentation.

66 Für die Frage der **Abwägung** zwischen der Verfolgung des Gemeinwohlgrundes und der Grundrechtsbelastung kommt es entscheidend darauf an, wie **schwer** der **Grundrechtseingriff** einerseits wiegt und andererseits, wie **über-**

---

[80] EuGH EuZW 2009, 546 Rn. 33, 59, 65 – Rijkeboer.
[81] S etwa EuGH EuZW 2014, 459 Rn. 46 – Digital Rights Ireland.
[82] *Sobotta* in Grabitz/Hilf/Nettesheim Recht der EU AEUV Art. 16 Rn. 8.
[83] EuGH MMR 2011, 122 Rn. 82, 83 – Volker und Markus Schecke.

ragend der **Gemeinwohlgrund** ist und **wie sehr** seine Erreichung durch den Eingriff **verbessert** wird. Bei der Gewichtung des Grundrechtseingriffs lassen sich generelle informationelle Aspekte nennen: (a) Geheime Informationserhebungen wiegen grundsätzlich deutlich schwerer als offene Informationserhebungen. (b) Weiter wirkt sich auch die Art der betroffenen personenbezogenen Daten auf die Gewichtung aus. Je persönlichkeitsrelevanter das erhobene Datum ist, umso schwerer ist der Eingriff. Es lassen sich die Stufen unantastbarer Kernbereich, Intimbereich, Persönlichkeitsbereich und Sozialbereich unterscheiden. (c) Eine unmittelbare Datenerhebung beim Betroffenen ist prinzipiell als geringere Belastung anzusehen als die Datenerhebung bei Dritten.[84] (d) Erheblich sind weiter der Anlass und die Umstände der Erhebung, insbesondere die Streubreite und die Anzahl der Betroffenen und die Verantwortlichkeit der betroffenen Person für die Erhebung (Hat er einen Anlass gesetzt?).[85] (e) Die Verfahrensausgestaltung des Eingriffs (Gibt es Kontrollmechanismen zum Schutz vor Missbrauch?)[86] insbesondere (f) wie streng die Verwendungsmöglichkeiten auf die Zweckerreichung bezogen sind[87] und (g) die Verwendungsmöglichkeiten (rechtlicher und tatsächlicher Art), wie etwa die Möglichkeit der Verknüpfung mit anderen Daten oder die Möglichkeit, Bewegungs- oder Persönlichkeitsprofile zu erstellen. (h) Welche Garantien bestehen in Bezug auf die Datenqualität und die Datensicherheit?[88] (i) Einen Einfluss besitzt weiter der Umstand, ob der Eingriff dem Schutz anderer Grundrechte dient. In der Rechtsprechung wurden etwa die Meinungsfreiheit (Art. 11 GRC)[89] und das Eigentumsrecht (Art. 17 GRC) genannt.[90]

Der EuGH weist speziell im Datenschutz darauf hin, dass die Erforder- **67** lichkeit nur gewahrt sei, wenn der Eingriff auf das „**absolut Notwendige**" beschränkt sei, wobei dies nicht der Fall ist, wenn die Eingriffsgrundlage nicht hinreichend bestimmt und nicht ausreichend verfahrensrechtlich abgesichert ist.[91]

(10) Schutzwirkungen. Das europäische Recht auf informationelle Selbst- **68** bestimmung (Art. 8 GRC und Art. 16 Abs. 1 AEUV) gibt dem Betroffenen ein Recht auf Schutz. Die Formulierung „**Recht auf Schutz**" ist von der grammatikalischen Bedeutung her stärker als eine Garantie, die nur ein Recht auf Achtung einräumt (so die Formulierung bei Art. 7 GRC). Das Recht auf Schutz gewährt zunächst ein klassisches Abwehrrecht vor Beeinträchtigungen (Schutz als Gewährleistung der Abwesenheit von Beeinträchtigungen durch Hoheitsgewalt). Darüber hinaus fließt es aber auch in die Anforderungen ein, die die Zivilrechtsordnung erfüllen muss. Bei der Anwendung dieser Normen sind im

---

[84] *Kingreen* in Calliess/Ruffert EUV/AEUV Art. 8 GRC Rn. 15.
[85] EuGH EuZW 2014, 459 Rn. 58 – Digital Rights Ireland.
[86] EuGH EuZW 2014, 459 Rn. 62 u. 66 – Digital Rights Ireland.
[87] EuGH EuZW 2014, 459 Rn. 59 u. 61 – Digital Rights Ireland.
[88] Nicht ganz klar *Sobotta* in Grabitz/Hilf/Nettesheim Recht der EU Art. 16 AEUV Rn. 11.
[89] EuGH EuZW 2004, 245 Rn. 90 – Lindqvist.
[90] EuGH NJW 2008, 743 Rn. 62 – Promusicae.
[91] EuGH EuZW 2014, 459 Rn. 52 ff. – Digital Rights Ireland; EuGH NJW 2017, 717 Rn. 96 – Tele2 Sverige AB/Post).

Wege der Drittwirkung die Schutzanforderungen aus Art. 8 GRC zu beachten. So wird bei der Verletzung geistigen Eigentums im Internet von den Mitgliedsstaaten verlangt ein angemessenes Gleichgewicht zwischen dem Schutz des Eigentums und dem Datenschutz herzustellen.[92] Weiter bildet der Datenschutz auf unionaler Ebene auch ein zwingendes Allgemeininteresse, das Beschränkungen von Handel und Dienstleistungen im Binnenmarkt[93] oder von Grundrechten rechtfertigen kann.

69 Der Schutzpflicht werden die DSRL und die DS-GVO dadurch gerecht, dass sie grundsätzlich jede Datenverarbeitung einem Rechtfertigungszwang unterwerfen und sehen als Rechtfertigungsmöglichkeiten entweder die Einwilligung oder staatliche Normen vor (Art. 7 DSRL/Art. 6 DS-GVO).

70 **cc) Die Rechtsprechung des EuGH zum Grundrechtsschutz.** Die wichtigste, wenn auch nicht die älteste Entscheidung zum Recht auf Schutz personenbezogener Daten ist das Urteil **Volker und Markus Schecke** vom 9.11.2010.[94] Es war ein Paukenschlag und bildete einen Meilenstein im europäischen Grundrechtsschutz, weil der EuGH Sekundärrecht wegen Verstoßes gegen europäische Grundrechte für nichtig erklärt hat. Im Rechtsstreit ging es um eine europäische Verordnung, die aus Gründen der Transparenz verlangte, dass unabhängig von dem Umfang der Subvention jeder Empfänger von Agrarsubventionen aus EU-Mitteln mit Namen, Betrieb und weiteren Informationen auf der Homepage der Kommission erwähnt werden müsse. Zwei Agrarsubventionsempfänger aus Deutschland wehrten sich dagegen und der EuGH erklärte die Rechtsgrundlage für nichtig wegen Verstoßes gegen Art. 8 GRC.

71 Der EuGH prüfte in dieser Entscheidung Art. 7 und Art. 8 GRC gemeinsam. Art. 7 GRC greift auch bei **juristischen Personen**, sofern in deren Namen eine oder mehrere natürliche Personen vorkommen (ansonsten nicht). Die Veröffentlichung der Agrarsubventionen bildete einen Eingriff in das Privatleben in Art. 7 GRC, da die Subventionen oftmals einen wesentlichen Teil der Einkünfte ausmachten. Auch Daten zur beruflichen Tätigkeit unterfielen dem Begriff des Privatlebens. Die Kenntnis der Betroffenen über die Veröffentlichung ihres Namens auf der Webseite bei Antragstellung der Agrarsubvention bilde keine relevante Einwilligung (→ Rn. 63). Die Veröffentlichung der Namen mitsamt Höhe der gewährten Subvention bildet daher einen Eingriff in das Grundrecht der Privatsphäre und des Rechts auf Schutz personenbezogener Daten. Dieser Eingriff verfolge mit dem Ziel der **Transparenz** und dem Ziel der stärkeren öffentlichen Kontrolle der Haushaltsmittel einen sachlichen Zweck. Der Eingriff in die Rechte der Betroffenen sei aber erheblich, da die Beihilfen zwischen 30% bis 70% des Gesamteinkommens der betroffenen Empfänger ausmachen (→ Rn. 73). Die Veröffentlichungsregel sei **geeignet**,

---

[92] EuGH EuZW 2015, 747 Rn. 33 – Coty Germany GmbH gegen Stadtsparkasse Magdeburg.
[93] EuGH NJW 2003, 3185 Rn. 71 ff. – Schmidberger; EuGH NVwZ 2004, 1471 Rn. 33 – Omega; *Sobotta* in Grabitz/Hilf/Nettesheim Recht der EU AEUV Art. 16 Rn. 9.
[94] EuGH MMR 2011, 122 – Volker und Markus Schecke.

die Transparenz zu verbessern. Allerdings fehle es der Regelung an der notwendigen Erforderlichkeit. Möglich wäre auch gewesen, die Veröffentlichung „nach Maßgabe der Zeiträume, während deren sie Beihilfe erhalten haben, deren Häufigkeit oder auch von Art und Umfang dieser Beihilfen" zu beschränken (→ Rn. 81). Da die Kommission diese **Möglichkeit nicht einmal erwogen** hätte und auch andere Gestaltungen nicht erwogen hätte, sei nicht ersichtlich, dass der Rat und die Kommission bestrebt gewesen seien, hinsichtlich natürlicher Personen als Empfänger der Beihilfe eine ausgewogene Gewichtung des Interesses der Union, deren Transparenz ihrer Handlung und eine bestmögliche Verbindung der öffentlichen Mittel auf der einen Seite und der in Art. 7 und Art. 8 der Charta verankerten Grundrechte auf der anderen Seite vorzunehmen (→ Rn. 80). Weiter wies der EuGH in diesem Urteil darauf hin, dass die Meldepflicht gemäß Art. 18 DSRL nicht der dort niedergelegten Verarbeitungsformen vorgelagert erfolgen muss.

Aus deutscher Sicht ist die Begründung zwar im Ergebnis überzeugend, **72** nicht aber in der Begründung. Zunächst **verwundert** der Umstand, dass der EuGH die angesprochene Vergleichsüberlegung nicht bei der Verhältnismäßigkeit im engeren Sinne prüfte. Darüber hinaus ist die Betonung, die Kommission habe diese Frage nicht überlegt, ebenfalls merkwürdig anmutend, da auch bei einer entsprechenden Überlegung der Kommission und des Rates die im Endeffekt erlassene Regelung grundrechtswidrig gewesen wäre. Dieses Abstellen auf die Erwägung soll wohl im Ergebnis einen gewissen Respekt und Achtung des Gestaltungsspielraums für die Kommission und den Rat darstellen.

Den zweiten Paukenschlag in dieser Richtung bildet die Nichtigkeitserklä- **73** rung der Richtlinie zur **Vorratsdatenspeicherung** (Digital Rights Ireland) im Jahr 2014.[95] Die Richtlinie 2006/24/EG über die Vorratsspeicherung von Daten, die bei der Bereitstellung öffentlich zugänglicher elektronischer Kommunikationsdienste oder öffentlicher Kommunikationsnetze erzeugt oder verarbeitet werden (Abl. 2006, L 105/54), verpflichtet die Mitgliedsstaaten, durch nationales Recht sicherzustellen, dass die Telekommunikationsunternehmen bestimmte Verkehrsdaten aus Telekommunikationsverbindungen „auf Vorrat", für eine Zeitdauer von mindestens 6 Monaten bis maximal 2 Jahren speichern, damit auf diese Daten von den staatlichen Behörden zugegriffen werden könne. Der Staat hatte ein Interesse an der Speicherung, weil die Daten häufig für die Verfolgung von Straftaten benötigt werden. Erklärter Zweck der Vorratsdatenspeicherung war die Vereinheitlichung der Vorgaben für die Telekommunikationsanbieter, aber auch die verbesserte Möglichkeit der Verhütung und Verfolgung von schweren Straftaten.

Nach Auffassung des EuGH genügte die **Binnenmarktkompetenz** als **74** **Rechtsgrundlage**.[96] Ob die Richtlinie materiell mit dem Datenschutzgrundrecht vereinbar ist, hatte der EuGH zunächst offen gelassen. Er hat dann aber im Rahmen von zwei Vorlageverfahren aus Irland und Österreich[97] mit Ur-

---

[95] EuGH EuZW 2014, 459 – Digital Rights Ireland.
[96] EuGH NJW 2009, 1801 Rn. 61 ff. – Irland/Europäisches Parlament und Rat.
[97] Österreichischer Verfassungsgerichtshof Beschluss vom 20.11.2012, G 47/12–11 u. a.

teil vom 8.4.2014 die Grundrechtswidrigkeit in deutlicher Weise angenommen.[98]

75 Die maßgeblichen Überlegungen des Gerichts beruhten auf **drei Begrün-
dungssträngen**: Der erste Strang stützte sich auf das Gebot eines **engen Kon-
nexes von Zweck und Eingriff**. Art. 7 f. GRC verlangten, dass sich die Eingriffe auf das absolut Notwendige beschränken (→ Rn. 52). Dies sei bei der
Vorratsdatenspeicherung nicht der Fall, da sie zu einem Eingriff in die Grundrechte fast der gesamten europäischen Bevölkerung führe (→ Rn. 56), keine
Differenzierung, Einschränkung oder Ausnahme des Zugriffs anhand der verfolgten Ziele vorsehe, auch Personen erfasst würden, die keinen Anlass zur
Strafverfolgung gegeben hätten (→ Rn. 58) und Berufsträger einbezogen würden. Schließlich fehle ein Zusammenhang zwischen den Daten, deren Vorratsspeicherung vorgesehen sei, und dem Zweck, dem die Speicherung diene,
nämlich die Verfolgung der Straftaten bzw der Abwehr der öffentlichen Gefahren.

76 Der **zweite Begründungsstrang** stützte sich auf die **fehlende Begrenzung**
der Verwendung der erhobenen Daten. Es gäbe kein objektives Kriterium, das
es ermögliche, den Zugang der zuständigen nationalen Behörden zu den Daten
und deren spätere Nutzung auf Straftaten zu beschränken.

77 Der **dritte Begründungsstrang** stützte sich auf den Aspekt der **Datensicherheit**. Es fehlten ausreichende Garantien. Das sehe man an drei Umständen: (a) die auf Vorrat gespeicherten Daten seien nicht wirksam vor Miss-
brauchsrisiken geschützt (→ Rn. 66); (b) es werde kein besonders hohes
Schutzniveau vorgeschrieben (→ Rn. 67); und (c) sei keine Speicherpflicht in
Europa vorgesehen (→ Rn. 68).

78 Diese Grundsätze hat der EuGH in seiner **zweiten Entscheidung zur Vorratsdatenspeicherung** noch einmal ausdrücklich bestätigt. Auch nach Aufhebung der Vorratsdatenspeicherungsrichtlinie müssten sich nationalrechtliche
Normen zu einer Vorratsdatenspeicherung am Unionsrecht messen lassen, wegen Art. 15 RL 2002/58/EG. Den Anforderungen an Art. 7 f. GRC würden nur
differenzierende nationalrechtliche Vorgaben, wie sie in der ersten Entscheidung näher dargelegt wurden, genügen.[99]

79 In dem Verfahren **WebMindLicenses Kft. ./. Nemzeti Adó- és Vámhivatal Kiemelt Adó- és Vám Főigazgatóság** ging es um geheime Ermittlungsmaßnahmen im Rahmen von Steuerstrafverfahren.[100] Der EuGH hat entschieden, dass Art. 8 GRC nicht für juristische Personen anwendbar ist, sofern nicht
ein natürlicher Name bei der juristischen Person betroffen ist. Er hat die Über-
wachungsmaßnahme dann aber an Art. 7 GRC gemessen, ohne dass dies im
Endergebnis einen erkennbaren Unterschied ausmachte. Nach dem nationalen
Recht waren Telekommunikationsüberwachungen und Wohnungsdurchsu-
chungen ohne richterliche Anordnung zulässig, was der EuGH nicht grundsätzlich verwarf. Er verlangt in einem solchen Fall aber eine genaue gesetzliche Grundlage. Die nationalen Rechtsvorschriften und die nationale Praxis

---

[98] EuGH EuZW 2014, 459 – Digital Rights Ireland.
[99] EuGH NJW 2017, 717 – Tele2 Sverige AB/Post).
[100] EuGH Urt. v. 17.12.2015, Rs. C 419/14 Rn. 91 – WebMindLicenses Kft. gegen
Nemzeti Adó- és Vámhivatal Kiemelt Adó- és Vám.

müssten angemessene und wirksame Garantien gegen Missbrauch und Willkür bieten.

Ähnlich glimpflich ging die Prüfung der Verwendung **biometrischer Daten** in von den Mitgliedsstaaten ausgestellten Pässen und Reisedokumenten auf der Grundlage der VO 2252/2004 aus. Der EuGH hielt dies in der Rechtssache **Schwarz ./. Stadt Bochum** für grundrechtskonform.[101]   **80**

Stark ist der Datenschutz auch im Verhältnis zum Transparenzgrundsatz. Eine Person hatte in der Rechtssache **Bavarian Lager** auf der Grundlage der Verordnung über das Recht auf Zugang zu öffentlichen Dokumenten (EG 1049/2001) von europäischen Stellen die Herausgabe von personenbezogenen Daten einer dritten Person verlangt.[102] Die Verweigerung der Herausgabe war rechtmäßig. Gemäß Art. 8 lit. b der DS-GVO (EG Nr. 45/2001) habe der Informationsbegehrende die Verfolgung eines rechtmäßigen Zweckes nachzuweisen. Solange dies nicht geschehe, würde das aus Art. 6 EUV und über diesen auch aus Art. 8 EMRK vermittelte Recht auf Persönlichkeit dem Recht auf Informationszugang vorgehen.   **81**

Relativ alt sind die Entscheidungen in den Rechtssachen **Promusicae, Bonnier Audio** und zuletzt **Coty Germany** zur Abwägung zwischen geistigem Eigentum und Datenschutz. Das Alter liegt daran, dass diese Entscheidungen an den Normen zum geistigen Eigentum und nicht am Datenschutzrecht anknüpfen. Insbesondere in den Konstellationen, in denen der Inhaber eines Schutzrechtes eine Verletzung seines Schutzrechtes durch eine Webseite im Internet feststellt und versucht an die Person, die für diese Verletzung verantwortlich ist, heranzukommen, stellte sich dem EuGH schon früh die Frage der Abwägung zwischen dem geistigen Eigentum und dem Datenschutzrecht.[103] Beispielsweise stellte in dem Verfahren, das dem Urteil des EuGH vom 16.7.2015 zu Grunde lag,[104] ein Parfümhersteller nach einem Kauf aus dem Internet fest, dass der Verkäufer eine Lizenzverletzung begangen hatte und bat die Stadtsparkasse Magdeburg, die Identität der Person zu übermitteln, an die das Unternehmen den Kaufpreis gezahlt hatte. Die Stadtsparkasse verweigerte unter Berufung auf das Bankgeheimnis die Herausgabe der personenbezogenen Daten. Der EuGH hielt es unter Heranziehung der gleichen Richtlinie für unionsrechtswidrig, dass unbegrenzt und bedingungslos die Auskunft über Kontoinhaber unter Berufung auf das Bankgeheimnis verweigert werden könnte.   **82**

dd) Der Auskunftsanspruch gemäß Art. 8 Abs. 2 S. 2 GRC. *(1) Allgemein.* Art. 8 Abs. 2 S. 2 GRC gewährt einen Auskunftsanspruch. Ohne diesen sind Eingriffe in das Recht auf Schutz personenbezogener Daten im Ergebnis nicht zulässig. Unklar ist, ob diese Rechte in Satz 2 Teile der erforderlichen Rechtfertigung von Eingriffen bilden oder **selbstständige verfahrensrechtliche Rechte** darstellen. Vom Normtext und vom Sinn her liegt Letzteres näher. Bei den in Satz 2 niedergelegten Rechten handelt es sich um verfas-   **83**

---

[101] EuGH NJW 2015, 463 Rn. 39 – Michael Schwarz.
[102] EuGH EuZW 2010, 617 – Kommission/Bavarian Lager Co Ltd.
[103] S. o. Fn. 35 (→ Rn. 43).
[104] EuGH EuZW 2015, 747 Rn. 11 – Coty Germany GmbH gegen Stadtsparkasse Magdeburg.

sungsrechtlich gewährte Verfahrensrechte, die aber grundrechtlich zum Ausgleich von Grundrechtseingriffen gewährt werden müssen.

84 *(2) Anspruchsgegner.* Der Auskunftsanspruch des Art. 8 Abs. 2 S. 2 GRC richtet sich gegen diejenigen, die an Art. 8 Abs. 1 GRC gebunden sind. Er verpflichtet daher zunächst nur **Grundrechtsgebundene**. Eine Auskunft gegenüber Privaten ist durch Art. 8 Abs. 2 S. 2 GRC nicht begründet. Der Auskunftsanspruch bezieht sich auf Daten, die sich auf die Auskunftsperson beziehen. Auskünfte über Daten Dritter sind nicht erfasst.

85 *(3) Voraussetzungen.* Gemäß Art. 8 Abs. 2 Satz 2 GRC müssen die Daten erhoben worden sein. Streng genommen werden nicht erhobene sondern nur empfangene Daten (Erhalt von Daten ohne eigene Initiative des Verantwortlichen), nicht vom Auskunftsanspruch erfasst. Die Beschränkung des Ausgangsanspruchs auf erhobene Daten ist nicht überzeugend und sollte durch eine extensive Auslegung korrigiert werden.

86 Der Auskunftsanspruch bezieht sich nur auf Daten, über die der Verantwortliche noch verfügt. Der Verantwortliche muss die Daten nicht wegen des Auskunftsanspruches speichern. Der Auskunftsanspruch soll die Speicherungspflicht nicht erweitern. Vom Schutzzweck her liegt es nahe, den Begriff „erhobene Daten" daher umzuinterpretieren und auf **gespeicherte Daten zu beziehen**. Dies liegt auch deswegen nahe, weil auf diese Weise der Auskunftsanspruch mit dem Berichtigungsanspruch korreliert. Berichtigen kann man nur gespeicherte Daten.

87 **ee) Berichtigungsanspruch.** Art. 8 Abs. 2 S. 2 GRC gewährt weiterhin einen **Berichtigungsanspruch**. Berichtigung meint die inhaltliche Änderung von Daten. Die Löschung ist keine Form von Berichtigung. Der Löschungsanspruch folgt daher nicht unmittelbar aus Art. 8 Abs. 2 S. 2 GRC. Die Berichtigung setzt die Unrichtigkeit der Daten voraus. Unrichtig sind Daten, die Informationen enthalten, die sachlich unzutreffend sind. Dies kann sich auch auf den Erhebungsort oder den Erhebungsumfang beziehen und muss nicht nur den Inhalt der Daten erfassen. Fraglich ist, ob unvollständige Daten als unrichtige Daten anzusehen sind. Dies ist denkbar, aber nicht zwingend. Entscheidend ist der Aussagegehalt der gespeicherten Daten. Führt die Unvollständigkeit zu einem unrichtigen Aussagegehalt, kann eine Ergänzung der Daten verlangt werden. Der Berichtigungsanspruch setzt voraus, dass die Daten perpetuiert sind. Sind die Daten nur im Gehirn des Verpflichteten abgelegt, greift der Berichtigungsanspruch nicht.

88 Es ist davon auszugehen, dass Art. 8 GRC eine **Ausgestaltung** der Auskunftsrechte als zulässig ansieht. Die Ausgestaltung eines Grundrechts, die erforderlich ist, um das Grundrecht wahrzunehmen, bildet keine Einschränkung iSv Art. 52 Abs. 1 GRC und muss daher dessen Vorgabe nicht einhalten.[105]

89 Andere verfahrensrechtliche Ansprüche über die Auskunft und Berichtigung hinaus (Mitteilung, Löschung und Dokumentation) sind nicht in Art. 8 Abs. 2 GRC niedergelegt, können sich aber aus dem Grundsatz der Verhältnismäßigkeit und dem Grundsatz von Treu und Glauben ergeben.

---

[105] S. *Kingreen* in Calliess/Ruffert GRC Art. 52 Rn. 56.

c) Die institutionelle Garantie der Datenschutzkontrolle. Art. 8 Abs. 3 **90**
GRC sieht, sachlich mit Art. 16 Abs. 2 S. 2 AEUV übereinstimmend, eine **institutionelle Datenschutzkontrolle** vor. Es handelt sich nicht um ein Grundrecht, sondern um eine institutionelle Garantie, die den Grundrechtsschutz verstärkt[106] und eine Einrichtungsverpflichtung der Grundrechtsverpflichteten begründet. **Unabhängige Behörden** sind gegenwärtig der europäische Datenschutzbeauftragte gemäß Art. 41 ff. der VO (EG) 45/2001,[107] die behördlichen Datenschutzbeauftragten nach Art. 24 Abs. 1 VO (EG) 45/2001, sowie die Kontrollstellen in den Mitgliedsstaaten nach Art. 28 Abs. 1 DSRL, bzw die Aufsichtsbehörden gemäß Art. 51 DS-GVO. Bei der Entscheidung zur Vorratsdatenspeicherung hat der EuGH bemängelt, dass in der Richtlinie die Kontrolle nicht besonders vorgesehen war.[108] Art. 8 Abs. 3 GRC spricht von einer unabhängigen Stelle, meint aber, wie Art. 16 Abs. 2 UAbs. 1 S. 2 AEUV deutlich werden lässt, nicht notwendig eine Behörde. Die Unabhängigkeit ist sekundärrechtlich näher ausgestaltet und wird daher dort näher dargelegt.

3. Die Datenschutzrichtlinie 95/46/EG

a) Die Regelung im Überblick. Die Richtlinie 95/46/EG zum Schutz na- **91**
türlicher Personen bei der Verarbeitung personenbezogener Daten und zum freien Datenverkehr legte einen **Datenschutzstandard fest, der in allen Mitgliedsstaaten der EU** durch nationale Gesetze sichergestellt werden musste. Ausgenommen von der Anwendung sind lediglich die ausdrücklich in Art. 3 Abs. 2 der DSRL genannten Bereiche (der damaligen zweiten und dritten Säule der Europäischen Union, also der gemeinsamen Außen- und Sicherheitspolitik (GASP) und der polizeilichen und justiziellen Zusammenarbeit in Strafsachen (PJZS)).

Die DSRL sollte ein **gleichmäßiges Schutzniveau** in allen Mitgliedsstaa- **92**
ten herbeiführen. Sie versucht so, den Widerstreit des freien Datenverkehrs einerseits (Art. 1 Abs. 2 DSRL) und des Datenschutzes andererseits (Art. 1 Abs. 1 DSRL) aufzulösen, indem sie eine Verarbeitung sachlich ermöglicht, sofern nicht die Grundrechte und Grundfreiheiten der betroffenen Person überwiegen.

Sie enthält **mehrere Gestaltungsspielräume** der Mitgliedsstaaten, die es **93**
diesen ermöglichten, **Grundrechtskonflikte**, die durch die Nutzung personenbezogener Daten hervorgerufen wurden, auszugleichen, insbesondere den Widerstreit zwischen Meinungsfreiheit oder der Verfolgung journalistischer Zwecke auf der einen Seite und Datenschutz auf der anderen Seite.

Die Richtlinie ist ähnlich **strukturiert** wie die **DS-GVO**, dh sie enthält eine **94**
genaue Umgrenzung ihres Anwendungsbereiches und gibt allgemeine Bedingungen für die Rechtmäßigkeit der Verarbeitung personenbezogener Daten

---

[106] *Knecht* in Schwarze EU-Kommentar GRC Art. 8 Rn. 10.
[107] VO (EG) 45/2001 des Europäischen Parlaments und des Rates vom 18.12.2000 zum Schutz natürlicher Personen bei der Verarbeitung personenbezogener Daten durch die Organe und Einrichtungen der Gemeinschaft und zum freien Datenverkehr, ABl. 2001, L 8/1.
[108] EuGH EuZW 2014, 459 Rn. 68 – Digital Rights Ireland.

vor, mitsamt mehreren Verarbeitungsgrundsätzen. Sie stellt erhöhte Anforderungen an die Verarbeitung besonderer Kategorien personenbezogener Daten, sieht eine Abstimmungsnotwendigkeit im Verhältnis von Datenschutz und Meinungsfreiheit vor und normiert Informationspflichten, Auskunftsrechte und Widerspruchsrechte. Sie stellt spezifische Anforderungen an automatisierte Einzelentscheidungen. Sie fordert Vertraulichkeit und Sicherheit der Verarbeitung. Ausgesprochen bürokratisch gedacht ist die Meldepflicht vor der Aufnahme bestimmter Arten von Verarbeitungen.[109] Sie wurde aus diesem Grund so auch nicht in die DS-GVO übernommen. Für gefahrträchtige Verarbeitungen kennt auch sie die Vorabkontrolle. Die Mitgliedsstaaten sind verpflichtet so weit wie möglich die Öffentlichkeit der Verarbeitungen herzustellen, und die Erstellung von Verhaltensregeln, mit denen die Unternehmen selbst branchenspezifische Sonderregelungen formulieren, zu fördern. Die Richtlinie regelt den Rechtsschutz, die Haftung und Ordnungswidrigkeitensanktionen. Sorgfältig normiert ist auch die Frage, unter welchen Bedingungen personenbezogene Daten in Drittländer übermittelt werden dürfen. Ebenfalls sorgfältig geregelt sind die Ausgestaltung und die Befugnisse der Kontrollstelle und ihre Koordination.

95 Deutschland hat die Europäische Datenschutzrichtlinie erst durch das Gesetz zur **Änderung des Bundesdatenschutzgesetzes und anderer Gesetze vom 18. Mai 2001 vollständig** umgesetzt, das am 23. Mai 2001 in Kraft trat. Vorausgegangen war ein von der EU-Kommission eingeleitetes Vertragsverletzungsverfahren, weil die Richtlinie nicht innerhalb der vereinbarten Drei-Jahres-Frist in deutsches Recht transformiert worden war. Das zweite eingeleitete Vertragsverletzungsverfahren im Jahr 2005 betraf die unzureichende Umsetzung der Unabhängigkeit der Kontrollstellen. Dieses Verfahren endete mit einer Verurteilung Deutschlands.[110]

96 **b) Die Rechtsprechung des EuGH zur Datenschutzrichtlinie. aa) Kompetenzfragen.** Die DSRL wurde von der Kommission und dem Rat auf die Kompetenz zur Binnenmarktharmonisierung gestützt. In einem der ersten Verfahren vor dem EuGH war die Kompetenzgrundlage bezweifelt worden.

97 Die erste substantielle Entscheidung zum Datenschutz (**Österreichischer Rundfunk**) im Jahr 2003 bezog sich auf die Datenschutzrichtlinie.[111] In der Entscheidung ging es um eine österreichische Regelung, nach der öffentlich-rechtliche Stellen, im konkreten Fall der öffentlich-rechtliche Rundfunk, die der Kontrolle des Rechnungshofes unterlagen, verpflichtet waren, die Personen, die ein Einkommen über eine bestimmte Mindestsumme hinaus erhielten, mit Einkommenssumme und Namen zu melden und die den Rechnungshof berechtigte, diese Namen in den jährlichen Rechnungshofbericht, der der Allgemeinheit zugänglich war, aufzunehmen, mit der Folge, dass die Gehälter dieser Personen allgemein bekannt waren. Das Gesetz hatte den Sinn, die Bezüge öffentlich-rechtlicher Funktionäre transparent werden zu lassen. Im Rahmen des Vorabentscheidungsverfahrens hat der EuGH ausdrücklich darauf hin-

---

[109] *Albrecht* CR 2016, 88 (93 f.).
[110] EuGH NJW 2010, 1265 – Kommission/Deutschland.
[111] EuGH EUR 2004, 276 – Österreichischer Rundfunk.

gewiesen, dass die damalige Kompetenz der Binnenmarktharmonisierung (Art. 100a EGV) eine hinreichende Grundlage für die Datenschutzrichtlinie bildet.[112] Dies hat er dann in anderen Verfahren später bestätigt.[113]

bb) Die Anwendbarkeit der Datenschutzrichtlinie. Zur Klärung der An- **98** wendbarkeit der DSRL hat der EuGH einiges beigetragen.[114] In der Tendenz hat er dabei die **Anwendbarkeit ausgedehnt.** Nach Art. 2 DSRL ist diese bei der ganz oder teilweise automatisierten Verarbeitung personenbezogener Daten sowie für die nicht automatisierte Verarbeitung personenbezogener Daten, die in einer Datei gespeichert sind oder gespeichert werden sollen, anwendbar. Sie ist nicht anwendbar für Verarbeitungen in Bereichen, die nicht in den Anwendungsbereich des Gemeinschaftsrechts fallen oder die von einer natürlichen Person zur Ausübung ausschließlich persönlicher oder familiärer Tätigkeiten vorgenommen werden.

In der schon erwähnten Entscheidung zum österreichischen Rundfunk wies **99** er zunächst darauf hin, dass die Datenschutzrichtlinie, auch wenn sie auf der damaligen Rechtsgrundlage für die Harmonisierung des Binnenmarktes gestützt wurde (Art. 100 EGV aF), **keinen grenzüberschreitenden Sachverhalt für ihre Anwendung voraussetze.** Dies ergäbe sich sowohl aus dem Sinn als auch aus dem in der Datenschutzrichtlinie selbst definierten Anwendungsbereich (→ Rn. 42 ff.). Darüber hinaus erklärte der Gerichtshof Art. 6 Abs. 1 und Art. 7 DSRL der Sache nach für unmittelbar anwendbar, sodass der Einzelne sich auf diese Bestimmungen unmittelbar nach Ablauf der Umsetzungsfrist berufen konnte.

Weiter geht der EuGH von einer **Parallelität der Gewährleistung des** **100** **grundrechtlichen Datenschutzes** (Recht auf Privatheit als ungeschriebener europäischer Grundsatz bzw. Art. 8 EMRK) und der **Datenschutzrichtlinie** aus. Er nimmt einen Eingriff in das Recht auf Achtung des Privatlebens an, hält diesen Eingriff je nach Auslegung des nationalen Rechts aber im konkreten Fall für gerechtfertigt (→ Rn. 68 ff.). So wird der Verhältnismäßigkeitsgrundsatz gemäß Art. 6 Abs. 1 UAbs. 1 lit. c DSRL parallel zum grundrechtlichen Verhältnismäßigkeitsgrundsatz ausgelegt. Die Ausnahmemöglichkeit von Art. 6 DSRL, die die Datenschutzrichtlinie in Art. 13 DSRL vorsieht, könne nicht so ausgelegt werden, dass sie eine gegen Art. 8 EMRK verstoßende Beeinträchtigung des Rechts auf Achtung der Privatheit rechtfertigen könne (→ Rn. 91).

Die zweite maßgebliche Entscheidung erging ein halbes Jahr später und hat **101** die Breite der Geltung der Datenschutzrichtlinie in das Bewusstsein der Mitgliedsstaaten gebracht.[115] Im Ausgangsfall hatte die als Katechetin in einer Kirchengemeinde in Schweden tätige **Frau Lindqvist** auf ihrem privaten Computer nach einem Informatikkurs eine Webseite für die Konfirmanden ihrer Gemeinde eingerichtet und darauf allgemeine Informationen für die Kir-

---

[112] EuGH Urt. v. 20.5.2003, verb. Rs. EuGH EUR 2004, 276 Rn. 39 ff. – Österreichischer Rundfunk.
[113] EuGH Urt. v. 6.11.2003, Rs. C-101/01 (Lindqvist), Slg. 2003, I-12971 Rn. 40.
[114] S. dazu *Raab* Harmonisierung 2015, 20 ff.
[115] EuGH EuZW 2004, 245 – Lindqvist.

chengemeinde und über die Mitarbeiter der Gemeinde eingestellt. Der EuGH hielt die DSRL für anwendbar, und hatte Mühe zu begründen, warum keine Übermittlung an Drittstaaten vorlag. Die Entscheidung prägt noch heute die Auslegung der DSRL und der DS-GVO und wird daher bei den Einzelinstituten im Einzelnen dargelegt.[116]

102 Die Entscheidung Lindqvist ist vor allem deswegen bekannt, weil sie zum einen den Anwendungsbereich der Richtlinie näher verdeutlichte und zum anderen die Einschätzung, sie würde grundsätzlich eine Vollharmonisierung beabsichtigen, das erste Mal aussprach.

103 In der dritten Entscheidung zur Anwendbarkeit der DSRL – Satakunnan Markkinapörssi und Satamedia[117] – hat ein Unternehmen Daten von den Steuerbehörden erfasst und in Regionalzeitschriften veröffentlicht. Zudem gab das Unternehmen die Daten auf einer CD an eine Tochterfirma weiter, die diese über einen Kurzmitteilungsdienst in der Weise anbot, dass man für eine kleine Gebühr die hinsichtlich einer bestimmten Person gespeicherten Daten per SMS abrufen konnte. Die Informationen bezogen sich auf Namen und Vornamen von natürlichen Personen, deren Einkommen bestimmte Schwellenwerte überschritten, sowie deren Einkommen aus Kapital- und Erwerbstätigkeit und Angaben zur Besteuerung des Vermögens.

104 Der EuGH hielt die DSRL für anwendbar, da eine elektronische Zusammenstellung öffentlich zugänglicher Daten als Verarbeitung personenbezogener Daten im Sinne der Datenschutzrichtlinie gelte. Weiter seien auch die Voraussetzungen für Art. 9 der DSRL gegeben, der es einem Mitgliedsstaat gestattet, in seinem Recht Abweichungen von den Verarbeitungsgrundsätzen vorzunehmen, sofern die Verarbeitung allein zu journalistischen Zwecken erfolgt. Die Verbreitung der Steuerdaten könne, sofern sie zum Zweck habe, Informationen, Meinungen oder Ideen, mit welchem Übertragungsmittel auch immer, in der Öffentlichkeit zu verbreiten, journalistische Tätigkeiten darstellen.

105 Hat der EuGH grundsätzlich eine Tendenz verfolgt, den Anwendungsbereich der Richtlinie auszuweiten, so galt dies aber nicht grenzenlos, wie die Entscheidung zu den **Fluggastdaten** aus dem **Jahr 2006**[118] zeigt. Sie bezog sich auf ein Abkommen zwischen der Europäischen Gemeinschaft und den Vereinigten Staaten von Amerika über die Verarbeitung von Fluggastdaten und deren Übermittlung. Das Abkommen diente dem Schutz der öffentlichen Sicherheit und Strafverfolgungszwecken. Die Kommission hatte die Datenübermittlung auf der Grundlage dieses Abkommens für zulässig erklärt, da auf diese Weise das angemessene Schutzniveau in Drittstaaten, das die Richtlinie für die Datenübermittlung außerhalb der Union voraussetzt, gewährleistet sei.

106 Das Parlament beanstandete den Abschluss des Abkommens und eine von der Kommission ergangene Entscheidung zur Angemessenheit der Datenübermittlung in die USA auf der Grundlage dieses Abkommens. Der EuGH entschied, dass die Angemessenheitserklärung auf der Grundlage von Art. 25

---

[116] Vgl. → Rn. 313 ff.
[117] EuGH MMR 2009, 175 – Satakunnan Markkinapörssi und Satamedia.
[118] EuGH NJW 2006, 2029 – Fluggastdaten.

DSRL nicht rechtens sei, da die Datenschutzrichtlinie nicht anwendbar sei, da es um den Bereich der öffentlichen Sicherheit iSv Art. 3 Abs. 2 DSRL ginge. Auch eine Kompetenz für den Abschluss des Vertrages mit den USA hat der EuGH nicht gefunden. Art. 95 EGV konnte keine Grundlage für das Abkommen bilden.

Jüngst entschied der EuGH, wie im Zusammenhang mit Art. 2 Abs. 2 lit. c **107** DSRL näher darzulegen sein wird (→ Rn. 314)[119], dass keine rein private Tätigkeit vorläge, bei einer rein **privat betriebenen Videoüberwachung**, die den Eingangsbereich des eigenen Hauses, den davor gelegenen Straßenbereich und den Eingang des gegenüberliegenden Hauses erfasste.[120]

Wegen des Schutzzweckes der DSRL seien die **Ausnahmeregelungen** von **108** dem Anwendungsbereich **eng auszulegen**. Sie seien nur gegeben, wenn vergleichbare Fälle vorlägen, wie sie die Richtlinie im zwölften Erwägungsgrund selbst nennt. Danach stellen etwa der Schriftverkehr von Privatpersonen und die Führung von Anschriftenverzeichnissen „ausschließlich persönliche oder familiäre Tätigkeiten" dar, obwohl sie nebenbei das Privatleben anderer Personen betreffen oder betreffen können. Im vorliegenden Fall könne aber schon auf Grund des Umstands, dass sich die Überwachung teilweise auf den öffentlichen Raum erstreckte, und dadurch auf einen Bereich außerhalb der privaten Sphäre desjenigen gerichtet ist, nicht von einer ausschließlich „persönliche[n] oder familiäre[n]" Tätigkeit iSv Art. 3 Abs. 2 zweiter Gedankenstrich der Richtlinie 95/46 gesprochen werden.

Die spektakulärste Entscheidung zur räumlichen Anwendbarkeit dürfte al- **109** lerdings die **Google-Entscheidung** sein, mit der der EuGH der Sache nach die Datenverarbeitung in den USA den Anforderungen des europäischen Rechts unterwirft, sofern der Konzern in Europa gezielt für diese Verarbeitung wirbt, die Suchmaschinen als Verarbeiter einstuft und darüber hinaus das Interesse des Betroffenen an Erschwernis der Auffindbarkeit seiner personenbezogener Daten mit Zeitablauf zunimmt[121] (→ Rn. 1210). Dem lag folgender Sachverhalt zugrunde. Im Jahr 1998 hatte eine überregionale Tageszeitung (La Vanguardia) sowohl in ihrer Printausgabe als auch auf ihrer Homepage die Zwangsversteigerung des Grundstücks eines spanischen Staatsangehörigen (Mario Costeja González) im Rahmen einer Anzeige publik gemacht. Wer nun allerdings im Jahr 2012 nach dem Namen der betroffenen Person „googelte" (Eingabe in die Suchmaschine des Google-Konzerns, im Folgenden: Google Inc.), wurde von der Suchmaschine in Form eines Links noch immer auf die Veröffentlichung aus dem Jahr 1998 geleitet.[122] Nach spanischem Recht hatte der Betroffene keinen Anspruch unmittelbar gegen die Tageszeitung auf Löschung der Anzeige.[123] Er bat deshalb in der Folge Google darum, zumindest auf den Ergebnisseiten der Suchmaschine zukünftig keinen Link auf die Veröffentlichung mehr anzuzeigen. Dieser Bitte kam Google nicht nach. Unterstützung erhielt Herr González hingegen von der spanischen Aufsichtsbehörde

---

[119] Verweise auf Art. 2 Abs. 2 lit. c DSRL → Rn. 314.
[120] EuGH NJW 2015, 464 – Ryneš.
[121] EuGH NJW 2014, 2257 – Google Spain.
[122] EuGH NJW 2014, 2257 Rn. 14 f. – Google Spain.
[123] EuGH NJW 2014, 2257 Rn. 16 – Google Spain.

(AEPD), die Google Spain auferlegte, den fraglichen Link zukünftig nicht mehr auf den Ergebnisseiten der Suchmaschine anzuzeigen. Google Spain erhob Klage gegen diese Verfügung. Das angerufene spanische Gericht legte dem EuGH daraufhin mehrere Fragen zur Entscheidung vor.[124] Die Entscheidung prägt die Auslegung der Interessenabwägung, des Verarbeitungsbegriffs und des territorialen Anwendungsbereichs.[125]

110   Von erheblicher praktischer Bedeutung ist die im Jahr 2016 vorgenommene Qualifizierung der dynamischen **IP-Adresse als personenbezogene Daten** unabhängig davon, ob der Verantwortliche der Provider ist oder nicht. In dem dieser Entscheidung zugrundeliegenden Sachverhalt hat der Bürgerrechtler Patrick Breyer von der Bundesrepublik Deutschland verlangt, es zu unterlassen, seine IP-Adresse zu speichern, wenn er die Webseiten von Einrichtungen des Bundes besucht. Der Bund speichert in vielen Fällen die IP-Adresse auch, um seine Webseiten von Angriffen zu schützen oder um ggf erforderliche strafrechtliche Ermittlungen zu ermöglichen. § 15 TMG sah eine Speicherung zu diesem Zweck nicht vor.

111   Der EuGH hat die IP-Adresse als personenbezogenes Datum qualifiziert,[126] die Datenschutzrichtlinie für anwendbar erklärt, eine Speicherung zum Zwecke der öffentlichen Sicherheit abgelehnt und § 15 TMG für unionsrechtswidrig gehalten, sofern dieser so zu verstehen sei, dass er die in Art. 7 DSRL (95/46/EG) vorgesehene Interessenabwägung ausschließen sollte.[127]

112   **cc) Verarbeitungsgrundsätze.** Die Richtlinie zählt in Art. 7 DSRL abschließend vier Gründe auf, auf die die Verarbeitung von Daten gestützt werden kann. Liegt keiner der Gründe vor, ist die Verarbeitung unzulässig. Der EuGH hat zu den Rechtfertigungsgrundsätzen der Sache nach bisher drei Mal Stellung genommen.

113   Die Entscheidung zum **Ausländerregister**[128] betraf die deutsche Ausgestaltung des Ausländerzentralregisters. Im Rahmen des Vorabentscheidungsverfahrens war zu prüfen, ob ein spezielles Ausländerregister unter anderem mit der Datenschutzrichtlinie zu vereinbaren sei. Der EuGH stützte sich auf die Rechtfertigung zur Erfüllung der Erforderlichkeit für die Wahrnehmung einer Aufgabe, die im öffentlichen Interesse liegt oder in Ausübung öffentlicher Gewalt erfolgt ist. Der Begriff der **Erforderlichkeit** iSv Art. 7 lit. e DSRL sei unionsrechtlich auszulegen (Rn. 52). Es handelt sich um einen autonomen Begriff des Gemeinschaftsrechts. Der Umstand, dass das Aufenthaltsrecht von Unionsbürgern gegenwärtig nicht vollständig mit dem Recht der Staatsangehörigen vergleichbar sei, könne es rechtfertigen, dass zur Durchführung der besonderen Vorschriften ein selbstständiges Register geführt wird (Rn. 58). Er legt allerdings eine strenge Erforderlichkeitsprüfung an und verlangt, dass das Register nur Daten enthält, die für die Anwendung der ausländerrechtlichen Vorschriften, deren Unterstützung es dient, erforderlich ist, und sein zentralis-

---

[124] EuGH NJW 2014, 2257 Rn. 20 – Google Spain.
[125] Verweise auf Art. 2 Abs. 2 lit. c → Rn. 1211.
[126] S. dazu ausführlich → Rn. 285 ff.
[127] EuGH NJW 2016, 3579 Rn. 53 ff., 62 ff. – Breyer.
[128] EuGH NVwZ 2009, 389 Rn. 47 – Huber.

tischer Charakter eine effizientere Anwendung dieser Vorschriften in Bezug auf das Aufenthaltsrecht von Unionsbürgern erlaubt. Statistische Zwecke könnten allerdings nur die Verarbeitung anonymer Information rechtfertigen (→ Rn. 65). Die Verfolgung von statistischen Zwecken würde der Erforderlichkeit nicht genügen. Weiter sei der Erforderlichkeitsgrundsatz im Sinne des Verbotes jeder Diskriminierung iSv Art. 12 EGV auszulegen (→ Rn. 66). Die Bekämpfung der Kriminalität würde kein spezielles Register nur von Ausländern rechtfertigen.

Den privaten Bereich betraf dagegen die Entscheidung aus dem Jahr 2011. **114** Nach dem spanischen Recht durfte ein Privater ohne Zustimmung der betroffenen Person Daten, die er von einem anderen übermittelt hatte, nur dann verarbeiten, wenn die Daten **ausschließlich** aus **öffentlich zugänglichen** Quellen entnommen wurden. Der EuGH[129] hielt dies für einen Verstoß gegen **Art. 7 lit. f DSRL**. Danach darf die Verarbeitung erfolgen, wenn die Verarbeitung zur Verwirklichung des berechtigten Interesses erforderlich ist, das von dem Verantwortlichen oder von dem bzw den Dritten wahrgenommen wird, denen die Daten übermittelt werden, sofern nicht das Interesse oder die Grundrechte und Grundfreiheiten der betroffenen Person, die gemäß Art. 1 Abs. 1 DSRL geschützt sind, überwiegen.

Art. 7 lit. f DSRL stehe daher der Verarbeitung personenbezogener Daten **115** jeder nationalen Regelung entgegen, die bei fehlender Einwilligung der betroffenen Personen neben den kumulativen Voraussetzungen zusätzliche Voraussetzungen aufstelle (→ Rn. 39). Die Abwägung werde dabei wesentlich von den Grundrechten, insbesondere Art. 7 und Art. 8 GRC, gesteuert. Die Frage, ob es um bereits in öffentlich zugänglichen Quellen enthaltene Daten ginge oder nicht, würde bei der erforderlichen Abwägung einen wesentlichen Gesichtspunkt darstellen. Es sei daher zulässig, bei der nationalen Regelung auf diesen Umstand auch abzustellen (→ Rn. 46). Eine **ausschließliche Abstellung auf dieses Merkmal** würde aber Art. 7 lit. f DSRL unzulässig einschränken, da Einzelfälle denkbar seien, bei denen die Abwägung dennoch zugunsten der verarbeitenden Stelle ausgehen könne (→ Rn. 47).

Das Urteil in Sachen **Worten**[130] betrifft einen Überschneidungsbereich von **116** zivilem Datenschutz und öffentlichem Datenschutz. In dem Vorabentscheidungsersuchen ging es um eine portugiesische Rechtsnorm, die vorsah, dass die Arbeitgeber die Daten der **Arbeitszeiterfassungen** so vorhalten müssten, dass die portugiesischen Stellen, welche die Einhaltung der Arbeitszeitbestimmungen überwachten, diese unverzüglich einsehen können.

Der EuGH geht davon aus, dass die Einhaltung der Arbeitszeitbestimmung **117** und die Überwachung der Arbeitszeitbestimmung durch den Arbeitgeber selbst und durch die staatlichen Behörden jeweils die Erfüllung gesetzlicher Vorschriften darstellen, die zum Teil auch europarechtlich vorgegeben sind. Die Einräumung einer Zugriffsmöglichkeit der Behörden auf die Arbeitszeitbestimmungen dient daher der Erfüllung der Aufsichtspflicht der Behörden. Erforderlich ist eine solche Form der Verarbeitung iSv Art. 7 lit. e DSRL dann,

---

[129] EuGH EuZW 2012, 37 – ASNEF.
[130] EuGH NZA 2013, 723 – Worten.

wenn sie zu einer effizienten Anwendung der Bestimmungen, zu deren Durchführung sie dient, führt (→ Rn. 37). Ein unmittelbarer Zugriff der staatlichen Behörden auf die Daten macht es dem Arbeitgeber unmöglich, die Daten vor diesem Zugriff zu verändern (→ Rn. 41). Weiter stellt der EuGH in dieser Entscheidung fest, dass die Pflicht, die technischen und organisatorischen Maßnahmen für eine angemessene Sicherheit der Verarbeitung bereitzustellen gemäß Art. 17 DSRL (in fortgeschriebener Form in Art. 32 DS-GVO) die verarbeitende Stelle und nicht die Mitgliedsstaaten selbst trifft.

118 Wie schon erwähnt,[131] hielt der EuGH im Verfahren Patrick Breyer **§ 15 TMG insofern für unionsrechtswidrig,** als er kategorisch und ganz allgemein die Verarbeitung bestimmter Kategorien personenbezogener Daten ausschließt, ohne Raum für eine Abwägung der im konkreten Einzelfall einander gegenüberstehenden Rechte und Interessen zu lassen.[132] Der EuGH konnte hier auf eine Entscheidung zum spanischen Recht zurückgreifen, bei der es auch schon um die (vom EuGH bejahte) Frage ging, ob Art. 7 DSRL abschließend sei.[133]

119 **dd) Betroffenenrechte.** Die Datenschutzrichtlinie enthält relativ detaillierte Vorgaben zu den Ansprüchen des Betroffen auf Löschung, Sperrung, Auskunft und auf Widerruf. Drei Mal hat der EuGH bisher zu diesem Fragenkreis geurteilt.

120 Das niederländische Recht sah vor, dass **Auskunftsansprüche** über eigene personenbezogene Daten **zeitlich auf das letzte Jahr** befristet sind, und dies selbst dann gilt, wenn die Daten, auf die sich das Auskunftsbegehren bezieht, einer längeren Speicherungsfrist unterliegen und daher im Augenblick des Auskunftsbegehrens noch anwesend sind. Ein niederländischer Bürger machte einen Auskunftsanspruch geltend, und erhielt nur die Daten über Vorgänge des letzten Jahres, obwohl er Auskünfte über die letzten zwei Jahre beantragt hatte. Im Rahmen eines Vorabentscheidungsverfahrens **(Rs. Rijkeboer)** entschied der EuGH,[134] dass Art. 12 lit. a DSRL einen Auskunftsanspruch der betroffen Person vorsieht, der allerdings von den Mitgliedsstaaten auszugestalten ist. Bei der Ausgestaltung sei aber ein gerechter Ausgleich zwischen dem Interesse der betroffenen Person und des Verantwortlichen zu finden. Sofern aber die Basisdaten länger aufbewahrt würden, als der Auskunftsanspruch reicht, sei kein gerechter Ausgleich erreicht, sofern nicht nachgewiesen wird, dass eine längere Aufbewahrung der betreffenden Information den Verantwortlichen über Gebühr belasten würde. Die Entscheidung ist auch noch unter der DS-GVO aktuell.[135]

121 Eine unaufgeregte Entscheidung, die eine weitgehende Praxis der Verwaltung betraf, aber dennoch weitgehend unbemerkt blieb, betraf die **Weitergabe** von personenbezogenen Daten zwischen Behörden **ohne Information der be-**

---

[131] S.o. → Rn. 110 f.
[132] EuGH NJW 2016, 3579 Rn. 60 ff. – Breyer.
[133] EuGH EuZW 2012, 37 Rn. 32 f. – ASNEF:.
[134] EuGH EuZW 2009, 546 – Rijkeboer.
[135] S. dazu → Rn. 1190 ff.

troffenen Person und ohne ausdrückliche Regelung.[136] Nach rumänischem Recht durften die Steuerbehörden den Sozialversicherungskassen Einkommen oder bestimmte Bedingungen mitteilen, damit die Krankenkasse prüfen konnte, ob der Betroffene ausreichende Beiträge bezahlt hat. Der Betroffene selbst wurde von dieser Datenweitergabe nicht informiert. Der EuGH hielt dies für eine Verletzung von Art. 10 und Art. 11 der DSRL, nach denen der Betroffene bei der Datenerhebung zu informieren ist und/oder zumindest bei der weiteren Verarbeitung, sofern die Daten ohne sein Wissen erhoben wurden.[137] Ferner wies der EuGH darauf hin, dass der Grundsatz von Treu und Glauben auch die in Art. 10 und Art. 11 DSRL enthaltene Unterrichtungspflicht verlangt.

Eine eher im Stillen ergangene Entscheidung (**Y.S., M. und S**) betraf die **122** Frage des **Umfangs des Auskunftsanspruchs**.[138] Drittstaatsangehörige beantragten in den Niederlanden erfolglos eine befristete Aufenthaltserlaubnis und beantragten unter Berufung auf das Auskunftsrecht der DSRL die Herausgabe des in den Akten befindlichen internen Entscheidungsentwurfs, der im Gegensatz zur endgültigen Entscheidung eine rechtliche Begründung enthielt. Der EuGH lehnte den Anspruch ab, da die rechtliche Begründung für sich kein personenbezogenes Datum sei.[139]

ee) Ausgestaltung der Aufsichtsbehörden. Die DSRL sieht die Einrich- **123** tung von **unabhängigen Aufsichtsbehörden** vor, die die Einhaltung der Bestimmungen der Datenschutzrichtlinie kontrollieren sollen.

Zur Unabhängigkeit der Aufsichtsbehörden gemäß Art. 28 DSRL hat der **124** EuGH mehrfach entschieden. Die erste Entscheidung,[140] die **Deutschland** betraf, stellte eine Verletzung der Unabhängigkeit gemäß Art. 28 Abs. 1 und Abs. 2 DSRL insoweit fest, als die Aufsichtsbehörden für den zivilen Bereich in dem Land Hessen der staatlichen Aufsicht unterstellt waren. Zwischen einer Rechts- und Fachaufsicht differenzierte der EuGH nicht, so dass seine Überlegungen auch auf den Fall der Rechtsaufsicht anwendbar sind. Der EuGH stellt auf den Wortlaut „in völliger Unabhängigkeit" ab (→ Rn. 18), zweitens auf das Ziel der Richtlinie, insbesondere auf dem Umstand, dass die unabhängigen Datenschutzbehörden, wie ErwGr 10 verdeutliche, institutionell dazu dienten, ein hohes Niveau des Schutzes der Grundrechte zu gewährleisten. Die Kontrollstellen seien somit „**die Hüter" dieser Grundrechte und Grundfreiheiten** (→ Rn. 23). Weiter sei auch in der Datenschutzverordnung für die Organe der Gemeinschaft eine völlige Unabhängigkeit der europäischen Kontrollstelle vorgesehen. Die bloße Gefahr einer politischen Einflussnahme der Aufsichtsbehörden könne die unabhängige Wahrnehmung ihrer Aufgaben beeinträchtigen. Das Demokratieprinzip stünde dem nicht entgegen, weil eine Berichtspflicht gegenüber dem Parlament und eine Rechtsbindung der Aufsichtsbehörde weiterhin möglich sei (→ Rn. 42).

---

[136] EuGH ZD 2015, 577 – Bara.
[137] EuGH ZD 2015, 577 – Bara: Treu und Glauben – Mitteilungsrechte.
[138] EuGH ZD 2014, 515 – Y.S., M. und S. (Auskunftsrecht Asylverfahren).
[139] EuGH ZD 2014, 515 Rn. 48 – Y.S., M. und S. (Auskunftsrecht Asylverfahren).
[140] EuGH NJW 2010, 1265 – Kommission/Deutschland.

125 Diese Grundsätze wurden in einem Vertragsverletzungsverfahren gegen **Österreich bestätigt.**[141] Unzulässig sind danach nationale Regelungen, nach denen der Leiter der Kontrollstelle ein der Dienstaufsicht unterstehender Beschäftigter war, die Kontrollstelle in das österreichische Bundeskanzleramt eingegliedert war und der Bundeskanzler über das Recht verfügte, sich über alle Gegenstände unterrichten zu lassen.

126 Im Jahr 2014 entschied der EuGH:[142] Ändert ein Mitgliedstaat die **Organisation der Kontrollstellen** und führt dies dazu, dass der gegenwärtige Leiter der Kontrollstelle sein Amt früher verliert, als er es nach regulärem Ablauf, der zum Zeitpunkt seiner Ernennung vorhergesehen war, verloren hätte, so liegt darin eine Verletzung der Unabhängigkeit des Datenschutzbeauftragten, selbst wenn den Mitgliedsstaaten grundsätzlich eine Organisationsfreiheit für die Gestaltung der Kontrollstellen zusteht (vgl → Rn. 57 und → Rn. 60).

127 Nicht um die Unabhängigkeit, sondern zu der **Zuständigkeit der Aufsichtsbehörde**, dreht sich das Verfahren **Weltimmo**. Weltimmo, eine in der Slowakei eingetragene Gesellschaft, betreibt eine Webseite zur Vermittlung von in Ungarn gelegenen Immobilien. In diesem Zusammenhang verarbeitet sie personenbezogene Daten der Inserenten. Die Inserate sind einen Monat lang kostenlos, danach muss dafür bezahlt werden. Zahlreiche Inserenten verlangten per E-Mail die Löschung ihrer Inserate ab diesem Zeitpunkt und gleichzeitig die Löschung der sie betreffenden personenbezogenen Daten. Weltimmo kam dieser Löschung jedoch nicht nach und stellte den Betroffenen ihre Dienstleistungen in Rechnung. Da die in Rechnung gestellten Beträge nicht bezahlt wurden, übermittelte diese Gesellschaft die personenbezogenen Daten der betreffenden Inserenten an verschiedene Inkassounternehmen. Diese Inserenten reichten bei der ungarischen Kontrollstelle Beschwerden ein. Diese erklärte sich für zuständig, da die Erfassung der betreffenden Daten im ungarischen Hoheitsgebiet stattgefunden hat. In der Erwägung, dass Weltimmo das Informationsgesetz verletzt habe, verhängte die Kontrollstelle gegen diese Gesellschaft ein Bußgeld von 10 Mio. ungarische Forint (HUF) (etwa 32 000 Euro).

128 Die Entscheidung des EuGH betrifft **zwei Sachfragen:**[143] Zunächst die Frage, ob im vorliegenden Fall von einer **Niederlassung** in einem Mitgliedstaat auszugehen sei (was er annahm, s dazu → Rn. 326) und zum anderen, welche **Befugnisse die Aufsichtsbehörden** innerhalb des jeweiligen Mitgliedsstaates besitzen, bezogen auf die alte Datenschutzrichtlinie (→ Rn. 1009 ff.). Läge dagegen keine Niederlassung in einem Mitgliedsstaat vor, sei auf die Verarbeitung das Recht eines anderen Mitgliedsstaats anzuwenden, aber dennoch dürfte dann die Kontrollstelle die wirksamen Einwirkungsbefugnisse, die ihr gemäß Art. 28 Abs. 3 DSRL übertragen sind, nur im Hoheitsgebiet ihres Mitgliedsstaats ausüben. Sie dürften folglich keine Sanktionen auf der Grundlage des Rechts dieses Mitgliedsstaats gegen den für die Verarbeitung dieser Daten Verantwortlichen verhängen, der nicht im Hoheitsgebiet

---

[141] EuGH DÖV 2013, 34 – Kommission/Österreich.
[142] EuGH ZD 2014, 301 – Europäische Kommission gegen Ungarn.
[143] EuGH NJW 2015, 3636 – Weltimmo.

dieses Mitgliedsstaats niedergelassen ist, sondern muss nach Art. 28 Abs. 6 DSRL die Kontrollstelle des Mitgliedsstaats, dessen Recht anwendbar ist, ersuchen, einzuschreiten.

ff) Übermittlung von Daten außerhalb der Union. Die Richtlinie versucht ein hohes Datenschutzniveau innerhalb von Europa zu erreichen und verlangt in Ergänzung dazu für die **Weitergabe** von **Daten an Drittländer**, dass im Ergebnis beim Drittstaat ein vergleichbares Datenschutzniveau vorliegt. **129**

Ein **Paukenschlag**, der bis über den Atlantik in den USA zu hören war, war das Schrems-Urteil, das den Datenaustausch der Union mit den USA ordentlich durchrüttelte.[144] Das Urteil erging im Rahmen eines Vorabentscheidungsersuchens eines irischen Gerichts zu Normen der Datenschutzrichtlinie. Die Richtlinie lässt die Datenübermittlung in Länder außerhalb der EU nur zu, wenn der dort gewährleistete Datenschutzstandard entweder landesweit oder zumindest bei der Stelle, die die Daten erhält, angemessen, dh vergleichbar mit dem in der Union, ist (Art. 25 Abs. 1 DSRL). Die Kommission kann in Zweifelsfällen verbindlich entscheiden, ob bei einem Drittstaat ein angemessenes Niveau besteht (Art. 25 Abs. 6 UAbs. 1 DSRL). Die Mitgliedsstaaten treffen die aufgrund der Feststellung der Kommission gebotenen Maßnahmen (Art. 25 Abs. 6 UAbs. 2 DSRL). Die Kommission hat eine solche Entscheidung für den Datenverkehr in die USA gefällt,[145] beschränkt auf die Unternehmen, die eine bestimmte vorformulierte Selbstverpflichtungserklärung abgeben (die sog **Safe Harbor-Erklärung**).[146] **130**

Der Österreicher Maximilian Schrems bat nach den sog. Enthüllungen von Edward Snowden die irische Kontrollstelle (Datenschutzbehörde), Facebook Ireland zu untersagen, seine Daten, die er aufgrund seines Vertrages mit Facebook Ireland übermittelt hatte, und die von Facebook Ireland gespeichert worden waren, in die USA zu übermitteln.[147] **131**

Der EuGH entschied zwei Dinge. Zum einen stärkte er das **Prüfungsrecht** der Aufsichtsbehörden. Die DSRL sei so auszulegen, dass die nationalen Kontrollstellen (Aufsichtsbehörden) die Möglichkeit besäßen, trotz einer Entscheidung der Kommission, dass in einem Land ein angemessener Datenschutzstandard gewahrt werde, die Eingabe einer betroffenen Person zu prüfen, wenn diese Person geltend macht, dass das Recht und die Praxis dieses Landes kein angemessenes Schutzniveau gewährleisteten. **132**

Weiter hat er entschieden, dass die **Entscheidung der Kommission** aus dem **Jahr 2000**, mit der diese festgestellt hat, dass bei den Unternehmen in den USA ein angemessener Datenschutzstandard gewährleistet sei, sofern **133**

---

[144] EuGH NJW 2015, 3151 – Schrems.
[145] 2000/520/EG: Entscheidung der Kommission vom 26. Juli 2000 gemäß der Richtlinie 95/46/EG des Europäischen Parlaments und des Rates über die Angemessenheit des von den Grundsätzen des „sicheren Hafens" und der diesbezüglichen „Häufig gestellten Fragen" (FAQ) gewährleisteten Schutzes, vorgelegt vom Handelsministerium der USA (Bekannt gegeben unter Aktenzeichen K(2000) 2441).
[146] EuGH NJW 2015, 3151 Rn. 5–10 – Schrems.
[147] EuGH NJW 2015, 3151 Rn. 28 – Schrems.

diese die sog „Grundsätze des sicheren Hafens" zum Datenschutz akzeptierten,[148] **ungültig** sei.

134 Die Ungültigkeit einer Entscheidung der Kommission gemäß Art. 25 Abs. 5 DSRL festzustellen stünde nur dem EuGH zu.[149] Die nationalen Gerichte und die Kontrollstellen dürfen die Gültigkeit prüfen, nicht aber die Ungültigkeit feststellen.[150] Daher verlangt der EuGH, dass die Kontrollstellen die Befugnis erhalten müssen, Entscheidungen der Kommission gemäß Art. 25 Abs. 6 DSRL, die sie für rechtswidrig halten, über ein Vorabentscheidungsverfahren gemäß Art. 267 AEUV zum EuGH zu bringen. So heißt es:

> „Hält die Kontrollstelle die Rügen der Person, die sich mit einer Eingabe zum Schutz ihrer Rechte und Freiheiten bei der Verarbeitung ihrer personenbezogenen Daten an sie gewandt hat, dagegen für begründet, muss sie nach Art. 28 Abs. 3 UAbs. 1 dritter Gedankenstrich der Richtlinie 95/46 im Licht insbesondere von Art. 8 Abs. 3 der Charta ein Klagerecht haben. Insoweit ist es Sache des nationalen Gesetzgebers, Rechtsbehelfe vorzusehen, die es der betreffenden nationalen Kontrollstelle ermöglichen, die von ihr für begründet erachteten Rügen vor den nationalen Gerichten geltend zu machen, damit diese, wenn sie die Zweifel der Kontrollstelle an der Gültigkeit der Entscheidung der Kommission teilen, um eine Vorabentscheidung über deren Gültigkeit ersuchen."[151]

135 Die Nichtigkeit der Entscheidung 2000/520 begründet der EuGH im Kern mit folgenden Gedanken: Die Entscheidung 2000/520 enthalte „keine hinreichenden Feststellungen zu den Maßnahmen, mit denen die Vereinigten Staaten von Amerika aufgrund ihrer innerstaatlichen Rechtsvorschriften oder internationaler Verpflichtungen iSv Art. 25 Abs. 6 der Richtlinie ein angemessenes Schutzniveau gewährleisten."[152] Weiter weist er darauf hin, dass die Selbstverpflichtungserklärung der US-Unternehmen diese nicht von der Einhaltung der US-Rechtsvorschriften befreie und nach diesen die Sicherheitsbehörden weitreichende Zugriffsrechte auf personenbezogene Daten besäßen.

II. Verfassungsrechtliche Grundlagen

1. Recht auf informationelle Selbstbestimmung

136 **a) Einleitung. aa) Entwicklung aus dem allgemeinen Persönlichkeitsrecht.** Das Recht auf informationelle Selbstbestimmung findet sich nicht ausdrücklich im GG. Es ist eine **Ausprägung**[153] **des allgemeinen Persönlichkeitsrechts.** Dieses hat das BVerfG auf der Basis des zivilrechtlichen Persönlichkeitsrechts entwickelt, das der BGH als sonstiges Recht unter Rückgriff auf das Grundrecht als sonstiges Recht iSd § 823 Abs. 1 BGB hergeleitet hatte,[154] und unabhängig davon weiter ausgeformt.

---

[148] S. Fn. 144.

[149] EuGH NJW 2015, 3151 Rn. 61 – Schrems.

[150] EuGH NJW 2015, 3151 Rn. 62 – Schrems.

[151] EuGH NJW 2015, 3151 Rn. 62–65 – Schrems.

[152] EuGH NJW 2015, 3151 Rn. 83 – Schrems.

[153] BVerfGE 120, 274 (311) – Online-Durchsuchung; 118, 168 (184) – Kontostammdaten; zum dogmatischen Verhältnis eingehend *Brink* in Wolff/Brink BeckOK DatenschutzR Syst.C Rn. 59.

[154] BGH NJW 1954, 1401 (1404) – Leserbrief.

Ziel des allgemeinen Persönlichkeitsrechts ist letztlich der Schutz der **137** **Menschenwürde** (Art. 1 Abs. 1 GG),[155] weshalb das BVerfG das allgemeine Persönlichkeitsrecht nicht nur aus Art. 2 Abs. 1 GG herleitet, sondern auch aus der Menschenwürde. Teil der Garantie der Menschenwürde ist nämlich die Möglichkeit, „eine eigenständige Persönlichkeit zu entwerfen, zu leben und weiterzuentwickeln – **kurz: eine Persönlichkeit zu sein**"[156]. Dies kann aber nur gelingen, wenn jeder Einzelne über „einen autonomen Bereich privater Lebensgestaltung verfügt, in dem er seine Individualität entwickeln und wahren kann".[157] Da das allgemeine Persönlichkeitsrecht von diesem Ziel her gedacht wird, kommt es dann zum Zuge, wenn die benannten Freiheitsrechte eine Gefährdung für die freie Entfaltung der Persönlichkeit nicht erfassen. Es ist daher entwicklungsoffen, was es erlaubt, gerade auf neuartige Gefährdungen zu reagieren, die sich insbesondere aus neuen technischen Entwicklungen ergeben und daher bei Verabschiedung des GG noch gar nicht absehbar waren.[158]

Die Bewahrung eines autonomen Freiraumes zur Selbstentfaltung erinnert **138** stark an das von *Warren* und *Brandeis* 1890 entwickelte „right to be let alone".[159] Deutlich wird diese ideengeschichtliche Nähe im Mikrozensus-Beschluss; dort heißt es, dass

„dem Einzelnen um der freien und selbstverantwortlichen Entfaltung seiner Persönlichkeit willen ein ‚Innenraum' verbleiben muß, in dem er ‚sich selbst besitzt' und ‚in den er sich zurückziehen kann, zu dem die Umwelt keinen Zutritt hat, in dem man in Ruhe gelassen wird und ein Recht auf Einsamkeit genießt.'"[160]

Das BVerfG hat in seiner Rechtsprechung verschiedene **Ausprägungen des** **139** **allgemeinen Persönlichkeitsrechts** entwickelt, die neben dem sogleich zu erörternden Recht auf informationelle Selbstbestimmung existieren, aber teilweise eine andere Zielrichtung aufweisen und sich teilweise mit dem Recht auf informationelle Selbstbestimmung überschneiden:

Geschützt ist das Recht des Einzelnen, selbst darüber entscheiden zu dür- **140** fen, „wie er sich gegenüber Dritten oder der Öffentlichkeit darstellen will, was seinen sozialen Geltungsanspruch ausmachen soll und ob oder inwieweit Dritte über seine Persönlichkeit verfügen können, indem sie diese zum Gegenstand öffentlicher Erörterung machen."[161] Facetten dieses Schutzes der **Selbstdarstellung** des Einzelnen in der Öffentlichkeit sind das Recht am eigenen Bild, das Recht am eigenen Wort, das Namensrecht, der Schutz der Ehre sowie vor verfälschenden Darstellungen in der Öffentlichkeit (zB durch Falschzitate oder erfundene Interviews).

---

[155] BVerfGE 54, 148 (153) – Eppler.
[156] So prägnant *Brink* in Wolff/Brink BeckOK DatenschutzR Syst.C Rn. 60.
[157] BVerfGE 79, 256 (268) – Kenntnis der eigenen Abstammung; 35, 202 (220) – Lebach.
[158] BVerfGE 118, 168 (183) – Kontostammdaten.
[159] *Warren/Brandeis* 4 Harv.L.Rev. 193, 193 (1890); übersetzt veröffentlicht und kommentiert in DuD 2012, 755.
[160] BVerfGE 27, 1 (6) unter Zitierung von *Wintrich* Die Problematik der Grundrechte, 15 f.
[161] BVerfGE 63, 131 (142) – Gegendarstellung.

141   Das allgemeine Persönlichkeitsrecht gewährleistet ferner einen Schutz der **Privatsphäre in räumlicher wie in sachlich-thematischer Hinsicht:**

> „Er umfaßt zum einen Angelegenheiten, die wegen ihres Informationsinhalts typischerweise als ‚privat' eingestuft werden, weil ihre öffentliche Erörterung oder Zurschaustellung als unschicklich gilt, das Bekanntwerden als peinlich empfunden wird oder nachteilige Reaktionen der Umwelt auslöst, wie es etwa bei Auseinandersetzungen mit sich selbst in Tagebüchern, bei vertraulicher Kommunikation unter Eheleuten, im Bereich der Sexualität, bei sozial abweichendem Verhalten oder bei Krankheiten der Fall ist. Fehlte es hier an einem Schutz vor der Kenntniserlangung anderer, wären die Auseinandersetzung mit sich selbst, die unbefangene Kommunikation unter Nahestehenden, die sexuelle Entfaltung oder die Inanspruchnahme ärztlicher Hilfe beeinträchtigt oder unmöglich, obwohl es sich um grundrechtlich geschützte Verhaltensweisen handelt. Zum anderen erstreckt sich der Schutz auf einen räumlichen Bereich, in dem der Einzelne zu sich kommen, sich entspannen oder auch gehen lassen kann Zwar bietet auch dieser Bereich Gelegenheit, sich in einer Weise zu verhalten, die nicht für die Öffentlichkeit bestimmt ist und deren Beobachtung oder Darstellung durch Außenstehende für den Betroffenen peinlich oder nachteilig wäre. Im Kern geht es aber um einen Raum, in dem er die Möglichkeit hat, frei von öffentlicher Beobachtung und damit der von ihr erzwungenen Selbstkontrolle zu sein, auch ohne daß er sich dort notwendig anders verhielte als in der Öffentlichkeit. Bestünden solche Rückzugsbereiche nicht mehr, könnte der Einzelne psychisch überfordert sein, weil er unausgesetzt darauf achten müßte, wie er auf andere wirkt und ob er sich richtig verhält. Ihm fehlten die Phasen des Alleinseins und Ausgleichs, die für die Persönlichkeitsentfaltung notwendig sind und ohne die sie nachhaltig beeinträchtigt würde." (Nachweise weggelassen)[162]

142   Der Grad des Schutzes hängt dabei wesentlich davon ab, ob eine Information der Intim-, Privat- oder Sozialsphäre zuzuordnen ist. Allerdings hat das BVerfG, nachdem es lange diese „**Sphärentheorie**" gepflegt hatte, jüngst auch deutlich gemacht, dass es sich hierbei um **keine schematische Einordnung** handelt, sondern nur um Anhaltspunkte, um die Intensität der Beeinträchtigung des Persönlichkeitsrechts zu bewerten.[163]

143   **bb) Grundgedanken des Rechts auf informationelle Selbstbestimmung.** Der Anwendungsbereich des Rechts auf informationelle Selbstbestimmung geht über den dieser Ausprägungen des allgemeinen Persönlichkeitsrechts hinaus. Es erfasst nicht nur die Gewährleistung eines geschützten Freiraumes zur Selbstentfaltung, abgeschirmt von Staat und Dritten, denen der Einzelne keinen Zugang gewähren möchte. Das Recht auf informationelle Selbstbestimmung adressiert direkt den Umgang von Informationen über den Betroffenen durch den Staat und Dritte.[164] Im Kern geht es um eine Regulierung dessen, was Dritte **über eine Person wissen oder sagen dürfen – und zwar auch dann, wenn diese Informationen zutreffend sind**. Wie lässt sich dies rechtfertigen?

144   Das BVerfG hatte bereits in einer Reihe von Entscheidungen aus dem allgemeinen Persönlichkeitsrecht die Befugnis des Einzelnen abgeleitet, grundsätz-

---

[162] BVerfGE 101, 361 (382 f.) – Caroline von Monaco II.
[163] BVerfGE 119, 1 (30) – Esra; ähnlich auch *Dreier* in Dreier GG Art. 2 I Rn. 93.
[164] *Bäcker* Der Staat 51 (2012) 91 (95).

lich selbst zu entscheiden, welche Informationen der Einzelne über sich offenbart[165] und „ob und wieweit andere sein Lebensbild im ganzen oder bestimmte Vorgänge aus seinem Leben öffentlich darstellen dürfen."[166] Diese Rechtsprechungslinie entwickelte das Gericht im Volkszählungsurteil von 1983 weiter zum Recht auf informationelle Selbstbestimmung, um den Gefährdungen der Persönlichkeitsentfaltung durch die moderne Informationsverarbeitung zu begegnen. Die Gefährdung sieht das Gericht in der Möglichkeit, Informationen unbegrenzt dauerhaft zu speichern, „ohne Rücksicht auf Entfernungen in Sekundenschnelle" abzurufen und mit anderen Informationen zu kombinieren oder sogar zu einem „teilweise oder weitgehend vollständigen Persönlichkeitsbild" zusammenzufügen. Die Möglichkeiten des Betroffenen, die Richtigkeit dieser Daten und Verwendung zu kontrollieren, nähmen dadurch ab.[167]

Entscheidend ist nun folgender Gedanke, warum dies grundrechtlich relevant ist: Das Wissen, das Dritte über den Einzelnen haben, bietet ihnen neue Möglichkeiten der „Einsicht- und Einflussnahme"; diese wirken sich – und dies entscheidend – auf das Verhalten des Einzelnen aus. Was andere über den Einzelnen wissen, hat unmittelbar Auswirkungen auf sein Verhalten und damit seine Freiheitsbetätigung. Hierzu führte das BVerfG bereits 1983 aus, was heute aktueller ist denn je: **145**

„Individuelle Selbstbestimmung setzt aber – auch unter den Bedingungen moderner Informationsverarbeitungstechnologien – voraus, daß dem Einzelnen Entscheidungsfreiheit über vorzunehmende oder zu unterlassende Handlungen einschließlich der Möglichkeit gegeben ist, sich auch entsprechend dieser Entscheidung tatsächlich zu verhalten. Wer nicht mit hinreichender Sicherheit überschauen kann, welche ihn betreffende Informationen in bestimmten Bereichen seiner sozialen Umwelt bekannt sind, und wer das Wissen möglicher Kommunikationspartner nicht einigermaßen abzuschätzen vermag, kann **in seiner Freiheit wesentlich gehemmt** werden, aus eigener Selbstbestimmung zu planen oder zu entscheiden. Mit dem Recht auf informationelle Selbstbestimmung wären eine Gesellschaftsordnung und eine diese ermöglichende Rechtsordnung nicht vereinbar, **in der Bürger nicht mehr wissen können, wer was wann und bei welcher Gelegenheit über sie weiß.** Wer unsicher ist, ob abweichende Verhaltensweisen jederzeit notiert und als Information dauerhaft gespeichert, verwendet oder weitergegeben werden, wird versuchen, nicht durch solche Verhaltensweisen aufzufallen. Wer damit rechnet, daß etwa die Teilnahme an einer Versammlung oder einer Bürgerinitiative behördlich registriert wird und daß ihm dadurch Risiken entstehen können, wird möglicherweise auf eine Ausübung seiner entsprechenden Grundrechte (Art. 8, 9 GG) verzichten. Dies würde nicht nur die individuellen Entfaltungschancen des Einzelnen beeinträchtigen, sondern auch das Gemeinwohl, weil Selbstbestimmung eine elementare Funktionsbedingung eines auf Handlungsfähigkeit und Mitwirkungsfähigkeit seiner Bürger begründeten freiheitlichen demokratischen Gemeinwesens ist."[168]

Im Kern es also um den **Schutz der Verhaltensfreiheit** des Einzelnen und damit um eine Vorverlagerung des Freiheitsschutzes auf die Stufe der Persön- **146**

---

[165] Etwa BVerfGE 54, 148 (155) – Eppler; 27, 1 (6) – Mikrozensus.
[166] BVerfGE 35, 202 (220) – Lebach; ähnlich BVerfGE 63, 131 (142 f.).
[167] BVerfGE 65, 1 (42) – Volkszählung.
[168] BVerfGE 65, 1 (42 f.) – Volkszählung.

lichkeitsgefährdung.[169] Wenn der Einzelne damit rechnen muss, dass sein Handeln registriert wird, wird er davon Abstand nehmen – erst recht, wenn er negative Folgen hierdurch befürchtet. Es kommt zu einem Einschüchterungseffekt;[170] gewissermaßen setzt beim Einzelnen die „Schere im Kopf" an. Dies gilt aber nicht nur, wenn ihm unmittelbar Nachteile drohen. Wenn andere sich aufgrund von Informationen bereits ein festes Bild über den Einzelnen gemacht haben, ist der Einzelne ist in seiner Fähigkeit eingeschränkt, selbst zu entscheiden, wie er sich anderen gegenüber darstellen möchte und seine Selbstdarstellung gegenüber Dritten vielleicht im Leben auch einmal vollständig neu zu konstruieren. Damit ist keine Garantie verbunden, dass ihm eine Selbstdarstellung so gelingt, wie er es möchte; die Rahmenbedingungen müssen ihm aber zumindest die Chance geben.

147 Noch stärker beschränkt ist er dann, wenn er noch nicht einmal abschätzen kann, was sein Gegenüber über ihn weiß. Der Einzelne kennt dann noch nicht einmal die Fehlvorstellungen, denen er möglicherweise entgegentreten muss. Wenn er vorsichtig ist, muss er sogar davon ausgehen, dass sein Gegenüber sehr viel über ihn weiß. Dann bleibt ihm nichts Anderes übrig, als sein Verhalten und seine Selbstdarstellung an den (vermeintlichen) Fremdbildern und Verhaltenserwartungen anderer auszurichten.[171] Noch schwieriger wird es, wenn der Einzelne nicht mehr kontrollieren kann, welches Wissen über ihn verfügbar ist.

Beispiel: Fotos von einer Party werden in einem Sozialen Netzwerk veröffentlicht und der Einzelne wird hierauf mittels Gesichtserkennungssoftware identifiziert. Andere ziehen aus dieser Information daraus möglicherweise – zutreffende oder falsche – Schlüsse, etwa eine Person sei ein „Partytiger" und für bestimmte Aufgaben daher nicht geeignet.[172]

148 Es kommt noch eine zeitliche Dimension hinzu: Digital verarbeitete Informationen sind nahezu ewig abrufbar und ebenso leicht verfügbar wie die Dinge, die erst gestern passiert sind. Der Einzelne muss daher sich überlegen, wie andere die Informationen in vielen Jahren in einem jetzt nicht absehbaren Zusammenhang einschätzen könnten. Er wird aus diesem Grund sehr vorsichtig agieren und versuchen, sich möglichst angepasst zu verhalten; dann geht er mit seinem Verhalten in der Masse unter. Dies schränkt nicht nur die Freiheit des Einzelnen ein. Hierunter leidet auch die Demokratie. Denn Demokratie lebt vom Widerspruch und dem freien Meinungsaustausch.[173] Im Zeitalter von Big Data kommt hinzu, dass der Einzelne gar nicht absehen kann, welche Eigenschaften ihm aufgrund einer möglicherweise alltäglichen Handlung auf-

---

[169] BVerfGE 120, 274 (311 f.) – Online-Durchsuchung; 120, 378 (397) – Automatische Kennzeichenerfassung.

[170] Hierzu mit Nachweisen aus der Literatur der Überwachungsstudien *Oermann/Staben* Der Staat 52 (2013) 630 (640 ff.).

[171] Statt vieler *Brink* in Wolff/Brink BeckOK DatenschutzR Syst.C Rn. 3 und 7 ff.; *Bäcker* Der Staat 51 (2012) 91 (96); *Britz* in Hoffmann-Riem Offene Rechtswissenschaft, S. 561 (571 ff.).

[172] Vgl. den Fall der „betrunkenen Piratin" bei *Mayer-Schönberger* Delete, S. 10 ff. und 131 f.

[173] *Mayer-Schönberger* Delete, S. 131; vgl. auch BVerfGE 65, 1 (43).

grund statistischer Korrelationen zu geschrieben werden. Ein weiterer Anreiz für konformistische Verhaltensweisen.

Eine grundrechtliche Gewährleistung, die ansetzt, wenn die Verhaltensfrei- **149** heit des Einzelnen konkret eingeschränkt ist, käme zu spät. Informationen, die einmal in der Welt sind, kann der Betroffene nicht mehr „einfangen" und Schlussfolgerungen, die daraus gezogen worden sind, nicht einfach „löschen". Dementsprechend muss der Grundrechtsschutz bereits bei der Erhebung und Verarbeitung von Daten ansetzen, die den Einzelnen betreffen, solange die Gefährdung der Freiheit des Einzelnen noch abstrakt bleibt. Genau diesen Schutz gewährt das Recht auf informationelle Selbstbestimmung:

„Hieraus folgt: Freie Entfaltung der Persönlichkeit setzt unter den modernen Bedingungen der Datenverarbeitung den Schutz des Einzelnen gegen unbegrenzte Erhebung, Speicherung, Verwendung und Weitergabe seiner persönlichen Daten voraus. Dieser Schutz ist daher von dem Grundrecht des Art. 2 Abs. 1 in Verbindung mit Art. 1 Abs. 1 GG umfaßt. Das Grundrecht gewährleistet insoweit die Befugnis des Einzelnen, grundsätzlich selbst über die Preisgabe und Verwendung seiner persönlichen Daten zu bestimmen."[174]

b) Schutzbereich. aa) sachlich. Der Schutzbereich des Rechts auf in- **150** formationelle Selbstbestimmung ist weit gezogen. Er umfasst alle Daten, die Aussagen über die persönlichen oder sachlichen Verhältnisse einer Person erlauben.[175] Dabei kommt es nicht darauf an, ob das personenbezogene Datum besonders sensibel oder aussagekräftig ist, ob es geheim oder öffentlich allgemein verfügbar[176] ist. Der Aussagegehalt eines Datums hängt von Verwendungszusammenhang ab. **Es gibt kein „belangloses" Datum**.[177] Auch eine scheinbar harmlose Information kann je nach Kontext oder in Kombination mit anderen Informationen erhebliche Auswirkungen auf die Freiheitsausübung des Einzelnen haben.[178]

So sind einzelne Informationen manchmal ausreichend, um bei anderen **151** Stereotypen zu aktivieren, die dann die Wahrnehmung des Einzelnen durch andere dominieren.[179] Auch Big Data-Anwendungen führen vor Augen, wie scheinbar belanglosen Informationen eine entscheidende Bedeutung zukommen kann. Wird – zutreffend oder nicht – eine Korrelation dieses Datum mit einer bestimmten Eigenschaft einer Person festgestellt, die niemand vermutet hätte, ändert sich der Aussagegehalt schlagartig (→ Rn. 273).

bb) persönlich. Das Recht auf informationelle Selbstbestimmung gilt **152** nicht nur für natürliche, sondern auch für juristische Personen. Die Verarbeitung sie betreffender Informationen kann ebenso zu Gefährdungen führen, sie einschüchtern und sie in ihrer Handlungsfreiheit beeinträchtigen. Ein Unterschied besteht jedoch darin, dass juristische Personen keine Persönlichkeit ha-

---

[174] BVerfGE 65, 1 (43) – Volkszählung.
[175] BVerfGE 128, 1 (43) – Gentechnikgesetz.
[176] Vgl. BVerfG NVwZ 2007, 688 Rn. 39. – Videoüberwachung.
[177] BVerfGE 65, 1 (45) – Volkszählung.
[178] BVerfGE 120, 274 (312) – Online-Durchsuchung; 118, 168 (184 f.) – Kontostammdaten.
[179] *Britz* in Hoffmann-Riem Offene Rechtswissenschaft, 561 (571 ff.).

ben, die sie frei entwickeln können, sondern einen bestimmten Zweck verfolgen. Dennoch hat das BVerfG anerkannt, das sich juristische Personen auf das Recht auf informationelle Selbstbestimmung berufen können; es hat jedoch angedeutet, dass dieser Schutz möglicherweise nicht so weit reicht wie im Fall natürlicher Personen. Hiermit korrespondiert, dass es das Recht auf informationelle Selbstbestimmung juristischer Personen nur auf der Handlungsfreiheit (Art. 2 Abs. 1 GG) und nicht auf der Menschenwürde (Art. 1 Abs. 1 GG) gestützt hat.[180]

153 **c) Eingriff.** Ein Eingriff in das Recht auf informationelle Selbstbestimmung liegt grundsätzlich in jeder Form staatlicher Informationsverarbeitung. Hierbei stellt jede Phase der Datenverarbeitung einen eigenständigen rechtfertigungsbedürftigen Eingriff dar. Dies gilt für die Erhebung wie für die Speicherung, die weitere Nutzung der Daten für den Erhebungszweck, die Verarbeitung für andere Zwecke und für die Übermittlung der Daten an andere Stellen.[181] Selbst dann, wenn Daten nach der Erhebung anonymisiert werden, ist die Erhebung selbst ein Eingriff.[182] Selbst wenn man in einem Zufallsfund mangels Finalität des staatlichen Handels keinen Eingriff sieht, ist dies spätestens bei Nutzung der Daten der Fall.[183] Ein Eingriff liegt auch vor, wenn der Staat die Daten nicht selbst erhebt, sondern gesetzlich eine Speicherung durch Private anordnet.[184]

154 Es gibt in der Rechtsprechung des BVerfG allerdings einschränkende Tendenzen; eine konsistente Linie hat sich jedoch noch nicht herausgebildet. Ein Grundrechtseingriff soll danach ausscheiden, wenn sich im Rahmen einer Gesamtbetrachtung das behördliche Interesse noch nicht derart auf den Einzelnen verdichtet hat, dass die Qualität eines Grundrechtseingriffs angenommen werden könne. Dies sei insbesondere dann der Fall, wenn die Informationen „unmittelbar nach der Erfassung technisch wieder spurenlos, anonym und ohne die Möglichkeit, einen Personenbezug herzustellen," gelöscht werden.[185]

Anlass war eine Verfassungsbeschwerde gegen die **automatische Erfassung von Kfz-Kennzeichen.** Hierbei werden die Kennzeichen aller Autos auf einer Straße erfasst und mit einer Datenbank abgeglichen. Den Beamten werden dabei nur die „Treffer" angezeigt; die Kennzeichen aller anderen Wagen werden sofort wieder gelöscht. Das BVerfG lehnte mit o. g. Begründung einen Eingriff in das Recht auf informationelle Selbstbestimmung ab, wenn kein „Treffer" vorliegt. In seiner Entscheidung zur Rasterfahndung hatte das Gericht noch offengelassen, ob die Verarbeitung der Daten von Personen, die bereits nach dem ersten Datenabgleich herausfallen (deren Daten also nur

---

[180] BVerfGE 118, 168 (203 f.) – Kontostammdaten; 128, 1 (43) – Gentechnikgesetz.

[181] Anschaulich BVerfGE 100, 313 (366) – G-10-Gesetz.

[182] *Brink* in Wolff/Brink BeckOK DatenschutzR Syst.C Rn. 84; letztlich ist dies genau die Konstellation in BVerfGE 65, 1 (49) – Volkszählung, denn auch die gebotene frühzeitige Anonymisierung beseitigt den Eingriff durch die Erhebung nicht.

[183] *Brink* in Wolff/Brink BeckOK DatenschutzR Syst.C Rn. 85.

[184] BVerfGE 125, 260 (311) – Vorratsdatenspeicherung (zu Art. 10 GG).

[185] BVerfGE 120, 378 (398 f.) – Automatische Kennzeichenerfassung; 115, 320 (343) – Rasterfahndung; ähnlich auch eine einflussreiche Strömung in der Literatur *Britz* in Hoffmann-Riem Offene Rechtswissenschaft, 561 (572 ff.); *Bäcker* in Brink/Rensen Linien der Rechtsprechung des Bundesverfassungsgerichts, Band I, 99 (120 ff.) jeweils mwN.

Teil der Rohdaten sind), ein Grundrechtseingriff ist.[186] Ein ähnliches Argumentations-
muster wie im Fall der Kennzeichenerfassung findet sich auch in der Entscheidung zur
Online-Durchsuchung, die auch die Befugnis der Verfassungsschutzbehörden zur an-
lasslosen Beobachtung des Internets betraf (sog. Online-Streife). Das Gericht lehnte einen Grundrechtseingriff ab, solange die Überwachung nicht auf eine Person fokussiert
ist, zu dieser Informationen gesammelt werden und es so zu einer „besonderen Gefah-
renlage für die Persönlichkeit des Betroffenen" kommt.[187] Noch weiter ging das
BVerwG, ebenfalls im Falle des Kennzeichenscreenings: Es verneinte sogar dann einen
Eingriff, wenn ein Polizist den „Treffer" in der Datenbank überprüft und löscht, weil
das System ein Kennzeichen falsch erkannt hatte („unechter Treffer").[188]

Eine derartige Beschränkung des Eingriffsbegriffs ist nicht überzeugend.[189] **155**
Neben Abgrenzungsfragen ist vom Zweck des Rechts auf informationelle
Selbstbestimmung her zu fragen: Wie wirkt sich eine solche Maßnahme auf die
Verhaltensfreiheit des Einzelnen aus? Der Einzelne kann nicht beurteilen, zu
welchen Zwecken Daten erhoben werden, mit welchen Datenbeständen sie ab-
geglichen werden und was das Ergebnis ist. Die Datenverarbeitung ist für ihn
„undurchsichtig".[190] Fälle, in denen diese Fragen in naher Zukunft zum Tragen
kommen werden, sind Gesichtserkennungssysteme[191] oder andere intelligente
Videoüberwachungssysteme.[192] Für den Betroffenen ist es nicht erkennbar, ob
Fahndungslisten abgeglichen werden oder aber typische Verhaltensmuster von
Kriminellen und Terroristen. Es kommt zu einer Verhaltensbeeinflussung.
Dementsprechend ist es nur konsequent, einen Grundrechtseingriff anzunehmen, so dass ein strenger Gesetzesvorbehalt greift und der Einzelne die Recht-
mäßigkeit der Maßnahme überprüfen lassen kann.

d) Rechtfertigung. Das Recht auf informationelle Selbstbestimmung ist **156**
nicht schrankenlos gewährt. Der Einzelne lebt nicht auf einer einsamen Insel,
sondern ist als Teil einer Gemeinschaft auf die Interaktion und Kommunikation mit anderen Menschen angewiesen. Hierbei kommen Dritte zwangsläufig
mit personenbezogenen Informationen über den Einzelnen in Berührung,
nicht nur wenn sie mit ihm kommunizieren, sondern auch wenn sie sich selbst,
häufig im Austausch mit anderen, eine Meinung über ihn bilden. Personenbezogene Informationen sind daher ein **„Abbild sozialer Realität** (…), das nicht
ausschließlich dem Betroffenen zugeordnet werden kann".[193] Ein überwiegendes Allgemeininteresse kann daher die Einschränkung des Rechts auf informationelle Selbstbestimmung rechtfertigen.[194] Ein Eingriff muss jedoch eine
ausreichend klare und bestimmte gesetzliche Grundlage haben (aa), für einen
klar definierten Zweck erfolgen (bb) und verhältnismäßig sein (cc). Eine abso-

---

[186] BVerfGE 115, 320 (343 f.) – Rasterfandung.
[187] BVerfGE 120, 274 (344 f.) – Online-Durchsuchung.
[188] BVerwG NVwZ 2015, 906 Rn. 29.
[189] Ebenso *Brink* in Wolff/Brink BeckOK DatenschutzR Syst.C Rn. 85.
[190] BVerfGE 65, 1 (46) – Volkszählung.
[191] Vgl. *Janisch* Diese Argumente sprechen gegen automatische Gesichtserkennung
Süddeutsche Zeitung v. 22.8.2016.
[192] *Spiecker gen. Döhmann* K&R 2014, 549 (552 ff.).
[193] BVerfGE 65, 1 (44) – Volkszählung.
[194] BVerfGE 65, 1 (44) – Volkszählung.

lute Grenze staatlicher Informationserhebung ist der Kernbereich privater Lebensgestaltung (dd).

157 Diese Kriterien wendet das BVerfG auf alle staatlichen Eingriffe in die Privatsphäre an. Bei der Prüfung von Eingriffen in das Recht auf informationelle Selbstbestimmung, das Post- und Fernmeldegeheimnis, die Unverletzlichkeit der Wohnung und das Recht auf Gewährleistung der Vertraulichkeit und Integrität informationstechnischer Systeme (IT-Grundrecht) zeichnet sich daher eine weitgehende **Konvergenz** ab, wobei das Gericht die Wohnraumüberwachung und den Zugriff auf informationstechnische Systeme als besonders schwerwiegende Eingriffe ansieht.[195]

158 **aa) Gesetzesvorbehalt, Normenklarheit und Bestimmtheit.** Eingriffe in das Recht auf informationelle Selbstbestimmung dürfen aufgrund des **Vorbehalts des Gesetzes** nur auf einer gesetzlichen Grundlage erfolgen. „Der Anlass, der Zweck und die Grenzen des Eingriffs müssen in der Ermächtigung bereichsspezifisch, präzise und normenklar festgelegt werden."[196] Es muss daher zumindest festgelegt werden, „welche staatliche Stelle zur Erfüllung welcher Aufgaben zu der geregelten Informationserhebung berechtigt sein soll." Nicht ausreichend ist eine einfache Aufgabenzuweisung oder ein Verweis auf die Zuständigkeitsordnung.[197] Darüber hinaus hängt der **Grad der Bestimmtheit** der gesetzlichen Grundlage von der Schwere des Eingriffs ab.

Beispiel: Eine Videoüberwachung eines öffentlichen Platzes ist ein erheblicher Eingriff in das Recht auf informationelle Selbstbestimmung, denn sie ist eine verdachtslose Maßnahme mit großer Streubreite, weil sie alle Passanten unterschiedslos erfasst. Ferner dient sie dazu, weitere belastende hoheitliche Maßnahmen vorzubereiten. Das BVerfG war daher der Ansicht, die Videoüberwachung könne nicht auf die polizeiliche Generalklausel gestützt werden, weil sich daraus keine „hinreichen Vorgaben für Anlass und Grenzen" der Maßnahme ergäben.[198]

159 Eine ausreichend bestimmte gesetzliche Grundlage gewährleistet mehrere Zwecke: Aus Sicht des Bürgers sichert sie die **Voraussehbarkeit** des Eingriffs. Der Einzelne muss wissen, wann und unter welchen Voraussetzungen er einen Anlass bietet, zum Gegenstand staatlicher Informationserhebung zu werden; nur dann kann er sein Verhalten darauf einrichten.[199] Dies gilt insbesondere bei heimlichen Maßnahmen, da der Betroffene sonst mit einer ständigen Überwachung rechnen muss; hierdurch wird sein Verhalten noch viel nachhaltiger beeinflusst.

Hierbei handelt es sich um den sog. **panoptischen Effekt**. Er geht zurück auf die Idee des britischen Philosophen Jeremy Bentham für ein sehr effizientes Gefängnis. In diesem Gefängnis können die Wärter jederzeit in jede Zelle blicken, ohne dass der Insasse dies merkt. Da der Häftling nie weiß, ob der Wärter gerade ihn beobachtet, muss er ständig damit rechnen.

---

[195] Deutlich abzulesen ist dieser vereinheitlichende Ansatz in BVerfGE 141, 220 Rn. 103 ff. – BKA-Gesetz.

[196] BVerfGE 113, 348 (375) – Vorbeugende Telekommunikationsüberwachung; 110, 33 (53) – Zollkriminalamt.

[197] BVerfGE 118, 168 (188) – Kontostammdaten.

[198] BVerwG NVwZ 2007, 688 Rn. 51 ff. – Videoüberwachung.

[199] BVerfGE 113, 348 (375 f.). – Vorbeugende Telekommunikationsüberwachung.

Eine hinreichend bestimmte Grundlage ist aber auch erforderlich, um die **160** Handlungsspielräume der Verwaltung zu begrenzen und später eine gerichtliche Kontrolle zu ermöglichen.[200] Eine Begrenzung der Handlungsspielräume der Verwaltung ist bei heimlichen Maßnahmen von besonderer Bedeutung, weil heimliche Maßnahmen nur sehr selten vor Gericht landen und daher von Gerichten nur sehr viel weniger konkretisiert werden können. Es fehlt das „Wechselspiel von Anwendungspraxis und gerichtlicher Kontrolle".[201]

bb) Zweckbindung. Eine Begrenzung erfährt staatliche Informationsver- **161** arbeitung dadurch, dass sie immer für einen bestimmten Zweck erfolgen muss. Anderenfalls ist die Verarbeitung personenbezogener Daten nicht erforderlich. Eine Erhebung und Speicherung personenbezogener Daten „auf Vorrat zu unbestimmten oder noch nicht bestimmbaren Zwecken" ist daher verfassungsrechtlich unzulässig.[202] Das BVerfG unterscheidet hiervon jedoch die „vorsorglich anlasslose Datenspeicherung"; diese ist in engen Grenzen für überragend wichtige Rechtsgüter und weiterer Voraussetzungen zulässig (zB Vorratsspeicherung von Telekommunikationsverbindungsdaten).[203] Die spätere, bereits jetzt festgelegte Verwendung wirkt bereits rechtfertigend für die (noch) anlasslose Erhebung der Daten.

Sollen Daten über den konkreten Anlass hinaus verwendet werden, ist auch **162** hierfür eine gesetzliche Grundlage erforderlich. Das BVerfG unterscheidet aber – seit dem Urteil zum BKA-Gesetz im Jahr 2016 – zwischen einer **weiteren Nutzung** für den ursprünglichen Zweck durch die gleiche Behörde und einer Nutzung der Daten zu anderen Zwecken oder eine andere staatliche Stelle (**Zweckänderung**).[204] Eine Zweckänderung ist ein neuer Eingriff, der selbst nur zulässig ist, wenn die Daten für den Zweck auch mit vergleichbar schwerwiegenden Mitteln neu hätten erhoben werden dürfen (**Grundsatz der hypothetischen Neuerhebung**). Die Anforderungen an die Neuerhebung und eine Zweckänderung sind jedoch, so das Gericht, nicht identisch. Dies zeigt sich vor allem daran, dass das Gericht im Rahmen der Zweckänderung auf die Eingriffsschwellen der Erhebung verzichtet. So muss etwa im Sicherheitsbereich für eine Zweckänderung nicht mehr wie im Falle der Erhebung eine konkrete Gefahr oder ein Tatverdacht vorliegen; ausreichen sollen „konkrete Ermittlungsansätze zur Aufdeckung vergleichbar gewichtiger Straftaten oder zur Abwehr von zumindest auf mittlere Sicht drohenden Gefahren".[205] Eine zulässige weitere Nutzung der Daten durch die gleiche Behörde zum Schutz der gleichen Rechtsgüter, welche die Erhebung gerechtfertigt haben, ist schon bei „bloßen Spurenansätzen" zulässig; es reicht mit anderen Worten aus, dass sie für weitere Ermittlungen relevant sein können.[206]

---

[200] BVerfGE 113, 348 (376 f.). – Vorbeugende Telekommunikationsüberwachung.
[201] BVerfGE 141, 220 Rn. 94 – BKA-Gesetz.
[202] BVerfGE 65, 1 (46) – Volkszählung; 125, 260 (316 f.) – Vorratsdatenspeicherung.
[203] BVerfGE 125, 260 (317) – Vorratsdatenspeicherung; siehe aber auch schon für die Statistik BVerfGE 65, 1 (47) – Volkszählung.
[204] BVerfGE 141, 220 Rn. 276 ff. – BKA-Gesetz.
[205] BVerfGE 141, 220 Rn. 288 ff. – BKA-Gesetz.
[206] BVerfGE 141, 220 Rn. 281 – BKA-Gesetz.

163 Zu beachten ist, dass für Informationen, die durch eine **Online-Durchsu-chung** oder akustische **Wohnraumüberwachung** gewonnen worden sind, weiterhin aufgrund ihrer Intensität der Grundsatz der hypothetischen Neuerhebung gilt.[207] Bemerkenswerterweise führt das Gericht hier nicht mehr Eingriffe in **Art. 10 GG** auf, für welche es mehrfach den Grundsatz der hypothetischen Neuerhebung angenommen hatte.[208] Damit die besondere Sensibilität der durch so schwerwiegende Eingriffe gewonnen Daten nicht im Zuge der weiteren Verarbeitung in Vergessenheit gerät, sind sie entsprechend zu **kennzeichnen.**

164 **cc) Verhältnismäßigkeit.** Entscheidende Frage der Prüfung der bei Verfassungsmäßigkeit einer staatlichen Befugnis zur Verarbeitung personenbezogener Informationen ist regelmäßig die Verhältnismäßigkeit im engeren Sinne. Neben den geschützten Rechtsgütern und dem Ausmaß ihrer Gefährdung kommt es bei der Abwägung auf eine Reihe von Faktoren an, die das BVerfG auch bei Eingriffen in Art. 10 und Art. 13 GG heranzieht:

165 *(1) Schwere des Eingriffs.* Auch wenn es kein „belangloses Datum gibt", hängt die Intensität einer Maßnahme doch von der **Aussagekraft** und der **Sensibilität** der betroffenen Informationen über den Einzelnen ab. Besondere Bedeutung kann daher haben, inwieweit diese Informationen zu einem **Persönlichkeitsprofil** zusammengefügt werden können (hierzu → Rn. 732 ff.).[209] Um die Erstellung eines solchen Persönlichkeitsprofils zu vermeiden, darf es nicht zu **Rundumüberwachung** eines Betroffenen kommen,[210] auch nicht durch eine Kumulation verschiedener Grundrechtseingriffe (**additiver Grundrechtseingriff**).[211] Aus Sicht des Betroffenen hat eine Maßnahme zudem dann ein stärkeres Gewicht, wenn die erhobenen Informationen Ausgangspunkt für weitere belastende Maßnahmen sind.[212] Typischerweise sind **heimliche Eingriffe** besonders schwerwiegend; der Betroffene befindet sich hier in einer Situation vermeintlicher Sicherheit und hat nur begrenzte Möglichkeiten, sich gegen den Eingriff zu wehren.[213]

166 Die Schwere einer Maßnahme nimmt zudem zu, wenn sie eine hohe **Streubreite** aufweist und hierdurch Personen betrifft, die für die Eingriff selbst keinen **Anlass** gegeben haben.[214] Häufig finden derartige Maßnahmen **heimlich** statt (zB Vorratsdatenspeicherung, strategische Fernmeldeüberwachung), so dass sie ein „diffus bedrohliches Gefühl des Beobachtetseins" auslösen kön-

---

[207] BVerfGE 141, 220 Rn. 283, 291 – BKA-Gesetz.

[208] BVerfGE 125, 260 (333) – Vorratsdatenspeicherung; 133, 277 (373) – Antiterrordatei.

[209] BVerfGE 27, 1 (6) – Mikrozensus; 65, 1 (42 f.) – Volkszählung; 109, 279 (323) – Lauschangriff; BVerfGE 141, 220 Rn. 130 – BKA-Gesetz.

[210] BVerfGE 109, 279 (323) – Lauschangriff.

[211] BVerfGE 112, 304 (321) – GPS-Überwachung; BVerfGE 141, 220 Rn. 130 – BKA-Gesetz.

[212] BVerfGE 118, 168 (186) – Kontostammdaten; BVerfGE 133, 277 (331 f.) – Antiterrordatei; BVerfGE 125, 260 (319) – Vorratsdatenspeicherung.

[213] BVerfGE 118, 168 (197) – Kontostammdaten.

[214] BVerfGE 125, 260 (305) – Vorratsdatenspeicherung.

nen.[215] In diesem Zusammenhang kann auch relevant sein, welchen Grad an Überwachung eine Maßnahme im Zusammenspiel mit anderen Maßnahmen gesamtgesellschaftlich erlaubt („**Überwachungsgesamtrechnung**").[216] Bei Maßnahmen, die tief in die Privatsphäre einer Person eingreifen, z.b. eine langfristige Observation oder der Einsatz von Vertrauenspersonen, ist es zur Wahrung der Verhältnismäßigkeit zudem erforderlich, dass die Anordnung durch eine unabhängige Stelle, also ein Gericht, erfolgt und nicht der ermittelnden Behörde überlassen bleibt.[217]

Die Schwere eines Eingriffs in das Recht auf informationelle Selbstbestimmung kann auch durch technische Faktoren zunehmen, welche die „**informationelle Gewaltenteilung**"[218] einschränken. Dies kann durch die Zusammenführung von Informationen in einer Verbunddatei[219] geschehen oder durch die Einrichtung eines automatischen Abrufverfahrens, das die Hemm- und Kontrollwirkung eines Auskunftsersuchens beseitigt.[220] **167**

(2) Kompensatorische Maßnahmen. Die Schwere des Eingriffs kann aber durch organisatorische und verfahrensrechtliche Vorkehrungen gemindert werden. Hierzu gehört zunächst die **Transparenz** einer Informationserhebung, insbesondere auch durch das Recht auf Auskunft.[221] Sie ermöglicht es dem Bürger nachzuvollziehen, wer welche Daten über ihn zu welchem Zweck verarbeitet und die Verarbeitung einer gerichtlichen Kontrolle zuzuführen. Bei heimlichen Maßnahmen ist dies nicht möglich, ohne ihren Zweck zu vereiteln; an die Stelle einer Informationspflicht vor Erhebung eine nachgelagerte Benachrichtigungspflicht.[222] **168**

Da eine Benachrichtigung in der Praxis gerade bei Maßnahmen mit großer Streubreite fast nie stattfindet, kommt der Kontrolle durch die **Datenschutzaufsichtsbehörden** eine wichtige Funktion zur Wahrung des Rechts auf informationelle Selbstbestimmung zu.[223] Zuletzt hat das Gericht auch die Bedeutung von zusätzlichen Berichtspflichten gegenüber dem Parlament betont.[224] **169**

Werden Daten über eine Person gespeichert, müssen zudem technisch-organisatorische Maßnahmen ergriffen werden, um einen missbräuchlichen Zugriff zu verhindern.[225] **170**

---

[215] BVerfGE 125, 260 (320) – Vorratsdatenspeicherung.
[216] BVerfGE 125, 260 (325) – Vorratsdatenspeicherung.
[217] BVerfGE 141, 220 Rn. 174 – BKA-Gesetz.
[218] BVerfGE 65, 1 (69) – Volkszählung.
[219] BVerfGE 133, 277 (331 f.) – Antiterrordatei.
[220] BVerfGE 130, 155 (196) – Zuordnung dynamischer IP-Adressen.
[221] BVerfGE 141, 220 Rn. 134 ff. – BKA-Gesetz; BVerfGE 120, 351 (365) – Bundeszentralamt für Steuern.
[222] BVerfGE 141, 220 Rn. 136 – BKA-Gesetz; BVerfGE 125, 260 (336) – Vorratsdatenspeicherung.
[223] BVerfGE 133, 277 (369 f.) – Antiterrordatei; bereits BVerfGE 65, 1 (46) – Volkszählung.
[224] BVerfGE 141, 220 Rn. 142 f. – BKA-Gesetz; BVerfGE 133, 277 (372) – Antiterrordatei.
[225] BVerfGE 125, 260 (320) – Vorratsdatenspeicherung.

171 **dd) Kernbereich privater Lebensgestaltung.** Eine absolute Grenze jeder staatlichen Informationserhebung ist der Kernbereich privater Lebensgestaltung, den das BVerfG aus der Menschenwürde (Art. 1 Abs. 1 GG) abgeleitet hat. Wird der Kernbereich privater Lebensgestaltung verletzt, ist der Eingriff immer rechtswidrig.

172 Der Kernbereich privater Lebensgestaltung schützt die „Möglichkeit, innere Vorgänge wie Empfindungen und Gefühle sowie Überlegungen, Ansichten und Erlebnisse höchstpersönlicher Art zum Ausdruck zu bringen".[226] Dies kann im Gespräch mit Personen des „höchstpersönlichen Vertrauens" wie dem Partner, engsten Familienmitgliedern oder Vertrauenspersonen wie einem Arzt, Psychologen oder Geistlichen geschehen, aber auch in einem Tagebuch[227] oder im Selbstgespräch.[228]

173 Allerdings hat das BVerfG den Kernbereich privater Lebensgestaltung inhaltlich eingeschränkt, wenn auch nicht in dogmatisch besonders überzeugender Weise, indem es aus dem aus der unantastbaren Menschenwürde abgeleiteten Kernbereich privater Lebensgestaltung bestimmte Inhalte „herausdefiniert" hat: Inhalte über begangene oder geplante Straftaten sollen einen so hohen Sozialbezug aufweisen, dass sie nicht in den Kernbereich privater Lebensgestaltung fallen.[229] Wenn aber der Schutz eines Gesprächs nicht mehr von den Beteiligten abhängt, sondern von dessen Inhalt, führt dies in der Praxis zu Abgrenzungsschwierigkeiten. Das BVerfG löst diese Abgrenzungsschwierigkeiten letztlich durch ein zweistufiges, gesetzlich zu regelndes Schutzkonzept: Auf der ersten Stufe muss alles getan werden, um eine Erfassung kernbereichsrelevanter Informationen zu verhindern. Für bestimmte Kommunikationspartner und Situationen (zB Schlafzimmer) kann dabei eine widerlegliche Vermutung bestehen, dass ein Eingriff den Kernbereich privater Lebensgestaltung tangieren würde. Sollte es doch einmal zur Erfassung von derart geschützten Informationen kommen, ihre Kernbereichsrelevanz zweifelhaft sein oder sich aufgrund der Art des Eingriffs nicht ausschließen lassen (zB beim Auslesen einer Festplatte bei einer Online-Durchsuchung)[230], sind die erhobenen Informationen insgesamt von einer unabhängigen Stelle zu sichten und kernbereichsrelevante Inhalte sofort zu löschen. Entscheidend ist, dass die unabhängige Stelle nicht mit den Ermittlungen betraut ist.[231] Hierdurch soll sichergestellt werden, dass kernbereichsrelevante Inhalte in die weiteren Ermittlungen einfließen.[232]

---

[226] BVerfGE 109, 279 (313) – Lauschangriff; 120, 274 (335) – Online-Durchsuchung.
[227] BVerfGE 80, 367 (373 f.) – Tagebuch.
[228] BGHSt 57, 1 Rn. 14 ff. – Selbstgespräch im Auto.
[229] Grundlegend BVerfGE 80, 367 (375) – Tagebuch (mit abweichender Meinung von vier Richtern); 109, 279 (319 f., 328) – Lauschangriff; BVerfGE 141, 220 Rn. 122 – BKA-Gesetz.
[230] BVerfGE 141, 220 Rn. 220 – BKA-Gesetz.
[231] BVerfGE 120, 274 (338 f.) – Online-Durchsuchung; BVerfGE 141, 220 Rn. 220, 224 – BKA-Gesetz.
[232] BVerfGE 141, 220 Rn. 128 f. – BKA-Gesetz.

e) Drittwirkung. Die bisherige Rechtsprechung des BVerfG zum Recht **174** auf informationelle Selbstbestimmung bezieht sich mit ganz wenigen Ausnahmen auf das Verhältnis zwischen Staat und Bürger. Natürlich hat das Recht auf informationelle Selbstbestimmung auch einen objektiv-rechtlichen Charakter, der im Wege der mittelbaren Drittwirkung ausstrahlt, insbesondere auf die Auslegung von §§ 823, 1004 BGB. Grundsätzlich kann – wie auch im Privatrecht – der Staat davon ausgehen, dass die Bürger auch ihre Informationsbeziehungen privatautonom regeln.[233] Allerdings kann es in Fällen struktureller Unterlegenheit zu einer staatlichen Schutzpflicht kommen, denn der Staat muss die Voraussetzungen „selbstbestimmter Kommunikationsteilhabe" gewährleisten. Der Staat muss daher schützend einschreiten, wenn eine Seite ein solches Übergewicht hat, dass sich „Selbstbestimmung in Fremdbestimmung" wandelt; in diesem Fall muss die „Berufung auf die nur scheinbare Freiwilligkeit der Preisgabe bestimmter Informationen versagt werden."[234]

Beispiel: Ein Versicherungsnehmer hatte im Rahmen der AGB seiner Berufsunfähigkeitsversicherung seine Ärzte von ihrer Schweigepflicht entbunden. Das BVerfG nahm eine staatliche Schutzpflicht an, die es gebiete, einer solchen Entbindungserklärungen ihre Wirksamkeit zu versagen. Die Vertragsbedingungen würden einseitig von dem Versicherer diktiert; zwischen Versicherungsunternehmen gebe es über die datenschutzrechtlichen Konditionen auch keinen Wettbewerb. Der Betroffene könne auch nicht auf den Abschluss einer solchen Versicherung verzichten; angesichts des „gegenwärtigen gesetzlichen Niveaus gesetzlich vorgesehener Leistungen im Fall der Berufsunfähigkeit" sei er darauf angewiesen, privat vorzusorgen.[235]

Das Internet, die allgegenwärtige und unvermeidliche Entstehung von Datenspuren und die Dominanz bestimmter Internetplattformen machen es dem **175** Betroffenen schwer, sein Recht auf informationelle Selbstbestimmung effektiv zu verwirklichen.[236] Verfassungsrechtlich stellt sich nicht nur die Frage, inwieweit dies staatliche Schutzpflichten auslöst, sondern auch wie weit sich die mittelbare Drittwirkung für bestimmte Akteure zu einer nahezu echten Grundrechtsbindung verdichtet, insbesondere wenn bestimmte Plattformen zur Infrastruktur für die Kommunikation und das tägliche Leben geworden sind.[237]

2. Weitere Facetten des verfassungsrechtlichen Schutzes der Privatheit

a) Unverletzlichkeit der Wohnung. Eine geradezu klassische Ausprä- **176** gung der Privatheit schützt Art. 13 Abs. 1 GG, die Unverletzlichkeit der Wohnung. Art. 13 Abs. 1 GG verbürgt eine räumliche Privatsphäre, da jeder Mensch einen Rückzugsraum braucht, der ihm die Möglichkeit bietet, unbeo-

---

[233] BVerfG MMR 2007, 93 (93) – Schweigepflichtentbindung; NJW 2007, 3707 (3708) – Abtretung von Kreditforderungen.
[234] BVerfG MMR 2007, 93 (93) – Schweigepflichtentbindung.
[235] BVerfG MMR 2007, 93 (93 f.) – Schweigepflichtentbindung.
[236] Vgl. nur *Di Fabio* Grundrechtsgeltung in digitalen Systemen, 90 f. und 93 f.
[237] Vgl. BVerfGE 128, 226 (249 f.) – Fraport; NJW 2015, 2485 Rn. 5 – Bierdosen-Flashmob.

bachtet von den Blicken anderer, sich selbst zu entfalten.[238] Art. 13 Abs. 1 GG schützt die Wohnung daher nicht nur vor Durchsuchungen und dem Betreten durch Dritte (Art. 13 Abs. 2 GG), sondern auch vor der Überwachung der Vorgänge in der Wohnung (zB durch eine akustische Wohnraumüberwachung gemäß Art. 13 Abs. 3 bis 6 GG).

177 Was eine Wohnung ist, ist nicht sachenrechtlich, sondern von der Funktion des Art. 13 Abs. 1 GG her zu bestimmen. Auch der Mieter kann sich daher auf die Unverletzlichkeit der Wohnung berufen.[239] Auch ein Krankenzimmer kann während des Aufenthalts im Krankenhaus eine Wohnung isd Art. 13 Abs. 1 GG sein.[240] Generell bedürfen Eingriffe in Art. 13 Abs. 1 GG immer einer richterlichen Genehmigung.

178 **b) Fernmeldegeheimnis. aa) Schutzbereich.** Das Post- und Fernmeldegeheimnis dient ebenfalls dem Schutz der Privatheit – allerdings nicht zwischen Anwesenden, sondern auf Distanz. In dieser Konstellation sind die Beteiligten darauf angewiesen, Dritte zur Übermittlung ihrer Kommunikation einzuschalten oder technische Geräte zu nutzen und können den Übermittlungsvorgang selbst in der Regel nicht kontrollieren oder im Detail beeinflussen. Sie müssen sich daher in besonderem Maße darauf verlassen, dass ihre Kommunikation trotz der Unsicherheiten, die dem Übermittlungsvorgang innewohnen, vertraulich bleibt. Sonst besteht die Gefahr, dass ein Kommunikationsvorgang etwa unterbleibt, weil die Beteiligten nicht ausschließen können, dass staatliche Stellen von ihm Kenntnis nehmen.[241] Im Ergebnis sollen die Beteiligten so gestellt werden, wie sie bei einer Kommunikation unter Anwesenden stünden.[242]

Fraglich ist, ob die **Kommunikation zwischen Maschinen** oder zwischen **Menschen und Maschinen** unter Art. 10 Abs. 1 fällt, weil hier der interpersonale Charakter fehlt.[243] Letztlich ist diese Frage aber noch nicht ausgeleuchtet, denn auch ein automatisierter Informationsaustausch kann Informationen über eine Person enthalten und ist den gleichen Gefährdungen ausgesetzt, wie wenn Menschen über Distanz kommunizieren. Konstitutiv für den Schutz des Art. 10 GG ist damit nicht der Inhalt der Übermittlung, sondern die Art der Übermittlung.[244] Geschützt werden daher auch Informationen über den Internetzugang; hierbei kommt es nicht darauf, ob hierüber eine Individualkommunikation stattfindet oder gespeichert wird, welche Websites eine Person besucht hat;[245] erfasst wird damit auch eine Form der Kommunikation zwischen Mensch und Maschine.

---

[238] BVerfGE 109, 279 (309) – Lauschangriff; 103, 142 (150 f.) – Wohnungsdurchsuchung; 89 1, (6, 12) – Besitzrecht des Mieters.

[239] BVerfGE 109, 279 (326).

[240] BGH NJW 2005, 3295 (3296).

[241] BVerfGE 107, 299 (313) – Telekommunikationsverbindungsdaten.

[242] BVerfG MMR 2006, 805 (806) – IMSI-Catcher.

[243] *Schwabenbauer* AöR 137 (2012) 1 (11 f.) unter Verweis auf BVerfG MMR 2006, 805 (806) – IMSI-Catcher, der aber im Ergebnis für ein weiteres Verständnis plädiert (20 f.); ähnlich *Hermes* in Dreier GG Art. 10 Rn. 40.

[244] BVerfG ZD 20017, 132 Rn. 36 und 38.

[245] BVerfGE 125, 260 (311) – Vorratsdatenspeicherung; BVerfG ZD 2017, 132 Rn. 38.

Erfasst werden **alle Arten der Kommunikation** zwischen einem begrenz- **179** ten Kreis von Personen. Neben Briefen, E-Mails, SMS und Telefonaten sind dies auch Chats oder Nachrichten im Rahmen von sozialen Netzwerken oder auf Websites,[246] die sich nicht an einen unbestimmten Kreis von Personen richten. Sachlich schützt Art. 10 Abs. 1 GG sowohl den Inhalt der Kommunikation als auch die Umstände der Kommunikation, dh wer mit wem zu welchem Zeitpunkt von wo aus kommuniziert hat.[247]

Beispiel: Geschützt werden daher dynamische IP-Adressen (zum technischen Hintergrund → Rn. 285), nicht aber statische IP-Adressen. Eine Auskunft, wem zu einem bestimmten Zeitpunkt eine dynamische IP-Adresse zugeordnet war, beinhaltet auch die Information, dass diese Person zu diesem Zeitpunkt kommuniziert hat.[248]

Diese **Verbindungs- oder Metadaten** erscheinen im Vergleich zu den In- **180** halten der Kommunikation trivial – sie sind es aber nicht: Auch Verbindungsdaten erlauben Aussagen über die Beziehungen einer Person, seine Lebensweise, Vorlieben, politische Ansichten und Bewegungsmuster.[249] Hinzukommt, dass Verbindungsdaten sehr viel leichter ausgewertet werden können als Inhaltsdaten. Insgesamt hat das BVerfG daher die Speicherung von Telekommunikationsverbindungsdaten in seiner Entscheidung zur Vorratsdatenspeicherung als besonders schweren Eingriff bewertet.[250]

Betrachtet man den Kommunikationsprozess, so umfasst der Schutz des **181** Art. 10 GG lediglich den Übermittlungsvorgang. Ist dieser abgeschlossen, werden Informationen im Zusammenhang mit Kommunikation durch die verschiedenen Ausprägungen des allgemeinen Persönlichkeitsrechts geschützt.

Beispiele: (1) Die Daten über empfangene und getätigte Anrufe auf einem Handy werden daher nur durch das Recht auf informationelle Selbstbestimmung geschützt.[251] (2) Lässt der Empfänger einen anderen mithören, berührt dies nicht das Vertrauen in den Kommunikationsvorgang, sondern in die Kommunikationspartner.[252] Statt dem Fernmeldegeheimnis greift hier der Schutz am gesprochenen Wort.[253] (3) Eine gewisse Ausnahme von seiner Rechtsprechung hat das BVerfG für E-Mails angenommen, die auch nach dem Abschluss des Übermittlungsvorgangs noch beim Provider gespeichert werden (IMAP-Verfahren). Der Zugriff auf diese Daten durch den Provider sei für den Betroffenen nicht beherrschbar. Der Zweite Senat des BVerfG sah daher diese E-Mails als durch Art. 10 Abs. 1 GG geschützt an.[254] Das Grundrecht auf Gewährleistung der Vertraulichkeit und Integrität informationstechnischer Systeme (IT-Grundrecht) hielt

---

[246] *Hermes* in Dreier GG Art. 10 Rn. 39.
[247] BVerfGE 100, 313 (358) – G-10-Gesetz; 107, 299 (312 f.) – Telekommunikationsverbindungsdaten.
[248] BVerfGE 130, 151 (181) – Bestandsdatenauskunft; 125, 260 (342 f.) – Vorratsdatenspeicherung.
[249] BVerfGE 125, 260 (319) – Vorratsdatenspeicherung; 107, 299 (314, 320) – Telekommunikationsverbindungsdaten.
[250] BVerfGE 125, 260 (318 ff.) – Vorratsdatenspeicherung.
[251] BVerfGE 115, 166 (184 ff.) – Auslesen eines Mobiltelefons.
[252] BVerfGE 106, 28 (36 ff.) – Mithöreinrichtung; siehe auch BVerfGE 120, 274 (341) – Online-Durchsuchung für die Überlassung des Zugangs zu einem Chat.
[253] BVerfGE 106, 28 (39) – Mithöreinrichtung.
[254] BVerfGE 124, 43 (54 ff.) – Beschlagnahme von E-Mails beim Provider.

der Senat nicht für anwendbar, weil es gegenüber Art. 10 Abs. 1 GG subsidiär sei.[255] Überzeugender wäre es jedoch gewesen, für eine derartige Cloud-Anwendung auf das IT-Grundrecht abzustellen.[256] Die mangelnde Beherrschbarkeit vernetzter informationstechnischer Systeme besteht unabhängig von den betroffenen Daten oder konkreten Kommunikationsvorgängen und wird gerade vom IT-Grundrecht adressiert. Dementsprechend hat das BVerfG inzwischen auch Cloud-Anwendungen in den Schutzbereich des IT-Grundrechts fallen lassen (→ Rn. 190).

182   **bb) Eingriff.** Ein Eingriff in Art. 10 Abs. 1 GG liegt in **jeder Form von Kenntnisnahme oder Analyse** der geschützten Kommunikationsvorgänge. Dabei kommt es nicht darauf an, ob es sich um Kommunikationsvorgänge im Inland, zwischen dem Inland und dem Ausland oder im Ausland handelt;[257] eindeutig entschieden ist dies vom BVerfG bisher aber nur für den Fall, dass ein Eingriff vom Inland aus stattfindet.[258] Ein Eingriff in das Fernmeldegeheimnis liegt aber auch schon auf einer vorgelagerten Stufe vor, wenn Kommunikationsvorgänge einer staatlichen Stelle für die weitere Auswertung „verfügbar" gemacht werden (zB durch Ausleiten an einem Kommunikationsknotenpunkt)[259] oder für staatliche Stellen vorgehalten werden (zB Vorratsdatenspeicherung).[260]

183   **cc) Rechtfertigung.** Auf Ebene der Rechtfertigung zieht das BVerfG ähnliche Kriterien heran wie für intensive Eingriffe in das Recht auf informationelle Selbstbestimmung.[261] Viele Abgrenzungsfragen zwischen Art. 10 Abs. 1 GG und anderen Grundrechten haben im Ergebnis daher nur eine geringe Auswirkung.[262] Diese Entwicklung hat sich verstärkt, denn jüngst hat das BVerfG – etwa im Zusammenhang mit der Zweckbindung (→ Rn. 163) oder den Adressaten der Maßnahme – besondere Anforderungen an Eingriffe in Art. 13 Abs. 1 GG und das IT-Grundrecht aufgestellt, nicht mehr aber für Eingriffe in Art. 10 Abs. 1 GG.[263]

184   Als Besonderheit ist im Falle des Art. 10 Abs. 1 GG jedoch das Zitiergebot zu beachten.[264] Eingriffe in das Fernmeldegeheimnis sind zudem in der Regel von einem so großen Gewicht, dass – zumindest wenn sie heimlich erfolgen – eine Anordnung durch einen **Richter oder eine andere unabhängige Stelle**

---

[255] BVerfGE 124, 43 (57) – Beschlagnahme von E-Mails beim Provider.

[256] So auch ausdrücklich nun auch BVerfGE 141, 220 Rn. 209 – BKA-Gesetz; zuvor bereits *Hoffmann-Riem* JZ 2008, 1009 (1011).

[257] *Bäcker* K&R 2014, 556 (560 f.); *Papier* NVwZ-Extra 15/2016, 1 (5 f.); *Hoffmann-Riem* JZ 2014, 53 (55).

[258] BVerfGE 100, 313 (363 f.) – G-10-Gesetz.

[259] BVerfGE 100, 313 (366) – G-10-Gesetz; eine Ausnahme nahm das Gericht im Fall der Überwachung der Telekommunikation zwischen dem Inland und dem Ausland nur in Bezug auf innerstaatliche Kommunikationsvorgänge an, die ungezielt und technikbedingt miterfasst und spurlos wieder gelöscht werden.

[260] BVerfGE 125, 260 (311) – Vorratsdatenspeicherung.

[261] *Horn* in Isensee/Kirchhof Handbuch des Staatsrechts § 149 Rn. 107.

[262] Deutlich wird dies in BVerfGE 124, 43 (57 ff.) – Beschlagnahme von E-Mails beim Provider; hierzu *Schwabenbauer* AöR 137 (2012) 1 (28 f.).

[263] BVerfGE 141, 220 Rn. 291 und 115 – BKA-Gesetz.

[264] *Hermes* in Dreier GG Art. 10 Rn. 46; vgl. etwa BVerfGE 130, 151 (204) – Bestandsdatenauskunft.

erforderlich ist.[265] Eine Ausnahme hat das BVerfG nur für die Bestandsdaten-auskunft angenommen, auch wenn diese IP-Adressen betrifft und hiermit das Vertrauen der Internetnutzer in ihre weitgehende Anonymität aufhebt.[266] Im Falle einer heimlichen Überwachung der Telekommunikation sind zwar gesetzliche Regelungen zum Schutz des **Kernbereichs privater Lebensgestaltung** erforderlich. Es muss aber im Rahmen der Erhebung nur versucht werden, die Erfassung höchstpersönliche Inhalte zu vermeiden, wenn diese mit hinreichender Wahrscheinlichkeit identifiziert werden können. Im Übrigen ist eine Erhebung aber auch in automatisierter Form zulässig, soweit zumindest in Zweifelsfällen vor einer Verwertung eine Sichtung durch eine unabhängige Stelle erfolgt.[267]

Eine weitere Besonderheit bildet Art. 10 Abs. 2 S. 2 GG; die Schrankenre-**185** gelung erlaubt es, zum Schutze der freiheitlich demokratischen Grundordnung oder des Bestands oder der Sicherung des Bundes oder eines Landes von einer Benachrichtigung des Betroffenen abzusehen und anstelle eines gerichtlichen Rechtsschutzes (vgl. auch Art. 19 Abs. 4 S. 2 GG) ein parlamentarisches Organ, in der Praxis die **G-10-Kommission**, vorzusehen (vgl. §§ 12, 13 G-10-Gesetz).

c) IT-Grundrecht. aa) Grundgedanke. Eine neue Ausprägung des all-**186** gemeinen Persönlichkeitsrechts ist das Grundrecht auf **Gewährleistung der Vertraulichkeit und Integrität informationstechnischer Systeme** („IT-Grundrecht"). Wie schon das Recht auf informationelle Selbstbestimmung hat das BVerfG das IT-Grundrecht in seiner Entscheidung zur Online-Durchsuchung als Reaktion auf die Persönlichkeitsgefährdungen entwickelt, die sich erst durch den technischen Fortschritt ergeben haben. Informationstechnische Systeme sind heute ein elementarer Teil der Lebensgestaltung, auf die der Einzelne angewiesen ist. Gleichzeitig verarbeiten viele informationstechnische Systeme ((zB Computer oder Smartphone) eine so große Menge von perso-nenbezogenen Informationen, dass man sich durch ihre Auswertung nahezu ein vollständiges oder zumindest sehr aussagekräftiges Bild einer Person machen kann. Gleichzeitig sind diese Systeme für den Betroffenen hochkomplex. Der Einzelne ist daher nicht mehr in der Lage, die Funktionsweise moderner IT-Systeme zu beurteilen, sich selbst gegen Zugriffe zu schützen oder auch nur festzustellen, ob unberechtigte Zugriffe oder Manipulationen stattgefunden haben.[268] Er ist daher darauf angewiesen, auf die Integrität der von ihm genutzten informationstechnischen Systeme zu vertrauen. Denn hat erst einmal jemand auf das System Zugriff genommen, ist die entscheidende Hürde für eine Ausspähung und Überwachung des Betroffenen oder eine Manipulation des IT-Systems genommen.[269]

---

[265] Allgemein für eingriffsintensive Ermittlungsmaßnahmen BVerfGE 141, 220 Rn. 117 f. – BKA-Gesetz.

[266] BVerfGE 125, 260 (344) – Vorratsdatenspeicherung; vgl. BVerfGE 131, 151 (196 ff.) ohne das Erfordernis eines Richtervorbehalts.

[267] BVerfGE 141, 220 Rn. 236 ff. – BKA-Gesetz.

[268] BVerfGE 120, 274 (303 ff.) – Online-Durchsuchung.

[269] BVerfGE 120, 274 (314 f.) – Online-Durchsuchung.

187   Das BVerfG entwickelte das IT-Grundrecht als „**Lückenfüller**". Die anderen Grundrechte bieten keinen Schutz, welcher der Bedeutung informationstechnischer Systeme in der heutigen Welt für den Menschen angemessen ist: Ein informationstechnisches System wird weder in allen Fällen von Art. 13 Abs. 1 GG geschützt, noch handelt es sich um einen Zugriff auf die Kommunikation auf Distanz, so dass Art. 10 Abs. 1 GG ebenfalls keinen Schutz bietet. Hätte aber nicht auch das Recht auf informationelle Selbstbestimmung einen ausreichenden Schutz geboten?[270] Vielleicht hätte das BVerfG auf die Aussagekraft der Daten auf einem informationstechnischen System abstellen und bei der Schwere des Eingriffs berücksichtigen können. Die besondere Gefährdung für die freie Entfaltung der Persönlichkeit beruht aber darauf, dass der Einzelne diese Systeme nutzen muss, im Alltag auf sie angewiesen ist und sie faktisch nicht kontrollieren kann. Umso mehr muss er darauf vertrauen, dass sie ordnungsgemäß funktionieren, nicht manipuliert sind und nicht „gegen ihn" arbeiten. Genau dieses Vertrauen gewährleistet der Gedanke der Integrität. Es handelt sich dabei – ähnlich dem Recht auf informationelle Selbstbestimmung – um einen **vorgezogenen Grundrechtsschutz**.

188   Eine Ausnahme vom Schutzbereich des IT-Grundrechts hat das BVerfG angenommen, wenn der Zugriff auf das informationstechnische System auf bestimmten einen Zweck beschränkt ist: die **Überwachung laufender Kommunikationsvorgänge**, also zum Beispiel der Überwachung einer Kommunikation über Skype oder einen Messenger (sog. Quellen-Telekommunikationsüberwachung). In diesem Fall greife nur der Schutz durch Art. 10 Abs. 1 GG. Ganz konsequent ist diese Ausnahme nicht, da mit dem Zugriff auf das System bereits dessen Integrität verletzt ist. Das sieht auch das Gericht und verlangt daher, dass technisch sichergestellt ist, dass nur laufende Kommunikationsvorgänge erfasst werden und keine anderen auf dem IT-System gespeicherten Daten,[271] dh auch keine bereits empfangenen Nachrichten oder Screenshots, welche auch andere Vorgänge am Rechner zeigen. Hintergrund dieser Einschränkung des Schutzbereichs durch das BVerfG sind wohl pragmatische Erwägungen: Eine verschlüsselte Kommunikation (per Voice-over-IP-Dienste wie Skype, Messenger-Dienste oder E-Mail) muss vor der Verschlüsselung abgefangen werden, um überwacht werden zu können. Wäre hier das IT-Grundrecht mit seinen hohen Hürden einschlägig, könnte eine Quellen-TKÜ nicht nach den weitergehenden Regelungen zur Telekommunikationsüberwachung vorgenommen werden; dies würde die Möglichkeiten zur Überwachung dieser Kommunikation in der Praxis erheblich einschränken.

189   **bb) Geschützte IT-Systeme.** Das IT-Grundrecht schützt zumindest alle Systeme, von denen derartige Persönlichkeitsgefährdungen ausgehen. Dies ist dann der Fall, wenn der Zugriff auf sie „Einblick in wesentliche Teile der Lebensgestaltung einer Person" ermöglicht. Hierzu gehören eindeutig Computer

---

[270] Skeptisch daher viele Stimmen in der Literatur etwa *Dreier* in Dreier GG Art. 2 I Rn. 84; *Eifert* NVwZ 2008, 521 (522); *Britz* DÖV 2008, 411 (413); positiver *Hömig* Jura 2009, 207 (209); *Hornung* CR 2008, 300 (306).
[271] BVerfGE 120, 274 (309) – Online-Durchsuchung; BVerfGE 141, 220 Rn. 228 – BKA-Gesetz.

und Smartphones. Erfasst wird nicht nur das Gerät selbst, sondern auch mit ihm vernetzte Geräte.[272] Damit spricht viel dafür, dass grundsätzlich auch Daten, die auf einem Cloud-Server gespeichert sind, vom IT-Grundrecht geschützt werden (→ Rn. 181).[273]

Im Internet der Dinge erlauben heute viele Geräte erhebliche Rückschlüsse **190** auf das Leben und die Persönlichkeit eines Menschen. Das BVerfG hat in seiner Entscheidung zur Online-Durchsuchung zur Abgrenzung zum Recht auf informationelle Selbstbestimmung zwar klargestellt, dass informationstechnische Systeme, die nur „Daten mit punktuellem Bezug zu einem bestimmten Lebensbereich des Betroffenen" enthalten (zB „Steuerungsanlagen der Haustechnik"), nicht unter das IT-Grundrecht fallen.[274] In einer jüngeren Entscheidung ist das Gericht auf diese Differenzierung nicht mehr eingegangen; vielmehr hat es den sachlichen Schutzbereich sogar eher auf bei Dritten gespeicherte Daten (etwa Cloud-Anwendungen) ausgeweitet und die Vernetzung verschiedener informationstechnischer Systeme betont.[275]

Wann der Schutz des IT-Grundrechts einsetzt, ist aber auch angesichts der **191** Aussagekraft der von vielen Geräten erhobenen Daten alles andere als geklärt. Das moderne Auto zeichnet etwa nicht nur ein Bewegungsprofil auf. Sensoren speichern auch das Fahrverhalten. Aus diesen Daten kann durch den Abgleich mit Vergleichsdaten sogar auf den Gefühlszustand einer Person geschlossen werden. Wearables begleiten den Menschen im wahrsten Sinne „auf Schritt und Tritt". Auch die Vernetzung alltäglicher Gegenstände, die für sich genommen wenig komplex sind und nur punktuell Daten erheben, kann einem Zugriff auf die eine neue Qualität geben.[276] Denn mit dem Zugriff auf ein Gerät, ist häufig auch die entscheidende Schwelle für den Zugriff auf andere Geräte genommen, die mit ihm vernetzt sind. Die Diskussionen stehen hier noch am Anfang. Bisher ist das IT-Grundrecht von Politik und Rechtswissenschaft wenig beachtet worden.[277] Zu Unrecht: Gerade der Gedanke der Integrität ist entscheidend in Fragen der IT-Sicherheit und könnte im Wege der mittelbaren Drittwirkung auch im Verhältnis zwischen Privaten fruchtbar gemacht werden[278] oder als Regelungsauftrag im Rahmen der Gestaltungsanforderungen an informationstechnische Systeme (privacy by design and default). Auch darüber hinaus beschreibt das IT-Grundrecht das moderne Dilemma des Nutzers moderner informationstechnischer Systeme – Angewiesenheit einerseits, mangelnde Beherrschbarkeit andererseits – sehr treffend.

---

[272] BVerfGE 120, 274 (314) – Online-Durchsuchung.
[273] BVerfGE 141, 220 Rn. 209 f. – BKA-Gesetz.
[274] BVerfGE 120, 274 (313) – Online-Durchsuchung.
[275] BVerfGE NJW 2016, 1781 Rn. 210 – BKA-Gesetz.
[276] *Bäcker* in Uerpmann-Wittzack Das neue Computer-Grundrecht, 1 (11 f.); „Auch ein für sich genommen wenig komplexes System kann von dem Grundrechtsschutz erfasst sein, wenn es mit anderen Systemen vernetzt ist." Ebenso *Hornung* CR 2008, 300 (302); vgl. auch *Hofmann-Riem* JZ 2008, 1009 (1011).
[277] Vgl. *Baum/Kurz/Schantz* Das vergessene Grundrecht, Frankfurter Allgemeine Zeitung v. 26.2.2013.
[278] Hierzu *Roßnagel/Schnabel* NJW 2008, 3534 (3535 ff.); Luch MMR 2011, 75 (78).

192   **cc) Rechtfertigung.** Das BVerfG hat das IT-Grundrecht anlässlich der Prüfung der Verfassungsmäßigkeit einer Befugnis zur Online-Durchsuchung entwickelt, also der heimlichen Infiltration eines IT-Systems. Es hat dabei sehr hohe Hürden, vergleichbar einer akustischen Wohnraumüberwachung nach Art. 13 Abs. 3 und 4 GG, aufgestellt. So ist ein Eingriff nur im Falle einer im Einzelfall drohenden Gefahr für ein überragend wichtiges Rechtsgut (zB Leib, Leben, Bestand des Staates und seiner Einrichtungen) zulässig und bedarf einer richterlichen Genehmigung.[279] Bei einem Zugriff auf ein informationstechnisches System besteht typischerweise das Risiko, auch Informationen zu erfassen, die zum Kernbereich privater Lebensgestaltung gehören. Eigentlich müsste ein Zugriff damit immer unterbleiben, sofern es nicht möglich ist, den Zugriff auf kernbereichsrelevante Informationen auszuschließen. Das BVerfG ist auch hier pragmatisch und schreibt stattdessen verpflichtend eine Kontrolle der erlangten Informationen durch eine unabhängige Stelle vor.[280]

3. Bedeutung der nationalen Grundrechte im Anwendungsbereich des Unionsrechts

193   Soweit der Anwendungsbereich des Unionsrechts reicht, ist das Datenschutzrecht heute unionsrechtlich geprägt (vgl. Art. 2 Abs. 1 lit. a DS-GVO). Die Mitgliedsstaaten handeln insoweit in Durchführung des Unionsrechts und sind daher zumindest an die europäischen Grundrechte gebunden (Art. 51 Abs. 1 S. 1 GRC).[281] Hiervon ausgenommen sind lediglich Datenverarbeitungen außerhalb des Anwendungsbereichs des Unionsrechts, insbesondere zum Schutz der nationalen Sicherheit gemäß Art. 4 Abs. 2 S. 3 EUV (z.B. durch Nachrichtendienste, → Rn. 254).[282]

194   Worin liegt dann die Relevanz der nationalen Grundrechte? Es kommt aus Sicht des nationalen Verfassungsrechts im Datenschutz im Anwendungsbereich des Unionsrechts „bestenfalls" zu einem Nebeneinander von nationalen Grundrechten und der GRC (vgl. Art. 53 GRC).[283] Die nationalen Grundrechte sind nach der Rechtsprechung des BVerfG nicht anwendbar, soweit das Unionsrecht „keinen Umsetzungsspielraum lässt, sondern zwingende Vorgaben macht"[284]. Im Umkehrschluss bedeutet dies: Die nationalen Grundrechte sind zu beachten, sobald Unionsrecht das Ergebnis nicht vollständig vorgibt, es also keinen „legislativen Konsens"[285] auf europäischer Ebene gegeben hat. Dies ist im Datenschutzrecht häufig der Fall:

– Wenn lediglich eine **Mindestharmonisierung** vorliegt, wie im Fall der JI-RL, vgl. Art. 1 Abs. 3 JI-RL, muss der nationale Gesetzgeber, soweit dies

---

[279] BVerfGE 120, 274 (322 ff., 326 ff.) – Online-Durchsuchung.

[280] BVerfGE 141, 220 Rn. 218 ff. und Rn. 223 ff. – BKA-Gesetz.

[281] EuGH NJW 2013, 1415 Rn. 19 ff. – Åkerberg Fransson m.w.N.

[282] Vgl. BVerfGE 133, 277 Rn. 89–91 – Antiterrordatei.

[283] So ausdrücklich EuGH NJW 2013, 1415 Rn. 29 – Åkerberg Fransson; EuGH NJW 2013, 1215 Rn. 60 – Melloni.

[284] BVerfGE 118, 79 (95) – Emissionshandel; 113, 277 (303, 307) – Europäischer Haftbefehl; BVerfG NJW 2011, 3428 Rn. 88 – Verbreitungsrecht des Urhebers.

[285] *Lenaerts* EuGRZ 2015, 353 (357).

grundrechtlich geboten ist, einen höheren Schutzstandard vorsehen (z. B. im Rahmen der Übermittlung in Drittstaaten).

– Enthält das Unionsrecht **Öffnungsklauseln** oder Verweise auf das nationale Recht, hat der nationale Gesetzgeber ebenso einen Spielraum, ob und wie er davon Gebrauch nach, z. B. wenn er Rechtsgrundlagen für die Datenverarbeitung durch Behörden gemäß Art. 6 Abs. 1 UAbs. 1 lit. e i. V. m. Abs. 2 und 3 S. 3 DS-GVO erlässt oder Ausnahmen von den Betroffenenrechten vorsieht.[286] Ebenso müsste er, soweit eine verfassungsrechtliche Schutzpflicht gegeben ist (wie z. B. im Fall der Schweigepflichtentbindung, hierzu → Rn. 174), von der Möglichkeit Gebrauch machen, die Einwilligung in die Verarbeitung von sensiblen Daten einzuschränken (Art. 9 Abs. 2 lit. a DS-GVO).

Etwas anderes gilt aber für die Auslegung von Generalklauseln wie der Interessenabwägung nach Art. 6 Abs. 1 UAbs. 1 lit. f DS-GVO. Hier hat der Unionsgesetzgeber einen Regelungsrahmen vorgegeben, der anhand der europäischen Grundrechte auszulegen ist.[287] Für deren Auslegung ist allein der EuGH zuständig, um die Einheitlichkeit und Wirksamkeit des Unionsrechts nicht zu gefährden.[288] In dieser Konstellation kommen die nationalen Grundrechte daher nicht zur Anwendung. **195**

Auch wenn beide Grundrechtsregime nebeneinander anwendbar sind, gibt es trotzdem einen faktischen Vorrang der Prüfung der europäischen Grundrechte. Diese bilden einen faktischen Mindeststandard; wird dieser unterschritten, ist die Beurteilung nach den nationalen Grundrechten unerheblich. Auch wenn ein nationales Gericht zu dem Ergebnis kommt, dass ein nationales Gesetz gegen die GRC verstößt, darf es das nationale Gesetz – auch als unterinstanzliches Gericht und ohne vorherige Vorlage an das BVerfG gemäß Art. 100 Abs. 1 GG[289] – nicht anwenden oder muss – wenn es ein letztinstanzliches Gericht ist – dem EuGH nach Art. 267 AEUV vorlegen, wenn es Zweifel hat, wie die GRC auszulegen ist.[290] **196**

---

[286] Vgl. auch *Hoidn* in Roßnagel, Europäische Datenschutz-Grundverordnung, § 4 Rn. 106 ff., der aber vermutet, dass der EuGH die Nutzung der Öffnungsklauseln als unionsrechtlich determiniert ansehen wird; dies macht aber aus Sicht des EuGH keinen Unterschied, weil die GRC unstreitig gilt.

[287] *Lenaerts* EuGRZ 2015, 353 (356) anhand der Entscheidung Google Spain.

[288] EuGH NJW 2013, 1415 Rn. 29 – Åkerberg Fransson; EuGH NJW 2013, 1215 Rn. 63 – Melloni.

[289] BVerfGE 85, 191 (204) – Nachtarbeitsverbot.

[290] EuGH EWS 2013, 315 Rn. 35 ff. – A. ./. B. u. a.

B. Der Weg zur Datenschutzreform

I. Das Gesetzgebungsverfahren auf europäischer Ebene

1. Der Vorschlag der Kommission

Am 25.1.2012 hat die Kommission den Entwurf einer Datenschutzreform **197** vorgestellt, deren Grundgedanken sie in der Mitteilung „Der Schutz der Privatsphäre in einer vernetzten Welt – Ein europäischer Datenschutzrahmen für das 21. Jahrhundert"[291] zusammenfasste. Dieses „Datenschutzpaket" bestand aus Entwürfen für zwei Gesetzgebungsakte:

- Eine **Datenschutz-Grundverordnung (DS-GVO)**,[292] die als allgemeines Datenschutzgesetz das bisherige Herzstück des europäischen Datenschutzrechts, die Datenschutzrichtlinie 95/46/EG von 1995, ablösen sollte.
- Eine **Richtlinie** zur Datenverarbeitung zu „Verarbeitung personenbezogener Daten durch die zuständigen Behörden zum Zwecke der Verhütung, Aufdeckung oder Verfolgung von Straftaten oder der Strafvollstreckung"[293] (JI-RL), welche einen Mindeststandard für die **Datenverarbeitung durch Polizei und Strafjustiz** in der gesamten Union schaffen sollte. Hierbei sollte sie den Rahmenbeschluss 2008/977/JI ersetzen, der aber – anders als die DSRL – nur den Datenaustausch zwischen Mitgliedstaaten erfasste.

Hintergrund der Initiative der Kommission war in rechtlicher Hinsicht, dass **198** durch den Vertrag von Lissabon nicht nur das Recht auf Datenschutz gemäß Art. 8 GRC rechtsverbindlich wurde, sondern mit Art. 16 Abs. 2 AEUV eine umfassende Kompetenz der EU begründet wurde, den Datenschutz in der EU zu harmonisieren; diese Möglichkeit bestand im Bereich der polizeilichen und justiziellen Zusammenarbeit zuvor nicht.[294] Politisch reagierte die Kommission zum einen auf die Erkenntnis, dass die DSRL – obwohl nach der Rechtsprechung des EuGH vollharmonisierend[295] – sehr unterschiedlich umgesetzt worden war und mit divergierender Effektivität durchgesetzt wurde. Daraus resultierten nicht nur Lücken für den Schutz der personenbezogenen Daten des Einzelnen („Datenschutzoasen"), sondern auch Hindernisse für den freien Datenverkehr und den Binnenmarkt. Zum anderen sollte die DS-GVO die Kontrolle des Einzelnen über seine personenbezogenen Daten auch unter den veränderten technischen Rahmenbedingungen (v.a. des Internets) und der Zunahme des internationalen Datenaustauschs gewährleisten.[296]

---

[291] KOM(2012) 9 endgültig.
[292] KOM(2012) 11 endgültig.
[293] KOM(2012) 10 endgültig.
[294] KOM(2010) 609, S. 4 f.; KOM (2012) 9 unter 4.
[295] Grundlegend EuGH EuZW 2004, 295 Rn. 95 ff.– Lindqvist.
[296] KOM(2012) 9 unter 2. und 5.

2. Die Verhandlungen zur DS-GVO

199   Von der Vorstellung des Datenschutzpakets im Januar 2016 bis zum Abschluss des Trilogs im Dezember 2016 vergingen fast vier Jahre. Dieser Zeitraum erscheint sehr lang, ist aber nicht untypisch für komplexe Gesetzgebungsvorhaben. Vom ersten Entwurf der DSRL bis zu ihrer Verabschiedung in einer Gemeinschaft, die damals nur aus 15 Mitgliedstaaten bestand, vergingen sogar etwas mehr als fünf Jahre. Die Beratungsdauer schien wohl eher aus zwei anderen Gründen sehr lang zu sein: Datenschutz ist aufgrund der technischen Entwicklungen und der wirtschaftlichen Bedeutung von Daten für unser Leben allgegenwärtig und daher ständiges Thema im politischen Alltag. Die DSRL stammte aus einer Zeit, als es faktisch noch kein Internet oder gar Smartphones gab. Dementsprechend sehnlich wurde eine Antwort der EU auf die im Vergleich zum politischen Prozess rasanten Entwicklungen erwartet, die vor allem mit dem zunehmenden Einfluss US-amerikanischer IT-Konzerne assoziiert wurden.

200   Der zweite Grund lag darin, dass sich das Europäische Parlament (EP) im Vergleich zum Rat sehr schnell auf einen gemeinsamen Standpunk einigte. Federführend war der Ausschuss für bürgerliche Freiheiten, Justiz und Inneres (LIBE). Dieser benannte *Jan Philipp Albrecht MdEP* von der Fraktion der GRÜNEN als Berichterstatter. Die Bedeutung des Gesetzesvorhabens und der enorme Lobbydruck aus Wirtschaft und Zivilgesellschaft spiegeln sich in den 3999 Änderungsanträgen wieder, die bei dem Berichterstatter eingereicht wurden.[297] Diese politische Gemengelage sprach nicht für einen schnellen Abschluss der Beratungen. Im Sommer 2013 änderten jedoch die Enthüllungen des Whistleblowers *Edward Snowden* grundlegend die politischen Rahmenbedingungen.[298] In der Vordergrund trat der Wunsch, die Grundrechte der europäischen Bürgerinnen und Bürger besser zu schützen und ein politisches Signal zu geben, welche Bedeutung der Schutz personenbezogener Daten in der digitalen Welt hat. Dieses Ziel erhöhte die Kompromissbereitschaft der Abgeordneten in allen Fraktionen. Der Kompromisstext[299] wurde im LIBE-Ausschuss bereits am 21.10.2013 – nahezu einstimmig – angenommen und am 12.3.2014 vom Plenum des EP mit einer Mehrheit von etwa 95 % formal als Standpunkt[300] verabschiedet.

201   Mit seiner Geschlossenheit und der vergleichsweise schnellen Kompromissfindung wollte das EP auch den Rat unter Druck setzen. In dessen Arbeitsgruppen hatten die Beratungen bis zu diesem Zeitpunkt noch zu keinem Abschluss gefunden. Sie andauerten noch an, bis der Rat am 15.5.2015 einen gemeinsamen Standpunkt[301] verabschiedete und damit seinerseits die Voraus-

---

[297] Anschaulich zu den Beratungen des EP ist der Film „Democracy – Im Rausch der Daten" (2015) von David Bernet.

[298] *Jotzo/Albrecht* Das neue Datenschutzrecht der EU, Teil 1 Rn. 14.

[299] Vgl. den dem Plenum zugeleiteten Report des Berichterstatters v. 22.11.2013, EP-Dokument A7–0402/2013.

[300] Legislative Entschließung des EP v. 12.3.2014, COM (2012)0011 –. C7–0025/2012 – 2012/0011 (COD).

[301] Rats-Dokument 9565/15.

setzungen für den Beginn des informellen Trilogs zwischen Kommission, Rat und EP schuf. Worin liegen die Ursachen für das langsamere Verhandlungstempo des Rates? Zum einen hängt der Erfolg der Beratungen in den Arbeitsgruppen des Rates stark vom Verhandlungsgeschick, dem Engagement und der Expertise der jeweiligen Ratspräsidentschaft ab.[302] Zum anderen bedeutete die DS-GVO – vor allem der Entwurf der Kommission – für die Mitgliedstaaten eine empfindliche Einbuße ihrer Handlungsmöglichkeiten in einer Querschnittsmaterie; der Bundesrat erhob sogar eine Subsidiaritätsrüge.[303] Dementsprechend verwandte der Rat sehr lange auf die Frage, welche Gestaltungsmöglichkeiten den Mitgliedstaaten v.a. im öffentlichen Bereich, dh der Datenverarbeitung für öffentliche Zwecke und durch Behörden, verbleiben sollte. Der Kompromiss des Rates fand daher auch nahezu unverändert Eingang in die DS-GVO (Art. 6 Abs. 2 und 3 DS-GVO, hierzu → Rn. 218 ff. und 621 ff.). Gleiches gilt für die Regelungen zur Zuständigkeit der Aufsichtsbehörden, deren Koordinierung sowie der Gewährleistung einer unionsweit einheitlichen Auslegung. Während die Kommission sich selbst hier die Letztentscheidung vorbehalten wollte (Art. 59 f. KOM-E), wollte auch das EP die Rolle des Europäischen Datenschutzausschusses stärken (Art. 58a EP-E). Der Rat hat in zeitaufwändigen Beratungen durch erheblich detailliertere Regelungen als das EP versucht, eine Lösung zu finden, die sowohl eine einheitliche Anlaufstelle für Verantwortliche, eine einheitliche Auslegung der DS-GVO in der EU als auch eine ausreichende Bürgernähe gewährleistet, indem der Betroffene sich an „seine" Datenschutzaufsichtsbehörde vor Ort mit Beschwerden wenden kann. Auch diese Regelungen sind nahezu unverändert Teil der DS-GVO geworden (Art. 55 ff. und 60 ff. DS-GVO).

202 Im Sommer 2015 begann der informelle Trilog zwischen Kommission, Rat und EP, der mit großen politischen Nachdruck geführt und nach zwanzig Verhandlungsrunden bereits am 15.12.2015 abgeschlossen werden konnte. Bis zur Veröffentlichung im Amtsblatt am 4.5.2016 durchlief die DS-GVO dann gemeinsam mit der JI-RL das formale Gesetzgebungsverfahren.

3. Die Verhandlungen zur JI-RL

203 Die Verhandlungen zur JI-RL standen lange Zeit im Schatten der DS-GVO. Da der Entwurf der JI-RL auch die rein innerstaatliche Datenverarbeitung durch Polizei und Strafjustiz erfassen sollte, berührte er aus Sicht der Mitgliedstaaten einen Kernbereich ihrer Zuständigkeit, der bisher nicht unionsrechtlich geregelt werden durfte. Das EP fand zwar auch hier parallel zu seinen Beratungen der DS-GVO einen einheitlichen Standpunkt, war aber weit weniger geschlossen als im Fall der DS-GVO; der Verhandlungsposition des EP stimmten im Plenum nur 55% der Abgeordneten zu.

204 Dass die JI-RL dennoch verabschiedet wurde, lag an EP und Kommission; sie beharrten darauf, dass JI-RL und DS-GVO ein „Paket" seien. Das EP hatte sich im Jahr 2011 sogar für ein einheitliches Gesetzgebungsinstrument für alle

---

[302] Zur Rolle der irischen und luxemburgischen Ratspräsidentschaft *Jotzo/Albrecht* Das neue Datenschutzrecht der EU, Teil 1 Rn. 17.
[303] BR-Drs. 12/52.

Bereiche der Datenverarbeitung ausgesprochen.[304] Dahinter stand wohl auch das politische Motiv, dass die JI-RL für sich allein sehr viel schwerer durchzusetzen sein würde als im Verbund mit der DS-GVO. Mehrere Fraktionen im EP verknüpften ihre Zustimmung zur Richtlinie über die Speicherung von Fluggastdaten mit der Verabschiedung des „Datenschutzpaketes" aus DS-GVO und JI-RL.

205 Nachdem der Rat seine allgemeine Ausrichtung zur DS-GVO im Juni 2015 beschlossen hatte, wurden die Verhandlungen zur JI-RL mit sehr großem Zeitdruck zu Ende geführt, um bereits auf der nächsten Sitzung des Rates im Oktober 2015 auch hierzu eine allgemeine politische Ausrichtung zu erreichen. Der Trilog zur JI-RL wurde parallel zur DS-GVO aber in sehr viel kürzer Zeit durchgeführt und ebenfalls am 15.12.2015 abgeschlossen. Leider sieht man dem Verhandlungsergebnis den hohen Zeitdruck an vielen Stellen an. Auch inhaltlich ist der in der JI-RL vereinbarte Mindeststandard im Vergleich zum deutschen Recht in vielen Punkten ausgesprochen niedrig. Die JI-RL war daher nur deshalb akzeptabel, weil es sich hierbei um eine Mindestharmonisierung handelt (Art. 1 Abs. 3 JI-RL).

II. Umsetzung in Deutschland

1. Novellierung des BDSG

206 Grundsätzlich sehen die DS-GVO und die JI-RL eine Übergangsperiode von zwei Jahren vor. Die DS-GVO ist erst ab 25.5.2018 (Art. 99 Abs. 2 DS-GVO) anwendbar; die JI-RL muss bis zum 6.5.2018 umgesetzt sein (Art. 63 Abs. 1 UAbs. 1 S. 1 JI-RL). Aufgrund der Bundestagswahl im September 2017 stand der Erlass von Durchführungsregelungen für die DS-GVO, die Umsetzung der JI-RL und die Anpassung des bestehenden deutschen Datenschutzrechts an die europarechtlichen Vorgaben erfolgte daher von Beginn an unter einem großen Zeitdruck.

207 Der erste Schritt der Umsetzung der Datenschutzreform in Deutschland ist die Novellierung des BDSG. Das Bundesinnenministerium (BMI) legte hierzu am 5. August 2016 einen ersten internen Entwurf vor, der jedoch an die Öffentlichkeit gelangte,[305] bevor er in der Bundesregierung abgestimmt worden war. Das BMI überarbeitete die Struktur des Gesetzentwurfs grundlegend und beteiligte zu einer überarbeiteten Fassung des Referentenentwurfs am 23. November 2016 Länder und Verbände.[306] Auf Basis der Rückmeldungen modifizierte das BMI den Referentenwurf noch einmal, bevor er nach Abstimmung innerhalb der Bundesregierung am 1.2.2017 vom Bundeskabinett angenommen wurde.[307] Am 28. April bzw. 12. Mai 2017 verabschiedeten Bundes-

---

[304] Entschließung des Europäischen Parlaments v. 6.7.2011 zur Mitteilung der Kommission an das Europäische Parlament und den Rat „Gesamtkonzept für den Datenschutz", 2011/2025(INI), Ziff. 6.

[305] Abrufbar unter https://cdn.netzpolitik.org/wp-upload/2016/09/Referentenent wurf_DSAnpUG_EU.pdf.

[306] Abrufbar etwa unter http://www.brak.de/w/files/newsletter_archiv/berlin/2016/161123_bdsg-neu-refe_-2-ressortab-verbaende-laender.pdf.

[307] BT-Drs. 18/11325.

tag und Bundesrat den Entwurf, nachdem der Innenausschuss des Deutschen Bundestags in einigen Punkten noch wichtige Änderungen vorgenommen hatte.[308]

Die Novellierung des BDSG verfolgt dabei vor allem drei Ziele, die sich   **208** deutlich in der Systematik des neuen BDSG widerspiegeln:

– Im Bereich der **DS-GVO** soll sie die Regelungen schaffen, die für ihre Durchführung erforderlich sind. Hierzu gehört vor allem die institutionelle Anpassung der föderalen Aufsichtsstruktur in Deutschland an das Kooperations- und Kohärenzverfahren (zB die Frage, wer die deutschen Aufsichtsbehörden im EDSA vertritt und wie sich die deutschen Aufsichtsbehörden miteinander abstimmen, §§ 17 bis 19 BDSG nF, ausführlich → Rn. 969 ff.). Ferner verweist die DS-GVO an einer Reihe von Stellen auf das nationale Recht (zB bei den Rechtsgrundlagen für die Verarbeitung sensibler Daten in Art. 9 Abs. 2 DS-GVO oder zum Bußgeldverfahren gemäß Art. 83 Abs. 8 DS-GVO). Schließlich enthält das neue BDSG auch allgemeine datenschutzrechtliche Regelungen für die Datenverarbeitung im öffentlichen Bereich (vgl. § 3 und §§ 22 ff. BDSG nF).

– Ferner setzt sie die **JI-RL** um (§§ 45 ff. BDSG nF) und enthält hier vor allem allgemeine datenschutzrechtliche Regelungen, während sich die Rechtsgrundlagen für die Verarbeitung personenbezogener Daten in der Praxis aus dem Fachrecht ergeben werden (auf Bundesebene vor allem BKAG, BPolG, ZFdG, StPO, AO und IRG). Eine vollständige Neufassung des BKAG zur Anpassung an die JI-RL (sowie an die Vorgaben des Urteils des BVerfG vom 20.4.2016[309]) wurde nahezu parallel zur Novellierung des BDSG verabschiedet.

– Schließlich hält das neue BDSG auch einen allgemeinen datenschutzrechtlichen Rahmen für die Regelungen bereit, die **weder in den Anwendungsbereich der DS-GVO noch der JI-RL fallen** (→ Rn. 1375 ff.). Sie werden grundsätzlich behandelt wie Datenverarbeitungen, die unter die DS-GVO fallen. § 1 Abs. 8 BDSG nF erstreckt den Anwendungsbereich der DS-GVO auch auf sie, ebenso der allgemeinen Regelungen des BDSG (§ 1 bis § 21 BDSG nF) sowie der Teile des BDSG, die der Durchführung der DS-GVO dienen (§ 22 bis § 44 BDSG nF). Schließlich enthält § 85 BDSG nF hierzu punktuelle Regelungen. Für die Nachrichtendienste finden allerdings vor allem die sachnäheren Regelungen zur Umsetzung der JI-RL Anwendung, und auch diese nur eingeschränkt (vgl. § 32a BNDG nF; § 27 BVerfSchG nF; § 13 MADG nF).

Generell ist festzustellen, dass sich das neue BDSG sehr an seine Vorgän-   **209** gerregelung anlehnt. Dies zeigt sich zB durch die Beibehaltung der systematischen Unterscheidung zwischen „öffentlichen Stellen" und „nichtöffentlichen Stellen". Auch im Rahmen der Ausnahmen von den Betroffenenrechten (§§ 32 ff. BDSG nF) orientiert sich das neue Gesetz stark an den Regelungen des alten BDSG. Vor allem im Bereich der Datenverarbeitung durch Private,

---

[308] BT-Drs. 18/12144.
[309] BVerfGE 141, 220 – BKA-Gesetz.

wo die Harmonisierungswirkung der DS-GVO am Stärksten ist, ist aber nicht immer zweifelsfrei, ob diese Ausnahmen auch unter der DS-GVO zulässig sind (→ Rn. 1186). Die ersten Entwürfe sahen auch weitergehende Erlaubnistatbestände für die zweckändernde Datenverarbeitung durch Private vor, auch wenn der neue Zweck mit dem Erhebungszweck nicht vereinbar ist; diese Überlegungen haben sich weitgehend nicht durchsetzen können.

2. Anpassung des bereichsspezifischen Datenschutzrechts

210 Die Anpassung des bereichsspezifischen Datenschutzrechts an die Vorgaben der DS-GVO und JI-RL erfolgt erst in einer zweiten Stufe. Hierzu gehört insbesondere eine weitgehende Aufhebung der datenschutzrechtlichen Vorschriften in den §§ 11 ff. TMG, soweit sie die DSRL umsetzen und die Datenverarbeitung zu privaten Zwecken regeln.[310]

---

[310] Ausführlich hierzu *Geminn/Richter* in Roßnagel Europäische Datenschutz-Grundverordnung § 4 Rn. 269 ff.; *Keppeler* MMR 2015, 779 (780 f.).

C. Die unterschiedlichen Kodifikationen des Datenschutzrechts

I. Die Regelungswerke im Überblick

1. Die Datenschutz-Grundverordnung

a) Allgemein. Der Anwendungsbereich der DS-GVO ist im Grundsatz **211** denkbar weit angelegt. Alle Tätigkeiten im Anwendungsbereich des Unionsrecht fallen im Grundsatz unter die DS-GVO (Art. 2 Abs. 2 lit. a DS-GVO). Die DS-GVO ist daher im Anwendungsbereich des Unionsrechts die datenschutzrechtliche **Auffangregelung**. Ihre Unanwendbarkeit muss daher immer begründet werden; dies entspricht auch ihrem Ziel der Vollharmonisierung. Es sind nur zwei Ausnahmen vorgesehen:

– Zum einen erfasst die DS-GVO nicht den Bereich der Gemeinsamen Außen- und Sicherheitspolitik gemäß Art. 23 ff. EUV (Art. 2 Abs. 2 lit. b DS-GVO); hier erlässt allein der Rat durch Beschluss, dh ohne Mitwirkung des EP, einheitliche Regelungen zum Datenschutz (Art. 39 EUV).
– Zum anderen können speziellere datenschutzrechtliche Regelungen des Unionsrechts die DS-GVO verdrängen.

Der **Anwendungsbereich des Unionsrechts** umfasst heute nahezu alle Be- **212** reiche. Erfasst wird – trotz der grundsätzlichen Verfahrensautonomie der Mitgliedstaaten – auch das nationale Prozessrecht (vgl. ErwGr 20 DS-GVO). Ausgenommen ist nach Art. 4 Abs. 2 S. 3 EUV die nationale Sicherheit und damit im Grundsatz die Tätigkeit der Nachrichtendienste, wobei gerade die Abgrenzung zum Anwendungsbereich der JI-RL nicht schematisch erfolgen darf (→ Rn. 239).

b) Umfang der Vollharmonisierung. Trotz des **programmatischen** **213** **Anspruchs der Vollharmonisierung** lässt der Unionsgesetzgeber den Mitgliedstaaten erhebliche Spielräume für die Konkretisierung der DS-GVO. Ferner ist die DS-GVO – ähnlich einer Richtlinie – in einer Reihe von Fragen auf eine Umsetzung durch den nationalen Gesetzgeber angewiesen.

Die genaue Bestimmung des den Mitgliedstaaten verbleibenden **Gestal-** **214** **tungsspielraums** ist nicht ganz einfach. Grundsätzlich gelten europäische Verordnungen gemäß Art. 288 Abs. 2 S. 2 AEUV unmittelbar in allen Mitgliedstaaten mit Anwendungsvorrang.[311] Verordnungen sind daher, anders als Richtlinien (Art. 288 Abs. 3 AEUV), nicht auf eine Umsetzung durch die Mitgliedstaaten angewiesen. Soweit die Geltungskraft einer Norm einer Verordnung reicht, sind die Mitgliedstaaten am Erlass nationaler Regelungen grundsätzlich gehindert.

Dies gilt grundsätzlich auch, sofern die Normen der Verordnung so vage **215** und **unbestimmt** sind, dass sie auf eine Konkretisierung angewiesen sind. Dies ist bei der DS-GVO durchaus der Fall. So enthalten viele Normen der

---

[311] Statt vieler *Ruffert* in Calliess/Ruffert AEUV Art. 288 Rn. 20.

DS-GVO – wie im Datenschutzrecht typisch – Generalklauseln oder unbestimmte Rechtsbegriffe.

Beispiele: Art. 5 Abs. 1 lit. a DS-GVO: „Treu und Glauben"; Art. 6 Abs. 1 UAbs. 1 lit. f DS-GVO: „berechtigtes Interesse"; Art. 8 Abs. 2 DS-GVO: „angemessene Anstrengungen".

216 Die Mitgliedsstaaten sind grundsätzlich **nicht berechtigt**, die Begriffe **zu definieren oder auszufüllen**. Im innerstaatlichen Recht geht man grundsätzlich davon aus, dass die Normanwender, sofern sie öffentlich-rechtlich sind, auch die Befugnis besitzen, den bestehenden Spielraum in generalisierter Form zu konkretisieren.[312] Im Europarecht ist das anders. Hier gibt das Recht und die Pflicht der Mitgliedsstaaten, die DS-GVO zu vollziehen, ihnen kein Recht, die Vorgaben zu konkretisieren. Die erforderliche Konkretisierung muss vielmehr **europarechtlich legitimiert sein**. Sie muss vielmehr einheitlich erfolgen, weshalb außer in eindeutigen Fällen (sog. acte clair) das Auslegungsmonopol beim EuGH liegt.[313] Allerdings sieht auch der europäische Gesetzgeber die Erforderlichkeit einer Konkretisierung: Der **EDSA** besitzt auf europäischer Ebene gerade die Befugnis, Leitlinien und Empfehlungen zu verabschieden (Art. 70 Abs. 1 DS-GVO) und konkrete Streitfälle zwischen den Datenschutzaufsichtsbehörden verbindlich zu lösen (Art. 65 DS-GVO). Eine weitere Konkretisierungsmöglichkeit kennt die DS-GVO in Form von Verhaltensregeln (Art. 40 DS-GVO), welche Verbände und andere Vereinigungen unter Beteiligung der Datenschutzaufsichtsbehörden, des EDSA und ggf. der Kommission aufstellen können, zB der Erlass von verbindlichen internen Datenschutzvorschriften.

217 Den **Mitgliedsstaaten** ist grundsätzlich **nicht einmal** eine **wörtliche Wiederholung** von Teilen einer Verordnung erlaubt.[314] Der EuGH ist hier eher strikt. Er befürchtet, eine wörtliche Wiederholung würde die Herkunft der Regelung verschleiern.[315] Wenn alle Mitgliedsstaaten für sich den Anspruch nehmen, eine europäische Rechtsnorm jeweils zu konkretisieren, könnte dessen einheitliche Anwendung bedroht sein. Wörtliche **Wiederholung** erlaubt er nur **in sehr engen Grenzen**, gewissermaßen in Abrundung zu bestehenden Befugnissen der Mitgliedsstaaten. In einem Fall waren eine ganze Reihe gemeinschaftsrechtlicher, einzelstaatlicher und regionaler Rechtsvorschriften anwendbar, so dass die Rechtslage für den Normanwender sehr unübersichtlich war. Der EuGH ließ es „im Interesse ihres inneren Zusammenhangs und ihrer Verständlichkeit für die Adressaten" zu, dass der Mitgliedsstaat „bestimmte Punkte" der Verordnung im Rahmen des nationalen Rechts wiederholte.[316] An die Formulierung des Urteils des EuGH lehnt sich **auch Ew 8**

---

[312] EuGH Rs. 94/77 BeckRS 1978, 67092 Rn. 22/27 – Zerbone; anders *Roßnagel* in Roßnagel Datenschutz-Grundverordnung, 2016, § 1 Rn. 31 ff.

[313] EuGH NJW 1983, 1257 Rn. 13 ff. – CILFIT.

[314] Grundlegend EuGH Rs. 39/72, BeckRS 1973, 33652 Rn. 17 – Kommission ./. Italien; zur DS-GVO *Kühling/Martini ua* Die DS-GVO und das nationale Recht, 2016, S. ua 6 ff.; *Benecke/Wagner* DVBl. 2016, 600 (604 f.).

[315] EuGH Rs. 39/72, BeckEuRS 1973, 33652 Rn. 17 – Kommission ./. Italien; EuGH Rs. 94/77, BeckEuRS 1978, 67092 Rn. 22/27 – Zerbone.

[316] EuGH Rs. 272/83, BeckEuRS 1985, 119196 Rn. 26 – Kommission ./. Italien.

DS-GVO an.[317] Auf diese Weise wird die Ausnahme **gewissermaßen institutionalisiert.**[318]

c) Öffnungsklauseln für das mitgliedsstaatliche Recht. Der Verordnungs- **218** geber kann aber den Mitgliedsstaaten auch im Rahmen einer Verordnung Pflichten zum Erlass von Durchführungsrechtsakten auferlegen oder in „**Öffnungsklauseln**" Konkretisierungsmöglichkeiten einräumen oder Abweichungsbefugnisse gewähren („hinkende Verordnung"[319]). Diese Möglichkeit endet erst dann, wenn der Harmonisierungseffekt der jeweiligen Verordnung so gering wird, dass aufgrund des Subsidiaritätsgrundsatzes (Art. 5 Abs. 3 EUV) die EU keine sachliche Rechtfertigung mehr für den Erlass der Verordnung hätte, oder wenn man von einem Formenmissbrauch ausginge, weil der Verordnungsgeber eigentlich eine Richtlinie meine. Aufgrund dieser Variationsmöglichkeit kann die Union eine Verordnung in Teilen gewissermaßen richtlinienähnlich ausgestalten. Dies ist bei der DS-GVO geschehen, weshalb sie teilweise als „Hybrid" zwischen Richtlinie und Verordnung bezeichnet wird.[320] Der Adressat der Konkretisierungsermächtigungen hat sich interessanterweise im Laufe des Gesetzgebungsverfahrens verändert. Der Entwurf der Kommission übertrug der Kommission an vielen entscheidenden Stellen die Befugnis zum Erlass von Durchführungsrechtsakten und delegierten Rechtsakten, um die DS-GVO zu konkretisieren; mitunter konnte man von einer Richtlinie mit Konkretisierungsauftrag an die Kommission sprechen. Die in Kraft getretene Fassung verschiebt die Konkretisierungsbefugnis in vielen Punkten, wenn auch nicht denselben, hin zu den Mitgliedsstaaten.[321]

Diese **Öffnungsklauseln** in der DS-GVO sind ausgesprochen zahlreich.[322] Auf eine Darstellung im Einzelnen muss aus Platzgründen verzichtet werden. Sie lassen sich in unterschiedlicher Form systematisieren:

So gibt es Öffnungsklauseln, die den Mitgliedsstaaten gestatten (etwa Art. 23 und 89 DS-GVO) von Regelungen der DS-GVO Ausnahmen vorzusehen oder die Mitgliedsstaaten hierzu verpflichten (vgl. etwa Art. 85 Abs. 2 DS-GVO für die Datenverarbeitung zu journalistischen Zwecken).

Drei wichtige Öffnungsklauseln beziehen sich darauf, dass die Mitgliedsstaaten spezifischere Bestimmungen zu Normen der DS-GVO erlassen dürfen (vgl. Art. 6 Abs. 2 und Abs. 3 DS-GVO für den öffentlichen Bereich und die Verarbeitungen gemäß Art. 85 ff. DS-GVO sowie Art. 88 DS-GVO für den Beschäftigtendatenschutz). Die Zukunft wird zeigen, wie weit die Konkretisierungsbefugnisse reichen, insbesondere ob gestatten, ein höheres Schutzniveau als in der DS-GVO vorzusehen,[323] oder ab wann eine unzulässige Abweichung anzunehmen ist. Im Zusammenhang mit der DSRL wies der EuGH darauf hin, dass die „Tragweite" einer Regelung

---

[317] So auch *Benecke/Wagner* DVBl. 2016, 600 (607).

[318] Weitergehend aber *Benecke/Wagner* DVBl. 2016, 600 (607 f.); *Kühling/Martini ua* Die DS-GVO und das nationale Recht, 2016, S. 7 f.

[319] *Ruffert* in Calliess/Ruffert AEUV Art. 288 Rn. 21.

[320] *Kühling/Martini* EuZW 2016, 448 (449).

[321] Hierauf weist auch *Buchner* DuD 2016, 155 (160) hin.

[322] Ausführliche Übersicht bei *Kühling/Martini ua* Die DS-GVO und das nationale Recht, 2016, S. 14 ff. S. *Selmayr/Ehmann* in Ehmann/Selmayr DS-GVO Einl 84 ff.

[323] Ablehnend *Piltz* K&R 2016, 557 (560).

nur näher bestimmt werden, aber nicht durch zusätzliche Bedingungen verändert werden darf.[324] In wenigen Fällen können die Mitgliedsstaaten eigenständige datenschutzrechtliche Akzente setzen, z.B. indem sie die Einwilligung in die Verarbeitung sensibler Daten beschränken (Art. 9 Abs. 2 lit. a DS-GVO), zusätzliche Bedingungen für die Verarbeitung genetischer und biometrischer Daten oder von Gesundheitsdaten vorsehen (Art. 9 Abs. 4 DS-GVO), das Alter der Einwilligungsfähigkeit von Minderjährigen bei der Nutzung des Internets herabsetzen (Art. 8 Abs. 1 UAbs. 2 DS-GVO), die Bestellung eines betrieblichen Datenschutzbeauftragten verlangen (Art. 37 Abs. 4 S. 1 2. Hs. DS-GVO) oder die Übermittlung bestimmter Daten in Drittstaaten beschränken (Art. 49 Abs. 5 DS-GVO).

Andere Öffnungsklauseln beziehen sich darauf, dass die Mitgliedsstaaten Ergänzungen vornehmen, auf welche die DS-GVO der Sache nach angewiesen ist, wie die Benennung der Stellen, die für die Akkreditierung von Zertifizierungsstellen zuständig sind, (Art. 43 Abs. 1 DS-GVO), oder die Bestimmung der Aufsichtsbehörde, die Mitglied im Datenschutzausschuss ist, wenn es – wie in Deutschland – mehr als eine Aufsichtsbehörde in den Mitgliedsstaaten gibt (Art. 68 Abs. 4 DS-GVO).

Schließlich kann auch die DS-GVO nicht alle Konstellationen abschließend regeln und muss sich in die Rechtsordnung einfügen. An verschiedenen Stellen wird daher Bezug auf Verpflichtungen genommen, welche den Verantwortlichen treffen und z.B. gemäß Art. 6 Abs. 1 UAbs. 1 lit. c DS-GVO ihn zu einer Verarbeitung verpflichten (z.B. Regelungen zur Geldwäscheprävention oder Aufbewahrungsfristen) oder gemäß Art. 17 Abs. 1 lit. e bzw. Abs. 3 lit. b DS-GVO eine Löschung personenbezogener Daten anordnen bzw. einem Löschungsbegehren des Betroffenen entgegenstehen (z.B. registerrechtliche Vorschriften). Faktisch besteht ein Bedürfnis zum Erlass nationaler Regelungen auch im Rahmen einer Reihe der Zulässigkeitstatbestände des Art. 9 Abs. 2 DS-GVO, die – obwohl nahezu vollständig ausgeformt – auf nationales Recht Bezug nehmen.

219 Die in der Summe den Mitgliedsstaaten durch die Öffnungsklauseln eingeräumte Gestaltungsmöglichkeit durch Erlasses nationalen Rechtes ist erheblich. Insbesondere die **Öffnungsklausel gemäß Art. 6 Abs. 2, Abs. 3 DS-GVO ist beachtlich.**[325] Sie ermöglicht die Konkretisierung im Bereich der Datenverarbeitung zur Erfüllung einer gesetzlichen Pflicht oder einer öffentlichen Aufgabe und gestattet so den Mitgliedsstaaten, Regelungen des bereichsspezifischen Datenschutzrechts nach einer genaueren Prüfung ggf. aufrechtzuerhalten.

220 Diese sogenannten Öffnungsklauseln verlagern einen Großteil der datenschutzrechtlichen Regelungen zu**rück in die Regelungskompetenz der Mitgliedsstaaten.** Die These, die DS-GVO würde in ihrem Anwendungsbereich nicht nur das BDSG aF (und BDSG nF) verdrängen, sondern auch die vielen spezifischen Regelungen, die kaum zu überblicken sind,[326] dürfte daher zumindest erheblich verkürzt sein. Obwohl die Kommission mit der Forderung angetreten ist, ein einheitliches Niveau zu schaffen, wird es daher im Endeffekt immer noch erhebliche Unterschiede geben, je nachdem in welchem Mit-

---

[324] EuGH ZD 2012, 33 Rn. 35 – ASNEF/FECMED; EuGH NJW 2016, 3579 Rn. 57 ff. – Breyer.

[325] *Buchner* DuD 2016, 155 (161); *Kühling/Martini* EuZW 2016, 448 (449); *Piltz* K&R 2016, 557 (560); *Schröder* Datenschutzrecht, Kap. 7 IV.

[326] *Kutzki* öAT 2016, 115 (115).

gliedsstaat der Verantwortliche seinen Sitz hat (zu den daraus resultierenden Problemen, → Rn. 352). Die Anzahl nationaler Datenschutzbestimmungen in einzelnen Mitgliedsstaaten kann daher trotz der DS-GVO ganz unterschiedlich ausfallen, je nachdem in welchem Maße die jeweiligen Mitgliedsstaaten von ihren Gestaltungsmöglichkeiten Gebrauch machen.

Die Öffnungsklauseln gestatten den Mitgliedsstaaten vor allem im **öffentli-** **221** **chen Bereich der Datenverarbeitung** Unterschiede. Aber auch bei der Datenverarbeitung von Privaten kann es innerhalb der Mitgliedsstaaten zu erheblichen Unterschieden kommen, insbesondere abhängig davon, inwieweit die Mitgliedsstaaten von ihren Befugnissen der Konkretisierung des behördlichen Datenschutzbeauftragten und dem Beschäftigtendatenschutz Gebrauch machen werden. Der Gestaltungsspielraum erweitert sich noch einmal, weil nun die Mitgliedsstaaten bei der Wahrnehmung der Ermächtigung nach der Rechtsprechung des EuGH auch Normen der Verordnung im nationalen Recht wiederholen dürfen. Darauf stellt auch der Ew 8 ab.

d) Echte Tatbestandsvoraussetzungen. Dem Charakter der DS-GVO **222** als Grundverordnung entspricht es aber, dass die Öffnungsklauseln in ihren **Voraussetzungen auch ernst genommen werden.** Die Mitgliedsstaaten können nur dann eigenes Recht im Anwendungsbereich der DS-GVO erlassen, wenn die Voraussetzung einer Öffnungsklausel gegeben ist. Eine nationale Regel innerhalb des Anwendungsbereiches sollte daher immer sorgfältig in der Gesetzesbegründung angeben, weshalb der Gesetzgeber meint noch eine Regelungsbefugnis zu besitzen. Die ausdrückliche Angabe der Vorschrift der Verordnung, von der abgewichen wird, beziehungsweise die konkretisiert wird, ist zwar unionsrechtlich nicht zwingend, liegt aber aus Gründen der Rechtssicherheit ausgesprochen nahe. Trotz der weiten Öffnungsklauseln von Art. 6 Abs. 2, Abs. 3 DS-GVO ist der Gedanke, dass im öffentlichen Bereich alles beim alten bleiben kann, mit der DS-GVO nicht zu vereinbaren. Vielmehr muss das gesamte spezifische Datenschutzrecht in Deutschland auf seine Vereinbarkeit mit den Voraussetzungen von Art. 6 Abs. 2 und Abs. 3 DS-GVO „durchgescannt" werden. Ist das gegenwärtige Recht mit den Voraussetzungen vereinbar, muss es nicht neu erlassen werden, sondern kann aufrechterhalten bleiben. Ist es unvereinbar, verlangt die unionale Treuepflicht aus Art. 4 AEUV die Aufhebung der Norm, auch wenn für den Fall des Unterlassens der Aufhebung der Anwendungsvorrang greifen würde.

e) Durchführung der DS-GVO im deutschen Recht. BDSG nF. Es wird **223** daher trotz der DS-GVO zu einem **Nebeneinander von nationalem und europäischem Datenschutzrecht** kommen. Das Nebeneinander wird dabei in drei unterschiedlichen Formen vorkommen.

– Im Bereich der DS-GVO kann man das nationale Recht niemals isoliert anwenden, vielmehr wird die Rechtslage aus einer Kombination von europäischen und nationalem Recht gebildet.
– Im Bereich der JI-RL ist vorrangig das nationale Recht heranzuziehen und die Richtlinie steht, wie bei Richtlinien immer, im Hintergrund und wirkt ggf auf das nationale Recht ein.
– In dem Bereich außerhalb der DS-GVO und JI-RL ist dogmatisch das nationale Recht weitgehend isoliert anwendbar. Dem Gesetzgeber steht es aller-

dings frei, auch in diesem Bereich auf das Unionsrecht zu verweisen. Von dieser Möglichkeit macht § 1 Abs. 8 BDSG nF Gebrauch, wobei der Verweis auf die Verordnung als subsidiäre Regelung nicht recht überzeugt, weil der rein nationale Bereich weitgehend den öffentlichen Bereich betreffen wird und daher der Verweis auf Teil 3 des BDSG nF näher gelegen hätte. Die speziellen Verweise im BVerfSchG, MAD und BND auf das BDSG nehmen daher zu Recht § 1 Abs. 8 BDSG aus (§ 27 BVerfSchG, § 13 MADG, § 32a BNDG).

224   Sobald die Union von der Kompetenz aus Art. 39 EUV Gebrauch gemacht haben wird, wird ein vierter Bereich hinzutreten.

2. Verordnung (EG) Nr. 45/2001

225   Die VO (EG) 45/2001[327] regelt den Datenschutz beim **Handeln europäischer Organe.** Sie legt Bestimmungen zur Gewährleistung der Grundrechte und -freiheiten der Bürger fest, insbesondere in Bezug auf die Privatsphäre bei der Verarbeitung personenbezogener Daten durch die Organe und Einrichtungen der EU. Sie enthält Vorschriften, die gewährleisten sollen, dass die durch EU-Organe und -Einrichtungen verwalteten personenbezogenen Daten geachtet werden, und definiert die Bürgerrechte in diesem Zusammenhang. Durch diese Verordnung wurde der **Europäische Datenschutzbeauftragte (EDSB)** eingerichtet.

226   Die Verordnung ist **inhaltlich weitgehend** der **DSRL** angelehnt, ohne identisch zu sein. So enthält sie etwa in Art. 7 ff. VO (EG) Nr. 45/2001 differenzierende Übermittlungsnormen, je nachdem, wer der Empfänger ist. Auch ist wieder die Verarbeitung besonderer Datenkategorien geregelt und die Rechte des Betroffenen, sowie Anforderungen an die Vertraulichkeit und Sicherheit, mitsamt Pflichten zur Vorabkontrolle. Die Verordnung kennt den behördlichen Datenschutzbeauftragten und regelt ausführlich den Europäischen Datenschutzbeauftragten. Dieser hat ua das Recht innerhalb der Grenzen, die sich aus der ihm übertragenen Aufgabe ergeben, zum Streitbeitritt in den beim Gerichtshof anhängigen Verfahren.[328]

227   Die Verordnung wird in der Rechtsprechung des EuGH vor allem relevant, weil sie den Zugang zu den Informationen, die sich in den Behörden der Union befinden, begrenzen, sofern die Informationen personenbezogene Daten sind.[329] Die Bestimmungen der VO (EG) Nr. 45/2001 einschließlich ihrer Art. 8 und 18 werden in vollem Umfang anwendbar, wenn ein nach der Verordnung Nr. 1049/2001 gestellter Antrag auf die Gewährung des Zugangs zu Dokumenten gerichtet ist, der personenbezogene Daten enthält.[330]

228   Um das Ziel der Verordnung, den Personen, die sie als Betroffene festlegt, auf dem Rechtsweg durchsetzbare Rechte zu geben und die Verpflichtungen

---

[327] ABl. L 8 vom 12.1.2001, S. 1–22.
[328] EuGH NJW 2006, 2029 Rn. 14 ff. – Fluggastdaten.
[329] *Sanner* EuZW 2010, 774, 775; *Bretthauer* DÖV 2013, 677 ff.
[330] EuGH Urt. v. 29.6.2010, Rs. C-28/08 P Rn. 63.

der in den Organen und Einrichtungen der Union für die Datenverarbeitung
Verantwortlichen festzulegen, zu erreichen, müssen die Voraussetzungen **für
die Möglichkeit der Übermittlung personenbezogener Daten durch ein
Organ eng** ausgelegt werden, da andernfalls die Rechte, die diesen Personen
nach dem zwölften Erwägungsgrund der VO (EG) Nr. 45/2001 als Grundrechte zuerkannt werden, gefährdet wären.[331] Die Grenze ist aber nicht unüber-
windbar. Bei einem Antrag auf Zugang zu den Namen der Sachverständigen,
die gegenüber der Europäischen Behörde für Lebensmittelsicherheit (EFSA)
zu einem Leitfadenentwurf Stellung genommen haben, war die Übermittlung
dieser Daten notwendig, um die Transparenz des Prozesses des Erlasses eines
Rechtsakts zu gewährleisten.[332]

Die Verordnung wurde anders als die DSRL auch nach der Reform zu- **229**
nächst aufrechterhalten. Die Verarbeitung personenbezogener Daten durch
die **Organe, Einrichtungen, Ämter und Agenturen der EU** regelt daher
auch in Zukunft nicht die DS-GVO, sondern weiterhin die VO (EG) Nr. 45/
2001 – angesichts des Ziels einer umfassenden Harmonisierung ein Widerspruch. Einen sachlichen Grund, die EU-Institutionen anders zu behandeln,
gibt es nicht. Immerhin fordert der Verordnungsgeber die Kommission in
Art. 2 Abs. 3 S. 2 und Art. 98 S. 2 DS-GVO auf, die VO (EG) Nr. 45/2001 an
die Grundsätze und Vorschriften der DS-GVO anzupassen. Dieser Aufforderung ist die Kommission nachgekommen und hat einen Entwurf für die Novellierung der Verordnung und zur Anpassung an die DS-GVO vorgelegt
(2017/0002 (COD)).[333]

3. Richtlinie (EU) 2016/680

a) Grundlagen. Neben der DS-GVO besteht die Richtlinie (EU) 2016/ **230**
680 des Europäischen Parlaments und des Rates vom 27. April 2016 zum
Schutz natürlicher Personen bei der Verarbeitung personenbezogener Daten
durch die zuständigen Behörden **zum Zwecke der Verhütung, Ermittlung,
Aufdeckung oder Verfolgung von Straftaten oder der Strafvollstreckung
sowie zum freien Datenverkehr und** zur Aufhebung des Rahmenbeschlusses
2008/977/JI des Rates (JI-RL).[334] Die JI-RL wurde als zweiter Teil des „Datenschutzpakets" der Kommission zusammen mit der DS-GVO verabschiedet
und löst den Rahmenbeschluss 2008/977/JI ab.[335] Sie soll eine Mindesthormo-
nisierung bewirken (Art. 1 Abs. 3 JI-RL).

Der Datenschutz im Bereich der Justiz und Polizei nahm im Unionsrecht **231**
schon immer eine Sonderstellung ein. Die DSRL klammerte diesen Bereich
ausdrücklich aus. Die DS-GVO nimmt in Art. 2 Abs. 2 lit. d diesen Bereich
aus ihrem Anwendungsbereich aus. Zunächst bestand für den Bereich der Justiz und Polizei keine datenschutzrechtliche Regelung. Für die grenzüber-

---

[331] EuGH Urt. v. 15.7.2015, Rs. T-115/13 Rn. 56 ff.

[332] EuGH Urt. v. 16.7.2015, Rs. C-615/13 P Rn. 45 ff.

[333] https://ec.europa.eu/transparency/regdoc/rep/1/2017/DE/COM-2017–8-F1-DE-
MAIN-PART-1.PDF.

[334] S. dazu *Schwichtenberg* DuD 2016, 605 ff.

[335] Siehe aber den Gesetzentwurf der Bundesregierung BR-Drs. 356/15.

schreitende Zusammenarbeit wurde später auf der Grundlage der Art. 30, 31, 34 Abs. 2 EUV aF **der Rahmenbeschluss 2008/977/JI erlassen**. Dieser wird durch die JI-RL aufgehoben. Art. 16 Abs. 2 AEUV, der durch den Lissabon-Vertrag eingefügt wurde,[336] gilt generell auch für den Bereich der Sicherheit.[337] In der Erklärung Nr. 21 zum Lissabon-Vertrag (Erklärung zum Schutz personenbezogener Daten im Bereich der justiziellen Zusammenarbeit in Strafsachen und der polizeilichen Zusammenarbeit), wird aber schon darauf hingewiesen, dass die Konferenz anerkenne, dass es sich aufgrund des spezifischen Charakters der Bereiche polizeiliche und justizielle Zusammenarbeit in Strafsachen als erforderlich erweisen könnte, in diesen Bereichen spezifische, auf Art. 16 AEUV gestützte Vorschriften über den Schutz personenbezogener Daten und den freien Datenverkehr zu erlassen.

232   Davon zu trennen ist weiterhin der Bereich **der Außen- und Sicherheitspolitik, für den schon der Kompetenztitel** des Art. 16 AEUV nicht gilt, sondern der speziellere **Art. 39 EUV**. Diesen Bereich klammert die Datenschutz-Grundverordnung daher zusätzlich aus (Art. 2 Abs. 2 lit. b DS-GVO). Schließlich ist davon wiederum der Bereich der nationalen Sicherheit abzugrenzen, der gem. Art. 4 Abs. 2 S. 3 EUV nicht in den Kompetenzbereich der Union fällt.

233   Bekanntlich ist die JI-RL **gemeinsam mit der DS-GVO** entstanden. Gegen den Entwurf der JI-RL bestanden zunächst auch aus kompetenziellen Gründen Bedenken, da er sich nicht auf die Datenverarbeitung im Rahmen grenzüberschreitender Zusammenarbeit beschränkt. U.a. hat daher der Bundesrat eine Subsidiaritätsrüge nach dem Protokoll zu Art. 12 lit. b EUV erhoben.[338] Beide Regelungswerke sind selbstständig, hängen innerlich aber zusammen. Die JI-RL wurde im Mai 2016 verkündet und ist bis zum 6.5.2018 umzusetzen (Art. 63 JI-RL).

234   Die JI-RL formuliert **einheitliche Datenschutzgrundsätze** bereichsspezifisch für den Bereich der Polizei und Justiz.[339] Die Erwägungsgründe der JI-RL führen als Ziel die Schaffung eines hohen Datenschutzniveaus zwecks Erleichterung des Datenaustauschs der Behörden untereinander an (ErwGr 7).

235   **b) Gesetzgebungskompetenz der EU.** Die Richtlinie wurde auf **Art. 16 Abs. 2 AEUV** gestützt.[340] Ob dies überzeugend ist, hängt davon ab, was man

---

[336] S. dazu *Spiecker gen. Döhmann/Eisenbart* JZ 2011, 169.

[337] *Kingreen* in Calliess/Ruffert AEUV Art. 16 Rn. 5.

[338] Beschluss des Bundesrates vom 30.3.2012, BR-Drs. 51/12; s.a. schon BR-Drs. 707/10 (b), Zf. 8.

[339] *Kugelmann* DuD 2012, 581 (581).

[340] ErwGr 8; zustimmend *Kugelmann* DuD 2012, 581 (581 f.); *Gerrit Hornung* Schriftliche Stellungnahme vom 17.10.2012 für die öffentlichen Anhörungen des Innenausschusses des Deutschen Bundestages am 22.10.2012, Ausschussdrucksache 17 (4) 584 (E) – abrufbar unter http://webarchiv.bundestag.de/cgi/show.php?fileTo-Load=2921&id=1223, S. 13 f.; *Peter Schaar* Bundesbeauftragter für den Datenschutz und die Informationssicherheit, Schriftliche Stellungnahme vom 27.3.2012 für die öffentlichen Anhörungen des Innenausschusses des Deutschen Bundestages am 22.10.2012, Ausschussdrucksache 17 (4) 469 – abrufbar unter: http://webarchiv.bundestag.de/archive/2013/1212/bundestag/ausschuesse17/a04/Anhoerungen/Anhoerung22/Stellungnahmen_weitere/Stellungnahme_01.pdf, S. 5.

unter „Anwendungsbereich des Unionsrechts" versteht. Vom Anwendungsbereich des Unionsrechts kann man grundsätzlich nur dann sprechen, wenn die Union eine Kompetenzgrundlage zum Handeln oder zum Erlass von Rechtsnormen besitzt. Für den Bereich des Strafrechts und des Polizeirechts besitzt die Union gemäß Art. 82 ff. AEUV aber nur stark eingeschränkte Kompetenzen. Diese Kompetenzen beziehen sich im Schwerpunkt auf **die grenzüberschreitende Zusammenarbeit.** Im Anwendungsbereich der Datenschutzrichtlinie Polizei und Strafverfolgung kommt diese Begrenzung nicht vor, vielmehr wird dieser ausdrücklich auf die gesamte Tätigkeit der Verhütung, Aufdeckung, Untersuchung oder Verfolgung von Straftaten oder der Strafvollstreckung erstreckt (Art. 2 Abs. 1 iVm Art. 1 Abs. 1). Die Richtlinie geht daher über den Anwendungsbereich des Unionsrechts hinaus und kann sich insoweit nicht auf Art. 16 AEUV stützen.[341]

Dem lässt sich entgegenhalten, dass der EuGH die **DSRL** auch für Vorgänge herangezogen habe, bei denen **kein grenzüberschreitender Bezug** vorhanden gewesen sei, und Art. 16 AEUV wolle die Kompetenz erweitern **und nicht einschränken.**[342] Dieses Argument übersieht, dass im Bereich der Sicherheit gerade keine Kompetenz bestand. Art. 16 AEUV spricht von Tätigkeiten, im Anwendungsbereich des Unionsrechts, die englische Fassung spricht von „activities which fall within the scope of Union law". Tätigkeiten der Mitgliedsstaaten, die die Union materiell überhaupt nicht normieren kann, liegen nicht im Anwendungsbereich des Unionsrechts. Art. 82 ff. AEUV erlauben gerade nicht, Vorgaben für die normale innerstaatliche Gefahrenabwehr oder Kriminalitätsverfolgung vorzusehen. Nach zutreffender Ansicht ist die Richtlinie daher nicht kompetenzgerecht erlassen.[343] **236**

Unabhängig von der Frage der Vereinbarkeit mit Art. 16 AEUV müsste der Entwurf zudem noch die Anforderungen des **Subsidiaritätsprinzips** gemäß Art. 5 Abs. 3 EUV einhalten.[344] Die Bekämpfung der Kriminalität und des Terrorismus verlangt einen schnellen Datenaustausch; innerhalb eines Mitgliedsstaates können dies die Mitgliedsstaaten aber selbst ausreichend sicherstellen.[345] Die Schwierigkeiten beim grenzüberschreitenden Datenverkehr verlangen **237**

---

[341] Ausführlich BR-Drucks. 51/12, S. 2 ff.; aA *Matthias Bäcker* Schriftliche Stellungnahme für die öffentlichen Anhörungen des Innenausschusses des Deutschen Bundestages am 22.10.2012, Ausschussdrucksache 17 (4) 585 (B), S. 3.

[342] *Bäcker* Stellungnahme (Fn. 341), S. 6.

[343] Ausführlich *Wolff* in Kugelmann/Rackow (Hg.), Prävention, 2014, S. 61 ff.

[344] S. allgemein zu den Regeln auf der Grundlage von Art. 16 AEUV *Kingreen* in Calliess/Ruffert AEUV Art. 16 Rn. 5.

[345] Im Ergebnis vergleichbar *Jörg Ziercke* Präsident des BKA, Schriftliche Stellungnahme vom 19.10.2012 für die öffentlichen Anhörungen des Innenausschusses des Deutschen Bundestages am 22.10.2012, Ausschussdrucksache 17 (4) 585 (D) – abrufbar unter: http:/webarchiv.bundestag.de/archive/2013/1212/bundestag/ausschuesse17/a04/Anhoerungen/Anhoerung23/Stellungnahmen_SV/Stellungnahme_05.pdf, S. 2; aA *Dieter Kugelmann*, Schriftliche Stellungnahme für die öffentlichen Anhörungen des Innenausschusses des Deutschen Bundestages am 22.10.2012, Ausschussdrucksache 17 (4) 585 (A) – abrufbar unter: http:/webarchiv.bundestag.de/archive/2013/1212/bundestag/ausschuesse17/a04/Anhoerungen/Anhoerung23/Stellungnahmen_SV/Stellungnahme_01.pdf, S. 3; *Bäcker*, Stellungnahme (Fn. 349), S. 8.

keine Harmonisierung der Normen für die rein innerstaatliche Datenverarbeitung.[346]

238 Wie Art. 1 Abs. 3 JI-RL verdeutlicht, ist die Richtlinie nur eine **Mindestharmonisierung** und keine Vollharmonisierung. Dies dürfte eine Reaktion auf
die Rechtsprechung des EuGH sein, der sich bei der DSRL von 1995 stark in
Richtung einer Vollharmonisierung bewegt hat.[347]

239 **c) Abgrenzung von Datenschutz-Grundverordnung und JI-RL.**
Wichtig ist vor allem die Abgrenzung zwischen der DS-GVO und der JI-RL,
die – verkürzt – die Datenverarbeitung durch Polizei und Justiz zum Zwecke
der Verhütung und Verfolgung von Straftaten regelt. Nach Art. 2 Abs. 1 lit. d
DS-GVO, der den Anwendungsbereich der JI-RL (Art. 2 Abs. 1 iVm Art. 1
Abs. 1 JI-RL) wiedergibt, gilt die DS-GVO nicht für die Datenverarbeitung
„durch die zuständigen Behörden zum Zwecke der Verhütung, Aufdeckung
und Verfolgung von Straftaten oder der Strafvollstreckung, einschließlich des
Schutzes vor und der Abwehr von Gefahren für die öffentliche Sicherheit".
Der Anwendungsbereich der JI-RL wird daher nicht nur durch den verfolgten
Zweck bestimmt; er enthält auch eine **personelle Komponente**, indem er auf
die Datenverarbeitung zu diesem Zweck durch die **zuständigen Behörden**
(einschließlich der Gerichte[348]) beschränkt ist, zu denen auch die Strafgerichte
gehören. Hintergrund dieser Beschränkung auf die Datenverarbeitung durch
die zuständigen Behörden ist, dass die JI-RL in erster Linie den Informationsaustausch zwischen den Behörden der Mitgliedsstaaten fördern soll (ErwGr 4
und 7 JI-RL).

240 **d) Personeller Anwendungsbereich.** Daher fällt nicht nur die Datenverarbeitung durch die zuständigen Behörden zu anderen Zwecken aus dem Anwendungsbereich der JI-RL heraus und unter die DS-GVO (Art. 9 Abs. 1 S. 2
und Abs. 2 JI-RL). Auch die **Datenverarbeitung durch private Stellen** wird
nicht von der JI-RL erfasst, wenn sie der Verhütung, Aufdeckung oder Verfolgung von Straftaten dient. Dies gilt wie schon bisher,[349] wenn Private Straftaten anzeigen oder zu diesem Zweck Daten sammeln; hiervon geht auch die

---

[346] Ebenso BR-Drs. 51/12, S. 4 f.; *Ronellenfitsch* DuD 2012, 561 (562 f.); aA
Nguyen ZEuS 2012, 277 (277 ff.).

[347] Zutreffend *Hartge* Vorsitzende der Konferenz der Datenschutzbeauftragten des
Bundes und der Länder, Stellungnahme vom 11.6.2012 für die öffentlichen Anhörungen des Innenausschusses des Deutschen Bundestages am 22.10.2012, Ausschussdrucksache 17 (4) 546, S. 3. abrufbar unter: http:/webarchiv.bundestag.de/cgi/
show.php?fileToLoad=2921&id=1223, S. 2.

[348] *Bäcker/Hornung* ZD 2012, 147 (149).

[349] EuGH EuZW 2004, 245 Rn. 43 – Lindqvist („Die in Art. 3 II erster Gedankenstrich Richtlinie 95/46/EG beispielhaft aufgeführten Tätigkeiten (nämlich solche nach
den Titeln V und VI des Vertrags über die Europäische Union sowie Verarbeitungen be-
treffend die öffentliche Sicherheit, die Landesverteidigung, die Sicherheit des Staates
und die Tätigkeiten des Staates im strafrechtlichen Bereich) sind jedenfalls spezifische
Tätigkeiten der Staaten oder der staatlichen Stellen und haben mit den Tätigkeitsberei-
chen von Einzelpersonen nichts zu tun."); Schlussanträge GA Jääskinen BeckRS 2014,
81189 Rn. 41 – Ryneš (zur privaten Videoüberwachung; der EuGH sprach die Frage
noch nicht einmal an); Schlussanträge GA Sánchez-Bordona BeckRS 2016, 81027
Rn. 87 – Breyer (Speicherung von IP-Adressen durch Websiteanbieter).

DS-GVO aus (vgl. ErwGr 50 S. 9 DS-GVO). Zu einem anderen Ergebnis kam der EuGH unter der DSRL nur im Fall der Übermittlung von Fluggastdaten in die USA, weil diese zwar durch private Stellen, aber „in einem von staatlichen Stellen geschaffenen Rahmen" erfolge und der öffentlichen Sicherheit diente.[350] In derartigen Fällen wäre zukünftig wohl die DS-GVO anwendbar. Denn Private könnten allenfalls dann als „zuständige Behörden" im Sinne der JI-RL angesehen werden, wenn ihnen hoheitliche Befugnisse verliehen worden sind (vgl. ErwGr 11 S. 2 JI-RL). Aufgrund ihres sehr eingeschränkten personellen Anwendungsbereich gilt die JI-RL auch nicht für die Verarbeitung von Daten, die von den zuständigen Behörden für die Zwecke der JI-RL erhoben worden, aber dann an andere Stellen, insbesondere Private, übermittelt werden. Gerade Private könnten diese Daten dann auf Basis der DS-GVO ggf. nach einer Interessenabwägung gemäß Art. 6 Abs. 1 UAbs. 1 lit. f DS-GVO für andere Zwecke verarbeiten. Gemäß ErwGr 34 letzter Satz JI-RL sollen die Mitgliedsstaaten daher für solche **rechtsaktsübergreifenden Übermittlungen** die weitere Verarbeitung genauer regeln können (zB durch Bedingungen oder eine stärkere Zweckbindung der übermittelten Daten).

e) Sachlicher Anwendungsbereich. Der **sachliche Anwendungsbe-** **241** **reich** der DS-GVO und der JI-RL war in den Verhandlungen stark umstritten. Die Sorge der Mitgliedsstaaten betraf vor allem die polizeiliche Tätigkeit zur Gefahrenabwehr, die nicht unmittelbar mit der Verhütung von Straftaten zu tun hat. Die Grenzlinie ist häufig nicht einfach zu ziehen.

Die Begriffe **Aufdeckung, Untersuchung oder Verfolgung von Strafta-** **242** **ten** sind unionaler Natur. Aufdeckung, Untersuchung und Verfolgung von Straftaten wird man dem repressiven Bereich zuordnen müssen, dh zunächst dem der Strafverfolgung, der in Deutschland durch die StPO geregelt ist. Der **Begriff der Straftat** ist dabei aber unionsrechtlich zu verstehen. Nach deutschem Verständnis des unionsrechtlichen Begriffs erfasst er auch das deutsche **Ordnungswidrigkeitenrecht**.[351] Die Verfolgung von Ordnungswidrigkeiten fällt daher unter die JI-RL.

Der Begriff „**Verhütung von Straftaten**" ist demgegenüber präventiv. **243** Erfasst wird wiederum auch die Verhütung von Ordnungswidrigkeiten. Die Verhütung von Straftaten und Ordnungswidrigkeitendelikten bildet nach deutschem Verständnis keinen selbstständigen Teil der präventiven Sicherheitsgewährleistung, sondern ist ein Teil des allgemeinen Polizei- und Ordnungsrechts. Europa sieht das anders (sa Art. 87 Abs. 1 AEUV). Auf diese Weise kommt es zu einer Spaltung des Datenschutzrechts für das allgemeine Polizeirecht. Für die **Kriminalitätsvorbeugung** greift die RL (EU) 2016/680, für das allgemeine Polizeirecht gilt dagegen teilweise die DS-GVO (siehe ErwGr 11), es sei denn die Tätigkeit fällt insgesamt aus dem Anwendungsbereich des Unionsrecht heraus. Richtig glücklich ist diese Zweiteilung nicht, rechtlich aber zulässig.

---

[350] EuGH NJW 2006, 2029 Rn. 57 f. – Parlament ./. Rat (Übermittlung von Fluggastdaten in die USA).

[351] *Vogel/Eisele* in Grabitz/Hilf/Nettesheim Das Recht der Europäischen Union AEUV Art. 82 Rn. 12.

244 Begrifflich könnte unter Verhütung von Straftaten auch die **nachrichtendienstliche Sicherheitsgewährleistung** verstanden werden, da die Eingriffsbefugnisse für die deutschen Sicherheitsbehörden teilweise an die Verhütung von Straftaten anknüpfen. Aus den Kompetenztiteln der Union für den Sicherheitsbereich lässt sich aber schließen, dass dieser Bereich nicht mit erfasst sein soll[352] (s Art. 4 Abs. 2 EUV).

245 Der **präventive Anwendungsbereich** wird in Art. 1 JI-RL noch einmal erweitert, als dort zusätzlich noch („einschließlich") auf des Schutz vor und die Abwehr von Gefahren für die öffentlichen Sicherheit verwiesen wird. Bei wörtlicher Auslegung würde die Richtlinie nicht nur das gesamte polizeiliche Handeln in den sogenannten Mischkonstellationen erfassen, dh wenn das Handeln der Polizei sowohl der Aufklärung und Durchsetzung der Strafverfolgung dient als auch dem reinen Polizeirecht. Es würde darüber hinaus auch das gesamte Polizei und Sicherheitsrecht, sofern es nicht zur Abwehr von Gefahren der öffentlichen Ordnung geht, erfassen. Die **komplizierte Fassung** Verhütung von Straftraten und öffentliche Sicherheit getrennt zu nennen und die Unterordnung der Gefahrenabwehr „einschließlich" unter die Kriminalitätsverfolgung und -verhütung spricht allerdings für eine **restriktive Auslegung** des präventiven Anwendungsbereichs der JI-RL. Auch die Parallele zu der justiziellen und polizeilichen Zusammenarbeit gemäß Art. 82 ff. und Art. 87 ff. AEUV, für welche die Mitgliedsstaaten spezielle datenschutzrechtliche Regelungen für erforderlich hielten,[353] spricht für eine einschränkende Auslegung. Ob sich eine solche durchsetzt, ist allerdings noch offen, da eine Einschränkung am Normtext nicht zwingend erkennbar und sachlich schwer greifbar ist.

246 Ansatzpunkte für ein restriktive Auslegung bieten die ErwGr 11–13. Dort wird deutlich, dass der Passus Gefahren für die öffentliche Sicherheit, nur solche Gefahren meint, die mit der Verhütung von Straftaten zusammenhängen, andererseits über diese aber auch hinausgehen müssen. Weiter wird betont, der Begriff des Strafrechts sei als europäischer Begriff verwendet, ohne dass dieser gleichzeitig definiert wird.

247 Der **Bund** hat den Anwendungsbereich innerhalb seiner Gesetzgebungsbefugnis mit § **45 BDSG nF** nicht sehr trennscharf gezogen, sondern sachlich den Normtext von Art. 1 JI-RL wiederholt. Aufschlussreicher ist die **Gesetzesbegründung**. Danach wird die Anwendung für präventive Tätigkeit **institutionell eingeschränkt** auf solche Behörden, die grundsätzlich auch Aufgaben für die Verhütung, Ermittlung, Aufdeckung oder Verfolgung von Straftaten oder die Strafvollstreckung haben.[354] Die Gefahrenabwehr der reinen Ordnungsbehörden, wie etwa im Gewerbe-, Hygiene- oder Waffenrecht soll dagegen nicht darunter fallen.

248 Sofern diese **Behörden repressiv tätig** werden, dh Straftatenaufklärung oder -verfolgung oder Ordnungswidrigkeitenverfolgung, soll § 45 BDSG nF

---

[352] Ebenso *Kugelmann* DuD 2012, 581 (582).
[353] Siehe ErwGr 10 Richtlinie 2016/680 unter Verweis auf die Erklärung 21 zur Schlussakte der Regierungskonferenz, die den am 13. Dezember 2007 unterzeichneten Vertrag von Lissabon angenommen hat.
[354] BT-Drs. 18/11325, S. 109.

(und somit auch Art. 1 JI-RL) gegeben sein. Die Anwendbarkeit für Ordnungswidrigkeiten zu fassen, ist nach der Auffassung des Gesetzgebers vom Anwendungsbereich der Richtlinie umfasst; dies wird durch Erwägungsgrund 13 JI-RL unterstützt.[355] Hierdurch werde erreicht, dass die polizeiliche Datenverarbeitung einheitlichen Regeln folgt, unabhängig davon, ob eine Straftat oder eine Ordnungswidrigkeit in Rede steht. Aus dem Ziel, dem Ordnungswidrigkeitenverfahren einheitliche datenschutzrechtliche Regeln gegenüberzustellen, folge, dass somit auch in Bezug auf die Datenverarbeitung durch Behörden, die nicht Polizeibehörden sind, soweit sie aber Ordnungswidrigkeiten verfolgen, ahnden und vollstrecken, der Teil 3 des vorliegenden Gesetzes gelte und die Datenverarbeitung auch sonst Regeln folgen müsse.[356]

249 Die Vorgaben der Richtlinien gelten danach zunächst für **Strafverfolgungsverfahren**, alle **Ordnungswidrigkeitenverfahren**, für das **präventive Handeln** von Behörden, die auch Befugnisse zur Straftatenverfolgung besitzen, wie insbesondere die Vollzugspolizei und der Zoll.[357]

250 Die Interpretation des deutschen Gesetzgebers ist **praktikabel und vernünftig**, wenn auch nicht unangreifbar. So kann man zunächst **bezweifeln**, ob das **Ordnungswidrigkeitenrecht** aus europäischer Sicht zum **Strafrecht zu zählen** ist. So lässt sich ErwGr 152 so interpretieren, als ginge die DS-GVO selbst davon aus, Ordnungswidrigkeiten seien verwaltungsrechtliche Sanktionen. Die Qualifizierung hängt letztlich davon ab, was das **wesentliche Merkmal der Strafe** ist, die ausschließliche Verhängung durch den Richter oder der Charakter als sozialethisches Unwerturteil durch den Staat aufgrund eines schuldhaften Normverstoßes. Bisher wurden die Ordnungswidrigkeiten als ein Teil des europäischen Strafrechtsbegriffs verstanden. Weiter ist es dann aber **inkonsequent** bei der Frage, welche Gefahrenabwehrmaßnahme einzubeziehen ist, auf die gleichzeitige Kompetenz für Strafverfolgungsmaßnahmen abzustellen und nicht auch die Verfolgungskompetenz für Ordnungswidrigkeiten einzubeziehen. Wenn Ordnungswidrigkeiten als „Strafe" im Sinne des Unionsrecht anzusehen sind, wäre die Verfolgung von Ordnungswidrigkeiten eigentlich als Verfolgung von Strafe anzusehen. Diese Inkonsequenz rechtfertigt sich aber daraus, dass die **Gefahrenabwehr** als **Annex** gedacht ist und eine Ausweitung der Anwendung der Richtlinie zu Kosten der Verordnung geht. Die Sicht des Bundesgesetzgebers ist daher – vom Ergebnis her – ein vernünftiger pragmatische Kompromiss.

251 Legt man dies zu Grunde gilt **beispielsweise**:

Beispiel 1: Die elektronische Ermittlungsakte aus einem Strafverfahren bei der Staatsanwaltschaft: Datenschutz richtet sich nach der JI-RL und §§ 45 ff. BDSG

Beispiel 2: Die elektronische Ermittlungsakte aus einem Strafverfahren bei der Polizei: Datenschutz richtet sich nach der JI-RL und §§ 45 ff. BDSG

Beispiel 3: Daten aus der elektronischen Ermittlungsakte aus einem Strafverfahren sollen zu präventiven Zwecke verwendet werden – beim BKA: Datenschutz richtet sich nach der JI-RL und §§ 45 ff. BDSG bzw. BKAG

---

[355] BT-Drs. 18/11325, S. 109.
[356] BT-Drs. 18/11325, S. 109.
[357] Undeutlich daher *Bäcker/Hornung* ZD 2012, 147 (149).

Beispiel 4: Daten aus der elektronischen Ermittlungsakte aus einem Strafverfahren sollen zu präventiven Zwecke verwendet werden – bei der Landesvollzugspolizei: Datenschutz richtet sich nach der JI-RL und Ausführungsgesetzen der Länder.

Beispiel 5: Daten aus der elektronischen Ermittlungsakte aus einem Strafverfahren sollen zu präventiven Zwecke übermittelt werden – zu einer Bundesbehörde ohne Strafverfolgungskompetenz: Entscheidung für die Übermittlung: Datenschutz richtet sich nach der JI-RL und §§ 45 ff. BDSG – Entscheidung über Verarbeitung richtet sich nach VO + Ausführungsgesetze der Länder.

Beispiel 6: Die Polizei verarbeitet Daten zu präventiven Zwecken in einem Verfahren bei dem kein Zusammenhang mit einem Strafverfahren besteht: Datenschutz richtet sich nach der JI-RL und Ausführungsgesetzen der Länder.

Beispiel 7: Bundesbehörde, die Gefahrenabwehrzuständigkeiten besitzt, aber keine Strafverfolgungskompetenzen, verarbeitet Daten zu präventiven Zwecken: Datenschutz richtet sich nach der VO und nach §§ 22 ff. BDSG

Beispiel 8: Die Bundesbehörde im Fall 7 eröffnet ein Ordnungswidrigkeitenverfahren: Datenschutz richtet sich nach der JI-RL und §§ 45 ff. BDSG

Beispiel 9: Die zuständige Aufsichtsbehörde der Länder zum Waffenrecht erlässt eine Waffenbesitzuntersagung: Datenverarbeitung richtet sich nach VO + Ausführungsgesetze der Länder.

Beispiel 10: Die zuständige Aufsichtsbehörde der Länder leitet ein Ordnungswidrigkeitenverfahren ein: Datenverarbeitung richtet sich nach JI-RL und §§ 45 ff. BDSG.

252   **f) Erfasste Verarbeitungsvorgänge.** Der **Anwendungsbereich** ist **umfassend.** Er erfasst jede Datenverarbeitung der genannten Behörden in dem betroffenen Tätigkeitsfeld innerhalb des Anwendungsbereichs des Unionsrechts.[358] Der Begriff der Datenverarbeitung ist identisch mit dem der DS-GVO (Art. 4 Nr. 3 DS-GVO). Der Unterschied zur DS-GVO besteht vor allem darin, dass die Richtlinie sich auf den öffentlichen Bereich bezieht und hier vor allem den Austausch vor Augen hat und nicht die sonstige Verarbeitung.

253   Eingeschränkt wird die erfasste Datenverarbeitung durch Art. 2 Abs. 2 DS-GVO. Danach gilt die Richtlinie nur für **(teil-)automatisierte oder dateimäßige Datenverarbeitungen.**[359] Zur Frage, wann die Abheftung einer Information in einer Akte mit Aktenzeichnung schon den Dateibegriff erfüllt, s. die insoweit übertragbaren Überlegungen zur DS-GVO (→ Rn. 311).[360]

254   **g) Ausnahmen vom sachlichen Anwendungsbereich.** Ausgenommen ist gemäß Art. 2 Abs. 3 lit. a JI-RL die Verarbeitung der Daten im Rahmen von Tätigkeiten, die nicht in den Bereich des Unionsrechts fallen. Die Erwägungsgründe sprechen insoweit von der nationalen Sicherheit. Dies liegt daran, dass die **nationalen Sicherheit** iSd Art. 4 Abs. 2 S. 3 EUV nicht in den Anwendungsbereich des Unionsrechts fällt (ErwGr 14 JI-RL). Was zu dem Bereich der nationalen Sicherheit iSd JI-RL gehört, ist nicht ganz eindeutig.[361] Der Be-

---

[358] *Kugelmann* DuD 2012, 581 (581).
[359] *Bäcker/Hornung* ZD 2012, 147 (148 f.).
[360] Ebenso *Bäcker/Hornung* ZD 2012, 147 (149).
[361] *Bäcker/Hornung* ZD 2012, 147 (149).

griff ist unionsrechtlich zu bestimmen und enger als der Begriff der „öffentlichen Sicherheit".[362] Es kommt daher nicht darauf an, welche Art von Behörde tätig wird; dies hängt auch von den historisch gewachsenen Strukturen der Mitgliedsstaaten ab. Entscheidend ist, wie die jeweilige Tätigkeit materiell einzuordnen ist. Man geht davon aus, darunter fielen die **Verteidigung** (Art. 39 EUV) und die Datenverarbeitung durch **Nachrichtendienste**.[363]

h) Vergleich der Grundstruktur mit der Struktur der Datenschutz- 255
Grundverordnung. Inhaltlich **entspricht** die Richtlinie **weitgehend** der DS-GVO mit gewissen Abweichungen in den Nuancen, die darauf beruhen, dass erstens die Richtlinie nur den öffentlichen Bereich betrifft, zweitens vor allem die Situation des Austausches vor Augen hat und drittens als Richtlinie auf Umsetzung angelegt ist. In den Verhandlungen beider Rechtsakte wurde jedoch auf Kohärenz beider Rechtsakte in grundlegenden Fragen und Terminologie besonders geachtet.

Versucht man einen groben Vergleich, so gilt: 256

Vergleich DSRL/DS-GVO

Regelung in der Richtlinie	Charakter	Parallele Norm in der DS-GVO
Art. 1 Gegenstand und Ziele	Ähnliche Regelung, aber etwas andere Ausgestaltung	Art. 1 DS-GVO
Art. 2 Anwendungsbereich	Ähnliche Regelung, aber etwas andere Ausgestaltung	Art. 2 DS-GVO
Art. 3 Begriffsbestimmungen Im Sinne dieser Richtlinie bezeichnet der Ausdruck:	Teilausschnitt – weitgehend identisch	Art. 4 DS-GVO
Art. 4 Grundsätze in Bezug auf die Verarbeitung personenbezogener Daten	Weitgehend vergleichbar	Art. 5 DS-GVO
Art. 5 Fristen für die Speicherung und Überprüfung	Selbständige Regelung	
Art. 7 Unterscheidung zwischen personenbezogenen Daten und Überprüfung der Qualität der personenbezogenen Daten	Selbständige Regelung	

---

[362] *Walter/Obwexer* in v.d Groeben/Schwarze/Hatje Europäisches Unionsrecht EUV Art. 4 Rn. 45; *Hatje* in Becker/Schwarze/Hatje/Schoo EU-Kommentar EUV Art. 4 Rn. 15.
[363] Vgl. *Kugelmann* DuD 2012, 581 (582).

Regelung in der Richtlinie	Charakter	Parallele Norm in der DS-GVO
Art. 8 Rechtmäßigkeit der Verarbeitung	Ähnliche Regelung, aber etwas andere Ausgestaltung	Art. 6 DS-GVO
Art. 9 Besondere Verarbeitungsbedingungen	Selbständige Regelung	Ansatzweise – Art. 6 Abs. 4 DS-GVO
Art. 10 Verarbeitung besonderer Kategorien personenbezogener Daten	Ähnliche Regelung, aber etwas andere Ausgestaltung	Art. 9 DS-GVO
Art. 11 Automatisierte Entscheidungsfindung im Einzelfall	Ähnliche Grundstruktur	Art. 22 DS-GVO
Art. 12 Mitteilungen und Modalitäten für die Ausübung der Rechte der betroffenen Person	Selbständige Regelung	
Art. 13 Der betroffenen Person zur Verfügung zu stellende oder zu erteilende Informationen	Ähnliche Grundstruktur	Art. 13–14 DS-GVO
Art. 14 Auskunftsrecht der betroffenen Person	Ähnliche Grundstruktur	Art. 15 DS-GVO
Art. 15 Einschränkung des Auskunftsrechts	Ähnliche Grundstruktur	Art. 15 DS-GVO
Art. 16 Recht auf Berichtigung oder Löschung personenbezogener Daten und Einschränkung der Verarbeitung	Ähnliche Grundstruktur aber es fehlt das Widerspruchsrecht	Art. 16 f. DS-GVO
Art. 17 Ausübung von Rechten durch die betroffene Person und Prüfung durch die Aufsichtsbehörde	Selbständige Regelung	
Art. 18 Rechte der betroffenen Person in strafrechtlichen Ermittlungen und in Strafverfahren	Selbständige Regelung	
Art. 19 Pflichten des Verantwortlichen	Ähnliche Grundstruktur; es fehlt aber eine dem Art. 27 DS-GVO entsprechende Regelung	Art. 24 DS-GVO
Art. 20 Datenschutz durch Technikgestaltung und datenschutzfreundliche Voreinstellungen		Art. 25 DS-GVO
Art. 21 Gemeinsame Verantwortliche		Art. 26 DS-GVO
Art. 22 Auftragsverarbeiter		Art. 28 DS-GVO

Regelung in der Richtlinie	Charakter	Parallele Norm in der DS-GVO
Art. 23 Verarbeitung unter der Aufsicht des Verantwortlichen oder des Auftragsverarbeiters		Art. 29 DS-GVO
Art. 24 Verzeichnis von Verarbeitungstätigkeiten	Ähnliche Regelung, aber etwas andere Ausgestaltung	Art. 30 DS-GVO
Art. 25 Protokollierung	Selbständige Regelung	
Art. 26 Zusammenarbeit mit der Aufsichtsbehörde	Weitgehend vergleichbar	Art. 31 DS-GVO
Art. 27 Datenschutz-Folgenabschätzung	Ähnliche Grundstruktur	Art. 35 DS-GVO
Art. 28 Vorherige Konsultation der Aufsichtsbehörde	Ähnliche Grundstruktur	Art. 36 DS-GVO
Art. 29 Sicherheit der Verarbeitung	Ähnliche Grundstruktur	Art. 32 DS-GVO
Art. 30 Meldung von Verletzungen des Schutzes personenbezogener Daten an die Aufsichtsbehörde		Art. 33 DS-GVO
Art. 31 Benachrichtigung der von einer Verletzung des Schutzes personenbezogener Daten betroffenen Person		Art. 34 DS-GVO
Art. 32 Benennung eines Datenschutzbeauftragten	Ähnliche Regelung, aber etwas andere Ausgestaltung	Art. 37 DS-GVO
Art. 33 Stellung des Datenschutzbeauftragten	Ähnliche Regelung, aber etwas andere Ausgestaltung	Art. 38 DS-GVO
Art. 34 Aufgaben des Datenschutzbeauftragten	Weitgehend vergleichbar	Art. 39 DS-GVO
Art. 35 Allgemeine Grundsätze für die Übermittlung personenbezogener Daten	Ähnliche Grundstruktur	Art. 44 DS-GVO
Art. 36 Datenübermittlung auf der Grundlage eines Angemessenheitsbeschlusses		Art. 45 DS-GVO
Art. 37 Datenübermittlung vorbehaltlich geeigneter Garantien		Art. 46 DS-GVO

Regelung in der Richtlinie	Charakter	Parallele Norm in der DS-GVO
Art. 38 Ausnahmen für bestimmte Fälle	Vergleichbares Thema, aber deutliche Unterschiede in der Reichweise	Art. 49 DS-GVO
Art. 39 Übermittlung personenbezogener Daten an in Drittländern niedergelassene Empfänger	Selbständige Regelung	
Art. 40 Internationale Zusammenarbeit zum Schutz personenbezogener Daten	Selbständige Regelung	
Art. 41 Aufsichtsbehörde	Weitgehend vergleichbar	Art. 51 DS-GVO
Art. 42 Unabhängigkeit		Art. 52 DS-GVO
Art. 43 Allgemeine Bedingungen für die Mitglieder der Aufsichtsbehörde		Art. 53 DS-GVO
Art. 44 Errichtung der Aufsichtsbehörde		Art. 54 DS-GVO
Art. 45 Zuständigkeit	Ähnliche Regelung, aber etwas andere Ausgestaltung – keine Regelung zur federführende Aufsichtsbehörde	Art. 55 DS-GVO
Art. 46 Aufgaben	Art. 57 DS-GVO	
Art. 47 Befugnisse	Art. 58 DS-GVO	
Art. 48 Meldung von Verstößen	Selbständige Regelung	
Art. 49 Tätigkeitsbericht	Weitgehend vergleichbar	Art. 59 DS-GVO
Art. 50 Gegenseitige Amtshilfe	Weitgehend vergleichbar – Regelung über gemeinsame Maßnahmen fehlt	Art. 61 DS-GVO
Art. 51 Aufgaben des Ausschusses	Ähnliche Grundstruktur	Art. 64 DS-GVO
Art. 52 Recht auf Beschwerde bei einer Aufsichtsbehörde	Ähnliche Regelung, aber etwas andere Ausgestaltung	Art. 77 DS-GVO
Art. 53 Recht auf wirksamen gerichtlichen Rechtsbehelf gegen eine Aufsichtsbehörde	Ähnliche Regelung, aber etwas andere Ausgestaltung	Art. 78 DS-GVO

Regelung in der Richtlinie	Charakter	Parallele Norm in der DS-GVO
Art. 54 Recht auf wirksamen gerichtlichen Rechtsbehelf gegen Verantwortliche oder Auftragsverarbeiter		Art. 79 DS-GVO
Art. 55 Vertretung von betroffenen Personen		Art. 80 DS-GVO
Art. 56 Recht auf Schadenersatz		Art. 81 DS-GVO
Art. 57 Sanktionen	Selbständige Regelung	
Art. 58 Ausschussverfahren	Weitgehend vergleichbar	Art. 93 DS-GVO
Art. 59 Aufhebung des Rahmenbeschlusses 2008/977/JI	Ähnliche Grundstruktur	Art. 94 DS-GVO
Art. 60 Bestehende Unionsrechtsakte	Ähnliche Grundstruktur	Art. 95 DS-GVO
Art. 61 Verhältnis zu bereits geschlossenen internationalen Übereinkünften im Bereich der justiziellen Zusammenarbeit in Strafsachen und der polizeilichen Zusammenarbeit		Art. 95 DS-GVO
Art. 62 Berichte der Kommission		Art. 97 DS-GVO
Art. 63 Umsetzung	Selbständige Regelung	
Art. 64 Inkrafttreten	Ähnliche Grundstruktur	Art. 99 DS-GVO
Art. 65 Adressaten	Selbständige Regelung	

Da die DS-GVO auch auf den Datenverkehr zwischen Privaten ausgerichtet **257** und strukturell nicht auf eine Umsetzung angewiesen ist, **finden sich einige Regelungen** der DS-GVO in der Richtlinie **nicht wieder.** Dazu gehören insbesondere die Regelungen zur Einwilligung; die Regelungen zu der Ausgestaltung des Rechts auf Datenübertragung; das Widerspruchsrecht; die Regeln zum Vertreter von nicht in der Union niedergelassenen Verarbeitern; die Regelung zu den Verhaltensregeln und der Zertifizierung; die Regelung zu den federführenden Aufsichtsbehörden und zum Kohärenzverfahren; sowie die Ordnungswidrigkeitsregelungen.

i) Kompatibilität des Datenschutzrechts mit den unionalen Daten- **258** **schutzprinzipien am Beispiel der Richtlinie.** Was im Verhältnis von Richtlinie und nationalem Recht gilt, gilt allgemein im Verhältnis von europäischem Datenschutzrecht und nationalem Datenschutzrecht. Auch soweit für den jeweiligen Mitgliedstaat im Bereich der Grundverordnung ein Gestaltungsspielraum besteht oder er innerhalb des Umsetzungsspielraums der Richtlinien oder in dem rein nationalen Bereich handelt, immer verändert der Erlass der DS-GVO aus deutscher Sicht das Datenschutzrecht dennoch und zwar auch in den Bereichen, in dem die Mitgliedsstaaten noch eigene Kompetenzen besitzen (**„spill over-Effekt"**). Reibungen und Beeinflussungen entstehen vor dort, wo strukturelle Unterschiede bestanden.

Versucht man die Unterschiede zwischen dem europäischen und dem nationalen Recht, die bisher galten, näher zu fassen, gilt:

– Die Unterscheidung zwischen öffentlichem Recht und zivilrechtlichen Datenschutzrecht ist im europäischen Datenschutz bisher nicht von vergleichbarer Bedeutung gewesen wie im nationalen Recht. Die Datenschutzrichtlinie unterscheidet der Sache nach kaum zwischen den Bereichen. Bei der DS-GVO werden die Unterschiede aufgrund des deutschen Einwirkens in der Entstehungsgeschichte deutlicher, erreichen aber noch nicht die Intensität des alten deutschen Rechts;
– Der Verarbeitungsbegriff ist globaler und unterscheidet nicht zwischen Erhebung, Speicherung, Veränderung, Übermittlung und Löschung;
– Die Grenzüberschreitung der Daten hat im Europarecht eine deutlich geringere Bedeutung als im nationalen Recht;
– Der Zweckbindungsgrundsatz ist im Ansatz etwas weiter gefasst;
– Das Europarecht kennt den Grundsatz des Gebots der Verarbeitung nach Treu und Glauben;
– Die Datenqualität (Richtigkeit der Daten) spielt im Europarecht eine etwas größere Rolle als im nationalen Recht (vgl Art. 6 Abs. 1 UAbs. 1 lit. d DSRL);
– Verfahrensfragen sind im Europarecht wichtiger, wie insbesondere bei den strengen alten Meldepflichten der Datenschutzrichtlinie zu sehen war (Art. 18 DSRL);
– Das Widerspruchsrecht ist europarechtlich grundsätzlich stärker ausgeprägt (Art. 15 DS-GVO);
– Die technische Seite des Datenschutzes wurde stärker einbezogen (Art. 32 DSRL);
– Die Unabhängigkeit der Kontrollstellen bzw. Aufsichtsbehörden wird europarechtlich von einem anderen institutionellen Verständnis her deutlich strenger gefasst als das nationalrechtlich möglich wäre (Art. 28 Abs. 2 DSRL; Art. 52 DS-GVO);
– Die Differenzierung nach dem Inhalt der Daten, besonders sensiblen Daten, ist europarechtlich stärker ausgeprägt als es ursprünglich nationalrechtlich war; hier kam der besondere Schutz über das allgemeine Persönlichkeitsrecht.

259   Stellt man mehr auf die **Grundstruktur** vom deutschen Recht einerseits und dem europäischen Recht andererseits ab, lassen sich durch Unterschiede holzschnittartig wie folgt kennzeichnen. Zu nennen wären:

Vergleich europäisches/deutsches Recht

Prinzip im europäischen Recht	Umsetzung in Deutschland
Gebot des einheitlichen Standards in Europa	Schwach: grds. einzelstaatliche Betrachtung
Trennung von Mitgliedsstaaten und Drittstaaten	Nein
Pflicht zur Differenzierung nach Personengruppen	Fehlt bei der Weitergabe
Pflicht zur Differenzierung nach Validität	Fehlt
Starke Rechte des Betroffenen	Schwächer
Umfassende Dokumentationspflicht	Nur in Ausnahmefällen bei Sondersituationen
Meldepflicht bei Verletzung	§ 42a BDSG aF nur für Private
Übermittlung an Drittstaaten nur bei angemessenen Schutzstandard (oder Vorliegen einer großzügigen Ausnahme)	Nach Bedarf u. Einschätzung der Behörde
Aufsichtsbehörde ist heilig	Demokratische Legitimation, aber gebotene Unabhängig des Kontrolleurs vom Kontrollierten

Wendet man den Blickwinkel an und betrachtet umgekehrt die Kompatibi- **260** lität des europäischen Rechts mit deutschen Datenschutzprinzipien im Überblick, gilt:

Vergleich deutsches/europäisches Recht

Prinzipien im deutschen Datenschutzrecht, insbesondere im Sicherheitsrecht	Europäisches Recht
Verbot mit Erlaubnisvorbehalt	Art. 7 RL
Grundsatz der Direkterhebung	Nicht ausdrücklich
Zweckbindungsgrundsatz	schwach
Grundsatz der Erforderlichkeit	schwach
Gebot der anlassbezogenen Datenerhebung	Nicht ausdrücklich
Verbot der Vorratsdatenspeicherung	Im Sekundärrecht schwach, im Grundrechtsbereich stark
Gebot der Datensparsamkeit	Nicht ausdrücklich
Prinzip der Transparenz	Stark

Prinzipien im deutschen Datenschutzrecht, insbesondere im Sicherheitsrecht	Europäisches Recht
Erfordernis des überwiegenden Verarbeitungsinteresses	vorhanden
Gebot der Richtigkeit	Stark
Trennung zwischen geheimer und offener Informationserhebung	Nicht ausdrücklich
Trennung zwischen Polizei/Strafverfahren und Nachrichtendiensten	Nicht ausdrücklich
Strenge Zweckbindung bei massiven Eingriffen	schwach
Richtervorbehalt bei massiven Eingriffen	Nicht ausdrücklich
Unterschiedliches Verfahrensregime je nach Eingriffstiefe	immer hohes Verfahrensregime
Absoluter Schutz des Persönlichkeitskerns	Nicht ausdrücklich

4. E-Privacy-Richtlinie 2002/58/EG

261 Die Richtlinie 2002/58/EG des Europäischen Parlaments und des Rates vom 12. Juli 2002 über die Verarbeitung personenbezogener Daten und den **Schutz der Privatsphäre in der elektronischen Kommunikation** (Datenschutzrichtlinie für elektronische Kommunikation – e-Privacy-RL) ergänzt die DSRL und enthält verbindliche Mindestvorgaben für den Datenschutz in der Telekommunikation.[364] Die Richtlinie wurde 2009 um eine Regelung ergänzt, welche die ausdrückliche Einwilligung der Nutzer verlangt, wenn Daten auf ihren Endgeräten gespeichert werden sollen (zB Cookies) oder anderweitig darauf Zugriff genommen wird (Art. 5 Abs. 3 e-Privacy-RL).

262 Die Richtlinie verfolgt die **gleichen Ziele wie die DSRL**, dh einerseits die Rechte des Betroffenen zu wahren und andererseits den freien Daten- und Warenverkehr abzusichern. Die Richtlinie verpflichtet die Mitgliedsstaaten, telekommunikationsspezifische Regelungen zum Datenschutz zu erlassen, beispielsweise das Mithören von Telefongesprächen und das Abfangen von E-Mails zu verbieten. Außerdem enthält die Richtlinie Vorgaben zu Einzelgebührennachweisen, zu den Möglichkeiten der Anzeige und Unterdrückung von Telefonnummern, zu automatischen Anrufweiterschaltungen und bezüglich gebührenfreier und widerruflicher Aufnahme in Teilnehmerverzeichnisse. Deutschland setzte die Richtlinie nur unter dem Druck eines laufenden Vertragsverletzungsverfahrens durch die Änderung des TKG um.[365]

---

[364] S. dazu *Ohlenburg* MMR 2003, 83 ff.; *Zilkens* RDV 2007, 196 (199).
[365] BGBl. I 2004 S. 1190 ff.

Die **Rechtsprechung** des EuGH zu der Richtlinie war zunächst **über- 263 schaubar**. Nach seiner Einschätzung steht sie der Weitergabe personenbezogener Daten zwecks Verfolgung von Urheberrechtsverletzungen nicht entgegen, sofern ein angemessenes Gleichgewicht zwischen den verschiedenen betroffenen Grundrechten sichergestellt ist.[366] Verkehrsdaten dürfen bei Forderungsabtretungen zwecks Einziehung übermittelt werden[367] und die Mehrfachverwertung von öffentlichen Teilnehmerverzeichnissen bedarf nicht zwingend einer wiederholenden Einwilligung.[368]

Mit der Aufhebung der Vorratsdatenspeicherungsrichtlinie hat die e-Pri- 264 vacy-RL einen **erheblichen Bedeutungszuwachs** erhalten, weil Art. 15 Richtlinie RL 2002/58/EG der Grund dafür ist, dass nationale Vorratsdatenspeicherungsvorgaben sich immer noch an den Vorgaben der Art. 7 GRC orientieren müssen. Art. 15 e-Privacy-RL so auszulegen, dass er einer nationalen Regelung entgegensteht, die für Zwecke der Bekämpfung von Straftaten eine allgemeine und unterschiedslose Vorratsspeicherung sämtlicher Verkehrs- und Standortdaten aller Teilnehmer und registrierten Nutzer in Bezug auf alle elektronischen Kommunikationsmittel vorsehe.[369]

Die e-Privacy-RL geht der DS-GVO wie schon der DSRL als **lex specia- 265 lis** vor, soweit sie spezielle Regelungen vorsieht (Art. 95 DS-GVO).[370] Aus Art. 95 DS-GVO ergibt sich dies dieses Verhältnis nur undeutlich. Danach lege die DS-GVO in Bezug auf die „Bereitstellung öffentlicher Kommunikationsdienste in öffentlichen Kommunikationsnetzen (...) keine zusätzlichen Pflichten auf", soweit sie in der e-Privacy-RL enthaltenen datenschutzrechtlichen Bestimmungen unterliegen. Der Vorrang der e-Privacy-RL betrifft daher insbesondere die Verarbeitung von Verkehrs- und Standortdaten, die im Vergleich zu den allgemeinen datenschutzrechtlichen Regelungen stärker reglementiert werden (Art. 6 und 9 e-Privacy-RL). Datenverarbeitungen, welche die e-Privacy-RL nicht ausdrücklich regelt, unterfallen daher der DS-GVO. In ErwGr 173 fordert der Gesetzgeber die Kommission auf, auch die e-Privacy-RL zu reformieren, um Kohärenz mit der DS-GVO zu gewährleisten. Die Kommission hat hierzu am 10. Januar 2017 einen Entwurf vorgelegt.[371]

Eine gewisse Kohärenz wird möglicherweise bereits dadurch erreicht wer- 266 den, dass die Richtlinie e-Privacy-RL in vielen Punkten auf die DSRL zur **Lückenfüllung** verweist (zB in den Begriffsbestimmungen, Art. 2 e-Privacy-RL). Nach Art. 94 Abs. 2 DS-GVO wären diese Verweise als Verweise auf die DS-GVO zu verstehen. Die DS-GVO könnte daher schon jetzt zu Änderungen der Rechtslage im Anwendungsbereich der Richtlinie 2002/58/EG führen, zB im Zusammenhang mit der Einwilligung in Cookies (→ Rn. 497). Hiergegen

---

[366] EuGH Beschl. v. 19.2.2009, C-557/07 Rn. 29 ff.; EuGH Urt. v. 29.1.2008, C-275/06 Rn. 64 ff.
[367] EuGH Urt. v. 22.11.2012, C-119/12 Rn. 19, 29.
[368] EuGH Urt. v. 5.5.2011, Rs. C-543/09 Rn. 61 f. – Deutsche Telekom.
[369] EuGH NJW 2017, 717 Rn. 107 f. – Tele2 Sverige AB/Post.
[370] *Nebel/Richter* ZD 2012, 407 (408).
[371] KOM(2017) 10 final.

könnte aber Art. 95 DS-GVO sprechen, wenn man die Regelung nicht nur als *lex specialis*-Regelung, sondern als allgemeinen Bestandsschutz für die durch die e-Privacy-RL Verpflichteten sieht.[372]

267 Die meisten Vorgaben der e-Privacy-RL gelten grundsätzlich nur für die Bereitstellung „**öffentlich zugänglicher Kommunikationsdienste in öffentlichen Kommunikationsnetzen**" (Art. 3 e-Privacy-RL). Art. 2 e-Privacy-RL verweist auf die Definitionen der Rahmenrichtlinie für elektronische Kommunikation (Richtlinie 2002/21/EG, zuletzt geändert durch Richtlinie 2009/140/EG). Die Abgrenzung des Anwendungsbereichs wird aber in zunehmendem Maße schwierig, insbesondere im Fall internetbasierter Kommunikationsdienste (sog. „Over-the-Top-Services" (**OTT-Dienste**), z.B. E-Mail, Instant Messaging, Internettelefonie).

Beispiel: Das VG Köln entschied, dass der E-Maildienst Gmail (**Google Mail**) als elektronischer Kommunikationsdienst im Sinne des Art. 2 lit. der Rahmenrichtlinie anzusehen sei.[373] Charakteristisch ist für elektronische Kommunikationsdienste, dass sie „ganz oder überwiegend in der Übertragung von Signalen über elektronische Kommunikationsnetze bestehen". Zwar betreibe Gmail nur einen Mailserver und bediene sich für die Signalübertragung der Dienste anderer Internetdienstanbieter bzw. des offenen Internets; dies sei jedoch unerheblich, weil der „gesamte Kommunikationsvorgang einheitlich betrachtet werden" müsse und Gmail die Signalübertragung durch Dritte zuzurechnen sei.[374] Schließlich seien werbefinanzierte Angebote gewerblich, auch wenn der Kunde selbst nichts zahle.[375]

Ähnliche Probleme zeigen sich beim Umgang mit **Standortdaten**.[376] Werden diese im Zusammenhang mit Telekommunikation erhoben (zB über die Mobilfunkzellen), unterfallen sie der e-Privacy-RL und der restriktiven Regelung des Art. 9 e-Privacy-RL (umgesetzt in § 98 TKG). Wird der Standort des Betroffenen aber fortlaufend mittels des GPS-Chips von einer App auf dem Smartphone (zB zur Auswertung von Laufstrecken) erhoben, unterfallen sie den allgemeinen datenschutzrechtlichen Regelungen, obwohl ihre Aussagekraft über den Betroffenen vergleichbar ist.

268 Eine Überarbeitung der e-Privacy-RL ist daher auch **rechtspolitisch** dringend erforderlich. Ihr eng zugeschnittener Anwendungsbereich führt dazu, dass Angebote unterschiedlichen Regelungen unterliegen, obwohl sie aus Sicht der Betroffenen austauschbare Kommunikationsmittel sind und im Wettbewerb miteinander stehen.[377]

269 Im deutschen Recht wird die e-Privacy-RL vor allem durch die **§§ 91 ff. TKG** umgesetzt. §§ 91 ff. TKG gelten jedoch auch für Anbieter nicht öffentlich zugänglicher Telekommunikationsdienste (vgl. § 91 Abs. 1 S. 1 TKG

---

[372] Hierfür mit Blick auf Äußerungen der Kommission während der Beratungen *Piltz* K&R 2016, 557 (560).

[373] VG Köln MMR 2016, 141; hierzu *Kühling/Schall* CR 2016, 185 ff. m.w.N.

[374] VG Köln MMR 2016, 141 Rn. 44 und 52.

[375] VG Köln MMR 2016, 141 Rn. 47.

[376] *Petri/Buchner/Tinnefeld* Einführung in das Datenschutzrecht, 2012, 213 f.

[377] *Art. 29-Gruppe*, Opinion 03/2016 on the evaluation and reviEG of the ePrivacy-Directive (2002/58/EC), WP 240 v. 19.7.2016, 5 ff.; EDPS Opinion 5/2016, Preliminary EDPS Opinion on the revision of the ePrivacyDirective (2002/58/EC) v. 22.7.2016, S. 10 ff.

iVm. § 3 Nr. 6 und 24 TKG, zB Hotels, Unternehmen oder Behörden[378]); diese unterfallen aber nicht der e-Privacy-RL, sondern der DS-GVO.[379]

5. E-Commerce-RL

Nach Art. 2 Abs. 4 DS-GVO verdrängt die DS-GVO nicht die E-Com-   **270** merce-Richtlinie 2000/31/EG. Dies betont der Gesetzgeber insbesondere für die **Haftungsprivilegierungen für Durchleistung, Caching und Hosting nach Art. 12 bis 15 E-Commerce-RL** (umgesetzt in §§ 7 ff. TMG). In diesen Konstellationen liegt schon aufgrund der zwischenzeitlichen Speicherung grundsätzlich immer eine datenschutzrechtliche Verantwortlichkeit des Intermediärs vor,[380] obwohl der Bezug des Intermediärs zu den verarbeiteten Inhalten nur „technisch, automatisiert und passiv erfolgt"[381] und die Entscheidung über die Verarbeitung im Einzelnen in den Händen Dritter liegt. Inwieweit Art. 12 ff. E-Commerce-RL über eine Freistellung von Schadensersatzansprüchen die datenschutzrechtlichen Pflichten beeinflussen, ist allerdings noch nicht abschließend geklärt.[382]

II. Anwendungsbereich der Datenschutz-Grundverordnung

1. Sachlich: personenbezogene Daten über natürliche Personen

Der Anwendungsbereich des DS-GVO ist nur eröffnet, wenn personenbe-   **271** zogene Daten verarbeitet werden (Art. 1 Abs. 1 DS-GVO). Grundsätzlich führt erst die Möglichkeit der Verbindung zwischen einer Person und einer Information dazu, dass die freie Entfaltung der Persönlichkeit durch die Verarbeitung dieser Daten berührt wird.[383]

Art. 4 Nr. 1 DS-GVO definiert „personenbezogene Daten" als „alle Infor-   **272** mationen, die sich auf eine identifizierte oder identifizierbare natürliche Person (…) beziehen". Diese Unterscheidung ist von großer Bedeutung, denn der **Anwendungsbereich des Datenschutzrechts ist „binär"**[384]: Je nachdem, ob die verarbeitete Information einen Personenbezug aufweist, sind die datenschutzrechtlichen Verpflichtungen entweder ganz oder gar nicht anwendbar. Zwischenstufen gibt es nicht. Unsicherheiten bei der Definition des Personen-

---

[378] *Braun* in Beck'scher TKG-Kommentar § 91 Rn. 12 f.; *Munz* in Taeger/Gabel TKG § 91 Rn. 9.

[379] *Nebel/Richter* ZD 2012, 407 (408); *Munz* in Taeger/Gabel TKG § 91 Rn. 8.

[380] Für Soziale Netzwerke BVerwG ZD 2016, 393 Rn. 26 ff. – Fanpages (Vorlagebeschluss an EuGH) sowie den vergleichbaren Fall von Internetsuchmaschinen EuGH NJW 2014, 2257 Rn. 27 ff. – Google Spain; für Internetforen OLG Hamburg K&R 2011, 669 (670).

[381] Schlussanträge GA Jääskinen BeckRS 2013, 80934 Rn. 87 – Google Spain.

[382] Ansätze bei *Alich/Nolte* CR 2011, 741 (744) für Hostprovider.

[383] Es ist allerdings nicht ausgeschlossen, dass der Gesetzgeber den Umgang mit Daten schon im Vorfeld regelt, bevor ein Personenbezug hergestellt werden kann. Dies kann zB geschehen, weil diese Daten, wenn ein Personenbezug später hergestellt wird, besonders aussagekräftig sind.

[384] *Karg* DuD 2015, 520 (520).

bezugs sind daher sehr praxisrelevant. Dies gilt umso mehr, als z.b. in den USA in verschiedenen Datenschutzgesetzen ganz unterschiedliche Ansätze verfolgt werden, die sich vom europäischen Datenschutzrecht stark unterscheiden.[385]

273   **a) Spektrum personenbezogener Daten.** Grundsätzlich kann nahezu jede Information einen Bezug zu einer Person aufweisen oder Aussagen und Entscheidungen über eine Person ermöglichen. Dies gilt häufig sogar für Informationen, die sich auf den ersten Blick auf eine Sache (→ Rn. 294) beziehen (sog. Sachdaten), eine Gruppe von Personen (→ Rn. 295 f.) oder juristische Personen oder Verstorbene (→ Rn. 319 f.). Allein aufgrund seines Informationsgehaltes gibt es daher – wie das BVerfG im Volkszählungsurteil festgestellt hat – kein „belangloses Datum".[386] Dies gilt erst recht angesichts von Big Data-Analysen, die Zusammenhänge (Korrelationen) zwischen verschiedenen Daten aufdecken, die bisher niemand vermutete (z.b. soll der Kauf von Filzuntersetzern für Möbel ein untrügliches Indiz für eine hervorragende Bonität sein[387]). Konsequenterweise nimmt Art. 4 Nr. 1 DS-GVO auch keine Eingrenzung vor, sondern bezieht sich auf „alle Informationen"; es werden lediglich **besonders sensible Kategorien von personenbezogenen Daten** (Art. 9 DS-GVO) noch weitergehend geschützt.

274   Personenbezogene Daten können nicht nur Tatsachen sein, sondern auch **Meinungen, Einschätzungen oder Prognosen** zu einer Person (z.b. zur Zahlungsfähigkeit einer Person, auch als Bonitätsscoring, oder ihrem zukünftigen Kaufverhalten).[388] Deutlich wird dies am Profiling, das gemäß Art. 4 Nr. 4 DS-GVO gerade eine Verarbeitung personenbezogener Daten ist, durch die bestimmte persönliche Aspekte einer Person bewertet oder ihre „Arbeitsleistung, wirtschaftliche Lage, Gesundheit, persönliche Vorlieben, Interessen, Zuverlässigkeit, Verhalten, Aufenthaltsort oder Ortswechsel" analysiert oder vorhergesagt werden sollen. Gerade die Definition des Profiling zeigt, dass personenbezogene Daten nicht nur zu dem Ziel verarbeitet werden, möglichst viel Wissen über eine Person zusammenzutragen. Ebenso können personenbezogene Daten verwendet werden, um „eine Person zu beurteilen, in einer bestimmten Weise zu behandeln oder ihre Stellung oder ihr Verhalten zu beeinflussen"[389].

275   Auch **Bilder, Videos oder Tonbandaufnahmen** können personenbezogene Daten sein, wie schon in ErwGr 14 ff. DSRL klargestellt war, sofern die Auf-

---

[385] Hierzu *Schwartz* ZD 2011, 97; *Schwartz/Solove* 102 Cal. L. Rev. 877, 900 et seq. (2014).

[386] BVerfGE 65, 1 (45); gleichsinnig *Art. 29-Gruppe* Stellungnahme 4/2007 zum Begriff „personenbezogene Daten", WP 136 v. 20.6.2007, S. 7.

[387] Beispiel des Datenanalysten Eric Siegel wird zitiert bei *Hofmann/Bergemann* in Spektrum der Wissenschaft Der Digitale Mensch, 51 (58).

[388] *Art. 29-Gruppe* Stellungnahme 4/2007 zum Begriff „personenbezogene Daten", WP 136 v. 20.6.2007, S. 7; siehe aber auch EuGH ZD 2014, 515 Rn. 45–47 – Y.S., M. und S. (ausführlich unter → Rn. 1192).

[389] *Art. 29-Gruppe*, Stellungnahme 4/2007 zum Begriff „personenbezogene Daten", WP 136 v. 20.6.2007, S. 11 ff., die zwischen „Inhaltselement", „Zweckelement" und „Ergebniselement" unterscheidet.

nahme die Identifikation des Betroffenen ermöglicht.[390] **Gewebeproben** eines Menschen sind hingegen selbst keine personenbezogenen Daten, können aber als „Datenträger" Aussagen über den Betroffenen erlauben (z. b. über eine Erbkrankheit oder seinen aktuellen Gesundheitszustand).[391] Dieser Zusammenhang zeigt sich gut in der Definition „genetischer Daten" in Art. 4 Nr. 13 DS-GVO, die „aus der Analyse einer biologischen Probe (…) gewonnen" werden. Dementsprechend kann schon die Entnahme einer Gewebeprobe eine Datenerhebung beim Betroffenen sein, auch wenn das personenbezogene Datum sich erst nach einer Analyse der Probe erschließt.

b) Herstellung des Personenbezugs. Sobald ein Verantwortlicher einen **276** Bezug zu einer bestimmten Person tatsächlich herstellt, liegt auch immer ein personenbezogenes Datum vor. Schwieriger ist die Frage zu beantworten, wann es ausreicht, dass ein Personenbezug hergestellt werden *kann*. Entscheidende Frage ist hier, auf wessen Wissen, Fähigkeiten, Mittel und Erkenntnismöglichkeiten es ankommt.

aa) Absoluter vs. relativer Personenbezug. Hierüber tobt in der deut- **277** schen Literatur ein mit Verve geführter Streit, der vor allem anhand der Frage des Personenbezugs dynamischer IP-Adressen ausgetragen wird (hierzu → Rn. 285 ff.).[392] Insbesondere die deutschen Datenschutzaufsichtsbehörden[393] vertreten ein **absolutes Verständnis**. Danach soll es nicht darauf ankommen, ob der Verantwortliche über die Möglichkeit verfügt, einen Bezug zu einer Person herzustellen, sondern ob irgendeine Person über diese Möglichkeit verfügt. Lediglich rein hypothetische Möglichkeiten sollen unberücksichtigt bleiben. Dieser Ansatz hat zwar den Vorteil, dass jedes Datum klar und für alle Verantwortlichen einheitlich als personenbezogen oder nicht personenbezogen eingeordnet werden kann. Der Preis ist jedoch eine erhebliche Ausweitung des Datenschutzrechts auf Konstellationen, in denen für die Rechte und Interessen des Betroffenen keine Gefahr droht. So wären selbst wirksam verschlüsselte personenbezogene Daten datenschutzrechtlich geschützt, selbst wenn der Verantwortliche nicht über diesen Schlüssel verfügt und noch nicht einmal beurteilen kann, ob er gerade überhaupt personenbezogene Daten verarbeitet. Ausreichend wäre es, dass es diesen Schlüssel irgendwo auf der Welt gibt. Letztlich rechnet der absolute Ansatz dem Verantwortlichen das „gesamte Weltwissen"[394] zu.

---

[390] EuGH NJW 2015, 464 Rn. 22 – *Ryneš*; *Art. 29-Gruppe* Stellungnahme 4/2007 zum Begriff „personenbezogene Daten", WP 136 v. 20.6.2007, S. 8.

[391] EGMR NJOZ 2010, 696 § 68 – *S. und Marper ./. UK* (Zellproben als personenbezogene Daten nach der Konvention 108); *Art. 29-Gruppe* Stellungnahme 4/2007 zum Begriff „personenbezogene Daten", WP 136 v. 20.6.2007, 10; rechtsvergleichend *Bygrave*, Data Privacy Law, 126 ff.

[392] Ausführliche Darstellung des Streitstands bei *Brink/Eckhardt* ZD 2015, 205 mit umfangreichen Nachweisen.

[393] *Düsseldorfer Kreis* Beschluss v. 26./27.11.2009, Datenschutzkonforme Ausgestaltung von Analyseverfahren zur Reichweitenmessung bei Internet-Angeboten (zum Personenbezug von IP-Adressen).

[394] LG Berlin ZD 2013, 618 (619).

278   Anders der **relative Ansatz**: Sein Ausgangspunkt ist die Perspektive des Verantwortlichen. Welche Mittel und welches Zusatzwissen stehen ihm zur Verfügung? Für jeden Datenverarbeitungsvorgang und jeden Verantwortlichen ist danach eigenständig zu beurteilen, ob ein personenbezogenes Datum vorliegt – mit jeweils unterschiedlichen Ergebnisse (daher: relativer Ansatz). Allerdings dürfte auch diese Sichtweise zu kurz greifen. Es ist durchaus möglich, dass der Verantwortliche die ihm zur Verfügung stehenden Informationen mit den Datenbeständen Dritter verknüpft.[395] Abhängig von den wirtschaftlichen Chancen, technischen Möglichkeiten und der Zielsetzung des Verantwortlichen kann dieser einen ganz erheblichen Anreiz haben, auch auf die Mittel und das Zusatzwissen Dritter zurückzugreifen. Als vermittelnde Position wird daher vorgeschlagen, darauf abzustellen, auf welche Mittel und welches Zusatzwissen – eigenes und von Dritten – der Verantwortliche **vernünftigerweise** zurückgreifen wird und kann.[396]

279   **bb) Ansatz der DS-GVO.** Es spricht viel dafür, dass diese vermittelnde Sichtweise auch dem Ansatz der DS-GVO und – wie kürzlich der EuGH in der Rechtssache *Breyer* entschied – auch der DRSL entspricht. Die DS-GVO gibt in **ErwGr 26 DS-GVO** Hinweise:

> „Um festzustellen, ob eine natürliche Person identifizierbar ist, sollten alle Mittel berücksichtigt werden, die von dem Verantwortlichen oder einer anderen Person *nach allgemeinem Ermessen wahrscheinlich* genutzt werden, um die natürliche Person direkt oder indirekt zu identifizieren, wie beispielsweise das Aussondern. Bei der Feststellung, ob Mittel nach allgemeinem Ermessen wahrscheinlich zur Identifizierung der natürlichen Person genutzt werden, sollten alle *objektiven Faktoren*, wie die Kosten der Identifizierung und der dafür erforderliche Zeitaufwand, herangezogen werden, wobei die zum Zeitpunkt der Verarbeitung verfügbare Technologie und technologische Entwicklungen zu berücksichtigen sind." (Hervorhebungen vom Verf. hinzugefügt)

280   Maßgeblich ist danach, welche Mittel der Verantwortliche „nach allgemeinem Ermessen wahrscheinlich" einsetzen wird. Dies spricht gegen einen absoluten Ansatz. Die Prognose, welche Mittel der Verantwortliche voraussichtlich einsetzen wird, soll sich auf „objektive Faktoren" wie Kosten, Zeitaufwand und verfügbare Technik stützen. Es kommt also nicht nur auf die Motive und Pläne des konkreten Verarbeiters an; stattdessen ist zusätzlich zu fragen, auf welche Mittel ein typischer Verantwortlicher in so einem Kontext vernünftigerweise zurückgreifen würde, um einen Personenbezug herzustellen.

281   Etwas irritierend ist, dass ErwGr 26 DS-GVO neben dem Verantwortlichen auch auf eine nicht näher definierte „andere Person" abstellt. Würde dies jeden Dritten erfassen, würde der Ansatz des Unionsgesetzgebers ins Leere gehen, nicht alle möglichen Mittel zu berücksichtigen. Ganz im Sinne des vermittelnden Ansatzes sind daher nur die Mittel Dritter zu berücksichtigen, an die sich

---

[395] EuGH NJW 2016, 3579 Rn. 43 – Breyer.
[396] Hierfür etwa *Brink/Eckhardt* ZD 2015, 205 (210); *Karg* DuD 2015, 520 (525); *Buchner* in Taeger/Gabel BDSG aF § 3 Rn. 13; letztlich auch auf Basis von ErwGr 26 DSRL *Art. 29-Gruppe* Stellungnahme 4/2007 zum Begriff „personenbezogene Daten", WP 136 v. 20.6.2007, S. 8.

der Verantwortliche vernünftigerweise wenden kann und auf deren Wissen er auch zurückgreifen darf.[397] Natürlich ist es auch denkbar, dass Informationen rechtswidrig zusammengeführt werden; hierfür bedarf es jedoch belastbarer Anhaltspunkte.[398]

Auch der EuGH hat diesen Ansatz für die Auslegung von Art. 2 lit. a DSRL **282** in der Rechtssache *Breyer* bestätigt. Allerdings nicht ohne ebenfalls irritierende Signale zu senden: So stellt er zunächst darauf ab, ob ein Mittel „vernünftigerweise" von Verantwortlichen eingesetzt werden wird,[399] fährt dann aber fort, dies sei

„nicht der Fall, wenn die Identifizierung der betreffenden Person gesetzlich verboten oder praktisch nicht durchführbar wäre, z.B. weil sie einen unverhältnismäßigen Aufwand an Zeit, Kosten und Arbeitskräften erfordern würde, so dass das Risiko einer Identifizierung *de facto vernachlässigbar* erschiene." (Hervorhebung hinzugefügt)[400]

Im Vergleich zu dem, was ein Verantwortlicher „vernünftigerweise" tun würde, deutet „de facto vernachlässigbar" möglicherweise einen strengeren Standard an.

cc) Technische Entwicklung und Zeitverlauf. Bei der Prognose, wel- **283** che Mittel ein Verantwortlicher voraussichtlich anwenden wird, sind nach ErwGr 26 S. 4 DS-GVO auch zukünftige **technologische Entwicklungen** zu berücksichtigen. Es kann sich hierbei aber nur um absehbare technische Entwicklungen handeln, die sich bereits in der wissenschaftlichen Entwicklung abzeichnen, ähnlich dem Standard des „Stands der Wissenschaft und Technik"[401]. Es ist daher möglich, dass eine neue Technik, die vielleicht erst später vom Verantwortlichen wirtschaftlich sinnvoll eingesetzt werden kann, „ihren Schatten auf den Erhebungszeitpunkt vorauswirft".[402]

Generell ruft ErwGr 26 S. 4 DS-GVO aber in Erinnerung, dass die Antwort **284** auf die Frage, ob ein Personenbezug hergestellt werden kann, sich im Zeitverlauf ändern kann. Beispielsweise kann der Verantwortliche Zugang zu Zusatzwissen oder neuen technischen Analysefähigkeiten erhalten; denkbar ist auch eine Änderung seiner Motivation oder seines wirtschaftlichen Kalküls, die dazu führen können, dass aus seiner Sicht nun Mittel in Betracht kommen, die er vorher vernünftigerweise nicht eingesetzt hätte.

dd) Beispiel: Dynamische IP-Adressen. Der Fall, auf den sich Diskus- **285** sion bisher konzentriert hat, ist die Einordnung dynamischer **IP-Adressen**.

Die Internetzugangsanbieter (Access Provider) weisen ihren Kunden – genauer ihren Geräten, z.B. einem Router oder Smartphone – bei der Einwahl in das Internet Internetprotokoll-Adressen (IP-Adressen) zu. In der Form des immer noch gebräuchlichen Internet Protocols Version 4 (IPv4) ist dies eine binäre Zahlenfolge mit 32 Stellen. Ähn-

---

[397] Schlussanträge GA Sánchez-Bordona, Rs. C-582/14, BeckRS 2016, 81027 Rn. 67 f. und 72 f. – Breyer.
[398] *Brink/Eckhardt* ZD 2015, 205 (211); *Dammann* in Simitis BDSG aF § 3 Rn. 28.
[399] EuGH NJW 2016, 3579 Rn. 45 – Breyer.
[400] EuGH NJW 2016, 3579 Rn. 46 – Breyer.
[401] Hierzu BVerfGE 49, 89 (136) – Kalkar I.
[402] So schon *Schantz* NJW 2016, 1841 (1843).

lich einer Postanschrift wird sie zur Zustellung der Datenpakete im Internet genutzt, z.b. zur Übermittlung einer Anfrage des Nutzers an eine Website und der Übermittlung des Inhalts der Website an den Nutzer durch den Hostprovider der Website. Die meisten Internetnutzer erhalten keine **statische IP-Adresse**, die sie dauerhaft behalten; ihnen wird vielmehr in regelmäßigen Abständen eine **dynamische IP-Adresse** neu zugewiesen.[403] Hintergrund ist, dass es nach dem IPv4 zu wenige IP-Adressen gibt. Mit der Einführung des Internet Protocol Version 6 (IPv6), dessen IP-Adressen 128 Stellen haben, wird sich ihre Zahl jedoch vervielfachen. Es wird daher möglich sein, nahezu jedem Gerät eine statische IP-Adresse zuzuweisen.[404] Dies könnte eine rechtliche Neubewertung erforderlich machen, weil sich hierdurch die Möglichkeiten zur anonymen Kommunikation und Nutzung des Internets erheblich verändern.[405]

286   Statische IP-Adressen sind als personenbezogene Daten einzuordnen, weil sich der Anschlussinhaber über Datenbanken ermitteln lässt.[406] Internetzugangsprovider wissen zudem, welchem Kunden sie eine dynamische IP-Adresse zu einem bestimmten Zeitpunkt zu geordnet haben, und speichern diese Information häufig schon aus Gründen der Störungsbeseitigung.[407] Auch ihnen ist es daher leicht möglich, eine Verbindung zwischen dem Kunden und einer dynamischen IP-Adresse zu ziehen; für Internetzugangsprovider sind auch dynamische IP-Adressen daher personenbezogene Daten.[408] Anders der Anbieter einer Website: Er speichert zwar die dynamische IP-Adresse. Verfügt er aber über kein Zusatzwissen über den Besucher seiner Website, es sei, weil er sich als Kunde einloggt (z.B. beim Online-Banking oder einem Versandhändler) oder selbst Angaben zu seiner Person macht (z.B. durch ein Kontaktformular), kann er den Nutzer nur mit dem Wissen des Internetzugangsanbieters identifizieren.

287   Diese Frage war Gegenstand des Vorlageverfahrens des BGH an den **EuGH** in der **Rs. Breyer ./. Deutschland**. Herr Breyer wehrte sich dagegen, dass das Bundesinnenministerium (BMI) seine IP-Adresse beim Besuch seiner Website speicherte. Zweck der Speicherung ist die Abwehr von Denial-of-Service-Attacken und damit die Gewährleistung der Funktionsfähigkeit der Website; die Zulässigkeit dieser Zwecksetzung betraf die Auslegung von § 15 Abs. 1 TMG. Vorfrage war jedoch, ob aus Sicht des BMI überhaupt personenbezogene Daten vorliegen.[409] Der EuGH konzentrierte sich – wie der Generalanwalt Sán-

---

[403] Gelegentlich ist es auch möglich, im Rahmen der Privatsphäreneinstellungen eines Internetzugangsanbieters oder Routers die Intervalle der Neuvergabe zu steuern und zu verkürzen.

[404] Ausführlich *Freund/Schnabel* MMR 2011, 495.

[405] Auf das erhöhte Gewicht des Eingriffs weist ausdrücklich hin BVerfGE 130, 151 Rn. 161 – Bestandsdatenauskunft.

[406] Schlussanträge GA Sánchez-Bordona, Rs. C-582/14, BeckRS 2016, 81027 Rn. 50 – Breyer; BGH ZD 2015, 80 Rn. 31 (Vorlagebeschluss Rs. Breyer ./. Deutschland); KG MMR 2011, 464 (464); ausführlich *Dammann* in Simitis BDSG aF § 3 Rn. 63.

[407] Zur zulässigen Dauer der Speicherung auf Basis von § 100 Abs. 1 TKG BGH MMR 2011, 341 Rn. 22 ff.

[408] EuGH EuZW 2012, 517 Rn. 52 – Bonnier Audio AB ./. Perfect Communication Sweden AB; EuGH ZD 2012, 29 Rn. 51 – Scarlet Extended; BGH ZD 2015, 80 Rn. 30.

[409] Ablehnend bisher BGH MMR 2011, 281 (282).

chez-Bordona[410] – auf die Auslegung von ErwGr 26 DSRL, der in diesem Punkt weitgehend ErwGr 26 DS-GVO entspricht. Er kam zu dem Ergebnis, dass ein Mittel dann nicht vernünftigerweise zur Bestimmung des Betroffenen eingesetzt werden kann, „wenn die Identifizierung der betreffenden Person gesetzlich verboten oder praktisch nicht durchführbar wäre, z. b. weil sie einen unverhältnismäßigen Aufwand an Zeit, Kosten und Arbeitskräften erfordern würde, so dass das Risiko einer Identifizierung de facto vernachlässigbar erschiene."[411] Das deutsche Recht verbiete es dem Internetzugangsanbieter zwar, einem Websitebetreiber diese Informationen zur Verfügung zu stellen. Es gebe jedoch „offenbar – vorbehaltlich der vom vorlegenden Gericht insoweit vorzunehmenden Prüfung – für den Anbieter von Online-Mediendiensten rechtliche Möglichkeiten, die es ihm erlauben, sich insbesondere im Fall von Cyberattacken an die zuständige Behörde zu wenden, um die fraglichen Informationen vom Internetzugangsanbieter zu erlangen und die Strafverfolgung einzuleiten."[412]

Offenbar spielt der EuGH hier auf die Möglichkeit an, die Information **288** durch Einsicht in die Ermittlungsakte zu erlangen. Unklar bleibt der EuGH in seinen knappen Ausführungen, ob ein Personenbezug erst dann anzunehmen ist, wenn der Verantwortliche – nach einer Cyberattacke oder gar erst in einem Ermittlungsverfahren – tatsächlich Zugang zu diesen Zusatzinformationen erhalten kann oder aufgrund dieser – eher entfernten Möglichkeit – bereits bei Speicherung jeder IP-Adresse. Generalanwalt Sánchez-Bordona war hier sehr viel deutlicher: Er ordnete IP-Adressen allgemein ab dem Zeitpunkt ihrer Speicherung als personenbezogene Daten ein. Eine andere Auslegung würde dem Websitebetreiber erlauben, IP-Adressen unbegrenzt zu speichern, bis er sich entschiede auf das Zusatzwissen des Internetzugangsanbieters zurückzugreifen.[413] Er kommt damit zum gleichen Ergebnis wie die Art. 29-Gruppe, die allerdings stark darauf abstellt, dass es Ziel der Speicherung sei, eine Person zu identifizieren (z. B. um Strafverfolgungsmaßnahmen einzuleiten oder Ansprüche wegen Verletzung des Urheberrechts gegen den Betroffenen geltend zu machen); es sei widersprüchlich, diese Daten trotz dieses Ziel nicht von Beginn an als personenbezogen zu behandeln.[414]

Auch unter der DS-GVO dürfte sich an dieser Beurteilung nichts ändern.[415] **289** Nach ErwGr 30 S. 2 DS-GVO kann die Zuordnung von IP-Adressen „Spuren hinterlassen, die in Kombination mit eindeutigen Kennungen und anderen beim Server eingehenden Informationen dazu benutzt werden können, um (…) [eine natürliche Person] zu identifizieren". Hieraus lässt sich zumindest

---

[410] Schlussanträge GA Sánchez-Bordona, Rs. C-582/14, BeckRS 2016, 81027 Rn. 66 ff. – Breyer.

[411] EuGH NJW 2016, 3579 Rn. 45 f. – Breyer.

[412] EuGH NJW 2016, 3579 Rn. 47 – Breyer.

[413] Schlussanträge GA Sánchez-Bordona Rs. C-582/14, BeckRS 2016, 81027 Rn. 75 ff. – Breyer.

[414] *Art. 29-Gruppe* Stellungnahme 4/2007 zum Begriff „personenbezogene Daten", WP 136 v. 20.6.2007, S. 19 f.; ebenso Schweizerisches Bundesverwaltungsgericht BeckRS 2009, 22471 unter 2.2.4; *Klar/Kühling* in Kühling/Buchner DS-GVO Art. 4 Nr. 1 Rn. 28.

[415] *Kring/Marosi* K&R 2016, 773 (775).

schließen, dass der Unionsgesetzgeber in dieser Frage nicht dem absoluten Verständnis des Personenbezugs folgen wollte; sonst hätte er auch die zitierte Ergänzung verzichtet.[416]

290 Aus praktischer Sicht ist vor dem Hintergrund dieses Streits anzumerken, dass ein Websitebetreiber ohnehin nicht differenzieren kann, ob die gespeicherte IP-Adresse statisch oder dynamisch ist.[417] Im Rahmen einer Verbandsklage, die nicht nur auf den Einzelfall abstellt, hat das LG Frankfurt a.M. daher entschieden, dass es auf die Frage des Personenbezugs dynamischer IP-Adressen gar nicht ankomme. Auch wenn nur 3 % der registrierten statischen IP-Adressen zu natürlichen Personen gehören würden, sei aufgrund der Vielzahl der Betroffenen davon auszugehen, dass zumindest ein Nutzer mit einer statischen IP-Adresse eine natürliche Person sei.[418]

291 **c) Identifikation einer Person.** Wann wird ein Bezug zu einer bestimmten Person hergestellt, so dass sie identifiziert oder zumindest identifizierbar ist? Muss es möglich sein, sie namentlich zu benennen? Dies ist eine häufige Vorstellung; sie erinnert an das Biblische: „Ich habe dich bei deinem Namen gerufen; du bist mein!"[419] oder Archive, in denen Akten zu Personen geführt werden. Der Name ist aber nur ein Mittel, um eine Person zu identifizieren – und häufig ohne zusätzliche Informationen wie Geburtsdatum oder Adresse noch nicht einmal sehr zuverlässig.[420] Vielfach ist es für den Verantwortlichen ausreichend, eine Person zu identifizieren, indem er sie individualisiert. Hierzu genügt es, wenn er den Betroffenen von den anderen Mitgliedern einer Gruppe unterscheiden[421] und ihn so aus der Gruppe aussondern kann („singling out", vgl. ErwGr 26 S. 3 DS-GVO).[422] Dieses Konzept hat aufbauend auf einer Empfehlung der Art. 29-Gruppe[423] über das EP Eingang in ErwGr 26 S. 3 DS-GVO gefunden. Es spiegelt sich auch in der Definition des „personenbezogenen Datum" in Art. 4 Nr. 1 DS-GVO wider. Identifizierbar ist danach nicht nur eine Person, wenn sie mittels Zuordnung zu einem Namen identifiziert werden kann, sondern ebenso durch Zuordnung zu einer Kennnummer, Standortdaten, Online-Kennung oder andere Merkmale, „die Ausdruck (…) der Identität dieser natürlichen Person sind". Treffend beschreiben *Hellen Nissenbaum* und *Solon Barocas* die Zuordnung zu einem solchen *persistent identifier*:

---

[416] Zwar wollten Kommission und Rat ErwGr 30 noch klarer fassen (jeweils ErwGr 24 letzter Satz KOM-E/Rats-E); es spricht aber nicht notwendigerweise für den absoluten Ansatz, dass sie sich nicht durchgesetzt haben (so aber *Buchner* DuD 2016, 155 (156)).

[417] *Kring/Marosi* K&R 2016, 773 (774); *Specht/Müller-Riemenschneider* ZD 2014, 71 (75).

[418] LG Frankfurt a.M. ZD 2016, 494 (495) – Samsung SmartTV.

[419] Bibel Jesaja 43,1. Für diesen Hinweis danken wir *Ulrich Deffaa*.

[420] *Art. 29-Gruppe* Stellungnahme 4/2007 zum Begriff „personenbezogene Daten", WP 136 v. 20.6.2007, S. 15.

[421] *Art. 29-Gruppe* Stellungnahme 4/2007 zum Begriff „personenbezogene Daten", WP 136 v. 20.6.2007, S. 16 f.; *Karg/Kühn* ZD 2014, 285 (288).

[422] Hierzu *Zuiderveen Borgesius* Computer Law & Security Review 2016, 256 ff.; *Albrecht/Jotzo* Das neue Datenschutzrecht der EU, Teil 3 Rn. 3.

[423] *Art. 29-Gruppe* Stellungnahme 4/2007 zum Begriff „personenbezogene Daten", WP 136 v. 20.6.2007, S. 15 ff.

II. Anwendungsbereich der DS-GVO

„Solche Praktiken machen es zwar schwieriger für jemanden an der Türschwelle einer Person mit einem Hefter voller peinlicher, diskreditierender oder verfänglicher Tatsachen zu erscheinen, sie begrenzen aber in keiner Weise die Fähigkeiten von diesen Unternehmen, sich auf diese Informationen zu stützen, wenn sie den immer größer werdenden Teil unserer Erfahrungen prägen, die auf den Plattformen dieser Unternehmen stattfinden." (Übersetzung durch die Verf.)[424]

Beim **Behavioural Advertising** wird einer Person aufgrund ihres Verhaltens gezielt Werbung angezeigt, z.B. basierend auf den Artikeln, die er sich auf einer Website ansieht. Dem Verantwortlichen kommt es nicht darauf an, welchen Namen diese Person hat; dies ist für ihn nur eine überflüssige Information.[425] Er möchte die Person nur eindeutig identifizieren, um sie wiedererkennen zu können und so über einen längeren Zeitraum sein Profil über diesen Nutzer zu vervollständigen. Hierzu werden heute noch **Cookies** benutzt. Dies sind kleine Programme, die auf dem Gerät des Nutzers gespeichert werden, und diesem eine Cookie-ID zuweisen. Allein diese Cookie-ID ist für den Verantwortlichen entscheidendes Differenzierungskriterium.[426] Gleiches gilt für die Identifikation von Geräten durch **Device Fingerprinting**, indem beim Besuch einer Website technische Daten (z.B. Browsereinstellungen und Gerätekonfiguration) erfasst werden.[427] Ebenso zu behandeln sein dürfte die Konstellation, wenn der Nutzer ein selbstgewähltes **Pseudonym** (z.B. darling 007@hotmail.com) als „digitale Identität" verwendet. **292**

Vielfach wird in diesen Fällen ein Personenbezug abgelehnt, es sei denn, der Verantwortliche verfügt über Zusatzwissen, das ihm Rückschlüsse auf die bürgerliche Identität des Nutzers erlaubt.[428] Anklänge finden sich auch in der Rechtsprechung des EuGH, der vom Bezug zur „Identität der natürlichen Person" spricht.[429] Der Wortlaut des Art. 4 Nr. 1 DS-GVO sowie ErwGr 26 S. 3 DS-GVO, der ausdrücklich das Konzept des „Aussonderns" aufnimmt, sind jedoch starke Argumente, zukünftig bereits in diesen Fällen personenbezogene Daten anzunehmen, weil eine (relativ) eindeutige Identifikation einer Person möglich ist.[430] Dies gilt erst recht, wenn auf Basis dieser Identifikation – wie z.B. beim Behavioural Advertising – versucht wird, das Verhalten des Betroffenen durch Werbung zu **293**

---

[424] *Barocas/Nissenbaum* Communications of the ACM, November 2014, 31 (32).

[425] *Härting* Internetrecht Annex: Datenschutz im 21. Jahrhundert Rn. 80.

[426] *Art. 29-Gruppe* Stellungnahme 2/2010 zur Werbung auf Basis von Behavioural Targeting, WP 171 v. 22.6.2010, S. 11; *Karg* ZD 2012, 255 (257); *Zuiderveen Borgesius* Computer Law & Security Review 2016, 256 unter 4.

[427] *Karg/Kühn* ZD 2014, 285 (286 ff.); *Dietrich* ZD 2015, 199 (202).

[428] Etwa *Schmitz* in Hoeren/Sieber/Holznagel Multimedia-Recht Teil 16.2 Rn. 117; Dietrich ZD 2015, 199 (202); *Zeidler/Brüggemann* CR 2014, 248 (253). *Klar/Kühling* in Kühling/Buchner DS-GVO Art. 4 Nr. 1 Rn 36.

[429] EuGH NJW 2016, 3579 Rn. 38 – Breyer.

[430] Google, Inc. v. Vidal-Hall [2015] EWCA Civ. 311 para. 115 et seq. (bemerkenswerte Entscheidung des England and Wales Court of Appeal); *Karg/Kühn* ZD 2014, 285 (288) zum geltenden Recht; Karg ZD 2012, 255 (258); *Zuiderveen Borgesius* Computer Law & Security Review 2016, 256 ff.; *Albrecht/Jotzo* Das neue Datenschutzrecht der EU, Teil 3 Rn. 3; *Kring/Marosi* K&R 2016, 773 (776).

beeinflussen.[431] Dieses Verständnis wird auch von der US-amerikanischen Federal Trade Commission (FTC) geteilt.[432] Würde man einen Personenbezug ablehnen, wäre es möglich, über einen Betroffenen unreguliert einen sehr großen und aussagekräftigen Datenbestand nahezu anzulegen. Dies kann bei den Betroffenen zu einem Gefühl der Unsicherheit fühlen und damit zu einer Veränderung ihres Verhaltens.[433] Dies gilt erst recht, weil der Betroffene damit rechnen muss, dass eines der vielen IT-Unternehmen letztlich das Zusatzwissen erlangen könnte, um eine Verbindung zu seiner bürgerlichen Existenz herzustellen.

294   Häufig lässt sich der Bezug zu einer Person **nicht mit vollständiger Gewissheit** bestimmen. Ein typisches Beispiel sind Daten mit **Bezug zu einer Sache**, die von mehreren Personen benutzt wird. So wird etwa beim Behavioural Advertising zumeist nur ein Gerät identifiziert, keine Person. Der Identifikation des Nutzers liegt daher die Annahme zugrunde, dass ein Gerät nur von einer Person genutzt wird.[434] In Bezug auf Smartphones, Tablets und auch Computer dürfte diese Annahme zumeist zutreffen, weil heute nicht mehr in einer Ecke des Wohnzimmers der „Familienrechner" steht. Schwieriger ist die Beurteilung schon bei einem mit dem Internet verbundenen Fernseher (SmartTV) oder einem Auto, wenn sie von mehreren Personen benutzt werden. Hier reicht es bereits aus, wenn der Verarbeiter die Daten einer Person zuordnet, soweit diese Zuordnung nicht so aus der Luft gegriffen ist, dass ihr kein Aussagegehalt über die Person mehr zukommen kann. Ob die Zuordnung zutreffend ist oder nicht, ist nicht entscheidend.

BGHSt 58, 268 – Detektei: Wird von einer Detektei ein GPS-Empfänger an einem Auto angebracht, das mehrere Personen nutzen, sind die Standortdaten zumindest dann personenbezogene Daten, wenn der Detektei die anderen Nutzer namentlich bekannt waren.[435] Aber auch indem die Detektei die Routen einzelnen Personen zuschrieb, hatte sie nach Ansicht des BGH **personenbezogene** Daten selbst **hergestellt**. Dabei kam es nicht darauf an, ob sie die Routen den einzelnen Personen **richtig oder fehlerhaft** zugeordnet hatte. Entscheidend ist, dass die Zuordnung nicht auf der „reinen Fantasie" des Verantwortlichen beruht.[436]

295   Liegen über mehrere Personen **aggregierte Daten** vor, kann es möglich sein, trotzdem Rückschlüsse auf den einzelnen Betroffenen zu ziehen, z.B. durch Zusatzwissen, Schätzung oder Erfahrung.

Beispiel: Wird die Summe der Gehälter der Vorstandsmitglieder eines Unternehmens veröffentlicht, kann es möglich sein, unter Berücksichtigung der Zahl der Vorstandsmitglieder und der Annahme einer typischerweise höheren Vergütung des Vor-

---

[431] *Art. 29-Gruppe* Stellungnahme 08/2012 mit weiteren Beiträgen zur Diskussion der Datenschutzreform WP 199 v. 5.10.2012, S. 7; zuvor schon *Art. 29-Gruppe* Stellungnahme 4/2007 zum Begriff „personenbezogene Daten" WP 136 v. 20.6.2007, S. 11.

[432] *Federal Trade Commission* Protecting Consumer Privacy in an Era of Rapid Change, March 2012, S. 18 ff.

[433] *Härting* Internetrecht Annex: Datenschutz im 21. Jahrhundert, Rn. 81 spricht vom „Blick durch das virtuelle Schlüsselloch".

[434] Google, Inc. v. Vidal-Hall [2015] EWCA Civ. 311 para. 119; Karg ZD 2012, 255 (258).

[435] BGHSt 58, 268 Rn. 40 – Detektei.

[436] BGHSt 58, 268 Rn. 42 ff. – Detektei; zum Problem falscher Personenbezüge auch *Bygrave* Data Privacy Law, 133 f.

standsvorsitzenden die Höhe des Gehalts des einzelnen Vorstandsmitglieds mit einer gewissen Wahrscheinlichkeit zu schätzen.[437]

Werden Daten nur über eine Gruppe erhoben, enthält auch die Aussage über **296** die **Gruppenzugehörigkeit** ein personenbezogenes Datum, z.B. wenn einer Gruppe von Arbeitnehmern eine Akkordleistung[438] zugeordnet wird und dieses Ergebnis auf den Einzelnen „durchschlägt".[439] Hintergrund ist, dass der Verantwortliche dem Betroffenen aufgrund der Zugehörigkeit zu einer Gruppe eine bestimmte Information zuschreibt. Ein Beispiel hierfür ist auch das sog. Geoscoring oder Redlining, bei dem vom Wohnort der betroffenen Person auf deren Bonität geschlossen wird.[440] Gleiches gilt aber auch generell dafür, wenn eine Person aufgrund von **Korrelationen** im Rahmen einer Big Data-Analyse einer Gruppe zugeordnet wird und ihr damit bestimmte Eigenschaften zugeschrieben werden.[441]

d) Pseudonymisierte und anonyme Daten. aa) Anonymisierte Daten. **297** Das Gegenteil personenbezogener Daten sind **anonyme Daten**. Sie fallen nicht in den Anwendungsbereich des Datenschutzrechts. Anonym sind nicht nur Daten, die „sich nicht auf eine identifizierte oder identifizierbare Person beziehen", sondern auch personenbezogene Daten, die vom Verantwortlichen anonymisiert worden sind (ErwGr 26 S. 5 DS-GVO). **Anonymisierung**[442] bezeichnet Verfahren, durch die der Personenbezug so entfernt worden ist, dass ein Personenbezug gar nicht mehr wiederhergestellt werden kann, oder aber zumindest nicht mehr die Definition eines personenbezogenen Datums nach Art. 4 Nr. 1 DS-GVO erfüllt ist, weil der Verantwortliche mit dem Mitteln, die er nach allgemeinem Ermessen wahrscheinlich nutzen wird, keinen Personenbezug wiederherstellen kann.

Die einfachste Methode der Anonymisierung ist, direkte Identifikations- **298** merkmale wie den Namen des Betroffenen zu entfernen oder unkenntlich zu machen. Dies reicht jedoch nicht aus, wenn der Betroffene durch andere Umstände noch immer ausreichend klar individualisiert werden kann.

Beispiel: Gegenstand einer Verfassungsbeschwerde war das Recht des „Beschwerdeführers" auf einen „Gegenschlag" auch durch emotionale Äußerungen, nachdem er von Vorwurf seiner früheren Lebensgefährtin freigesprochen wurde, er habe sie vergewaltigt. Aufgrund der umfangreichen Pressebegleitung weiß jeder interessierte Rezipient, dass der Beschwerdeführer der ehemalige Wettermoderator K. ist.

Eine weitere typische Methode wird in der Statistik verwendet. Dort werden **299** die Daten über den Befragten (Hilfsmerkmale) sobald wie möglich von den Informationen, die Gegenstand der Statistik sind (Erhebungsmerkmale) ge-

---

[437] LG Frankfurt a.M. ZIP 2005, 302; ablehnend OLG Düsseldorf AG 1997, 520 bei erheblicher Abweichung der Bezüge des Vorstandsvorsitzenden, soweit Verteilungsschlüssel unbekannt.

[438] Hierzu BAG NZA 1995, 185 (187).

[439] *Dammann* in Simitis BDSG aF § 3 Rn. 19.

[440] *Schild* in Wolff/Brink BeckOK DatenschutzR § 3 Rn. 26; *Dammann* in Simitis BDSG aF § 3 Rn. 60; *Gola* in Gola DS-GVO Art. 4 Rn. 7 f.

[441] Hierfür auch *Hoffmann-Riem* AöR 142 (2017) 1 (38 f.).

[442] Umfassend *Art. 29-Gruppe* Stellungnahme 5/2014 zu Anonymisierungstechniken WP 216 v. 10.4.2016.

trennt (§ 12 Abs. 1 BStatG); in einem zweiten Schritt werden die Erhebungsmerkmale aller Betroffenen aggregiert oder in übergeordneten Gruppe zusammenfasst (z.B. statt dem individuellen Geburtsdatum: „geboren zwischen 1975 und 1982"). Moderne Anonymisierungstechniken[443] basieren auf mathematischen und statistischen Verfahren und bauen z.B. gezielt Zufallsfehler als Störgeräusche in die Daten ein oder vertauschen einzelne Daten innerhalb einer Gruppe (Randomisierung).

300   Anonymisierung ist im Zusammenhang mit Big Data von großer Bedeutung. Viele Big Data-Analysen (z.B. zur Ausbreitung einer Grippewelle aufgrund von Suchanfragen im Internet) sind letztlich statistische Verfahren, so dass häufig die Verarbeitung personenbezogener Daten nicht erforderlich ist. Anonymisierung erscheint daher als „Königsweg",[444] um einerseits die Vorteile von Big Data zu nutzen und andererseits keine Abstriche beim Schutz personenbezogener Daten machen zu müssen.[445] Zwar steigt mit den Fähigkeiten zur Analyse großer Datenmengen das Risiko der Re-Identifikation. Teilweise wird deshalb das „Ende der Anonymität" verkündet.[446] Allerdings bedeutet das Vorhandensein der technischen Möglichkeiten nicht, dass der Verantwortliche sie „vernünftigerweise" auch einsetzt; dies ist vor allem eine Prognose, die neben den Kosten auch der Zweck der Verarbeitung sowie wie die Motive und den Nutzen der Verantwortlichen berücksichtigen muss.[447]

301   **bb) Pseudonymisierte Daten.** Was **pseudonymisierte Daten** sind, wird in Art. 4 Nr. 5 DS-GVO erstmals auf europäischer Ebene definiert (bisher schon § 3 Abs. 6a BDSG aF). Pseudonymisiert sind Daten, die einem Betroffenen nicht mehr ohne eine „zusätzliche Information" zugeordnet werden kann. Diese „zusätzliche Information" ist die Zuordnungsregel; sie erlaubt es, die pseudonymisierten Datensätze und die dahinterstehenden Personen wieder zusammenzuführen.

Beispiel: Pseudonymisierung wird häufig in der Forschung eingesetzt. Im Rahmen einer Studie zur Wirksamkeit eines neuen Medikaments werden die Namen der Teilnehmer durch andere Bezeichnungen ersetzt, die auf mathematischen Methoden wie Hash-Funktionen beruhen oder willkürlich sein können, z.B. wird aus „Michael Müller" „Patient Nr. 123"; in letzterem Fall erfolgt eine Re-Identifikation dann über eine einfache Zuordnungstabelle.[448] Ein weiteres Beispiel für pseudonymisierte Daten sind verschlüsselte Daten.[449]

---

[443] Hierzu Art. 29-Gruppe Stellungnahme 5/2014 zu Anonymisierungstechniken WP 216 v. 10.4.2016, S. 13 ff. und S. 31 ff.

[444] *Martini* DVBl. 2014, 1481 (1487).

[445] *Nissenbaum/Barocas* in Lane et al., Privacy, Big Data, and the Public Good, 45.

[446] Etwa *Boehme-Neßler* DuD 2016, 419 (422 f.); *Nissenbaum/Barocas* in Lane et al. Privacy, Big Data, and the Public Good, 49 et seq.; *Ohm* 57 UCLA L. Rev. 1701, 1716 et seq. (2010).

[447] *Karg* DuD 2015, 520 (525); ähnlich *Albrecht/Jotzo* Das neue Datenschutzrecht der EU, Teil 3 Rn. 3.

[448] Zu den verschiedenen Pseudonymisierungstechniken *Art. 29-Gruppe* Stellungnahme 5/2014 zu Anonymisierungstechniken WP 216 v. 10.4.2016, S. 24 ff.; *Scholz* in Simitis BDSG aF § 3 Rn. 221 f.

[449] Art. *29-Gruppe* Stellungnahme 5/2014 zu Anonymisierungstechniken WP 216 v. 10.4.2016, S. 24.

Der Unterschied zwischen Anonymisierung und Pseudonymisierung liegt **302**
darin, dass bei einer Pseudonymisierung davon ausgegangen wird, dass es erforderlich sein kann, den Personenbezug wiederherzustellen.

Beispiel: Zeigt sich im Rahmen einer medizinischen Studie, dass das Medikament für Patienten mit einer bestimmten Vorerkrankung unerwartete gefährliche Nebenwirkungen hat, müssen die Teilnehmer informiert werden.

Ist eine solche Re-Identifikation nicht beabsichtigt, sind die Daten zu ano- **303**
nymisieren. Der Vorteil pseudonymisierter Daten ist ferner, dass die Datenbestände zu einer Person nicht getrennt werden müssen und auch nach der Pseudonymisierung noch erweitert werden können.[450] Pseudonymisierung verringert zwar die Risiken für die Rechte und Interessen des Betroffenen, weil der Bezug zu ihnen nur möglich ist, wenn die Zuordnungsregel bekannt ist. Trotzdem handelt es sich weiterhin um **potentiell personenbezogene** Daten, weshalb sie – wie ErwGr 26 S. 2 DS-GVO klarstellt – vollständig der DS-GVO unterfallen. Es handelt sich daher nicht um „trojanisches Pferd", mit dem die Datenschutzregelungen unterlaufen werden können, wie es die frühere Justizkommissarin Reding befürchtete.[451] Dieses Misstrauen findet auch in der DS-GVO: Zwar definiert sie Pseudonymisierung, knüpft aber nur sehr wenige Regelungen daran und versteht Pseudonymisierung vor allem als Schutzmechanismus.[452] Weitergehende Initiativen zur Verankerung der Pseudonymisierung konnten sich in den Verhandlungen möglicherweise auch deshalb nicht durchsetzen, weil das Konzept in den anderen Mitgliedsstaaten weniger bekannt zu sein scheint als in Deutschland.

Die Effektivität der Pseudonymisierung hängt davon ab, wie schwierig ein **304**
Zugriff auf die Zuordnungsregel ist. Generell muss der Verantwortliche die Zuordnungsregel getrennt aufbewahren sowie durch technische und organisatorische Maßnahmen sicherstellen, dass eine unbefugte Re-Identifikation nicht stattfindet. Strenggenommen scheidet eine Pseudonymisierung durch einen Verantwortlichen selbst aus, denn die Kenntnis des Zuordnungsschlüssels wird ihm immer zugerechnet. Deshalb müsste er hierfür einen Dritten als Treuhänder des Zuordnungsschlüssels einschalten. ErwGr 29 DS-GVO stellt jedoch klar, dass dies nicht erforderlich ist, wenn eine Beschränkung des Zugriffs beim Verantwortlichen sichergestellt ist.

cc) Handeln unter Pseudonym. Eine Pseudonymisierung erfolgt durch **305**
den Verantwortlichen. Pseudonymisierung ist daher zu unterscheiden von der Verwendung eines **selbstgewählten Pseudonyms** durch den Betroffenen. Gerade im Internet ist ein solches selbstgewähltes Pseudonym gebräuchlich und in vielen Fällen sogar Kern einer langfristig aufgebauten „digitalen Identität". Auch vor dem Internetzeitalter war die Möglichkeit, seine Meinung unter einem Pseudonym oder anonym – und damit freier als unter seinem bürgerlichen

---

[450] *Scholz* in Simitis BDSG aF § 3 Rn. 216.
[451] Intervention in the Justice Council, 8 March 2013, abrufbar unter http://europa.eu/rapid/press-release_SPEECH-13–209_en.htm.
[452] Vgl. Art. 6 Abs. 4 lit. e; Art. Art. 25 Abs. 1; Art. 32 Abs. 1 lit. a; Art. 40 Abs. 2 lit. d; Art. 89 Abs. 1 DS-GVO.

Namen zu äußern – wichtig.[453] So veröffentlichten die US-amerikanischen „Verfassungsväter" Madison, Hamilton und Jay ihre „Federalist Papers" als „Publius".[454] Diese Gedanken liegen auch § 13 Abs. 6 TMG zugrunde, der eine Pflicht zum Angebot zur anonymen Nutzung oder unter Pseudonym ermöglicht. Auch wenn § 13 Abs. 6 TMG durch die vollharmonisierende Wirkung der DS-GVO verdrängt werden sollte, wird sich in vielen Fällen die Möglichkeit zur Nutzung ohne Angabe des Klarnamens ergeben, wenn man unter Berücksichtigung des Grundsatzes der Datensparsamkeit genau prüft, ob die Verarbeitung personenbezogener Daten und insbesondere des Namens für die Erbringung des Dienstes erforderlich ist.[455]

306   **dd) Re-Identifikation.** Wird eine Anonymisierung oder eine Pseudonymisierung aufgehoben und die betroffene Person **re-identifiziert**, ist dies eine besonders schwere Beeinträchtigung ihrer Rechte. Dies ergibt sich zum einen dadurch, dass sie gerade aufgrund dieser Schutzmaßnahmen nicht mit einer Identifikation rechnen musste (vgl. zur Berücksichtigung der Erwartungshaltung des Betroffenen ErwGr 47 und 50 DS-GVO).[456] Zum anderen wird gerade die Pseudonymisierung als Faktor für eine Vereinbarkeit mit dem Erhebungszweck genannt (Art. 6 Abs. 4 lit. e DS-GVO); dementsprechend muss eine Aufhebung der Pseudonymisierung gerade gegen die Vereinbarkeit dieser Verarbeitung mit dem Erhebungszweck sprechen.

2. Verarbeitung personenbezogener Daten

307   Gemäß Art. 2 Abs. 1 DS-GVO ist die DS-GVO nur auf die ganz oder teilweise automatisierte Verarbeitung personenbezogener Daten und für die nicht automatisierte Verarbeitung personenbezogener Daten, die in einem Dateisystem gespeichert sind oder gespeichert werden sollen, anwendbar. Es ist daher zunächst auch den Verarbeitungsbegriff näher einzugehen (→ Rn. 308) und danach auf die – nur scheinbar den Anwendungsbereich begrenzenden – Begriffe der automatisierten Verarbeitung und der nichtautomatisierten Verarbeitung sowie der Speicherung in einem Dateisystem (→ Rn. 310 ff.).

308   **a) Verarbeitung.** Das Datenschutzrecht greift grundsätzlich dann ein, wenn personenbezogene Daten verarbeitet werden. Das BDSG in seiner bisherigen Form kennt drei verschiedene Verarbeitungsformen, die es selbstständig nebeneinanderstellt (Erheben, Verarbeiten und Nutzen – vgl. § 3 Abs. 3 bis 5 BDSG aF) und stark ausdifferenziert. Das europäische Datenschutzrecht verwendet demgegenüber nur einen einheitlichen Verarbeitungsbegriff, der gem. Art. 4 Nr. 2 DS-GVO (zuvor schon Art. 2 lit. b DSRL) im Kern zu verstehen ist als jede Art eines Vorgangs oder einer Vorgangskette im Zusammenhang mit personenbezogene Daten (*„operation or set of operations"*).

---

[453] *Härting* NJW 2013, 2065 (2068 ff.); *Caspar* ZRP 2015, 233 (234 f.); *Solove* Understanding Privacy, S. 125.

[454] Hierauf weist *Solove* Understanding Privacy, S. 125 hin.

[455] *Schantz* NJW 2016, 1841 (1841 f.); zu den unionsrechtlichen Wurzeln des § 13 Abs. 6 TMG auch *Caspar* ZRP 2015, 233 (234).

[456] Ebenso (ohne Bezug zur DS-GVO) *Härting* Internetrecht Annex: Datenschutz im 21. Jahrhundert, Rn. 97.

Der Begriff „Vorgang" ist gewöhnungsbedürftig und meint hier jede Form **309**
der Verwendung bzw. der Einflussnahme auf personenbezogene Daten, dh sowohl die Veränderung des Datums, die Verwendung des Datums (Speicherung,
Nutzung, Löschung, Weitergabe) als auch die unmittelbare Einbettung des Datums in den Zusammenhang. Die Vorgangsreihe sind mehrere einander folgende Vorgänge und daher ein Sonderfall des Vorgangs. Der allgemeine Begriff
der Verarbeitung durch den Vorgang im Zusammenhang mit personenbezogenen Daten wird durch die Verordnung in nicht abschließender Weise durch die
Aufzählung von 19 Erscheinungsformen des Vorgangs konkretisiert. Sie besitzen nur die Funktion, den allgemeinen Begriff des Vorgangs greifbarer zu machen. Die DS-GVO knüpft in der Regel nicht an die einzelnen Erscheinungsformen an, sondern nur an den allgemeinen Begriff der Verarbeitung. Wie die
Konkretisierungen belegen, ist der Begriff der Verarbeitung durchaus weit zu
verstehen und kann sich sowohl auf den Inhalt des personenbezogenen Datums
als auch auf das personenbezogene Datum als abstraktes Datum sowie auf das
Zusammenspiel von mehreren personenbezogenen Daten beziehen. Der Begriff
ist daher primär vom Schutzzweck der DS-GVO her sehr weit zu verstehen.

b) Automatisierte Verarbeitung. Automatisiert ist eine Verarbeitung **310**
personenbezogener Daten durch eine Maschine, wenn sie ohne menschliche
Einwirkung stattfindet (z.B. die kontinuierliche Videoüberwachung und Aufzeichnung der Aufnahmen auf einer Festplatte[457]). Ausreichend ist aber auch
eine teilweise automatisierte Verarbeitung, bei welcher der Mensch die Maschine steuert oder Daten eingibt[458] (z.B. durch Hochladen von Informationen
auf eine Website[459]).

c) Nichtautomatisierte Verarbeitung. Auch eine nichtautomatisierte **311**
Verarbeitung, die manuell ohne jedes technische Hilfsmittel erfolgt
(vgl. ErwGr 15 S. 2 DS-GVO), fällt in den Anwendungsbereich der DS-GVO.
Voraussetzung ist aber zusätzlich, dass die Daten in einem „Dateisystem" iSd
Art. 4 Nr. 6 DS-GVO gesichert werden oder gespeichert werden sollen. Der
Ausdruck „Dateisystem" ist im Deutschen irreführend, weil er suggeriert, es
ginge um eine Verarbeitung im Rahmen eines IT-Systems; „filing system" ent-
spricht dem Grundgedanken eher.[460] Denn ein „Dateisystem" ist „jede struktu-
rierte Sammlung personenbezogener Informationen, die nach bestimmten Kriterien zugänglich ist". Hierunter fallen alle Formen von Papierakten und
Aktensammlungen, die „nach bestimmten Kriterien geordnet sind" (ErwGr 15
S. 3 DS-GVO). Dabei fmüssen die Akten nicht zwingend nach Personen oder
personenbezogenen Daten geordnet oder auswertbar sein; dies sahen noch
ErwGr 15 und 27 DSRL ausdrücklich vor.[461] Art. 4 Nr. 6 DS-GVO nennt
selbst als Ordnungskriterien beispielhaft funktionale und geografische Ge-

---

[457] EuGH NJW 2015, 463 Rn. 25 – Ryneš (der vor allem auf die Aufzeichnung auf
die Festplatte abstellte).
[458] Vgl. Ernst in Paal/Pauly DS-GVO Art. 2 Rn. 6.
[459] EuGH EuZW 2004, 245 Rn. 26 – Lindqvist.
[460] *Sobotta* in Grabitz/Hilf/Nettesheim, Recht der EU, Art. 16 AEUV Rn. 23.
[461] Hierzu BGH ZD 2017, 187 Rn. 17; *Kühling/Raab* in Kühling/Buchner DS-GVO
Art. 4 Nr. 6 Rn. 5. Ebenso zum Begriff der „nicht-automatisierten Datei" gemäß § 3
Abs. 2 S. 2 BDSG aF *Dammann* in Simitis BDSG aF § 3 Rn. 92.

sichtspunkte als Ordnungskriterien, also gerade keine personenbezogenen Merkmale. Ob damit ein weiterer Anwendungsbereich als unter der DSRL beabsichtigt ist, bleibt abzuwarten. Folgt man einem weiten Verständnis des Begriffs „Dateisystem", dürften alle Formen der Aktenführung jenseits einer chaotischen Zettelwirtschaft unter diesen Begriff fallen, denn eine Aktenführung, die nicht irgendeiner Ordnung folgt, ist weitgehend sinnlos. Der Schutz der DS-GVO greift auch schon dann, wenn personenbezogene Daten später einmal in einem Dateisystem gespeichert werden sollen. Damit dürften alle Informationen erfasst sein, die später aktenmäßig festgehalten werden sollen.[462]

Die Auswirkungen eines engen Verständnisses des Begriffs der „Datei" bzw. des „Dateisystems" zeigt eine jüngere Entscheidung des BGH: Eine Versicherung hatte ein medizinisches Gutachten über die Behandlung einer betroffenen Person in einem Prozess mit Dritten verwendet wird, ohne es vollständig zu anonymisieren. Die betroffene Person verlangte nun immateriellen Schadensersatz auf Basis von § 7 S. 1 BDSG aF. Der BGH lehnte dies ab und hielt auch eine richtlinienkonforme Auslegung nicht für erforderlich. Der Anwendungsbereich der DSRL sei gar nicht eröffnet, weil keine nichtautomatisierte Datenverarbeitung in einer „Datei" gemäß Art. 2 lit. c DSRL vorliege. Nach ErwGr 15 und 27 DSRL (die in der DS-GVO so nicht mehr enthalten sind) setze dies eine Ordnung nach personenbezogenen Merkmalen voraus; nur dann sei die Informationen in personenbezogener Form leicht erschließbar und nicht durch ein sequentielles Durchgehen aller Akten. Weder das Gutachten selbst, noch die Gerichtsakte sei daher eine „Datei" iSd Art. 2 lit. c DSRL. Offen ließ das Gericht aber, ob das Gutachten aus einer „Datei" der Versicherung entnommen sei.[463]

312   Für die Datenverarbeitung durch öffentliche Stellen weitet das BDSG nF die Anwendung der DS-GVO allerdings auf jede Form der nichtautomatisierten Datenverarbeitung aus (→ Rn. 345), ebenso im Bereich des Beschäftigtendatenschutzes (§ 26 Abs. 7 BDSG nF (→ Rn. 1344).

3. „Haushaltsausnahme"

313   Gemäß Art. 2 Abs. 1 lit. d DS-GVO findet die DS-GVO keine Anwendung auf die Datenverarbeitung durch natürliche Personen „zur Ausübung ausschließlich persönlicher oder familiärer Tätigkeiten" (bisher: Art. 3 Abs. 2 zweiter Spielstrich DSRL; § 1 Abs. 2 Nr. 3 BDSG aF). Diese sog. **Haushaltsausnahme** beruht letztlich auf dem Grundsatz der Verhältnismäßigkeit: Von einer Datenverarbeitung für diese Zwecke, die ausschließlich in diesem Rahmen ohne kommerziellen Hintergrund erfolgt, gehen für den Betroffenen typischerweise nur geringe Risiken aus. Angesichts dieses Risikopotentials wäre es unverhältnismäßig, einer Privatperson sämtliche datenschutzrechtliche Anforderungen (z.B. die Führung eines Verfahrensverzeichnisses) aufzuerlegen und eine Tätigkeit, die sich ausschließlich auf ihren persönlichen Wirkungskreis bezieht, einer umfassenden Regulierung und Kontrolle zu unterwerfen.[464] Im Ergebnis handelt es sich damit um eine *de minimis*-Regelung.[465]

---

[462] Ähnlich *Ernst* in Paal/Pauly DS-GVO Art. 2 Rn. 10.
[463] BGH ZD 2017, 187 Rn. 17 und 23 ff.
[464] Vgl. *Dammann/Simitis* DSRL Einl. Rn. 22; *Brühann* in Grabitz/Hilf Recht der EU Art. 3 RL 95/46/EG Rn. 13.
[465] *Brühann* in Grabitz/Hilf Recht der EU Art. 3 RL 95/46/EG Rn. 13.

Rechtspolitisch wird diese umfassende und pauschale Privilegierung persönlicher und familiärer Tätigkeiten zu Recht zunehmend kritisch gesehen.[466] Private verarbeiten in immer größerem Umfang Daten. Wie Fälle des Cyber-Mobbings zeigen, können auch Private einen Betroffenen erheblich und dauerhaft schädigen, insbesondere weil es in der Praxis sehr schwer ist, die Kontrolle über einmal veröffentlichte Informationen zurückzuerlangen. Überlegenswert wäre daher eine differenzierte Anwendung einzelner Vorschriften auf rein private Tätigkeiten gewesen.[467]

Die Haushaltsausnahme hat in der bisherigen Rechtsprechung des EuGH **314** nur eine **geringe Bedeutung**. Wie alle Ausnahmen von Art. 7 und 8 GRC ist sie eng auszulegen.[468] Sie erfasst daher nur Datenverarbeitungen, die „ausschließlich" persönlichen oder familiären Tätigkeiten dienen, also gerade keinen Bezug zu beruflichen oder wirtschaftlichen Tätigkeiten aufweisen (vgl. ErwGr 18 DS-GVO). Als Beispiele nennt ErwGr 18 DS-GVO privaten Schriftverkehr oder Adressverzeichnisse. Entscheidend kommt es darauf, dass es sich um eine Datenverarbeitung im „privaten Aktionskreis"[469] handelt, die nicht gezielt Dritte betrifft. Nur in diesen Fällen ist, wie dargelegt (→ Rn. 313), die Haushaltsausnahme aufgrund des geringen Risikos für die Betroffenen gerechtfertigt. Dementsprechend fallen ehrenamtliche Tätigkeiten in Vereinen oder Gemeinden ebenfalls nicht unter die Haushaltsaufnahme.[470] Ähnliche Überlegungen liegen auch der Entscheidung des EuGH zugrunde, dass private **Videoüberwachung** nicht unter die Haushaltsausnahme fällt, wenn sie, wie z. B. Dashcams[471] oder Drohnen, auch öffentliches Straßenland erfasst.[472]

EuGH, Rs. Ryneš: Herr Ryneš hatte an seinem Einfamilienhaus eine Videokamera installiert, nachdem er und seine Familie über mehrere Jahre hinweg das Ziel von Angriffen Unbekannter und von Vandalismus gewesen sind. Die Kamera beobachtete nicht nur die das Grundstück von Herrn Ryneš, sondern auch öffentliches Straßenland. Der EuGH entschied, auf die Videoüberwachung sei die DSRL anwendbar. Sie falle nicht unter die Haushaltsausnahme, weil sie nicht nur die „private oder familiäre Sphäre" von Herrn Ryneš berühre, sondern auch auf den öffentlichen Raum gerichtet sei. Demgegenüber beträfen familiäre oder persönliche Tätigkeiten wie das Führen von Adressverzeichnissen nur „nebenbei"[473] oder, in den Worten des Generalanwalts, „nicht spürbar"[474] andere Personen.

Nach ErwGr 18 DS-GVO erfasst die Haushaltsausnahme auch die Nutzung **315** „sozialer Netzwerke und Online-Tätigkeiten" im Rahmen persönlicher oder

---

[466] *Gola/Lepperhoff* ZD 2016, 9 (12); *Härting/Schneider* CR 2014, 306 (308); *Roßnagel/Richter/Nebel* ZD 2013, 103 (104).
[467] Vgl. die Vorschläge bei *Roßnagel* Datenschutz in einem informatisierten Alltag, 193 ff.
[468] EuGH NJW 2015, 464 Rn. 28 f. – Ryneš.
[469] *Dammann* in Simitis BDSG § 1 Rn. 149; vgl. EuGH NJW 2015, 464 Rn. 31– Ryneš: „persönliche oder familiäre Sphäre".
[470] EuGH EuZW 2004, 245 Rn. 45 – Lindqvist.
[471] Hierzu ausdrücklich Schlussanträge GA Jääskinen BeckRS 2014, 81189 Rn. 53 – Ryneš.
[472] EuGH NJW 2015, 464 Rn. 35 – Ryneš.
[473] EuGH NJW 2015, 464 Rn. 31–33 – Ryneš.
[474] Schlussanträge GA Jääskinen BeckRS 2014, 81189 Rn. 51 – Ryneš.

sozialer Tätigkeiten. Gilt dies aber auch, wenn die Daten hierdurch einem unbegrenzten Empfängerkreis zugänglich gemacht werden? Unter anderem mit diesem Argument lehnte es der EuGH in der Rechtssache *Lindqvist* ab, eine Veröffentlichung auf einer Website im Internet unter die Haushaltsausnahme fallen zu lassen.[475] Das EP wollte daher klarstellen, dass die Haushaltsausnahme nur für Verarbeitungsvorgänge gilt, „bei denen davon auszugehen ist, dass sie nur einer begrenzten Anzahl von Personen zugänglich sein werden" (Art. 2 Abs. 2 lit. d EP-E). Der Vorschlag des EP fand zwar keinen Eingang in die DS-GVO. Es gibt aber auf der anderen Seite auch keinerlei Anzeichen, dass der Gesetzgeber eine Abkehr von der Entscheidung des EuGH in der Rechtssache *Lindqvist* wollte. Die Folge wäre gewesen, dass private Internetveröffentlichungen und Social Media aus dem Anwendungsbereich der DS-GVO herausfallen würden.[476] Es gibt keinen Hinweis, dass der Gesetzgeber diesen weitreichenden Schritt gehen wollte.[477]

316 Noch wichtiger als der Empfängerkreis ist jedoch, ob es sich um eine familiäre oder persönliche Tätigkeit handelt, die in der rein „persönlichen Sphäre" stattfindet. Sobald damit eine Online-Aktivität über die rein „private oder familiäre Sphäre"[478] der Familie oder des engeren Freundeskreises hinausgeht, dürfte sie unter die DS-GVO fallen.

Beispiel: Im Rahmen einer Beziehung fertigt ein Partner erotische Fotos seiner Partnerin an. Nachdem die Beziehung beendet ist, behält der Partner die Fotos, hat aber nicht die Absicht, sie zu verbreiten oder zu veröffentlichen. Seine frühere Partnerin verlangt die Herausgabe oder Löschung der Fotos. Ein datenschutzrechtlicher Löschungsanspruch scheiterte daran, dass es sich um eine rein persönliche Tätigkeit handelt; die private Sphäre wird nicht verlassen, da der Beklagte die Fotos nicht veröffentlichen wollte.[479] Die Klägerin konnte aber einen Löschungsanspruch auf §§ 823 Abs. 1, 1004 BGB wegen Verletzung ihres allgemeinen Persönlichkeitsrechts (Art. 2 Abs. 1 i.V.m. Art. 1 Abs. 1 GG) stützen. Wie der BGH hervorhob, erlange eine Person allein durch den Besitz von Fotos, welche die Privat- oder hier sogar Intimsphäre eines Menschen betreffen, über diesen eine „gewisse Herrschafts- und Manipulationsmacht", auch wenn sie eine Weitergabe oder Veröffentlichung nicht beabsichtige.[480] Eine mögliche Einwilligung sei daher konkludent auf die Dauer der Beziehung begrenzt.

4. Persönlicher Anwendungsbereich

317 Die DS-GVO gilt gemäß Art. 1 Abs. 1 DS-GVO nur für **natürliche Personen**. Dies entspricht dem personellen Schutzbereich von Art. 7 und 8 GRC.

---

[475] EuGH EuZW 2004, 245 Rn. 47 – Lindqvist; ebenso EuGH MMR 2009, 175 Rn. 44 – Satakunnan Markkinapörssi und Satamedia (zur Veröffentlichung von Steuerdaten).
[476] Allerdings würde die DS-GVO noch immer für die Anbieter der Dienste gelten, vgl. ErwGr 18 DS-GVO a.E.
[477] Ebenso *Schantz* NJW 2016, 1841 (1843); keine Änderung der Rechtslage konstatiert *Härting* Datenschutz-Grundverordnung, Rn. 310; *Albrecht/Jotzo* Das neue Datenschutzrecht der EU Teil 3 Rn. 30.
[478] EuGH NJW 2015, 464 Rn. 31 und 33 – Ryneš.
[479] OLG Koblenz ZD 2014, 568 Rn. 42; bestätigt durch BGHZ 207, 163 Rn. 25 – Intime Fotos.
[480] BGHZ 207, 163 Rn. 35 – Intime Fotos.

II. Anwendungsbereich der DS-GVO

Nach dem EuGH können sich „**juristische Personen** (…) auf den durch die Art. 7 und 8 der Charta verliehenen Schutz nur berufen, soweit der Name der juristischen Person eine oder mehrere natürliche Personen bestimmt."[481] Mit anderen Worten: Daten in Bezug auf juristische Personen sind nur geschützt, wenn sie zugleich einen Bezug zu einer natürlichen Person aufweisen. Anders als die DS-GVO weitet Art. 1 Abs. 2 e-PrivacyRL deren Schutz übrigens auf die Kommunikation juristischer Personen aus.

Informationen über juristische Personen, Personengesellschaften oder Personenmehrheiten können jedoch Rückschlüsse auf die persönlichen Verhältnisse einer **beteiligten Person**, z. b. eines Gesellschafters, erlauben und so ein personenbezogenes Datum sein. **318**

> **Beispiele:** Die Kenntnis über die finanzielle Situation einer Ein-Mann-GmbH erlaubt auch Aussagen über den einzigen Gesellschafter.[482] Auch bei mehreren Gesellschaftern kann dies mit etwas Zusatzwissen zur Gewinnverteilung der Fall sein.

Verstorbene fallen ebenfalls nicht unter die DS-GVO (ErwGr 27 DS-GVO). Die Mitgliedsstaaten können den Schutz aber auf sie ausweiten. Auch verfassungsrechtlich genießen Verstorbene lediglich den Schutz des postmortalen Persönlichkeitsrechts.[483] Dieses beinhaltet nach dem BVerfG: **319**

> „Demgegenüber kann das Grundrecht aus Art. 2 I GG nur einer lebenden Person zukommen, weil dieses auf die freie Entfaltung der Persönlichkeit gerichtete Grundrecht die Existenz einer wenigstens potenziell oder zukünftig handlungsfähigen Person, also eines lebenden Menschen als unabdingbar voraussetzt. Die Schutzwirkungen des postmortalen Persönlichkeitsrechts sind nicht identisch mit denen, die sich aus Art. 2 I i. V. mit Art. 1 I GG für den Schutz lebender Personen ergeben. Postmortal geschützt wird zum einen der allgemeine Achtungsanspruch, der dem Menschen als solchem zusteht, zum anderen der sittliche, personale und soziale Geltungswert, den die Person durch ihre eigene Lebensleistung erworben hat." (Nachweise weggelassen)[484]

Auch darüber hinaus erscheint ein angemessener einfachgesetzlicher Schutz Verstorbener **rechtspolitisch** durchaus überlegenswert und ist z.B. in § 4 Abs. 1 S. 2 BlnDSG[485] vorgesehen. Auch lebende Personen können sich mit Blick auf „ihr Andenken" in der Öffentlichkeit oder der Angst vor den Verurteilungen durch Angehörige oder andere Personen genötigt fühlen, bestimmte Verhaltensweisen zu unterlassen („Was werden sie nur über mich denken, wenn sie herausfinden …?"). Damit ist aber genau die Verhaltensfreiheit und Entfaltung der Persönlichkeit tangiert, die das Datenschutzrecht schützen will.[486] Die gilt umso mehr, als Verstorbene keine Möglichkeit haben, durch Erklärungen einen falschen Eindruck „zurechtzurücken". Davon zu unterscheiden ist die Frage des digitalen Nachlasses, die vor allem die Rechtsstellung des

---

[481] EuGH MMR 2011, 122 Rn. 53 – Volker und Markus Schecke; skeptisch *Hornung* MMR 2011, 127; *Brink/Wolff* JZ 2011, 206 (207).
[482] BGH NJW 1986, 2505 (2506); NJW 2003, 2905 (2905 f.); *Buchner* in Taeger/ Gabel BDSG aF § 3 Rn. 8; aA *Dammann* in Simitis BDSG aF § 3 Rn. 44.
[483] Grundlegend BVerfGE 30, 173, 194 – Mephisto.
[484] BVerfG NJW 2009, 751 Rn. 16 – Ehrensache.
[485] § 4 Abs. 1 S. 2 BlnDSG: „Entsprechendes gilt für Daten über Verstorbene, es sei denn, dass schutzwürdige Belange des Betroffenen nicht mehr beeinträchtigt werden können."
[486] *Martini* JZ 2012, 1145 (1148).

Erben betrifft, z.B. ob er einen datenschutzrechtlichen Auskunftsanspruch geltend machen kann.[487]

320   Unmittelbar sind die datenschutzrechtlichen Regelungen aber anwendbar, wenn ein Datum über eine Verstorbene Person zugleich **Bezug zu einer lebenden Person** aufweist. Klassisches Beispiel ist hier die genetische Prädisposition eines Verstorbenen, die z.B. einen Schluss zulässt, ob seine Nachkommen eine Veranlagung zu einer bestimmten Erbkrankheit haben.

5. Räumlicher Anwendungsbereich

321   **a) Einleitung.** Eine der wichtigsten Änderungen der DS-GVO ist eine **Erweiterung des räumlichen Anwendungsbereichs** des europäischen Datenschutzrechts. Die Anwendung der DSRL erforderte bisher einen territorialen Anknüpfungspunkt. Die Datenverarbeitung musste entweder im Rahmen einer Niederlassung durchgeführt werden (Art. 4 Abs. 1 lit. a DSRL), oder der Verantwortliche musste auf in der EU belegene Mittel der Datenverarbeitung zurückgreifen (Art. 4 Abs. 1 lit. c DSRL). Aufgrund des Internets spielen territoriale Anknüpfungspunkte inzwischen aber eine viel geringere Rolle als zum Zeitpunkt des Erlasses der DSRL im Jahr 1995. Ziel der neuen Regelungen ist daher ein effektiver Schutz der Betroffenen gegenüber Datenverarbeitungen[488] mit Bezug zur EU – unabhängig vom Standort der Datenverarbeitung oder der arbeitsteiligen Organisation des Verarbeiters.

322   Art. 3 Abs. 2 DS-GVO dehnt den Anwendungsbereich des europäischen Datenschutzrechts auf Konstellationen aus, die bisher nur von den Regelungen zur **Drittstaatenübermittlung** berührt waren.[489] Damit gewinnt die Frage an Bedeutung, wie das Verhältnis zwischen Art. 3 DS-GVO und den Regelungen zur Drittstaatenübermittlung (Art. 45 ff. DS-GVO) ist (hierzu → Rn. 754 ff.).

323   Die Folgen einer Anwendbarkeit der DS-GVO auf einen Anbieter in einem Drittstaat sind weitreichend: Nach ihrem Wortlaut muss er alle Regelungen der DS-GVO einhalten. Dies betrifft auch die **technisch-organisatorischen Anforderungen** wie die Bestellung eines betrieblichen Datenschutzbeauftragten (Art. 37 DS-GVO), die Führung eines Verzeichnisses von Verarbeitungstätigkeiten (Art. 30 DS-GVO) oder die Durchführung einer Datenschutz-Folgenabschätzung (Art. 35 f. DS-GVO).[490] Rechtfertigen lässt sich dieser recht weitgehende Anspruch der DS-GVO damit, dass diese technisch-organisatorischen Pflichten kein Selbstzweck sind, sondern der Einhaltung der materiellen Regelungen der DS-GVO und damit dem Schutz personenbezogener Daten dienen. Für eine differenzierte Anwendung der Regelungen der DS-GVO, die

---

[487] Hierzu LG Berlin ZD 2016, 182 (186) m. Anm. *Solmecke/Schmitt*; bejahend *Alexander* K&R 2016, 301 (307); ablehnend *Klas/Möhrke-Sobelewski* NJW 2015, 3473 (3475 f.).

[488] Vgl. jeweils diesen Gedanken als überwölbendes Auslegungskriterium, zB in EuGH NJW 2015, 3636 Rn. 25– Weltimmo; EuGH NJW 2014, 2257 Rn. 53 und 58 – Google Spain.

[489] Vgl. de *Hert/Czerniawski* 6 Int'l Data Privay Law 230, 235 (2016) bereits zur Entwicklung durch das Urteil in der Rs. Google Spain.

[490] *Hornung/Südtler* CR 2012, 638 (640); *Schantz* NJW 2016, 1841 (1842).

zwischen den Regelungen zur Zulässigkeit der Datenverarbeitung und den technisch-organisatorischen Pflichten der Verantwortlichen unterscheidet,[491] lässt der Wortlaut der DS-GVO keinen Raum.

b) Datenverarbeitung im Rahmen einer Niederlassung in der EU. **324** Gemäß Art. 3 Abs. 1 DS-GVO findet die DS-GVO auf eine Datenverarbeitung Anwendung, „soweit sie im Rahmen der Tätigkeit einer Niederlassung des Verantwortlichen oder eines Auftragsverarbeiters in der Union erfolgt". Art. 3 Abs. 1 DS-GVO entspricht Art. 4 Abs. 1 lit. a DSRL, so dass grundsätzlich an dessen Auslegung angeknüpft werden kann.[492] Zusätzlich hat der Unionsgesetzgeber aber klargestellt, dass es nicht darauf ankommt, ob die Datenverarbeitung selbst in der Union oder einem Drittstaat geschieht (Art. 3 Abs. 1 a.E.; ErwGr 20 S. 1 DS-GVO). Damit hat er die Rechtsprechung des EuGH in der Rechtssache *Google Spain* aus dem Jahr 2014 nachvollzogen. Der EuGH hatte den Anwendungsbereich der DSRL bereits erheblich erweitert, indem er unter die Tätigkeit einer Niederlassung alle Aktivitäten fasste, die mit dieser Niederlassung wirtschaftlich oder technisch untrennbar verbunden sind.[493]

EuGH, Rs. Google Spain: Herr Costeja González wandte sich an die spanische Datenschutzaufsichtsbehörde AEPD. Er wollte verhindern, dass bei der Suche nach seinem Namen über die Internetsuchmaschine Google zwei Links angezeigt werden, die zu zwei älteren Zeitungsartikeln über ihn führten. Neben der Frage, ob ihm ein solches „Recht auf Delisting" zusteht (hierzu → Rn. 1211) war vor allem die Anwendbarkeit des europäischen Datenschutzrechts kritisch. Suchmaschinenbetreiber und damit Verantwortlicher für die Datenverarbeitung war Google Inc. mit Sitz in den USA. In Spanien gab es zwar eine Tochtergesellschaft, Google Spain. Deren Aufgabe es war aber nur, Werbeflächen auf der Website der Suchmaschine in Spanien zu vermarkten. Dementsprechend verarbeitete sie nur Daten über ihre Werbekunden. Der EuGH war der Ansicht, die DSRL sei trotzdem auf die Datenverarbeitung der Suchmaschine gemäß Art. 4 Abs. 1 lit. a DSRL (jetzt: Art. 3 Abs. 1 DS-GVO) anwendbar. Erfasst seien auch Tätigkeiten, die nicht durch die Niederlassung selbst, sondern an einem anderen Ort durchgeführt werden, der sich auch in einem Drittstaat befinden könne. Entscheidend sei, dass die Datenverarbeitung „im Rahmen der Tätigkeit der Niederlassung" erfolge. Dies sei hier gegeben, weil die Tätigkeit der Suchmaschine und die Vermarktung von Werbeflächen „untrennbar miteinander verbunden seien": Erst der Verkauf von Werbeflächen mache die Suchmaschine rentabel; umgekehrt sei der Verkauf von Werbeflächen ohne den Betrieb der Suchmaschine nicht möglich.[494] Bemerkenswert ist, dass die Verbindung zwischen der Niederlassung und der Datenverarbeitung noch nicht einmal besonders direkt sein musste. So schließen die von Google Spain betreuten Werbekunden ihre Verträge nicht mit Google Inc., sondern der irischen Niederlassung.[495]

---

[491] *Svantesson* 3 Int'l Data Privy Law 278, 279 (2013); offen hierfür *v. Arnauld* DGVR 2015, 22 f.

[492] *Wieczorek* DuD 2013, 644 (649); *de Hert/Czerniawski* 6 Int'l Data Privy Law 230, 239 (2016).

[493] EuGH NJW 2014, 2257 Rn. 52 ff. – Google Spain.

[494] EuGH NJW 2014, 2257 Rn. 55 ff. – Google Spain.

[495] *Art. 29-Gruppe* Update of Opinion 8/2010 on applicable law in light of the CJEU judgement in Google Spain, WP 179 update v. 16.12.2015, S. 5.

325   Hintergrund der Anknüpfung an die Niederlassung ist, dass es jemandem zumutbar ist, die örtlichen Regeln einzuhalten, der in einem Staat eine **feste Präsenz** hat und **wirtschaftlich tätig** ist. Die weite Interpretation des EuGH lässt sich dann damit begründen, dass es im Interesse eines effektiven Schutzes personenbezogener Daten nicht möglich sein soll, Tätigkeiten, die zu der Niederlassung gehören, durch Auslagerung oder Aufspaltung von bestimmten Tätigkeiten der Anwendung dieser Regeln zu entziehen.

326   Umso wichtiger ist dann aber, welche Anforderungen an eine Niederlassung in der EU angelegt werden. Nach ErwGr 22 DS-GVO setzt eine Niederlassung daher nicht nur „die effektive und tatsächliche Ausübung einer Tätigkeit" in der EU voraus, sondern auch einen gewissen „**Grad an Beständigkeit**"[496], weil die Ausübung durch eine „feste Einrichtung" geschehen muss; eine nur vorübergehende kommerzielle Präsenz wie ein Messestand ist daher noch keine Niederlassung.[497] Die bloße Abrufbarkeit einer **Website** aus einem anderen Mitgliedsstaat der EU reicht daher nicht aus, um eine Niederlassung in diesem Mitgliedsstaat anzunehmen.[498] Nicht entscheidend ist, ob es sich dabei um eine rechtlich selbständige Tochtergesellschaft oder nur um eine unselbständige Zweigniederlassung handelt. Die Anforderungen, die der EuGH jüngst in der Rechtssache *Weltimmo*[499] an eine Niederlassung gestellt hat, sind aber ausgesprochen gering.

> **EuGH, Rs. Weltimmo:** Die slowakische Gesellschaft Weltimmo war Betreiberin zumindest einer Website, über die sie Immobilien in Ungarn vermittelte (zum Sachverhalt → Rn. 127). Der Standort der Server war unklar. Die Website war in ungarischer Sprache. Bereits dies sei, so der EuGH, eine tatsächliche und effektive Tätigkeit in Ungarn, wie sie für eine Niederlassung in Ungarn erforderlich sei.[500] Auch ein Postfach, ein Bankkonto zur Einziehung der Forderungen gegen die Inserenten und ein Vertreter, der mit säumigen Inserenten verhandelte, reichten dem EuGH, um einen ausreichenden Grad an Beständigkeit für eine feste Einrichtung anzunehmen.[501] Für die Auslegung sei, so der EuGH, auch der Charakter der Tätigkeiten und angebotenen Dienstleistungen zu berücksichtigen. Dies gelte insbesondere „für Unternehmen, die Leistungen ausschließlich über das Internet anbieten"[502].

327   Die Definition der „Niederlassung" in ErwGr 22 DS-GVO war so schon in ErwGr 19 DSRL enthalten und ist der damaligen Rechtsprechung des EuGH zur Niederlassungsfreiheit (Art. 49 AEUV) angelehnt.[503] Der EuGH hat diese Definition aber in Abgrenzung zur Dienstleistung entwickelt. Im Datenschutzrecht hat er demgegenüber in den letzten Entscheidungen die Effektivität des Schutzes personenbezogener Daten in den Mittelpunkt gestellt. Hinzukommt,

---

[496] EuGH NJW 2015, 3636 Rn. 29 – Weltimmo.

[497] *Dammann* in Simitis BDSG aF § 1 Rn. 203.

[498] EuGH NJW 2016, 2727 Rn. 76 – Verein für Konsumenteninformation ./. Amazon EU Sàrl; insoweit über Art. 4 DSRL hinausgehend OLG Hamburg K&R 2011, 669 (669 f.).

[499] EuGH NJW 2015, 3636 – Weltimmo.

[500] EuGH NJW 2015, 3636 Rn. 32 – Weltimmo; ähnlich schon Art. *29-Gruppe* Stellungnahme 8/2010 zum anwendbaren Recht WP 179 v. 16.12.2010, S. 15.

[501] EuGH NJW 2015, 3636 Rn. 30 und 33 – Weltimmo.

[502] EuGH NJW 2015, 3636 Rn. 29 – Weltimmo.

[503] *Dammann* in Simitis BDSG aF § 1 Rn. 203.

dass ein Unternehmen mit einer Niederlassung in der EU zwar der DS-GVO unterliegt, aber in den Genuss des „One-Stop-Shop" kommt (Art. 56 Abs. 1 DS-GVO). Es ist daher eher unsicher, ob die Auslegung der „Niederlassung" im Kontext der DS-GVO und der Niederlassungsfreiheit parallel erfolgen wird.[504]

Bereits die **Niederlassung eines Auftragsverarbeiters** in der EU reicht aus, um die Anwendung des europäischen Datenschutzrechts auszulösen. Auch Datenverarbeitungsvorgänge, die nur geringe oder gar keine Berührungspunkte mit der EU haben, könnten nach dem Wortlaut des Art. 3 Abs. 1 DS-GVO daher von der DS-GVO erfasst sein.[505] **328**

Beispiel: Eine US-amerikanische Gesellschaft speichert die Daten ihrer ausschließlich heimischen Kunden auf einem Server eines europäischen Anbieters und lässt sie dort nach von ihr vorgegebenen Kriterien für von ihr bestimmte Zwecke verarbeiten.

Nicht ganz klar ist allerdings, welche Reglungen in dieser Konstellation für den Auftragsverarbeiter gelten. Die deutschen Datenschutzaufsichtsbehörden waren bisher der Ansicht, dass in dieser Konstellation das deutsche Datenschutzrecht nur eingeschränkt gilt (Regelungen zur Datensicherheit und Pflicht zur Remonstration bei rechtswidrigen Weisungen).[506] Dies entspricht den Regelungen der DS-GVO, die sich unmittelbar an einen Auftragsverarbeiter wenden; keine Anwendung fänden danach insbesondere die Regelungen zur materiellen Rechtmäßigkeit der Datenverarbeitung. Ob diese Sichtweise aufrechterhalten werden kann, erscheint aber zweifelhaft, insbesondere wenn die Daten ursprünglich aus der EU stammen oder Personen in der EU betreffen. Um eine Auftragsverarbeitung anzunehmen, müssten die Anforderungen der DS-GVO (Art. 28 DS-GVO) erfüllt sein; hierzu muss es inbesondere einen Verantwortlichen iSd DS-GVO geben. Die Anwendung der DS-GVO könnte daher Rückwirkungen auf das Verhältnis des Auftragsverarbeiters zum ausländischen Verantwortlichen haben, indem der Auftragsverarbeiter die Anwendung der DS-GVO gewissermaßen „exportiert"[507]. Im Ergebnis dürfen auch viele Anbieter von Cloud-Anwendungen in den Anwendungsbereich der DS-GVO fallen, sofern sie lediglich einen **Server** in der EU betreiben. **329**

Früher hatten die Datenschutzbeauftragten angenommen, allein das Betreiben oder die Nutzung von **Servern in der EU** begründe noch keine „virtuelle" Niederlassung.[508] Auch angesichts der geringen Anforderungen, die der EuGH an eine Niederlassung stellt, ist diese Ansicht nicht mehr haltbar. Schon nach der bisherigen Rechtslage wäre das europäische Datenschutzrecht anwendbar **330**

---

[504] Leichte Skepsis schon bei *Art. 29-Gruppe* Stellungnahme 8/2010 zum anwendbaren Recht WP 179 v. 16.12.2010, S. 14 f.

[505] Zum bisherigen Recht *Gabel* in Taeger/Gabel BDSG aF § 1 Rn. 58.

[506] *Düsseldorfer Kreis* Beschluss vom 19./20.4.2007, Fallgruppen zur internationalen Auftragsverarbeitung, Fallgruppen G und H.

[507] So schon zum bisherigen Recht *Art. 29-Gruppe* Stellungnahme 5/2012 zum Cloud Computing WP 196 v. 1.7.2012, S. 9.

[508] *Art. 29-Gruppe* Stellungnahme 8/2010 zum anwendbaren Recht, WP 179 v. 16.12.2010, S. 15.

gewesen, weil zumindest auf in der Union belegene Mittel zurückgegriffen worden wäre (Art. 4 Abs. 1 lit. c DSRL).[509]

331   **c) Marktortprinzip.** Nach Art. 3 Abs. 2 lit. a DS-GVO fallen auch Verarbeitungen in den Anwendungsbereich der DS-GVO, wenn der Verantwortliche oder der Auftragsverarbeiter zwar keine Niederlassung in der Union hat, sie aber in einem Zusammenhang damit stehen,

> „betroffenen Personen in der Union Waren oder Dienstleistungen anzubieten, unabhängig davon, ob von diesen betroffenen Personen eine Zahlung zu leisten ist."

332   Dieses sog. Marktortprinzip verknüpft den Zugang zum europäischen Markt mit der Einhaltung des europäischen Datenschutzrechts.[510] Hierdurch wird nicht nur ein effektiver Schutz der personenbezogenen Daten der europäischen Verbraucher gewährleistet (ErwGr 23 S. 1 DS-GVO); zugleich werden auch gleiche Wettbewerbsbedingungen im Verhältnis zu Wettbewerbern hergestellt, die in der EU niedergelassen sind.

333   Zur Auslegung, was eine „**Ware**" oder eine „**Dienstleitung**" ist, kann grundsätzlich auf die Rechtsprechung zu Art. 28 ff. und Art. 57 ff. AEUV zurückgegriffen werden.[511] Während eine Dienstleistung nach Art. 57 Abs. 1 AEUV „in der Regel gegen Entgelt" erbracht wird, stellt Art. 3 Abs. 2 lit. a DS-GVO klar,[512] dass eine Zahlung der betroffenen Person nicht erforderlich ist. Damit werden zum einen Angebote erfasst, die für den Betroffenen „**unentgeltlich**" sind (so auch ErwGr 23 DS-GVO), weil sie werbefinanziert sind (z.B. Suchmaschinen, Soziale Netzwerke). Es wird aber auch das Modell erfasst, dass der Betroffene durch die Einwilligung in die Nutzung seiner Daten als Gegenleistung für Bereitstellung der Dienstleistung „bezahlt".

334   Entscheidender Anknüpfungspunkt ist das **Anbieten** der Ware oder Dienstleistung durch den Verantwortlichen. Wie ErwGr 23 DS-GVO klarstellt, handelt es sich hierbei um ein **finales Element**, denn der Verantwortliche muss es offensichtlich beabsichtigen, betroffenen Personen, die sich in der EU befinden, Waren und Dienstleistungen anzubieten. Die bloße Abrufbarkeit einer Website reicht hierzu nicht aus. Hinzukommen müssen weitere Indizien, für die Absicht des Verantwortlichen, z.B.

> „die Verwendung einer Sprache oder Währung, die in einem oder mehreren Mitgliedsstaaten gebräuchlich ist, in Verbindung mit der Möglichkeit, Waren und Dienstleistungen in dieser anderen Sprache zu bestellen, oder die Erwähnung von Kunden oder Nutzern, die sich in der Union befinden (...)." (ErwGr 23 a.E. DS-GVO).

335   Zur weiteren Konkretisierung bietet es sich an, auf das Kriterium des „Ausrichtens" aus dem internationalen Verbraucherschutzrecht (Art. 6 Abs. 1 UAbs. 1 lit. b Rom I-VO; Art. 17 Abs. 1 lit. c EuGVO)[513] zurückzu-

---

[509] *Art. 29-Gruppe* Stellungnahme 8/2010 zum anwendbaren Recht WP 179 v. 16.12.2010, S. 27; *Gabel* in Taeger/Gabel BDSG aF § 1 Rn. 58 m.w.N.

[510] *v. Arnauld* DGVR 2015, 22 („Zugangsbedingung zum Binnenmarkt").

[511] *Wieczorek* DuD 2013, 644 (647).

[512] Auch im Falle von Rundfunk liegt eine Dienstleistung vor, vgl. *Klar* ZD 2013, 109 (113).

[513] Grundlegend EuGH EuZW 2011, 98 Rn. 73 ff. – Pammer ./. Hotel Alpenhof.

greifen.[514] Das Marktortprinzip gilt dementsprechend nur für Verantwortliche und dessen Auftragsverarbeiter (z.B. also einen Cloud Computing-Anbieter), die sich **direkt** an Personen in der EU wenden.[515]

Die Datenverarbeitung muss mit dem Anbieten der Waren oder Dienstleistungen in einem **Zusammenhang** stehen. Erforderlich ist aber kein „untrennbarer Zusammenhang" wie im Kontext von Art. 3 Abs. 1 DS-GVO. Die betroffenen Personen sollen ähnlich umfassend geschützt sein wie bei einem Kontakt mit einem inländischen Verantwortlichen. Art. 3 Abs. 2 lit. a erfasst daher nicht nur die Datenverarbeitung im Rahmen der Vertragsanbahnung, z.B. für Zwecke der Werbung,[516] sowie im Kontext der weiteren Vertragsdurchführung. Die DS-GVO würde weitgehend leerlaufen, wenn sie nicht auch auf die Erhebung von Daten im Kontext des geschäftlichen Kontakts – gewissermaßen „bei Gelegenheit" – anwendbar wäre sowie auf die weitere Verarbeitung dieser Daten. **336**

d) Beobachtung von Personen in der EU. Art. 3 Abs. 2 lit. b DS-GVO erstreckt den Anwendungsbereich der DS-GVO auch auf Datenverarbeitungen, die im Zusammenhang damit stehen, **337**

> „das Verhalten betroffener Person zu beobachten, soweit ihr Verhalten in der Union erfolgt."

Für das Internet ist diese Ausweitung des Anwendungsbereichs von weitreichender Bedeutung, auch wenn sie bisher recht wenig diskutiert worden ist.[517] Ausweislich ErwGr 24 S. 2 DS-GVO fällt hierunter auch eine Beobachtung der Internetaktivitäten, also z.B. des Surfverhaltens, von betroffenen Nutzern und die anschließende Bildung eines Profils, „anhand dessen ihre persönlichen Vorlieben, Verhaltensweisen und Gepflogenheiten analysiert und vorausgesagt werden sollen". Erfasst werden damit sämtliche Formen des **Webtrackings** und **Behavioural Targetings**, z.B. durch Cookies und Social Plugins,[518] soweit hierbei personenbezogene Daten verarbeitet werden (→ Rn. 292 ff.), sowie die anschließende Profilbildung und -nutzung. Denkbar ist eine Anwendung der DS-GVO aber auch, wenn Daten über Personen in der EU auf andere Weise erhoben werden, z.B. das mittels Sensoren in technischen Geräten (z.B. einem SmartTV).[519]

Anders als im Rahmen des Marktortprinzips nach Art. 3 Abs. 2 lit. a DS-GVO muss der Verantwortliche nicht speziell das Verhalten von Betroffenen in der EU beobachten wollen oder sich an sie wenden; es kommt allein auf das Ergebnis an. Somit werden viele Anbieter von Internetdiensten entweder zwischen Nutzern aus der EU und anderen Staaten differenzieren müssen oder **338**

---

[514] *Spindler* Gutachten 69. DJT (2012), F 113; *Piltz* K&R 2013, 292 (297); *Schantz* NJW 2016, 1841 (1842).

[515] *Hornung/Sädtler* CR 2012, 638 (643).

[516] Zu weitgehend *Klar* ZD 2013, 109 (113), der Datenverarbeitungen zur Erstellung des Angebots – konkret Google Street View – erfassen will.

[517] Kritisch aber *Spindler* Gutachten 69. DJT (2012), F 113; *Härting* BB 2012, 459 (462).

[518] *Hornung*, ZD 2012, 99 (102).

[519] *Piltz* K&R 2016, 557 (559).

aber ihr weltweites Angebot an den Vorgaben der DS-GVO ausrichten müssen. Die DS-GVO hat daher das Potential einen globalen Datenschutzstandard für das Internet zu setzen.[520]

339   Die DS-GVO enthält keine Definition des „**Beobachtens**" („monitoring"). Der üblichen Bedeutung entspricht eine gezielte Erhebung von Daten über eine Person.

> **Beispiel:** Im Falle von Google Street View werden Aufnahmen des Straßenbildes angefertigt. Dabei werden möglicherweise auch Personen erfasst. Dies geschieht aber nur zufällig und nicht gezielt, um sie zu beobachten.[521]

Dabei ginge es aber zu weit, eine systematische oder längerfristige Beobachtung zu verlangen.[522] Wo der Gesetzgeber nur eine „systematische Überwachung" („systematic monitoring") erfassen wollte (Art. 35 Abs. 3 lit. c; Art. 37 Abs. 1 lit. c DS-GVO), hat er dies ausdrücklich hervorgehoben. Auch könnten viele Formen des Webtrackings, die ErwGr 24 S. 2 DS-GVO beispielhaft nennt, kaum als eine derartig intensive Form der Überwachung eingeordnet werden.

340   **e) Dem Recht eines Mitgliedsstaats unterliegende Orte.** Die DS-GVO findet nach Art. 3 Abs. 3 DS-GVO auch Anwendung auf Orte, die „aufgrund Völkerrechts dem Recht eines Mitgliedsstaats" unterliegen. Gemeint sind hiermit **diplomatische und konsularische Vertretungen** (ErwGr 25 DS-GVO) oder auch **Schiffe** und **Flugzeuge**.[523] Die praktische Bedeutung dieser Regelung ist bisher gering.

341   Art. 3 Abs. 2 DS-GVO könnte aber ein **potentieller Auffangtatbestand** für Datenverarbeitungen sein, die in der EU stattfinden, wenn der Verarbeiter keine Niederlassung in der EU hat, keine Waren oder Dienstleistungen in der EU anbietet und auch nicht Betroffene in der EU beobachtet, sondern lediglich personenbezogene Daten auf dem Territorium eines Mitgliedsstaats verarbeitet (vgl. bisher § 1 Abs. 5 S. 2 BDSG aF).[524] Bisher war in diesen Fällen der Anwendungsbereich der DSRL eröffnet, weil der Verantwortliche auf in der EU belegene Mittel der Datenverarbeitung zurückgriff (Art. 4 Abs. 1 lit. c DSRL), ohne aber hier eine Niederlassung zu begründen. Angesichts der ambitionierten Ausweitung des Anwendungsbereichs wäre es paradox, wenn die DS-GVO in diesem klar gelagerten Fall des Territorialitätsprinzips nicht anwendbar wäre.

342   **f) Rechtswahl?** Durch das Marktortprinzip hat auch die Frage an Bedeutung eingebüßt, ob der Verantwortliche sich durch eine Vereinbarung mit dem Betroffenen dem europäischen Datenschutzrecht unterwerfen kann;[525] in der

---

[520] Siehe schon *Schantz* NJW 2016, 1841 (1842); zum „Brussels effect" bereits vor der DS-GVO *Bradford* 107 Nw.L.Rev. 1, 22 et seq. (2012).

[521] *Klar* ZD 2013, 109 (113).

[522] So aber *Klar* ZD 2013, 109 (113).

[523] *Art. 29-Gruppe* Stellungnahme 8/2010 zum anwendbaren Recht WP 179 v. 16.12.2010, S. 22.

[524] Ähnliche Überlegungen zu einer „Schutzlücke" *Piltz* K&R 2016, 557 (559).

[525] Zu Recht bejahend im Verhältnis zum Betroffenen KG ZD 2014, 412 (416) – Facebook Freund-Finder.

Regel wird in diesen Konstellationen bereits ein Anbieten von Waren und Dienstleistungen auf den europäischen Markt vorliegen. Einige argumentieren, Datenschutzrecht sein öffentliches Recht und daher als Eingriffsnorm im Sinne des Art. 9 Abs. 1 Rom I-VO oder zwingende Regelung des Verbraucherschutzes nach Art. 6 Abs. 2 Rom I-VO nicht disponibel.[526] Dies bedeutet jedoch nur, dass das europäische Datenschutzrecht nicht „abwählbar" ist.[527]

Davon zu unterscheiden ist jedoch die Frage, ob sich die Parteien darauf einigen können, das europäische Datenschutzrecht *inter partes* anzuwenden. Es ist ja auch möglich, dass ein ausländischer Hersteller anbietet, die deutschen Standards der Produktsicherheit einzuhalten, damit die bestellten Produkte hier von den Verbrauchern akzeptiert werden und verkehrsfähig sind. Dann können sich daraus auch zivilrechtliche Ansprüche ergeben. Eine Zuständigkeit einer eigentlich unzuständigen Datenschutzaufsichtsbehörde wird damit aber nicht begründet, denn Private können nicht die Zuständigkeit einer Behörde auf einen anderen Staat ausweiten.[528] **343**

III. Anwendungsbereich des BDSG

1. Persönlicher und sachlicher Anwendungsbereich

Der Anwendungsbereich des novellierten BDSG knüpft – wie von in § 1 Abs. 1 BDSG aF – an die Verantwortlichen an. Gemäß § 1 Abs. 1 S. 1 BDSG nF gelten die Regelungen des BDSG nF für verschiedene Stellen: **344**

– Zum einen gelten sie für **nichtöffentliche Stellen**, soweit sie personenbezogene Daten automatisiert oder nichtautomatisiert in einem Dateisystem verarbeiten und kein Fall der Haushaltsausnahme vorliegt (§ 1 Abs. 1 S. 2 BDSG nF). Mit anderen Worten: Das BDSG nF gilt für alle Datenverarbeitungen durch private Stellen, die auch in den Anwendungsbereich der DS-GVO fallen (vgl. Art. 2 Abs. 1 und Abs. 2 lit. c DS-GVO).
– Zum anderen erfasst das BDSG nF aber auch die **öffentlichen Stellen** des Bundes, aber nur eingeschränkt der Länder (§ 1 Abs. 1 S. 1 Nr. 1 und 2 BDSG nF). Im Falle von öffentlichen Stellen der Länder kommt die bundesrechtliche Regelung nur dann zum Zuge, wenn kein entsprechendes Landesdatenschutzgesetz vorliegt. Als „Lückenbüßer" springt das BDSG nF zudem nur ein, wenn diese Stellen Bundesrecht ausführen oder es sich um Organe der Rechtspflege (zB Gerichte, Staatsanwaltschaften) handelt, soweit sie nicht als Justizverwaltung tätig werden. Hintergrund dieser Regelung ist die eingeschränkte Gesetzgebungskompetenz des Bundes. Das Datenschutzrecht im öffentlichen Bereich wird kompetenzrechtlich als Teil des Verfahrensrechts betrachtet. Grundsätzlich liegt die Gesetzgebungskompetenz für öffentliche Stellen der Länder daher bei den Bundeslän-

---

[526] *Piltz* K&R 2013, 292 (296); *ders.* K&R 2012, 640 ff.; *Kartheuser/Klar* ZD 2014, 500 (502).

[527] Zu Recht ablehnend VG Hamburg ZD 2016, 243 (244); VG Schleswig ZD 2013, 245 (246): „Die Anwendung deutschen öffentlich-rechtlichen Datenschutzrechts steht nicht zur Disposition der Vertragsparteien."

[528] Offengelassen in KG ZD 2014, 412 (416) – Facebook Freund-Finder.

dern,[529] während der Bund eindeutig für „seine" öffentlichen Stellen sowie den Datenschutz unter Privaten als „Recht der Wirtschaft" zuständig ist.[530] Alle Bundesländer haben Landesdatenschutzgesetze erlassen. Das BDSG nF ist daher nur relevant, soweit die Landesdatenschutzgesetze für bestimmte öffentliche Stellen der Länder nicht gelten.

345 Während die Anwendbarkeit des BDSG nF für nichtöffentliche Stellen auf die automatisierte und nichtautomatisierte Verarbeitung in einem Dateisystem beschränkt ist (§ 1 Abs. 1 S. 2 BDSG nF), fehlt diese Einschränkung für die Datenverarbeitung durch öffentliche Stellen. Daraus ergibt sich im Umkehrschluss, dass **jede Datenverarbeitung öffentlicher Stellen** den datenschutzrechtlichen Regelungen unterliegen soll, auch zB bloße Handakten oder Notizen. Zum gleichen Ergebnis führt auch § 1 Abs. 8 BDSG nF; danach sind die DS-GVO sowie die dazugehörigen Regelungen des BDSG nF (§§ 3 ff. und §§ 22 ff. BDSG nF) auf Datenverarbeitungsvorgänge öffentlicher Stellen anwendbar, die weder von der DS-GVO oder noch von der JI-RL erfasst werden.

2. Unterscheidung zwischen öffentlichen und nichtöffentlichen Stellen

346 Die Unterscheidung zwischen öffentlichen und nichtöffentlichen Stellen ist wie schon bisher für das deutsche Datenschutzrecht wesentlich. Hierin spiegelt sich wider, dass der Datenschutz in Deutschland traditionell zweigeteilt ist.[531] Hintergrund ist eine grundrechtlich andere Ausgangslage. Während bei der Datenverarbeitung durch öffentliche Stellen die Grundrechte als Abwehrrechte gegenüber dem Staat den Bürger schützen, befinden sie sich bei der Datenverarbeitung durch private Stellen in einem anderen „Wirkmodus"[532]: Sie binden – grundsätzlich – nicht den Verantwortlichen, der ebenfalls in Ausübung seiner Grundrechte tätig wird. Vielmehr greift der Staat regulierend in dessen Freiheit ein, indem die Datenverarbeitung regelt, z.B. um einen Ausgleich mit dem Recht auf informationelle Selbstbestimmung des Betroffenen herzustellen.[533]

347 Die Abgrenzung zwischen öffentlichen und nichtöffentlichen Stellen ist damit auch eine Abgrenzung zwischen staatlicher und gesellschaftlicher Sphäre. Sie erfolgt über zwei Kriterien:

– Ist der Verantwortliche öffentlich-rechtlich organisiert, also eine Behörde oder öffentlich-rechtliche Körperschaft, handelt es sich immer um eine öffentliche Stelle (§ 2 Abs. 1 und 2 BDSG nF).
– Ist der Verantwortliche privatrechtlich organisiert oder eine natürliche Person, kommt es entscheidend darauf an, ob sie eine „hoheitliche Aufgabe der öffentlichen Verwaltung" wahrnimmt (§ 2 Abs. 3 und Abs. 4 S. 2 BDSG nF).

---

[529] *Gusy* in Wolff/Brink BeckOK DatenschutzR BDSG aF § 1 Rn. 27 ff.
[530] *Wagner/Brink* in Wolff/Brink BeckOK DatenschutzR SystD Rn. 57.
[531] Zusammenfassend *Buchner* Informationelle Selbstbestimmung im Privatrecht, 26 ff. und 41 ff.
[532] *Masing* NJW 2012, 2305 (2306).
[533] Vgl. *Masing* NJW 2012, 2305 (2306) mit leicht anderer Akzentsetzung.

Eine Rückausnahme gibt es jedoch, wenn öffentliche Stellen am Wettbe- **348** werb teilnehmen. In diesem Fall gelten sie als nichtöffentliche Stellen (§ 2 Abs. 5 BDSG nF; bisher § 27 Abs. 1 S. 1 Nr. 2 lit. a BDSG aF). Hierdurch soll verhindert werden, dass es zwischen öffentlichen und privaten Unternehmen zu Wettbewerbsverzerrungen kommt;[534] insbesondere im Bereich der Betroffenenrechte gehen die Ausnahmeregelungen zugunsten öffentlicher Stellen weiter als die für nichtöffentliche Stellen.

3. Materieller Regelungsumfang

Das BDSG ist für den deutschen Rechtsanwender weiterhin von großer Be- **349** deutung:

– Im **Anwendungsbereich der DS-GVO** ist zwar die DS-GVO Ausgangspunkt für den Normanwender. Das BDSG nF ergänzt jedoch die DS-GVO.
– Das BDSG nF setzt die **JI-RL** im Bundesrecht um (§§ 3 ff. und §§ 45 ff. BDSG nF). Auch wenn im Anwendungsbereich der JI-RL schon aufgrund der Grundrechtsrelevanz der staatlichen Datenverarbeitung zumeist auf spezialgesetzliche Rechtsgrundlagen zurückzugreifen ist (va BKAG, BPolG, ZFdG, StPO, IRG, AO), erfüllt das BDSG nF hier eine wichtige Auffangfunktion.
– Soweit schließlich eine **Datenverarbeitung öffentlicher Stellen weder in den Anwendungsbereich der DS-GVO noch der JI-RL** fällt, sind nach § 1 Abs. 8 BDSG nF die DS-GVO und die Regelungen des BDSG nF zu auch auf diesen Datenverarbeitungsvorgang anzuwenden.

4. Subsidiarität gegenüber bereichsspezifischen Regelungen

Auch das novellierte BDSG ist gegenüber dem bereichsspezifischen Daten- **350** schutzrecht des Bundes subsidiär (§ 1 Abs. 2 S. 1 BDSG nF). Das BDSG findet im Kollisionsfall aber nur insoweit keine Anwendung, wie das speziellere Recht einen Sachverhalt abschließend regelt (§ 1 Abs. 2 S. 2 BDSG nF, sog. **Tatbestandskongruenz**).[535]

Beispiel: Enthält ein spezielles Gesetz eigenständige Regelungen zur Einschränkung der Betroffenenrechte, kann es möglich sein, zusätzlich auf die §§ 32 ff. BDSG nF zurückzugreifen. Es ist aber auch denkbar, dass durch die Art der Datenverarbeitung die Rechte und Interessen der betroffenen Person besonders stark berührt sind; in diesem Fall würden die Betroffenenrechte die Tiefe der Beeinträchtigung kompensieren, so dass ein Rückgriff auf die allgemeinen Ausnahmen neben spezialgesetzlichen Tatbeständen ausscheiden würde.

5. Räumlicher Anwendungsbereich

Soweit öffentliche Stellen personenbezogene Daten verarbeiten, kommt es **351** auf den räumlichen Anwendungsbereich nicht an (§ 1 Abs. 4 S. 2 BDSG nF).

---

[534] *Buchner* in Taeger/Gabel BDSG aF § 27 Rn. 8.
[535] *Dix* in Simitis BDSG aF § 1 Rn. 170.

C. Die unterschiedlichen Kodifikationen des Datenschutzrechts

Deutsche öffentliche Stellen unterliegen unabhängig vom Ort der Verarbeitung deutschem Recht.

Beispiel: Datenverarbeitung im Rahmen eines Auslandseinsatzes der Bundeswehr oder durch ein deutsches Konsulat.

352 Schwieriger ist die Bestimmung des räumlichen Anwendungsbereichs für nichtöffentliche Stellen: Nach § 1 Abs. 4 S. 2 BDSG nF gilt das BDSG nF nur für Datenverarbeitungen, wenn

– die Daten im Inland verarbeitet werden oder im Rahmen der Tätigkeit einer inländischen Niederlassung oder
– der Verantwortliche keine Niederlassung in der Union oder dem EWR hat, aber trotzdem (gemäß Art. 3 Abs. 2 DS-GVO) den Regelungen der DS-GVO unterfällt.

353 Ziel dieser etwas kompliziert geratenen Regelung ist es, Verantwortliche nicht zu erfassen, die in einem anderen Mitgliedsstaat der EU oder des EWR niedergelassen sind, aber keinen territorialen Bezug zu Deutschland haben.

354 Hierdurch sollen Beeinträchtigung des freien Datenverkehrs in der Union und der Grundfreiheiten des Verantwortlichen vermieden werden. Diese könnten entstehen, wenn der deutsche Gesetzgeber im Rahmen der Durchführungsregelungen oder seiner nationalen Spielräume Regelungen festlegt; denn diese Regelungen müsste ein Verantwortlicher aus einem anderen EU-Staat zusätzlich zu denen seines Heimatstaates beachten. Bisher wurden solche Konflikte vermieden, indem auf das Herkunftslandprinzip abgestellt wurde, wenn der Verantwortliche seinen Sitz in der Union hat (vgl. Art. 4 Abs. 1 lit. a DSRL). Die DS-GVO enthält trotz der vielfältigen Verweise auf das nationale Recht **keine allgemeinen Kollisionsregelungen**. Sie spricht aber in ErwGr 153 S. 6 DS-GVO für das Medienprivileg nach Art. 85 Abs. 2 DS-GVO sowie in ErwGr 53 S. 5 DS-GVO für zusätzliche Bedingungen für die Verarbeitungen von biometrischen und genetischen Daten sowie Gesundheitsdaten nach Art. 9 Abs. 4 DS-GVO die Problematik an und trifft für diese Fälle eine klare Entscheidung für das Herkunftslandprinzip.

355 Letztlich folgt auch § 1 Abs. 4 S. 2 BDSG nF dem Gedanken des **Herkunftslandprinzips**, indem die Regelung Verantwortliche aus einem anderen Mitgliedsstaat ohne territorialen Anknüpfungspunkt in Deutschland aus dem Anwendungsbereich ausnimmt. Dieser Ausschluss erfasst nach § 1 Abs. 4 S. 3 BDSG nF konsequenterweise nur die Regelungen, die unmittelbar die Zulässigkeit der Datenverarbeitung regeln oder dem Verantwortlichen Pflichten auferlegen (§§ 22 bis 37 BDSG nF).

Allerdings kann der Ausschluss der Anwendung des BDSG Verantwortliche aus anderen Mitgliedsstaaten auch in rechtlich zweifelhafter Weise benachteiligen. So stellt sich die Frage, ob sich etwa ein französischer Verantwortlicher auf die Regelungen zum Ausschluss von Betroffenenrechten gemäß §§ 32 ff. BDSG nF berufen dürfte, wenn diese weitergehen als die französischen Regelungen.

IV. Adressaten der datenschutzrechtlichen Pflichten

1. Verantwortliche

a) Allgemein. Primärer Adressat der datenschutzrechtlichen Pflichten ist **356** der Verantwortliche („controller"). Der Begriff des Verantwortlichen tritt an die Stelle der „Verantwortlichen Stelle" i. S. v. § 3 Abs. 7 BDSG aF, ist aber wortgleich mit der Definition des „für die Verarbeitung Verantwortlichen" gemäß Art. 2 lit. d S. 1 DSRL. Im Regelfall gibt es einen Verantwortlichen, es ist aber auch eine gemeinsame Verantwortlichkeit möglich (vgl. Art. 26 DS-GVO, hierzu → Rn. 367 ff.). Der Verantwortliche ist in Art. 4 Nr. 7 1. Hs DS-GVO definiert, wobei dort der Fall des gemeinsam für die Verarbeitung Verantwortlichen mitgeregelt ist. Maßgeblich ist danach, dass der Verantwortliche „über die Zwecke und Mittel der Verarbeitung" entscheidet.

Der Verantwortliche kann jede Stelle sein, die über eine gewisse organisa- **357** torische Selbstständigkeit verfügt, sie muss nicht selbst Rechtsträger sein, daher können auch Behörden, Einrichtungen und sonstige Stellen Verantwortliche sein. Die Frage, wann die Grenzen des Verantwortlichen überschritten werden, ist sehr relevant, denn dann liegt eine neue Verarbeitung in Form einer Übermittlung vor.

Art. 4 Nr. 7 2. Hs. DS-GVO ermöglicht den Mitgliedsstaaten, die Verant- **358** wortlichkeit im nationalen Recht zu regeln, wenn sie gesetzlich auch die Zwecke und Mittel der Verarbeitung vorgeben. Hierdurch ist es dem nationalen Gesetzgeber im öffentlichen Bereich möglich, z. B. Konstellationen besser zu erfassen, in denen die übliche Verteilung der Verantwortlichkeit nicht den realen Rollen entspricht.

Beispiel: Eine Datenbank oder ein Register werden durch ein Gesetz eingerichtet. Eine zentrale Behörde wird damit beauftragt, die Datenbank zu betreiben, während andere Behörden dort ihre Informationen einspeisen und weiter für sie verantwortlich sein sollen. Dann kann es sinnvoll sein, der Behörde, welche die Datenbank betreibt, die Verantwortlichkeit für organisatorisch-technische Maßnahmen aufzuerlegen (z. B. Datensicherheit; Bestellung eines Datenschutzbeauftragten), während die anderen Behörden für die Daten selbst verantwortlich bleiben und weiterhin Ansprechpartner für die betroffenen Personen sind (z. B., wenn sie die Berichtigung seiner Daten verlangen).

b) Beschäftigte des Verantwortlichen. Der Verantwortliche ist dabei **359** nicht nur der Verantwortliche selbst, sondern auch seine Beschäftigten. Dem Verantwortlichen werden die Personen zugerechnet, die unter seiner unmittelbaren Verantwortung, personenbezogene Daten verarbeiten; dies lässt sich aus Art. 4 Nr. 10 DS-GVO ableiten, wonach diese Personen keine „Dritten" sind. In Abgrenzung zu Auftragsverarbeitern wird man jedoch verlangen müssen, dass sie in den Organisationsbereich des Verantwortlichen eingegliedert und ihm unmittelbar rechtlich unterworfen sind. Ist die Person, die personenbezogene Daten verarbeitet, organisatorisch dem Verantwortlichen zuzurechnen, bleibt es eine Verarbeitung des Verantwortlichen und nicht eine Tätigkeit eines Auftragsverarbeiters. Wie weit der Verantwortungskreis des Verantwortlichen reicht, hängt im Wesentlichen von der Organisation ab. Jede zivilrechtlich selbstständige Organisationseinheit ist ein eigener Verantwortlicher. Angeknüpft wird dabei in der Regel zivilrechtlichen Personen an die Rechtsfähigkeit bzw. die Teilrechtsfähigkeit und bei öffentlich-rechtlichen Organisationen an die Behördenstruktur oder vergleichbare Einheiten. Ist er – wie ein freier Mitarbeiter oder ein Handelsvertreter – selbständig tätig, gehört er nicht mehr zur Organisation des Verantwortlichen und ist damit Dritter.[536]

360 Verarbeiten Beschäftigte Daten für eigene Zwecke (z.B. Einsicht in behördliche Datenbanken für private Zwecke oder Entwendung von Kundendaten), werden sie insoweit Verantwortliche. Es ist aber nicht ausgeschlossen, dass daneben den Arbeitgeber ebenfalls eine Verantwortlichkeit trifft, weil er keine ausreichenden technisch-organisatorischen Maßnahmen zur Gewährleistung der Datensicherheit ergriffen hat.[537]

361 **c) Abgrenzung der Verantwortlichkeit.** Charakteristisch ist für den Verantwortlichen sein rechtlicher oder tatsächlicher Einfluss auf die Datenverarbeitung.[538] Nicht erforderlich ist, dass der Verantwortliche die verarbeiteten Daten inhaltlich verantwortet; eine „rein technische" Verarbeitung reicht aus, wie Fall *Google Spain*[539] für Internetsuchmaschinen zeigt. Er ist aber auch auf das Verhältnis anderer Informationsintermediäre (z.B. Soziale Netzwerke;[540] Internetforen;[541] Hostprovider von Websites[542]) übertragbar, die ebenfalls Inhalte nur speichern, zum Abruf bereithalten und ggf. ordnen, also auf den ersten Blick eine rein technische Verarbeitung vornehmen.

Im Fall **Google Spain** sah der EuGH – anders als noch der Generalanwalt[543] und die Art. 29-Gruppe[544] – eine Internetsuchmaschine in Bezug auf die angezeigten Suchergebnisse als Verantwortlichen an, auch wenn sie keinen Einfluss auf den Inhalt der ausgewerteten Homepages habe. Eine Internetsuchmaschine führe, so der EuGH, eine andere Art der Verarbeitung durch; ihr Ziel sei es, durch „Organisation und Aggregation" der verfügbaren Internethalte Nutzern einen „strukturierten Überblick" zu verschaffen und den Zugang zu den Inhalten des Internets zu erleichtern. Hierdurch habe die Tätigkeit einer Internetsuchmaschine erhebliche Auswirkungen auf die Verwirklichung der Grundrechte der Betroffenen. Sie habe in ihrem Verantwortungskreis die Möglichkeit, für die Einhaltung der datenschutzrechtlichen Regelungen zu sorgen.[545] Hieran ändere es auch nichts, dass die Websitebetreiber durch Ausschlussprotokolle (z.B. robot.txt)

---

[536] Vgl. *Ernst* in Paal/Pauly DS-GVO Art. 4 Rn. 60.
[537] *Art. 29-Gruppe* Stellungnahme 1/2010 zu den Begriffen „für die Verarbeitung Verantwortlicher" und „Auftragsverarbeiter" WP 169 v. 16.2.2010, S. 20.
[538] Art. 29-Gruppe Stellungnahme 1/2010 zu den Begriffen „für die Verarbeitung Verantwortlicher" und „Auftragsverarbeiter" WP 169 v. 16.2.2010, S. 12; BVerwG ZD 2016, 393 Rn. 27 – Fanpages (Vorlagebeschluss an EuGH).
[539] EuGH NJW 2014, 2257 Rn. 27 ff. – Google Spain.
[540] BVerwG ZD 2016, 393 Rn. 26 ff. – Fanpages (Vorlagebeschluss an EuGH).
[541] OLG Hamburg K&R 2011, 669 (670).
[542] Implizit EuGH EuZW 2004, 245 Rn. 60 ff. – Lindqvist, da der Gerichtshof Frau Lindqvist offensichtlich nicht für den Anruf der Website von einem Internetnutzer vom Server des Host-Providers verantwortlich hielt.
[543] Schlussanträge Generalanwalt Jääskinen BeckRS 2014, 80934 Rn. 84 ff. – Google Spain.
[544] *Art. 29-Gruppe* Stellungnahme 1/2008 zu Datenschutzfragen im Zusammenhang mit Suchmaschinen WP 148 v. 4.4.2008, S. 15 ff. („reine Vermittlertätigkeit", anders nur bei Zwischenspeicherung in einem Cache).
[545] EuGH NJW 2014, 2257 Rn. 35 ff. – Google Spain.

die Verarbeitung der Inhalte ihrer Website durch eine Internetsuchmaschine verhindern. Dies führe ggf. zu einer gemeinsamen Verantwortung von Internetsuchmaschine und Websitebetreiber, entbinde die Internetsuchmaschine aber nicht von ihrer Verantwortlichkeit.[546]

Eine genaue Analyse ist bei Internetsachverhalten erforderlich, wenn mehrere Stellen beteiligt sind. Dies ist z.B. der Fall, wenn ein Anbieter von Inhalten eine bestimmte Plattform nutzt, die wiederum selbständig Daten der Nutzer erhebt und auswertet. Gegenstand dieser Frage und weiterführender Fragestellungen sind die Vorlagefragen des BVerwG an den EuGH im Fall **Facebook Fanpages**.[547]   **362**

Die Wirtschaftsakademie Schleswig-Holstein (WSH) nutzte das Angebot von Facebook, im Rahmen des Sozialen Netzwerkes eine „Fanpage" einzurichten. Facebook überwacht das Nutzungsverhalten seiner Mitglieder mittels der Facebook-ID und stellt Ergebnisse auch den Inhabern von Fanpages in anonymisierter und aggregierter Form zur Verfügung. Das BVerwG kam zwar zu dem Ergebnis, dass die WSH nicht Verantwortlicher für das Webtracking durch Facebook sei, weil sie keinen Einfluss darauf habe, außer auf das Angebot einer Fanpage zu verzichten. Ferner erhöhe die Fanpage der WSH lediglich die Attraktivität von Facebook und locke so Nutzer auf die Seiten des Sozialen Netzwerkes. Die WSH sei auch nicht gemeinsam mit Facebook verantwortlich oder Facebook gar der Auftragsverarbeiter der WSH. Es gebe auch keine Anzeichen angesichts der weiten Verbreitung von Facebook, dass die WSH durch die Auswahl von Facebook als Plattformanbieter sich habe ihrer datenschutzrechtlichen Verantwortlichkeit entledigen wollen.[548] Das BVerwG schien dieses Ergebnis aber für zu schematisch zu halten und legte dem EuGH die Frage vor, ob es aus Gründen eines effektiven Schutzes der Rechte aus Art. 7 und 8 GRC eine datenschutzrechtliche Verantwortlichkeit eines Informationsanbieters für die Auswahl des Infrastrukturanbieters gebe. Für den Nutzer sei es regelmäßig – auch aufgrund des Seitendesigns – nicht erkennbar, dass der Inhalteanbieter nicht Verantwortlicher sei.[549] Das BVerwG fragt den EuGH weiter, ob eine analoge Anwendung der Auswahlverantwortlichkeit nach Art. 17 Abs. 2 DSRL/§ 11 Abs. 2 S. 1 und 4 BDSG unionsrechtlich zulässig sei, um zu verhindern, dass sich ein Informationsanbieter durch die Einschaltung eines Infrastrukturanbieters von seinen datenschutzrechtlichen Pflichten freizeichnet.[550]

Selbst wenn man eine datenschutzrechtliche Verantwortlichkeit ablehnt, könnte eine zivilrechtliche Verantwortlichkeit als Zustandsstörer (§§ 823 Abs. 1, 1004 S. 1 BGB) gegeben sein, weil der Inhalteanbieter durch Einrichtung der Fanpage adäquat kausal eine Beeinträchtigung der Rechte und Interessen der Nutzer fördert.[551] Eine Rechtsgrundlage für ein aufsichtsrechtliches Einschreiten bietet die zivilrechtliche Störerhaftung jedoch nicht.[552] Allerdings stellt sich die Frage, ob es die Harmonisierungswirkung des Daten-   **363**

---

[546] EuGH NJW 2014, 2257 Rn. 40 – Google Spain.

[547] BVerwG ZD 2016, 393 Rn. 26 ff. – Fanpages (Vorlagebeschluss an EuGH).

[548] BVerwG ZD 2016, 393 Rn. 28 und 30 – Fanpages (Vorlagebeschluss an EuGH); ebenso bereits OVG Schleswig ZD 2014, 643 (644); *Martini* in Paal/Pauly DS-GVO Art. 26 Rn. 19.

[549] BVerwG ZD 2016, 393 Rn. 33 f. – Fanpages (Vorlagebeschluss an EuGH).

[550] BVerwG ZD 2016, 393 Rn. 35 f. – Fanpages (Vorlagebeschluss an EuGH).

[551] Petri ZD 2015, 103 (105); *Martini/Fritzsche* NVwZ extra 2015, 1 (9 f.).

[552] Ausführlich *Martini/Fritzsche* NVwZ extra 2015, 1 (10 ff.).

schutzrechts durch die DSRL und zukünftig durch die DS-GVO unterlaufen würde, wenn die zivilrechtliche Verantwortlichkeit weiterginge als die datenschutzrechtliche. Das OLG Düsseldorf hat diese Frage jüngst dem EuGH vorgelegt.[553]

364 Das Urteil des EuGH wird mit Spannung zu erwarten sein. Denn die datenschutzrechtliche Verantwortlichkeit ist aus Sicht der Betroffenen noch schwerer in Fällen des Behavioural Targeting zu durchschauen. Dies ist z.B. der Fall bei der Einbindung von Drittinhalten, z.B. Social Plug-ins.

Beispiel: Im Fall des Facebook-Like Buttons werden bereits beim Besuch der Homepage direkt Informationen über den Nutzer an Facebook weitergeleitet, auch wenn er den Button gar nicht anklickt.[554]

365 Ob der Websitebetreiber für die Datenerhebung durch den Social Plug-in verantwortlich ist, ist umstritten.[555] Das LG Düsseldorf hielt den Websitebetreiber jüngst für verantwortlich, weil die Datenerhebung in seinem „Tätigkeits- und Haftungsbereich" stattfinde und der Websitebetreiber erlaube, dass die Datenerhebung technisch in den Abruf seiner Homepage integriert werde. Hieran ändere es auch nichts, wenn er auf die konkrete Form der Datenerhebung keinen Einfluss nehme und die Daten selbst nicht erhalte[556] (die Datenerhebung für ihn gewissermaßen eine „Black Box" ist). Die Art. 29-Gruppe sieht daher im Ergebnis auch den Websitebetreiber als Verantwortlichen für die Erhebung der Daten an, aber nicht für deren weitere Verarbeitung.[557] Eine Klärung in dieser Frage wird bald zu erwarten sein, weil das OLG Düsseldorf sie jüngst dem EuGH vorgelegt hat.[558] Im Folgenden wird zu untersuchen sein, ob sich aus der gleichzeitigen Verantwortlichkeit mehrerer Verantwortlicher auch eine gemeinsame Verantwortlichkeit gemäß Art. 26 Abs. 1 S. 1 DS-GVO ergibt (→ Rn. 370 f.).

366 **d) Besonderheiten des BDSG bzw. der RL.** Im Bereich der JI-RL werden die Verantwortlichen durch die öffentlichen Stellen, die die in Artikel 1 JI-RL benannten Zwecke bei der Verarbeitung verfolgen, umschrieben. Daher formuliert § 45 S. 2 BDSG nF völlig zutreffend, dass die öffentlichen Stellen, das heißt der Sache nach die Sicherheitsbehörden, als Verantwortliche gelten.

2. Gemeinsam für die Verarbeitung Verantwortliche

367 **a) Allgemein.** Das Institut der gemeinschaftlichen Verantwortlichkeit war schon bisher in Art. 2 lit. d S. 1 DSRL angelegt, in Deutschland aber weit-

---

[553] OLG Düsseldorf MMR 2017, 254 Rn. 15 f. – Facebook-Like Button.

[554] Technische Darstellung bei LG Düsseldorf CR 2016, 372 Rn. 5 ff. – Facebook-Like Button.

[555] Dafür etwa *Föhlisch/Pilous* MMR 2015, 631 (633); *Ernst* NJOZ 2010, 1917 (1918); dagegen *Zeidler/Brüggemann* CR 2014, 248 (254); *Voigt/Alich* NJW 2011, 3541 (3542).

[556] LG Düsseldorf, CR 2016, 372 Rn. 32 f. – Facebook-Like Button; ebenso ohne weitere Begründung KG MMR 2011, 464 (465).

[557] *Art. 29-Gruppe* Stellungnahme 2/2010 zur Werbung auf Basis von Behavioral Targeting WP 171 v. 22.6.2010, S. 13 ff.

[558] OLG Düsseldorf MMR 2017, 254 Rn. 13 f. – Facebook Like-Button.

gehend unbekannt und im BDSG nicht vorgesehen. Art. 26 DS-GVO regelt das Verhältnis gemeinsam für die Verarbeitung Verantwortlicher („joint controllers") erstmals ausführlich.

Art. 26 DS-GVO soll Kooperationsformen der digitalen Welt Rechnung **368** tragen. Die Regelung reagiert auf das arbeitsteilige Zusammenwirken in sozialen Netzwerken, bei Online-Werbung, bei App-Diensten, Online-Plattformen oder von verschiedenen Unternehmen, das für die Betroffenen immer schwerer zu durchschauen ist;[559] dies zeigt auch das Unbehagen, das der Vorlage des BVerwG im Fall Facebook Fanpages zugrunde liegt (→ Rn. 362). Ganz in deren Sinne soll nach ErwGr 79 DS-GVO eine klare Zuteilung der Verantwortlichkeit zum Schutz von Recht und Freiheit der betroffenen Personen erreicht werden. Dies geschieht durch eine Pflicht zur Transparenz, indem die Verantwortlichen gezwungen werden, ihre Verantwortlichkeit voneinander durch eine Vereinbarung abzugrenzen und diese öffentlich zugänglich zu machen. Gleichzeitig bietet das Institut auch Potentiale für das Cloud-Computing. Konzerne[560] und Unternehmenskooperationen (etwa für gemeinsame Kunden- und Mitarbeiterdateien oder konzerninterne Dienstleistungszentren)[561] sowie andere Fälle, in denen eine Auftragsverarbeitung ausscheidet oder nur schwer zu begründen ist.[562] Für die grenzüberschreitende Verarbeitung mit Drittstaatenbezug muss jedoch zusätzlich auf verbindliche interne Datenschutzvorschriften gemäß Art. 47 DS-GVO zurückgegriffen werden.[563]

b) Voraussetzungen. Ob die Verantwortlichen von dem Institut des **369** Art. 26 DS-GVO Gebrauch machen möchten oder nicht, liegt nicht in ihrer Entscheidung. Vielmehr liegen gemeinsam für die Verarbeitung Verantwortliche dann vor, wenn zwei Verantwortliche gemeinsam die Zwecke und die Mittel der Verarbeitung festlegen (Art. 26 Abs. 1 S. 1 DS-GVO). Bereits dies löst die Pflicht gemäß Art. 26 Abs. 1 S. 2 DS-GVO aus, eine Vereinbarung in transparenter Form abzuschließen. Verantwortliche müssen daher selbst im Rahmen einer ordnungsgemäßen datenschutzrechtlichen Compliance prüfen, ob sie die Voraussetzungen einer gemeinsamen Verantwortlichkeit für die Datenverarbeitung erfüllen.

Wann eine gemeinsame Festlegung der Mittel und Zwecke der Datenverar- **370** beitung gegeben ist, ist noch weitgehend unklar. Eindeutig ist, dass eine gemeinsame Verantwortlichkeit vorliegt, wenn die Mittel und Zwecke kooperativ festgelegt werden.[564]

[559] *Martini* in Paal/Pauly DS-GVO Art. 26 Rn. 41; kritisch, ob dies gelungen ist *Dammann* ZD 2016, 307 (312).

[560] *Spindler* DB 2016, 937 (941).

[561] *Martini* in Paal/Pauly DS-GVO Art. 26 Rn. 2 und 42; *Eckhardt/Kramer* DuD 2016, 144 (144 f.); *Jaspers* DuD 2012, 571 (573); für gemeinsame Einrichtungen auch Art. 29-Gruppe Stellungnahme 1/2010 zu den Begriffen „für die Verarbeitung Verantwortlicher" und „Auftragsverarbeiter" WP 169 v. 16.2.2010, 24.

[562] *Dovas* ZD 2016, 512 (513).

[563] Missverständlich *Martini* in Paal/Pauly DS-GVO Art. 26 Rn. 2.

[564] *Martini* in Paal/Pauly DS-GVO Art. 26 Rn. 21.

Beispiele: Behavioural Targeting (siehe → Rn. 292 ff.), weil die Beteiligten sich hier sogar über die technische Einbettung des Drittinhalts auf der Website verständigen.[565] Cloud-Computing, soweit keine Auftragsverarbeitung gegeben ist (hierzu → Rn. 952).

371 Es muss nicht zwingend eine vertragliche Kooperation vorliegen; ausreichend erscheint auch eine stillschweigende Zusammenarbeit. Auch eine faktische Einflussnahme kann daher ausreichen, nicht aber die bloße Mitursächlichkeit für den Erfolg der Datenverarbeitung des anderen Beteiligten.[566]

Beispiel: Bei Facebook besteht eine gemeinschaftliche Verantwortlichkeit hinsichtlich der Inhalte, die der Nutzer einstellt und Facebook speichert;[567] offen ist die Verantwortlichkeit des Betreibers einer Fanpage für das Webtracking durch Facebook (siehe → Rn. 362 ff.).[568]

372 **c) Rechtsfolge. aa) Pflicht zum Abschluss einer Vereinbarung.** Sind die Beteiligten für eine Verarbeitung gemeinsam verantwortlich, löst dies gemäß Art. 26 Abs. 1 S. 1 DS-GVO zunächst die Pflicht aus, die dort beschriebene Vereinbarung zu schließen.[569] Die Vereinbarung muss klare Festlegungen enthalten, wer von ihnen welche Pflichten nach der DS-GVO erfüllt und insbesondere den Betroffenen nach Art. 13, 14 DS-GVO über die Datenverarbeitung informiert. Die Vereinbarung muss transparent sein, dh sie muss nach ErwGr 58 S. 1 DS-GVO, der das Prinzip der Transparenz nach Art. 5 Abs. 1 lit. a DS-GVO erläutert, präzise, leicht zugänglich, verständlich sowie in klarer und einfacher Sprache abgefasst sein und ggf. zusätzliche visuelle Elemente enthalten (zur Transparenz von Informationen ausführlich → Rn. 1155 ff.).[570] Die Betroffenen müssen gemäß Art. 26 Abs. 2 S. 2 DS-GVO Zugang zu der Vereinbarung haben. Die Vereinbarung kann gemäß Art. 26 Abs. 1 S. 3 DS-GVO eine gemeinsame Anlaufstelle für die betroffenen Personen festlegen, muss es aber nicht.

373 Unterlassen es zwei Verantwortliche, eine solche Vereinbarung abzuschließen, liegt ein Ordnungswidrigkeitstatbestand gemäß Art. 83 Abs. 4 lit. a DS-GVO vor. Welche Folgen die Pflicht zum Abschluss einer solchen Vereinbarung haben wird, wird die Zukunft zeigen.

374 **bb) Aufteilung der Pflichten.** Durch die Vereinbarungen werden die Pflichten der Beteiligten im Innenverhältnis verteilt. Welche Pflichten dies über die Informationspflichten hinaus sein können, sagt Art. 26 DS-GVO allerdings nicht. Die Vereinbarung greift nicht, sofern das Unionsrecht eine zwingende Aufteilung der Verantwortlichkeiten vornimmt (Art. 26 Abs. 1 S. 2 Hs. 2 DS-GVO).

---

[565] *Art. 29-Gruppe* Stellungnahme 1/2010 zu den Begriffen „für die Verarbeitung Verantwortlicher" und „Auftragsverarbeiter" WP 169 v. 16.2.2010, S. 28.

[566] *Martini* in Paal/Pauly DS-GVO Art. 26 Rn. 20.

[567] *Art. 29-Gruppe* Stellungnahme 1/2010 zu den Begriffen „für die Verarbeitung Verantwortlicher" und „Auftragsverarbeiter" WP 169 v. 16.2.2010, S. 26.

[568] Ablehnend BVerwG ZD 2016, 393 Rn. 30 – Fanpages (Vorlagebeschluss an EuGH).

[569] *Dovas* ZD 2016, 512 (514).

[570] *Martini* in Paal/Pauly DS-GVO Art. 26 Rn. 25.

Art. 26 DS-GVO gestattet nur die Verteilung der Pflichten, die beide Ver- **375** antwortlichen treffen. Es gestattet keine Veränderung der Verarbeitungsgrundsätze und behandelt sie weiterhin im Verhältnis zueinander als Dritte.[571] So bleibt die Übermittlung von Daten zwischen zwei Verantwortlichen rechtfertigungsbedürftig und der Umstand, dass sie gemeinsam die Ziele und Zwecke festlegen, entbindet sie nicht davon, die Verarbeitung jeweils gemäß Art. 6 DS-GVO zu rechtfertigen

Auch wenn Art. 26 DS-GVO Pflichten normiert, die eingreifen, wenn zwei **376** Verantwortliche in der dort genannten Form zusammenwirken, so enthält er dennoch auch eine gewisse Erleichterung für enge Zusammenarbeitsformen. Er gestattet, dass vereinbarungsgemäß einer von beiden für beide „sprechen" darf.

Im Außenverhältnis bleiben beide Verarbeiter einzeln verantwortlich ohne **377** Dispositionsbefugnis, so dass der Betroffene seine Rechte jedem gegenüber einzeln geltend machen kann (Art. 26 Abs. 3 DS-GVO). Dementsprechend haften sie nach Art. 82 Abs. 4 DS-GVO im Außenverhältnis auch aus Gesamtschuldner, sofern sie sich nicht exkulpieren können. Die klare Trennung der Verantwortlichkeitssphären ist auch relevant, wenn die gemeinsam Verantwortlichen als Gesamtschuldner im Innenverhältnis Regress nehmen (Art. 82 Abs. 5 DS-GVO).[572]

d) Besonderheiten im Anwendungsbereich der JI-RL. § 63 BDSG nF **378** enthält eine entsprechende Regelung im Anwendungsbereich der JI-RL. Dem deutschen Recht ist eine Abgrenzung der Zuständigkeiten zweier Behörden in einer Vereinbarung eher fremd. In jedem Fall kann eine Vereinbarung zwischen zwei Behörden nicht die Rechte des Betroffenen berühren; konsequenterweise hat der deutsche Gesetzgeber dies in § 63 S. 3 BDSG nF klargestellt.

3. Auftragsverarbeiter

Grundsätzlich sind alle Stellen außerhalb des Verantwortlichen Dritte **379** (Art. 4 Nr. 10 DS-GVO), so dass eine Übermittlung an diese Stellen ein eigenständiger Datenverarbeitungsvorgang ist, der eine Rechtsgrundlage gemäß Art. 6 DS-GVO erfordert. Eine Ausnahme besteht für Stellen, welche die Daten nur nach Weisung des Verantwortlichen verarbeiten, sog. Auftragsverarbeiter (Art. 4 Nr. 8 DS-GVO). Diese Privilegierung wird aber nur innerhalb engen Grenzen gewährt (vgl. Art. 28 DS-GVO), welche die datenschutzrechtliche Zurechnung des Auftragsverarbeiters zum Verantwortlichen rechtfertigen (ausführlich → Rn. 938 ff.).

---

[571] *Dovas* ZD 2016, 512 (515).
[572] *Martini* in Paal/Pauly DS-GVO Art. 26 Rn. 5.

D. Grundprinzipien und Zulässigkeit der Datenverarbeitung

I. Grundsätze der Datenverarbeitung

1. Prinzipien des Datenschutzrechts

Das Datenschutzrecht ist ein Rechtsgebiet, das in besonderer Weise durch **380** die **Geltung allgemeiner Prinzipien** geprägt war, die von den Prinzipien der anderen Rechtsgebiete teilweise abwichen, wie insbesondere das Prinzip der Erforderlichkeit, der Zweckbindung, der Grundsatz der Direkterhebung und das Prinzip der Datenschutzräume. Diese Grundsätze ergaben sich bisher aus dem Verfassungsrecht und aus der systematischen Auslegung der Datenschutzgesetze und waren als solche in der Regel nicht ausdrücklich im unmittelbar anwendbaren Recht normiert. Sie besaßen vor allem bei der Auslegung von datenschutzrechtlichen Rechten und Pflichten als Auslegungsdirektive eine Rolle.[573]

Die **DS-GVO** normiert jetzt in **Art. 5 DS-GVO** Grundsätze, die unmittelbar **381** anwendbar sind und Rechtssätze enthalten. Darüber hinaus folgt die Datenschutz-Grundverordnung in ihren Einzelregelungen gewissen Grundprinzipien, die herausgearbeitet und benannt werden und im Rahmen der systematischen Auslegung eine Rolle spielen können. Auf diese Weise bestehen drei Arten von Prinzipien, die auseinanderzuhalten sind;

– Die Grundsätze, die in Art. 5 DS-GVO normiert sind;
– Die Prinzipien, die der DS-GVO als Kodifikation zugrunde liegen;
– Die Prinzipien, die außerhalb der DS-GVO gelten.

2. Die Datenschutzgrundsätze des Art. 5 DS-GVO

Die Grundsätze des Art. 5 DS-GVO sind Prinzipien, die trotz ihrer offenen **382** und unbestimmten Formulierung **unmittelbar geltendes Recht** sind. Sie sind keine Optimierungsgebote, sondern unmittelbar einzuhaltende Rechtssätze. Sie werden wegen ihrer Offenheit teilweise kritisch gesehen, teilweise als leicht verständlich verstanden.[574] Teilweise sind die in Art. 5 DS-GVO normierten Grundsätze schon durch Art. 8 GRC primärrechtlich abgesichert.

Dies betrifft den Grundsatz von Treu und Glauben, den Zweckbindungs- **383** grundsatz, Teile des Transparenzgebotes (Auskunftsrechte) und Teile des Richtigkeitsgebotes (Berichtigungsrechte). Art. 5 Abs. 2 DS-GVO betont den Charakter der Grundsätze als zu beachtende allgemeine Rechtssätze noch einmal ausdrücklich.

Die Grundsätze des Art. 5 DS-GVO waren zum Teil schon als Grundsätze in **384** der **Datenschutzrichtlinie** enthalten (Art. 6 DSRL), die in das nationale Recht der Mitgliedstaaten umzusetzen, aber nicht unmittelbar anwendbar waren. Gerade für die alten Grundsätze des Art. 5 DS-GVO hat sich durch die Umstellung

---

[573] Vgl. *Wolff* in Wolff/Brink BeckOK DatenschutzR Syst.A Rn. 1.
[574] *Albrecht* CR 2016, 88, 91.

von der Richtlinie zur Verordnung daher ein erheblicher Bedeutungszuwachs ergeben, auch wenn die Prinzipien als solche gleich geblieben sind.[575]

385 Eine **Verletzung** von Art. 5 DS-GVO muss gemäß Art. 83 Abs. 5 lit. a DS-GVO mit Geldbuße geahndet werden. Angesichts der Weite der Grundsätze einerseits und der Höhe der möglichen **Geldbußen** andererseits bildet dies unter dem Gesichtspunkt der Bestimmtheit erhebliche Probleme. Wäre die Frage am Maßstab des deutschen Rechts zu entscheiden, läge es nahe, eine Verletzung von Art. 103 Abs. 2 GG anzunehmen. Bei europarechtlicher Beurteilung am Maßstab des Art. 49 GRC ist die Beurteilung offener, da erstens Art. 49 GRC die **Bestimmtheit** nicht ausdrücklich erwähnt und zweitens der EuGH trotz der Annahme der Literatur, Art. 49 GRC enthalte den nulla-poena-sine-lege-Grundsatz, dies nicht ausdrücklich aufgenommen hat.[576]

386 Die **DS-GVO** verweist **wiederholt** auf die allgemeinen Grundsätze, insbesondere in:

- Art. 47 Abs. 2 lit. d) DS-GVO (interne Datenschutzvorschriften);
- Art. 65 DS-GVO (Stimmrecht des europäischen Datenschutzbeauftragten);
- Art. 25 DS-GVO (Datenschutz durch Technikgestaltung).

387 Die **Öffnungsklauseln** der DS-GVO gestatten mitunter auch, Ausnahmen von Art. 5 DS-GVO durch mitgliedsstaatliches Recht zu normieren, so etwa bei Art. 234 Abs. 1 DS-GVO hinsichtlich der Rechte der betroffenen Personen und Art. 85 DS-GVO im Bereich des Journalismus. Außerhalb der Art. 23 DS-GVO und 85 DS-GVO besteht für den nationalen Gesetzgeber keine Möglichkeit, von den Grundsätzen des Art. 5 DS-GVO abzuweichen. Auch eine rein wiederholende oder konkretisierende Formulierung ist dem Gesetzgeber aufgrund des Verordnungscharakters grundsätzlich verwehrt (zur Ausnahme s ErwGr 8).

3. Grundsatz der Rechtmäßigkeit gem. Art. 5 Abs. 1 lit. a Var. 1 DS-GVO

388 **a) Begriffsbestimmung.** Art. 5 Abs. 1 lit. a DS-GVO normiert als erster von drei Grundsätzen die Pflicht, personenbezogene Daten auf rechtmäßige Weise zu verarbeiten. Die Auslegung dieses Grundsatzes bereitet Schwierigkeiten. Die Pflicht, geltendes Recht zu beachten und sich rechtmäßig zu verhalten, folgt schon aus dem Geltungsanspruch des Rechtes und bedarf keiner selbstständigen grundsätzlichen Anordnung. Das Prinzip in Art. 5 Abs. 1 lit. a DS-GVO muss daher einen **anderen Sinn** besitzen als die **Wiederholung** des **Geltungsanspruches** hoheitlich gesetzten Rechtes insgesamt.

389 Die Auslegungsschwierigkeiten reduzieren sich, wenn man Art. 6 DS-GVO hinzunimmt, der den Grundsatz der Rechtmäßigkeit der Verarbeitung enthält. Danach bedarf jede Verarbeitung personenbezogener Daten eines Rechtsgrundes. Der Sache nach bildet der Grundsatz der Rechtmäßigkeit daher ein Verbot mit **Erlaubnisvorbehalt**.[577]

---

[575] S. nur *Kraska* AuA 2016, 280 ff.
[576] *Streinz* in Streinz EUV/AEUV Art. 49 GRCh Rn. 3.
[577] *Buchner* DuD 2016, 155 (157); *Heberlein* in Ehmann/Selmayr DS-GVO Art. 5 Rn. 8; *Herbst* in Kühling/Buchner DS-GVO Art. 5 Rn. 11: *Pötters* in Gola DS-GVO Art. 5 Rn. 6.

b) Begriffsinhalt. Jede Datenverarbeitung bedarf einer rechtlichen **390** Rechtfertigung, ansonsten ist sie rechtswidrig. Die selbstständige Normierung dieses Grundsatzes über Art. 6 DS-GVO in Art. 5 Abs. 1 lit. a DS-GVO ist sinnvoll, weil sie das grundsätzliche Verbot der Datenverarbeitung ohne Rechtsgrund verdeutlicht. Da dieser Grundsatz der Sache nach so etwas wie einen **Vorbehalt des Gesetzes** normiert, ist er vor allem für den Bereich der Datenverarbeitung unter Privaten nach deutschem Rechtsverständnis zwar bemerkenswert, aber im deutschen Recht durch § 4 BDSG aF auf einfacher Rechtsgrundlage schon eingeführt gewesen.

c) Bedeutung außerhalb der DS-GVO. **Außerhalb** des **Anwendungs- 391 bereiches** der **Datenschutzrichtlinie** gilt dieser Grundsatz im Bereich der öffentlichen Datenverarbeitung aufgrund des Rechts auf informationelle Selbstbestimmung, innerhalb des Anwendungsbereiches des BDSG aF auf der Grundlage von § 4 BDSG aF und des Anwendungsbereichs der europäischen Grundrechte aus Art. 8 GRC.

4. Verarbeitung nach Treu und Glauben gem. Art. 5 Abs. 1 lit. a Var. 2 DS-GVO

Der Grundsatz der Verarbeitung **nach Treu und Glauben** (Art. 5 Abs. 1 **392** lit. a Var. 2 DS-GVO) war schon in der Datenschutzrichtlinie enthalten, ist in Art. 8 GRC aufgeführt und ist für das deutsche Rechtsverständnis schwer zu handhaben. Bei Art. 8 GRC versteht man ihn insbesondere dahingehend, dass er Transparenzrechte für den Betroffenen enthält.[578] Diese sind nun in Art. 5 Abs. 1 lit. a DS-GVO selbstständig aufgeführt, sodass der Grundsatz von Treu und Glauben sich nicht in der Gewährleistung von Transparenzrechten erschöpfen kann. Die englische Sprachfassung spricht von „**fairly**", was als eine zutreffende Konkretisierung des Grundsatzes verstanden wird.[579]

Wie oben (→ Rn. 58) dargelegt, besitzt er auch den Gedanken der **Vorher- 393 sehbarkeit**. Eine Verarbeitung entspricht Treu und Glauben, wenn sie innerhalb dessen liegt, womit der Betroffene bei Zugrundelegung der rechtlichen Regeln redlicherweise rechnen muss. Auf diese Weise ergänzt der Grundsatz den Grundsatz der Rechtmäßigkeit und den Grundsatz der Zweckbindung. Der Sache nach verlangt er als Generalklausel die Handhabung datenschutzrechtlicher Rechte und Pflichten in einer Weise, die auch die Interessen der anderen Seite mitberücksichtigt. Für ein solches Verständnis spricht auch die englische Fassung („fair"). Er führt daher vor allem im Rechtsverkehr unter Privaten für das Datenschutzrecht so etwas wie eine Mäßigungsklausel ein, die etwa die gleiche Funktion besitzt, wie die Gemeinwohlbindung der Hoheitsgewalt im öffentlichen Bereich. Insbesondere Private, die im Datenschutzbereich über große Möglichkeiten verfügen, dürfen von den ihnen insbesondere im Rahmen der Einwilligung eingeräumten Möglichkeiten nur in einer Weise Gebrauch machen, die die **verständigen Interessen** der anderen Seite mitberücksichtigen, auch wenn bei formaler Betrachtung des Rechtes eine noch eigennützi-

---

[578] Vgl. EuGH ZD 2015, 577 Rn. 32 – Bara.
[579] *Frenzel* in Paal/Pauly DS-GVO Art. 5 Rn. 18; *Heberlein* in Ehmann/Selmayr DS-GVO Art. 5 Rn. 9; *Herbst* in Kühling/Buchner DS-GVO Art. 5 Rn. 14.

gere Handhabung des Verantwortlichen möglich wäre. Die Parallele zu § 242 BGB ist systematisch daher weniger fernliegend, als es auf den ersten Blick erscheint.

5. Verarbeitung in einer für den Betroffenen nachvollziehbaren Weise gem. Art. 5 Abs. 1 lit. a Var. 3 DS-GVO

394   **a) Allgemein.** Art. 5 Abs. 1 lit. a DS-GVO normiert als dritten Grundsatz das Gebot der **transparenten Datenverarbeitung.** Dieses geht über die Gewährleistung der Rechte des Betroffenen, insbesondere Auskunftsrechte, hinaus und meint, dass der Verantwortliche grundsätzlich darauf zu achten hat, dass das Ob und die Art und Weise der Verarbeitung für den Betroffenen erkennbar sein müssen. Es handelt sich in gewisser Form um eine **Zuspitzung des Grundsatzes von Treu und Glauben** speziell für die Frage der Erkennbarkeit. Den Grundsatz konkretisiert ErwGr 39. Der Grundsatz umfasst das Sichtbar-Sein und das Sichtbar-Machen.[580]

395   **b) Subgarantien.** Aus dem Grundsatz der Transparenz folgt eine Reihe von Subgarantien. So beruhen auf dem Gedanken der Transparenz: der Grundsatz der **Direkterhebung, Informationsansprüche, Mitteilungsansprüche, Auskunftsansprüche.** Die Subgarantien sind auf eine **gesetzliche Ausgestaltung** angewiesen, ansonsten besitzen sie keine unmittelbare Geltung.

396   **c) Anwendungsbereich der JI-RL (§ 45 BDSG nF).** Im Anwendungsbereich der JI-RL **normiert § 47 Nr. 1 BDSG nF.** den Grundsatz mit kürzeren Worten und setzt damit Art. 4 Abs. 1 lit.a JI-RL um.

6. Zweckbindungsgrundsatz gem. Art. 5 Abs. 1 lit. b) DS-GVO

397   **a) Allgemein.** Der Zweckbindungsgrundsatz ist dasjenige Datenschutzprinzip, das den Datenschutz von anderen Rechtsgebieten deutlich trennt. Er ist der **zentrale datenschutzrechtliche** Grundsatz.[581] Er gibt dem Datenschutz sein **eigenes Gepräge.** Die Heraushebung und Herausarbeitung dieses Prinzips war eine der besonderen Leistungen des Volkszählungsteils des Bundesverfassungsgerichts.[582] Der Zweckbindungsgrundsatz gilt für jede Verarbeitung, auch für die auf Grundlage einer Einwilligung. Europarechtlich war er schon in der Datenschutzrichtlinie verankert. Die Grundverordnung bringt insoweit wenig Neues.[583]

398   **b) Unterschiedliche Nuancen im deutschen und europäischen Recht.** Der europäische Zweckbindungsgrundsatz besitzt einen etwas **anderen Gehalt** als die Zweckbindung im deutschen Recht.[584] Nach deutschem Recht bezieht sich – wegen des verfassungsrechtlichen Rechts auf informationelle

---

[580] Vgl. *Frenzel* in Paal/Pauly DS-GVO Art. 5 Rn. 22.

[581] *Grafenstein* DuD 2015, 789, 790; *Richter* DuD 2015, 735 f.; *Dammann* ZD 2016, 307 (311).

[582] BVerfGE 65, 1 (46) – Volkszählung.

[583] *Dammann* ZD 2016, 307 (311 f.).

[584] *Kühling/Martini* EuZW 2016, 448 (451).

Selbstbestimmung – die Zweckbindung auf den Zweck, zu dem die Daten rechtmäßig erhoben wurden. Die Verwendung zu einem anderen Zweck bedarf einer neuen Rechtfertigung. Nach europäischem Recht bezieht sich die Zweckbindung demgegenüber auf ein Verbot einer Verarbeitung zu einem mit dem Erhebungszweck unvereinbaren Zweck („nicht in einer mit diesem Zweck nicht zu vereinbaren Weise", vgl. Art. 5 Abs. 1 lit. b DS-GVO/Art. 6 Abs. 1 UAbs. 1 lit. b DSRL). Das BVerfG hat in dem Urteil zum BKA-Gesetz eine gewisse Angleichung des deutschen Rechts an das Europarecht vorgenommen, indem es zwischen einer Zweckänderung und einer anderen Nutzung unterscheidet und die Anforderungen an die Letztere deutlich herabgesetzt hat.[585]

Die **Unterschiede** bleiben allerdings bestehen, wenn man die Frage der Zu- **399** lässigkeit der Zweckänderung betrachtet. Nach deutschem Verständnis ist die **Zweckänderung** eine Datenverarbeitung, die sich nicht auf die Rechtsgrundlage für die ursprüngliche Datenerhebung stützen kann. Sie muss daher eine eigene Rechtsgrundlage besitzen, kann durch eine eigene Rechtsgrundlage aber auch gerechtfertigt werden. Im Unionsrecht ist dies anders, wobei sich die Rechtsfolge nur schwer aus der Verordnung ablesen lässt. Die Verarbeitung zu einem unvereinbaren Zweck ist nur unter ganz engen Voraussetzungen erlaubt und schwerer möglich, als im deutschen Recht. Liegt eine Zweckänderung vor (d. h. Verwendung zu einem nicht mit dem Erhebungszweck zu vereinbarenden Zweck), ist die Verarbeitung nur unter den abschließenden Gründen des Art. 6 Abs. 4 DS-GVO möglich. Art. 6 Abs. 4 DS-GVO nennt die Einwilligung und eine unionale oder nationale Norm, die von der Ermächtigung in Art. 23 Abs. 1 DS-GVO Gebrauch macht.[586] Scheidet Art. 6 Abs. 4 DS-GVO aus, ist die Verarbeitung unzulässig und die personenbezogenen Daten müssen neu erhoben werden.

c) Inhalt. Der europarechtliche Zweckbindungsgrundsatz besagt: Perso- **400** nenbezogene Daten dürfen nur für die Zwecke verwendet werden, **die nicht unvereinbar, dh kompatibel** sind mit dem Zweck, für den sie rechtmäßig erhoben wurden. Eine darüber hinausgehende Verwendung (Zweckänderung) ist nur unter den Voraussetzungen des Art. 6 Abs. 4 DS-GVO möglich. Der Grundsatz der Zweckbindung unterfällt in zwei Untergrundsätze: das Gebot der Zweckfestlegung und das Gebot der Zweckbeachtung.

d) Zweckfestlegung. aa) Allgemein. Art. 5 Abs. 1 lit. b DS-GVO ver- **401** langt ausdrücklich, dass vor der Erhebung die Zwecke eindeutig festgelegt werden und Art. 5 DS-GVO gibt dabei materielle Vorgaben für die **Zweckfestlegung** vor. Die Festlegung muss eindeutig sein und die Zwecke müssen legitim sein. Unbestimmte oder illegitime Zwecke können das Gebot der Zweckfestlegung nicht erfüllen.

bb) Trennung von Zweckfestlegung und Verarbeitungsrechtferti- 402 gung. Von einer Zweckfestlegung kann man nur sprechen, wenn die Zwecke konkludent oder ausdrücklich **durch den Verantwortlichen bestimmt wer-**

---

[585] Vgl. BVerfG NJW 2016, 1781 Rn. 278 ff. – BKA-Gesetz.
[586] Dazu *Kühling/Martini ua* Die DS-GVO und das nationale Recht, 2016, S. 39.

den. Die Existenz eines Rechtsgrundes für die Datenverarbeitung gemäß Art. 6 DS-GVO ist nicht identisch mit der Zweckfestlegung. Das Gebot der Zweckfestlegung geht über die Rechtfertigungsnotwendigkeit hinaus. Deutlich wird dies vor allem durch Art. 6 Abs. 3 DS-GVO, der für den Fall des Rechtsgrundes der Erfüllung einer rechtlichen Verpflichtung oder eines öffentlichen Interesses ausdrücklich die Bestimmung des Zweckes in der Rechtsgrundlage verlangt. Das Gebot der Zweckfestlegung setzt voraus, dass die Zwecke innerhalb des Rechtsgrundes der Datenverarbeitung liegen, und **engt daher die Rechtsgrundlage** selbst noch einmal ein. Durch die Zweckfestlegung wird ein Akt der Selbstbindung bewirkt.[587]

403   **cc) Notwendigkeit der Perpetuierung.** Besondere Anforderungen an die Art und Weise der Zweckfestlegung legt Art. 6 Abs. 1 UAbs. 1 lit. b DS-GVO nicht fest. Aus dem Sinn wird man allerdings schließen müssen, dass eine nachträgliche Änderung der Zweckfestlegung durch den Verantwortlichen nicht ohne weiteres möglich sein darf, sodass eine gewisse **Perpetuierung** und eine gewisse Transparenz der Zweckfestlegung verlangt werden muss, dh in der Regel, dass die Zweckfestlegung für den Betroffenen erkennbar sein muss.

404   **dd) Eindeutige Zwecke.** *(1) Ausdrücklichkeit.* Die Zwecke müssen **eindeutig** sein (vgl. Art. 5 Abs. 1 lit. b 1. Hs. DS-GVO). Dies sind sie in der Regel nur, wenn sie ausdrücklich als Zweck bezeichnet werden und inhaltlich eine gewisse Begrenzungsfunktion erfüllen. Die Verordnung selbst konkretisiert dies in Art. 6 Abs. 3 S. 1 DS-GVO. In Art. 6 Abs. 3 S. 1 DS-GVO verlangt sie für die Fallgestaltung, dass die Verarbeitung aufgrund einer gesetzlichen Vorschrift erforderlich ist sowie dass die gesetzliche Vorschrift die Zwecke festlegen muss. Die Rechtsvorschrift muss daher nicht nur die Verarbeitung selbst ausdrücklich regeln sondern auch die Zwecke. Anders ist dies bei einer Verarbeitung, die für die Wahrnehmung einer Aufgabe erforderlich ist, die im öffentlichen Interesse liegt oder in der Ausübung öffentlicher Gewalt erfolgt. Für diese Fallgruppe muss der Zweck der Verarbeitung zur Erfüllung der Aufgabe erforderlich sein. Dies kann man nur so deuten, dass bei der Verarbeitung zum **Zwecke der Erfüllung einer öffentlichen Aufgabe keine** ausdrückliche **Zweckbestimmung erforderlich** ist, sondern vielmehr die Zweckbestimmung durch die Festlegung der Aufgaben im Gesetz mitbestimmt wird.

405   *(2) Bestimmtheit.* Die Kraft des Zweckbindungsgrundsatzes hängt ersichtlich davon ab, wie konkret die Zweckfestlegung im Einzelfall erfolgt. Je **konkreter** die **Zweckbestimmung** ist, umso eher ergibt sich eine Zweckänderung, die einer neuen rechtlichen Rechtfertigung durch eine Einwilligung oder einen (anderen) Rechtfertigungsgrund iSv Art. 6 Abs. 4 DS-GVO bedarf. Der Verantwortliche wird daher oftmals ein Interesse daran haben, die Zweckbestimmung bei der Erhebung grundsätzlich vage zu halten, um somit erst spät in den Bereich der Zweckänderung zu geraten. Dem Betroffenen wiederum muss an einer konkreten Zweckbestimmung gelegen sein. Das BVerfG unter-

---

[587] Vgl. *Frenzel* in Paal/Pauly DS-GVO Art. 5 Rn. 27.

stützt für das deutsche Recht den Zweckbindungsgrundsatz, indem es ihn in enge Beziehung zum rechtstaatlichen Grundsatz der Bestimmtheit setzt und als Grundlage für einen Eingriff eine **hinreichend präzise Umgrenzung** des Verwendungszwecks der betroffenen Informationen verlangt.[588]

Zweckbestimmungen wie Verwendungen für Werbung, Auskunfteien oder **406** Big-Data-Anwendungen sind in aller Regel zu vage.[589] Sie können nur dann ausnahmsweise zulässig sein, wenn sie aufgrund des konkreten Kontexts hinreichend eingegrenzt sind und daher nur eine eng begrenzte Art von Werbung, Auskunftei etc. erfassen.

ee) Legitimer Zweck. Der Zweck muss legitim sein. „**Legitim**" ist nicht **407** definiert und dürfte nicht iSv „moralisch hochstehend" zu verstehen sein. Legitim meint „nachvollziehbar" und auf einem berechtigten Interesse beruhend. Ein legitimer Zweck dürfte in der Regel gegeben sein, wenn sich die Zwecksetzung innerhalb einer gesetzlichen Grundlage oder innerhalb einer Einwilligung bewegt, sofern zumindest die Einwilligung wirksam und gültig ist.[590]

e) Zweckbindung. aa) Allgemein. Das zweite Untergebot der Zweck- **408** bestimmung ist das der **Zweckbindung.** Durch den Grundsatz der Zweckbindung wird sichergestellt, dass der Verantwortliche mit den Daten nicht nach seinem Belieben verfahren kann, sondern die Rechtfertigung, die durch die Existenz eines Rechtsgrundes für die Erhebung bzw. die Speicherung bestand, in der weiteren Verarbeitung aufrechterhalten bleibt. Die Zweckbindung orientiert sich dabei an den Zwecken, die festgelegt wurden. Nicht relevant ist, ob die Daten auch zu den Zwecken, zu denen sie weiterverwendet werden sollen, hätten erhoben werden können. Die Zweckbindung orientiert sich an den tatsächlich festgelegten Zwecken und nicht an den hypothetisch festlegbaren Zwecken. Allerdings besteht eine gewisse Vermutung dafür, dass wenn eine Verarbeitung zu anderen Zwecken auch hätte erhoben werden können, sie grundsätzlich nicht unvereinbar mit den Zwecken ist, zu denen sie tatsächlich erhoben wurde.

bb) Zweckverträglichkeit. Die Verarbeitung darf mit den Zwecken, die **409** bei der Erhebung festgelegt wurden, nicht unvereinbar sein. Für das Unionsrecht ist nicht erforderlich, dass die Verarbeitung zu genau den Zwecken erfolgt, zu denen sie erhoben wurden. Die Verarbeitungszwecke müssen vielmehr nur mit den Erhebungszwecken **kompatibel** sein.

Die Kriterien, die bei einer Vereinbarkeitsprüfung angelegt werden können, **410** lassen sich im Umkehrschluss aus **Art. 6 Abs. 4 Hs. 2 DS-GVO** entnehmen (Verbindung der verschiedenen Zwecke; Erhebungszusammenhang; Art der personenbezogenen Daten; Folgen für den Betroffenen; bestehende Garantien). Art. 5 DS-GVO verweist insofern unausgesprochen auf Art. 6 Abs. 4 2. Hs DS-GVO. Entscheidend ist danach unter anderem zu prüfen, ob ein Zusammenhang zwischen den Zwecken, für die die personenbezogenen Daten erhoben wurden, und den Zwecken der beabsichtigten Weiterverarbeitung be-

---

[588] BVerfGE 120, 351 (366) – Bundeszentralamt für Steuern.
[589] *Schantz* NJW 2016, 1841 (1843).
[590] Vgl. *Frenzel* in Paal/Pauly DS-GVO Art. 5 Rn. 28.

steht, in welchem Kontext die Daten erhoben wurden, insbesondere die vernünftigen Erwartungen der betroffenen Person, die auf ihrer Beziehung zu dem Verantwortlichen beruhen, in Bezug auf die weitere Verwendung dieser Daten, um welche Art von personenbezogenen Daten es sich handelt, welche Folgen die beabsichtigte Weiterverarbeitung für die betroffenen Personen hat und ob sowohl beim ursprünglichen als auch beim beabsichtigten Weiterverarbeitungsvorgang geeignete Garantien bestehen (ErwGr 50). Die Aufzählung ist dort bewusst nicht abschließend. Bei der Kompatibilitätsprüfung sind auch die Grundrechte einzubeziehen.[591] Die Konkretisierung dieser Maßstäbe wird eine der großen Aufgaben der Zukunft sein. Der Art. 6 Abs. 4 DS-GVO dürfte zu einer der wichtigsten Bestimmung der DS-GVO werden.

411 Liegt eine mit dem Erhebungszweck kompatible weitere Verarbeitung vor ist keine relevante Zweckänderung gegeben. Fraglich ist, ob diese weitere kompatible Verarbeitung einer **eigenen Rechtfertigung bedarf**,[592] oder ob die Erhebungsgrundlage insoweit auch diese kompatible Zweckänderung trägt. Der Normtext spricht für die Ansicht, dass für zweckverträgliche Zweckänderungen **keine neue Rechtfertigung erforderlich** ist.[593] Kompatible weitere Verarbeitungen können sich daher zutreffender Ansicht nach auf den Rechtsgrund für die Erhebung stützen (zu dem Sonderfall der fiktiven Kompatibilität des Art. 5 Abs. 1 lit. b Hs. 2 DS-GVO s. gleich). Dafür spricht auch der Ew 50. Dort heißt es: „Die Verarbeitung personenbezogener Daten für andere Zwecke als die, für die die personenbezogenen Daten ursprünglich erhoben wurden, sollte nur zulässig sein, wenn die Verarbeitung mit den Zwecken, für die die personenbezogenen Daten ursprünglich erhoben wurden, vereinbar ist. In diesem Fall ist keine andere gesonderte Rechtsgrundlage erforderlich als diejenige für die Erhebung der personenbezogenen Daten."

412 cc) **Zweckunverträglichkeit.** Bei einer mit dem Erhebungszweck unverträglichen Zweckänderung muss einer der in Art. 6 Abs. 4 Hs. 1 DS-GVO genannten Gründe vorliegen, ansonsten ist die Zweckänderung unzulässig.[594] Das Europarecht verlangt dann eine Neuerhebung der Daten. Eine **selbständige Rechtfertigung der Zweckänderung unter Rückgriff auf Art. 6 Abs. 1 DS-GVO** ist zutreffender Ansicht nach **nicht möglich** und widerspricht der klaren Intention des Art. 6 Abs. 4 DS-GVO. Dies wird auch durch die unterschiedlichen Normfassungen des **Art. 6 Abs. 4 DS-GVO**, die während der Entstehungsgeschichte formuliert wurden, deutlich.[595] Durch dieses strenge Gebot der Neuerhebung im Falle einer unzulässigen Zweckänderung ist das Europarecht deutlich strenger als das deutsche Datenschutzrecht, das

---

[591] *Grafenstein* DuD 2015, 789 (794 ff.).

[592] *Schantz* NJW 2016, 1841 (1844); unscharf *Grafenstein* DuD 2015, 789 (792), weil zu sehr am deutschen Recht verhaftet.

[593] Wie hier: *Heberlein* in Ehmann/Selmayr DS-GVO Art. 5 Rn.16; *Pötters* in Gola DS-GVO Art. 5 Rn. 13; aA *Schantz* NJW 2016, 1841 (1844); *Albrecht/Jotzo* Das neue Datenschutzrecht der EU, Teil III Rn. 52 ff.; *Herbst* in Kühling/Buchner DS-GVO Art. 5 Rn. 29.

[594] *Albrecht* CR 2016, 88 (92); *Pötters* in Gola DS-GVO Art. 5 Rn. 18; *Heberlein* in Ehmann/Selmayr DS-GVO Art. 5 Rn.16.

[595] *Albrecht* CR 2016, 88 (92).

bisher die Rechtfertigungsmöglichkeit der Zweckänderung in gleicher Weise für möglich hielt wie bei der erstmaligen Erhebung.

f) Ausnahmen vom Zweckbindungsgrundsatz. Art. 5 DS-GVO kennt **413** **Ausnahmen** des Zweckgrundsatzes und zwar für Archivzwecke,[596] Forschungszwecke[597] oder Statistik[598] (zur Definition (→ Rn. 416). Für diese drei Zwecke wird grundsätzlich eine Zweckverträglichkeit der Weiterverwendung unterstellt. Sie könnten sich als Einfallstore der Zweckbindung entwickeln. Wegen dieser offensichtlichen Gefahr sind sie **restriktiv auszulegen.** Die Festlegung, dass die Verarbeitung für Archivzwecke,[599] Forschungszwecke[600] oder Statistik als kompatibel gilt, bezieht sich vom Normtext des Art. 5 Abs. 1 lit. b DS-GVO auf den Fall, dass eine Verarbeitung zu nicht-kompatiblen Zwecken verboten ist. Nur zu diesem Zweck greift die Fiktion. Sie greift nicht für den ungeschriebenen Satz, dass eine Verarbeitung für kompatible Zwecke keine neue Rechtsgrundlage benötigt (→ Rn. 411). Diese ungeschriebene im ErwGr 50 formulierte Folgerung gilt nur für tatsächlich kompatible und nicht fingiert kompatible Zwecke. Für die fingierten kompatiblen Zwecke Archiv/Forschung und Statistik bleibt es zutreffender Ansicht nach bei dem Grundsatz des Art. 6 Abs. 1 DS-GVO, dass jede Verarbeitung einer Rechtsgrundlage bedarf.

Die Ausnahme für Archivzwecke beschränkt sich auf **Archive**, die im **öf- 414 fentlichen Interesse** liegen. Die Parallele zu Art. 6 Abs. 1 UAbs. 1 lit. e DS-GVO „Aufgabe, die im öffentlichen Interesse liegt", legt es nahe, anzunehmen, dass die Zweckbestimmung „öffentliches Interesse" durch eine Rechtsnorm begründet werden muss. Art. 89 DS-GVO gestattet den Mitgliedsstaaten zudem, für diesen Bereich Sonderregelungen zu erlassen.

Die Ausnahme für die **Forschung** beschränkt sich auf die wissenschaftliche **415** Forschung. Wissenschaftliche Forschung dürfte in Abgrenzung zu Marktforschung oder Produktforschung zu verstehen sein. Wissenschaft wird im Rahmen von Art. 5 Abs. 3 GG als das **methodengeleitete systematische Suchen nach der Wahrheit verstanden.** Eine Definition, die vielleicht nicht wörtlich auf Art. 5 lit. b) DS-GVO übertragen werden muss, aber doch gewisse Anhaltspunkte liefert. Industrielle Forschung und wissenschaftliche Forschung schließen sich nicht aus, auch nicht der Wunsch, Forschungsergebnisse anschließend kommerziell zu nutzen. Bei wissenschaftlicher Forschung muss aber das Erkenntnisziel als solches und nicht seine Nutzungsmöglichkeiten die Triebkraft der Tätigkeit sein.

Die Ausnahme des **statistischen** Zwecks erhält einen erheblichen Anwen- **416** dungsbereich, wenn man den Begriff wörtlich versteht. Statistik wäre danach die geordnete Zusammenstellung empirischer Daten zum Zweck, nach einer methodengeleiteten Analyse Aussagen zu erreichen. Statistik ist gekennzeichnet durch die Aufgabe, laufend Daten über definierte Erscheinungen zu erheben, zu sammeln, aufzubereiten, darzustellen und zu analysieren. Art. 5 DS-

---

[596] *Buchner* DuD 2016, 155 (157).
[597] Dazu *K. Schaar* ZD 2016, 224 (224 f.).
[598] *Richter* DuD 2015, 735 (737 ff.).
[599] *Buchner* DuD 2016, 155 (157).
[600] Dazu *K. Schaar* ZD 2016, 224 (224 f.).

GVO schränkt die Statistik nicht näher ein, insbesondere nicht auf öffentliche Statistiken. Erfasst sind vom Normtext her damit auch kommerzielle Statistiken. Der damit eröffnete Raum einer Zweckänderung, die nicht an Art. 6 Abs. 4 DS-GVO zu messen ist, ist gigantisch. Die Verordnung entzieht dem Zweckbindungsgrundsatz in unglaublichen Umfang die Grundlage. Die Verordnung rechtfertigt dies in Ew 162 S. 5 DS-GVO mit dem Hinweis, die Ergebnisse der Statistik seien keine personenbezogenen Daten mehr. Die Gefahr für den Betroffenen liegt aber schon in der Sammlung der Daten, dh vor der Anonymisierung. Für unglaublich viele Zweckänderungen lassen sich statistische Verwendungen definieren. Der Verantwortliche muss seinen Erkenntniszweck nur statistisch formulieren. Der Normtext ist leider eindeutig. Nicht von Art. 5 lit. b DS-GVO privilegiert ist aber die Verwendung der Daten für den Zweck, dem die Statistik dient.

Beispiel: Sammelt ein großer Internethandel die jeweiligen Einkaufskörbe, um statistische Daten für kombinierte Wahlentscheidungen zu finden, so mag dies noch unter die privilegierte Verwendung fallen. Die Information des einzelnen Käufers über diese Erkenntnis oder der Hinweis, statistisch gesehen läge nun aber auch noch der Kauf einer bestimmten Ware nahe, ist sicher nicht mehr erfasst.

417   Ebenfalls nicht darunter fällt eine **ungeordnete Sammlung** von Daten („Big Data") und die Auswertung dieser Sammlung nach festgelegten Kriterien, weil die Statistik eine schon geordnete Anlegung der Datensammlung verlangt.[601] Die Frage taucht – im speziellen Kontext zu den privilegierten Zwecken – noch einmal auf (→ Rn. 351).

418   **g) Zweckbindungsgrundsatz bei erlangten aber nicht erhobenen Daten.** Art. 5 Abs. 1 lit. b DS-GVO knüpft das Gebot der Zweckfestlegung an die Erhebung von Daten. **Fehlt eine Erhebung**, weil die Daten dem Verantwortlichen ohne dessen Einfluss zugespielt wurden, verlangt die **Ratio** des Art. 5 DS-GVO eine Zweckfestlegung der ersten Speicherung, wie sie im deutschen Recht ausdrücklich geregelt ist (§ 14 Abs. 1 S. 2 BDSG aF). Art. 5 DS-GVO normiert deutlich das Gebot, bei einer Datenverarbeitung immer auch einen Zweck festzulegen, an den die Daten gebunden werden.

419   **h) Anwendungsbereich der JI-RL (§ 45 BDSG nF).** § 47 Nr. 2 BDSG **nF** wiederholt diesen Grundsatz für den Bereich der JI-RL-Richtlinie (vgl Art. 4 Abs. 1 lit. b JI-RL).

7. Datenminimierung gem. Art. 5 Abs. 1 lit. c DS-GVO

420   **a) Allgemein.** Der Grundsatz der **Datenminimierung** nimmt nicht das einzelne Datum in den Blick, sondern richtet sich an die Situation, dass eine gewisse Menge von Daten existiert. Der Grundsatz der Datenminimierung setzt eine rechtmäßige Datenverarbeitung und eine rechtmäßige Zweckbestimmung der Datenverarbeitung voraus und grenzt diese noch einmal ein. Er gilt für jede Verarbeitung auch für eine solche auf der Grundlage einer Einwilligung. Es ist nicht abschließend geklärt, ob der Grundsatz der Datenminimierung mit dem verfassungsrechtlichen Grundsatz der Verhältnismäßigkeit

---

[601] Ausführlich *Richter* DuD 2015, 735 (736 ff.).

gleichgesetzt werden kann. Es bestehen aber zumindest weitgehende Übereinstimmungen. Als geringfügige Abweichung ist zu verzeichnen: Beim Grundsatz der Datenminimierung liegt der verfolgte Zweck nicht notwendig in einem Gemeinwohlzweck.

b) Dem Zweck angemessene Daten. Gem. Art. 5 Abs. 1 lit. c DS-GVO **421**
müssen die personenbezogenen Daten dem Zweck **angemessen** sein. Die Angemessenheit begrenzt daher Informationen, die grundsätzlich aus Gründen
der Zweckerreichung geeignet wären, aber in einem unangemessenen Verhältnis zu ihm stehen. In einem angemessenen Verhältnis stehen sie nur, wenn ihre
Zuordnung zu dem Zweck nicht beanstandet werden kann.[602] Der Grundsatz der Angemessenheit verlangt, dass die Belastung durch die Datenverarbeitung für den Betroffenen in einem angemessenen Verhältnis zu dem mit der
Datenverarbeitung verfolgten Zweck steht. Dies ist insbesondere für Datenverarbeitungen relevant, bei denen der Betroffene keinen individuellen Einfluss
auf den Umfang der Verarbeitung besitzt, wie bei der Datenverarbeitung auf
der Grundlage von allgemeinen Geschäftsbedingungen. Die Angemessenheit
betrifft nicht die Verhältnismäßigkeit im engeren Sinne. Dies ergibt sich trotz
der Identität des Begriffes daraus, dass die Angemessenheit der Erforderlichkeit und der Begrenzung auf das notwendige Maß vorgelagert ist.[603] **Nicht angemessen sind etwa sensible Daten für banale Zwecke.**

c) Erhebliche Daten. Weiter müssen die Daten für die Zweckerreichung **422**
erheblich sein. Das heißt sie müssen überhaupt geeignet sein, den Zweck zu
erreichen. Das sind sie, wenn sie für die Zweckerreichung förderlich sind.
Kann man die Verarbeitung der Daten wegdenken, ohne dass die Erreichung
des Zwecks erschwert wird, sind sie nicht erheblich.

d) Auf das für die Verarbeitung notwenige Maß beschränkte Daten. **423**

aa) Allgemein. Die **Datenmenge** darf nur so groß sein, wie es notwendig
ist, um die Zwecke zu erreichen, denen die Verarbeitung dient: Es dürfen also
nicht mehr Daten erhoben werden, als für die Zweckerreichung erforderlich sind.

bb) Vorsorge für außergewöhnliche Situationen. Schwierig ist die Be- **424**
urteilung der **vorsorglichen Speicherung für außergewöhnliche Situationen**, die nur in einem kleinen Anteil der Fälle relevant werden, zB für den
Bereich der Vertragsdatenverarbeitung, die Speicherung von Daten einer Ver-
trauensperson der betroffenen Person (mit deren Zustimmung), für den Fall
des Todes oder des Wegzugs des eigentlichen Partners des Schuldverhältnisses. Grundsätzlich gilt hier: Kann der Verantwortliche im Falle des Eintritts
der ungewöhnlichen Situation die fraglichen Daten nicht mehr generieren, ist
es grds zulässig, sie schon im Voraus zu erheben, wenn nicht ausgeschlossen
werden kann, dass die Situation, in der die Daten erforderlich werden, vor-
kommt. Kann sie sie auch erst bei Bedarf erheben, kommt es darauf an, wie
wahrscheinlich der Eintritt der Sonderkonstellation ist, wie groß der Zu-
satzaufwand der nachträglichen Erhebung und wie erheblich die datenschutz-

---

[602] *Frenzel* in Paal/Pauly DS-GVO Art. 5 Rn. 35; *Herbst* in Kühling/Buchner DS-
GVO Art. 5 Rn. 57.
[603] So in der Sache ebenfalls *Frenzel* in Paal/Pauly DS-GVO Art. 5 Rn. 35.

rechtliche Relevanz der Erhebung ist (wie groß die vorsorglich erhobene Datenmenge ist und wie sensibel die Daten sind). Ein Indiz für die Grenzen der Erforderlichkeit kann auch sein, ob die Sonderkonstellation der anderen Seite erkennbar ist oder nicht.

425   cc) Verbot der Vorratsdatenspeicherung. Ein Untergebot der Datenminimierung ist der Grundsatz des Verbotes der **Vorratsdatenspeicherung.** Es besagt: Die Erhebung von Daten, ohne dass die Daten für einen konkreten Zweck benötigt werden, ist grundsätzlich unzulässig.[604]

426   Wie losgelöst die Datenerhebung von einer künftigen zweckbezogenen Datenverarbeitung sein muss, damit man von einer Vorratsdatenspeicherung sprechen kann, kann man unterschiedlich sehen – für den Grundgedanken spielt es keine Rolle. Eine Vorratsdatenspeicherung liegt dann vor, wenn Daten erhoben werden, ohne dass man wirklich mit Recht behaupten kann, diese Daten für einen bestimmten Verwaltungs- oder Geschäftszweck (der über das Datensammeln hinausgeht) mit hinreichender Sicherheit zu benötigen.

427   dd) Gebot der Datenvermeidung und Datensparsamkeit. Enthalten im Gebot, die Verarbeitung von Daten auf das **notwenige Maß zu beschränken**, ist das Gebot der **Datenvermeidung** und **Datensparsamkeit.** Danach sind prinzipiell so wenig personenbezogene Daten wie möglich zu erheben, zu verarbeiten und zu nutzen. Es sind grundsätzlich solche Datenverarbeitungsprozesse zu entwickeln, die mit möglichst wenigen Daten auskommen. Diese Überlegungen sind in den betrieblichen Prozess einzuspeisen.[605] Dabei ist vor allem auf Datenverarbeitungsprozesse umzustellen, bei denen die Verarbeitung anonymisierter oder pseudoanonymisierter Daten genügt. Der Grundsatz ist im deutschen Recht in § 3a BDSG aF normiert. Als Prinzip ist er auch schon im Recht auf informationelle Selbstbestimmung angelegt. In der DS-GVO ist der Grundsatz der Datensparsamkeit nicht ausdrücklich geregelt, aber im Grundsatz der Datenminimierung gemäß Art. 5 Abs. 1 lit. c DS-GVO mit enthalten.

428   e) Verhältnis zum Grundsatz der Erforderlichkeit. aa) Fragestellung. Die Aspekte der Angemessenheit, der Erheblichkeit und der Notwendigkeit sind Aspekte, die im deutschen Recht über **den Grundsatz der Erforderlichkeit** abgefangen werden. Ein Blick in Art. 6 DS-GVO belegt allerdings, dass in Art. 6 Abs. 1 UAbs. 1 lit. b, c, d, e und f DS-GVO ebenfalls von Erforderlichkeit die Rede ist. In Art. 6 DS-GVO ist daher der Grundsatz für die Erforderlichkeit für alle Rechtfertigungsgründe außer der Einwilligung fixiert. Es bleibt daher zu klären, wie sich der Grundsatz der Erforderlichkeit zu dem Grundsatz der Datenminimierung verhält.

429   bb) Der Grundsatz der Erforderlichkeit. *(1) Allgemein.* Der Grundsatz der Erforderlichkeit **lautet**: Eine Datenverarbeitung personenbezogener Daten ist nur soweit zulässig, soweit diese zur Erreichung des Zweckes not-

---

[604] Vgl. für das deutsche Recht BVerfGE 118, 168 (187) – Kontostammdaten; BVerfGE 125, 260 ff. – Vorratsdatenspeicherung; für das europäische Recht: EuGH EuZW 2014, 459 – Digital Rights Ireland; s. zum Verfassungsrecht (→ Rn. 166) .

[605] v. d. *Bussche/Zeiter/Brombach* in DB 2016, 1359 ff.; *Heberlein* in Ehmann/Selmayr DS-GVO Art. 5 Rn. 23.

wendig ist. Der Grundsatz der Erforderlichkeit setzt eine rechtmäßige Datenverarbeitung und eine rechtmäßige Zweckbestimmung der Datenverarbeitung voraus und grenzt diese noch einmal ein. Er ist entwickelt worden für Datenverarbeitungen, die sich auf Rechtsnormen stützen. Dies ist der Grund, weshalb Art. 6 Abs. 1 UAbs. 1 lit. a DS-GVO die Erforderlichkeit nicht erwähnt.[606] Der Grundsatz der Erforderlichkeit ist nicht in Art. 5 DS-GVO als Grundsatz genannt, aber in Art. 6 Abs. 1 UAbs. 1 lit. b bis lit. f DS-GVO enthalten.

Es ist nicht abschließend geklärt, ob der Grundsatz der Erforderlichkeit **430** **gleichgesetzt** werden kann mit der **Erforderlichkeitsstufe** des verfassungsrechtlichen Grundsatzes der **Verhältnismäßigkeit**. Es bestehen aber zumindest weitgehende Übereinstimmungen. Als geringfügige Abweichungen sind zu verzeichnen: Beim Grundsatz der Erforderlichkeit liegt der verfolgte Zweck nicht in einem Gemeinwohlzweck, sondern in einer Datenverarbeitung zu einem Gemeinwohlzweck, weiter bezieht der Grundsatz die Frage der Geeignetheit mit ein und ebenso eklatante Fälle der Unverhältnismäßigkeit, dh der sogenannten Angemessenheit und trennt daher die Stufen, anders als der Grundsatz der Verhältnismäßigkeit, nicht.

Der Grundsatz der Erforderlichkeit besitzt im Abstrakten einen **klaren** **431** **Kern,** im Grenzbereich kann seine Bestimmung schwierig sein.[607] Nach seinem Kern gestattet eine generelle Erlaubnis der Datenverarbeitung nicht, dass diese Daten immer und für jeden Zweck im Rahmen der generellen Erlaubnisnorm verwendet werden dürfen, sondern nur konkret, soweit dies zur Erreichung eines konkret festgelegten Zweckes geboten ist. Er kann dabei auch über die Verarbeitung personenbezogener Daten als solche entscheiden. So ist deren Verarbeitung nicht erforderlich, wenn der Zweck auch mit der Verarbeitung anonymisierter Daten erreichbar ist.[608]

Der Grundsatz der Erforderlichkeit gemäß Art. 5 Abs. 1 lit. d DS-GVO be- **432** sitzt **mehrere Bedeutungsebenen**. Die Datenverarbeitung muss objektiv tauglich sein, den festgelegten Zweck zu erreichen bzw. seine Zweckerreichung zu erleichtern. Der Grundsatz der notwendigen Beschränkung verlangt, dass keine alternative Form der Datenverarbeitung besteht, die die Zwecke in vergleichbarer Weise erreichen kann und zugleich als datenschutzschonender zu qualifizieren ist (Gebot der Alternative).

(2) Objektive Gebotenheit – Kausalität. Zunächst enthält der Grundsatz **433** ein Gebot des Erfordernisses einer kausalen Zweckförderung. Die Datenverarbeitung muss **objektiv tauglich** sein, den festgelegten Zweck zu erreichen bzw. seine Zweckerreichung zu erleichtern. Zwischen der beabsichtigten Datenverarbeitung und dem Datenverarbeitungszweck muss ein unmittelbarer sachlicher Zusammenhang bestehen.[609] Lehnt man sich an die übliche Kausa-

---

[606] *Art. 29-Gruppe* Stellungnahme 06/2014 zum Begriff des berechtigten Interesses des für die Verarbeitung Verantwortlichen gemäß Art. 7 der Richtlinie 95/46/EG, WP 217 v. 9.4.2014, S. 13.
[607] *Tiedemann* NJW 1981, 945 (946).
[608] EuGH NVwZ 2009, 389 Rn. 65 – Huber.
[609] BAG NZA 1987, 415 (416).

litätsprüfung an, gilt: Kann die Datenverarbeitung hinweggedacht werden, ohne dass die Zweckerreichung erschwert oder verhindert wird, ist die Datenverarbeitung nicht erforderlich.

434   *(3) Die Frage der datenschutzschonenden Alternative.* Der Grundsatz der Erforderlichkeit verlangt nach zutreffender Auffassung aber nicht nur, dass eine Datenverarbeitung unterbleibt, die für die Zwecke überhaupt keinen Vorteil bringt. Er verlangt auch, dass keine alternative Form der Datenverarbeitung besteht, welche die Zwecke in vergleichbarer Weise erreichen kann und zugleich als datenschutzschonender zu qualifizieren ist (Gebot der **datenschutzschonenderen** oder datenschutzintensiveren **Alternative**). Die Frage, wie plausibel oder wie geboten die Datenverarbeitung für die Zweckerreichung ist, beruht (anders als die Prüfung des objektiven Kausalitätsverhältnisses) auf einem Werturteil. Die Datenverarbeitung ist zumindest dann gerechtfertigt, wenn diese ein geeignetes Mittel ist, für das es keine zumutbare Alternative gibt. Nicht notwendig ist, dass die Datenverarbeitung aus technischen, wirtschaftlichen, organisatorischen oder sonstigen Gründen schlechterdings unverzichtbar ist. Der Grundsatz der Erforderlichkeit kann **nicht** im Sinne einer **absolut zwingenden Notwendigkeit** oder einer bestmöglichen Effizienz verstanden werden. Entscheidend ist, ob nach den Gesamtumständen die Wahl einer anderen Informationsmöglichkeit oder der Verzicht hierauf nicht sinnvoll oder nicht zumutbar wäre und für dieses Werturteil dabei die grundsätzliche Organisationsform und Arbeitsweise des Verantwortlichen zugrunde gelegt wird. Komplizierte Formen der Arbeitsabläufe, die unsinnige Mengen von personenbezogenen Daten anhäufen, genügen dem Datenminimierungsgrundsatz auch dann nicht, wenn sie der Zweckerreichung objektiv gesehen noch dienen.

435   Die Frage, welche Datenverarbeitung im Vergleich zu einer anderen datenschutzschonender oder datenschutzintensiver ist, richtet sich nach allgemeinen Kriterien. Entscheidend ist, welche Datenverarbeitung, sofern sie auf einer gesetzlichen Grundlage beruhen würde, als der schwerere Eingriff zu qualifizieren ist. Nicht immer ist die Rangfolge klar zu benennen, oftmals werden die Varianten jeweils spezifische Vor- und Nachteile aufweisen. Die entscheidenden Maßstäbe für die Bewertung der Schwere wären: Art der Daten (sensible oder nicht sensible), Art der Datenverarbeitung, Missbrauchsgefahren, Verwendungsmöglichkeiten, Verknüpfungsmöglichkeiten, Verfahrensabsicherungen, Transparenzgebote, Gebote der Datensicherheit, Datenmenge, Anzahl der betroffenen Personen usw.

436   Das Gebot der datenschutzmilderen Alternative ist **mit Vorsicht** anzuwenden, da der Grundsatz der Erforderlichkeit der verarbeitenden Stelle vorschreiben darf, wie sie die Datenverarbeitung selbst zu organisieren hat, aber nicht in einer Weise, die ihr jeweiliges Selbstorganisationsrecht über Gebühr beeinträchtigt. Man kann der verantwortlichen Stelle keine Umorganisation vorschreiben mit der Folge, dass auf diese Weise die Datenverarbeitung dem Sinn des allgemeinen Persönlichkeitsrechts besser gerecht würde, wenn nicht sicher ist, dass alle anderen Faktoren, die für den Verantwortlichen zentral sind, gleich bleiben. Der Grundsatz der Erforderlichkeit verlangt nicht, dass die Ziele, die innerhalb der rechtlichen Grundlage der Datenverarbeitung liegen, aufgegeben werden, nur weil es andere Möglichkeiten gäbe, die ein ähnliches Ergebnis erzielten und datenschutzmilder erreichbar wären. Der **Datenminimierungsgrundsatz** bezieht sich auf die **Datenverarbeitung** und nicht auf die **Zweckbestimmung**. Will beispielsweise ein Unternehmen werben und dafür auf die Werbung per Brief zurückgreifen, darf der Grundsatz der Erforderlichkeit vorschreiben, welche Daten verwendet werden dürfen, um die Briefwerbung durchzuführen; nicht zulässig wäre es aber, die Briefwerbung als solche zu untersagen mit dem Hinweis, eine Werbung mit einem großen Plakat am Firmensitz sei deutlich datenschutzfreundlicher und für die Zweckerreichung gleich wirksam. Den Zweck, der erreicht werden soll, darf der Verantwortliche selbst bestimmen. Dient die Datenverarbeitung objektiv dem konkret von der verantwortlichen Stelle festgelegten Zweck, müssen besondere Umstände hinzukommen, weshalb die Erforderlichkeit dennoch verneint werden kann.

Allerdings wirkt sich der Erforderlichkeitsgrundsatz von seiner Ratio her **437** mit einer gewissen **Vorwirkung** auch auf die Zweckbestimmung im Rahmen eines Zumutbarkeitsprinzips aus. Liegen daher zwei verschiedene Ziele, die mit der Datenverarbeitung erreicht werden sollen, der Sache nach nahe nebeneinander, rufen aber ganz unterschiedliche datenschutzrechtlich relevante Datenverarbeitungsvorgänge hervor, so wird man zutreffender Ansicht nach von der verantwortlichen Stelle verlangen können, das Ziel zu wählen, das deutlich datenschutzmilder erreicht werden kann, wenn keine erkennbaren Interessen der verarbeitenden Stelle für das andere Ziel bestehen, und die Pflicht, das datenschutzmildere Ziel zu wählen, im Einzelfall zumutbar ist.

cc) **Unterschiede zum Grundsatz der Datenminimierung.** Der Grund **438** satz der **Erforderlichkeit** ist eng mit dem Grundsatz der **Datenminimierung verbunden** aber **nicht identisch**. Das sieht man schon daran, dass der Grundsatz der Datenminimierung für alle Verarbeitungen gilt, der Grundsatz der Erforderlichkeit aber nicht bei einer Verarbeitung auf der Grundlage der Einwilligung gilt.

Weiter ist der **Ansatzpunkt** unterschiedlich. Die Datenminimierung bezieht **439** sich auf das Verhältnis von personenbezogenen Daten zum Zweck und der Grundsatz der Erforderlichkeit bezieht sich auf die Verarbeitung personenbezogener Daten. Der Grundsatz der Datenminimierung ist daher mehr statusbezogen, gewissermaßen auf die Verfügbarkeit der personenbezogenen Daten abstellend, während der Grundsatz der Erforderlichkeit die Verarbeitungssituation in den Blick nimmt. Liegt eine nicht erforderliche Verarbeitung vor, dürfte in der Regel aber zugleich ein Verstoß gegen die Datenminimierung vorliegen, weil dann der Verantwortliche das relevante Datum kaum vorhalten muss. Umgekehrt dürfte die Verarbeitung eines Datums, das gegen den Grundsatz der Datenminimierung verstößt, den Grundsatz der Erforderlichkeit missachten. Dennoch leuchten beide Grundsätze unterschiedliche Aspekte aus, der eine ist datenbezogen und der andere verarbeitungsbezogen.

f) **Anwendungsbereich der JI-RL (§ 45 BDSG nF).** Auch dieser Grund **440** satz wird im BDSG nF wiederholt (**§ 47 Nr. 3 BDSG nF**). Sachlich gilt das Gleiche. Den Hintergrund bildet Art. 4 Abs. 1 lit. c JI-RL.

8. Datenrichtigkeit gem. Art. 5 Abs. 1 lit. d DS-GVO

441 Das Gebot der **Richtigkeit** besagt im Kern: Der Verantwortliche hat Sorge dafür zu tragen, dass personenbezogene Daten **sachlich richtig sind**. Dies ist wichtig, denn personenbezogene Daten sind die Basis für das Bild, das sich die Mitmenschen von einer Person machen und auf der sie Entscheidungen treffen. Schon das BVerfG hat in seinem Volkszählungsurteil darauf hingewiesen, dass der Betroffene unter den Bedingungen der modernen Datenverarbeitung die Richtigkeit der über ihn verarbeiteten Daten nur noch schwer kontrollieren kann.[610] Dies gilt umso mehr, weil durch das Internet die Verbreitung von Informationen immer leichter wird, aber zugleich immer schwerer korrigiert werden kann.

442 Der Grundsatz der Richtigkeit enthält unterschiedliche Gebote, je nachdem ob es um die Erhebung und Speicherung oder um die spätere Kontrolle geht.[611] Bei der **erstmaligen Speicherung** hat der Verantwortliche mit der üblichen Sorgfalt zu **prüfen**, ob Gesichtspunkte gegen die Richtigkeit der erhobenen Daten sprechen. Werden Unrichtigkeiten **später bekannt**, sind die Daten zu **korrigieren**. Gibt es Anzeichen für eine Unrichtigkeit, darf der Verantwortliche nicht die Augen verschließen, sondern muss ihnen nachgehen. Darüber hinaus verlangt Art. 5 Abs. 1 lit. d DS-GVO ausdrücklich, dass angemessene Mittel zu fassen sind, damit der Verantwortliche von diesen Anzeichen auch Kenntnis nimmt.

443 Für den Bereich des § 45 BDSG nF ist sachlich das Gleiche in § 46 Nr. 4 BDSG nF niedergelegt (vgl. Art. 4 Abs. 1 lit. d JI-RL).

9. Speicherbegrenzung gem. Art. 5 Abs. 1 lit. e DS-GVO

444 Das in Art. 5 Abs. 1 lit. e DS-GVO wortreich umschriebene Prinzip der **Speicherbegrenzung** enthält der Sache nach zwei Gebote. Zum einen verlangt es nach einer zeitlichen Begrenzung der Speichermöglichkeiten. Nur solange wie dies zur Erreichung der Zwecke erforderlich ist, dürfen die Daten gespeichert werden. Er bildet daher gewissermaßen einen Grundsatz der Datenminimierung aus zeitlicher Perspektive. Er bildet die objektive Grundlage für den Anspruch auf Vergessen gemäß Art. 17 DS-GVO. Weiter begründet er die Pflicht des Verantwortlichen, von sich aus personenbezogene Daten nicht mehr weiter zu verarbeiten, wenn es hierfür mangels Erforderlichkeit keine Rechtsgrundlage mehr gibt. Ew 39 DS-GVO spricht von einer Überprüfung zu vorher festgelegten Intervallen.

445 Darüber hinaus enthält das Gebot aber auch ein Gebot **der frühestmöglichen Anonymisierung**. Dem Gebot der Speicherbegrenzung wird auch dadurch genügt, dass die Daten, die länger gespeichert werden als für die Zweckerreichung erforderlich, nicht mehr einer Person zugerechnet werden können und daher keine personenbezogenen Daten mehr sind.

---

[610] BVerfGE 65, 1 (42) – Volkszählung.
[611] Vgl. *Frenzel* in Paal/Pauly DS-GVO Art. 5 Rn. 40.

Fraglich ist, ob man aus dem Grundsatz der Speicherbegrenzung das Gebot **446** herleiten muss, Daten, die einer bestimmten Person zuzurechnen sind, soweit zu verallgemeinern, dass die Person gegebenenfalls nur noch bestimmbar ist. Der Wortlaut verlangt die Reduzierung der Bestimmbarkeit nicht ausdrücklich, vom Sinn her ist es aber nicht ausgeschlossen, auch ein Gebot der Reduzierung der Bestimmtheit herbeizuführen, wenn dies mit einem erheblichen Gewinn für den Datenschutz verbunden sein sollte. Ob der Gedanke sich durchsetzt, bleibt abzuwarten.

Für den Bereich des § 45 BDSG nF ist sachlich das Gleiche, allerdings **447** deutlich wortärmer, **in § 46 Nr. 5 BDSG nF** niedergelegt (vgl. Art. 4 Abs. 1 lit. e JI-RL).

10. Integrität und Vertraulichkeit gem. Art. 5 Abs. 1 lit. f DS-GVO

Integrität meint der Sache nach **Unversehrtheit, Unverfälschtheit** und **448** **Vollständigkeit. Vertraulichkeit** meint hingegen **Quantität** und **Qualität** der **Sicherung** vor einem **fremden Zugriff.** Der Grundsatz der Integrität und Vertraulichkeit besitzt eine erhebliche Sprengkraft. Er verlangt, dass eine angemessene technische Sicherheit für die personenbezogenen Daten durch den Verantwortlichen gewährleistet wird. Die Angemessenheit hängt von der Bedeutung der Daten, dem Interesse des Verantwortlichen, den Interessen der betroffenen Person und der Schutzgefährdung ab. Auch dieser Grundsatz wird nicht als reines Optimierungsgebot verstanden, sondern als bindendes Prinzip, dessen Verletzung durchaus Geldbußen hervorrufen kann. Dennoch ist der Grundsatz im Wesentlichen auf Konkretisierungen angelegt. Die DS-GVO enthält einige spezielle Normen zur Datensicherheit, die insofern diesen Grundsatz weiter konkretisieren. Innerhalb seiner Befugnisse kann auch der nationale Gesetzgeber den Grundsatz der Datensicherheit konkretisieren. So ist etwa das Recht auf IT-Sicherheit, das den Betreibern gefährlicher Infrastrukturen gewisse technische Sicherheitsstandards auferlegt, als eine Konkretisierung dieses Grundsatzes zu begreifen. Für den Bereich von § 45 BDSG nF eröffneten Verarbeitungsbereich s § 46 Nr. 6 BDSG nF.

11. Rechenschaftspflicht gem. Art. 5 Abs. 2 DS-GVO

Gemäß Art. 5 Abs. 2 DS-GVO folgt aus der Verpflichtung, die Grundsätze **449** einzuhalten, zugleich eine **Darlegungslast** für den Verantwortlichen. Wie er der Darlegungslast nachkommt, ist in der Norm nicht vorgegeben.[612] Auch diese Norm ist weitgehend konkretisierungsbedürftig, in Extremfällen ist aber ein Verstoß auch ohne Konkretisierung rechtlich erheblich.

12. Prinzipien außerhalb des Art. 5 DS-GVO

a) Allgemein. Von den Grundsätzen des Art. 5 DS-GVO einerseits, aber **450** auch von den Konzeptionsprinzipien, denen die DS-GVO folgt, andererseits sind die **übergreifenden datenschutzrechtlichen Prinzipien**, denen das Da-

---

[612] *Herbst* in Kühling/Buchner DS-GVO Art. 5 Rn. 80; s. etwa für den Krankenhausbereich *Hauser* in KH 2016, 690 ff.

tenschutzrecht auch außerhalb der Grundverordnung folgt, zu trennen. Diese weiteren Prinzipien sind in ihrer Wirkung nicht mit denen des Art. 5 DS-GVO zu vergleichen, weil sie nur direktive Wirkung entfalten. Sie sind auch mit den Konzeptionsprinzipien nicht vergleichbar, weil sie keine kodifikationsinternen Prinzipien bilden. Die Prinzipien werden aus der **Analyse** des **Datenschutzrechtes** gewonnen und treffen Aussagen über die Besonderheiten dieses Gebietes. Die Prinzipien, die nun hier angesprochen sind, nehmen zunächst eine **wissenschaftliche Funktion** ein, indem sie die Rechtsordnung systematisieren und erklären können und auch eine Erleichterung bei dem Verständnis des Rechtsgebietes bieten können. Weiter besitzen sie auch eine sekundäre normative Bedeutung insofern, als sie Einfluss auf die Auslegung einzelner Rechtssätze gewinnen können, insbes. im Rahmen der systematischen Auslegung.

451   **b) Prinzip der Schutzräume.** Ein allgemeines Prinzip des Datenschutzrechtes ist dessen Raumabhängigkeit. Die **Raumabhängigkeit** meint, dass die Reichweite des Datenschutzrechtes von einem definierten Schutzraum abhängt. Der Begriff des Raumes ist dabei räumlich, gegenständlich und funktional zu verstehen. Der Anknüpfungspunkt des Datenschutzrechtes sind Daten. Daten sind omnipräsent wie auch die Luft oder das Licht. Dennoch ist das Datenschutzrecht selbst nicht omnipräsent. Vielmehr existieren Datenschutzbereiche. Ein Teil dieser Datenschutzräume ergibt sich aus der Natur der Sache und wird vom Gesetzgeber nur deklaratorisch nachgezeichnet, ein Teil dagegen wiederum konstitutiv bestimmt.

452   Ein Raum, der ursprünglich schon datenschutzfrei ist, ist das menschliche **Gehirn.** Daten, die im menschlichen Gehirn gespeichert werden, werden vom Datenschutzrecht nicht erfasst. Wenn ein Mensch in seinem natürlichen Speichermedium personenbezogene Daten abspeichert, bedarf er dafür keiner gesetzlichen Grundlage. Er unterliegt auch keiner Auskunftspflicht der betroffenen Person hinsichtlich der Daten, die er selbst im Kopf gespeichert hat. Zwar gibt es Auskunfts- und Zeugnispflichten gegenüber Gerichten und Behörden, diese sind aber durch deren Verwaltungsaufgabe und nicht durch den Datenschutz motiviert.

453   Vom Gesetzgeber definiert ist dagegen die Begrenzung des Datenschutzraumes auf **natürliche Personen** (§ 3 Abs. 1 BDSG/Art. 2 Abs. 1 DS-GVO). Juristische Personen genießen einen deutlich geringeren Datenschutz.

454   Weiter werden durch die Normsetzungskompetenzen im Wesentlichen drei Räume definiert, der Datenschutzraum im Anwendungsbereich der DS-GVO, der im Anwendungsbereich der Richtlinie für die Sicherheit (RL (EU) 2016/680) und der im Bereich der Autonomie der Mitgliedsstaaten. Künftig könnte als vierter Bereich Art. 39 EUV hinzukommen.

455   Eine **funktionale Raumdefinition** knüpft an die Formen des Datenumgangs an, der rechtlich definiert wird. Rechtliche Anknüpfungspunkte sind etwa: die Art der Datenverarbeitung (nur elektronische Datenverarbeitung nicht-öffentlicher Stellen), die Zugehörigkeit zu einer Datei oder die Verarbeitungsformen. So waren bekanntlich etwa die älteren Datenschutzgesetze noch weitgehend an das Vorhandensein einer Datei gebunden und im Bereich der Datenverarbeitung unter Privaten war der Vorgang der Datenerhebung zunächst noch nicht erfasst. Eine alte Unterscheidung, der aber neuerdings ungeahnte Wirkung zukommt, ist die zwischen verdeckter und offener Erhebung. Nach der verfassungsgerichtlichen Rechtsprechung gelten für die geheime Datenerhebung so massiv strengere Anforderungen, dass es gerechtfertigt ist, von einer kategorial anderen Art von Rechtfertigungsbedürftigkeit zu sprechen.

c) Grundsatz der Direkterhebung. Nach dem Grundsatz der **Direkter-** **456** **hebung** sind personenbezogene Daten grds beim Betroffenen zu erheben. Eine Erhebung in anderer Weise bedarf einer sachlichen Rechtfertigung. Im deutschen Recht ist der Grundsatz in § 4 Abs. 2 BDSG aF normiert. Der Grundsatz ergibt sich der Sache nach schon aus dem Recht auf informationelle Selbstbestimmung, wobei die Bestimmung, wann Ausnahmen zulässig sind, sich nicht abschließend oder eindeutig aus der Verfassung selbst ergibt. Der Zweck des Grundsatzes der Direkterhebung liegt auf der Hand. Er dient dazu, die Subjektqualität der betroffenen Person bei Informationsvorgängen zu seiner Person zu stärken. Der Grundsatz der Direkterhebung geht dabei unausgesprochen von einer offenen Datenerhebung aus, dh von einer Informationsbeschaffung, die für den Betroffenen erkennbar ist, weil nur so sein Ziel erreicht werden kann. In der DS-GVO ist er nicht ausdrücklich normiert.[613] Er lässt sich gegebenenfalls mittelbar aus den Grundsätzen der Transparenz und des Treu und Glaubens herleiten. Inwieweit sich dies durchsetzen wird, bleibt aber abzuwarten.

d) Erkennbarkeit der Datenvalidität. Gemäß Art. 7 Abs. 1 JI-RL ist bei **457** den zu verarbeitenden Datenkategorien so weit wie möglich zu unterscheiden zwischen Daten, die auf Fakten beruhen, und Daten, die auf persönlicher Einschätzung beruhen. Die Norm setzt ihrem Sinn nach voraus, dass so weit wie möglich erkennbar ist, ob personenbezogene Daten auf **Fakten** oder auf persönlichen **Einschätzungen** beruhen. Sofern dies an dem Datum selbst erkennbar ist, wird man eine ausdrückliche Kennzeichnung nicht verlangen müssen. Häufig werden aber Tatsachen im Sicherheitsbereich auf Mutmaßungen gestützt, ohne dass erkennbar ist, dass die Tatsache nicht selbst ermittelt, sondern geschlossen wurde. Art. 7 Abs. 2 JI-RL verlangt in diesen Fällen einen Hinweis, dass die Tatsache auf einer Schlussfolgerung beruht. Erforderlich wird es daher sein, in den datenschutzrechtlichen Grundlagen des nationalen Rechts zumindest eine Sollvorschrift aufzunehmen, die die Offenlegung bei Tatsachen, die auf Schlussfolgerungen beruhen, verlangt.

Weiter ist gem. Art. 7 Abs. 2 JI-RL die Datenqualität im Auge zu behalten **458** und gem S. 1 mögliche **invaliden** Daten nicht zu übermitteln und falls sie übermittelt werden nach S. 3 die Umstände mitzuteilen, die eine Beurteilung der Validität erlauben. Vom Text her verlangt die Norm nicht eine unterschiedliche Datenverarbeitung, sondern die Erkennbarkeit des Grades der Richtigkeit und der Zuverlässigkeit bzw der Unterscheidung zwischen Fakten und Werturteil. Die Norm richtet sich primär an die Datenverarbeitung, ist aber ohne entsprechende Verankerung im Datenschutzrecht selbst nicht zu erfüllen. Abs. 2 ist wiederum als ein weiches Optimierungsgebot formuliert, dennoch sind seine Vorgaben ganz erheblich und für die deutsche Rechtsordnung neu.

---

[613] *Buchner* DuD 2016, 155 (156); *Raab* Harmonisierung, 2015, 58; *Gola* in Gola DS-GVO Einl. Rn. 41.

Art. 7 Abs. 2 JI-RL verlangt die Angabe der Wahrscheinlichkeit der Richtigkeit von Daten. Im deutschen Recht spielen die Verlässlichkeit und die Richtigkeit von Tatsachen insofern eine Rolle, als je nach Eingriffsgrundlage der zugrunde liegende Sachverhalt eine unterschiedliche Richtigkeitsgewährleistung besitzen muss.

459   Das erforderliche Ausmaß der Verlässlichkeit der Datengrundlage wird der Sache nach bei der erforderlichen polizeilichen Gefahrenprognose oder dem strafverfahrensrechtlichen Verdachtsmoment mitgeprüft. Eine formale Kennzeichnung sieht das deutsche Recht nicht vor. Für den Bundesbereich wird Art. 7 JI-RL durch § 73 BDSG nF umgesetzt, nach dem der Verantwortliche bei der Verarbeitung so weit wie möglich danach zu unterscheiden hat, ob personenbezogene Daten auf Tatsachen oder auf persönlichen Einschätzungen beruhen. Zu diesem Zweck soll er, soweit dies im Rahmen der jeweiligen Verarbeitung möglich und angemessen ist, Beurteilungen, die auf persönlichen Einschätzungen beruhen, als solche kenntlich machen. Es muss außerdem feststellbar sein, welche Stelle die Unterlagen führt, die der auf einer persönlichen Einschätzung beruhenden Beurteilung zugrunde liegen. Die Vorschrift ist ausgesprochen weich formuliert und als unverbindliche Optimierung ausgestattet. Angesichts der Innovation dieser Vorgabe erscheint eine vorsichtige Formulierung nicht unsinnig. Die Gesetzesbegründung verweist darauf, die konkreten Rechtsfolgen der vorgesehenen Unterscheidung bei der Verarbeitung, wie etwa unterschiedliche Aussonderungsprüffristen, Rechte- und Rollenkonzepte oder besondere Maßnahmen der Datensicherheit bleiben dem Fachrecht überlassen.[614]

460   Der **Gedanke der Bewertung der Daten** nach ihrer Qualität setzt sich bei der **Übermittlung** fort. Im Rahmen der Übermittlung muss der Empfänger so weit wie möglich Informationen haben, um die Qualität der Daten beurteilen zu können. Dies regelt ausdrücklich § 74 BDSG nF, der verlangt, dass die übermittelnde Stelle erstens die Daten auf ihre Qualität vor der Übermittlung überprüft und zweitens notwendige Informationen für die Prüfung des Empfängers beifügt (§ 74 BDSG-RJ). In der Gesetzesbegründung wird darauf hingewiesen, dass im Hinblick auf die Vervollständigung unvollständiger Daten als möglichen Sinn und Zweck einer Datenübermittlung die in der JI-RL enthaltene Vermeidung der Übermittlung „unvollständiger" Daten nicht übernommen worden sei. Ferner sei bei der Anwendung und Auslegung der Anforderungen des § 74 BDSG nF zu beachten, dass die Frage nach der „Aktualität" von Daten und der damit verbundenen Vorgabe, keine „nicht mehr aktuellen" Daten zu übermitteln bzw. bereitzustellen, stets nur im konkreten Ermittlungszusammenhang und unter Beachtung des konkreten Verarbeitungszwecks sich beantworten lasse. In bestimmten Ermittlungszusammenhängen kann auch die Übermittlung nicht (mehr) aktueller Daten wie alte Meldeadressen, alte (Geburts-)namen etc. bedeutsam und für die Aufgabenerfüllung erforderlich sein.[615]

---

[614] BT-Drs. 18/11325, S. 118.
[615] BT-Drs. 18/11325, S. 118.

e) Differenzierungen nach Datenkategorien. Bei der Entstehung des **461** verfassungsrechtlichen Datenschutzes in Deutschland war eines der zentralen Elemente der Gedanke, dass es kein belangloses Datum gibt. Dies ist hinsichtlich des „ob" des Datenschutzes richtig, hinsichtlich des „wie weit" allerdings nicht. Der europäische Datenschutz kategorisiert stärker nach der **Art der Daten.** Dies ist zunächst bei den Daten iSv Art. 9 DS-GVO gut ersichtlich. Der EuGH hat bei den Entscheidungen zur Vorratsdatenspeicherung bemängelt, dass die Regelung zu wenig nach Datenkategorien unterscheidet. Die Richtlinie führt eine neue Kategorisierung ein. Gemäß Art. 6 JI-RL muss zwischen vier Personengruppen klar unterschieden werden. Die genannten Personengruppen sind:

– Personen, gegen die der begründete Verdacht besteht, eine Straftat begangen zu haben oder dass sie eine solche in naher Zukunft begehen werden,
– Verurteilte,
– Opfer,
– sonstige Personen.

Diese Bestimmung findet **Vorläufer** in den Rechtsakten zu Europol und **462** Eurojust.[616] Davon abgesehen handelt es sich um eine neue Vorschrift,[617] die das deutsche Recht, sofern man sie ernst nehmen würde, völlig verändern würde.[618] Da das Datenschutzrecht schon jetzt nicht gerade durch seine Übersichtlichkeit glänzt, ist jede weitere verfahrensrechtliche Verschärfung **mit Vorsicht zu betrachten.** Das allein kann aber keine abschließende Bewertung darstellen, entscheidend muss vielmehr der Gehalt der Norm sein.

Nicht ganz klar ist, was die Wendung, es sei zwischen verschiedenen Kate- **463** gorien von betroffenen Personen „**klar zu unterscheiden**", meint. Formal verstanden, würde es bedeuten, dass die jeweiligen Ermächtigungsgrundlagen angeben müssen, für welche Kategorien sie gelten, und wenn eine Kategorie nicht aufgeführt ist, besteht für diese keine Verarbeitungsgrundlage. Gegen dieses formale Verständnis spricht aber die Wendung „so weit wie möglich". Die Norm ist daher nicht als strikte Vorgabe zu verstehen. Ausgehend vom Sinn, die Rechte des Einzelnen zu schützen, ist eine Differenzierung zwischen den Personengruppen deswegen naheliegend, weil die Anforderungen an die Datenverarbeitung zwischen diesen ganz verschieden sein können. Nahe liegt daher ein materielles Verständnis, nach dem Art. 6 JI-RL verlangt, die Datenverarbeitung für diese Personengruppen möglichst nicht unnötig zu vereinheitlichen, sondern zu differenzieren. Es gilt daher ein gruppenspezifisches Trennungsgebot. In diese Richtung weist auch ErwGr 31. Dort heißt es, bei der hier relevanten Verarbeitung personenbezogener Daten ginge es naturgemäß um betroffene Personen verschiedener Kategorien. Daher solle so weit wie möglich klar zwischen den personenbezogenen Daten der einzelnen Kategorien betroffener Personen unterschieden werden.

---

[616] Art. 14 des Europol-Beschlusses 2009/371/JI; Art. 15 des Eurojust-Beschlusses 2009/426/JI.
[617] Vgl. auch *Bäcker/Hornung* ZD 2012, 147 (148).
[618] *Schwichtenberg* DuD 2016, 605 (606).

464   Auch der sachliche Grund des Unterscheidungsgebots dürfte in diese Richtung weisen. Er besteht darin, dass man jeweils interessengerechte Schutzvorschriften formuliert. So liegt es etwa im Sinne der Vorschrift zu fordern, dass der Schutz des Opfers durch Geheimhaltung von Informationen gesondert zu regeln sei.[619] Aus dem gruppenspezifischen Trennungsgebot folgt zugleich auch ein erhöhtes Bestimmtheitserfordernis. Die Rechtsgrundlagen müssen möglichst deutlich werden lassen, für wen sie gelten sollen. Auch eine Auswirkung auf die Speicherungsstruktur in den Datenbanken und Zugriffsrechten ist möglich. Konkretisierungsort dürften daher auch die Errichtungsanordnung der Datenbanken der Sicherheitsbehörden sein.

465   Das Differenzierungsgebot richtet sich zunächst an den Gesetzgeber. Er muss bei der Schaffung der Rechtsgrundlagen die Vorgaben des gruppenspezifischen Trennungsgebots einhalten. Fraglich ist, ob es darüber hinaus aber auch für die Normanwendung gilt,[620] dh ob die Norm „self executing" im Sinne der Voraussetzungen für eine unmittelbare Anwendbarkeit der Richtlinie ist. Die Norm lässt für die Datenverarbeitung so viele Interpretationsmöglichkeiten zu, dass aus Gründen der Handhabbarkeit für die Verwaltung eine konkretisierende Norm erforderlich erscheint. Aus Gründen der Rechtssicherheit liegt es daher näher, Art. 6 JI-RL als eine ausschließlich an den Gesetzgeber gerichtete Norm anzusehen. Dann erstreckt sich die Kontrollbefugnis der Aufsichtsbehörde auch nicht unmittelbar auf diese Norm.[621]

466   Das deutsche Strafverfahrens- und Polizeirecht unterscheidet bei der Datenerhebung sehr deutlich je nach Rolle, nicht aber im Bereich der Datenübermittlung und Speicherung. Die Übermittlungsnormen von schon erhobenen Daten sehen idR keine formale Differenzierung zwischen den Kategorien der Personengruppen vor, sondern allenfalls materielle. Eine spezielle Umsetzung findet sich in **§ 72 BDSG nF**. Danach hat der Verantwortliche bei der Verarbeitung personenbezogener Daten so weit wie möglich zwischen den verschiedenen Kategorien betroffener Personen zu unterscheiden. Dies betrifft insbesondere folgende Kategorien: 1. Personen, gegen die ein begründeter Verdacht besteht, dass sie eine Straftat begangen haben, 2. Personen, gegen die ein begründeter Verdacht besteht, dass sie in naher Zukunft eine Straftat begehen werden, 3. verurteilte Straftäter, 4. Opfer einer Straftat oder Personen, bei denen bestimmte Tatsachen darauf hindeuten, dass sie Opfer einer Straftat sein könnten, und 5. andere Personen wie insbesondere Zeugen, Hinweisgeber oder Personen, die mit den in den Nummern 1 bis 4 genannten Personen in Kontakt oder Verbindung stehen. In der Gesetzesbegründung wird darauf hingewiesen, die Norm diene der Umsetzung von Art. 6 und Art. 7 Abs. 1 JI-RL. Die konkreten Rechtsfolgen der vorgesehenen Unterscheidung bei der Verarbeitung, würden dem Fachrecht überlassen werden.[622]

467   **f) Datengeheimnis.** Innerhalb des Anwendungsbereichs von § 45 BDSG nF kennt das BDSG aF das alte **Datengeheimnis** in **§ 53 BDSG nF**. Danach

---

[619] *Kugelmann* DuD 2012, 581 (582).
[620] Vgl. *Kugelmann* DuD 2012, 581 (582).
[621] Anders *Bäcker/Hornung* ZD 2012, 147 (148).
[622] BT-Drs. 18/11325, S. 118.

dürfen mit Datenverarbeitung befasste Personen personenbezogene Daten nicht unbefugt verarbeiten (Datengeheimnis). Sie sind bei der Aufnahme ihrer Tätigkeit auf das Datengeheimnis zu verpflichten. Das Datengeheimnis besteht auch nach der Beendigung ihrer Tätigkeit fort. In der Gesetzesbegründung wird darauf hingewiesen, mit dieser Regelung werde § 5 BDSG aF aufgenommen.[623]

Der **unmittelbare Gehalt** des Datengeheimnisses dürfte gering sein, weil **468** die Verarbeitung personenbezogener Daten durch öffentliche Stellen ohne Rechtsgrundlage schon für sich rechtswidrig ist. Anders als bei § 5 BDSG aF enthält das BDSG nF auch keine Ordnungswidrigkeitensanktionen mehr bei der Verletzung des Datengeheimnisses. Allerdings kann das Datengeheimnis als Berufsgeheimnis iSv § 203 Abs. 2 StGB verstanden werden mit der Folge, dass eine Verletzung des Datengeheimnisses strafrechtlich relevant sein kann.

13. Konzeptionsprinzipien, denen die Datenschutz-Grundverordnung folgt

Von den Grundsätzen des Art. 5 DS-GVO zu trennen sind die Prinzipien, **469** denen der Verordnungsgeber bei der Normierung der Datenschutzbestimmung der DS-GVO folgt. Diese Prinzipien sind keine unmittelbar einzuhaltenden Rechtssätze. Ihr Verstoß begründet keine Ordnungswidrigkeit. Ihre Herausarbeitung kann aber dennoch hilfreich sein, insbesondere im Zuge der systematischen Auslegung. So folgt die Datenschutz-Grundverordnung bestimmten Regelungsprinzipien oder Normierungsgrundsätzen. Zu nennen sind:

– Es gibt einen Basisdatenschutz, der unabhängig von der Bedeutung der personenbezogenen Daten und dem Risiko der Verarbeitung ist („One-size-fits-all"-Ansatz). Nach diesem Ansatz sollen für alle Datenverarbeiter innerhalb der EU dieselben Regeln gelten, was auch Datenverarbeiter in Drittstaaten mit einbezieht;

– Darauf baut ein risikoorientierter Datenschutz auf, der für risikoreicher Verarbeitungen spezifische Anforderungen stellt.[624] Diesem Konzept folgt va die Formulierung der Pflichten,[625] wie etwa die Vorabkontrolle (sa Art. 24 Abs. 1 S. 1; Art. 25 Abs. 1; Art. 38, Art. 31–33 sowie Art. 35 Abs. 1 S. 1 DS-GVO). Nach gewichtigen Stimmen geht die risikoorientierte Differenzierung nicht weit genug.[626] Die Gewichtung war dabei bei der Entstehung der DS-GVO durchaus unterschiedlich – während die Kommission mehr auf einheitliche Regeln setzte, verfolgte der Rat mehr einen risikobasierten Ansatz.[627]

– Parallel dazu verfolgt sie den besonderen Schutz besonders sensibler Daten.

– Schließlich hält sie im Bereich des öffentlichen Datenschutzes erhebliche mitgliedstaatliche Abweichungsmöglichkeiten vor.

---

[623] BT-Drs. 18/11325, S. 111.

[624] Grundsätzlich zum risikobasiertem Ansatz: Ausführlich *Veil* ZD 2015, 347 ff.; *sa Schulz* in Gola DS-GVO Art. 6 Rn. 53

[625] *Albrecht* CR 2016, 88 (94).

[626] *Roßnagel* DuD 2016, 561 ff.

[627] Ausführlich *Veil* ZD 2015, 347 ff.; *Martini* in Paal/Pauly DS-GVO Art. 33 Rn. 3.

– Sie verfolgt ein Prinzip der Konkretisierung durch die Unternehmen selbst in branchentypischer Weise – regulierte Selbstregulierung, die im deutschen Recht bisher schwach ausgebildet ist.[628]

– Sie schafft institutionell ein selbstständiges Kontrollsystem, das von den sonstigen staatlichen Kotrollen abgesetzt ist.

– Sie versucht eine Kooperation der unabhängigen staatlichen Stellen untereinander zu verfolgen.

II. Rechtsgrundlagen der Datenverarbeitung (Art. 6 ff. DS-GVO)

1. Einwilligung

470   **a) Bedeutung der Einwilligung.** „Die Einwilligung ist der genuine Ausdruck der informationellen Selbstbestimmung", stellten *Roßnagel/Pfitzmann/Garstka* in ihrem Gutachten zur Modernisierung des Datenschutzrechts fest.[629] Heute ist die Einwilligung von verschiedenen Seiten in die Kritik geraten.

471   Es wird befürchtet, die Einwilligung vermittle in der Praxis nur noch eine „Legitimationsfiktion", da ihr Inhalt einseitig vorgegeben werde.[630] Der Betroffene habe auch in vielen Fällen keine wirklich freie Entscheidung, weil es ihm an Alternativen fehle, wenn alle Anbieter bestimmter Dienstleistungen umfangreiche Einwilligungen in die Verarbeitung ihrer Daten verlangen.[631] Häufig seien Betroffene auch von den „von Juristen für Juristen" entworfenen Datenschutzerklärungen überfordert. Auch die steigende Zahl von Datenverarbeitungsvorgängen, vor allem im Internet und durch die Vernetzung von Alltagsgegenständen,[632] führe dazu, dass ein Betroffener die Einwilligungserklärungen im Rahmen von AGB gar nicht mehr wahrnehmen könne.[633] Schlimmer noch: Während die Betroffenen den Schutz der Privatsphäre abstrakt hoch schätze, sei er persönlich häufig bereit, personenbezogene Daten für kleine Gegenleistungen preiszugeben und in ihre Verarbeitung weitgehend „blind" einzuwilligen („privacy paradox").[634] Ein Grund hierfür kann sein, dass sie die langfristigen Risiken nur schwer bewerten können und gegenüber den kurzfristigen Vorteilen die Bedeutung der preisgegebenen Daten in Verbindung mit anderen Informationen unterschätzen.[635]

---

[628] *Kühling/Martini* EuZW 2016, 448 (452).

[629] *Roßnagel/Pfitzmann/Garstka* Modernisierung des Datenschutzrechts, S. 7 und 72.

[630] *Simitis* in Simitis BDSG aF § 4a Rn. 3; *Hoffmann-Riem* Innovation und Recht – Recht und Innovation, 646 (mit positivem Ausblick auf Neuerungen der DS-GVO).

[631] *Koops* Int'l Data Privacy Law 4 (2014) 250 (251 et seq.); Kamp/Rost DuD 2013, 80 (82 f.).

[632] *Roßnagel* Datenschutz in einem informatisierten Alltag, S. 136 f. macht auf die Überforderung aller Beteiligten aufmerksam.

[633] *Solove* 126 Harv.L.Rev. 1880, 1888 (2013); *Nissenbaum/Barocas* in Lane et al. Privacy, Big Data, and the Public Good, 58 f.

[634] *Arnold/Hillebrand/Waldburger* DuD 2015, 730 (733).

[635] Zusammenfassend *Acquisti/Brandimarte/Loewenstein* 347 Science 509 ff. (2015).

Vieles an dieser Kritik ist richtig. Die Reaktion hierauf kann aber nicht sein, **472** die Einwilligung generell für überholt zu erklären. Denn was wäre die Alternative? Will man nicht die Spielräume der Verantwortlichen vergrößern, kommt nur eine zwingende gesetzliche Regulierung in Betracht, die genau festlegt, welche Daten verarbeitet werden dürfen. Nicht nur angesichts der Dynamik der technischen und gesellschaftlichen Entwicklung in diesem Bereich wäre dies kaum zu bewältigen. Noch wichtiger ist: Staatliche Regulierung ist immer paternalistisch und verdrängt privatautonome Entscheidungen.[636] Grundsätzlich muss der Betroffene die Möglichkeit haben, seine Kommunikationsbeziehungen selbst zu ordnen, und der Staat muss das Ergebnis akzeptieren.[637] Statt einer Abkehr von der Einwilligung sollten – und punktuell müssen aufgrund staatlicher Schutzpflichten[638] – die Rahmenbedingungen und Voraussetzungen einer Einwilligung so ausgestaltet werden, dass die Präferenzen der Beteiligten zur Geltung kommen. Hierzu gehört ein Ausgleich der informationellen Unterlegenheit des Betroffenen, seiner kognitiven und psychologischen „Schwächen" und eine Bestimmung der Grenzen, bei deren Überschreitung gerade keine freiwillige Entscheidung des Betroffenen mehr angenommen werden kann.[639] Die Problemlagen sind aus dem Verbraucherschutzrecht bekannt. Daher hat der Unionsgesetzgeber die Voraussetzungen einer wirksamen Einwilligung und deren Grenzen stärker konturiert und an das Verbraucherschutzrecht angenähert.

Die Annäherung an das Verbraucherschutzrecht, also an den rechtsgeschäft- **473** lichen Verkehr, spiegelt auch die veränderte Rolle der Einwilligung durch **Kommerzialisierung** personenbezogener Daten wider. Vor allem im Internet sind viele Angebote scheinbar „kostenlos", der Betroffene „zahlt" aber mit der Preisgabe seiner Daten und der Einwilligung in deren Verarbeitung (z.B. für personalisierte Werbung oder zur Verbesserung der Produkte des Anbieters).[640] Die Erteilung der Einwilligung ist dann im Rahmen eines Nutzungsvertrages die Erfüllungsleistung des Betroffenen.[641] Die Kommission hat am 9.12.2015 einen Vorschlag für eine Richtlinie über bestimmte Aspekte der Bereitstellung digitaler Inhalte[642] vorgestellt. In diesem Entwurf wird anerkannt,

---

[636] *Spindler* Gutachten zum 69. DJT, F 99; *Hoeren* ZD 2011, 145 zu diesem „consent dilemma" auch *Solove* 126 Harv.L.Rev. 1880, 1894 (2013).

[637] BVerfG MMR 2007, 93 – Schweigepflichtentbindung; BVerfG NJW 2007, 3707 (3707 f.) – Abtretung einer Darlehensforderung.

[638] Etwa BVerfG MMR 2007, 93 (94) – Schweigepflichtentbindung; hierzu auch *Britz* in Hoffmann-Riem, Offene Rechtswissenschaft, S. 587 f.; *Masing* NJW 2012, 2305 (2309).

[639] *Spindler* Gutachten zum 69. DJT, F 99 f.

[640] Grundlegend *Bräutigam* MMR 2012, 635 (638 ff.); zuletzt *Faust* Gutachten zum 71. DJT, A 16 ff.; *Graf von Westphalen/Wendehorst* BB 2016, 2179 (2180); *Spindler* JZ 2016, 805 (806 ff.).

[641] *Faust* Gutachten zum 71. DJT, A 20; *Langhanke/Schmidt-Kessel* EuCML 2015, 218 (220); aA *Bräutigam* MMR 2012, 635 (640); *Graf von Westphalen/Wendehorst* BB 2016, 2179 (2184 f.), die Art. 6 Abs. 1 UAbs. 1 lit. b DS-GVO als Rechtsgrundlage sehen, aber gerade eine Umgehung der Voraussetzungen der Einwilligung fürchten.

[642] KOM(2015) 634 final.

dass es auch vertragliche Beziehungen gibt, in denen die Gegenleistung in der Bereitstellung persönlicher Daten liegt (Art. 3 Abs. 1 RL-E).

474   **b) Verhältnis zu den anderen Rechtsgrundlagen nach Art. 6 Abs. 1 DS-GVO.** Wie ist das Verhältnis der Einwilligung zu den anderen Rechtsgrundlagen, die in Art. 6 Abs. 1 DS-GVO genannt werden, insbesondere der Interessenabwägung nach Art. 6 Abs. 1 UAbs. 1 lit. f DS-GVO? Besteht eine Art „Vorrang der Einwilligung"?[643] Immerhin wird sie in Art. 8 Abs. 2 S. 1 GRC an erster Stelle genannt.[644] Zudem ist jede andere Verarbeitungsgrundlage letztlich, wie Art. 8 Abs. 2 S. 1 GRC vor Augen führt, ein gesetzlich legitimierter Eingriff in Art. 7, 8 GRC. Die Einholung einer Einwilligung ist dann als milderes Mittel vorzugswürdig, um dem Betroffenen zumindest die Möglichkeit zu geben, seinem Willen Ausdruck zu verleihen. Lehnt er es ab, eine Einwilligung abzugeben, kann dies im Rahmen einer Interessenabwägung gemäß Art. 6 Abs. 1 UAbs. 1 lit. f DS-GVO zu seinen Gunsten zu berücksichtigen sein.

475   Umstritten war bisher, ob eine Datenverarbeitung neben einer Einwilligung zugleich auf andere Rechtsgrundlagen gestützt werden kann.[645] Dies ist im Rahmen der DS-GVO nicht ausgeschlossen. Art. 6 Abs. 1 UAbs. 1 DS-GVO verlangt ausdrücklich „mindestens" eine Rechtsgrundlage. Die Reichweite anderer Erlaubnistatbestände, speziell Art. 6 Abs. 1 UAbs. 1 lit. f DS-GVO, birgt Unsicherheiten; eine Absicherung durch eine Einwilligung ist dann sogar empfehlenswert. Allerdings muss der Betroffene wissen, wenn er seine Daten preisgibt, dass er die Datenverarbeitung nicht durch einen Widerruf der Einwilligung beenden kann und somit keine Kontrolle über die weitere Verarbeitung seiner Daten hat. Würde der Verantwortliche hier falsche Erwartungen wecken, würde die spätere Verarbeitung unter Berufung auf die anderen Rechtsgrundlagen nicht im Einklang mit dem Grundsatz von Treu und Glauben (Art. 5 Abs. 1 lit. a DS-GVO).[646] Der Betroffene ist daher über die anderen (möglichen) Rechtsgrundlagen gemäß Art. 13 Abs. 1 lit. c DS-GVO zu informieren.

476   **c) Voraussetzungen. aa) Einwilligungsfähigkeit von Minderjährigen.** Voraussetzung für eine wirksame Einwilligung ist, dass der Betroffene einwilligungsfähig ist. In der Praxis betrifft diese Frage vor allem die Einwilligungsfähigkeit von Kindern. Kinder bedürfen eines besonderen Schutzes, weil sie die langfristigen Folgen ihres Handelns kaum überblicken können (so auch ErwGr 65 S. 3 DS-GVO) und ihre Persönlichkeitsentwicklung noch viel größeren Schwankungen unterworfen ist als bei Erwachsenen („Jugendsünden"). Bisher gibt es keine datenschutzrechtlichen Regelungen speziell zum Schutz von Minderjährigen.

---

[643] Hierfür ausdrücklich *Roßnagel/Pfitzmann/Garstka* Modernisierung des Datenschutzrechts, 72.

[644] *Frenzel* in Paal/Pauly DS-GVO Art. 7 Rn. 1; *Roßnagel/Pfitzmann/Garstka*, Modernisierung des Datenschutzrechts, 72; aA *Piltz* K&R 2016, 557 (562); *Heckmann/Paschke* in Ehmann/Selmayr DS-GVO Art. 7 Rn. 1.

[645] Siehe *Scholz/Sokol* in Simitis BDSG aF § 4 Rn. 6; *Gola/Klug/Körffer* in Gola/Schomerus BDSG aF § 4 Rn. 16.

[646] Wie hier i.E. *Buchner/Kühling* in Kühling/Buchner DS-GVO Art. 7 Rn. 18; ähnlich zur früheren Rechtslage *Bäcker* in Wolff/Brink BeckOK DatenschutzR § 4 Rn. 20.

Ansatzpunkte lassen sich allenfalls im Medien- und Wettbewerbsrecht finden, die allerdings an Werbung gegenüber Kindern anknüpfen.[647] So dürfen die Betreiber von Telemedien etwa bei direkten Aufrufen an Kinder zum Kauf von Waren oder Dienstleistungen deren Unerfahrenheit und Leichtgläubigkeit nicht ausnutzen (§ 6 Abs. 2 Nr. 1 i. V. m. § 2 Abs. 1 Jugendmedienschutz-Staatsvertrag). Ferner ist Werbung unzulässig, die Kinder unmittelbar auffordert, eine Ware zu erwerben oder eine Dienstleistung in Anspruch zu nehmen (§ 3 Abs. 3 i. V. m. Anhang Nr. 28 UWG).

In der Praxis ist es von enormer Bedeutung, wann ein Kind wirksam in die **477** Verarbeitung personenbezogener Daten einwilligen kann. Trotzdem ist die Unsicherheit in dieser Frage sehr hoch – und wird es auch bleiben. Der Unionsgesetzgeber erwähnt den Schutz von Kindern an einer Reihe von Stellen (insbesondere Art. 6 Abs. 1 UAbs. 1 lit. f und Art. 17 Abs. 1 lit. f DS-GVO) und sieht in Art. 8 Abs. 1 DS-GVO erstmals eine Regelung zur Einwilligungsfähigkeit von Kindern vor. Der Anwendungsbereich dieser Regelung ist jedoch auf Dienste der Informationsgesellschaft begrenzt. Im Übrigen fehlt es weiterhin an expliziten Vorgaben für die Einwilligungsfähigkeit von Kindern (→ Rn. 486 ff.).

(1) Einwilligung von Kindern gemäß Art. 8 Abs. 1 DS-GVO. Gemäß Art. 8 **478** Abs. 1 UAbs. 1 DS-GVO ist die Einwilligung in die Verarbeitung von Daten von Kindern unter 16 Jahren nur zulässig mit Zustimmung seiner Erziehungsberechtigten, dh in der Regel seiner Eltern (§ 1629 Abs. 1 BGB),[648] wenn die Verarbeitung im Zusammenhang „mit einem Angebot von Diensten der Informationsgesellschaft [geschieht, die Verf.], das einem Kind direkt gemacht wird". Die Regelung ist dem US-amerikanischen Children's Online Privacy Protection Act (COPPA) nachgebildet, der von Anbietern, die sich direkt an Kinder unter 13 Jahre wenden, verlangt, dass sie vor einer Erhebung ihrer Daten eine elterliche Einwilligung einholen.[649] Während das US-amerikanische Vorbild auf dieses Erfordernis nur in bestimmten Ausnahmefällen verzichtet, kommen nach der DS-GVO weiterhin alle anderen Rechtsgrundlagen des Art. 6 Abs. 1 DS-GVO zur Anwendung.[650]

Ein Dienst der Informationsgesellschaft ist gemäß Art. 4 Nr. 25 DS-GVO **479** nach Art. 1 Nr. 1 lit. b Richtlinie (EU) 2015/1535 „jede in der Regel gegen Entgelt elektronisch im Fernabsatz und auf individuellen Abruf eines Empfängers erbrachte Dienstleistung".[651] Erfasst werden hiervon heutzutage insbesondere alle Dienstleistungen, die über das Internet erbracht werden.[652] Die genaue Zuordnung kann aber zweifelhaft sein: So werden im Anhang I der Richtlinie (EU) 2015/1535 auch Dienstleistungen genannt, die nicht unter diese Definition fallen.

Beispiele: Unter „Dienste, die nicht über elektronische Verarbeitungs- und Speicherungssysteme erbracht werden" wird zum Beispiel „Sprachtelefonie" genannt. Sind da-

---

[647] Hierzu *Gola/Schulz* ZD 2013, 475 (475 f.).

[648] Nach Ansicht des LG Mannheim ZD 2015, 183 (184) soll bei Patientendaten die Zustimmung beider Eltern erforderlich sein.

[649] 15 U. S. Code § 6052 (b)(1)(A)(ii).

[650] *Gola/Schulz* ZD 2013, 475 (477).

[651] Ausführlich hierzu *Ernst* in Paal/Pauly DS-GVO Art. 4 Rn. 142 ff.

[652] *Gola/Schulz* ZD 2013, 475 (478).

mit aber auch Voice-over-IP-Systeme wie Skype erfasst oder IP-Telefonie? Unglücklicherweise hat der Unionsgesetzgeber die Begriffe der Richtlinie 98/48/EG unverändert übernommen. Ähnlich verwirrend findet sich ebenfalls im Anhang I die Klarstellung, „Dienste, die im Wege einer Übertragung von Daten ohne individuellen Abruf gleichzeitig für eine unbegrenzte Zahl von einzelnen Empfängern erbracht werden (Punkt-zu-Mehrpunkt-Übertragung)" würden nicht unter die „Fernsehdienste (einschließlich zeitversetzter Video-Abruf) nach Artikel 1 Absatz 1 Buchstabe e der Richtlinie 2010/13/EU" fallen. Dies spricht dafür, dass eine Verarbeitung des Nutzerverhaltens eines Kindes beim Live-Streaming[653] eines Fernsehprogramms oder aus der Mediathek des Senders nicht unter Art. 8 Abs. 1 UAbs. 1 DS-GVO fällt, wohl aber der spätere Abruf der gleichen Sendung über Youtube oder einen Streamingdienst wie Netflix. Eine datenschutzrechtlich überzeugende Unterscheidung ist dies aber nicht.

480 Das Angebot, einen Dienst der Informationsgesellschaft zu konsumieren, muss **direkt gegenüber dem Kind** gemacht werden. Nur in dieser Konstellation besteht die Gefahr, dass das Kind vom Anbieter in irgendeiner Form beeinflusst und seine Unerfahrenheit ausgenutzt wird.[654] Entscheidende Voraussetzung ist aber, dass sich das Angebot an Kinder richtet. Ob eine Dienstleistung direkt an Kinder wendet, kann sich etwa ergeben:[655]

– aus der Art der Dienstleistung (z. B. ein Schülerportal oder -netzwerk wie früher „SchülerVZ"; Verknüpfung mit Spielzeug; kindgerechte Online-Spiele oder Angebote);
– der kindgerechten Aufbereitung des Angebots (z. B. durch Sprachausgabe, kindgerechte Sprache durch Verwendung von „Du" und altersgerechten Begriffen[656]) oder
– der gezielten Werbung gegenüber Kindern.

481 Dabei dürfte es nicht darauf ankommen, ob das gleiche Angebot auch von **Erwachsenen** in Anspruch genommen wird. Solange es zumindest auch auf die Wahrnehmung direkt durch Kinder ausgerichtet ist, ist der Schutzzweck des Art. 8 Abs. 1 DS-GVO berührt.[657] Wenn ein Anbieter es schafft, wie z. B. große soziale Netzwerke, ein Angebot für alle Altersgruppen zuzuschneiden, berührt dies die Schutzbedürftigkeit der Kinder nicht.[658] Ausgenommen von Art. 8 Abs. 1 DS-GVO sind Beratungs- und Präventionsdienste, die ein Kind gerade ohne Kenntnis seiner Eltern konsultieren können soll (ErwGr 38 letzter Satz DS-GVO), um Kinder nicht von der Wahrnehmung dieser Angebote abzuhalten.

482 Die **Altersgrenze** war während der Verhandlungen sehr umstritten. Das Ergebnis ist ein Kompromiss: Der Rat hat sich insoweit durchgesetzt, als die Altersgrenze jetzt grundsätzlich bei 16 Jahren liegt. Allerdings haben die Mit-

---

[653] Zur Einordnung *Holznagel* in Hoeren/Sieber/Holznagel, Multimedia-Recht, Teil 3, Rn. 42 f.

[654] Ähnlich *Gola/Schulz* ZD 2013, 475 (478).

[655] Siehe zum Folgenden auch *Gola/Schulz* ZD 2013, 475 (478).

[656] Vgl. im Kontext des UWG BGH NJW 2014, 1014 Rn. 19 – Runes of Magic I.

[657] *Frenzel* in Paal/Pauly DS-GVO Art. 8 Rn. 7; *Buchner/Kühling* in Kühling/Buchner DS-GVO Art. 8 Rn. 16, skeptischer *Spindler* DB 2016, 937 (940) (nur bei deutlicher Werbeansprache).

[658] Vgl. BGH NJW 2015, 485 Rn. 23 ff. – Runes of Magic II (zum UWG).

gliedstaaten die Möglichkeit, die Altersgrenze – wie vom Europäischen Parlament und der Kommission entsprechend dem US-amerikanischen Vorbild gefordert – auf 13 Jahre abzusenken. Ungeklärt ist aber, welche Altersgrenze bei grenzüberschreitenden Angeboten zu beachten ist, wie sie im Internet typisch sind: Gilt das Recht des Anbieters, also das Herkunftslandprinzip? Oder das Recht am Aufenthaltsort des Kindes? Für den Aufenthaltsort des Kindes spricht, dass damit die praktische Wirksamkeit des Schutzes des Art. 8 Abs. 1 UAbs. 1 DS-GVO am besten gewährleistet wird. Dies entspricht auch den Wertungen der Rom I-VO, die für autonome Verpflichtungen im grenzüberschreitenden Verkehr ausgewogene Regelungen bereithalten.[659] Entscheidend ist danach, ob der Anbieter seine Dienste auf einen anderen Mitgliedstaat ausrichtet (Art. 6 Abs. 1 Rom I-VO)[660] Darüber hinaus ist die Wertung des Art. 13 Rom I-VO zu berücksichtigen, die den Vertragspartner eines Minderjährigen nur schützt, soweit er hinsichtlich der mangelnden rechtlichen Handlungsfähigkeit gutgläubig ist. Im Ergebnis läuft so aber der nationale Spielraum, den Art. 8 Abs. 1 UAbs. 2 DS-GVO den Mitgliedstaaten gewährt, weitgehend leer.

Bereits die Altersgrenze von 16 Jahren wird die Regelung vor einen schwie- **483** rigen Praxistest stellen. Bisher führte der Schutz Minderjähriger eher ein Schattendasein. Dies lag nicht zuletzt daran, dass die Verifikation des Alters und der Identität der Erziehungsberechtigten häufig einen Medienbruch und immer die Verarbeitung zusätzlicher Daten erfordert, weil eine weitere Person einbezogen werden muss. Die Forderung des Europäischen Parlaments, dass die Prüfung der Einwilligung zu keiner zusätzlichen Verarbeitung personenbezogener Daten führen dürfe (Art. 8 Abs. 1 S. 3 EP-E), hat sich daher zu Recht nicht durchgesetzt. Art. 8 Abs. 2 DS-GVO verpflichtet den Verantwortlichen – als Ausprägung des Prinzips der Rechenschaftspflicht (Art. 5 Abs. 2 DS-GVO) – sicherzustellen, dass der Erziehungsberechtigte selbst eingewilligt oder zugestimmt hat. In der Einschränkung, dass der Verantwortliche nur „unter Berücksichtigung der verfügbaren Technik angemessene Anstrengungen" unternehmen muss, kann man im Vergleich zu Art. 7 Abs. 1 DS-GVO durchaus eine Konzession an die praktischen Schwierigkeiten sehen. Fehlt es aber an einer Zustimmung der Erziehungsberechtigten, ist die Einwilligung unwirksam und die zugrundeliegende Datenverarbeitung nach dem klaren Wortlaut des Art. 8 Abs. 1 UAbs. 1 DS-GVO – vorbehaltlich einer anderen Rechtsgrundlage – unzulässig. Hierbei kommt es nicht darauf an, ob der Verantwortliche seine Pflichten nach Art. 8 Abs. 2 DS-GVO erfüllt hat oder wusste, dass es sich um ein Kind handelt;[661] dies kann aber auf der Ebene der Sanktionen berücksichtigt werden.

---

[659] Für eine Heranziehung der Rom I-VO auch *Chen* Int'l Data Privacy Law 6 (2016) 310 (319).

[660] *Laue* ZD 2016, 463 (466), der allerdings auch eine Rechtswahl auf Basis des nationalen Vertragsrechts (Art. 8 Abs. 3 DS-GVO) befürwortet (467), was angesichts des zwingenden Charakters und der Zielrichtung des Art. 8 Abs. 1 DS-GVO zweifelhaft erscheint.

[661] Für eine ex-nunc-Wirkung ab Kenntnis des Verantwortlichen aber *Plath* in Plath DS-GVO Art. 8 Rn. 13.

484 Wie der Umgang mit Kindern in der Praxis von Internetangeboten aussehen soll, ist alles andere als klar. Allgemein dürfte sich die Angemessenheit der zu ergreifenden Maßnahmen nach dem Kontext und insbesondere den verarbeiteten Daten und den potentiellen Gefahren für die Recht und Interessen des betroffenen Kindes bestimmen.[662] Teilweise wird es für ausreichend gehalten, dass ein Nutzer sein Alter bestätigt.[663] Dies erscheint wenig plausibel bei allen Angeboten, die speziell auf Kinder zugeschnitten sind (z.B. jemand gibt bei einem Portal für jüngere Schüler an, über 16 Jahre zu sein). Andere schlagen vor, das aus dem Kontext der elektronischen Werbung (§ 7 Abs. 2 und 3 UWG) bekannte „double opt-in"-Verfahren zu nutzen.[664] Dabei müsste der Minderjährige die E-Mailadresse seines Erziehungsberechtigten angeben, damit dieser dann mit einer Antwort die Zustimmung erteilt. Dies ist zwar etwas komplizierter als eine bloße Bestätigung des Alters, aber es gibt keine Garantie, dass die Bestätigung auch tatsächlich durch den Erziehungsberechtigten erfolgt. Bei der elektronischen Zusendung von Werbung stellt sich dieses Problem nicht, da die Bestätigung durch den Adressaten erfolgt, der durch § 7 Abs. 2 UWG vor unerwünschter Belästigung geschützt werden soll. Damit bleibt – zumindest in gewichtigeren Fällen – nur die Möglichkeit, einen „Medienbruch" in Kauf zu nehmen oder auf Angebote Dritter wie Altersverifikationssysteme[665] auszuweichen.[666]

485 Art. 8 Abs. 2 DS-GVO stellt klar, dass die Einwilligungsfähigkeit keinerlei Auswirkungen auf das Vertragsrecht der Mitgliedstaaten hat. Das bedeutet, dass eine Datenverarbeitung auch in Bezug auf Minderjährige auf Art. 6 Abs. 1 UAbs. 1 lit. b DS-GVO gestützt werden kann. Voraussetzung ist, dass der Minderjährige den zugrundeliegenden Vertrag wirksam abschließen konnte.

Beispiel: Ein Minderjähriger möchte sich bei einem kostenlosen E-Mailprovider oder einem Sozialen Netzwerk anmelden. Eine finanzielle Belastung ist damit nicht verbunden. Es besteht ein immaterieller Nachteil darin, wenn der Minderjährige sich verpflichtet, in die weitergehende Verarbeitung seiner Daten einzuwilligen, also mit seinen Daten „bezahlt".[667] Beschränkt sich die Datenverarbeitung aber nur auf die Datenverarbeitung, die für die Durchführung des Vertrags gemäß Art. 6 Abs. 1 UAbs. 1 lit. b DS-GVO erforderlich ist, und z.B. nicht für Zwecke personalisierter Werbung, droht diese Gefahr nicht. Es liegt daher für den Minderjährigen ein rechtlich allein vorteilhaftes Geschäft vor, das gemäß § 107 BGB keiner Einwilligung der Erziehungsberechtig-

---

[662] So schon zur früheren Rechtslage *Art. 29-Gruppe* Stellungnahme 15/2011 zur Definition der Einwilligung WP 187 v. 13.7.2011, S. 34.

[663] *Plath* in Plath DS-GVO Art. 8 Rn. 12; *Möhrke-Sobolewski/Klas* K&R 2016, 373 (377). *Buchner/Kühling* in Kühling/Buchner DS-GVO Art. 7 Rn. 2; *Schulz* in Gola DS-GVO Art. 8 Rn. 2.

[664] *Laue/Nink/Kremer* Die DS-GVO in der betrieblichen Praxis § 2 Rn. 54; *Möhrke-Sobolewski/Klas* K&R 2016, 373 (377 f.); *Gola/Schulz* ZD 2013, 475 (479 f.) trotz eigener Bedenken.

[665] Zu den sehr hohen (und im datenschutzrechtlichen Kontext vielfach zu hohen) Anforderungen an Altersverifikationssysteme beim Schutz vor pornografischen Inhalten BGH NJW 2008, 1882 Rn. 34 ff. – ueber18.de.

[666] So auch *Piltz* K&R 2016, 557 (564).

[667] *Bräutigam* MMR 2012, 635 (637).

ten bedarf.[668] Im Falle einer „Bezahlung" durch Erteilung einer Einwilligung einer weitergehenden Datenverarbeitung lässt sich auch nicht auf § 110 BGB zurückgreifen. Der „Taschengeldparagraf" zielt auf Rechtsgeschäfte mit sofortiger Leistungserbringung ohne langfristige Auswirkungen für den Minderjährigen.[669]

(2) Einwilligungsfähigkeit von Kindern im Übrigen. Außerhalb des Anwendungsbereichs des Art. 8 Abs. 1 DS-GVO gibt es keine ausdrücklichen Regelungen zur Einwilligungsfähigkeit von Kindern; sie bleibt eine Frage des Einzelfalls. **486**

Auch im deutschen Datenschutzrecht ist die Frage umstritten. Wie sie beantwortet wird, hängt auch davon ab, ob die Einwilligung eher als Willenserklärung oder geschäftsähnliche Erklärung einzuordnen ist – dies legt die Anwendung der §§ 104 ff. BGB nahe – oder als Realakt; bei einem Realakt käme es dann – wie bei einem Grundrechtsverzicht – auf die Einsichtsfähigkeit des Betroffenen im jeweiligen Einzelfall an.[670] **487**

BGH – Nordjob-Messe: Eine Krankenversicherung legte auf einer Jobmesse für Schüler Teilnahmekarten an einem Gewinnspiel aus. Diese Karten enthielten auch eine Einwilligung in die Verarbeitung der Kontaktdaten für Werbezwecke. Bei Personen unter 15 Jahren sollten die Erziehungsberechtigten unterschreiben. Der BGH entschied jedoch, es ließe sich nicht allgemein davon ausgehen, dass Jugendliche zwischen 15 und 17 Jahren, die Auswirkungen einer Datenverarbeitung zu Werbezwecken beurteilen könnten, wenn die Werbung im Zusammenhang mit der Wahl einer Krankenkasse steht und die Einwilligung zusammen mit der – häufig spontanen – Teilnahme an einem Gewinnspiel erfolge.[671] Unerheblich sei es, dass jugendliche Auszubildende in diesem Alter zivil- und sozialrechtlich selbst ihre Krankenkasse wählen könnten (§§ 112, 113 BGB i.V.m. § 175 Abs. 1 S. 3 SGB V).[672] Auch die zunehmende Erfahrung Jugendlicher mit Werbung im Internet und in den Medien lasse noch keinen Schluss darauf zu, dass sie die Folgen der Preisgabe ihrer Daten übersehen könnten.[673] Aus diesem Urteil wird abgeleitet, dass der BGH eine Einwilligung von Minderjährigen in eine Datenverarbeitung zu Werbezwecken grundsätzlich als unzulässig ansehe.[674]

Auch wenn die Einwilligungsfähigkeit von Kindern außerhalb des Art. 8 Abs. 1 DS-GVO nicht ausdrücklich in der DS-GVO geregelt ist, muss die Frage der Wirksamkeit der Einwilligung unionsrechtlich beantwortet werden. In der EU gibt es jedoch sehr unterschiedliche Einschätzungen, wann ein Kind in der Lage ist, wirksam ohne Zustimmung seiner Eltern in die Verarbeitung seiner Daten einzuwilligen.[675] Auch in vergleichbaren Rechtsbereichen des **488**

---

[668] *Faust* Gutachten zum 71. DJT, A 19 ff.; *Spindler* JZ 2016, 805 (807); ZD *Gola/ Schulz* 2013, 475 (480); aA *Jandt/Roßnagel* MMR 2011, 637 (639 f.); *Wintermeier* ZD 2012, 230 (232), der allerdings § 110 BGB analog anwenden will.
[669] *Bräutigam* MMR 2012, 635 (637 f.); *Faust* Gutachten zum 71. DJT, A 21.
[670] Zum Streitstand *Plath* in Plath BDSG/DS-GVO § 4a Rn. 7 f.; *Simitis* in Simitis BDSG § 4a Rn. 20 f. jeweils m.w.N.
[671] BGH NJW 2014, 2282 Rn. 26 f. und Rn. 33 – Nordjob-Messe.
[672] BGH NJW 2014, 2282 Rn. 33 – Nordjob-Messe; ausführlicher zu den zivilrechtlichen Wertungen die Vorinstanz OLG Hamm K&R 2013, 53 (55).
[673] BGH NJW 2014, 2282 Rn. 37 – Nordjob-Messe.
[674] *Plath* in Plath DS-GVO § 4a Rn. 8.
[675] *Art. 29-Gruppe* Stellungnahme 15/2011 zur Definition der Einwilligung, WP 187 v. 13.7.2011, S. 33; *Kosta* Consent in European Data Protection Law, 161 ff.

Unionsrechts ist der Fragenkomplex noch nicht geklärt.[676] Die Artikel 29-Gruppe stellt – vergleichbar der Einsichtsfähigkeit – auf den Reifegrad ab und plädiert somit letztlich für eine Einzelfallbetrachtung.[677] Auch Art. 8 Abs. 1 DS-GVO gibt nur geringe Leitlinien: Zwar hat der Unionsgesetzgeber einen eher protektiven Ansatz mit 16 Jahren gewählt, so dass es zu Wertungswidersprüchen führen würde, in der „Offline-Welt" stark davon abzuweichen. Aber es kann auch nicht ignoriert werden, dass er eine Einwilligung auch mit 13 Jahren für rechtlich möglich hält (wenn auch nicht politisch wünschenswert) – und zwar selbst in komplexe Datenverarbeitungsvorgänge wie Soziale Netzwerke und andere Internetangebote.

489   **bb) Form.** Nach § 4a Abs. 1 S. 3 BDSG aF musste eine Einwilligung grundsätzlich schriftlich erteilt werden; Ausnahmen waren nur aufgrund besonderer Umstände gerechtfertigt. Die DS-GVO macht nun die Wirksamkeit **von keiner speziellen Form** mehr abhängig. ErwGr 32 S. 1 DS-GVO stellt die elektronische Form und sogar eine mündliche Erklärung der Schriftform gleich. Anforderungen an die Form ergeben sich jedoch implizit durch andere Vorgaben:

490   Zum einen muss der Verantwortliche nachweisen können, dass der Betroffene eingewilligt hat (Art. 7 Abs. 1 DS-GVO). Die **Nachweispflicht** umfasst nicht nur die Einwilligungserklärung an sich, sondern auch alle weiteren Wirksamkeitsvoraussetzungen, z.B. dass der Betroffene „informiert" eingewilligt hat und dass der Betroffene die Erklärung auch selbst abgegeben hat. Dies kann etwa zweifelhaft sein, wenn jemand im Internet nur eine E-Mailadresse angibt. Um den Vorwurf zu vermeiden, jemand habe die E-Mailadresse eines anderen angegeben, kommt hier die Verifikation durch einen „double opt-in" wie im Rahmen von § 7 Abs. 2 und 3 UWG in Betracht, dh der Übersendung einer E-Mail mit der Bitte um Bestätigung der Einwilligung über einen personalisierten Link.[678]

491   Zum anderen muss die Einwilligung „**unmissverständlich** (…) in Form einer Erklärung oder einer sonstigen eindeutigen bestätigenden Handlung" erfolgen (Art. 4 Nr. 11 DS-GVO). Die Kommission hatte noch – unterstützt durch das Europäische Parlament – vorgeschlagen, eine Einwilligung müsse immer „ausdrücklich" („explicit") abgegeben werden (Art. 4 Nr. 8 KOM-E); dies ist jetzt nur noch bei der Einwilligung in Verarbeitung sensibler Daten (Art. 9 Abs. 2 lit. a DS-GVO), in eine automatisierte Einzelfallentscheidung (Art. 22 Abs. 2 lit. c DS-GVO) sowie die Übermittlung in ein Drittland (Art. 49 Abs. 1 UAbs. 1 lit. a DS-GVO) erforderlich. Als Beispiele für „eindeutige Verhaltensweisen", die das Einverständnis des Betroffenen signalisieren, werden im Kontext des Internets das „Anklicken eines Kästchens beim Besuch einer Internetseite" oder „die Auswahl technischer Einstellungen" genannt. Als Kontrast stellt der Unionsgesetzgeber klar: „Stillschweigen, bereits

---

[676] *Krüger/Apel* K&R 2014, 199 (200 f.).

[677] *Art. 29-Gruppe* Arbeitspapier 1/2008 zum Schutz der personenbezogenen Daten von Kindern, WP 147 v. 18.2.2008, S. 6.

[678] *Plath* in Plath DS-GVO Art. 7 Rn. 4.

angekreuzte Kästchen oder Untätigkeit" sollen nicht ausreichen (ErwGr 32 S. 2 und 3 DS-GVO).

Danach sind **Opt-out-Lösungen**, wie sie die deutsche Rechtsprechung bis- **492** her toleriert hat, nicht mehr zulässig.[679] Unter einem „Opt-out" werden heute verschiedene Gestaltungen gefasst, die dadurch charakterisiert sind, dass der Betroffene aktiv werden muss, um zu verhindern, dass er mit der weiteren Nutzung seine Einwilligung erteilt.

Beispiele: Der BGH hielt es im Fall *Payback* für zulässig, dass der Betroffene ankreuzen musste, dass er eine Einwilligung in die Nutzung seiner Daten **nicht** erteilt.[680] Ebenso entschied er im Fall *Happy Digits*; es genüge, wenn der Betroffene ausreichend deutlich darauf hingewiesen werde, dass er die Einwilligungserklärung streichen müsse, wenn er ihr nicht zustimmen will.[681] Eine standardmäßig angekreuztes Kästchen direkt neben einem Bestätigungsbutton stellt nach Ansicht des OLG Frankfurt eine wirksame Einwilligung in das Setzen von Cookies dar.[682]

Der BGH akzeptierte Opt-out-Lösungen in Rahmen der datenschutzrechtli- **493** chen Einwilligung bisher, weil § 4a Abs. 1 BDSG aF und auch Art. 2 lit. h DSRL keine entgegenstehenden Anforderungen zu entnehmen waren[683] und die praktische Hemmschwelle für den Betroffenen gering war, seine Einwilligung zu verweigern.[684] Da die Einwilligungserklärung besonders hervorzuheben war (vgl. § 4a Abs. 1 S. 4 BDSG aF), sah der BGH den Betroffenen auch als ausreichend geschützt an.[685] Bei einem Vergleich dieser Fälle mit den in ErwGr 32 S. 2 und 3 DS-GVO genannten Beispielen wird deutlich: Der Unionsgesetzgeber verlangt ein aktives Verhalten des Betroffenen und wollte genau derartige Sachverhalte ausschließen. Auch der BGH hat aus dem weitaus weniger deutlichen Hinweis in ErwGr 17 e-PrivacyRL („hierzu zählt auch das Markieren eines Feldes auf einer Internet-Website") für die Zusendung elektronischer Werbung gefolgert, dass ein Opt-in erforderlich sei.[686] Und dies ist sinnvoll: Menschen neigen dazu, Voreinstellungen zu akzeptieren (*status quo bias*).[687] Wenn sie aktiv einwilligen müssen, verhindert dies, dass ihre rationale Apathie[688] und Trägheit ausgenutzt wird.

Auch die **Inanspruchnahme eines Dienstes** nach einem entsprechenden **494** Hinweis ist als „Stillschweigen" keine Einwilligung. Dabei ist es unerheblich,

---

[679] *Kühling/Martini* EuZW 2016, 448 (451); *Buchner* DuD 2016, 155 (158); aA *Krohn* ZD 2016, 368 (372); Versuch einer Differenzierung bei *Piltz* K&R 2016,.

[680] BGHZ 177, 235 Rn. 21 ff. – Payback.

[681] BGH NJW 2010, 864 Rn. 25 ff.

[682] OLG Frankfurt MMR 2016, 245 (246 f.) zum Setzen von Cookies.

[683] BGHZ 177, 235 Rn. 22 f. – Payback; BGH NJW 2010, 864 Rn. 26 – Happy Digits.

[684] BGHZ 177, 235 Rn. 21– Payback; BGH NJW 2010, 864 Rn. 26 – Happy Digits.

[685] BGHZ 177, 235 Rn. 24 f. – Payback; BGH NJW 2010, 864 Rn. 28 ff. – Happy Digits.

[686] BGHZ 177, 235 Rn. 28 – Payback; kritisch zur unterschiedlichen Behandlung der Einwilligung nach der DSRL und der e-PrivacyRL *Buchner* DuD 2010, 39 (42 f.).

[687] *Arnold/Hillebrand/Waldburger* DuD 2015, 730 (732); *Eidenmüller* JZ 2011, 814 (815).

[688] *Spindler* Gutachten zum 69. DJT, F 107 f.

ob der Verantwortliche versucht, dem Verhalten des Betroffenen durch entsprechende Hinweise einen Erklärungswert zuzuschreiben.

Beispiele: „Mit dem Betreten unseres Einkaufszentrums willigen Sie in die Videoüberwachung ein". „Mit der weiteren Nutzung unserer Homepage willigen sie in die Verarbeitung Ihrer Daten zum Zwecke ... ein." Anders ist die Situation zu bewerten, wenn Betroffene mittels eines Buttons zustimmen muss.

495 An einer „eindeutigen bestätigenden Handlung" fehlt es auch, wenn die AGB eines Verantwortlichen diesem die Möglichkeit geben, die Datenschutzbedingungen, denen der Betroffene zugestimmt hat, einseitig zu ändern.[689] Dies gilt – unabhängig von der Vereinbarkeit mit § 308 Nr. 5 BGB – auch dann, wenn der Verantwortliche den Betroffenen über die Änderung persönlich informiert und ihm die Möglichkeit gibt, der Änderung zu widersprechen;[690] datenschutzrechtlich muss der Betroffene erneut eine Einwilligung erteilen, denn Untätigkeit durch **Verzicht auf den Widerspruch** ist keine eindeutige bestätigende Handlung.

496 Als eine gewisse Konzession an die Interessen der datenverarbeitenden Wirtschaft aber auch als Entlastung der Betroffenen erlaubt ErwGr 32 S. 2 DS-GVO bei Internetangeboten auch die Einwilligung über die „Auswahl technischer Einstellungen"; dies zielt vor allem auf die **Browsereinstellungen** (vgl. ErwGr 25 S. 4 Rats-E).[691]

497 Inwieweit diese Neuerung auch auf den wohl wichtigsten Fall, des Setzens von **Cookies**, Auswirkungen hat, ist unklar und hängt davon ab, ob man den Verweis in Art. 2 lit. f e-PrivacyRL auf die DSRL gemäß Art. 94 Abs. 2 DS-GVO als dynamischen Verweis auf die DS-GVO interpretiert oder dieser durch Art. 95 DS-GVO ausgeschlossen ist. Art. 95 DS-GVO stellt zwar klar, dass die DS-GVO „keine zusätzlichen Pflichten" auferlegen soll; dies gilt aber nur für die Verarbeitung im Zusammenhang mit der Bereitstellung öffentlich zugänglicher Kommunikationsdienste. Art. 5 Abs. 3 e-PrivacyRL gilt aber allgemein und nicht nur für Telekommunikationsanbieter, so dass die Veränderungssperre des Art. 95 DS-GVO nicht die Cookie-Regelung in Art. 5 Abs. 3 e-PrivacyRL erfasst. Würden über Art. 94 Abs. 2 DS-GVO i.V.m. Art. 2 lit. f e-PrivacyRL die Anforderungen der DS-GVO auf die e-Privacy-RL übertragen, wäre dies ein weiteres Argument dagegen, dass eine Widerspruchsrecht gegen das Setzen von Cookies den unionsrechtlichen Vorgaben genügt.[692] Die Vorgaben der DS-GVO greifen aber unabhängig davon, sobald durch das Setzen eines Cookies personenbezogene Daten verarbeitet werden (→ Rn. 292 ff.).

---

[689] Ebenso auf Basis des AGB-Rechts und des geltenden Rechts LG Berlin MMR 2014, 563 (566) – Google Play.

[690] Eine datenschutzrechtliche Einwilligung nach Art. 2 lit. h DSRL im Wege eines Hinweises per E-Mail für möglich hält KG 2014, 412 (420 f.) – Facebook Freund-Finder.

[691] Unbegründet die Skepsis von *Spindler* DB 2016, 937 (940) wegen des Wegfalls der Erwähnungen von Browsern im Vergleich zum allgemeinen Standpunkt des Rates.

[692] Ausführlich *Conrad/Hausen* in Auer-Reinsdorff/Conrad Handbuch IT- und Datenschutzrecht § 36 Rn. 10 ff.; für die Zulässigkeit eines Opt-out OLG Frankfurt MMR 2016, 245 (246).

Offen ist nicht aber, ob eine Einwilligung informiert und bestimmt sein **498** kann, wenn der Betroffene vorab eine **pauschale Einwilligung** für die Nutzung aller Internetangebote über einen bestimmten Browser erteilt. Zweifelhaft ist auch das eindeutige Einverständnis des Betroffenen, wenn bereits die Werkseinstellungen eines Browsers eine andere Verarbeitung personenbezogener Daten erlauben.[693] Aus Sicht des Verantwortlichen kommt die Schwierigkeit hinzu, dass er bisher gar nicht beurteilen kann, ob die Einstellungen eines Browsers auf der Willensentscheidung des Nutzers oder den Default-Einstellungen des Softwareherstellers beruhen. Aus diesen Gründen sind – zumindest bis zu einer Einführung von datenschutzfreundlichen Standardeinstellungen der gängigen Browser – dessen Einstellungen nur eine unsichere Grundlage für eine Einwilligung des Betroffenen.

Nach ErwGr 32 S. 6 DS-GVO darf es bei der Abgabe der Einwilligung zu **499** keiner „unnötigen Unterbrechung des Dienstes" kommen. Teilweise wird bereits in einem **Pop-up-Fenster** eine unzulässige Unterbrechung gesehen, weil hierdurch der Nutzungskomfort beeinträchtigt wird.[694] Da der Betroffene jedoch in jedem Fall in irgendeiner Form seine Einwilligung aktiv erklären muss, wird der Nutzungsfluss durch ein Pop-up-Fenster kaum stärker beeinträchtigt, als wenn er auf der Website auf einen entsprechenden Button klicken muss. Dennoch hat ein Pop-up-Fenster Vor- und Nachteile: So wird dem Betroffenen die Bedeutung seiner Entscheidung stärker bewusst, wenn sich ein neues Fenster öffnet.[695] Allerdings verwenden Nutzer als Standardeinstellung ihres Browsers, dass Pop-up-Fenster unterdrückt werden. In diesem Fall muss ein Verantwortlicher seine Website so einrichten, dass eine weitere Nutzung bei einer Blockade von Pop-up-Fenstern nicht möglich ist, bis die Einwilligung auf andere Weise eingeholt wird.[696]

cc) Freiwilligkeit. Das normative Fundament der Einwilligung ist die **500** freie Entscheidung des Betroffenen. In vielen Konstellationen fehlt es aber in der Realität an einer freien Entscheidung, weil der Betroffene viele Dienste nur in Anspruch nehmen kann, wenn er in eine weitergehende Verarbeitung seiner Daten einwilligen kann.[697] Daher hat der Unionsgesetzgeber sich insbesondere in den Erwägungsgründen bemüht, die Grenzen der Einwilligung gerade in dieser Hinsicht zu konkretisieren. Der gewählte Ansatz ist dabei nicht ganz kohärent und birgt – vor allem durch das sehr weitgehende Koppelungsverbot des Art. 7 Abs. 4 DS-GVO – die Gefahr, die informationelle Selbstbestimmung des Betroffenen mehr als erforderlich einzuschränken.

(1) Nachteile bei Verweigerung der Einwilligung. ErwGr 42 S. 5 DS- **501** GVO stellt recht anspruchsvolle Voraussetzungen an die Freiwilligkeit einer Einwilligung auf. Sie ist nur gegeben, wenn der Betroffene

---

[693] *Schantz* NJW 2016, 1841, 1844; *Weigl* CRi 2016, 102 (107). *Heckmann/Paschke* in Ehmann/Selmayr DS-GVO Art. 7 Rn. 24.

[694] *Härting* Datenschutz-Grundverordnung, Rn. 363; *Weigl* CRi 2016, 102 (107).

[695] Vgl. *Arnold/Hillebrand/Waldburger* DuD 2015, 730 (733); Pop-up-Fenster hebt daher auch die *Art. 29-Gruppe* Stellungnahme 15/2011 zur Definition der Einwilligung, WP 187 v. 13.7.2011, S. 22.

[696] Vgl. *Spindler/Nink* in Spindler/Schuster TMG § 13 Rn. 7.

[697] Ausführlich *Kamp/Rost* DuD 2013, 80 (81 ff.).

„eine echte oder freie Wahl hat und somit in der Lage ist, die Einwilligung zu verweigern oder zurückzuziehen, ohne Nachteile zu erleiden."

502 Die Art. 29-Gruppe ging im Rahmen der Auslegung des insoweit wortgleichen[698] Art. 2 lit. h DSRL sogar noch weiter. Sie nahm eine freiwillige Einwilligung nur dann an, wenn „eine Person aus freien Stücken und im Vollbesitz ihrer geistigen Kräfte ohne jeglichen sozialen, finanziellen, psychologischen und sonstigen Druck von außen entscheiden kann".[699] Mit der Realität haben diese Anforderungen nichts zu tun. Würde man dieses Verständnis im Rechtsverkehr zugrunde legen, dürfte man keinen Vertrag als wirksam anerkennen. Erfolgversprechender erscheint es, wie ErwGr 42 S. 5 DS-GVO nahelegt, im Einzelfall zu prüfen, ob die Nachteile der Entscheidung gegen eine Einwilligung so gewichtig sind, dass sie eine freie Entscheidungsfindung ausschließen. Dies wäre z. B. bei der Teilnahme an einem Gewinnspiel oder einem Kundenbindungsprogramm zu verneinen.[700] In diese Richtung gingen auch Überlegungen der Generalanwältin *Sharpston* im Fall *Volker und Markus Schecke GbR* zur Veröffentlichung der Empfänger von Agrarsubventionen.[701] Bei einem Blick auf das Koppelungsverbot gemäß Art. 7 Abs. 4 DS-GVO (→ Rn. 513 ff.) zeigt sich aber, dass der Unionsgesetzgeber die Freiwilligkeit sogar dann in Zweifel zieht, wenn dem Betroffenen durch die Verweigerung der Einwilligung gar keine Nachteile drohen.

503 *(2) Keine zumutbare Alternative.* Folgt man der Konkretisierung der Freiwilligkeit durch ErwGr 42 S. 5 DS-GVO weiter, ist festzustellen, dass die Folgen einer Verweigerung der Einwilligung für den Betroffenen in vielen Konstellationen nicht derart schwerwiegend sind, dass sie eine freie Willensentscheidung ausschließen. Häufig kann er auf das Angebot, mit dem die Einwilligung verbunden ist, verzichten oder auf einen anderen Anbieter zurückgreifen.

Beispiel: Auf einem Flughafen haben Passagiere die Möglichkeit, einen **Bodyscanner** zu testen, wenn sie darin einwilligen. Ob die Einwilligung freiwillig ist, hängt davon ab, wie der Passagier behandelt wird, wenn er sich weigert, den Body-Scanner zu benutzen. Wird er dann als besonders verdächtig eingestuft und besonders intensiv kontrolliert, scheidet eine Einwilligung aus.[702]

504 Eine Einwilligung ist daher nicht freiwillig erteilt, wenn zwei Voraussetzungen vorliegen: Erstens muss der Verantwortliche eine **monopolartige Stel-**

---

[698] Zu beachten ist, dass in der deutschen Version von Art. 2 lit. h DSRL „freely given" etwas missverständlich mit „ohne Zwang" übersetzt worden ist.

[699] *Art. 29-Gruppe* Arbeitspapier „Verarbeitung von Patientendaten in elektronischen Patientenakten (EPA), WP 131 v. 15.2.2007, S. 9; Stellungnahme 15/2011 zur Definition der Einwilligung, WP 187 v. 13.7.2011, S. 15.

[700] Vgl. *Buchner* DuD 2010, 39 (41).

[701] Schlussanträge GA Sharpston, Rs. C-92/09 und 93/09, BeckEuRS 2010, 517757, Rn. 77 ff., insbesondere Rn. 83 f. – Volker und Markus Schecke.

[702] Ähnlich aber im Ergebnis für eine gesetzliche Regelung plädierend *Art. 29-Gruppe*, Stellungnahme 15/2011 zur Definition der Einwilligung, WP 187 v. 13.7.2011, S. 18.

lung[703] einnehmen, oder es dem Betroffenen **unzumutbar oder unmöglich sein, das Angebot eines Wettbewerbers zu nutzen.** Diese Konstellation hatte – in Anlehnung an § 28 Abs. 3b BDSG aF – der Rat hervorgehoben (ErwGr 34 Rats-E a.E.); an ihre Stelle trat jedoch im Trilog eine Erläuterung des allgemeinen Koppelungsverbots (ErwGr 43 S. 2 DS-GVO, hierzu → Rn. 513 ff.). Zweitens muss der Betroffene durch die Verweigerung einen **spürbaren Nachteil** erleiden, der gewichtig genug ist, um unter Berücksichtigung des konkreten Kontexts eine freie Entscheidung abzulehnen.

Geradezu idealtypisch zeigen sich beide Voraussetzungen in der Entscheidung des BVerfG zur Schweigepflichtentbindung (→ Rn. 174).

Es ist daher nicht zwingend erforderlich, dass der Verantwortliche allein **505** über eine marktbeherrschende Stellung verfügt. Entscheidend ist, ob aus datenschutzrechtlicher Perspektive vergleichbare Alternativen existieren. Hieran kann es fehlen, wenn – wie in obigem Beispiel – eine Klausel flächendeckend für bestimmte Verträge verwendet wird (z.B. die sog. SCHUFA-Klausel)[704] oder alle Anbieter den gleichen gesetzlichen Anforderungen unterliegen.

Beispiel: Alle Fluggesellschaften sind vor Flügen in bestimmte Staaten verpflichtet, an den Zielstaat personenbezogene Daten über ihre Passagiere zu übermitteln. Eine Einwilligung scheidet mangels Freiwilligkeit aus. Die Übermittlung kann daher nur auf ein internationales Abkommen gestützt werden, welches dann eine rechtliche Verpflichtung gemäß Art. 6 Abs. 1 UAbs. 1 lit. c DS-GVO begründet, sobald es innerstaatliche Wirkung entfaltet.[705]

Auf der anderen Seite kann es dem Betroffenen trotz eines hohen Marktan- **506** teils des Verantwortlichen zumutbar sein, das Angebot eines Konkurrenten in Anspruch zu nehmen.

Beispiel: Das OLG Brandenburg entschied, der Marktanteil von Ebay in Höhe 73% begründe keine Monopolstellung, da 27% aller Transaktionen noch über andere Anbieter liefen.[706] In konkreten Fall wäre allerdings zu prüfen, ob andere Anbieter über eine vergleichbare Reichweite wie Ebay im Hinblick auf die betroffenen Produkte verfügen.[707]

Ob ein alternatives Angebot unzumutbar ist, hängt auch von dessen Bedin- **507** gungen ab. Besteht neben einem kostenlosen Angebot, das allerdings als „Bezahlung" die Einwilligung in die Verarbeitung der Daten des Betroffenen verlangt, ein Angebot derselben Leistung gegen ein angemessenes Entgelt, ist dies für den Betroffenen in der Regel zumutbar. Es ergeben sich allerdings gerade in dieser Konstellation Probleme mit dem Koppelungsverbot gemäß Art. 7 Abs. 4 DS-GVO (→ Rn. 515).

---

[703] Hierzu schon *Roßnagel/Pfitzmann/Garstka* Modernisierung des Datenschutzrechts, 97; einen Fall des „klaren Ungleichgewichts" nach ErwGr 43 S. 1 DS-GVO sehen darin *Gierschmann* ZD 2016, 51 (54); *Buchner* DuD 2016, 155 (158).

[704] BGHZ 96, 362 (368) – SCHUFA-Klausel.

[705] *Art. 29-Gruppe* Stellungnahme 15/2011 zur Definition der Einwilligung, WP 187 v. 13.7.2011, S. 19.

[706] OLG Brandenburg MMR 2006, 405 (407) zum Koppelungsverbot gemäß § 3 Abs. 4 TDDSG aF.

[707] *Kühling* in Wolff/Brink BeckOK DatenschutzR BDSG aF § 4a Rn. 40.

508   Die Unzumutbarkeit eines Wechsels zu einem anderen Anbieter kann aber auch aufgrund von **Netzwerkeffekten** und **Lock-in-Effekten** zweifelhaft sein. Diese Effekte können dazu führen, dass ein Betroffener an einen Verantwortlichen so stark gebunden ist, dass ihm ein Wechsel zu einem Wettbewerber unattraktiv erscheint („Lock-in-Effekt").[708]

Ändert etwa ein **soziales Netzwerk** seine Datenschutzbedingungen und verlangt von allen Kunden zur Fortsetzung der Nutzung, den Änderungen zuzustimmen, entscheiden die Kunden dann frei? Die Nutzung eines Sozialen Netzwerks ist heute für viele Personen ein wichtiges Instrument zur Gestaltung ihrer kommunikativen Beziehungen und zur gesellschaftlichen Teilhabe. Ein Wechsel zu einem anderen Netzwerk scheidet praktisch aus, wenn der größte Teil der Kontaktpersonen bei dem Sozialen Netzwerk bleibt. Zwar könnte der Betroffene seine Daten zu dem anderen Anbieter gemäß Art. 20 Abs. 1 DS-GVO portieren; mangels Interoperabilität könnte er seine Kontakte aber nicht aufrechterhalten. Er wäre gewissermaßen selbstbestimmt, aber „einsam". Wirklich frei entscheiden kann er daher nicht.

Die Entscheidungsfreiheit eines Betroffenen kann aber auch durch frühere Investitionen eingeschränkt sein. Dies ist etwa der Fall bei einer **engen Verbindung von Hard- und Software** (z.B. Apple). Ändert der Anbieter die datenschutzrechtlichen Bedingungen der Nutzung des einzigen verfügbaren Betriebssystems für das Gerät, wäre zu analysieren, ob ein Update unausweichlich ist (zB weil Sicherheitslücken nur noch in der neueren Version geschlossen werden oder weil es sich zum Zeitpunkt der Entscheidung des Betroffenen technisch faktisch nicht mehr deinstallieren lässt). Denn ein Wechsel zu einem anderen Anbieter würde auch einen Austausch der Hardware erfordern und damit prohibitiv hohe Kosten verursachen.[709] Die Freiwilligkeit einer Einwilligung ist daher eher zweifelhaft.

509   Nutzt ein Unternehmen seine Marktmacht, um gegenüber seinen Kunden Bedingungen durchzusetzen, die bei einem wirksamen Wettbewerb nicht durchsetzbar gewesen wären, berührt dies nicht nur die Freiwilligkeit der Einwilligung, sondern kann als sog. **Konditionenmissbrauch** auch kartellrechtlich unzulässig sein (§ 19 Abs. 2 Nr. 2 GWB; Art. 102 lit. b AEUV).[710] Das Bundeskartellamt hat daher im März 2016 ein Verfahren gegen Facebook eröffnet, da Anhaltspunkte bestünden, dass Facebook seine Marktmacht gegenüber seinen Nutzern ausnutze, um datenschutzrechtlich zulässige Nutzungsbedingungen durchzusetzen.[711]

510   *(3) Ungleichgewicht zwischen Betroffenem und Verantwortlichem.* Die Freiwilligkeit der Einwilligung scheidet ferner aus, wenn zwischen dem Betroffenen und dem Verantwortlichen ein klares Ungleichgewicht besteht und

---

[708] Zum Folgenden bereits *Schantz* NJW 2016, 1841 (1845); ebenso *Buchner/Kühling* in Kühling/Buchner DS-GVO Art. 7 Rn. 53. Auf diese beiden Faktoren für Marktmacht weisen auch *Podszun/de Toma* NJW 2016, 2987 (2993) hin.

[709] Vgl. BGHZ 176, 1 Rn. 15 f. – Soda Club II (Beherrschung des Marktes für Kohlensäurezylinder für wiederbefüllbare Besprudelungsgeräte).

[710] *Monopolkommission* Wettbewerbspolitik: Herausforderung digitale Märkte, Sondergutachten 68, 2015, Rn. 517 ff.; zum Konditionenmissbrauch mittels AGB vgl. BGHZ 199, 1 Rn. 65 – VBL-Gegenwert.

[711] *Bundeskartellamt* Pressemitteilung vom 2.3.2016, abrufbar unter: https://www.bundeskartellamt.de/SharedDocs/Meldung/DE/Pressemitteilungen/2016/02_03_2016_Facebook.html; zu diesem Verfahren etwa *Podszun/de Toma* NJW 2016, 2987 (2993); *Körber* NZKart 2016, 348 (351 ff.); *Wiedmann/Jäger* K&R 2016, 217 ff.

es deshalb „in Anbetracht aller Umstände in dem speziellen Fall unwahrscheinlich ist, dass die Einwilligung freiwillig abgegeben wurde" (ErwGr 43 S. 1 DS-GVO).

Als Beispiel nennt ErwGr 43 S. 1 DS-GVO eine Einwilligung eines Betrof- **511** fenen gegenüber einer **Behörde.** Inwieweit eine Behörde sich schon nach dem geltenden Recht eine Datenverarbeitung auf eine Einwilligung stützen kann ist zweifelhaft;[712] grundsätzlich bedarf eine staatliche Datenverarbeitung als Eingriff in das Recht auf informationelle Selbstbestimmung einer Rechtsgrundlage, die „Anlass, Zweck und Grenzen des Eingriffs (…) bereichsspezifisch, präzise und normenklar" festlegt.[713] Eindeutig ist dies im Fall der Eingriffsverwaltung. Aber auch in der Leistungsverwaltung kann eine Einwilligung ausscheiden, weil der Betroffene auf die Leistung angewiesen ist. Aufgrund des Vorbehalts des Gesetzes ist dieser Fall für deutsche Behörden ohnehin weit weniger relevant, da sie ihre Datenverarbeitung immer auf eine gesetzliche Grundlage iSd Art. 6 Abs. 1 UAbs. 1 lit. e DS-GVO stützen müssen.

Beispiele: Im Fall *Markus und Volker Schecke GbR* erwog die Generalanwältin *Sharpston*, ob die Veröffentlichung von Empfängern von **Agrarsubventionen** auf eine Einwilligung gestützt werden könne. Sie lehnte dies ab. Die Agrarsubventionen machten 30 bis 70 % der Einkünfte der Empfänger aus und seinen daher für den Betrieb eines Agrarbetriebs alternativlos.[714] Ebenso ist der Besitz eines **Reisepasses** für den Betroffenen unentbehrlich, so dass eine Einwilligung in die Erfassung von Fingerabdrücken auf dieser Basis ausscheidet.[715]

Anders als dem Entwurf der Kommission (ErwGr 34 S. 2 KOM-E) lässt **512** sich der DS-GVO nicht entnehmen, dass im **Arbeitsverhältnis** immer ein Ungleichgewicht besteht, dass eine Einwilligung ausschließt. Der Unionsgesetzgeber hat es den Mitgliedstaaten explizit erlaubt, selbst festzulegen, wann im Arbeitsverhältnis eine Datenverarbeitung auf eine Einwilligung gestützt werden kann. Dies wäre sinnlos, wenn eine Einwilligung im Arbeitsverhältnis generell ausgeschlossen wäre.[716] Zu weitgehend wäre es, ein klares Ungleichgewicht prinzipiell zwischen **Verbrauchern** und Unternehmern anzunehmen, weil der Unternehmer den Inhalt der Einwilligung in der Regel einseitig bestimmt.[717] Gerade in dieser Konstellation soll die Anwendung AGB-rechtlicher Regelungen (ErwGr 42 S. 3 DS-GVO) den Verbraucher schützen (→ Rn. 528 f.).

(4) Koppelungsverbot. Art. 7 Abs. 4 DS-GVO greift den Rechtsgedanken **513** eines allgemeinen Koppelungsverbots auf. Ein allgemeines Koppelungsverbot

---

[712] *Simitis* in Simitis BDSG aF § 4a Rn. 15 f.

[713] zB BVerfGE 113, 348 (375) – polizeiliche Telekommunikationsüberwachung; 128, 1 (47) – Gentechnikgesetz; 130, 151 (202) – Bestandsdatenauskunft.

[714] Schlussanträge GA Sharpston, Rs. C-92/09 und 93/09, BeckEuRS 2010, 517757, Rn. 77 ff., insbesondere Rn. 83 f. – Volker und Markus Schecke. Der EuGH erkannte bereits keine entsprechende Willensäußerung (EuGH MMR 2010, 122 Rn. 63).

[715] EuGH ZD 2013, 608 Rn. 32 – Schwarz ./. Stadt Bochum.

[716] *Schantz* NJW 2016, 1841 (1845); *v. d Bussche/Zeitler/Brombach* DB 2016, 1359 (1363); *Heckmann/Paschke* in Ehmann/Selmayr DS-GVO Art. 7 Rn. 47.

[717] So *Härting* Datenschutz-Grundverordnung, Rn. 401; aA *Buchner* DuD 2016, 155 (158); *Buchner/Kühling* in Kühling/Buchner DS-GVO Art. 7 Rn. 44.

gibt es bisher im deutschen und europäischen Recht nicht. So ist eine Einwilligung in die Verarbeitung von Daten zu Werbezwecken gemäß § 28 Abs. 3b BDSG aF unwirksam, wenn der Verantwortliche hiervon den Abschluss eines Vertrags abhängig gemacht hat und ihm der Zugang zu gleichwertigen Alternativangeboten nicht zumutbar ist. Ähnlich verbietet § 95 Abs. 5 TKG die Erbringung von Telekommunikationsdienstleistungen davon abhängig zu machen, dass der Betroffene in die Verarbeitung seiner Daten für andere Zwecke einwilligt; dies gilt aber auch hier nur, wenn dem Betroffenen kein zumutbarer alternativer Zugang zu dem Telekommunikationsdienst offensteht.

514 Das Koppelungsverbot des Art. 7 Abs. 4 DS-GVO geht weit darüber hinaus. Gemäß Art. 7 Abs. 4 DS-GVO muss bei der Beurteilung der Freiwilligkeit einer Einwilligung

> „dem Umstand in größtmöglichem Umfang Rechnung getragen werden, ob unter anderem die Erfüllung eines Vertrags, einschließlich der Erbringung einer Dienstleistung, von der Einwilligung zu einer Verarbeitung von personenbezogenen Daten abhängig ist, die für die Erfüllung des Vertrags nicht erforderlich sind."

515 Die Regelung geht auf einen Vorschlag des Europäischen Parlaments zurück (Art. 7 Abs. 4 S. 2 EP-E). Noch weitergehend fingiert ErwGr 43 S. 2 DS-GVO, dass eine Einwilligung „nicht als freiwillig gilt", wenn „die Erfüllung eines Vertrags, einschließlich der Erbringung einer Dienstleistung, von der Einwilligung abhängig ist, obwohl diese Einwilligung für die Erfüllung nicht erforderlich ist". Nimmt man dies wörtlich, gibt es für die Einwilligung im Rechtsverkehr kaum noch einen Anwendungsbereich. Denn soweit eine Verarbeitung bereits für die Erfüllung eines Vertrags erforderlich ist, ist sie nach Art. 6 Abs. 1 UAbs. 1 lit. b DS-GVO zulässig; einer Einwilligung bedarf es dann nicht mehr. Eine „Bezahlung mit den eigenen Daten" – wie es im Internet gebräuchlich ist – wäre damit nicht mehr möglich. Es käme nicht auf die Marktmacht des Verantwortlichen, zumutbare alternative Angebote oder die Nachteile einer Verweigerung der Einwilligung für den Betroffenen an. Damit würde die DS-GVO über ihr Ziel hinausschießen, die informationelle Privatautonomie des Betroffenen zu gewährleisten. Sie würde einvernehmliche Lösungen sogar dort ausschließen, wo sie auf einer freien Willensbildung der Beteiligten beruhen.[718]

516 Bei genauer Betrachtung besteht zwischen ErwGr 43 S. 2 DS-GVO und Art. 7 Abs. 4 DS-GVO ein Widerspruch zwischen Norm und Begründung:[719] Während ErwGr 43 S. 2 DS-GVO im Fall einer Koppelung generell und ohne weitere Wertungsmöglichkeiten fingiert, eine Einwilligung sei nicht freiwillig, lässt Art. 7 Abs. 4 DS-GVO erhebliche Interpretationsspielräume und verlangt nur diesem Faktor „in größtmöglichem Umfang Rechnung" zu tragen.[720] Die-

---

[718] *Schantz* NJW 2016, 1841 (1845); *Buchner* DuD 2016, 155 (158 f.); *Heckmann/Paschke* in Ehmann/Selmayr DS-GVO Art. 7 Rn. 53; positiv gegenüber einem strikten Koppelungsverbot *Dammann* ZD 2016, 307 (311); *Albrecht/Jotzo* Das neue Datenschutzrecht der EU, Teil 3 Rn. 40.

[719] Zu den Ursachen dieser Divergenzen im Verhandlungsprozess anschaulich und realitätsnah *Redeker/Karpenstein* NJW 2001, 2825 (2830 f.).

[720] *Spindler* JZ 2016, 805 (807); *Faust* Gutachten zum 71. DJT, F 18 f.; *Heckmann/Paschke* in Ehmann/Selmayr DS-GVO Art. 7 Rn. 53; vgl. auch *Albrecht* CR 2016, 89 (91), der eine Koppelung für „in der Regel" unzulässig hält.

ser Widerspruch ist zugunsten von Art. 7 Abs. 4 DS-GVO aufzulösen.[721] Denn die Erwägungsgründe können nach der Rechtsprechung des EuGH zwar „dazu beitragen, Aufschluss über die Auslegung einer Rechtsvorschrift zu geben, [sie können, Verf.] jedoch nicht selbst eine solche Vorschrift darstellen."[722] Sie können also nicht ihren materiellen Gehalt einer Regelung verändern oder zu einer Auslegung führen, die sich ihr nicht ableiten lässt. Genau dies würde aber passieren, wenn man ErwGr 43 S. 2 DS-GVO beim Wort nimmt.

(5) Differenzierte Einwilligung. In der Praxis legen viele Verantwortliche **517** den Betroffenen komplexe **Globaleinwilligungen** vor, mit denen die Betroffenen in die Verarbeitung verschiedener Kategorien von Daten zu einer Vielzahl von Zwecken einwilligen. Der Betroffene kann sich nur entscheiden die vorgelegte Einwilligungserklärung als Ganzes anzunehmen oder abzulehnen („take it or leave it").[723] Diese Praxis wird künftig in vielen Fällen nicht mehr möglich sein.[724] Denn ErwGr 43 S. 2 DS-GVO fingiert das Fehlen der Freiwilligkeit des Betroffenen, wenn der Betroffene nicht in verschiedene Verarbeitungsvorgänge einwilligen kann, obwohl dies im Einzelfall angebracht („appropriate") ist. Ziel der Regelung ist es, dem Betroffenen eine „differenzierte Einwilligung" zu ermöglichen und so das Spektrum der möglichen Entscheidungen zu erweitern. Es hängt daher maßgeblich von der Komplexität der Einwilligung ab, ob eine solche differenzierte Einwilligung angebracht ist.

Mit der Granularität der Einwilligung steigt auch ihre Komplexität.[725] Daher **518** könnte man befürchten, dass der Betroffene überfordert sein könnte, wenn er eine Vielzahl zusätzlicher Entscheidungen treffen muss. Zum einen muss auch hier die Einwilligung zu jeder Datenverarbeitung mittels einer „eindeutigen bestätigenden Handlung" erteilt werden; die Ausgangseinstellungen müssen daher vorsehen, dass der Betroffene keine Einwilligung erteilt. Zum anderen muss auch eine differenzierte Einwilligung die Anforderungen an Transparenz und Verständlichkeit erfüllen.

Beispiel: Einem Betroffenen wird im Rahmen der Teilnahme an einem Gewinnspiel eine Einwilligungserklärung vorgelegt, welche die Übermittlung seiner Daten an 59 Unternehmen zu Werbezwecken erlaubt, ihm aber die Möglichkeit gibt, die Empfänger einzeln abzuwählen. Das OLG Frankfurt hielt dies für unzulässig; die Abwahl sei eine „eher theoretische Möglichkeit, da der verbundene Aufwand schon aus zeitlichen Gründen außer Verhältnis zu der angestrebten Teilnahme an einem Gewinnspiel stehe".[726]

(6) Übermäßige Reize. Der BGH hat zudem erwogen, dass es an der Frei- **519** willigkeit nicht nur fehlt, „wenn die Einwilligung in einer Situation wirtschaftlicher und sozialer Schwäche oder Unterordnung erteilt wird", sondern auch „wenn der Betroffene durch übermäßige Anreize finanzieller oder sonstiger Na-

---

[721] Für eine einschränkende Auslegung auch *Plath* in Plath DS-GVO Art. 7 Rn. 14.
[722] EuGH Rs. 215/88, Slg. 1989, 2789 Rn. 31 – Casa Fleischhandel.
[723] Das Schutzbedürfnis des Betroffenen ablehnend *Plath* in Plath DS-GVO Art. 7 Rn. 16.
[724] *Buchner* DuD 2015, 155 (158); *Heckmann/Paschke* in Ehmann/Selmayr DS-GVO Art. 7 Rn. 48.
[725] Vgl. *Solove* 126 Harv. L. Rev. 1880, 1885 (2013).
[726] OLG Frankfurt MMR 2016, 245 (246).

tur zur Preisgabe seiner Daten verleitet wird".[727] Ob diese Überlegungen sich auf die DS-GVO übertragen lassen ist unklar; konkrete Anknüpfungspunkte ergeben sich aus den Erwägungsgründen nicht. Verwendet ein Verantwortlicher aleatorische Anreize (z. B. durch Gewinnspiele) oder wirkt er auf eine andere Art und Weise unsachgemäß auf die Entscheidungsfreiheit der betroffenen Verbraucher ein, kann dies aber wettbewerbswidrig sein (§ 5 Abs. 1 S. 1 UWG).

Beispiele: Für eine unsachgemäße Beeinflussung der Entscheidungsfreiheit hielt das OLG Köln folgende Konstellationen: Die betroffenen Verbraucher wurden erst nach der Entscheidung, an einer Verlosung von Karten für die Fußballweltmeisterschaft 2006 teilzunehmen, darüber informiert wurden, dass sie für die Teilnahme in die Verarbeitung ihrer Daten zu Werbezwecken einwilligen müssen. Der einzelne Verbraucher geriete hierdurch in die „psychisch schwierige Situation", seine Entscheidung zur Teilnahme an der Verlosung revidieren zu müssen, wenn er seine Privatsphäre schützen wolle.[728] Ähnliche Argumente – aber unter dem Gesichtspunkt, ob eine informierte Einwilligung vorliegt – finden sich in einem Urteil des LG Berlin: Das Gericht wies darauf hin, dass auch aufgrund des Spieltriebs nicht mehr damit gerechnet werden könne, dass ein Verbraucher sich „mühsam durch das Klauselwerk des Spieleanbieters klickt", nachdem er meinte, alles getan zu haben, um endlich spielen zu können.[729]

520 **dd) Informiertheit und Transparenz.** Die Einwilligung muss „in informierter Weise" abgegeben werden (§ 4 Nr. 11 DS-GVO). Nach ErwGr 42 S. 4 DS-GVO muss der Betroffene zumindest wissen, „wer der Verantwortliche ist und für welche Zwecke ihre personenbezogenen Daten verarbeitet werden sollen". Dies erscheint jedoch grob verkürzt, denn im Falle der Einwilligung liegt immer eine Erhebung beim Betroffenen vor. Wenn es schon für eine faire und transparente Datenverarbeitung erforderlich ist, den Betroffenen über die in Art. 13 DS-GVO genannten Informationen bei jeder Datenverarbeitung zu informieren, muss dies erst recht gelten, wenn er entscheidet, ob er ihre Rechtmäßigkeit durch seine Einwilligung legitimieren soll. Art. 13 Abs. 1 und 2 DS-GVO geben daher einen Hinweis, welche Informationen der Betroffene mindestens benötigt, um informiert einwilligen können.[730]

521 Damit der Betroffene erkennt, dass er in die Verarbeitung seiner Daten einwilligt, muss die Einwilligungserklärung nicht mehr nur hervorgehoben sein (so § 4a Abs. 1 S. 4, § 28 Abs. 3 S. 2 BDSG aF), sondern „von den anderen Sachverhalten klar zu unterscheiden" sein (Art. 7 Abs. 2 S. 1 DS-GVO, **Trennungsprinzip**). Sie darf daher – auch im Fettdruck – nicht in AGB versteckt werden.[731] Eine separate Unterschrift oder ein weiteres anzukreuzendes Kästchen, mit denen der Betroffene seine Einwilligung erklärt, sind zumindest empfehlenswert.[732] Für den Betroffenen muss in jedem Fall klar sein,

---

[727] BGHZ 177, 225 Rn. 21 – Payback; BGH NJW 2010, 864 Rn. 21 – Happy Digits.

[728] OLG Köln NJW-RR 2008, 62 (63 f.).

[729] LG Berlin ZD 2015, 133 (134) – Facebook App-Zentrum.

[730] Zur alten Rechtslage im Ergebnis ebenso *Art. 29-Gruppe* Stellungnahme 15/ 2011 zur Definition der Einwilligung, WP 187 v. 13.7.2011, S. 22 f.

[731] *Frenzel* in Paal/Pauly DS-GVO Art. 7 Rn. 12; *Plath* in Plath DS-GVO Art. 7 Rn. 6.

[732] *Frenzel* in Paal/Pauly DS-GVO Art. 7 Rn. 13; *Plath* in Plath DS-GVO Art. 7 Rn. 6.

welche Informationen sich auf die Einwilligung beziehen und auf die Verarbeitung seiner Daten auf einer anderen Rechtsgrundlage (z.B. gemäß Art. 6 Abs. 1 UAbs. 1 lit. b oder lit. f DS-GVO).[733] Eine Zusammenfassung aller dieser Informationen im Rahmen einer einheitlichen Datenschutzerklärung ist daher nur möglich, wenn diese Sachverhalte klar voneinander getrennt werden.

Inhaltlich muss die Einwilligung „**in verständlicher und leicht zugänglicher Form in einer klaren und einfachen Sprache** (…) erfolgen" (Art. 7 Abs. 2 S. 1 DS-GVO). Hierzu gehört in vorderster Linie, dass eine Einwilligungserklärung als solche bezeichnet und formuliert ist und nicht etwa als „Datenschutzerklärung" die Umstände der Verarbeitung scheinbar unverrückbar beschreibt; nur so wird dem Betroffenen klar, dass er sich jetzt in einer Entscheidungssituation befindet und nicht lediglich informiert wird.[734] Im Übrigen kann hier zur Interpretation auf die Anforderungen des AGB-rechtlichen Transparenzgebots (Art. 5 S. 1 Richtlinie 93/13/EG, umgesetzt u.a. in § 307 Abs. 1 S. 2 BGB) zurückgegriffen werden; ErwGr 42 S. 3 DS-GVO stellt diesen Bezug zur KlauselRL 93/13/EG ausdrücklich her. Der BGH wendet die §§ 305 ff. BGB schon seit einigen Jahren auf vorformulierte Einwilligungserklärungen entsprechend an, die im Zusammenhang mit einem Vertragsverhältnis stehen; der Verbraucher ist hier ähnlich schützenswert wie bei einem Vertrag, der ihm von seinem Vertragspartner vorgelegt wird.[735] Indem Art. 7 Abs. 2 DS-GVO nun die inhaltlichen Anforderungen an eine Einwilligung selbst festlegt, dürften viele internationalprivatrechtliche Fragen im Zusammenhang mit der Prüfung der AGB ausländischer Anbieter anhand der §§ 305 ff. BGB[736] ihre Brisanz eingebüßt haben.

522

Wie eine Einwilligung formuliert sein muss und der Betroffene auf den vollständigen Text zugreifen kann, hängt vom jeweiligen Kontext und **Adressatenkreis** ab. Generell kann nicht auf einen juristisch gebildeten Betroffen abgestellt werden, sondern eher auf einen durchschnittlichen Verbraucher. Prägnant zusammengefasst hat dies das OLG Frankfurt für die Einwilligung in die Zusendung elektronischer Werbung:

523

> „(…) wer aus Interesselosigkeit oder Dummheit eine von ihm verlangte Einwilligungserklärung ungelesen anklickt, kann nicht als schutzwürdig angesehen werden. Die Möglichkeit zur Kenntnisnahme muss jedoch nach den Gesamtumständen so ausgestaltet sein, dass sie für den Verbraucher überschaubar und verständlich ist; sie muss daher demjenigen Internetnutzer, der grds. zu einer sachlichen Befassung mit Inhalt und Umfang der Einwilligungserklärung bereit ist, die Möglichkeit einer realistischen Prüfung eröffnen und darf nicht die Gefahr einer vorschnellen Einwilligung begründen."[737]

---

[733] Ähnlich *Frenzel* in Paal/Pauly DS-GVO Art. 7 Rn. 11; zum geltenden Recht *Düsseldorfer Kreis* Orientierungshilfe zur datenschutzrechtlichen Einwilligungserklärung in Formularen, März 2016, 4; *Nord/Manzel* NJW 2010, 3756 (3757) m.w.N.

[734] *Düsseldorfer Kreis* Orientierungshilfe zur datenschutzrechtlichen Einwilligungserklärung in Formularen, März 2016, 2; vgl. LG Berlin ZD 2013, 451 (453) – Apple AppStore.

[735] BGHZ 177, 253 Rn. 18 – Payback; BGH NJW 2010, 864 Rn. 14 – Happy Digits; BGH MMR 2013, 380 Rn. 19 – Einwilligung in Werbeanrufe II.

[736] Überblick bei *Kartheuser/Klar* ZD 2014, 500 (501 ff.).

[737] OLG Frankfurt MMR 2016, 245 (246).

524   Hieran muss sich vor allem der Umfang der Einwilligungserklärung ausrichten. Die Einwilligung muss so ausgestaltet sein, dass vor allem der **zeitliche Aufwand** für den Betroffenen im Verhältnis zur Bedeutung des Anlasses
der Einwilligung aus seiner Sicht. Sonst war nach bisherigem Recht nicht davon auszugehen, dass die Einwilligungserklärung nach § 305 Abs. 2 Nr. 2
BGB wirksam einbezogen worden ist.[738] Zu berücksichtigen sein können aber
auch die technischen Gegebenheiten, z. B. wenn die Einwilligung über ein
Mobiltelefon erfolgt oder über eine nur sehr kleine Anzeige eines technischen
Geräts und keine Möglichkeit zum Ausdrucken besteht.[739]

> **Beispiele:** (1) Der Aufwand, um aus einer Liste von 59 Werbepartner diese einzeln
> abzuwählen, steht in keinem Verhältnis zum Aufwand an der Teilnahme an einem Ge-
> winnspiel.[740] (2) Im Falle eines SmartTV ist eine Einwilligungserklärung unzulässig,
> die nur am Bildschirm angesehen werden kann, mehr als 50 Bildschirmseiten lang ist
> und Querverweise und Definitionen enthält, die es erforderlich machen vor- und zu-
> rückzublättern. Hier hätte eine leichtere Lesbarkeit – unabhängig vom Umfang – durch
> eine Suchfunktion und Hyperlinks erreicht werden können.[741]

525   Liegt die Einwilligung dem Betroffenen nicht insgesamt vor, müssen ihm
die Modalitäten dessen, worin er einwilligt, zumindest leicht zugänglich
sein.[742] Im Internet dürfte regelmäßig ein Hyperlink ausreichen, soweit dieser
angemessen inhaltlich eingebunden ist. Der Link muss allerdings so platziert
sein, dass er von dem Betroffenen wahrgenommen wird, bevor er seine Einwilligung erklärt, z. B. durch Anklicken eines Buttons,[743] also neben dem Ein-
willigungsbutton und nicht etwa am Rand seines Blickfeldes neben dem Im-
pressum.

526   Bei grenzüberschreitenden Sachverhalten stellt sich die Frage, ob der Verantwortliche die Einwilligungserklärung in verschiedenen **Sprachfassungen**
zur Verfügung stellen muss. Eine Einwilligungserklärung in deutscher Sprache muss der Verantwortliche nicht immer zur Verfügung stellen.[744] Wenn das
gesamte Angebot in einer anderen Sprache abgefasst ist, muss er davon ausgehen, dass der Betroffene auch die Datenschutzerklärung in dergleichen
Sprache verstehen kann.[745]

---

[738] OLG Frankfurt MMR 2016, 245 (246); OLG Frankfurt ZD 2016, 494 (496 f.) –
Samsung SmartTV.
[739] Zur Möglichkeit des Ausdruckens OLG Brandenburg MMR 2006, 405 (406) –
Ebay.
[740] OLG Frankfurt MMR 2016, 245 (246).
[741] OLG Frankfurt ZD 2016, 494 (496 f.) – Samsung SmartTV.
[742] *Art. 29-Gruppe* Stellungnahme 15/2011 zur Definition der Einwilligung,
WP 187 v. 13.7.2011, S. 23 (unter Verweis auf die Parallele der Zustimmung zu einer
Abweichung von gesetzlichen Arbeitszeitregelungen in EuGH NZA 2004, 1145
Rn. 82 ff. – *Pfeiffer*); *Nord/Manzel* NJW 2010, 3756 (3757); unklar BGH NJW 2010,
864 Rn. 38 – Happy Digits, da der BGH dieses Problem nur bei einer Klausel anspricht.
[743] Zur Platzierung vgl. KG ZD 2014, 412 (419) – Facebook Freunde-Finder; LG
Berlin ZD 2015, 133 (134) – Facebook App-Zentrum.
[744] AA *Ernst* in Paal/Pauly DS-GVO Art. 4 Rn. 84; vgl. auch zur Pflicht ein Impres-
sum in deutscher Sprache bereitzuhalten LG Berlin CR 2014, 676.
[745] Ähnlich für AGB *Basedow* in Münchener Kommentar BGB § 305 Rn. 70.

ee) Umfang der Einwilligung: Bestimmtheit und Angemessenheit. 527

Die Einwilligung legitimiert die Verarbeitung bestimmter personenbezogener Daten für bestimmte Zwecke. Dieser „Verfügungsgegenstand" legt die Wirkung der Einwilligung fest und muss daher klar umrissen sein. Eine Einwilligung muss daher eindeutig festlegen, **welcher Verantwortliche welche Daten für welche Zwecke** verarbeiten darf.[746] Dies gilt insbesondere, wenn der Betroffene auch in eine Datenverarbeitung durch Dritte einwilligt.[747] Eine „**Blanketteinwilligung**" oder „**Pauschaleinwilligung**" ist daher unwirksam.[748] Unklar kann der Umfang der Datenverarbeitung sein, in die der Betroffene einwilligt, wenn er aufgrund von „Weichmachern" wie „möglicherweise", „beispielsweise", „unter Umständen" oder „gegebenenfalls" nicht abschätzen kann, ob seine Daten regelmäßig oder nur ausnahmsweise zu diesen Zwecken verarbeitet werden.[749]

Eine Lockerung sieht ErwGr 33 DS-GVO für die Einwilligung in die Datenverarbeitung zu **Forschungszwecken** vor. Die Einwilligung kann sich hier statt auf ein bestimmtes Forschungsprojekt auf einen gesamten Forschungsbereich beziehen, um auch jetzt noch nicht absehbare Forschungsprojekte zu erfassen (*broad consent*); dies ist etwa für Biobanken relevant. Bedingung dieser Privilegierung ist jedoch die Einhaltung ethischer Standards und die Möglichkeit, die Einwilligung auf einzelne Forschungsvorhaben zu beschränken.

Neu ist, dass vom Verantwortlichen vorformulierte Einwilligungserklä- 528
rungen nach ErwGr 42 S. 2 DS-GVO **keine missbräuchlichen** Klauseln im Sinne der Richtlinie 93/13/EG über missbräuchliche Klauseln in Verbraucherverträgen enthalten dürfen. Der BGH hatte bisher vorformulierte Einwilligungserklärungen nur anhand § 307 Abs. 3 S. 1 BGB darauf hin geprüft, ob die gesetzlichen Anforderungen einer Einwilligung gemäß §§ 4, 4a BDSG aF eingehalten sind.[750] Eine Kontrolle, ob die Einwilligung den Betroffenen iSd § 307 Abs. 1 BGB unangemessen benachteiligt, fand nicht statt.

Nach Art. 3 Abs. 1 RL 93/13/EG ist eine Klausel als „missbräuchlich anzu- 529
sehen, wenn sie entgegen dem Gebot von Treu und Glauben zum Nachteil des Verbrauchers ein erhebliches und ungerechtfertigtes Missverhältnis der vertraglichen Rechte und Pflichten der Vertragspartner verursacht". Dieser Prüfung unterliegen nach Art. 4 Abs. 2 RL 93/13/EG keine Regelungen, welche als Hauptleistungspflichten den Vertrag charakterisieren, und insbesondere nicht das Verhältnis zwischen Preis und Leistung, weil hierfür rechtliche Maß-

---

[746] LG Berlin MMR 2013, 563 (566) – Google Play; LG Berlin ZD 2015, 133 (134) – Facebook App-Zentrum; LG Frankfurt a.M. MMR 2013, 645 (646 f.) – Samsung AppStore; zuvor für Werbeanrufe BGH NJW 2013, 2683 Rn. 24 – Einwilligung in Werbeanrufe II.

[747] KG ZD 2014, 412 (420) – Facebook Freunde-Finder.

[748] *Frenzel* in Paal/Pauly DS-GVO Art. 7 Rn. 8; zur alten Rechtslage LG Berlin 2015, 133 (135) – Facebook App-Zentrum; LG Berlin ZD 2013, 451 (453).

[749] Andeutungsweise LG Berlin MMR 2013, 563 (566) – Google Play.

[750] BGHZ 177, 235 Rn. 15, 19 – Payback; BGH NJW 2010, 864 Rn. 16 – Happy Digits.

stäbe fehlen.[751] Zu klären sein wird, ob diese Ausnahme den Fall erfasst, dass der Betroffene mit der Einwilligung in die Verarbeitung seiner Daten als Gegenleistung „bezahlt".[752] Die Intention des Gesetzgebers würde sicherlich verfehlt werden, wenn in dieser Konstellation keine Klauselkontrolle stattfinden würde. Möglicherweise greift bei einem klaren Missverhältnis zwischen Leistung und Einwilligung als Gegenleistung aber auch das Koppelungsverbot nach Art. 7 Abs. 4 DS-GVO.

530   **ff) Zeitliche Dimension.** Die DS-GVO begrenzt nicht den Zeitraum, für den der Betroffene in die Datenverarbeitung einwilligt, obwohl rechtspolitisch hierfür gute Argumente sprechen.[753] Allerdings kann es sein, dass der Verantwortliche mit zunehmendem zeitlichen Abstand zur Abgabe der Einwilligung seine Verarbeitung nicht mehr auf sie stützen kann, weil sich der zugrundeliegende Sachverhalt geändert hat. Betreffen diese Änderungen Faktoren, die so gewichtig sind, dass der Betroffene über sie informiert werden müsste, wenn er jetzt einwilligen würde, trägt die frühere Einwilligung die weitere Verarbeitung nicht mehr. Dies kann auch der Fall sein, wenn der Verantwortliche die auf Basis der Einwilligung erhobenen Daten später mit Datenbeständen verknüpft, die bei der Abgabe der Einwilligung nicht absehbar waren, und hierdurch über den Betroffenen ganz neue Erkenntnisse gewinnt; die Verarbeitung seiner Daten erhält dann ein ganz neues Gewicht. Die Art. 29-Gruppe rät daher, die Einwilligung in regelmäßigen Abständen zu erneuern.[754]

Auch kann sich aus dem Kontext der Einwilligung ergeben, dass der Betroffene nach Treu und Glauben nur damit rechnen musste, die Einwilligung würde sich nur auf einen bestimmten Zeitraum beziehen oder würde vom Verantwortlichen nicht mehr genutzt werden.[755]

531   **d) Widerruf.** Gemäß Art. 7 Abs. 3 S. 1 DS-GVO ist der Betroffene berechtigt, seine Einwilligung jederzeit zu widerrufen. Der Widerruf wirkt zwar nur *ex-nunc*, so dass die bisher auf die Einwilligung gestützte Datenverarbeitung rechtmäßig bleibt (Art. 7 Abs. 3 S. 2 DS-GVO). Da jedoch auch die weitere Speicherung der Daten des Betroffenen eine Verarbeitung ist, die auf eine Rechtsgrundlage gestützt werden muss, führt der Widerruf – wie ein Widerspruch – zum Ende der Verarbeitung der betroffenen Daten und deren Löschung (vgl. Art. 17 Abs. 1 lit. b DS-GVO).

532   Eine Einschränkung der Möglichkeit, die Einwilligung zu widerrufen,[756] ist nicht vorgesehen. Sie lässt sich auch nicht – wie nach der bisherigen Recht-

---

[751] EuGH NJW 2014, 2335 Rn. 49 ff. und 55 – Kásler ua/OTP Jelzálogbank Zrt; zusammenfassend *Wurmnest* in Münchener Kommentar BGB § 307 Rn. 3 ff.

[752] Für eine weite Auslegung der AGB-Kontrolle *Wendehorst/v. Westfalen* NJW 2016, 3745 (3749).

[753] *Spindler* Gutachten zum 69. DJT, F 109; *Masing* NJW 2012, 2305 (2308).

[754] *Art. 29-Gruppe* Stellungnahme 15/2011 zur Definition der Einwilligung, WP 187 v. 13.7.2011, S. 23.

[755] *Conrad/Hausen* in Auer-Reinsdorff/Conrad, Handbuch IT- und Datenschutzrecht, § 36 Rn. 148 f.; *Plath* in Plath, BDSG/DS-GVO § 4a Rn. 21 jeweils m.w.N.

[756] Ansätze hierzu im Rahmen der bisherigen Rechtslage etwa bei *Simitis* in Simitis BDSG aF § 4a Rn. 98 f.; *Gola/Klug/Körffer* in Gola/Schomerus BDSG aF § 4a Rn. 38 f.

sprechung des BAG[757] – aus vertraglichen Rücksichtnahmepflichten gemäß § 241 Abs. 2 BGB ableiten.[758] Zwar ist es möglich, dass der Betroffene sich vertraglich zur Einwilligung in die Verarbeitung seiner Daten verpflichtet; sein Recht zum Widerruf der Einwilligung berührt dies nicht.[759] Der Betroffene darf aber durch den Widerruf der Einwilligung auch keine Nachteile erleiden (ErwGr 42 S. 5 DS-GVO). Er kann daher nicht auf Erteilung einer Einwilligung in Anspruch genommen werden.[760] An die Verweigerung seiner Einwilligung dürfen sich auch keine Schadensersatzansprüche oder Vertragsstrafen knüpfen. Denkbar ist es lediglich, dass der Verantwortliche, die Erbringung seiner Leistung verweigert und den Vertrag mit dem Betroffenen kündigt. Gerade beim Tausch „Geld gegen Daten" stellen sich Daten daher aus Sicht des Verantwortlichen als äußerst „prekäre Gegenleistung" dar.[761]

Allerdings ist es nicht ausgeschlossen, die Verarbeitung der Daten auf eine **533** andere Rechtsgrundlage als die Einwilligung zu stützen. Dadurch lassen sich viele Fälle erfassen, in denen bisher der Widerruf der Einwilligung beschränkt werden sollte.

Beispiel: Ein Betroffener kann seine Einwilligung auch zurückziehen, nachdem er sich vertragswidrig verhalten hat.[762] Aber der Vertragspartner kann die Daten des Betroffenen zur Durchsetzung seiner Ansprüche gemäß Art. 6 Abs. 1 UAbs. 1 lit. f DS-GVO verarbeiten; der Rechtsverteidigung hat der Unionsgesetzgeber ein hohes Gewicht beigemessen (z. B. Art. 17 Abs. 3 lit. e, Art. 22 Abs. 1 2. HS DS-GVO). Auch eine Mitteilung des vertragswidrigen Verhaltens an eine Auskunftei ist nicht grundsätzlich ausgeschlossen.

Die besondere Bedeutung der Möglichkeit des Widerrufs unterstreicht die **534** Pflicht des Verantwortlichen, den Betroffenen ausdrücklich darauf hinzuweisen (Art. 7 Abs. 3 S. 3 DS-GVO). Schließlich darf der Verantwortliche an den Widerruf der Einwilligung keine höheren Anforderungen stellen als an ihre Erteilung (Art. 7 Abs. 3 S. 4 DS-GVO). Hierdurch soll verhindert werden, dass der Verantwortliche die Ausübung des Widerrufs durch unnötige Formalien behindert (z. B. in dem die Erteilung der Einwilligung elektronisch möglich ist, ihr Widerruf aber nur in Schriftform oder indem die Einwilligung nur gegenüber bestimmten Ansprechpartnern widerrufen werden kann[763]).

e) Grenzen der Einwilligung? Die Einwilligung ist ein mächtiges In- **535** strument, weil sie grundsätzlich auch die umfangreichsten Formen der Datenverarbeitung und die invasivste Überwachung legitimieren kann. Bisher kaum

---

[757] Vgl. BAGE 150, 195 Rn. 38 ff. (Aufnahmen eines ehemaligen Arbeitnehmers in einem Firmenvideo).

[758] *v. d Bussche/Zeitler/Brombach* DB 2016, 1359 (1363); aA Krohm ZD 2016, 368 (373).

[759] *Spindler* DB 2016, 937 (940); enger *Buchner/Kühling* in Kühling/Buchner DS-GVO Art. 7 Rn 38; *Schulz* in Gola DS-GVO Art. 38 Rn. 57.

[760] *Spindler* JZ 2016, 805 (807).

[761] *Langhanke/Schmidt-Kessel* EuCML 2015, 218 (221).

[762] AA *Krohn* ZD 2016, 368 (373) unter Verweis auf OLG Frankfurt ZIP 2004, 654, das die Übermittlung letztlich auf eine Interessenabwägung stützte, aber auf den Widerruf der Einwilligung für treuwidrig hielt.

[763] *Frenzel* in Paal/Pauly DS-GVO Art. 7 Rn. 17.

diskutiert ist, ob die Möglichkeit zur Einwilligung in die Verarbeitung der eigenen Daten und ihrer Kommerzialisierung objektive Grenzen hat. Eine Grenze könnte sich aus der Menschenwürde (Art. 1 Abs. 1 GG) ergeben,[764] denn diese ist nach der Rechtsprechung des BVerfG auch für den Betroffenen etwas „Unverfügbares".[765] Fälle, in denen die Autonomie des Einzelnen ihre Grenzen in der Menschenwürde findet, gibt es nur wenige.[766] Die Diskussion steht hier aber noch am Anfang.

536 **f) Rechtfolgen bei Verstoß gegen die Anforderungen der DS-GVO.** Verstoßen Teile einer Einwilligungserklärung gegen die DS-GVO, sind diese unwirksam (Art. 7 Abs. 2 S. 2 DS-GVO) und nicht die Einwilligung insgesamt. Voraussetzung hierfür ist aber, so wird man ergänzen müssen, dass der rechtswidrige Teil der Einwilligungserklärung abtrennbar ist. Eine solche Abtrennbarkeit ist im AGB-Recht gegeben, wenn nach der Streichung der unwirksamen Klauseln noch eine verständliche Regelung verbleibt und die Streichung den Sinn des verbleibenden Teils nicht verändert (*blue pencil test*);[767] diese Wertung dürfte übertragbar sein. Aus Art. 7 Abs. 2 S. 2 DS-GVO lässt sich auch ableiten, dass eine rechtswidrige Passage einer Einwilligungserklärung unwirksam ist, also keine geltungserhaltende Reduktion stattfindet.[768]

537 **g) Altfälle.** Gemäß ErwGr 171 S. 3 DS-GVO müssen Einwilligungen, die Betroffene vor der Anwendbarkeit der DS-GVO im Mai 2018 abgegeben haben, nicht noch einmal eingeholt werden, wenn „die Art der bereits erteilten Einwilligung den Bedingungen" der DS-GVO entspricht. Bereits aufgrund der gestiegenen Transparenzpflichten bei der Datenerhebung (Art. 13, 14 DS-GVO) ist es fraglich, welche ältere Einwilligung alle Voraussetzungen der DS-GVO erfüllt. Die deutschen Aufsichtsbehörden legen diese Anforderung so aus, dass bei der Erhebung nicht die Informationspflichten des Art. 13 DS-GVO gewahrt gewesen sein müssen, wohl aber die Anforderungen, welche die DS-GVO an die Freiwilligkeit und die Einwilligungsfähigkeit von Minderjährigen aufstellt.[769] Ob diese einschränkende Lesart der Übergangsregelungen der DS-GVO zutreffend ist, da ErwGr 171 S. 3 DS-GVO auch auf die Bedingungen der Abgabe abstellt, ist nicht zweifelsfrei.

538 **h) Die Einwilligung im Bereich der JI-RL.** Die JI-RL erwähnt in ihrem Text die Einwilligung als Rechtsgrundlage für die Verarbeitung personenbezogener Daten der betroffenen Person nicht. Dies ist auch konsequent: Wenn ein Bürger sich Polizei und Staatsanwaltschaft gegenübersieht, die über weitge-

---

[764] So *Thüsing/Traut* in Thüsing, Beschäftigtendatenschutz und Compliance, § 5 Rn. 24; siehe *v. Lewinski* Die Matrix des Datenschutzrechts, S. 53 f.

[765] BVerfGE 45, 187 (229) – lebenslange Freiheitsstrafe.

[766] Etwa BVerwGE 64, 274 (279) – Peep Show; NVwZ 2002, 598 (603) – Laserdrome.

[767] Etwa BGH NJW 2014, 141 Rn. 14 (Einwilligung in die Abtretung ärztlicher Honorarforderungen an Inkassounternehmen abtrennbar von der Einwilligung in Weiterabtretung zu Refinanzierungszwecken).

[768] *Frenzel* in Paal/Pauly DS-GVO Art. 7 Rn. 15.

[769] Beschluss des Düsseldorfer Kreises vom 13./14.9.2016; ebenso *Schulz* in Gola DS-GVO Art. 7 Rn. 59.

hende Befugnisse verfügen, handelt er nur in den seltensten Konstellationen freiwillig (ErwGr 35 S. 3 und 4 JI-RL). ErwGr 35 S. 5 JI-RL lässt den Mitgliedstaaten aber einen kleinen Spielraum: Sie dürfen rechtliche Regelungen einführen, die in speziellen Konstellationen eine Datenverarbeitung von der Einwilligung für die Zwecke der JI-RL zulassen. Voraussetzung hierfür ist aber, dass die betroffene Person tatsächlich Wahlfreiheit hat.

Beispiel: Die betroffene Person kann statt einer Inhaftierung in eine Überwachung des Aufenthaltsortes mittels einer Fußfessel einwilligen (vgl. ErwGr 35 S. 5 JI-RL). Eine Einwilligung in die Verarbeitung personenbezogener Daten in einer DNA-Reihenuntersuchung dürfte demgegenüber regelmäßig ausscheiden, wenn die betroffene Person damit rechnen muss, aufgrund einer Weigerung als Verdächtiger zu gelten.

Vor diesem Hintergrund ist § 51 BDSG nF zu sehen. Die Regelung erweckt **539** etwas missverständlich den Eindruck, dass eine Einwilligung im Rahmen der JI-RL eine gewöhnliche Rechtsgrundlage der Datenverarbeitung sei. Es handelt sich bei § 51 BDSG nF aber nur um eine Rahmenregelung, die eine spezielle gesetzliche Regelung, wie sie eben skizziert wurde, voraussetzt (§ 51 Abs. 1 BDSG nF) und hierfür allgemeine Regelungen schafft. § 51 BDSG nF übernimmt hierzu die Regelungen des Art. 7 DS-GVO zu den Voraussetzungen der Erteilung der Einwilligung und ihres Widerrufs. Gerade aufgrund der freien Widerruflichkeit der Einwilligung (§ 51 Abs. 3 S. 1 BDSG nF) ist die Einwilligung für die Zwecke der JI-RL aber weitgehend ungeeignet, da sie keine dauerhaft verlässliche Verarbeitungsgrundlage darstellt.

2. Durchführung eines Vertrages

a) Allgemein. Gemäß Art. 6 Abs. 1 UAbs. 1 lit. b DS-GVO ist die Verar- **540** beitung zulässig, welche für die Erfüllung eines Vertrages, dessen Vertragspartei die betroffene Person ist oder zur Durchführung vorvertraglicher Maßnahmen, die auf Anfrage der betroffenen Personen erfolgen, erforderlich ist. Der Rechtfertigungsgrund **entspricht** im **Wesentlichen § 28 Abs. 1 Nr. 1 BDSG aF** und gestattet die Datenverarbeitung im Zusammenhang mit einer Vertragserfüllung im weiteren Sinne. Er ist auch in Art. 5 lit. d VO (EG) 45/2001 und Art. 7 lit. b DSRL (95/46/EG), nicht aber in Art. 8 JI-RL enthalten.

b) Verhältnis zu den anderen Rechtfertigungsgründen. Auch für **541** Art. 6 Abs. 1 UAbs. 1 lit. b DS-GVO gilt grundsätzlich, dass die **Rechtfertigungsgründe nebeneinander stehen**. Dennoch bedarf dieser Grundsatz bei der Verarbeitung zu Vertragszwecken einer gewissen Modifikation, um ein Unterlaufen seiner begrenzenden Wirkung zu verhindern.

aa) Verhältnis zu Art. 6 Abs. 1 UAbs. 1 lit. f DS-GVO. So ist eine **rest-** **542** **riktive Auslegung** des Art. 6 Abs. 1 UAbs. 1 lit. f DS-GVO geboten. Seine Heranziehung ist ausgeschlossen, wenn ansonsten gegen **vertragliche Schutzbestimmungen** verstoßen würde oder der Sinn des Vertrages verletzt würde. Dies wird angenommen bei Bankverträgen, Verträgen, die unter den Schutz von § 203 StGB fallen, und solchen, bei denen sonstige sensible Daten verwendet werden.[770]

---

[770] So schon *Gola/Klug/Körffer* in Gola/Schomerus BDSG aF § 28 Rn. 9 zum deutschen Recht.

543   **bb) Verhältnis zu Art. 6 Abs. 1 UAbs. 1 lit. a DS-GVO.** Gem. Art. 6 Abs. 1 UAbs. 1 lit. a DS-GVO kann die Einwilligung, in gleicher Weise wie Art. 6 Abs. 1 UAbs. 1 lit. b DS-GVO, eine Datenverarbeitung rechtfertigen. Wie schon die Existenz des Art. 6 Abs. 1 UAbs. 1 lit. b DS-GVO belegt, ist es aber nicht zulässig, **allein vom Vorliegen einer vertraglichen Willenserklärung auf eine Einwilligung** zu jeder Verarbeitung **zu schließen**, die mit dem Vertragsschluss in Zusammenhang steht. Für Art. 6 Abs. 1 UAbs. 1 lit. a DS-GVO muss die betroffene Person deutlich gemacht haben, dass sie und inwieweit sie mit der Verarbeitung ihrer personenbezogenen Daten einverstanden ist, ansonsten bleibt nur der Rückgriff auf Art. 6 Abs. 1 UAbs. 1 lit. b DS-GVO. Ein misslungener Versuch, eine Einwilligung einzuholen, schließt den Rückgriff auf Art. 6 Abs. 1 UAbs. 1 lit. b DS-GVO nicht aus. Art. 6 Abs. 1 UAbs. 1 lit. b DS-GVO strahlt dabei auf die Anforderungen aus, die sich für die nach Art. 6 Abs. 1 UAbs. 1 lit. a DS-GVO erforderliche Freiwilligkeit einer Einwilligung ergeben. Verlangt ein Vertragspartner für den Abschluss eines Vertrages zugleich die Einwilligung in Datenverarbeitungsvorgänge, die über das hinausgehen, was für die Vertragsdurchführung erforderlich ist und besteht ein erhebliches Verhandlungsungleichgewicht, fehlt es in der Regel an der Freiwilligkeit der Einwilligung. Wird in einem solchen Fall die Einwilligung abgelehnt, darf aus diesem Grund der Vertragsschluss nicht versagt werden.[771]

544   Besteht der Inhalt des Vertrages in der Vereinbarung einer Datenverarbeitung, fallen Art. 6 Abs. 1 lit. a. und lit. b DS-GVO zusammen. Da die **Voraussetzungen an die Willenserklärung** zum Vertragsschluss nicht so streng sind, wie die Voraussetzungen des Art. 6 Abs. 1 UAbs. 1 lit. a DS-GVO, bleibt die Frage, ob in diesem Fall allein auf Art. 6 Abs. 1 UAbs. 1 lit. b DS-GVO abgestellt werden kann. In der Literatur wird die Ansicht vertreten, dass die Umgehung der Schutzvorschriften für die Einwilligung durch Rückgriff auf lit. b vom Sinn und Zweck der Regelung in den Fällen nicht umfasst sein kann, in denen die Datenverarbeitung nicht zur Erfüllung eines Vertrages als Nebenzweck erfolgt, sondern die Datenverarbeitung gerade Gegenstand des Vertrages ist, insbesondere weil die Bereitstellung der Daten „Entgeltfunktion" besitzt.[772] Der wirtschaftliche Wert von Daten wird von der DS-GVO ja nicht ignoriert.[773] Dies ist teleologisch vernünftig, entfernt sich aber zu sehr vom Normtext. Ist die Datenerfüllung Gegenstand des Vertrages, dient sie der Vertragserfüllung. Wer einen Vertrag wirksam schließt, ist **durch das Vertragsrecht ausreichend geschützt**, auch wenn es um die Verarbeitung seiner personenbezogenen Daten geht. Dies gilt auch bei Kundenkarten (Payback).[774] Die Grenze ist der Rechtsmissbrauch, dh wenn die Vertragsform die Einwilligungsvoraussetzung umgehen soll.

---

[771] BVerfG, Kammer Beschl. v. 23.10.2006, 1 BvR 2027/02, MMR 2007, 93 (noch zum deutschen Recht).

[772] *Wendehorst/Graf v. Westphalen* NJW 2016, 3745 (3750).

[773] *Wandtke* MMR 2017, 6 ff.; noch weitergehend: *Bolsinger* DuD 2016, 382 ff.; s.a. *Härting* CR 2016, 735 ff.

[774] Vgl. *Wendehorst/Graf v. Westphalen* NJW 2016, 3745 (3750); s.a. *Bergmann/Möhrle/Herb* BDSG aF § 28 Rn. 138 zum nationalen Recht.

c) Daten der betroffenen Person. Art. 6 Abs. 1 UAbs. 1 lit. b DS-GVO **545** vermittelt nur eine Berechtigung der Verarbeitung der **Daten von Personen, die Partei des Vertrages sind,** dessen Erfüllung die Verarbeitung dient. Der Verantwortliche muss nicht Vertragspartei sein, die betroffene Person dagegen schon. Die zur Erfüllung des Vertrages verarbeiteten Daten müssen in der **Verfügungsbefugnis** des Partners des Vertragsverhältnisses liegen, dh es müssen seine Daten sein. Gleiches gilt, wenn es sich um Daten eines Dritten handelt, die weiterzugeben er aber aufgrund eines berechtigten Grundes befugt ist, etwa weil der Dritte eingewilligt hat. Art. 6 Abs. 1 UAbs. 1 lit. b DS-GVO ist in diesen Fällen dennoch notwendig, weil die Einwilligung des Dritten sich auf eine Verfügung durch den Vertragspartner bezieht und der Verantwortliche daher diese Befugnis vom Vertragspartner auf dem Weg von Art. 6 Abs. 1 UAbs. 1 lit. b DS-GVO erhält. Sofern der Vertragspartner seinerseits nicht berechtigt ist, die Daten (etwa von Dritten) zu verarbeiten, hilft auch Art. 6 Abs. 1 UAbs. 1 lit. b DS-GVO nicht weiter.

Beispiel: Besteht zwischen A. und B. ein Vertragsverhältnis und zwischen B. und C. ein Vertragsverhältnis, zu dessen Erfüllung B. Daten von A. weitergeben muss, wird idR nicht Art. 6 Abs. 1 UAbs. 1 lit. b DS-GVO, sondern Art. 6 Abs. 1 UAbs. 1 lit. f DS-GVO zu prüfen sein.[775] So wäre etwa ein Vertrag eines Anwohners mit einem Privatdetektiv, Bewegungsprofile der Nachbarn zu erstellen, keine ausreichende Rechtsgrundlage zugunsten des Detektivs für die Verarbeitung der Daten der Nachbarn.

d) Begriff des Vertragsverhältnisses. aa) Allgemein. Ein Vertragsver- **546** hältnis ist eine **Rechtsbeziehung zwischen** mindestens **zwei Personen,** die durch übereinstimmende Willenserklärungen begründet wurde und kraft derer der eine (Gläubiger) berechtigt ist, von dem anderen (Schuldner) ein Tun, Dulden oder Unterlassen zu verlangen. **Gesetzliche Schuldverhältnisse,** die kraft Gesetzes in Folge einer Handlung begründet werden, **fallen nicht darunter.** Gibt der Betroffene eine Einwilligung in eine Datenverarbeitung ab, wird allein dadurch noch kein Vertragsverhältnis geschaffen.[776]

Beispiel: A. beschädigt fahrlässig den Kinderwagen von B. und teilt ihm daraufhin seine Adresse mit. Es besteht kein Vertragsverhältnis.

Gehen die Rechte und Pflichten eines Vertragsverhältnisses kraft Geset- **547** zes auf eine andere Person **über,** besteht zwischen dem neuen Partner des Vertragsverhältnisses und dem identisch gebliebenen alten Teil ebenfalls ein Vertragsverhältnis iSv Art. 5 Abs. 1 lit. b DS-GVO (Gesamtrechtsnachfolge im Erbfall/Unternehmesfusion iSv § 20 Umwandlungsgesetzes). Eine Weitergabe der Daten findet nicht statt, da nicht die Daten wandern, sondern sich die verarbeitende Stelle wandelt. Die Gesamtrechtsnachfolge begründet keinen eigenen Datenverarbeitungsvorgang. Es bleibt der **gleiche Vertrag,** auf den sich die Datenverarbeitung, jetzt vom Gesamtrechtsnachfolger, bezieht.

Im Fall der **vertraglichen Vertragsübernahme ohne Zustimmung** aller **548** Beteiligten kann die Verarbeitung des neuen Vertragspartners oder Forde-

---

[775] Unnötig unklar BGH, Urt. v. 8.2.2007, III ZR 148/06, NJW 2007, 1528 auf § 28 BDSG aF bezogen.

[776] Abweichend in Bezug auf § 28 BDSG aF LG Hamburg, Urt. v. 23.12.2008, 312 O 362/08 RDV 2009, 282 (noch zum deutschen Recht).

rungsinhabers nicht auf Art. 5 Abs. 1 lit. b DS-GVO gestützt werden. Die Verarbeitung der Daten durch den neuen Vertragspartner ist nicht erforderlich für die Durchführung des Vertrages, der mit dem alten geschlossen wurde.

Beispiel: A. beliefert Kunden mit Getränken. B. kauft A. alle Verträge ab und vereinbart mit A., nun auch für die vertraglichen Pflichten der laufenden Bestellungen mit C. verpflichtet zu sein. A. darf B. die Kundendaten von C. nicht auf der Grundlage von Art. 5 Abs. 1 lit. b DS-GVO übermitteln. Möglich ist nur ein Rückgriff auf Art. 6 Abs. 1 UAbs. 1 lit. f DS-GVO.[777]

549 Bestehen zwischen den gleichen Personen **mehrere Vertragsverhältnisse**, so ist die Datenverarbeitung immer speziell einzelvertragsbezogen zu prüfen. Bei qualitativ verschiedenen Vertragspflichten muss der Verantwortliche eine angemessene Trennung der Datenbestände gewährleisten.[778] Anders als § 28 BDSG aF stellt Art. 6 Abs. 1 UAbs. 1 lit. b DS-GVO die vertragsähnlichen Verhältnisse nicht generell dem Vertrag gleich, sondern nur die Anbahnungsverhältnisse. Für die vertragsähnlichen Verhältnisse muss insofern auf Art. 6 Abs. 1 UAbs. 1 lit. f DS-GVO zurückgegriffen werden.

550 **bb) Partner der Vertragsverhältnisse.** Das Vertragsverhältnis muss nach dem Wortlaut nicht zwischen dem Verantwortlichen und der betroffenen Person bestehen, vielmehr muss die **betroffene Person Vertragspartei** sein und die Verarbeitung muss für die Vertragsdurchführung erforderlich sein. Der Text deckt daher auch eine Verarbeitung durch einen Dritten, der – in der Regel im Interesse einer Vertragspartei – Daten der betroffenen Person verarbeitet, um so den Vertrag zu erfüllen.

Beispiel: A. verkauft B. ein Klavier und übermittelt dem selbstständigen Spediteur S. die Adressdaten des B., damit S. dem B. das Klavier ausliefern kann.

551 **cc) Erfüllung des Vertrags.** *(1) Allgemein.* Die Verarbeitung muss gemäß Art. 6 Abs. 1 UAbs. 1 lit. b Var. 1 DS-GVO erforderlich sein für die Erfüllung eines Vertrages (engl „performance of a contract"). Dies ist sie, wenn die Verarbeitung zur **Erfüllung der Pflichten** oder der Wahrnehmung von Rechten aus dem **Vertrag geboten** ist. Die Norm ist eng auszulegen und darf nicht dazu genutzt werden, die Verarbeitung einseitig zu Lasten einer Partei gehen zu lassen.[779] Die Rechte und Pflichten folgen aus dem jeweiligen Vertragsinhalt. Für die Bestimmung der Reichweite der Vertragspflichten kann auch auf Vertragszwecke zurückgegriffen werden.[780]

Beispiel: So dürfen etwa bei einem Mietvertrag die Daten, die für noch offene Forderungen, insbesondere zur Abrechnung von Nebenkosten, erforderlich sind, verarbei-

---

[777] Ein Versicherer soll einen Dritten, an den Leistungen aus dem Versicherungsvertrag zur Kreditsicherung abgetreten wurden, regelmäßig nicht über Prämienrückstände informieren dürfen (BVerfG, Kammer Beschl. v. 14.12.2001, 2 BvR 152/01, NJW 2002, 2164 [(noch zum deutschen Recht)]).

[778] *Wedde* in Däubler/Klebe/Wedde/Weichert BDSG aF § 28 Rn. 28; s.a. *Simitis* in Simitis BDSG aF § 28 Rn. 59; *Bergmann/Möhrle/Herb* BDSG aF, § 28 Rn. 93.

[779] Art. 29-Gruppe, WP 217 v. 9.4.2014, S. 22 f. (s. Fn. 272).

[780] *Gola/Klug/Körffer* in Gola/Schomerus BDSG aF § 28 Rn. 18.

tet werden. Bei einer Kündigung wegen Eigenbedarfs hat der Mieter Anspruch auf Offenlegung eines Mindestmaßes der persönlichen Verhältnisse.[781]

(2) Abhängig von Vertragsinhalt. Je nach **Vertragspflichten** kann der **552** Umfang der zulässigen Datenverarbeitung **erheblich auseinanderfallen**, selbst bei dem gleichen Vertragstyp. So rechtfertigen etwa Kaufverträge über schnelllebige Verbrauchsgüter in der Regel überhaupt keine Datenverarbeitung. Bei langlebigen Gütern kann zumindest wegen des potenziellen Bestehens von Gewährleistungsrechten eine längerfristige Datenverarbeitung zulässig sein. Erfordert der verkaufte Gegenstand die Bereitstellung von Beratungsleistungen im Rahmen einer Hotline, sind die Datenspeicherungen im Rahmen der Inanspruchnahme der Hotline zulässig. Wird die Hotline von einem Dritten betrieben, ist für die Übermittlung der Kundendaten in der Regel eine Einwilligung notwendig.[782]

(3) Begriff der Vertragserfüllung. Das Merkmal der **Vertragserfüllung 553** kann sehr unterschiedlich verstanden werden. Unstreitig fallen darunter alle Handlungen, die notwendig sind, um die vertraglich geschuldeten Handlungen, Duldungen und Unterlassungen zu erbringen. Weiter fallen aber auch alle Handlungen darunter, die der Erfüllung von **vertraglichen Nebenpflichten** oder **Sekundärpflichten** und -rechten dienen, die nicht unmittelbar auf die Erfüllung ausgerichtet sind.

Schließlich sollen auch solche Verarbeitungen der Erfüllung des Vertrages **554** dienen, die eine bestimmte **Abwicklung** des Vertrages gestatten, ohne dass sie sich selbst unmittelbar auf die vertraglichen Leistungen beziehen.

Beispiel: Beim Verkauf von personalisierten Eintrittskarten, wie etwa Fußball-WM-Tickets, soll die Speicherung der Pass- bzw. Personalausweisdaten zulässig sein, da die Speicherung der Erfüllung des Vertragszwecks dient, nämlich einer sicheren und störungsfreien Durchführung der Weltmeisterschaftsspiele durch eine Identitätsprüfung bei der Einlasskontrolle.[783]

Die Speicherung der Daten über die **Inanspruchnahme** von gesetzlich und **555** vertraglich vorgegebenen **Rechten und Pflichten**, auch von Rückgaberechten, zum Zwecke der Erstellung eines Kundenprofils ist etwa bei einfachen Kaufverträgen nicht erforderlich. Ist der Vollzug der Rückgabe dagegen für den Verkäufer mit Kosten verbunden, wie bei Fernabsatzverträgen, ist die Speicherung ggf. gemäß Art. 6 Abs. 1 UAbs. 1 lit. f DS-GVO zulässig.[784] Gleiches gilt bei anderen Verträgen.

Beispiel: Die Taxizentrale speichert die Anforderung eines Taxis, die nicht zu einem Auftrag führen, um Missbrauch vorzubeugen. Sie löscht die Daten, wenn nicht innerhalb weniger Wochen eine erneute „Stornierung" vorfällt. Die Speicherung ist nicht

---

[781] BVerfG, 28.1.1992, 1 BvR 1319/91 NJW 1992, 1379 (noch zum deutschen Recht).

[782] *Bergmann/Möhrle/Herb* BDSG aF § 28 Rn. 130; *Simitis* in Simitis BDSG aF § 28 Rn. 61.

[783] LG Frankfurt, Beschl. v. 12.6.2006, 2–01 S 111/06 ua MMR 2006, 769; vgl. auch BT-Drs. 16/11727; aA *Bergmann/Möhrle/Herb* BDSG aF § 28 Rn. 192.

[784] Vgl. OLG Hamburg, Urt. v. 25.11.2004, 5 U 22/04 MMR 2005, 617 zu § 28 BDSG.

für die Vertragsdurchführung erforderlich, kann aber durch eine Interessenabwägung gerechtfertigt sein.

556 Die Speicherung einer **Bonitätseinstufung** dient ebenfalls nicht der Zweckbestimmung der Durchführung des Kaufvertrages, kann aber ggf über Art. 6 Abs. 1 UAbs. 1 lit. f DS-GVO zulässig sein.[785]

557 Ein Kauf über den **Versandhandel** rechtfertigt nicht die Annahme, die Vertragsdaten sollten zugleich dem Abschluss von künftigen Verträgen dienen. Liegt der Status eines „Stammkunden" nahe, steht es der verarbeitenden Stelle frei, den Kunden zu fragen, ob er eine Speicherung der Daten für evtl künftige Vertragsschlüsse wünscht. In diesem Fall können die Stammdaten (aufgrund der Einwilligung) zunächst noch nach Vertragsschluss eine gewisse Zeit gespeichert werden (ca. drei Monate), bis klar wird, ob eine Wiederholung gewollt ist.[786] Werden offene Forderungen nicht bezahlt oder zugesandte Ware zurückgesendet, darf dies gespeichert werden, aber nicht auf der Grundlage von Art. 6 Abs. 1 UAbs. 1 lit. b DS-GVO, sondern von Art. 6 Abs. 1 UAbs. 1 lit. f DS-GVO.

Beispiel: Ein Versandhandel für Werkzeuge fragt bei der Bestellmaske, ob er die Speicherung der Daten für künftige Bestellung wünscht.

558 *(4) Sog. nachvertragliche Pflichten.* Schwierig ist die Qualifizierung **von nachvertraglichen Pflichten.** Ist das Vertragsverhältnis beendet, greift Art. 6 Abs. 1 UAbs. 1 lit. b Va. 1 DS-GVO nicht mehr.[787] Art. 6 Abs. 1 UAbs. 1 lit. b DS-GVO kennt den Fall von vertraglichen Maßnahmen, nicht aber von nachvertraglichen Maßnahmen. Diese sind daher als „vertragliche Maßnahmen" zu qualifizieren. Verarbeitungen, die nach Abwicklung des Vertrages erfolgen, können der Erfüllung des Vertrages iSv Art. 6 Abs. 1 UAbs. 1 lit. b Va. 1 DS-GVO dienen. Dies ist der Fall, wenn nach Austausch der vertraglichen Leistungen und nach Erbringung der Hauptleistung noch Fragen bestehen oder entstehen, die der Erfüllung des Vertrages dienen. So kann es sein, dass sich nach Leistungserbringung herausstellt, dass der Vertrag doch noch nicht erfüllt wurde. Diese Leistungen, die nach Abwicklung der vertraglichen Leistung erfolgen, können immer noch als Erfüllung des Vertrages zu qualifizieren sein. Möglich ist auch, dass die Parteien denken, das Vertragsverhältnis sei beendet und später stellt sich heraus, dass noch Sekundäransprüche oder ähnliches bestehen. Auch in diesem Fall war das Vertragsverhältnis noch nicht beendet.

Beispiele: Verarbeitet eine Vertragspartei Daten, weil sie einen Schadensersatzanspruch geltend macht, Verzugszugszinsen beansprucht oder ein Zurückbehaltungsrecht wahrnimmt, handelt sie in Erfüllung des Vertrages. Gleiches gilt, wenn die Verarbeitung nach Erbringung der Leistung erfolgt, weil sie etwa der Geltendmachung von Gewährleistungsrechten dient oder eine weitere Betreuung des Kunden gewünscht ist, wie etwa die Ermöglichung der Rückrufaktionen bei Autofirmen.

559 Der Wunsch der einen Seite, erneut ein Vertragsverhältnis einzugehen, ist keine Durchführung eines Vertragsverhältnisses. Hier kann nur Art. 6 Abs. 1

---

[785] *Bergmann/Möhrle/Herb* BDSG aF § 28 Rn. 129b.
[786] *Bergmann/Möhrle/Herb* BDSG aF § 28 Rn. 129.
[787] *Frenzel* in Paal/Pauly DS-GVO Art. 6 Rn. 14.

UAbs. 1 lit. f DS-GVO helfen, sofern nicht Art. 6 Abs. 1 UAbs. 1 lit. b Va. 2 DS-GVO eingreift.

(5) Selbstständige Dritte auf Seiten des Verantwortlichen. Schwierig sind **560** Verarbeitungssituationen, die objektiv der Erfüllung des Vertrages dienen, **aber im Interesse nur einer Vertragspartei** sind. Wird die Vertragspartei von der betroffenen Person beispielsweise wegen Schadensersatzansprüchen in Anspruch genommen und schaltet diese daraufhin einen **Rechtsanwalt oder die Versicherung** ein, dient die Verarbeitung bei dem Dritten im weit verstandenen Sinne der Durchführung des Vertrages, weil es um die Erfüllung von vertraglichen Sekundäransprüchen geht. Da Art. 6 Abs. 1 UAbs. 1 lit. b DS-GVO die Verarbeitung nicht auf die Vertragsparteien beschränkt, ist im Falle der Einschaltung eines Dritten im Interesse einer der Vertragsparteien von einer Verarbeitung zur Vertragserfüllung auszugehen.

Beispiel: A. verkauft B. 1000 Computer. B zahlt nicht, weil er der Auffassung ist, die Ware sei fehlerhaft. A. gibt alle Daten, mitsamt Namen und Unterlagen der Vertragsverhandlungen an den Rechtsanwalt R. Rechtsgrundlage für die Weitergabe ist Art. 6 Abs. 1 UAbs. 1 lit. b DS-GVO.

Die Verfolgung von **Sekundärzwecken** des Vertrages, etwa einer Kunden- **561** bindung oder Analyse von Käuferverhalten, dient nicht der Vertragsdurchführung.[788]

Beispiel: A. gibt Kundendaten an B. damit dieser allen Kunden ein Weihnachtsgeschenk im Namen des A. sendet. Rechtsgrundlage der Weitergabe kann allenfalls die Interessenabwägung sein.

dd) Satzungszwecke als Vertragszwecke. Bei der Erfüllung von Verträ- **562** gen, bei denen es satzungsrechtliche Konkretisierungen gibt, kann zur Konkretisierung der Vertragszwecke auf diese **Satzung** zurückgegriffen werden. So ist bei Vereinen für die Zulässigkeit der Datenverarbeitung von Daten der Vereinsmitglieder der satzungsmäßige Vereinszweck maßgebend. Die Datenweitergabe an Dachorganisationen ist zulässig, sofern diese von der Vereinssatzung gedeckt ist.[789] Die Verarbeitungssituationen im Bereich der Vereine iwS sind weit.

Beispiel: Für das einfache Beispiel des Sportvereins würde etwa gelten: Die Bekanntgabe von Daten am Vereinsbrett oder in der Vereinszeitung, die im Zusammenhang mit dem Vereinszweck stehen – etwa die Ergebnisliste eines Sportwettkampfes – sind vom Vertragsverhältnis erfasst, sofern kein Widerspruch vorliegt. Dies gilt auch, wenn die Form der Bekanntgabe die Kenntnisnahme Dritter nicht ausschließt, wie etwa bei einer Mannschaftsaufstellung im öffentlich zugänglichen Vereinsschaukasten. Die Übermittlung für die Wahrnehmung satzungsmäßiger Mitgliederrechte ist zulässig, etwa wenn ein Antragsrecht ein Quorum voraussetzt.[790]

---

[788] *Frenzel* in Paal/Pauly DS-GVO Art. 6 Rn. 14.

[789] *Gola/Klug/Körffer* in Gola/Schomerus BDSG aF § 28 Rn. 22; *Bergmann/Möhrle/Herb* BDSG aF, § 28 Rn. 215.

[790] So hat der BGH den Anspruch von Gesellschaftern einer BGB-Gesellschaft auf Information über die Mitgesellschafter angenommen BGH, Beschl. v. 21.9.2009, II ZR 264/08, NJW 2010, 439 ff. (noch zum deutschen Recht).

563   Problematisch ist die Übermittlung der Daten direkt an **Nichtmitglieder**, etwa zwecks Außendarstellung oder Werbung für den Verein, wie Turniererfolge von Vereinsmitgliedern in der Regionalzeitung. Hat der Verein Wettbewerbscharakter, wie Sportvereine, wird man die Werbung mit Erfolgen grundsätzlich vom Vereinszweck und somit vom Vertragsverhältnis als erfasst ansehen können, aber nur, solange kein Widerspruch und keine ausdrückliche Individualdarstellung vorliegen. Ausführliche **Berichte** über „Leuchttürme" des Vereins mit Bild und sportlicher Erfolgsgeschichte wird man nicht auf Art. 6 Abs. 1 UAbs. 1 lit. b Va. 1 DS-GVO stützen können. Die Veröffentlichung von Mitgliederlisten im Internet ist nicht von der Willenserklärung zum Vereinsbeitritt erfasst und nur mit ausdrücklicher Einwilligung zulässig.[791]

564   **ee) Gesetzliche Pflichten mit Verarbeitungsfolgen.** Sehen **gesetzliche Regelungen** Pflichten für einen Vertragstyp vor, die eine Datenverarbeitung verlangen, beruht die gesetzlich verlangte Datenverarbeitung auf Art. 6 Abs. 1 UAbs. 1 lit. e DS-GVO und nicht auf Art. 6 Abs. 1 UAbs. 1 lit. b Var. 1 DS-GVO. Diese Frage ist nicht irrelevant, weil die Normen dann den Anforderungen von Art. 6 Abs. 3 DS-GVO genügen müssen.

> **Beispiel:** Reiseveranstalter, die Daten zur Erfüllung der jeweiligen Sicherheits- und Reisebestimmungen gem. § 31a Bundespolizeigesetz oder nach § 9e Abs. 1 Seeaufgabengesetz verarbeiten; oder Kreditinstitute, die gemäß dem Geldwäschegesetz (s. va Meldepflicht gemäß § 11 GwG) bestimmte Daten speichern müssen. Die Datenerhebung zwecks Erfüllung melderechtlicher Pflichten von Vermietern auf der Grundlage der Melde- und Ausländergesetze ist zulässig.[792]

565   **Gesetzliche Aufbewahrungspflichten** aufgrund steuerlicher oder handelsrechtlicher Buchführungsbestimmungen rechtfertigen im Ergebnis die Speicherung – wohl aber wiederum gem. Art. 6 Abs. 1 UAbs. 1 lit. c DS-GVO und nicht gem. Art. 6 Abs. 1 UAbs. 1 lit. b DS-GVO. Hier bleibt die Frage, ob die Daten für eine anderweitige Nutzung zu sperren sind. Im deutschen Recht ist aus § 35 Abs. 3 Nr. 1 BDSG aF zu ersehen, dass der Gesetzgeber bei Aufbewahrungsfristen der Sache nach eine Sperrung möchte.[793]

566   **e) Anbahnungsverhältnis – Art. 6 Abs. 1 UAbs. 1 lit. b Var. 2 DS-GVO. aa) Allgemein.** Unter Art. 6 Abs. 1 UAbs. 1 lit. b DS-GVO fallen auch bestimmte Arten von **Anbahnungsverhältnissen**. Wie die Formulierung in Art. 6 Abs. 1 UAbs. 1 lit. b Var. 2 DS-GVO auf Anfrage verdeutlicht, werden nur solche Anbahnungsverhältnisse erfasst, bei der die Initiative von der betroffenen Person ausgeht. Weiter ist notwendig, dass das Anbahnungsverhältnis sich auf das Entstehen eines konkreten Vertragsverhältnisses bezieht, ohne dass weitere Zwischenschritte erforderlich wären.[794] Erforderlich ist ein **zweiseitiges Näheverhältnis**. Die bloße Möglichkeit, Vertragsverhältnisse vorzubereiten und die Eingehung anzubieten, genügt für Art. 6 Abs. 1 UAbs. 1

---

[791] Vgl. *Bergmann/Möhrle/Herb* BDSG aF § 28 Rn. 213 zum nationalen Recht.

[792] *Bergmann/Möhrle/Herb* BDSG aF § 28 Rn. 151.

[793] So *Wedde* in Däubler/Klebe/Wedde/Weichert BDSG aF § 28 Rn. 40.

[794] Zutreffend *Frenzel* in Paal/Pauly DS-GVO Art. 6 Rn. 15.

lit. b Var. 2 DS-GVO nicht. Vorsorgliche Datenverarbeitung ohne Initiative des Betroffenen sind dadurch nicht gerechtfertigt.[795]

Beispiel: Wer gewerblich als „Erbensucher" unbekannte Erben ermittelt,[796] kann sich den Erben gegenüber nicht auf Art. Art. 6 Abs. 1 UAbs. 1 lit. b Var. 2 DS-GVO berufen, sondern allenfalls auf Art. 6 Abs. 1 UAbs. 1 lit. f DS-GVO. Wer Prospekte erhalten will, muss seine Adressdaten verarbeiten lassen.[797]

Scheitert die Entstehung des **Vertragsverhältnisses** daran, dass der Betroffene minderjährig ist, ist es nicht zulässig, über die Annahme eines Anbahnungsverhältnisses eine Datenverarbeitung in einer Weise zuzulassen, wie sie bei einem wirksamen Vertragsschluss möglich gewesen wäre. Ein Rückgriff auf Art. 6 Abs. 1 UAbs. 1 lit. f DS-GVO ist in diesen Fällen in der Regel aber nicht kategorisch ausgeschlossen.[798]   567

bb) Durchführung vorvertraglicher Maßnahmen. Die Verarbeitung muss **zur Durchführung erforderlich** sein. Der Normtext spricht bei der Verarbeitung von bestehenden Vertragsverhältnissen von Erfüllung, bei vorvertraglichen Maßnahmen dagegen von Durchführung. Mit diesen unterschiedlichen Begriffen wird dem Umstand Rechnung getragen, dass einmal aufgrund der vertraglichen Einigung ein „abzuarbeitendes Programm" besteht und beim anderen die Erreichung eines konkreten Ereignisses im Vordergrund steht.   568

Vorvertragliche Maßnahmen sind alle Handlungen, die auf einen Vertragsschluss hin zielen. Gemeint sind damit die Erhebung und Verarbeitung der Informationen, die der Verantwortliche benötigt, um entscheiden zu können, ob er einen Vertrag mit dem Anfragenden schließen möchte und ggf mit welchen Konditionen. **Durchführung** meint Umsetzung der Maßnahmen. Im Stadium eines Vertragsverhältnisses ist nur die Datenverarbeitung solcher Daten zulässig, die für die Entscheidung erforderlich sind, ob der betreffende Vertrag abgeschlossen werden soll bzw. das Vertragsverhältnis eingegangen werden soll.   569

cc) Entscheidung über den Vertragsschluss und die Konditionen. Fragen, zu denen über Art. 6 Abs. 1 UAbs. 1 lit. b Var. 2 DS-GVO Informationen verarbeitet werden können, sind etwa: 570

– eine ggf erforderliche Solvenz des Vertragspartners;

– das Risiko einer Vertragsverletzung;

– die Eignung zur Erfüllung eines Vertragszwecks.

Beispiel: So soll vor dem Abschluss eines Kreditgeschäfts eine Bonitätsanfrage bei einer Auskunftsdatei schon auf der Basis von Art. 6 Abs. 1 UAbs. 1 lit. b DS-GVO gestattet sein.[799] Art. 6 Abs. 1 UAbs. 1 lit. f DS-GVO dürfte näher liegen.

---

[795] Zutreffend *Frenzel* in Paal/Pauly DS-GVO Art. 6 Rn. 15 mit Hinweis auf BGH NJW 2000, 72.

[796] S. etwa BGH, Urt. v. 23.9.1999, III ZR 322/98 – zur Frage der Vergütung.

[797] *Art. 29-Gruppe*, WP 217 v. 9.4.2014, S. 23 (s. Fn. 272).

[798] OLG Frankfurt NJW-RR 2005, 1280 f. zu § 28 BDSG aF.

[799] *Gola/Klug/Körffer* in Gola/Schomerus BDSG aF § 28 Rn. 17 (noch zum deutschen Recht).

571 Relevant wird dieser Verarbeitungstatbestand bei Vertragssituationen, bei denen eine Vertragspartei ein berechtigtes Interesse daran hat, sich ihren Vertragspartner **sorgfältig auszuwählen**, wie etwa bei Mietverhältnissen, bei Pachtverhältnissen oder anderen Formen von Dauerschuldverhältnissen im materiellen Sinne. Dies gilt vor allem dann, wenn die Vertragspartei Einfluss auf Rechtsgüter der anderen Partei erhält.

572 **dd) Abstellen auf das konkrete Vertragsverhältnis.** Die Verarbeitung muss der Vorbereitung des Vertragsverhältnisses dienen, auf das sich **die Anfrage bezog.** Ist die betroffene Person an einer sog. „Riesterrente" interessiert, dürfen deren Daten nicht von einem Lebensversicherer an eine Krankenversicherung zu dem Zweck weitergegeben werden, die Vorlage eines auf ihn zugeschnittenen Krankenversicherungsangebots zu ermöglichen.[800]

573 **f) Erforderlichkeit. aa) Allgemein.** Die konkrete Verarbeitung muss sowohl **selbst als auch in ihrem Umfang** für die Erfüllung des Vertrages bzw. Durchführung **erforderlich** sein (zur Erforderlichkeit → Rn. 428). Es gelten die gleichen Überlegungen wie bisher im deutschen Recht zu § 28 Abs. 1 Nr. 1 BDSG aF. Bei der Erforderlichkeit gemäß Art. 6 Abs. 1 UAbs. 1 lit. b DS-GVO ist zu berücksichtigen, dass es um Datenverarbeitung zwischen Privaten geht, die auch über die Reichweite der Verarbeitung bestimmen können.[801]

574 Günstig ist es, wenn im Vertragsverhältnis selbst der Umfang der Datenverarbeitung **ausdrücklich** geregelt wird. In diesem Fall ist aber nicht Art. 6 Abs. 1 UAbs. 1 lit. b DS-GVO die Rechtsgrundlage der Datenverarbeitung, sondern die **Einwilligung** gem. Art. 6 Abs. 1 UAbs. 1 lit. a DS-GVO. Existieren solche Regelungen, besteht zunächst die Vermutung, dass sie abschließend gemeint sind.

575 Zwischen der beabsichtigten Datenverarbeitung und dem Vertragsverhältnis muss ein **unmittelbarer sachlicher Zusammenhang** bestehen.[802] Weiter darf keine weniger belastende Alternative bestehen, die genauso einfach zu ergreifen ist und den Vertrag in gleicher Weise zu erfüllen in der Lage ist.[803] Nicht notwendig ist, dass die Datenverarbeitung aus technischen, wirtschaftlichen, organisatorischen oder sonstigen Gründen unverzichtbar ist.[804] Die Verarbeitung ist jedenfalls dann erforderlich, wenn der Vertrag ohne Verarbeitung der Daten in dem geltend gemachten Umfang nicht erfüllt werden könnte.[805]

576 Der **Grundsatz der Erforderlichkeit** kann nicht im Sinne einer **absolut zwingenden** Notwendigkeit verstanden werden. Entscheidend ist, ob nach den Gesamtumständen die Wahl einer anderen Informationsmöglichkeit oder der Verzicht hierauf nicht sinnvoll oder unzumutbar wäre und für dieses Werturteil

---

[800] 16. Bericht der Hess. Landesregierung über die Datenschutzaufsicht im nicht-öffentlichen Bereich, LT-Drs. 16/1680 v. 11.12.2003, 38.

[801] Zutreffend *Frenzel* in Paal/Pauly DS-GVO Art. 6 Rn. 14.

[802] BAG, Urt. v. 22.10.1986, 5 AZR 660/85 NZA 1987, 415 (416) zu § 28 BDSG aF.

[803] Vgl. *Tiedemann*, NJW 1981, 945.

[804] So auch *Frenzel* in Paal/Pauly DS-GVO Art. 6 Rn. 14; OLG Köln, 19.11.2010, I-6 U 73/10, 6 U 73/10 CR 2011, 680 zu § 28 BDSG aF.

[805] Ebenso *Frenzel* in Paal/Pauly DS-GVO Art. 6 Rn. 14; *Buchner/Petri* in Kühling/Buchner DS-GVO Art. 6 Rn. 42.

dabei die allgemeine Organisationsform und Arbeitsweise des Verantwortlichen zugrunde gelegt wird.[806] Das Gesetz bindet die zulässige Datenverarbeitung an die **Erfüllung des Vertragsverhältnisses**. Welche Daten konkret für die Erfüllung des Vertragsverhältnisses benötigt werden, hängt von den bestehenden Rechten und Pflichten des Vertrages und nicht primär vom Zweck des Vertrages ab.[807]

Beispiele:
– Beim elektronischen Versandhandel ist das Speichern des Aufrufens der elektronischen Katalogblätter nicht erforderlich;
– Die Durchführung eines Vertragsverhältnisses kann auch die Weitergabe von Daten rechtfertigen, wie etwa die Weitergabe der Daten an die Fluggesellschaft oder an ein Hotel durch den Reiseveranstalter.[808]
– Ebenso ist bei einem selbstständigen Maklervertrag die Weitergabe der Daten an den Vertragspartner, mit dem der Vertrag (Versicherungsvertrag, Kaufvertag etc.) abgeschlossen wird, wegen Art. 6 Abs. 1 UAbs. 1 lit. b DS-GVO zulässig.[809]
– Der Vertragspartner hat gegenüber dem Makler Anspruch auf Mitteilung des Namens und der Anschrift seines Vertragspartners ebenfalls aus Art. 6 Abs. 1 UAbs. 1 lit. b DS-GVO.[810]
– Im Verhältnis zu ihren Mitgliedern innerhalb der Belegschaft ist die Gewerkschaft als verantwortliche Stelle zur Verwendung der betrieblichen E-Mail-Adressen nach Art. 6 Abs. 1 UAbs. 1 lit. b Va. 1 DS-GVO berechtigt,[811] dies gilt aber nicht im Verhältnis zu den Nicht-Mitgliedern.[812]
– Die Erhebung von kreditrelevanten Daten ist nur zulässig, sofern der konkrete Vertrag Kreditelemente enthält, dies ist nicht der Fall, wenn es um eine Geldanlage geht.[813]

bb) Ausgewählte Informationsarten. Grunddaten: Abgesehen von Vertragsverhältnissen, die unmittelbar mit deren Begründung erfüllt werden, wird man davon ausgehen können, dass ein gewisser Bestand an Grunddaten bei jeder Art von Rechtsverhältnisses erforderlich ist. Zu den Grunddaten gehören etwa Name, Anschrift, Kontaktdaten, Vertragsart. Diese Daten können in der Regel immer gespeichert werden.[814]   **577**

Abwicklungsdaten: Daten über die Lieferung und Leistungen sowie Daten, die zur Kontrolle der ordnungsgemäßen Abwicklung erforderlich sind, können ebenfalls in der Regel immer erhoben werden. Hinsichtlich möglicher   **578**

---

[806] *Wedde* in Däubler/Klebe/Wedde/Weichert, BDSG aF § 28 Rn. 15 – erforderlich nur dann, wenn ohne die Datenverarbeitung die Durchführung des Vertragsverhältnisses nicht möglich ist.

[807] *Frenzel* in Paal/Pauly DS-GVO Art. 6 Rn. 14; s. a. LG Köln, Urt. v. 9.5.2007, 26 O 358/05, BeckRS 2007, 10750 zu § 28 BDSG (noch zum deutschen Recht).

[808] *Gola/Klug/Körffer* in Gola/Schomerus BDSG aF § 28 Rn. 28.

[809] *Gola/Klug/Körffer* in Gola/Schomerus BDSG aF § 28 Rn. 28.

[810] BGH, Urt. v. 8.2.2007, III ZR 148/06, NJW 2007, 1528 zum nationalen Recht.

[811] BAG, Urt. v. 20.1.2009, 1 AZR 515/08 NJW 2009, 1990 (noch zum deutschen Recht).

[812] LAG Hessen, Urt. v. 30.4.2008, 18 Sa 1724/07, BeckRS 2008, 54154 (noch zum deutschen Recht).

[813] *Bergmann/Möhrle/Herb* BDSG aF § 28 Rn. 112.

[814] *Wedde* in Däubler/Klebe/Wedde/Weichert BDSG aF, § 28 Rn. 18; *Simitis* in Simitis, BDSG aF § 28 Rn. 60.

Rückabwicklungsverhältnisse reicht es aus, wenn (nur) der mögliche Anspruchsinhaber über weitere Daten (zB in Form einer Quittung) verfügt. Bei bargeldloser Bezahlung ist die Speicherung der dafür erforderlichen Bankdaten zulässig.[815]

579   **Identifikationsdaten:** Die Vorlage eines amtlichen Ausweises kann verlangt werden, sofern die Identität des Partners für das Vertragsverhältnis notwendig ist. Die Speicherung der Unterschrift ist zulässig, sofern es auf deren Echtheit im Rahmen der Erfüllung des Vertragsverhältnisses ankommt, wie etwa bei Bankverträgen.[816] Das Geburtsdatum kann notwendig sein, sofern ein Mindestalter festgestellt werden muss, dann allerdings idR nur das Geburtsjahr. Ebenfalls zulässig kann es zur Identifizierung bei Massengeschäften sein.[817]

580   **cc) Ausgewählte Verarbeitungsformen. Veröffentlichung im Internet:** Die Publikation im Internet bedarf wegen der Belastungsintensität einer **besonders strengen Prüfung** der Erforderlichkeit. Wegen der Reichweite, der Streubreite und der Dauerhaftigkeit der Publikation im Internet, ist die Zulässigkeit der Publikation in diesem Medium immer besonderen Bestimmtheits- und Erforderlichkeitsanforderungen zu unterwerfen. Berechtigt der Vertrag zur Publikation von Daten in herkömmlicher Form, genügt dies noch nicht für die Befugnis zur Einstellung der Daten in das Internet.[818]

581   **Speicherung auf Vorrat:** Werden die Daten für die Bewältigung einer Situation benötigt, die nur bei einer kleiner Anzahl von Fällen des Vertragstypus eintritt, dürfen sie grundsätzlich schon bei Vertragsschluss erhoben werden, wenn nicht ausgeschlossen werden kann, dass die erwähnte Situation eintritt und es dann für die Erhebung der Daten zu spät wäre. Ein **Indiz für die Zulässigkeit** ist es, wenn die andere Seite bei Vertragsschluss zumindest berechtigterweise schon mit der Datenverarbeitung hätte rechnen müssen. Die Erforderlichkeit ist gewahrt, wenn ohne die Verarbeitung gerade dieser Daten, die berechtigten Interessen zumindest einer Partei am Vertragsverhältnis auf andere Weise nicht bzw. nicht angemessen gewahrt werden können.

582   **dd) Ausgewählte Vertragstypen.** *(1) Speziell   Versicherungsvertrag.* Bei Versicherungsverträgen gibt es ein starkes Bestreben der Unternehmen, mehr Daten zu erheben, als es für den konkreten Versicherungsvertrag erforderlich ist. Im Versicherungsfall ist die Speicherung der Daten, die zur Feststellung des **Versicherungsfalles**, zum **Eintritt und zur Höhe des Schadens erforderlich** sind, zulässig. Bei Einsicht in Krankendaten ist die ausdrückliche Entbindung von der Schweigepflicht erforderlich. Sie darf nur im Rahmen der Erforderlichkeit verlangt werden.[819]

---

[815] *Bergmann/Möhrle/Herb*, BDSG aF § 28 Rn. 128.

[816] 5. TB der Hess. Landesregierung über die Datenschutzaufsicht im nicht-öffentlichen Bereich, LT-Drs. 15/4659 v. 22.11.2002, 33 f.

[817] OLG München, Urt. v. 28.9.2006, 29 U 2769/06, MMR 2007, 47; OLG Köln Urt. 28.9.2006, 29 U 2769/06;; strenger *Wedde* in Däubler/Klebe/Wedde/Weichert BDSG aF, § 28 Rn. 42; *Köhler*, JR 2009, 204.

[818] Vgl. z.B. LDSB Sachsen-Anhalt, IV. TB (1998), S. 44; *Gola/Klug/Körffer* in Gola/Schomerus BDSG aF § 28 Rn. 21.

[819] Vgl. BVerfG, Kammer Beschl. v. 14.12.2001, 2 BvR 152/01, NJW 2002, 2164; s.a. *Buchner/Petri* in Kühling/Buchner DS-GVO Art. 6 Rn. 69.

II. Rechtsgrundlagen der Datenverarbeitung

Bei **mehreren Versicherungsverträgen** muss die Datenverarbeitung weit- **583** gehend getrennt verlaufen. Sofern die Versicherungsprämie vom Verhalten abhängig ist, zB vom Mobilitäts- und Fahrverhalten des Autofahrers bei Autoversicherungen, ist die Speicherung dieser Daten zulässig.[820]

Eine Datenübermittlung zum Zwecke der **Bonitätsprüfung** der Kunden **584** wird beim Versicherungsvertrag in der Regel als nicht erforderlich angesehen, da bei Zahlungsunfähigkeit des Kunden der Versicherungsschutz erlischt.[821]

Die Übermittlung von **Warnhinweisen** an andere Versicherungsunternehmen **585** oder an das von der Versicherungswirtschaft betriebene Hinweis- und Informationssystem (HIS) richtet sich nach der Voraussetzung von Art. 6 Abs. 1 UAbs. 1 lit. f DS-GVO, sofern nicht die Sonderregelung der Bonitätsmeldung gemäß § 31 Abs. 2 BDSG nF greift. Die Übermittlung von Schadensdaten des Sachversicherers an die Polizei oder Staatsanwaltschaft ist nicht auf der Basis von Art. 6 Abs. 1 UAbs. 1 lit. b DS-GVO zulässig,[822] sondern je nach Konstellation auf der Basis von Art. 6 Abs. 4 DS-GVO iVm Art. 23 Abs. 1 lit. c DS-GVO.

Die Weitergabe von Daten an den **Rückversicherer** ist so zu werten, wie **586** die Weitergabe von Daten eines Unternehmers an seine Versicherung. Hier dürfte idR zumindest Art. 6 Abs. 1 UAbs. 1 lit. f DS-GVO greifen, wobei aber auch Art. 6 Abs. 1 UAbs. 1 lit. b DS-GVO denkbar ist, wenn bei objektiver Betrachtung klar ist, dass der Versicherer nur bei Abschluss einer Rückversicherung den Vertrag erfüllen kann.

(2) Kreditkartenverträge. Aufgrund der Datenmengen im Bereich der Kre- **587** ditkarten wird man auch beim **Kreditkartenvertrag** (entgeltlicher Geschäftsbesorgungsvertrag) einen strengeren Maßstab hinsichtlich der Erforderlichkeit anlegen.[823] Eine Übermittlung zum Zwecke der Abrechnung ist zulässig. Die Übermittlung zu Werbezwecken sind nicht erforderlich. Die Weitergabe der Daten an die SCHUFA oder Warndateien ist ebenfalls für die Vertragsdurchführung nicht erforderlich, möglich wäre eine Rechtfertigung aufgrund einer Interessensabwägung (Art. 6 Abs. 1 UAbs. 1 lit. f DS-GVO). Allerdings hilft hier der deutsche Gesetzgeber mit § 31 Abs. 2 BDSG nF. Ob diese Norm sich auf eine Öffnungsklausel stützen kann, ist sehr zweifelhaft und zutreffender Ansicht nach zu verneinen. Wie die Rechtsprechung entscheiden wird, wird die Zukunft zeigen. Eine formularmäßige Einwilligung in die Weitergabe ist unzulässig.[824] Ein Zugriff auf die Kreditkartendaten zur Verfolgung schwerer Straftaten, wie etwa dem Verbot des Besitzes kinderpornografischer Schriften, ist auf der Grundlage von § 161 StPO iVm Art. 6 Abs. 1 UAbs. 1 lit. e DS-GVO zulässig.[825] Die Anfertigung **umfassender Kundenprofile** aufgrund von Kreditkarten ist unzulässig. Zulässig können Zahlungsprofile sein, sofern auf diese Weise Missbräuchen und Diebstählen vorgebeugt werden kann.

---

[820] *Bergmann/Möhrle/Herb* BDSG aF § 28 Rn. 176.

[821] *Bergmann/Möhrle/Herb* BDSG aF § 28 Rn. 177a.

[822] AA *Gola/Klug/Körffer* in Gola/Schomerus, BDSG aF § 28 Rn. 20.

[823] *Bergmann/Möhrle/Herb* BDSG aF § 28 Rn. 138.

[824] BGH, Urt. v. 19.9.1985, III ZR 213/83, NJW 1986, 46.

[825] BVerfG, 17.2.2009, 2 BvR 1372/07 ua MMR 2009, 389 (noch zum deutschen Recht).

588 *(3) Mietvertrag.* Von Art. 6 Abs. 1 UAbs. 1 lit. b DS-GVO gedeckt sind **Bonitätsfragen**, wie die Frage nach Mietschulden aus dem früheren Mietverhältnis.[826] Zulässig können auch die Frage nach den Einkommensverhältnissen, nach einer möglichen Privatinsolvenz oder einer eidesstattlichen Versicherung sein. Fragen nach früheren Wohnverhältnissen und den Motiven für den Wohnungswechsel sind dagegen unzulässig.[827] Fragen nach der Art der Partnerschaft mit einem Mitbewohner, Bestehen eines Kinderwunsches und zu sonstigen Details der Privatsphäre, wie über die Lebensversicherung, Hobbys, Mitgliedschaften in Vereinen und Parteien sind unzulässig.[828] Zulässig sind dagegen die Fragen nach einer beabsichtigten Tierhaltung, uU ist auch die Frage nach der Anzahl der im Haushalt wohnenden Personen möglich.[829] Von der Einzelfallbewertung abhängig ist die Frage, ob eine Entmündigung offengelegt werden muss bzw nach ihr gefragt werden kann.[830]

589 **g) Zweckfestlegung.** Nach Art. 5 Abs. 1 lit. b DS-GVO sind die Zwecke, für die die Daten verarbeitet oder genutzt werden sollen, **bei der Erhebung** konkret festzulegen. Das gilt auch bei Art. 6 Abs. 1 UAbs. 1 lit. b DS-GVO. Diese Anforderung entspricht § 28 Abs. 1 S. 2 BDSG aF. Die Zweckbindung der Datenverarbeitung gemäß Art. 5 Abs. 1 lit. b DS-GVO ist nicht mit einer Bindung an den Vertragszweck zu verwechseln. Sie muss daher **vor Abschluss der Erhebung** vorliegen, nicht unbedingt schon vor ihrem Beginn. Erforderlich ist eine Bestimmung, die sich gerade auf die Datenverarbeitung bezieht. Vom Begriff her wird man eine Fixierung des Zwecks verlangen müssen, allerdings mit der Folge, dass die Praxis dem in der Regel kaum gerecht werden dürfte. Bei einer strengen Handhabung von Art. 5 Abs. 1 lit. b DS-GVO wäre bei jeder Kundendatei eine schriftliche Bestimmung dahingehend erforderlich, dass die Kundendatei der Pflege der Beziehung mit den Kunden diene. Zur Vermeidung unsinniger Ergebnisse wird man daher das Merkmal der konkreten Festlegung im Fall des Art. 6 Abs. 1 UAbs. 1 lit. b DS-GVO restriktiv interpretieren müssen.

590 Ansatzpunkt für **eine restriktive Interpretation** ist Art. 6 Abs. 3 S. 2 DS-GVO, der so verstanden werden kann, dass bei einer Verarbeitung zur **Erfüllung einer öffentlichen Aufgabe** keine ausdrückliche Zweckfestlegung erforderlich ist. Der Grund dürfte darin liegen, dass der Zweck schon hinreichend deutlich aus dem Rechtfertigungsgrund hervorgeht. Das lässt sich auf Art. 6 Abs. 1 UAbs. 1 lit. b DS-GVO übertragen. Ergibt sich aus der vertraglichen Einigung hinreichend deutlich, **dass beide Betroffenen mit einer Datenverarbeitung zur Erreichung eines bestimmten Zweckes**, der notwendig ist, um den Vertragszwecks zu erfüllen, **einverstanden** sind, liegt in der vertraglichen Einigung zugleich die konkludente Zweckbestimmung iSv Art. 5 Abs. 1 lit. b DS-GVO.[831]

---

[826] LG Itzehoe, 28.3.2008, 9 S 132/07 RDV 2008, 210 (noch zum deutschen Recht); zur Verordnung s. *Buchner/Petri* in Kühling/Buchner DS-GVO Art. 6 Rn. 57.

[827] AG Regensburg, 5.7.1990, 3 C 241/90 WuM 1990, 507 (zum nationalen Recht).

[828] *Gola/Klug/Körffer* in Gola/Schomerus BDSG aF § 28 Rn. 17.

[829] So *Bergmann/Möhrle/Herb* BDSG aF § 28 Rn. 149.

[830] BVerfG, Kammer Beschl. v. 11.6.1991, 1 BvR 239/90 CR 1992, 368 (369).

[831] In diese Richtung auch BGH, Urt. v. 8.2.2007, III ZR 148/06, NJW 2007, 1528 in Bezug auf § 28 BDSG aF.

Diese konkludente Festlegung genügt, auch wenn sie weder fixiert noch ausdrücklich ist. Danach läge etwa in einem Kaufvertrag zugleich die (konkludente und formlose) Zweckfestlegung gemäß Art. 5 Abs. 1 lit. b DS-GVO, dass die im Zusammenhang mit dem Vertrag erhobenen Daten dem Zweck der Vertragsdurchführung dienen. Dies gilt unabhängig davon, ob der Kaufvertrag selbst schriftlich oder mündlich gefasst wurde. Liegt aber **keine Vereinbarung** der verarbeitenden Stelle und der betroffenen Person über den Geschäftszweck vor, für dessen Erfüllung die Datenverarbeitung gewollt ist, oder geht die Verarbeitung über das hinaus, was als konkludent vereinbart gelten kann, **bedarf es einer einseitigen Festlegung** der verarbeitenden Stelle. Diese einseitige Festlegung muss wiederum erstens fixiert sein (nicht notwendig schriftlich, es genügt etwa auch eine elektronische Festlegung) und sich zweitens ausdrücklich auf die Datenverarbeitung beziehen. Fixiert ist die Festlegung dann, wenn sie nachträglich nicht einseitig/unbemerkt/intransparent von dem Verantwortlichen abgeändert werden kann.

3. Erfüllung einer rechtlichen Verpflichtung (Art. 6 Abs. 1 UAbs. 1 lit. c DS-GVO)

a) Allgemein. Gemäß Art. 6 Abs. 1 UAbs. 1 lit. c DS-GVO ist die Verarbeitung zur Erfüllung einer rechtlichen Verpflichtung zulässig, der der Verantwortliche unterliegt. Diesen Rechtfertigungsgrund kennen auch Art. 7 lit. c DSRL und Art. 5 lit. b VO (EG) 45/2001. Mit rechtlichen Verpflichtungen sind **alle öffentlich-rechtlich gesetzten Pflichten** gemeint, die im Außenverhältnis gelten. Vertraglich begründete Pflichten werden von Art. 6 Abs. lit. b DS-GVO erfasst und nicht von Art. 6 Abs. 1 UAbs. 1 UAbs. 1 lit. c DS-GVO. Eine **Pflicht** liegt vor, wenn derjenige, der eine Handlung ausübt, diese Vorgabe **erfüllen muss.** Hat er die Wahl, die Handlung zu ergreifen oder nicht, ändert das am Pflichtcharakter nichts. Knüpft die Pflicht an die Wahrnehmung einer erlaubten Handlung an, ändert die Freiwilligkeit der Handlungsvornahme selbst nichts am Pflichtcharakter. **591**

Beispiel: Verlangen gesetzlichen Bestimmung für die Teilnahme aufgrund einer öffentlichen Ausschreibung, dass die Einhaltung des Tariflohnes nachgewiesen wird, ist die Übermittlung der dafür erforderlichen personenbezogenen Daten auf der Grundlage von Art. 6 Abs. 1 UAbs. 1 lit. c DS-GVO gedeckt, auch wenn theoretisch die Möglichkeit besteht, an der Ausschreibung nicht teilzunehmen.

Sicher erfasst sind solche **Rechtsnormen**, die den Betreffenden **verpflichten** eine Datenverarbeitung vorzunehmen, wie etwa die speziellen öffentlich-rechtlichen Datenschutznormen. Die auf diese Weise erfasste Verarbeitung ist allerdings nicht besonders groß. Danach ist die Reichweite von Art. 6 Abs. 1 UAbs. 1 lit. c DS-GVO sehr beschränkt. Erforderlich ist danach die Datenverarbeitung dann, wenn eine gesetzliche Pflicht besteht, bestimmte Daten zu verarbeiten.[832] In dieser Form klingt die Norm zunächst tautologisch. Verständlich wird sie, wenn man bedenkt, dass auf diese Weise mitgliedstaatliche gesetzliche Regelungen aus anderen Bereichen, die mit Datenverarbeitungsre- **592**

---

[832] So aber *Frenzel* in Paal/Pauly DS-GVO Art. 6 Rn. 16.

geln verbunden sind, in Datenschutzrecht transformiert werden.[833] Durch Art. 6 Abs. 1 UAbs. 1 lit. c DS-GVO wird deutlich, dass materielle Pflichten im mitgliedsstaatlichen Recht möglich bleiben, wenn sie nicht allgemein den Datenschutz regeln wollen. So dürften unter Art. 6 Abs. 1 UAbs. 1 lit. c DS-GVO etwa Buchhaltungspflichten oder Aufbewahrungspflichten fallen. Auch spezielle Datenbankgesetze müssten hierunter zu fassen sein, so etwa wenn der Gesetzgeber sich entschlösse, ein Biobankgesetz[834] zu erlassen.

593   Die Verpflichtung muss **den Verantwortlichen treffen**, nicht die betroffene Person. Bezieht sich die Verpflichtung zur Datenverarbeitung auf die betroffene Person selbst, liegt es aus systematischen Gründen nahe, Art. 6 Abs. 1 UAbs. 1 lit. c DS-GVO nicht heranzuziehen, weil in diesem Fall Verantwortlicher und Betroffener nicht personenverschieden sind und es wohl keiner datenschutzrechtlichen Rechtfertigung bedarf.[835]

   Beispiel: Berufsfahrern wird gesetzlich die Pflicht auferlegt, Fahrtenbücher zu führen.

594   **b) Ausweitungsmöglichkeiten.** Fraglich ist, ob Art. 6 Abs. 1 UAbs. 1 lit. c DS-GVO auch greift, wenn die gesetzliche Grundlage eine Datenverarbeitung **gestattet**, aber **nicht dazu zwingt**. Da Art. 6 Abs. 1 UAbs. 1 lit. c DS-GVO auf die rechtliche Verpflichtung abstellt, ist dies abzulehnen.

595   Weiter ist für die Anwendungsbreite erheblich, ob unter rechtlichen Verpflichtungen auch solche Pflichten zu verstehen sind, die sich **nicht unmittelbar auf die Verarbeitung** beziehen, für deren Erreichung der Verantwortliche aber eine Datenverarbeitung vornehmen muss. Sieht etwa das Steuerrecht die Berechnung der Einkommensteuer vor, so benötigt die Steuerbehörde zur Erfüllung dieser Pflichten eine Datenverarbeitung. Das Recht verpflichtet zwar nicht zu einer Verarbeitung, aber zu der Erhebung der Steuer, was wiederum mittelbar eine Datenverarbeitung voraussetzt. Bei weiter Auslegung könnte man daher Art. 6 Abs. 1 UAbs. 1 lit. c DS-GVO heranziehen. Auch diese Ausweitung ist abzulehnen. Der Normtext legt die Annahme nahe, die rechtliche Verpflichtung müsse sich auf die Datenverarbeitung beziehen.[836] Weiter schafft die Verordnung – bezogen auf die Verarbeitung durch die Steuerbehörde – für die Erfüllung öffentlicher Aufgaben mit Art. 6 Abs. 1 UAbs. 1 lit. e DS-GVO eine eigene Fallgruppe für derartige Konstellationen. Schließlich wäre der Bereich der leistenden Verwaltung und der Bereich, bei dem die Verwaltung eine Ermessensentscheidung wahrnimmt, dh bei der die Verarbeitung keine gebundene Verwaltung wäre, von Art. 6 Abs. 1 UAbs. 1 lit. c DS-GVO sowieso nicht erfasst.[837] Art. 6 Abs. 1 UAbs. 1 lit. c DS-GVO ist daher nicht erweiternd auszulegen.

596   Der Tatbestand ist nur dann gegeben, wenn eine **rechtliche Pflicht** des Verantwortlichen besteht, die **konkreten Daten zu verarbeiten**. Es geht daher

---

[833] Art. 29-Gruppe, WP 217 v. 9.4.2014, S. 24 (s. Fn. 272).

[834] S. dazu *Schmidt am Busch/Gassner/Wollenschläger* DuD 2016, 365 ff.

[835] Zutreffend *Frenzel* in Paal/Pauly DS-GVO Art. 6 Rn. 19.

[836] Zutreffend *Art. 29 Gruppe* Stellungnahme 06/2014 zum Begriff des berechtigten Interesses des für die Verarbeitung Verantwortlichen gem. Art. 7 der Richtlinie 95/46/ EG, WP 217 v. 9.4.2014, S. 24 f.

[837] Richtig *Frenzel* in Paal/Pauly DS-GVO Art. 6 Rn. 18.

insbesondere um die Fallgestaltungen, in denen ein Privater aufgrund öffentlichen Rechts zu einer Datenverarbeitung verpflichtet wird. Er greift daher nicht, wenn ein Privater Daten im Zusammenhang mit der Erfüllung einer Pflicht verarbeitet, ohne dass die konkrete Verarbeitung zwingend erforderlich wäre. In diesen Fällen greift dann ebenfalls nicht Art. 6 Abs. 1 UAbs. 1 lit. c DS-GVO, sondern Art. 6 Abs. 1 UAbs. 1 lit. f.

Beispiel: Im Rahmen einer Einkommensteuererklärung legt der Steuerpflichtige A. eine Rechnung des D. bei, mit deren Hilfe er einen Steuerabzug geltend macht – Rechtfertigung gegenüber D. ist Art. 6 Abs. 1 UAbs. 1 lit. f DS-GVO

c) Die Konkretisierung gemäß Art. 6 Abs. 2 und Abs. 3 DS-GVO. 597 aa) Allgemein. Art. 6 Abs. 3 S. 1 und 2 DS-GVO legen fest, welche **Bedingungen** die unionsrechtlichen und nationalrechtlichen Normen **erfüllen müssen**, um als **Rechtsgrundlage** iSv Art. 6 Abs. 1 UAbs. 1 lit. c und lit. e DS-GVO dienen zu können. Es geht demnach um den sog **öffentlichen Bereich**. Die Rechtsgrundlage für die Verarbeitung bildet nicht die rechtliche Verpflichtung selbst, sondern Art. 6 Abs. 1 UAbs. 1 lit. c DS-GVO in Verbindung mit der rechtlichen Verpflichtung.[838] Ohne Art. 6 Abs. 1 UAbs. 1 lit. c DS-GVO wäre die rechtliche Verpflichtung keine Rechtsgrundlage iSd DS-GVO. Art. 6 Abs. 3 DS-GVO ist hier nicht ganz genau. Er bezeichnet die rechtliche Verpflichtung, aufgrund derer der Betroffene die Daten verarbeiten muss, als „Rechtsgrundlage". Die englische Fassung ist hier präziser, die den Begriff Rechtsgrundlage zwar kennt („legal basis for the processing", so Art. 13 Abs. 1 lit. c DS-GVO) bei Art. 6 Abs. 3 DS-GVO aber nur von „basis for the processing" spricht.

bb) Rechtsnorm. Zunächst muss es sich um ein Unionsrecht oder Recht 598 der Mitgliedsstaaten handeln. Recht in diesem Sinne sind alle **Rechtsnormen** mit verbindlicher Wirkung, dh im Unionsrecht vor allem die Verordnung, die Richtlinie und der Beschluss.[839] Unionsrechtlich nicht ausreichend sind dagegen die Empfehlungen, da sie nicht rechtlich verbindlich sind. Im nationalen Recht relevant sind alle Außenrechtssätze, nicht die Verwaltungsvorschriften. Die Rechtsgrundlage muss entweder eine rechtliche Verpflichtung festlegen oder eine Aufgabe im öffentlichen Interesse bestimmen oder die Ausübung öffentlicher Gewalt festlegen. Die Regeln iSv Art. 6 Abs. 3 DS-GVO müssen nicht neu erlassen werden. Es können auch bestehende Regeln sein, sofern sie nur mit der DS-GVO vereinbar sind (vgl Art. 6 Abs. 2 DS-GVO).

Beispiel: Unionsbestimmungen verlangen für die Teilnahme an Ausschreibung im Vergabeverfahren bestimmte Angaben über Subunternehmen, die eingeschaltet werden.

cc) Zweckfestlegung. Darüber hinaus verlangt Art. 6 Abs. 3 S. 2 DS- 599 GVO eine **Zweckbestimmung**. Hier differenziert der Normtext. Bezogen auf Abs. 1 lit. c verlangt Art. 6 Abs. 3 S. 2, dass der Zweck ausdrücklich in der Rechtsgrundlage niedergelegt wird. Bezogen auf Art. 6 Abs. 1 UAbs. 1 lit. e

---

[838] Richtig *Albrecht* CR 2016, 88 (92).
[839] *Frenzel* in Paal/Pauly DS-GVO Art. 6 Rn. 35.

DS-GVO genügt es dagegen, dass der Zweck für die Aufgabenerfüllung erforderlich ist. Da bei den Rechtsnormen, die eine rechtliche Verpflichtung festlegen, Art. 6Abs. 3 S. 2 DS-GVO **ausdrücklich die Zweckbestimmung** in der Rechtsnorm **verlangt,** ist die Anforderung ernst zu nehmen. Bei strenger Handhabung dürfte das meiste spezifische Datenschutzrecht im öffentlichen Bereich mit dieser Voraussetzung Schwierigkeiten haben.

Beispiel: Die Datenerhebung zwecks Erfüllung der Meldepflicht gem. § 11 GwG folgt aus dem **Zweck** des Geldwäschegesetzes. Das Unionsrecht verlangt den Nachweis von Sachkunde von Personen, die als betriebliche Datenschutzbeauftragte bestellt werden. Hier dürfte der Zweck der Verarbeitung mit der Formulierung der Pflicht mit angegeben sein. Speichert der Verantwortliche daher die Fortbildungskurse seines betrieblichen Datenschutzbeauftragten, folgt die Zweckbestimmung dieser Speicherung unmittelbar aus der gesetzlichen Grundlage.

600 **dd) Grundsatz der Verhältnismäßigkeit.** Gemäß Art. 6 Abs. 3 S. 4 DS-GVO muss die nationale und die europäische Norm, die die Verpflichtung formuliert, den Grundsatz der **Verhältnismäßigkeit** beachten. Zwingend wäre diese Regelung nicht, da die Norm als eingreifende Regelung gemäß Art. 52 GRC sowieso an den Verhältnismäßigkeitsgrundsatz gebunden ist.[840]

601 **ee) Legitimes Ziel.** Weiter muss die Norm gemäß Art. 6 Abs. 3 S. 4 DS-GVO ein im **öffentlichen Interesse liegendes Ziel** verfolgen. Es ist unklar, ob sich die S. 4 auch auf die Variante der rechtlichen Verpflichtung zur Verarbeitung bezieht oder nur für die Fallgruppe gemäß Art. 6 Abs. 1 UAbs. 1 lit. e DS-GVO gilt. Vom Wortlaut her liegt es nahe, das Erfordernis eines legitimen Zwecks auch auf Art. 6 Abs. 1 UAbs. 1 lit. c DS-GVO zu beziehen. Dieses bildet dabei einen Gesichtspunkt, der normalerweise vom Grundsatz der Verhältnismäßigkeit erfasst wird, aber dessen Wiederholung auch nicht schadet.

602 **ff) Öffnungsklausel gem. Art. 6 Abs. 3 S. 2 DS-GVO.** Die Rechtsgrundlage kann dabei weiter gem. Art. 6 Abs. 3 S. 3 DS-GVO **spezifische Bestimmungen** zur **Anpassung der Anwendung** der Vorschriften der Verordnung enthalten. Durch Art. 6 Abs. 3 S. 3 DS-GVO wird deutlich, dass die DS-GVO einen Rahmencharakter besitzt.[841] Im Hs. 2 beschreibt die Verordnung dabei selbst, welche Konkretisierungen sie sich vorstellt, und zwar sowohl dahingehend, dass nur bestimmte Daten verwendet werden dürfen, dass nur bestimmte Personen betroffen sein dürfen und dass die Offenlegung nur eingeschränkt zulässig ist, als auch dahingehend, welche Speicherdauer gilt. Darüber hinaus sind auch Konkretisierungen hinsichtlich der Maßnahmen zur Gewährleistung einer Verarbeitung nach Treu und Glauben zulässig.

603 Mit dieser Öffnungsklausel darf der Staat bei jeder **Definition** einer **öffentlichen Aufgabe zugleich** datenschutzrechtliche Konkretisierungen iSv Art. 6 Abs. 3 S. 3 DS-GVO erlassen. Voraussetzung für die rechtmäßige Inanspruchnahme der Öffnungsklausel ist aber, dass die nationale oder die europäische Norm:

---

[840] *Frenzel* in Paal/Pauly DS-GVO Art. 6 Rn. 54.
[841] *Frenzel* in Paal/Pauly DS-GVO Art. 6 Rn. 43.

– eine spezifische Vorschrift bildet,
– eine Vorschrift bildet, die sich auf die Anwendung der Normen der DS-GVO bezieht,
– eine Vorschrift bildet, die die Anwendung anpasst.

Daraus lässt sich eine Reihe von **materiellen** Anforderungen an die ent- **604**
sprechenden Normen formulieren:

– Eine spezifische Vorschrift ist nur eine Norm, die **konkretere Vorgaben** hinsichtlich des Datenschutzes enthält als die Verordnung selbst. Eine Norm, die nur Vorgaben der DS-GVO wiederholt, kann nicht spezifischer sein. Dabei ist die rechtliche Verpflichtung Art. 6 Abs. 1 UAbs. 1 lit. c DS-GVO von der spezifischere Bestimmungen iSv Art. 6 Abs. 3 S. 3 DS-GVO zu trennen.
– Eine spezifische Vorschrift kann sich nur auf die **Anwendung** der Normen der Verordnung beziehen, wenn sie sich innerhalb der Spannbreite bewegt, die die Verordnung geöffnet hat. Die konkretisierende Norm darf sich nicht im Widerspruch zu den Normen der Verordnung bewegen, sondern darf die Vorgaben der Verordnung nur **spezifizieren**. Die spezifische Vorschrift darf daher das **Niveau** der Verordnung **nicht über-, aber auch nicht unterschreiten**, auch wenn die Feststellung der Einhaltung dieses Rahmens nicht immer einfach sein wird.
– Die Norm muss etwas regeln, was sich aus der Anwendung, dh der Umsetzung der Norm ergibt. Es muss daher eine Variante sein, die **auch möglich wäre**, wenn es die konkretisierende Norm nicht gäbe.
– Weiter muss die Vorschrift die Anwendung der Normen der Union **anpassen**. Dies ist nur der Fall wenn die konkretisierende Norm **keine neuen Gedanken** einführt und keine neuen Institute installiert, sondern sich innerhalb der Spannbreite bewegt, die die Verordnung geöffnet hat. Insofern ist die Frage ähnlich wie bei den Selbstregulierungen der Wirtschaftsteilnehmer durch die Verhaltensregeln. Die Verordnung ist in ihren Formulierungen so vage, dass für konkretisierendes mitgliedsstaatliches und unionales Recht ausreichend Raum besteht. Der Gestaltungsspielraum, der dem Normgeber durch Art. 6 Abs. 3 DS-GVO gegeben ist, dürfte aber höher sein als der Gestaltungsspielraum, den die Wirtschaftsverbände für sich in Anspruch nehmen können.

Die nationale Regelung darf den **Rahmen** des **Europarechts** nicht **über-** **605**
schreiten, sie darf Konkretisierungen vornehmen, aber keine grundlegend neuen Normen enthalten. Eine reine Wiederholung des Unionsrechts ist unzulässig, da dies keine Spezifizierungen sind. Zulässig ist die Aufnahme von Teilen der DS-GVO ins nationale Recht, sofern dies erforderlich ist, um die Kohärenz gemäß ErwGr 8 DS-GVO zu wahren. Gemeint ist damit, dass das nationale Recht einen bestimmten Teil näher ausgestaltet und den dazugehörigen europarechtlichen Rahmen nennt, um die gesamte Teilregelung verständlich zu machen.

gg) Öffnungsklausel gem. Art. 6 Abs. 2 DS-GVO. Art. 6 Abs. 3 S. 3 **606**
DS-GVO bildet nicht die einzige Ermächtigung an die Mitgliedstaaten und die Union zur Konkretisierung der Rechtsgrundlagen. Art. 6 Abs. 2 DS-GVO

kennt eine **Öffnungsklausel, die teilweise mit identischen Worten zu einer Konkretisierung** ermächtigt. Vergleicht man den Normtext der Öffnungsklauseln von Art. 6 Abs. 2 und Art. 6 Abs. 3 S. 3 DS-GVO, kann man als Leser schon verzweifeln. Das **Verhältnis** von Art. 6 Abs. 2 und Art. 6 Abs. 3 DS-GVO ist in der Literatur **umstritten**, gilt als schwierig[842] und ist bisher nicht geklärt. Entstehungsgeschichtlich war Abs. 3 aufgrund einer Einfügung des Rates schon immer dem Art. 6 DS-GVO zugeordnet gewesen, während der Art. 6 Abs. 2 DS-GVO vom Rat ursprünglich als Art. 1 Abs. 1a DS-GVO gedacht war. Sinn von Art. 6 Abs. 2 DS-GVO war es, den nationalen bereichsspezifischen Datenschutz im öffentlichen Bereich in die Verordnung „hinüber zu retten". Ob der Rat wirklich genau wusste, was er mit den beiden Normen tat, darf bezweifelt werden. Vertreten werden Positionen nach denen eine der beiden Norm überflüssig ist,[843] bzw die Ausnahmen im Bereich des „Ob" und die anderen im Bereich des „Wie" der Datenverarbeitung setzten,[844] bis hin zur Annahme Abs. 3 sei eine Schranken-Schranke von Abs. 2.[845] Die Vorgaben der Normen besitzen unterschiedliche Akzente, überschneiden sich aber zu weiten Teilen. Stellt man die Normen nebeneinander gilt:

Art. 6 Abs. 2 DS-GVO / Art. 6 Abs. 3 DS-GVO

	Art. 6 Abs. 3 S. 1: Die Rechtsgrundlage für die Verarbeitungen gemäß Absatz 1 Buchstaben c und e wird festgelegt durch a) Unionsrecht oder b) das Recht der Mitgliedstaaten, dem der Verantwortliche unterliegt
Art. 6 Abs. 2 DS-GVO	Art. 6 Abs. 3 S. 3 DS-GVO
Die Mitgliedstaaten können	Diese Rechtsgrundlage
spezifischere Bestimmungen zur Anpassung der Anwendung der Vorschriften dieser Verordnung	kann spezifische Bestimmungen zur Anpassung der Anwendung der Vorschriften dieser Verordnung enthalten,
in Bezug auf die Verarbeitung zur Erfüllung von Abs. 1 lit. c und e beibehalten oder einführen,	
	unter anderem Bestimmungen darüber, welche allgemeinen Bedingungen für die Regelung der Rechtmäßigkeit der Verarbeitung durch den Verantwortlichen gelten, welche Arten von Daten

---

[842] *Benecke/Wagner* DVBl 2016, 600, 601; *Buchner/Petri* in Kühling/Buchner DS-GVO Art. 6 Rn. 195; *Heberlein* in Ehmann/Selmayr DS-GVO Art. 6 Rn. 33; *Schulz* in Gola DS-GVO Art. 6 Rn. 172.

[843] Unklar *Kühling/Martini* ua Die DS-GVO und das nationale Recht, 2016, S. 34 f.

[844] *Frenzel* in Paal/Pauly DS-GVO Art. 6 Rn. 32.

[845] Ausführlich *Benecke/Wagner* DVBl 2016, 600 (601).

	verarbeitet werden, welche Personen betroffen sind, an welche Einrichtungen und für welche Zwecke die personenbezogenen Daten offengelegt werden dürfen, welcher Zweckbindung sie unterliegen, wie lange sie gespeichert werden dürfen und welche Verarbeitungsvorgänge und -verfahren angewandt werden dürfen,
indem sie spezifische Anforderungen für die Verarbeitung sowie sonstige Maßnahmen präziser bestimmen,	
um eine rechtmäßig und nach Treu und Glauben erfolgende Verarbeitung zu gewährleisten, einschließlich für andere besondere Verarbeitungssituationen gemäß Kapitel IX	einschließlich Maßnahmen zur Gewährleistung einer rechtmäßig und nach Treu und Glauben erfolgenden Verarbeitung, wie solche für sonstige besondere Verarbeitungssituationen gemäß Kapitel IX

Die Öffnungsklausel gemäß Art. 6 Abs. 2 DS-GVO unterscheidet sich von **607** der des Abs. 3 S. 3 zunächst dadurch, dass sie spezifische Anforderungen für die Verarbeitung enthält. Abs. 2 nimmt daher Bezug auf Art. 5 DS-GVO. Die Konkretisierungsbefugnis bei Abs. 2 besitzt den Zweck, die Anforderung für die Verarbeitung präziser zu bestimmen, um eine rechtmäßig und nach Treu und Glauben erfolgende Verarbeitung zu gewährleisten. Mit Art. 6 Abs. 2 DS-GVO können **Modalitäten** der Art und Weise der Verarbeitung angepasst werden. So können etwa besondere Anforderungen an die Datenminimierung oder an das Gebot der Fairness festgelegt werden.[846]

Die Öffnungsklausel von Abs. 3 S. 2 geht wiederum darüber hinaus und **608** darf das „Ob" der Datenverarbeitung näher bestimmen. Art. 6 Abs. 2 DS-GVO ermächtigt zur Konkretisierung des „Wie" der Datenverarbeitung und Abs. 3 S. 3 DS-GVO zur Konkretisierung des „Ob" (zur Unterscheidung zwischen „Ob" und „Wie" → Rn. 606). Es ist aber nicht so, dass sich die Öffnungsklausel von Abs. 3 S. 2 auf das „Ob" beschränkt, sondern aufgrund der ausdrücklichen Nennung von „Treu und Glauben" auch auf Art. 5 DS-GVO bezieht, mit der Folge, dass nicht ersichtlich ist, welche selbständige Bedeutung Art. 6 Abs. 2 DS-GVO neben Art. 6 Abs. 3 DS-GVO eigentlich einnimmt. Das Verhältnis der beiden Öffnungsklauseln ist daher klärungsbedürftig. Auch die ErwGr (10, 49, 50) helfen bei der Abgrenzung nicht weiter, da sie zwischen den beiden Absätzen nicht differenzieren. Es ist zu hoffen, dass die Klärung in Zukunft gelingen wird. Der Anwendungsbereich dieser Normen ist enorm, weil sie das gesamte bereichsspezifische Datenschutzrecht im öffentlichen Bereich potentiell erfasst, vom Sozialrecht, über Wirtschaftsverwaltungsrecht, Melderecht, Aufenthaltsrecht etc.

---

[846] Ebenso *Frenzel* in Paal/Pauly DS-GVO Art. 6 Rn. 32.

4. Die Verarbeitung zum Schutz lebenswichtiger Interessen (Art. 6 Abs. 1 UAbs. 1 lit. d DS-GVO)

609   Gemäß Art. 6 Abs. 1 UAbs. 1 lit. d DS-GVO ist die Verarbeitung zulässig, wenn sie erforderlich ist, um **lebenswichtige Interessen** der betroffenen Person zu schützen. Vergleichbare Gründe nennen auch Art. 7 lit. d DSRL (95/46/ EG); Art. 5 lit. e VO (EG) 45/2001. Die lebenswichtigen Interessen sind in der DS-GVO nicht definiert. Sie sind unter Rückgriff auf die Europäischen Grundrechte, insbesondere **Art. 2 Abs. 1, Art. 3 Abs. 1 und Art. 6 GRC**, näher zu bestimmen.[847] ErwGr 112 S. 2 hilft ebenfalls. Der Sache nach sind es die vitalen Rechtsgüter (Leben, körperliche Unversehrtheit, Gesundheit). Gemeint ist etwa die Feststellung einer Blutgruppe einer Person, die ohnmächtig ist. Häufig wird es sich dabei um Daten besonderer Kategorien handeln, weswegen Art. 9 Abs. 2 lit. c DS-GVO eine Ausnahme von dem allgemeinen Verarbeitungsverbot für besondere Daten vorsieht. Auch hier muss der Grundsatz der Erforderlichkeit und der Grundsatz der Zweckbindung beachtet werden. Anders als die Ausnahmen in Art. 9 DS-GVO oder Art. 49 DS-GVO muss aber hier nicht die Voraussetzung vorliegen, dass der Betroffene nicht in der Lage ist, einzuwilligen.

Beispiel: Bei einer Tiefkühlpizza werden gefährliche Erreger gefunden. Der Hersteller bittet den selbständigen Lieferanten um die Namen seiner Kunden, um diese zu warnen.

610   Auch bei Art. 6 Abs. 1 UAbs. 1 lit. d DS-GVO greift der Zweckbindungsgrundsatz mit der darin enthaltenen Pflicht, die **Zwecke vorher festzulegen**. Wegen der Besonderheit der Situation bei Art. 6 Abs. 1 UAbs. 1 lit. d DS-GVO wird man eine Perpetuierung der festgelegten Zwecke nicht verlangen müssen, dh die Zwecke müssen in der Regel hier nicht schriftlich oder elektronisch festgelegt werden.

5. Verarbeitung zur Wahrnehmung einer Aufgabe im öffentlichen Interesse (Art. 6 Abs. 1 UAbs. 1 lit. e DS-GVO und § 3 BDSG)

611   **a) Allgemein.** Art. 6 Abs. 1 UAbs. 1 lit. e DS-GVO kennt **zwei Fallgruppen**, die Verarbeitung für die Wahrnehmung einer Aufgabe, die im öffentlichen Interesse liegt, und die Verarbeitung für die Wahrnehmung einer Aufgabe in Ausübung öffentlicher Gewalt. Beide Varianten sind unterschiedlich und zu trennen.

612   **b) Erfüllung einer öffentliche Aufgabe.** Gemäß Art. 6 Abs. 1 UAbs. 1 lit. e DS-GVO ist die Verarbeitung dann zulässig, wenn sie erforderlich ist, um eine **Aufgabe** zu erfüllen, die im **öffentlichen Interesse** liegt. Angeknüpft wird bei dieser Variante nicht an die Stelle, die verarbeitet, sondern an die Aufgabe. Das Problem liegt ersichtlich in der Definition, wann eine Aufgabe im

---

[847] *Art. 29-Gruppe* Stellungnahme 06/2014 zum Begriff des berechtigten Interesses des für die Verarbeitung Verantwortlichen gemäß Art. 7 der Richtlinie 95/46/EG, WP 217 v. 9.4.2014, S. 26.

öffentlichen Interesse liegt. Der Normtext spricht nicht von einer öffentlichen Aufgabe, sondern einer Aufgabe im öffentlichen Interesse. Zutreffenderweise ist der Normtext einschränkend dahingehend auszulegen, dass die Aufgabe **durch Rechtsvorschrift definiert** werden muss.[848] Sie muss durch einen Außenrechtssatz qualifiziert werden. Auch der ErwGr 45 setzt die Existenz von Rechtsnormen voraus (siehe auch ErwGr 10). Die gebotene enge Auslegung folgt auch aus Art. 55 Abs. 2 Verordnung, nachdem für den Verantwortlichen in diesen Fällen nicht die Regeln über die federführende Aufsichtsbehörde gelten, sondern vielmehr die Aufsichtsbehörde am Sitz der Behörde bzw des Privaten, der mit der Aufgabe betraut wurde, zuständig ist. Der Normtext von Art. 55 Abs. 2 DS-GVO ist etwas unklar. Der ErwGr 128 stellt klar, dass auf diese Weise die Zuständigkeit des Mitgliedsstaates für ihre Behörden sichergestellt werden soll.

613 Faktisch werden dann private Stellen nur erfasst, wenn sie mit öffentlichen Aufgaben betraut sind, Allerdings muss ihnen keine Hoheitsbefugnis übertragen werden. Ein Privater muss daher **nicht Beliehener** sein. So lassen sich etwa die datenschutzrechtlichen Normen für den Messstellenbetreiber gemäß dem Messstellenbetriebsgesetz über Art. 6 Abs. 1 UAbs. 1 lit. e Verordnung rechtfertigen.[849]

614 Für diese Auslegung spricht auch die **Parallele** zu der Variante, nach der die Verarbeitung in Ausübung öffentlicher Gewalt erfolgt. Auch hier ist eine Bestimmung der Reichweite der öffentlichen Gewalt durch Normen erforderlich. Hinzu kommt die **systematische Auslegung** unter Rückgriff auf Art. 6 Abs. 3 S. 1 DS-GVO. Auch hier wird davon ausgegangen, dass die Aufgabe im öffentlichen Interesse in einer Rechtsgrundlage niedergelegt ist. Ohne Rechtsgrundlage gibt es daher keine Aufgabe im öffentlichen Interesse iSv Art. 6 Abs. 1 UAbs. 1 lit. e DS-GVO. Schließlich wurde die entsprechende Norm in der DSRL entsprechend verstanden.[850]

615 Das Bestehen eines möglichen öffentlichen Interesses, das **nicht durch Rechtsvorschriften** definiert ist, **genügt nicht**. So ist etwa der Betrieb von Vermietung von Wohnraum in bedrängten Situationen keine Aufgabe, die von Art. 6 Abs. 1 UAbs. 1 lit. e DS-GVO erfasst wird. Ein Privater kann sich daher nicht von sich aus zum Sachwalter öffentlicher Interessen iSv Art. 6 Abs. 1 UAbs. 1 lit. e DS-GVO aufschwingen.

616 Die Datenverarbeitung kann nur auf Art. 6 Abs. 1 UAbs. 1 lit. e DS-GVO gestützt werden, wenn sie der Erfüllung der öffentlichen Aufgabe **dient**. Bestehende Datenbestände der öffentlichen Hand dürfen nur zur Erfüllung der öffentlichen Aufgaben eingesetzt werden. Der Abruf zu privaten Zwecken ist nicht gestattet, auch dann nicht, wenn er durch einen Amtswalter vorgenommen wird.

---

[848] *Frenzel* in Paal/Pauly DS-GVO Art. 6 Rn. 23; *Albrecht* CR 2016, 88 (92); *Heberlein* in Ehmann/Selmayr DS-GVO Art. 6 Rn. 19.

[849] Zutreffend *Frenzel* in Paal/Pauly DS-GVO Art. 6 Rn. 23.

[850] *Art. 29-Gruppe* Stellungnahme 06/2014 zum Begriff des berechtigten Interesses des für die Verarbeitung Verantwortlichen gemäß Art. 7 der Richtlinie 95/46/EG, WP 217 v. 9.4.2014, S. 27 f.

617 **c) Aufgabe in Ausübung öffentlicher Gewalt. aa) Allgemein.** Aufgrund der verkürzten Formulierung ist die **zweite Variante** nicht ganz einfach grammatikalisch zu erfassen. Gemäß Art. 6 Abs. 1 UAbs. 1 lit. e DS-GVO ist die Verarbeitung zulässig, wenn sie für die Wahrnehmung einer Aufgabe erforderlich ist, die in Ausübung öffentlicher Gewalt erfolgt. Die Formulierung weicht von der deutschen Terminologie ersichtlich ab, weil nach dieser eigentlich kaum die Aufgabe in der Ausübung öffentlicher Gewalt liegen kann, sondern nur die Befugnis.

618 Die Variante unterscheidet sich daher dadurch, dass die Aufgabe nicht im öffentlichen Interesse liegt, sondern in Ausübung öffentlicher Gewalt. Wenn öffentliche Gewalt ausgeübt wird, geschieht dies in der Regel immer im öffentlichen Interesse, sodass die beiden Fallgruppen **weitgehend übereinander** liegen dürften. Immer dann, wenn eine Ausübung öffentlicher Gewalt vorliegt, dürfte auch eine Aufgabe von öffentlichem Interesse gegeben sein. Die Variante der Ausübung öffentlicher Gewalt dürfte praktisch wegen des weiten Anwendungsbereichs der Verarbeitung für die Wahrnehmung einer Aufgabe im öffentlichen Interesse allenfalls eine Auffangfunktion wahrnehmen.

619 **bb) Öffentliche Gewalt. Öffentliche Gewalt** meint der Sache nach die **Ausübung** von **Hoheitsbefugnissen**, dh die Begründung rechtlicher Verpflichtungen ohne Einwilligung des Betroffenen. Genauso gehört hier der Fall hinzu, dass physische Gewalt ausgeübt wird. Nicht ganz klar ist, ob Handeln auf der Basis des öffentlichen Rechts schon Ausübung von Hoheitsrechten ist, oder ob konkrete Hoheitsbefugnisse in Anspruch genommen werden müssen, wie etwa die VA-Befugnis. Praktisch relevant dürfte die Frage kaum werden, falls doch, liegt es vom Sinn her wohl nahe, allein die Rechtswahl ausreichen zu lassen.

620 **cc) Übertragen.** Die Wahrnehmung der Aufgabe muss dem Verantwortlichen **übertragen** sein. Dritte können sich nicht auf Art. 6 Abs. 1 UAbs. 1 lit. e DS-GVO stützen. Die Übertragung verweist der Sache nach auf die **Zuständigkeitsordnung.** Es muss die Stelle für die Aufgabe zuständig sein, die die Daten verarbeitet. Verarbeitet eine andere öffentliche Stelle, dh eine andere Behörde die Daten, kann sie sich nicht auf lit. e stützen. Wie die Übertragung vorzunehmen ist, sagt das Europarecht nicht. Hier findet sich ein unausgesprochener Verweis auf das nationale Organisationsrecht. Lässt das nationale Organisationsrecht Zuständigkeitsbestimmungen durch Innenrechtssätze zu, reicht dies für die Annahme einer Übertragung.

621 **d) Konkretisierung durch Art. 6 Abs. 3 DS-GVO. aa) Allgemein.** Auch für die Verarbeitung, die für die Wahrnehmung einer Aufgabe, die im öffentlichen Interesse liegt, erforderlich ist, enthält **Art. 6 Abs. 3 DS-GVO** wiederum gewisse Konkretisierungen. Auch hier ist wiederum, wie bei Art. 6 Abs. 1 UAbs. 1 lit. c DS-GVO, der Wortlaut insoweit ungenau, weil die Norm von „Rechtsgrundlage der Verarbeitung" spricht. Die Festlegung der Aufgabe, deren Wahrnehmung im öffentlichen Interesses liegt, ist aber nicht die Rechtsgrundlage für die Verarbeitung, sondern diese bildet vielmehr Art. 6 Abs. 1 UAbs. 1 lit. e DS-GVO.

bb) Rechtsnorm. Die Aufgabe muss in einer **Rechtsnorm** der Union 622
oder der Mitgliedstaaten niedergelegt sein (Art. 6 Abs. 3 S. 1 DS-GVO). Es
gilt das Gleiche wie bei Art. 6 Abs. 1 2 DS-GVO (→ Rn. 598).

cc) Zweckbestimmung. Bezogen auf die **Zweckbestimmung** enthält 623
Abs. 3 S. 2 eine **Besonderheit.** S. 2 differenziert. Bezogen auf Abs. 1 lit. c
verlangt Art. 2 S. 2, dass der Zweck ausdrücklich in der Rechtsgrundlage niedergelegt wird. Bezogen auf Art. 6 Abs. 1 UAbs. 1 lit. e DS-GVO genügt es
dagegen, dass der Zweck für die Aufgabenerfüllung erforderlich ist, ohne dass
der Zweck in der Rechtsgrundlage angegeben sein muss. Aus Art. 6 Abs. 3
S. 2 Hs. 2 DS-GVO wird man folgern können, dass die Zweckbestimmung bei
der Bestimmung der Aufgaben im öffentlichen Interesse und Ausübung der öffentlichen Gewalt demnach reduziert ist. Es genügt, wenn die Zweckbestimmung sich aus der Aufgabe mittelbar ergibt.[851] Insofern sind die Anforderungen an Art. 5 Abs. 1 lit. b DS-GVO „Zweckbindung" herabgesetzt. Der Grund
liegt darin, dass durch die Übertragung der Aufgabe, die im öffentlichen Interesse liegt, der Zweck der Verarbeitung hinreichend begrenzt ist. Der Zweckbindungsgrundsatz gilt daher für die Verarbeitung gemäß Art. 6 Abs. 1
UAbs. 1 lit. e DS-GVO nur eingeschränkt.[852]

Auch für Art. 6 Abs. 1 UAbs. 1 lit. e DS-GVO gilt gemäß Art. 6 Abs. 3 S. 4 624
DS-GVO, dass der Grundsatz der **Verhältnismäßigkeit** eingehalten wird, dh
insbesondere ein angemessenes Verhältnis zwischen verfolgtem Zweck und
Verarbeitung besteht und ein im öffentlichen Interesse liegender Zweck verfolgt wird.

Das Ziel, das durch die Norm gemäß Art. 6 Abs. 1 UAbs. 1 lit. e DS-GVO 625
verfolgt wird, muss innerhalb des Unionsrechts oder des Europarechts **anerkannt sein** und dazu muss der Grundsatz der Verhältnismäßigkeit eingehalten
werden. Warum Art. 6 Abs. 3 S. 4 DS-GVO einmal von öffentlichem Interesse
und dann von Zweck spricht, ist nicht ganz eindeutig, sachlich dürfte es sich
um das Gleiche handeln.

dd) Öffnungsklausel gem. Art. 6 Abs. 3 S. 2 DS-GVO. Die Rechts- 626
grundlage, dh die Norm, die die Aufgabe bestimmt, deren Erfüllung im öffentlichen Interesse liegt, kann dabei wie bei Art. 6 Abs. 1 UAbs. 1 lit. c DS-GVO
spezifische Bestimmungen zur Anpassung der Anwendung der Vorschriften
der Verordnung enthalten. Die Bedeutung, die diese Öffnungsklausel für die
Mitgliedstaaten erhalten hat, wird bei Art. 6 Abs. 1 UAbs. 1 lit. e DS-GVO
allerdings deutlich höher sein, als bei Art. 6 Abs. 1 UAbs. 1 lit. c DS-GVO. Zu
den begrifflichen Fragen siehe → Rn. 602 ff.

ee) Öffnungsklausel gem. Art. 6 Abs. 2 DS-GVO. Auch bezogen auf 627
Art. 6 Abs. e DS-GVO greift die Öffnungsklausel von Art. 6 Abs. 2 DS-GVO.
Hier stellen sich die gleichen Probleme, die im Zusammenhang mit Art. 6
Abs. 1 UAbs. 1 lit. c DS-GVO erörtert wurden, nur dass sie hier praktisch re-
levanter werden dürften.

---

[851] *Frenzel* in Paal/Pauly DS-GVO Art. 6 Rn. 37.
[852] *Frenzel* in Paal/Pauly DS-GVO Art. 6 Rn. 41.

628   Sobald die Mitgliedsstaaten allerdings ihr nationales Datenschutzrecht überarbeitet haben, **dürften** die Fragen, die im Zusammenhang mit Art. 6 Abs. 3 S. 3 DS-GVO und Art. 6 Abs. 2 DS-GVO eine Rolle spielen, praktisch deutlich in **den Hintergrund treten.** Die Auslegung der Öffnungsklausel ist va in der Zeit der Anpassung des nationalen Rechts an das Europarecht relevant.

629   Die Vorstellung, es könnte im öffentlichen Datenschutzrecht aber gewissermaßen **alles beim Alten bleiben,** weil man sich entweder auf die Öffnungsklausel Art. 6 Abs. 2 DS-GVO oder Art. 6 Abs. 3 S. 3 DS-GVO stützen könnte, wäre allerdings **gewagt.** Die Öffnungsklausel bezieht sich nur auf Normen, die konkretere Vorgaben im Vergleich zu der Verordnung enthalten und den Rahmen der Verordnung nicht überschreiten. Diese speziellen nationalen Datenschutzbestimmungen, die daher umfangreiche, detaillierte Vorgaben hinsichtlich der Erforderlichkeit, der Zweckbindung oder der Weitergabe enthalten, dürften daher in Zukunft weiterbestehen bleiben, die Normen, die nur die allgemeine Rechtsgrundlage für die Datenverarbeitung wiederholen, ohne substantielle Anforderungen an die Erforderlichkeit, die Zweckbindung oder die Interessensabwägung im konkreten Fall enthalten, dürften sich nicht als konkret spezifische Normen einstufen lassen.[853] § 13 Abs. 1 BDSG aF dürfte daher kaum aufrecht erhalten bleiben.[854]

630   **e) Die Regelung im Bereich des BDSG nF und der JI-RL.   aa) Die Grundregel des § 3 BDSG nF.** § 3 BDSG nF sieht vor, dass die Verarbeitung personenbezogener Daten durch eine öffentliche Stelle zulässig ist, wenn sie zur Erfüllung der in der Zuständigkeit des Verantwortlichen liegenden Aufgabe oder in Ausübung öffentlicher Gewalt, die dem Verantwortlichen übertragen wurde, erforderlich ist. § 3 BDSG nF entspricht daher vom Normtext Art. 6 Abs. 1 UAbs. 1 lit. e DS-GVO. Von der systematischen Stellung her greift § 3 BDSG nF für Verarbeitungssituationen, die innerhalb des Anwendungsbereiches der Verordnung liegen, die innerhalb des Anwendungsbereiches der Richtlinie liegen und die außerhalb dieses Anwendungsbereiches liegen. In der **Gesetzesbegründung** weist der Gesetzgeber darauf hin, dass § 3 BDSG nF auch innerhalb des Anwendungsbereiches der Verordnung notwendig sei, weil Art. 6 Abs. 1 UAbs. 1 lit. e DS-GVO selbst keine Rechtsgrundlage sei. Dies ist nicht überzeugend. Der Bundesgesetzgeber hat sich hier durch die zweideutige Formulierung in der Verordnung in die Irre führen lassen. § 3 BDSG nF ist ebenso wie Art. 6 Abs. 1 UAbs. 1 lit. e DS-GVO darauf angewiesen, dass eine andere Rechtsnorm die öffentliche Aufgabe oder die Ausübung öffentlicher Gewalt festschreibt. Diese konkretisierende Regelung im nationalen Recht oder im Unionsrecht hätte mit Art. 6 Abs. 1 UAbs. 1 lit. e DS-GVO eine ausreichende Rechtsgrundlage gebildet. Die Wiederholung durch § 3 BDSG nF dürfte aber angesichts des Normtextes von Art. 6 Abs. 3 DS-GVO unionsrechtlich zulässig sein. Glücklich ist die Wiederholung von Art. 6 Abs. 1 UAbs. 1 lit. e DS-GVO durch § 3 BDSG für den Anwendungs-

---

[853] *Kühling/Martini* ua Die DS-GVO und das nationale Recht, 2016, S. 36.
[854] Großzügiger *Kühling/Martini* ua Die DS-GVO und das nationale Recht, 2016, S. 36 f.

bereich der Verordnung nicht. Sinnvoll ist die Norm aber als Rechtfertigung für Verarbeitungen außerhalb des Anwendungsbereiches der Verordnung. Die Norm konkretisiert zugleich **Art. 8 Abs. 1 JR-Rl.** Da die Richtlinie **631** selbst nicht unmittelbar anwendbar ist, ist die ausdrückliche Formulierung im Bundesrecht notwendig. Für die Behörden der Länder müssen die Landesgesetze entsprechende Regelungen vorsehen.

§ 3 BDSG nF **gilt nicht für öffentliche Stellen**, die am **Wettbewerb** teil- **632** nehmen, wie etwa die Deutsche Telekom. Für Beliehene soll die Norm dagegen greifen. § 3 BDSG nF soll im Bereich der Anwendung der Verordnung nur für Art. 6 Abs. 1 UAbs. 1 lit. e iVm Art. 6 Abs. 3 S. 1 DS-GVO eine Rechtsgrundlage darstellen, ohne die anderen Rechtsgrundlagen zu verdrängen, sodass für den Verantwortlichen auch die anderen Rechtsgrundlagen des Art. 6 Abs. 1 DS-GVO noch greifen. Wieso der Bundesgesetzgeber bei seiner Konzeption nicht auch Art. 6 Abs. 1 UAbs. 1 lit. c DS-GVO wiederholt, ist nicht einsichtig. Eigentlich hätte er bei der konsequenten Anwendung seiner Prämissen auch Art. 6 Abs. 1 UAbs. 1 lit. c DS-GVO wiederholen müssen, weil diese Rechtsgrundlage in Art. 6 Abs. 3 S. 1 DS-GVO parallel zur Rechtsgrundlage in Art. 6 Abs. 1 UAbs. 1 lit. e DS-GVO behandelt wird.

bb) Die Videoüberwachung. Der Bundesgesetzgeber hat **in § 4 BDSG** **633** **nF** eine spezielle Regelung zur **Videoüberwachung** erlassen, die für die öffentliche Hand und Private gleichermaßen gilt. Sie ist weiter als die alte Regelung in § 6b BDSG, weil sie auch die Überwachung öffentlicher Plätze durch Private erfasst.

Diese Erweiterung war dem Bundesgesetzgeber so wichtig, dass er fast **634** zeitgleich mit der Formulierung des BDSG nF noch einen **Änderungsantrag** bezogen auf § 6d BDSG aF alter Fassung auf den Weg brachte, mit dem die alte Regelung zur Videoüberwachung auf die Überwachung der öffentlichen Plätze erstreckt werden sollte;[855] Nach der Neuregelung ist gemäß § 4 Abs. 1 S. 1 BDSG nF die Beobachtung öffentlich zugänglicher Räume mit optisch-elektronischen Einrichtungen (Videoüberwachung) zulässig, soweit sie entweder (Nr. 1) zur Aufgabenerfüllung öffentlicher Stellen, oder (Nr. 2) zur Wahrnehmung des Hausrechts oder sie schließlich drittens (Nr. 3), sofern keine Anhaltspunkte bestehen, das schutzwürdige Interessen der Betroffenen überwiegen. § 4 Abs. 4 BDSG nF sieht eine Informationspflicht der betroffenen Person vor, sofern diese individualisiert werden kann, und § 4 Abs. 5 BDSG nF normiert eine Löschungspflicht.

Schwierig ist die anschließende Regelung. S. 2 lautet: **635**

Bei der Videoüberwachung von
4. öffentlich zugänglichen großflächigen Anlagen, wie insbesondere Sport-,
Versammlungs- und Vergnügungsstätten, Einkaufszentren oder Parkplätzen, oder

---

[855] Entwurf eines Gesetzes zur Änderung des Bundesdatenschutzgesetzes – Erhöhung der Sicherheit in öffentlich zugänglichen großflächigen Anlagen und im öffentlichen Personenverkehr durch optisch-elektronische Einrichtungen (Videoüberwachungsverbesserungsgesetz) – BT-Drs. 18/10941.

5. *Fahrzeugen und öffentlich zugänglichen großflächigen Einrichtungen des öffentlichen Schienen-, Schiffs- und Busverkehrs, gilt der Schutz von Leben, Gesundheit oder Freiheit von dort aufhältigen Personen als ein besonders wichtiges Interesse.*

636   Der S. 2 lässt sich in **dreifacher Weise interpretieren**. Er kann als gesetzliche **Konkretisierung** der **Interessensabwägung** gem. Art. 6 Abs. 1 UAbs. 1 lit. e) DS-GVO oder gem. § 4 Abs. 1 S. 1 Hs. 2 BDSG nF oder als eine Konkretisierung von § 4 Abs. 1 S. 1 Hs. 1 Nr. 3 **BDSG nF** verstanden werden. Nach Auffassung des Gesetzgebers soll durch die Formulierung „gilt als ... ein besonders wichtiges Interesse" die Abwägungsentscheidung zugunsten der Zulässigkeit des Einsatzes einer Videoüberwachungsmaßnahme intendiert werden, soweit der Betreiber eine Videoüberwachung einsetzen möchte und die Schutzgüter Leben, Gesundheit oder Freiheit in den dort genannten Anlagen betroffen sein können.[856] Würde man diese Tendenz auf Art. 6 Abs. 1 UAbs. 1 lit. f DS-GVO beziehen, würde das nationale Recht versuchen, eine Abwägung zu beeinflussen, die sich allein aus der **Interpretation des Unionsrecht** ergibt. Diese würde der EuGH kaum zulassen, da es unionsrechtswidrig wäre. Es liegt daher nahe, die Norm **unionsrechtskonform** auszulegen. Dies ist möglich, indem man die Durchführung der Videoüberwachung durch Private im öffentlichen Raum als eine gesetzlich definierte Aufgabe von öffentlichem Interesse iSv Art. 6 Abs. 1 UAbs. 1 lit. e DS-GVO versteht. Auf diese Weise war die Norm ursprünglich (mit anderer Formulierung) vom Referentenentwurf aus dem November 2016 auch vorgeschlagen worden. Art. Die damalige Begründung verwies ausdrücklich auf ErwGr 45 der Verordnung, der die Wahrnehmung von Aufgaben im öffentlichen Interesse durch Privatpersonen vorsah, sofern eine Rechtsvorschrift dies formulierte.

637   Die **Wahrnehmung von Gefahrenabwehraufgaben** durch Private in Form von Videoüberwachung gefährdeter Plätze würde bei einem weiten Verständnis noch als Ausübung einer Aufgabe verstanden werden können, die im öffentlichen Interesse liegt. Die Übertragung der Aufgabe der Videoüberwachung von gefährlichen Orten an Private ist der Sache nach wohl noch als Aufgabe vom öffentlichen Interesse zu qualifizieren. Fraglich ist allerdings, ob die Speicherbegrenzung gemäß § 4 Abs. 5 BDSG nF streng genug ist, um die Anforderung von Art. 6 Abs. 1 UAbs. 1 lit. e DS-GVO wirksam zu begrenzen. Angesichts des Ausmaßes der Belastung erscheint dies fraglich. Im Ergebnis wird man von einer Rechtskonformität wohl noch ausgehen können.

638   Bestimmungen öffentlicher Aufgaben, die Privaten als Ermächtigung auferlegt werden, ist unionsrechtlich nicht ganz unproblematisch, weil sie der Sache nach eine **Zwischenkategorie von Ermächtigungen** zwischen Art. 6 Abs. 1 UAbs. 1 lit. c (rechtliche **Verpflichtung**) und Art. 6 Abs. 1 UAbs. 1 lit. e (**Erfüllung einer Aufgabe im öffentlichen Interesse**) schaffen, die der Sache nach eine Präzisierung oder Konkretisierung der Interessensabwägung gemäß Art. 6 Abs. 1 UAbs. 1 it. f (Interessensabwägung) darstellt. Dem Privaten wird nicht eine vom Datenschutz unabhängige öffentliche Aufgabe **auferlegt**, vielmehr ist die öffentliche Aufgabe, die ihnen als **Möglichkeit** aber

---

[856] BT-Drs. 18/11325, S. 80.

nicht als Pflicht auferlegt wird, eine Datenverarbeitung selbst. Diese Interpretation von Art. 6 Abs. 1 UAbs. 1 lit. e DS-GO widerspricht aber nicht dem Normtext, deswegen ist davon auszugehen, dass der EuGH diese extensive Wahrnehmung eher billigen würde.

Darüber hinaus weicht die Ermächtigung in § 4 BDSG nF in der **Begriff-** **639** **lichkeit** von der Verordnung ab, indem sie einerseits von Speicherung oder Verwendung spricht (§ 4 Abs. 3 BDSG nF) und andererseits von dem Betroffenen (§ 4 Abs. 1 BDSG nF), obwohl die Verordnung von betroffenen Person (Art. 4 Nr. 1 DS-GVO) und von Verarbeitung gem. Art. 4 Nr. 2 DS-GVO spricht. Auch diese Abweichung dürfte allerdings noch von der Konkretisierungsermächtigung des Art. 6 Abs. 3 DS-GVO erfasst sein.

6. Verarbeitung auf der Grundlage überwiegender Interessen

a) Allgemein. Art. 6 Abs. 1 UAbs. 1 lit. f DS-GVO gestattet die Verwen- **640** dung der Daten im Rahmen einer Interessensabwägung. Die Fallgruppe der Wahrung berechtigter Interessen ist **neben der Einwilligung** und neben der Erfüllung einer Aufgabe im öffentlichen Interesse der **wichtigste Rechtfertigungsgrund**.[857] Vergleichbare Gründe nennt auch Art. 7 lit. d DSRL. Strukturell entspricht die Norm der deutschen Regelung in § 28 Abs. 1 Nr. 2 BDSG aF. Die hier gefundenen Ergebnisse können daher in vorsichtiger Weise auf Art. 6 Abs. 1 UAbs. 1 lit. f DS-GVO übertragen werden, wie etwa für den Bereich der Bewertungsportale[858] oder die Fallgruppen der zulässigen Übermittlung der Daten des Kundenstamms beim Unternehmerkauf.[859] Gleiches dürfte für die umfangreiche Stellungnahme der Art. 29-Gruppe vom 9.4.2014[860] gelten, die Grundlage für die ersten Beschlüsse des EDSA sein.

b) Beschränkung auf privaten Bereich. Gemäß Art. 6 Abs. 1 UAbs. 2 **641** gilt Art. 6 Abs. 1 UAbs. 1 lit. f DS-GVO nicht für die von **Behörden in Erfüllung ihrer Aufgaben vorgenommen** Verarbeitung. Die Ausnahme stellt anders als Art. 6 Abs. 1 UAbs. 1 lit. e DS-GVO nicht auf die Aufgabe, sondern auf die Institution ab. Sie greift daher bei der Verarbeitung von Stellen, die Teile einer öffentlich-rechtlich organisierten juristischen Person sind.

c) Verhältnis zu Art. 6 Abs. 1 UAbs. 1 lit. b DS-GVO. Unter Rückgriff **642** auf lit. f **dürfen die Begrenzungen der anderen Rechtfertigungsgründe** nicht ausgehöhlt werden. Die Offenheit der Formulierung rechtfertigt es nicht, den Datenschutz zur Disposition zu stellen.[861] Besteht ein Vertragsverhältnis, darf auf Art. 6 Abs. 1 UAbs. 1 lit. f DS-GVO nur zurückgegriffen werden, wenn darin keine Umgehung der Regelung des Art. 6 Abs. 1 UAbs. 1 lit. b DS-GVO liegt.

---

[857] *Piltz* K&R 2016, 557 ff.

[858] *Kriegesmann* CR 2016, 394 (396).

[859] Großzügig *Nebel* CR 2016, 417 ff.

[860] *Art. 29-Gruppe* Stellunganhme 06/2014 zum Begriff des berechtigten Interesses des für die Verarbeitung Verantwortlichen gem. Art. 7 der Richtlinie 95/46/EG, WP 217 v. 9.4.2014.

[861] Zutreffend *Frenzel* in Paal/Pauly DS-GVO Art. 6 Rn. 27.

643   **d) Berechtigte Interessen.** Die Interessen des Verantwortlichen oder des Dritten müssen **berechtigt** sein, die Interessen der betroffenen Person müssen nicht berechtigt sein. Diese sprachliche Differenzierung macht keinen Unterschied, vielmehr ist die Wahrnehmung von Grundrechten und Grundfreiheiten grundsätzlich als berechtigtes Interesse anzusehen. Die berechtigten Interessen sind **weit zu verstehen**, wie im Ew 47 S. 2, 6 und 7 DS-GVO deutlich wird.[862] Berechtigtes Interesse kann **jedes** von der Rechtsordnung gebilligte **Interesse** sein. Berechtigtes Interesse umfasst mehr als ein rechtliches Interesse, da auch wirtschaftliche und individuelle Interessen darunter fallen.[863] Es genügt jedes Verlangen, das bei vernünftiger Erwägung durch die Sachlage gerechtfertigt ist. Kein berechtigtes Interesse besteht an der Übermittlung von Informationen, die unrichtig sind.[864]

644   Die **Rechtswidrigkeit** einer **Erhebung** ist allerdings in die Interessenabwägung einzustellen. Grundsätzlich wird man von einem Überwiegen der Interessen des Betroffenen ausgehen müssen. Andererseits sind aus der Rechtsprechung zum allgemeinen Persönlichkeitsrecht und aus der Rechtsprechung zur Verwertbarkeit von rechtswidrig erhobenen Beweisen auch in der Zivilrechtsprechung Konstellationen bekannt, in denen trotz Rechtswidrigkeit der Erhebung die betroffenen Daten verwendet werden konnten. Zwar ist für die Rechtsprechungstätigkeit als solche bisher das materielle Datenschutzrecht nur bedingt anwendbar gewesen, an der sachlichen Überlegung, dass rechtswidrig erlangte Interessen überwiegen können, ändert das nichts. Die Rechtswidrigkeit der Erhebung führt daher nicht **notwendig** zu einem Überwiegen der Interessen dessen, zu dessen Lasten die rechtswidrige Erhebung geht.[865]

> **Beispiel:** A. sendet B. einen Rasenmäher per Post. B. bestreitet, ihn erhalten zu haben. A. steigt bei B. über den Zaun und fotografiert B. beim Rasenmähen mit dem Rasenmäher und legt diese Fotos der Mahnung bei. B. zahlt den Kaufpreis. Das Beilegen der Fotos dürfte in dieser Konstellation von Art. 6 Abs. 1 UAbs. 1 lit. f DS-GVO gerechtfertigt gewesen sein.

645   **e) Interessensträger.** Die Interessen **müssen nicht** Interessen des Verantwortlichen sein. Dies war schon bei Art. 7 DSRL so vorgesehen, bei § 28 Abs. 1 S. 1 Nr. 2 BDSG aF im nationalen Recht aber anders geregelt, weshalb der BGH § 28 BDSG aF unionsrechtskonform auslegte und auch Interessen Dritter einbezog.[866].

646   **f) Erforderlichkeit zur Interessenwahrung.** Die Datenverarbeitung muss **erforderlich** sein, um das berechtigte Interesse zu wahren. **Wahren** meint,

---

[862] Zutreffend *Frenzel* in Paal/Pauly DS-GVO Art. 6 Rn. 28; s.a. *Art. 29 Gruppe* Stellungnahme 06/2014 zum Begriff des berechtigten Interesses des für die Verarbeitung Verantwortlichen gemäß Art. 7 der Richtlinie 95/46/EG, WP 217 v. 9.4.2014, S. 31 f.

[863] VGH Mannheim, Beschl. v. 25.5.1984, 6 B 40/84, NJW 1984, 1911 zum nationalen Recht; zum Unionsrecht *Buchner/Petri* in Kühling/Buchner DS-GVO Art. 6 Rn. 147; *Heberlein* in Ehmann/Selmayr DS-GVO Art. 6 Rn. 22.

[864] LG Bonn Urt. v. 30.12.2009, 18 O 310/09, BeckRS 2010, 05075.

[865] AA *Bergmann/Möhrle/Herb* BDSG aF § 28 Rn. 233.

[866] BGH NJW 2013, 2530 Rn. 71 ff.; *Heberlein* in Ehmann/Selmayr DS-GVO Art. 6 Rn. 23.

dass die Realisierung des Interesses durch die Datenverarbeitung erleichtert wird. Im Regelfall sind das Erfordernis der Wahrung des berechtigten Interesses und das Erforderlichkeitsgebot faktisch nicht zu unterscheiden. Erforderlich ist eine Datenverarbeitung zunächst dann, wenn sie notwendig für die Erreichung der berechtigten Interessen ist bzw die Erreichung oder Realisierung der Interessen deutlich verbessern kann. Sie muss allerdings nicht die bestmögliche Effizienz bewirken,[867] und auch nicht absolut zwingend geboten sein, während umgekehrt einfache Dienlichkeit für die Interessenswahrung auch nicht genügen dürfte. Die Erforderlichkeit und die Interessensabwägung sind selbstständige Voraussetzungen. Beide müssen gegeben sein.[868]

Steigert die Datenverarbeitung die **Erreich-** oder Erfüllbarkeit der berech- **647** tigten Interessen, gibt es aber eine Alternative der Interessensverwirklichung, die auf die Datenverarbeitung dieser Art nicht angewiesen ist, fehlt die Erforderlichkeit, sofern die Alternative zumutbar ist. Besonders deutlich ist dies, wenn die Interessensverwirklichung durch die Verarbeitung anonymisierter Daten möglich ist.[869] Die datenschutzfreundliche Alternative ist allerdings dann nicht vorzuziehen, wenn sie nicht in gleicher Weise zur Wahrung der Interessen geeignet ist.

g) Kein Überwiegen der schutzwürdigen Interessen des Betroffenen. **648** Art. 6 Abs. 1 UAbs. 1 lit. f DS-GVO verlangt eine **Abwägung** der berechtigen Interessen der verarbeitenden Stelle mit den Interessen, Grundrechten oder Grundfreiheiten des Betroffenen. Sofern im Ergebnis der Abwägung das Interesse der betroffenen Person nicht überwiegt, ist die Verarbeitung nach dem eindeutigen Wortlaut zulässig. Nicht jedes Interesse der betroffenen Person ist zu berücksichtigen. Art. 6 Abs. 1 UAbs. 1 lit. f DS-GVO spricht von Interessen, Grundrechten und Grundfreiheiten und meint damit alle Interessen und Rechte, die vom Geltungsbereich des Art. 1 Abs. 1 DS-GVO erfasst werden.[870] Das deutsche Recht (§ 28 BDSG) spricht von schutzwürdigen Interessen und meint ersichtlich das gleiche.

h) Schritte der Abwägung. Eine Abwägung zwischen den beiden Seiten **649** ist nur möglich, wenn die Interessen gewichtet werden können. Die **Interessenabwägung** verlangt einen **Dreischritt.** Erstens sind die Interessen des Verantwortlichen oder des Dritten festzustellen und zu gewichten, zweitens die Interessen und Rechte der betroffenen Person ebenfalls festzustellen und zu gewichten und schließlich drittens sind beide Zwischenergebnisse einander gegenüberzustellen und zu prüfen, welche Seite mehr Gewicht besitzt.[871] Der **BGH konkretisierte** bei § 28 Abs. 1 S. 1 Nr. 2 BDSG aF die Abwä- **650** gung wie folgt: Erforderlich sei eine Abwägung des Persönlichkeitsrechts der betroffenen Person und des Stellenwerts, den die Offenlegung und Verwendung der Daten für ihn habe, gegen die Interessen der speichernden Stelle und der Dritten, zu deren Zweck die Speicherung erfolge. Dabei seien Art, Inhalt

[867] S. OLG Köln, NJW 2010, 90 f.
[868] Vgl. *Frenzel* in Paal/Pauly DS-GVO Art. 6 Rn. 30.
[869] BAG DuD 2003, 773 (776) (noch zum deutschen Recht).
[870] Vgl. EuGH NJW 2014, 2257 Rn. 74 – Google Spain.
[871] Vgl. VG Münster DuD 2010, 53 (zum nationalen Recht).

und Aussagekraft der beanstandeten Daten an den Angaben und Zwecken zu messen, denen ihre Speicherung diene.[872] Dies dürfte grundsätzlich auf Art. 6 Abs. 1 UAbs. 1 lit. f DS-GVO übertragbar sein.

651 Die Abwägung ist **für jede** Art der **Datenverarbeitung getrennt** zu prüfen. So kann eine Abwägung ergeben, dass etwa eine Speicherung und Nutzung gerechtfertigt ist, nicht aber eine Übermittlung. Die Abwägung ist von den Gerichten in vollem Umfang nachprüfbar.[873] Abzustellen ist auf die Einschätzung zum Zeitpunkt der Datenverarbeitung. Relevant sind dabei die Sichtweise und die Erkenntnismöglichkeiten des Verantwortlichen. Maßgeblich ist, ob er von überwiegenden Interessen der betroffenen Person ausgehen muss. Es dürfen für sie keine Umstände erkennbar sein, die auf eine solche Beeinträchtigung hinweisen. Eine theoretisch denkbare Annahme einer möglicherweise überwiegenden Interessenverletzung genügt. Entscheidend sind die Besonderheiten des Einzelfalls, sofern sie erkennbar sind. Aus der Sicht des Verantwortlichen dürfen zumindest keine erheblichen, sofort ins Auge springenden Umstände ersichtlich sein, die eine Beeinträchtigung nahelegen. Nachforschungen muss er idR nur bei einem Anlass erheben. Die Ermittlungspflicht wird erhöht, sofern ein Widerspruch der betroffenen Person vorliegt.

652 **i) Gewichtungskriterien.** Die Kriterien für die Gewichtung der Interessen finden sich in der gesamten Rechtsordnung, vor allem aber in der Grundrechtscharta und den der Wertungen, die der DS-GVO zugrunde liegen und insbesondere den ausdrücklichen Vorgaben in den Erwägungsgründen zu den Bereichen (ErwGr 47: Direktwerbung/Betrugsverhinderung/Ew 48 Unt ernehmensgruppe/ErwGr 48 IT-Netze und IT-Sicherheit).

653 **aa) Betroffene Person.** *(1) Allgemeines Persönlichkeitsrecht.* Kriterien für die Gewichtung folgen zunächst für die betroffene Person aus dem Verweis auf die Grundrechte und die Grundfreiheiten, dh va auf das **allgemeine Persönlichkeitsrecht** und die Dienstleistungs- und Niederlassungsfreiheit. Bei dem allgemeinen Persönlichkeitsrecht kann für die Gewichtung auf die Gliederung in die drei Sphären Intim-, Privat- und Sozialsphäre zurückgegriffen werden, mitsamt den Zwischenstufen, auch wenn die Sphärentheorie vom EuGH nicht übernommen wurde. Ob personenbezogene Daten aus der Intimsphäre oder aus der Sozialsphäre stammen, wirkt auf die Interessenabwägung ein, ganz gleich wie man den Umstand benennt. Auch hinsichtlich der Beurteilung des Ausmaßes der Nachteile kann man das Schutzgut des allgemeinen Persönlichkeitsrechts heranziehen (z.B. Gefahr der Rufschädigung).[874] Von einer abgesenkten Schutzbedürftigkeit geht Art. 9 Abs. 2 lit. e DS-GVO aus, sofern der Betroffene die Daten selbst veröffentlicht hat.

654 *(2) Datenbezogene Kriterien und Verarbeitungszusammenhang.* Zugunsten der betroffenen Person spricht etwa, sofern es sich um **sensible Daten** handelt, wenn es um gefährliche Verarbeitungszusammenhänge geht, wenn die Daten ins außereuropäische Ausland übermittelt werden sollen (sofern nicht

---

[872] BGH NJW 1986, 2505.
[873] BGH NJW 1984, 436; BGH NJW 1986, 2505 (zum nationalen Recht).
[874] *Gola/Klug/Körffer* in Gola/Schomerus BDSG aF § 28 Rn. 26.

dann ohnehin das Verbot der Drittstaatenübermittlung gemäß Art. 44 DS-GVO eingreift) oder wenn besondere Verknüpfungsmöglichkeiten bestehen.[875]

(3) Daten aus allgemein zugänglichen Quellen. Daten, die aus allgemein **655** **zugänglichen Quellen** entnommen werden, können eine erheblich abgesenkte Bedeutung besitzen. Wer sich aus allgemein zugänglichen Quellen unterrichten darf, dem muss es grundsätzlich auch gestattet sein, die dort zugänglichen Daten zu speichern. Allgemein zugängliche Daten sind solche, die Quellen entstammen, auf die sich die Informationsfreiheit gemäß Art. 11 GRC erstreckt.

Beispiele: Zeitungen, Rundfunk- und Fernsehsendungen, Telefonbücher[876]; irisches **656** Handelsregister[877], Ausstellungen und Messen, Messekataloge, Flugblätter (nicht allgemein sollen branchenspezifische Nachschlagewerke sein[878]), allgemein zugängliche Archive, sofern sie für das Publikum geöffnet sind. Nicht zu den öffentlichen Quellen zählen interne Rundschreiben, Schufa-Listen, Aktienbücher, Mitgliedslisten von Vereinen. Eine allgemein zugängliche Quelle ist auch das Internet, zumindest sofern es öffentlich zugänglich ist. Fraglich ist, wo der öffentliche Bereich des Internets endet. Allein der Hinweis, die Webseite sei nicht für die Veröffentlichung, ohne jede weitere Maßnahme bestimmt, reicht nicht aus. Dagegen dürfte das Erfordernis einer Anmeldung genügen, um die öffentliche Zugänglichkeit enden zu lassen. Anmeldepflichtige Kommunikationsplattformen (zB Facebook, Studie usw) sind folglich keine öffentlich zugänglichen Quellen.[879]

Liegen **allgemeinzugängliche Daten** vor, heißt dies aber nicht, dass die **657** Abwägung notwendig zu Gunsten des Verantwortlichen gehen kann. Es ist gerade Kern der Google-Entscheidung des EuGH, dass der Umstand als ein erheblicher Gesichtspunkt zu bewerten ist, der in die Abwägung einzustellen ist.[880] Als ein wesentlicher Gesichtspunkt, der die Abwägung bestimmt, wurde in der Google-Entscheidung insbesondere die Zeit angesehen. Ein berechtigtes Informationsinteresse der Allgemeinheit nimmt mit Zeitablauf erheblich ab.

bb) Verantwortlicher oder Dritter. Ein berechtigtes Interesse an der **658** Verarbeitung und insbesondere der Weitergabe besteht idR dann, wenn dem Verantwortlichen oder dem Dritten ohne die Verarbeitung ein **nicht zumutbarer Nachteil** entstehen würde. Je stärker die Verantwortung für den Nachteil der dabei betroffenen Person zuzurechnen ist, umso gewichtiger ist das Interesse des Verantwortlichen. Gewichtungskriterien auf der Seite des Verantwortlichen sind:

– Welche Rechtsgüter des Verantwortlichen betroffen sind;
– Welche Alternative dem Verantwortichen sonst zur Verfügung stehen würden;
– Wie üblich die Verarbeitung ist;
– Wie nachvollziehbar und verständlich die Verarbeitung ist.

---

[875] EuGH NJW 2014, 2257 Rn. 80 – Google Spain.
[876] BGH NJW 1991, 1532.
[877] OLG Hamburg K&R 2011, 669.
[878] LG Hamburg RDV 1996, 254.
[879] *Wedde* in Däubler/Klebe/Wedde/Weichert BDSG aF § 28 Rn. 58.
[880] EuGH NJW 2014, 2257 Rn. 97 – Google Spain.

659   Dabei besitzen **wirtschaftliche Interessen** keinen sehr hohen Stellenwert. Dagegen geht die DS-GVO von einem hohen Stellenwert einer Rechtsverteidigung aus (vgl Art. 18, 21 DS-GVO). Auch den privilegierten Zwecken iSv Art. 5 Abs. 1 lit. b DS-GVO (historische und wissenschaftliche Forschungszwecke,[881] Statistik) wird man ein beachtliches Gewicht beimessen können. In den Ew 48 bis 50 werden Verarbeitungssituationen genannt, bei der die Verordnung von dem Ergebnis der Abwägung pauschal ausgeht, zB Verarbeitung zu Verwaltungszwecken innerhalb von Unternehmensgruppen. Das Interesse der Öffentlichkeit ist in speziellen Fällen beachtlich.[882] Die Zukunft wird sicher noch weitere Wertungsgesichtspunkte hervorbringen, die in der DS-GVO inzident verborgen sind.

660   **cc) Gesamtvergleich.** *(1) Verarbeitungsfreundliche Grundentscheidung.* Der europäische Normgeber kann festlegen, welcher Interessensseite er **grundsätzlich den Vorrang gibt.** Das deutsche Recht hat unterschiedliche Vorgaben für Interessensabwägungen vorgesehen (§ 28 Abs. 1 S. 1 Nr. 2 BDSG). Das Unionsrecht ist deutlich großzügiger zu Gunsten des Verantwortlichen.[883] Die Vorgaben bei der DS-GVO sind anders, als man es aus dem Schutzinteresse des Datenschutzrechtes her vermuten würde. Vom Normtext her ist bei einer Gleichrangigkeit vom Vorrang der Interessen des Verantwortlichen bzw. des Dritten auszugehen. Das ist überraschend. Das tut jedem Datenschützer weh. Es **entspricht** allerdings schon dem **bisherigen** europäischen Recht (Art. 7 lit. f DS-GVO). Nimmt man die Norm beim Wort droht die Verarbeitung aufgrund der Interessensabwägung zu so etwas wie einem Regelfall zu werden. Dies wäre mit Art. 8 GRC kaum zu vereinbaren. Die Schärfe erhält lit. e aber nur, wenn man ihn theoretisch betrachtet. Erst beim Gleichstand der Interessen geht die Verarbeitung vor. Wann ein Interessengleichstand ist, sagt das Gesetz aber nicht. Gewichtet man die persönlichkeitsbezogenen Grundrechtsinteressen gewichtiger als kommerzielle, dann tritt der Interessensgleichstand in Wirklichkeit nicht zu schnell ein. Es bleibt aber dabei: Die hohe Flexibilität bei der Datenverarbeitung führt zu einer erhöhten Rechtsunsicherheit, weil die Weite irgendwie wieder eingefangen werden muss.

661   *(2) Bei Interessengleichstand: Verarbeitung.* Wenn die schutzwürdigen Interessen der betroffenen Person in ihrer Summe die Interessen der verarbeitenden Stelle **überwiegen**, ist die Datenverarbeitung auf der Grundlage des Art. 6 Abs. 1 UAbs. 1 lit. f DS-GVO ausgeschlossen. Die schutzwürdigen Interessen der betroffenen Person müssen vorrangig sein. Ein offensichtliches Überwiegen ist wiederum nicht notwendig. Alternativen, die die Interessen der verarbeitenden Stelle nicht in gleicher Weise verwirklichen, aber die Be-

---

[881] *Art. 29-Gruppe* Stellunganhme 06/2014 zum Begriff des berechtigten Interesses des für die Verarbeitung Verantwortlichen gemäß Art. 7 der Richtlinie 95/46/EG, WP 217 v. 9.4.2014, S. 36.

[882] *Art. 29-Gruppe* Stellunganhme 06/2014 zum Begriff des berechtigten Interesses des für die Verarbeitung Verantwortlichen gemäß Art. 7 der Richtlinie 95/46/EG, WP 217 v. 9.4.2014, S. 45.

[883] Kritisch daher *Schröder* Datenschutzrecht, Kap. 7 II 1.

lange der betroffenen Person deutlich umfangreicher schützen und die Vorteile für den Betroffenen im Verhältnis zu den Nachteilen für die verarbeitende Stelle ganz erheblich fördern, sind zu berücksichtigen. Die Möglichkeit der Verarbeitung anonymisierter Daten fließt bei der Abwägung noch stärker ein als bei der Frage der Erforderlichkeit.

(3) Darlegungslast. Nicht nur der Umstand, dass bei Gleichstand der Inte- **662** ressen die Verarbeitungsinteressen vorgehen, vom Normtext her wird darüber hinaus der betroffenen Person auch noch die **Darlegungslast** auferlegt („es sei denn …"). Daraus wird gefolgert, dass dann, wenn er das Überwiegen nicht belegen kann, die Verarbeitung zulässig sei.[884] Ob dieser Befund wirklich zutrifft, erscheint nicht sicher. Die Formulierung „es sei denn" lässt sich auch rein materiell-rechtlich deuten. Schließlich hat der Verantwortliche eine Darlegungslast hinsichtlich der Einhaltung des materiellen Datenschutzrechts, die betroffene Person dagegen nicht (Art. 24 Abs. 1 DS-GVO).

(4) Gesamtabwägung. Die Gesamtabwägung ist erkennbar in hohem **663** Maße von einem **Werturteil** abhängig. Dennoch sind die Begriffe rechtlich voll überprüfbar. Bei der Frage der Abwägung kann man auf die materiellen Ergebnisse, die im nationalen Recht hinsichtlich § 28 Abs. 1 Nr. 1 BDSG aF gewonnen wurden, zurückgreifen.

Beispiele: Das Anschreiben alter Kunden, die den Stromanbieter, zwecks Rückgewinnung wechselten kann nicht auf der Grundlage von Art. 6 Abs. 1 UAbs. 1 lit. f DS-GVO mithilfe der alten Vertragsdaten geschehen.[885]
– Eine Erhebung von Kundendaten auf Vorrat, dh von interessanten Daten von Vertragspartnern, deren Erhebung nicht unmittelbar durch das bestehende Vertragsverhältnis gerechtfertigt wird, kann grundsätzlich nicht auf Art. 6 Abs. 1 UAbs. 1 lit. f DS-GVO gestützt werden. Verarbeitungen in sog „Data Warenhauses" sind nicht durch Art. 6 Abs. 1 UAbs. 1 lit. f DS-GVO gerechtfertigt.[886]
– Ein Vermieter darf im Rahmen eines Mieterhöhungsverlangens die zur Angabe von Vergleichsmieten erforderlichen Daten eines dritten Mieters (ohne Namensnennung) an die Mieter weitergeben. Eine Übermittlung von Mieterdaten an eine Vermieterorganisation zur Erstellung eines Mietkatasters ist insofern zulässig, als die Angaben weitergegeben werden, die für ein Mieterhöhungsverlangen erforderlich sind (BMH BDSG § 28 Rn. 253).

dd) Wichtige Fallgruppen. *(1) Konzern.* Nach der DSRL und dem al- **664** ten BDSG aF gab es kein Konzernprivileg. Demnach war der Datenfluss zwischen selbständigen Unternehmen innerhalb eines Konzerns datenschutzrechtlich genauso zu behandeln, wie zwischen Unternehmen ohne wirtschaftliche Einheit. Die DS-GVO weicht dies in einem **schwer zu bestimmenden Umfang** auf.[887] Auch bei ihr bleiben dies rechtfertigungsbedürftige Verarbeitungen, allerdings nimmt sie mehrfach auf die Konstellation der Unternehmensgruppe (Def in Art. 4 Nr. 19 DS-GVO) Bezug. So erkennt sie das berechtigte

---

[884] *Frenzel* in Paal/Pauly DS-GVO Art. 84 Rn. 31.
[885] OLG Köln CR 2011, 680.
[886] *Simitis* in Simitis BDSG aF § 28 Rn. 112 (zum nationalen Recht).
[887] S. nur *Riesenhuber* in Wolff/Brink BeckOK-DatenschutzR DS-GVO Art. 88 Rn. 89; *Ringel/von Busekist* CCZ 2017, 31 ff.; *Buchner/Petri* in Kühling/Buchner DS-GVO Art. 6 Rn. 168

D. Grundprinzipien und Zulässigkeit der Datenverarbeitung

Interesse von Unternehmensgruppen an einer zentralen Verarbeitung zu Verwaltungszwecken an (ErwGr 48), kennt die Hauptniederlassung einer gesamten Unternehmensgruppe (ErwGr 36), will Datenübermittlung innerhalb von Unternehmensgruppen auch in Drittstaaten auf der Grundlage von genehmigten verbindlichen internen Datenschutzvorschriften zulassen (ErwGr 110), kennt für die Unternehmensgruppen den gemeinsamen Datenschutzbeauftragten (Art. 37 Abs. 2 DS-GVO), hält die Unternehmensgruppe für einen Anwendungsfall der verbindlichen internen Datenschutzvorschriften (Art. 47 Abs. 1 lit. a DS-GVO), geht bei den Beschäftigungsdaten von einer Übermittlung innerhalb der Unternehmensgruppe aus (Art. 88 Abs. 2 DS-GVO). Zudem können nen bei Unternehmensgruppen die Voraussetzung des Art. 26 DS-GVO vorliegen (gemeinsam für die Verantwortung Verantwortlichen). Insgesamt bestehen daher Gestaltungsmöglichkeiten, um auf die Besonderheiten der Unternehmensgruppe einzugehen. Gleichwohl ging der Gesetzgeber letztlich nicht so weit, wie es das EP vorgeschlagen hatte. Nach Art. 22 Abs. 3a EP-E sollte für interne administrative Zwecke eine Übermittlung innerhalb einer Unternehmensgruppe nur zulässig sein, wenn ein angemessenes Datenschutzniveau durch Verhaltensregeln oder interne Datenschutzregelungen gewährleistet ist.

665 *(2) Werbung.* Die Verwendung personenbezogener Daten zu Werbezwecke wird in der DS-GVO nur an wenigen Stellen ausdrücklich thematisiert, ansonsten greifen die allgemeinen Rechtfertigungsgrundsätze.[888] Bezogen auf Art. 6 Abs. 1 UAbs. 1 lit. f DS-GVO heißt es **in ErwGr 47 S. 7:** „Die Verarbeitung personenbezogener Daten zum Zwecke der Direktwerbung kann als eine einem berechtigten Interesse dienende Verarbeitung betrachtet werden".[889] Die Direktwerbung meint zutreffender Ansicht nach die Werbung für eigene Produkte unmittelbar beim Verbraucher. Der Erwägungsgrund nimmt dabei Einfluss auf die Abwägungsentscheidung nach lit. f ohne diese als solche aufzuheben. Als Ausgleich dazu wird der betroffenen Person das Widerspruchsrecht eingeräumt, Art. 21 Abs. 2 DS-GVO und ErwGr 70. Im Umkehrschluss werden andere Werbungsformen daher nicht von der Privilegierung erfasst. Im ErwGr 58 wird das aus dem Grundsatz der Transparenz folgendem Gebot, bestimmte Informationen präzise, leicht zugänglich und verständlich zu fassen, vor allem für Situationen für wichtig gehalten, in denen die große Zahl der Beteiligten und die Komplexität der dazu benötigten Technik es der betroffenen Person schwer machen, zu erkennen und nachzuvollziehen, ob, von wem und zu welchem Zweck sie betreffende personenbezogene Daten erfasst werden, wie etwa bei der Werbung im Internet.

666 Die §§ 11 ff. TMG werden keinen Bestand mehr haben, sobald die DS-GVO anwendbar ist.[890] Auch die **personalisierte Werbung im Internet** (Behavioral Targeting) fällt dann unter Art. 6 Abs. 1 UAbs. 1 lit. f DS-GVO. Während für das Setzen von Cookies Art. 5 Abs. 3 e-PrivacyRL maßgeblich ist, richtet sich die anschließende Verarbeitung personenbezogener Daten nach

---

[888] *Tavanti* RDV 2016, 295 ff.; ausführlich *Schulz* in Gola DS-GVO Art. 6 Rn. 62 ff.
[889] Vgl. dazu *Drewes* CR 2016, 721 (724).
[890] Ausführlich *Keppeler* MMR 2015, 779 (780 ff.).

der DS-GVO. Im Rahmen des Behavioral Targeting wird zumeist ein Profiling durchgeführt, indem eine größere Zahl von Daten insbesondere über die Internetnutzung eines Betroffenen zusammengeführt und analysiert wird. Hierdurch werden dessen Interessen und Rechte in erheblich stärkerem Maße berührt als etwa bei der Zusendung aktueller Angebote durch einen früheren Vertragspartner. Behavioral Targeting ist daher in der Regel nicht auf der Basis des Art. 6 Abs. 1 UAbs. 1 lit. f DS-GVO zulässig.[891]

(3) IT-Sicherheit. Ew 49 DS-GVO hebt als berechtigtes Interesse auch die **667** Verarbeitung von personenbezogenen Daten zur **Gewährleistung der Netz- und Informationssicherheit** hervor. Als Beispiel nennt Ew 49 S. 2 DS-GVO die Abwehr der gezielten Überlastung von Servern durch „Denial of service"-Attacken. Häufig wird hierzu die IP-Adresse der Nutzer gespeichert, um gehäufte Anfragen eines Nutzers blockieren zu können. Ob allein zur Abwehr solcher Angriffe allerdings die Speicherung der gesamten IP-Adresse erforderlich ist und nicht nur eine teilanonymisierte Form, ist zweifelhaft.[892]

(4) Rechtsverfolgung und Inkasso. Eine Verarbeitung personenbezogener **668** Daten zur **Durchsetzung von Ansprüchen des Verarbeiters** gegen die betroffene Person ist grundsätzlich auf der Basis von Art. 6 Abs. 1 UAbs. 1 lit. f DS-GVO zulässig, soweit sie hierzu erforderlich ist. Der Betroffene hat für diese Verarbeitung selbst einen Anlass gegeben und musste daher mit ihr rechnen.[893] Dementsprechend erkennt auch die DS-GVO in einer ganzen Reihe von Vorschriften die besondere Bedeutung der Geltendmachung, Ausübung und Verteidigung von Rechtsansprüchen an (zB Art. 9 Abs. 2 lit. f; Art. 17 Abs. 3 lit. e; Art. 18 Abs. 1 lit. c; Art. 21 Abs. 1 S. 2 DS-GVO). Schwieriger zu beurteilen ist die Zulässigkeit der Verarbeitung personenbezogener Daten im Rahmen des Inkasso durch Dritte, soweit es sich hierbei nicht um eine Auftragsverarbeitung handelt,[894] oder eine Forderungsabtretung an sie (echtes Factoring). Im Regelfall dürfte es sich hierbei im Massengeschäft um eine übliche Reaktion des Verantwortlichen auf ein vertragswidriges Verhalten des Betroffenen handeln,[895] eine ausreichende Seriosität des Zessionars vorausgesetzt. Ausnahmen können sich allerdings aufgrund der Sensibilität der Daten ergeben[896] (zB bei Honorarforderungen von Berufsgeheimnisträgern, wobei hier zugleich § 203 Abs. 1 StGB greift).

---

[891] *Art. 29-Gruppe* Stellunganhme 06/2014 zum Begriff des berechtigten Interesses des für die Verarbeitung Verantwortlichen gemäß Art. 7 der Richtlinie 95/46/EG, WP 217 v. 9.4.2014, S. 59 f. und 86 f.

[892] Diese Frage wird nach der Entscheidung des EuGH vom BGH nun in der Rechtssache Breyer (BGH ZD 2015, 80) zu entscheiden sein; allgemein zu diesem Interesse: *Buchner/Petri* in Kühling/Buchner DS-GVO Art. 6 Rn. 177.

[893] *Art. 29-Gruppe* Stellungnahme 06/2014 zum Begriff des berechtigten Interesses des für die Verarbeitung Verantwortlichen gemäß Art. 7 der Richtlinie 95/46/EG, WP 217 v. 9.4.2014, S. 23.

[894] Zum geltenden Recht KG ZD 2016, 289 (294 f.); siehe aber auch das weite Verständnis zu Art. 6 Abs. 5 e-PrivacyRL in EuGH ZD 2012, 77 Rn. 25 – Josef Probst ./. mr.nexnet GmbH.

[895] Zum geltenden Recht *Gola/Klug/Körffer* in Gola/Schomerus BDSG aF § 28 Rn. 30; ausführlich *Schulz* in Gola DS-GVO Art. 6 Rn. 144 ff.

[896] *Ziegenhorn/Gaub* PinG 2016, 89 (91).

669 *(5) Internet der Dinge.* Typisch für das **Internet der Dinge** sind vernetzte Geräte, die über eine umfangreiche Sensorik verfügen. Diese hat zumindest das Potential, ständig Daten über die betroffene Person zu sammeln, die teilweise erhebliche Rückschlüsse auf deren Lebensgewohnheiten und Interessen erlauben, weil diese Geräte in den Alltag der Personen integriert sind (zB Wearables, SmartCars, Anwendungen aus dem Bereich SmartHome, persönliche Assistenzsysteme). Charakteristisch ist zudem, dass die betroffene Person zumeist kaum Möglichkeiten des Selbstschutzes hat oder Einstellungen vornehmen kann.[897]

670 Aufgrund ihrer Vernetzung sind bisher zumeist die §§ 11 ff. TMG maßgeblich, zukünftig aber Art. 6 Abs. 1 UAbs. 1 lit. f DS-GVO. Unzulässig dürfte auf dieser Grundlage eine Verarbeitung der Daten sein, um zB personalisierte Werbung oder Kundenprofile zu erstellen. Hierbei handelt es sich um rein wirtschaftliche Motive; diese reichen als Legitimationsgrundlage zumindest dann nicht aus, wenn sie – wie bei vielen vernetzten Geräten – erhebliche Aufschlüsse über den Betroffenen ermöglichen.[898] Erschwerend kommt hinzu, dass auf Seiten des Betroffenen häufig eine erhöhte Vertraulichkeitserwartung besteht, die im Rahmen der Abwägung zu berücksichtigen ist (ErwGr 47 S. 3 und 4 DS-GVO). So werden Alltagsgegenstände häufig nicht mit der Verarbeitung personenbezogener Daten assoziiert; eine erhöhte Vertraulichkeitserwartung dürfte ferner bei der Erhebung von Daten in der räumlichen Privatsphäre, also in der Wohnung, bestehen. Häufig möchten Verantwortliche die Rohdaten auch nutzen, um die Funktionalität ihrer Produkte generell, also nicht zur Anpassung auf den einzelnen Nutzer, zu verbessern. Auch eine solche Verarbeitung dürfte auf der Grundlage des Art. 6 Abs. 1 UAbs. 1 lit. f aufgrund dieser Erwägungen ausscheiden. Allerdings ist für den Verantwortlichen in dieser Konstellation der Personenbezug häufig nicht entscheidend; er steht daher vor der Herausforderung, die Daten möglichst vor Erhebung zu anonymisieren, so dass der Anwendungsbereich der DS-GVO nicht eröffnet wäre.

671 *(6) Nebenbetroffene oder Drittbetroffene von Vertragsabwicklungen.* **Daten von Dritten,** die notwendig sind, um Vertragspflichten auszuführen, dürfen grundsätzlich dann verarbeitet werden, wenn der Dritte zugestimmt hat. An der ausdrücklichen Zustimmung wird es oft fehlen. Ein Überwiegen seiner Interessen wird man annehmen können, wenn der Dritte von der Datenverarbeitung einen Vorteil hat (Daten eines Begünstigten bei einer Überweisung durch die Bank – in diese Richtung geht auch Art. 49 Abs. 1 lit. c DS-GVO). Erlangt er keinen rechtlichen Vorteil ist ein Überwiegen dennoch möglich, wenn die Rechtsordnung das Ergebnis zulässt und die Datenverarbeitung der Umsetzung dieses Ergebnisses dient (etwa Rückbuchung einer Fehlbuchung). Im Rahmen von Unternehmensübertragungen, auch im Rahmen der Prüfung eines geplanten Unternehmenserwerbs, sind die Daten der Beschäftigten und der Vertrags-

---

[897] Vgl. zum Ganzen *Art. 29- Gruppe*, Opinion 8/2014 on the Recent Developments on the Internet of Things, WP 223 v. 16.9.2014, 5 ff.

[898] Vgl. EuGH NJW 2014, 2257 Rn. 80 f. – Google Spain; hierauf weist auf *Art. 29- Gruppe*, Opinion 8/2014 on the Recent Developments on the Internet of Things, WP 223 v. 16.9.2014, 15 hin.

partner Daten von Dritten. Die Berufung auf den Vertragszweck der Unternehmensübertragung genügt daher nicht, da die Drittbetroffenen nicht Vertragspartner sind. Rechtsgrundlage kann hier nur Art. 6 Abs. 1 UAbs. 1 lit. f DS-GVO sein. Vor allem ist zu prüfen, ob nicht auch die Verwendung von pseudonymisierten oder anonymisierten Daten den Zweck erreichen kann.[899]

(7) Webseite. Im deutschen Recht waren die datenschutzrechtlichen Fragen bei **Webseiten** zwischen dem BDSG aF und dem TMG getrennt (einmal Inhaltsdaten und zum anderen Nutzungsdaten). Die DS-GVO qualifiziert die Webseite als einen Publikationsort mit einer Wirkung gegenüber jedermann (ErwGr 58/ErwGr 23), die sie auch für Rechtsakte nützt (Art. 45 Abs. 8, Art. 65 Abs. 4, ErwGr 143 DS-GVO). Wie oben dargelegt, hat der EuGH in der Sache Lindqvist für Veröffentlichungen auf Webseiten, die „Haushaltsausnahme" grundsätzlich ausgeschlossen.[900] Im Zusammenhang mit Art. 3 Abs. 2 DS-GVO heißt das, dass das Merkmal Anbieten von Waren oder Dienstleistungen innerhalb der Union noch nicht durch die bloße Zugänglichkeit der Website des Verantwortlichen gegeben ist (ErwGr 23). Eine Übermittlung von Daten in Drittstaaten liegt bei der Veröffentlichung auf einer Webseite noch nicht automatisch vor. Da der Verantwortliche bei einer Publikation auf der Webseite die Kenntnisnahme durch Dritte nicht steuern kann, muss die Rechtfertigung der Verarbeitung diese besondere Verarbeitung tragen. Spezifische Anforderungen formuliert die Verordnung für die Veröffentlichung im Internet aber nicht. **672**

(8) Warnlisten/Listen von „Schwarzen Schafen". Betriebe, insbesondere öffentlich zugängliche, die unter Diebstahl durch Kunden leiden, haben ein berechtigtes Interesse daran, die Personen, die durch Ladendiebstähle **aufgefallen** sind oder die berechtigterweise mit einem Hausverbot belegt wurden, in einer Liste zu speichern. Ein Hausverbot kann idR dagegen nicht ladenintern publik gemacht werden, anderes gilt ggf bei Einrichtungen mit beschränktem Öffentlichkeitszugang (nur für Mitglieder oder Nutzer wie Universitäten und Bibliotheken). **673**

(9) Suchmaschinen. Die Berechtigung von **Internetsuchmaschinen**, personenbezogene Daten zu verarbeiten, stützt sich ebenfalls auf Art. 6 Abs. 1 UAbs. 1 lit. f DS-GVO. Hier hat der EuGH in der Google-Spain-Entscheidung wesentliche Grundlagen für die Abwägung gestellt.[901] Danach muss der Suchmaschinenbetreiber in generalisierter Form zumindest bei konkretem Anlass eine Abwägung der Interessen vornehmen. Einzelheiten werden im Zusammenhang mit dem Löschungsanspruch dargestellt (→ Rn. 1211). **674**

(10) Videoüberwachung. Die **Videoüberwachung außerhalb** von Vertragsbeziehungen muss sich am Maßstab des Art. 6 Abs. 1 UAbs. 1 lit. f DS- **675**

---

[899] *Wedde* in Däubler/Klebe/Wedde/Weichert BDSG aF § 28 Rn. 51 (zum nationalen Recht).
[900] S.o → Rn. 101 und → Rn. 315 f.
[901] EuGH NJW 2014, 2257– Google Spain; s. dazu *Buchner/Petri* in Kühling/Buchner DS-GVO Art. 6 Rn. 171; allgemein zu diesem Interesse: *Buchner/Petri in* Kühling/ Buchner DS-GVO Art. 6 Rn. 168.

GVO messen lassen. Das BDSG nF normiert in § 4 BDSG nF eine Rechtsgrundlage für eine Ausschnitt der Videoüberwachung, für den restlichen Bereich greift Art. 6 Abs. 1 UAbs. 1 lit. f DS-GVO. Der Anwendungsbereich der Grundverordnung ist eröffnet, wenn die Videoüberwachung sich nicht auf den Privatbereich ohne Öffentlichkeitsverkehr beschränkt, da sie ansonsten in der Regel unter die Haushaltsausnahme fällt (→ Rn. 313).[902] Ist der öffentliche Bereich berührt, benötigt der Verantwortliche einen sachlichen Grund. Der Generalanwalt Jääskinen[903] zeigte im Fall Ryneš[904] für den Grund „Abwehr von Vandalismus nach mehreren Vorfällen" durchaus Verständnis. Weiter muss sich die Einstellung auf das Minimum dessen begrenzen, was zur Zielverfolgung erforderlich ist, und es ist auf die Videoüberwachung hinzuweisen. Weiterhin darf er nur äußeres Verhalten aufnehmen und muss Aufzeichnungen sofort löschen, sofern klar ist, dass er sie nicht mehr benötigt.

676 Wird die **Videoüberwachung** mittels **Drohnen** durchgeführt oder mittels auf Fahrzeugen montierten Kameras, steigen wegen der hohen Streubreite die Anforderungen. Eine generelle Verarbeitung dürfte grundsätzlich unzulässig sein, vielmehr sind nur Konstellationen denkbar, bei denen nach einer konkreten Einzelfallprüfung eine Einschaltung durch überwiegende Interessen gedeckt sein kann.

677 *(11) Keine abschließende Aufzählung.* Da die Interessenabwägung die maßgebliche Rechtsgrundlage für die Datenverarbeitung im privaten Bereich bei fehlender Vertragsbeziehung ist, sind die konkreten Problemfälle **nicht abschließend aufführbar**, immer geht es darum, den genannten Interessensausgleich zu finden, so etwa bei den Dashcams,[905] der Kundenstammübermittlung beim Unternehmenskauf,[906] oder deren isolierter Verkauf (Asset deal).[907]

7. Anforderungen an die Weiterverarbeitung

678 **a) Unionsrechtliche Vorgaben – Art. 6 Abs. 4 DS-GVO.** Legt man die hier angenommene Konzeption zu Grunde, nach der die **Zweckänderung zu nicht kompatiblen Zwecken** nur unter den Voraussetzungen des **Art. 6 Abs. 4 Hs. 1 DS-GVO** möglich ist, mutiert die Zweckänderung außerhalb kompatibler Zwecke in einer bisher nicht bekannten Form **zu einer eigenen Kategorie**. Der Aufbau von Art. 6 Abs. 4 DS-GVO ist dabei etwas überraschend. Die Verordnung fängt mit zwei Fallgruppen an, bei denen die Zweckänderung auf jeden Fall zulässig ist, dh gleich ob die Zwecke kompatibel sind oder nicht, und weist dann für den Fall, dass keiner dieser beiden Fallgruppen gegeben ist, auf Kriterien hin, die die Frage, ob kompatible Zwecke vorliegen, zu beantworten helfen.

---

[902] EuGH NJW 2015, 464 – Ryneš; allgemein zu diesem Interesse: *Schulz* in Gola DS-GVO Art. 6 Rn. 148; *Buchner/Petri* in Kühling/Buchner DS-GVO Art. 6 Rn. 172.
[903] Schlussantrag des GA Nil Jääskinen v. 10. Juli 2014 in der Rs. C-212/13 Rn. 62 ff.
[904] EuGH NJW 2015, 464 – Ryneš.
[905] *Wagner/Bretthauer/Birnstill/Krempel* DuD 2017, 159 ff.
[906] *Nebel* CR 2016, 417 ff.
[907] *Ernst* DuD 2016, 792 ff.

Nicht ganz klar ist, ob man eine Zweckänderung zu nicht kompatiblen Zwe- **679**
cken iSv Art. 6 Abs. **4** DS-**GVO nur bei dem Verantwortlichen** annehmen
kann bzw. muss, der die Daten erhoben hat. Der Normtext legt eine solche Interpretation nicht nahe. Auch der Umstand, dass der Zweckbindungsgrundsatz
seine Wirkung nicht mit der Übermittlung verliert, legt diese Annahme nicht
nahe.

Die **Einwilligung** gemäß Art. 6 Abs. 4 Hs. 1 ist die Rechtfertigung, die **680**
auch die Verarbeitung zu nicht kompatiblen Zwecken trägt. Sie muss sich dabei auf diesen neuen Zweck beziehen.

Daneben kann eine **Rechtsnorm** der Union oder der Mitgliedsstaaten eine **681**
Verarbeitung zu nicht kompatiblen Zwecken rechtfertigen, sofern diese

– Zwecke iSv Art. 23 DS-GVO verfolgt;
– die Beschränkung des Datenschutzes verhältnismäßig ist;
– die Beschränkung in einer demokratischen Gesellschaft notwendig ist.

Art. 23 Abs. 1 DS-GVO nennt **zehn Fallgruppen** von zulässigen Zwecken **682**
aus dem Bereich der öffentlichen Sicherheit und Rechtsdurchsetzung, aber
auch den Schutz der betreffenden Person oder der Freiheiten anderer Personen
(Art. 23 Abs. 1 lit. i DS-GVO) sowie der Durchsetzung zivilrechtlicher Ansprüche (Art. 23 Abs. 1 lit. j DS-GVO), wodurch eine erhebliche Bandbreite
von Zweckänderungen im privaten Bereich zur Regelungsoption der europäischen und nationalen Normgeber steht. Das BDSG nF macht davon Gebrauch
(§§ 23–25 BDSG nF).

Liegen keine der beiden ausdrücklichen Rechtfertigungsmöglichkeiten vor, **683**
muss ein kompatibler Zweck verfolgt werden, **sonst** ist die Verarbeitung der
erhobenen Daten zu den (neuen) Zwecken **unzulässig** und es ist eine Neuerhebung geboten. Art. 6 Abs. 4 Hs. 4 DS-GVO nennt fünf Kriterien, die für die
Frage der Kompatibilität berücksichtigt werden sollten. Dazu kommen noch
die Fiktion von Art. 5 Abs. 1 lit. b DS-GVO nach der die Verarbeitung zu wissenschaftlichen und historischen Forschungszwecken und für statistische
Zwecke niemals inkompatibel ist.

b) Die Umsetzung im BDSG. Der Bundesgesetzgeber macht von der Er- **684**
mächtigung in Form von Art. 6 Abs. 4 S. 1 iSv Art. 23 DS-GVO insbesondere
durch die §§ 23–25 BDSG nF Gebrauch. Dort regelt er die Verarbeitung zu
anderen Zwecken **sowohl** durch öffentliche Stellen (§ 23 BDSG nF), durch
nichtöffentliche Stellen (§ 24 BDSG nF) als auch die **Datenübermittlung**
durch öffentliche Stellen (§ 25 BDSG nF). Die Normen waren im **Gesetzge-**
bungsverfahren sehr umstritten. Ursprünglich wollte der Gesetzgeber die
Weiterverarbeitung sowohl für öffentliche als auch für nichtöffentliche Stellen
in einer Vorschrift normieren. Weiter waren erheblich weitergehende Ausnahmetatbestände ursprünglich geplant.

Der deutsche Gesetzgeber schafft in § 23 BDSG nF **sechs Fallgruppen**, unter **685**
denen die Zweckänderung zulässig ist. Er formuliert die Fallgruppen selbstständig und übernimmt nicht den Normtext von Art. 23 DS-GVO. Dadurch schafft
er das Risiko, sich von den unionsrechtlichen Öffnung zu entfernen, andererseits
nützt er die vom Unionsrechtgeber eröffnete Möglichkeit, eigenen Gestaltungsspielraum nach den nationalen Wertsetzungen wahrzunehmen. Nach § 23 Abs. 1

DS-GVO sind, vereinfacht gesprochen, Zweckänderungen möglich bei einer mutmaßlichen Einwilligung des Betroffenen, bei einer Täuschung (Nr. 1), bei öffentlich zugänglichen Daten (Nr. 32), bei erheblichen Nachteilen für das Gemeinwohl und einer Gefahr für die öffentliche Sicherheit im weiteren Sinne (Nr. 3) zur Verfolgung von Ordnungswidrigkeiten und Straftaten (Nr. 4), zur Abwehr einer schwerwiegenden Beeinträchtigung einer anderen Person (Nr. 5) oder zur Wahrnehmung von Aufsichts- und Kontrollbefugnissen im weiteren Sinne durch den Verantwortlichen. Für den Fall der Verarbeitung von **besonderen Kategorien personenbezogener Daten** wird in § 23 Abs. 2 die Zweckänderung noch einmal eingegrenzt, indem die Ausnahmetatbestände von Art. 9 Abs. 2 DS-GVO oder nach § 22 BDSG nF vorliegen müssen.

686 Mit § 23 BDSG nF wird von dem durch die DS-GVO durch Art. 6 Abs. 4 DS-GVO eröffneten Regelungsspielraum Gebrauch gemacht, wonach die Mitgliedstaaten nationale Regelungen in Fällen, in denen der Zweck der Weiterverarbeitung nicht mit dem ursprünglichen Zweck vereinbar ist, erlassen dürfen, soweit die nationale Regelung eine „in einer demokratischen Gesellschaft notwendige und verhältnismäßige Maßnahme zum Schutz der in Art. 23 Abs. 1 genannten Ziele darstellt".[908] Der Gesetzgeber hat sich bei den §§ 23 BDSG nF an den Regelungen der §§ 14 Abs. 2, 3, 5 und 4, 13 Abs. 2 und § 16 Abs. 1 Nr. 2 S. 2 BDSG aF orientiert, soweit es um die zweckändernde Weiterverarbeitung durch öffentliche Stellen geht. Zur Begründung von § 23 BDSG nF führt der Gesetzgeber nun an: „Die Vorschrift schafft für öffentliche Stellen im Rahmen der jeweiligen Aufgabenerfüllung eine nationale Rechtsgrundlage für die Verarbeitung personenbezogener Daten durch denselben Verarbeiter zu einem anderen Zweck als zu demjenigen, zu dem er sie ursprünglich erhoben hat (Weiterverarbeitung). Soweit eine der tatbestandlichen Voraussetzungen nach Abs. 1 erfüllt ist, kann die Weiterverarbeitung personenbezogener Daten durch öffentliche Stellen auf diese Vorschrift gestützt werden. Dies gilt unabhängig davon, ob die Zwecke der Weiterverarbeitung mit den Zwecken, für die die Daten ursprünglich erhoben wurden, nach Art. 6 Abs. 4 der Verordnung (EU) 2016/679 vereinbar sind."[909]

687 Da § 23 DS-GVO für jede Form von Verarbeitung gilt, gilt sie auch für die **Weitergabe** durch den **Verantwortlichen**. Ob dies auch für einen **Dritten** gilt ist fraglich. Das hängt davon ab, ob man den Begriff der Zweckentfremdung auf den Verantwortlichen beschränkt, der die Daten erhoben hat oder auf alle. Für § 23 BDSG nF ist die Frage aber irrelevant, weil es mit § 25 DS-GVO eine speziellere Norm gibt. § 25 BDSG nF ermächtigt öffentliche Stellen zur Datenweitergabe. Nach § 25 Abs. 1 BDSG nF ist die Weitergabe zulässig, sofern die Voraussetzungen von § 23 BDSG aF vorliegen. Gemäß § 25 Abs. 2 BDSG nF ist die Weitergabe an nichtöffentliche Stellen zulässig, sofern für die weitergebende Stelle § 23 BDSG nF eingreift und für den Dritten ein berechtigtes Interesse der Kenntnis der Daten glaubhaft gemacht ist und die betroffene Person kein schutzwürdiges Interesse an dem Ausschuss der Übermittlung hat oder die Geltendmachung zur Ausübung rechtlicher Ansprüche erforderlich

---

[908] BT-Drs. 18/11325, S. 95.
[909] BT-Drs. 18/11325, S. 94.

216   *Wolff*

ist und der Dritte sich verpflichtet hat, die Zweckbestimmung einzuhalten. Gem. § 25 Abs. 3 BDSG nF gelten wieder die Sonderbestimmungen für besondere Kategorien. Nach dem Gesetzgeber soll § 25 BDSG nF auch greifen, wenn die Daten zum Zwecke der Strafverfolgung oder der öffentlichen Sicherheit im Sinne der JI-RL erhoben wurden (§ 45 BDSG nF) und nun zu Zwecken der DS-GVO übermittelt werden.[910]

§ 25 BDSG nF wirft mehrere Auslegungsprobleme auf. Zunächst regelt **688** § 25 BDSG nF die **Zweckentfremdung** durch **die Stelle**, die die Daten weitergibt. Dies wäre aber schon aufgrund des weiten Verarbeitungsbegriffs nach § 23 BDSG nF gerechtfertigt. § 25 Abs. 1 und § 25 Abs. 2 Nr. 1 BDSG nF wiederholen daher § 23 BDSG nF in spezieller Form und sind daher lex specialis. Läge beim Dritten eine Zweckänderung vor, dann wäre § 25 BDSG nF über Art. 6 Abs. 4 iVm Art. 23 DS-GVO gerechtfertigt. Begrenzt man Art. 6 Abs. 4 DS-GVO auf Zweckänderungen durch die erhebende Stelle, wäre § 25 BDSG nF für den Empfänger nur über Art. 6 Abs. 3 DS-GVO zu rechtfertigen.

Die zweite Auslegungsschwierigkeit besteht darin, dass § 25 BDSG nF **689** vom Normtext her den Anspruch erhebt, für **alle Datenübermittlungen** zu greifen. Für eine Datenübermittlung, die aber schon **von dem Erhebungszweck gerechtfertigt** ist, bildet die Rechtsgrundlage, die für die Erhebung gilt, auch die Rechtsgrundlage für die Weitergabe. Der nationale Gesetzgeber darf nicht unter Rückgriff auf Art. 6 Abs. 4 DS-GVO in Verbindung mit Art. 23 DS-GVO andere Zwecke setzen. Sollte es hier zu einem Konflikt kommen, würde Art. 6 Abs. 1 DS-GVO aufgrund des Anwendungsvorrangs vorgehen. Die Gesetzesbegründung schränkt den Anwendungsbereich daher konkludent ein, indem sie darauf hinweist, dass eine nationale Rechtsgrundlage für die Übermittlung personenbezogener Daten durch öffentliche Stellen soweit diese zu einem anderen Zweck als zu demjenigen, zu dem die Daten erhoben wurden, erfolgt.[911] Das erscheint nachvollziehbar.

Weiter wirft die Norm die Frage auf, nach welchen Bestimmungen sich die **690** Verarbeitung **beim Empfänger** richten soll, wenn ein Privater an einen Privaten übermittelt. Die Weitergabe durch den Privaten kann von § 24 BDSG nF gerechtfertigt sein, die Rechtfertigung durch den empfangenden Dritten kann dann sinnvollerweise wiederum nur in § 24 BDSG nF liegen. Die Alternative wäre, dass man den Empfang von Daten bei Zweckänderung nicht mehr unter Art. 6 Abs. 4 DS-GVO fasst und daher wiederum auf Art. 6 Abs. 1 DS-GVO zurückgreift.

Die Verarbeitung durch **nichtöffentliche Stellen** zu **anderen** Zwecken in **691** § 24 BDSG nF ist deutlich übersichtlicher normiert. Hinsichtlich der Verarbeitung besonderer Kategorien personenbezogener Daten regelt zunächst § 24 Abs. 2 BDSG nF das gleiche wie § 23 Abs. 2 BDSG nF. Die Verarbeitung von anderen Daten gemäß § 24 Abs. 1 BDSG nF ist zulässig, gemäß Abs. 1 Nr. 1 wenn sie zur Abwehr von Gefahren für die staatliche oder öffentliche Sicherheit oder zur Verfolgung von Straftaten erforderlich ist oder gemäß Abs. 1

---

[910] BT-Drs. 18/11325, S. 95.
[911] BT-Drs. 18/11325, S. 95.

Nr. 2 sie zur Geltendmachung, Ausübung oder Verteidigung rechtlicher Ansprüche erforderlich ist, sofern nicht die Interessen der betroffenen Person an dem Ausschluss der Verarbeitung überwiegen.

692 § 24 BDSG nF schafft wiederum wie § 23 BDSG nF eine **nationale Rechtsgrundlage**. Das Besondere ist, dass hier eine nationale Regelung für den privaten Bereich vorliegt, weil die Datenschutz-Grundverordnung vor allem für den öffentlichen Bereich Öffnungsklauseln vorsieht. Liegt eine Zweckentfremdung vor, kann diese bei nichtöffentlichen Stellen nur auf die Einwilligung gem. Art. 6 Abs. 4 Verordnung oder auf § 24 BDSG aF gestützt werden. Die Vorschrift orientiert sich an den Regelungen der § 28 Abs. 2 Nr. 2 Buchstabe b, § 28 Abs. 2 iVm Abs. 1 Nr. 2 sowie § 28 Abs. 8 S. 1 iVm Abs. 6 Nrn. 1 bis 3 und Abs. 7 S. 2 BDSG aF.[912]

693 Auch § 24 BDSG nF kann nur über Art. 23 DS-GVO in Verbindung mit Art. **6 Abs. 4 DS-GVO** gerechtfertigt werden. Die Rechtfertigung fällt schwerer, weil Art. 23 DS-GVO öffentlich-rechtliche Belange formuliert, ist aber dennoch möglich. § 24 Abs. 1 Nr. 1 DS-GVO wird offensichtlich auf § 23 Abs. 1 lit. c und lit. d DS-GVO und § 24 Abs. 1 Nr. 2 BDSG nF wird auf Art. 23 Abs. 1 lit. j DS-GVO gestützt. Auch hier gilt wieder ein weiter Verarbeitungsbegriff, sodass auch die Weitergabe der Daten von § 24 BDSG nF gedeckt ist, nicht aber der Empfang der Daten.

694 c) **Die Sonderfälle der Bonitätsauskunft und des Scoring.** Auf   die Öffnungsklausel zur Zweckänderung dürfte ich weiter auch § 31 BDSG nF stützen zumindest teilweise. § 31 BDSG nF fasst der Sache nach die Vorgaben von § 28a zu **Auskunfteien** (Abs. 2) und gem. § 28b BDSG aF aF zum **Sconring** (Abs. 1) zusammen. Danach sind der Sache nach Verwendung eines Wahrscheinlichkeitswerts über ein bestimmtes zukünftiges Verhalten einer natürlichen Person zum Zweck der Entscheidung über die Begründung, Durchführung oder Beendigung eines Vertragsverhältnisses mit dieser Person (Scoring) nur zulässig, soweit erstens die Vorschriften des Datenschutzrechts eingehalten wurden, zweitens die zur Berechnung des Wahrscheinlichkeitswerts genutzten Daten unter Zugrundelegung eines wissenschaftlich anerkannten mathematisch-statistischen Verfahrens nachweisbar für die Berechnung der Wahrscheinlichkeit des bestimmten Verhaltens erheblich sind, drittens für die Berechnung des Wahrscheinlichkeitswerts nicht ausschließlich Anschriftendaten genutzt wurden und viertens im Fall der Nutzung von Anschriftendaten die betroffene Person vor Berechnung des Wahrscheinlichkeitswerts über die vorgesehene Nutzung dieser Daten unterrichtet worden ist; die Unterrichtung ist zu dokumentieren.[913] Nach § 31 Abs. 2 BDSG nF dürfen bei gestörten Zahlungsbeziehungen nur „harte Fakten" in die Scoringberechnung eingestellt werden. (sog harte Kriterien), wie Daten über die Konkurseröffnung, die Abgabe der eidesstattlichen Versicherung nach § 807 ZPO oder die Einleitung der Zwangsvollstreckung.[914] Der Sache nach entsprechen die Normen weitgehend dem alten nationalen Recht.

---

[912] BT-Drs. 18/11325, S. 95.
[913] S. zur Frage des „Big data Scoring": *Eschholz* DuD 2017, 180 ff.
[914] OLG Frankfurt MMR 2010, 792 mwN; BGH NJW 1984, 436.

Fraglich ist, inwieweit diese Regelung auf die Gestaltungsmöglichkeiten im **695** Bereich der Zweckänderung zu stützen ist (Art. 6 Abs. 4 DS-GVO). Diese Berufung ist bei Übermittlung an **Auskunftsdateien** grundsätzlich möglich. Dagegen ist sie beim **Scoring** zumindest etwas vereinfacht, weil beim Scoring nicht notwendig eine Zweckentfremdung vorliegen muss. Über die Frage, ob die Auskunfteien und die Scoringwerte dem Schutz wichtiger Ziele des allgemeinen öffentlichen Interesses dienen (Art. 23 Abs. 1 lit. e DS-GVO), lässt sich durchaus streiten. Der Gesetzgeber verweist darauf, dass diese Regelungen dem Schutz des Wirtschaftsverkehrs gewidmet sind und für Betroffene wie auch für die Wirtschaft eine überragende Bedeutung besitzen.[915] Die Ermittlung der Kreditwürdigkeit und die Erteilung von Bonitätsauskünften bilden das Fundament des deutschen Kreditwesens und damit auch der Funktionsfähigkeit der Wirtschaft. Die Konkretisierungsbefugnis des nationalen Gesetzgebers dürfte wohl gerade noch nicht überschritten sein.

Allerdings soll es sich nach einer beachtlichen Gegenansicht bei dieser **696** Norm aber nicht um eine Datenschutznorm, sondern um eine „**Verbraucherschutznorm**" handeln. Dies beruht auf einer grundlegenden Verkennung des Art. 6 DS-GVO. Auch Verbraucherschutznormen, die sich auf Datenverarbeitung beziehen, müssen sich vor Art. 6 DS-GVO rechtfertigen lassen (insbesondere Art. 6 Abs. 1 UAbs. 1 lit. c und e. Falls sie nicht mit Art. 6 Abs. 4 oder Art. 6 Abs. 1 bis 3 DS-GVO vereinbar sind, sind sie datenschutzrechtlich unzulässig. Verbraucherschutz ist nicht per se datenschutzrechtlich neutral).

Bei Daten, die nur auf Zahlungsunwilligkeit bzw -unfähigkeit schließen las- **697** sen, ohne sie **vergleichbar klar zu belegen** (weiche Bonitätsdaten), greift nicht § 31 BDSG nF. Daher kommt es für die Abwägung nach **Art. 6 Abs. 1 UAbs. 1 lit. f DS-GVO** auf den Einzelfall an, gemäß § 31 Abs. 2 S. 2 BDSG nF.[916] Maßgebliche **Kriterien** sind die Seriosität der Daten, deren Aussagekraft, die Methode und die Reichweite für die daraus gezogenen Schlussfolgerungen, sowie insbesondere die Frage, ob das Verhalten der betroffenen Person als Ausdruck seiner Zahlungsunfähigkeit oder Zahlungsunwilligkeit zu deuten ist,[917] und welche Bedeutung das mitgeteilte Merkmal für das Kreditsicherungssystem hat.[918] Allein die Abfrage von Kreditkonditionen dürfte danach kein relevantes Merkmal sein, sondern das Verhalten eines eigenverantwortlichen Verbrauchers (vgl. § 28a Abs. 2 S. 2 BDSG aF). Die Drohung der Datenübermittlung an die SCHUFA darf nicht dazu dienen, Schuldner dahin zu drängen, bestehende Einreden nicht geltend zu machen.[919] Die Darlegungs- und Beweislast für ein berechtigtes Interesse an der Übermittlung trägt das übermittelnde Kreditinstitut.[920]

d) Die Regelung im Anwendungsbereich der JI-RL. Innerhalb des An- **698** wendungsbereiches des § 45 BDSG nF sind die **Grundsätze für die Zweck-**

---

[915] BT-Drs. 18/11325, S. 100.
[916] Vgl. OLG München MMR 2011, 209 m.w.N.
[917] OLG München MMR 2011, 209 m.w.N.
[918] OLG Düsseldorf NJW 2005, 2401.
[919] AG Leipzig MMR 2010, 723.
[920] BGH NJW 1984, 436; OLG Frankfurt a.M. NJW-RR 2008, 1228.

änderung deutlich anders. Art. 4 Abs. 2 JI-RL ist wesentlich verarbeitungsfreundlicher formuliert als Art. 6 Abs. 4 DS-GVO. § 49 BDSG nF setzt dies dahingehend um, dass eine Verarbeitung zu einem anderen Zweck als dem Erhebungszweck zulässig ist, sofern es sich bei dem anderen Zweck um einen der in § 45 BDSG nF genannten Zwecke handelt, der Verantwortliche befugt ist, Daten zu diesem Zweck zu verarbeiten und die Verarbeitung zu diesem Zweck erforderlich und verhältnismäßig ist. Die Verarbeitung personenbezogener Daten zu einem anderen, in § 45 BDSG nF nicht genannten Zweck ist zulässig, wenn sie in einer Rechtsvorschrift vorgesehen ist.

699 § 49 BDSG nF greift von dem Normtext her immer, wenn ein **anderer Zweck** vorliegt und nicht nur, wenn ein mit dem Erhebungszweck inkompatibler Verarbeitungszweck gegeben ist. Damit wird **klargestellt**, dass Verantwortliche Daten so lange und so weit zu anderen Zwecken, als zu denen sie ursprünglich erhoben wurden, verarbeiten dürfen, so lange es sich bei diesen anderen Zwecken um einen der in § 45 BDSG nF genannten Zwecke handelt und diese Verarbeitung erforderlich und verhältnismäßig ist. In der Gesetzesbegründung wird darauf hingewiesen, dass zusätzliche Anforderungen an die Zweckänderung innerhalb der in § 45 BDSG nF genannten Zwecke aufgrund nationalen Verfassungsrechts, wie insbesondere nach dem Grundsatz der hypothetischen Datenneuerhebung bei sensiblen Grundrechteingriffen,[921] in den Fachgesetzen umgesetzt werden sollen.[922] Werden im Bereich der Strafverfolgung und der Gefahrenabwehr wissenschaftliche, archivarische oder statistische Verarbeitungsformen eingesetzt, greift die Sonderbestimmung des § 50 BDSG nF.

III. Zulässigkeit der Verarbeitung besonderer Kategorien personenbezogener Daten

1. Datenkategorien

700 Für das deutsche und letztlich auch das europäische allgemeine Datenschutzrecht ist der Grundsatz prägend, dass es kein „belangloses Datum" gibt.[923] Dementsprechend werden in der DS-GVO wie schon in der DSRL grundsätzlich alle Arten personenbezogener Daten gleichbehandelt. Nur in einem Fall gibt es eine Sonderregelung:[924] Wie schon Art. 8 DSRL stellt Art. 9 DS-GVO die Zulässigkeit der Verarbeitung besonderer Kategorien von Daten unter ein **besonderes, strengeres Rechtsregime**.

701 Zu diesen besonderen Kategorien personenbezogener Daten gehörten schon 1995 Daten, aus denen die rassische und ethische Herkunft, politische Mei-

---

[921] Vgl. BVerfG, Urt. v. 20. April 2016 – 1 BvR 966/09 und 1 BvR 1140/06.

[922] BT-Drs. 18/11325, S. 110.

[923] BVerfGE 65, 1 (45) – Volkszählung.

[924] Kritisch hierzu *Simitis* in Simitis BDSG aF § 3 Rn. 253 und 258; *Dammann/Simitis* DSRL Art. 8 Rn. 3; *Buchner* in Taeger/Gabel BDSG aF § 3 Rn. 58. Politische Optionen abwägend *Art. 29-Gruppe*, Advice paper on special categories of data („sensitive data"), 2011, S. 9 ff.

nungen, religiöse und weltanschauliche Überzeugungen oder die Gewerkschaftszugehörigkeit hervorgeht, sowie Gesundheitsdaten (definiert in Art. 4 Nr. 15 DS-GVO) und Daten über das Sexualleben oder die sexuelle Orientierung eines Menschen (Art. 9 Abs. 1 DS-GVO; § 46 Nr. 14 BDSG nF; Art. 8 Abs. 1 DSRL; § 3 Abs. 9 BDSG aF). Neu hinzugekommen sind biometrische und genetische Daten. Warum gerade diese Datenkategorien? Es handelt sich hierbei um Daten, die mehr oder weniger unveränderlich sind, weil sie für den Betroffenen „identitätsstiftend"[925] sind, ein hohes Diskriminierungspotential aufweisen[926] und auch im Zusammenhang mit anderen Freiheiten des Betroffenen stehen.[927] Hier zeigt sich der menschenrechtliche Ursprung des Schutzes besonderer Kategorien personenbezogener Informationen in Art. 6 Datenschutzkonvention 108 des Europarates, die wiederum an das Diskriminierungsverbot nach Art. 14 EMRK anknüpft.[928]

Biometrische und genetische Daten (Art. 4 Nr. 13 und 14 DS-GVO) zeichnen sich darüber hinaus dadurch aus, dass sie eine eindeutige Identifikation des Betroffenen ermöglichen;[929] biometrische Daten werden dementsprechend nur geschützt, soweit sie genau diesem Zweck dienen (Art. 9 Abs. 1 DS-GVO). Hierzu gehören Fingerabdrücke oder biometrische Daten zur Gesichtserkennung (vgl. ErwGr 53 S. 3 zu entsprechend verarbeiteten Lichtbildern), denkbar sind aber auch Stimmprofile oder individuelle Bewegungsmuster. Die besondere Sensibilität biometrischer Daten rührt nicht nur daraus, dass sie in einer Welt mit immer mehr Sensorik es ermöglichen, einen Einzelnen gezielt aufzufinden; biometrische Daten, insbesondere der Fingerabdruck, erfüllen auch zunehmend die Funktion eines Schlüssels zur Authentifikation (z.B. beim Entsperren des Smartphones). **702**

Der Anwendungsbereich von Art. 9 DS-GVO reicht sehr weit, weil er auch **703** personenbezogene Daten erfasst, aus denen sich Rückschlüsse auf die in Art. 9 Abs. 1 DS-GVO genannten Informationen, den Gesundheitszustand oder die sexuelle Orientierung einer Person ziehen lassen.[930]

Beispiel: Der Besuch einer politischen Versammlung legt einen Schluss auf die politische Einstellung nahe, ebenso der Besuch einschlägiger Lokale auf die sexuelle Orientierung.

Wie weit der Schutz reichen kann und wie schwierig die Grenzziehung ist, **704** zeigt sich an der Definition von „**Gesundheitsdaten**". Gemäß Art. 4 Nr. 15 DS-GVO/§ 46 Nr. 13 BDSG nF fallen alle „Daten, die sich auf die körperliche oder geistige Gesundheit einer natürlichen Person (…) beziehen und aus denen Informationen über ihren Gesundheitszustand hervorgehen". Eindeutig ist die Information, dass sich jemand ein Bein gebrochen hat und krankgeschrie-

---

[925] *Frenzel* in Paal/Pauly DS-GVO Art. 9 Rn. 1.

[926] *Art. 29-Gruppe* Advice paper on special categories of data („sensitive data"), 2011, S. 4.

[927] *Frenzel* in Paal/Pauly DS-GVO Art. 9 Rn. 1.

[928] Kritisch hierzu *Simitis* in Simitis BDSG aF § 3 Rn. 256.

[929] *Jandt* in Roßnagel, Europäische Datenschutz-Grundverordnung, § 4 Rn. 305.

[930] *Frenzel* in Paal/Pauly DS-GVO Art. 9 Rn. 8; zum BDSG aF *Simitis* in Simitis BDSG aF § 3 Rn. 263.

ben ist.[931] Was aber, wenn der Betroffene einen Arzt besucht hat[932] oder im Internet nach einer bestimmten Krankheit gesucht hat? Sagt nicht auch die Tatsache, dass jemand mit einer guten Zeit an einem Marathon teilgenommen hat oder 2400 abrechenbare Stunden als Rechtsanwalt erwirtschaftet kann, etwas über seine Gesundheit aus? Wenn eindeutig ist, dass gesundheitliche Leistungsdaten Gesundheitsdaten sind,[933] was ist dann mit den Daten, die Fitnessarmbänder erheben („Sie sind heute 4945 Schritte gelaufen.")? Die Art. 29-Gruppe nimmt im Fall solcher „Rohdaten" keinen Personenbezug an, soweit eine App nur die Schritte einer Person während eines Spaziergangs zählt; eine Beeinträchtigung der Privatsphäre des Betroffenen sei dann sehr unwahrscheinlich.[934] Dies ändere sich aber, sobald Daten verarbeitet werden, um daraus Rückschlüsse über die Gesundheit des Betroffenen abzuleiten; dann handle es sich um Gesundheitsdaten. Generell schlägt die Art. 29-Gruppe vor, den Zweck der Verarbeitung stärker zu berücksichtigen.[935] Dies entspricht auch der Zielrichtung des Art. 9 DS-GVO, der verhindern soll, dass Betroffene aufgrund ihrer gesundheitlichen Verfassung oder Anlagen diskriminiert werden.

2. Rechtsgrundlagen

705 a) **Dogmatische Grundstruktur.** Art. 9 Abs. 1 DS-GVO legt zunächst ein grundsätzliches Verbot der Verarbeitung der besonderen Kategorien personenbezogener Daten fest. Art. 9 Abs. 2 DS-GVO sieht Ausnahmen vor. Diese sind im Vergleich zum allgemeinen Zulässigkeitsregime nach Art. 6 Abs. 1 DS-GVO erheblich restriktiver. So fehlt es an einer allgemeinen Interessenabwägung, wie sie Art. 6 Abs. 1 UAbs. 1 lit. f DS-GVO vorsieht, oder auch einem allgemeinen Zulässigkeitstatbestand für die Erfüllung von Verträgen (Art. 6 Abs. 1 UAbs. 1 lit. b DS-GVO). Ein Rückgriff auf die allgemeinen Rechtsgrundlagen des Art. 6 DS-GVO scheidet aus, weil dies die hohen Hürden des Art. 9 DS-GVO umgehen würde.[936]

706 Ferner verlangen die einzelnen Zulässigkeitstatbestände häufig zusätzliche Garantien, ohne diese näher zu spezifizieren; dies überlassen sie – teils ausdrücklich – dem nationalen Gesetzgeber. Der deutsche Gesetzgeber hat in § 22 Abs. 2 BDSG nF keine verbindlichen Garantien vorgesehen, sondern nur eine Auflistung möglicher Garantien (zB Verschlüsselung, Pseudonymisierung, Sensibilisierung, spezifische Verfahrensregelungen oder eine Protokollierung der Eingabe, des Abrufs und der Änderung der Daten). Diese Vorgehensweise erlaubt in der Praxis zwar eine große Flexibilität, ist aber nicht unproblema-

---

[931] EuGH EuZW 2004, 245 Rn. 48 ff. – Lindqvist.

[932] Hierfür *Ernst* in Paal/Pauly DS-GVO Art. 4 Rn. 108.

[933] *Frenzel* in Paal/Pauly DS-GVO Art. 9 Rn. 15; *Härting* Datenschutz-Grundverordnung, Rn. 538.

[934] *Art. 29-Gruppe* Letter to Mr Timmers, 5.2.2015, Annex – health data in apps and devices, S. 3; tendenziell weiter Härting, Datenschutz-Grundverordnung, Rn. 539.

[935] *Art. 29-Gruppe* Letter to Mr Timmers, 5.2.2015, Annex – health data in apps and devices, S. 4 f.; ähnlich zu „doppelfunktionalen" Daten; *Frenzel* in Paal/Pauly DS-GVO Art. 9 Rn. 9; weitergehend *Jandt/Hohmann* K&R 2015, 694 (697), die eine hypothetische Möglichkeit der Auswertung für ausreichend halten.

[936] AA *Kühling/Martini et al.* Die DS-GVO und das nationale Recht, S. 54 f.

tisch, da Art. 9 Abs. 2 lit. b, g, h und j DS-GVO verlangen, dass der nationale Gesetzgeber festlegt, welche Garantien zu ergreifen sind.

b) Zulässigkeitstatbestände im Einzelnen. Die Zulässigkeitstatbe- **707** stände des Art. 9 Abs. 2 DS-GVO lassen sich in zwei Gruppen einteilen: Teilweise sind sie unmittelbar anwendbar (lit. a, c, d, e und f), teilweise erfordern sie zusätzlich eine rechtliche Grundlage im europäischen oder nationalen Recht (lit. b, g, h, i und j),[937] die der deutsche Gesetzgeber zB in § 22 BDSG nF vorgesehen hat. Diese Vorgehensweise ist etwas umständlich. Die Tatbestände sind teilweise vollständig ausformuliert, so dass eine spezielle gesetzliche Regelung kaum erforderlich ist.

aa) Ausdrückliche Einwilligung. Die Verarbeitung personenbezogener **708** Daten kann auf eine Einwilligung des Betroffenen gestützt werden, die allerdings – anders als im Fall des Art. 6 Abs. 1 UAbs. 1 lit. a DS-GVO – **ausdrücklich** sein muss (Art. 9 Abs. 2 lit. a DS-GVO). Die Mitgliedstaaten haben hier einen der wenigen echten Gestaltungsspielräume, denn sie können die Einwilligung in die Verarbeitung besonderer Kategorien von personenbezogenen Daten ausschließen oder – als „Minus" und milderem Mittel im Vergleich zum vollständigen Ausschluss – mit zusätzlichen Bedingungen versehen.[938]

Beispiel: Der Gesetzgeber könnte die Einwilligung des Betroffenen in die Verarbeitung von Gesundheitsdaten durch Versicherungen zur Berechnung individueller Tarife ausschließen.

bb) Arbeitsverhältnisse und Sozialversicherungen. Art. 9 Abs. 2 lit. b **709** DS-GVO erlaubt die Verarbeitung besonderer Kategorien personenbezogener Daten im Arbeitsleben, konkret im Kontext des Arbeitsrechts, der sozialen Sicherung und des Sozialschutzes; entsprechende Regelungen enthalten § 22 Abs. 1 Nr. 1 lit. a und § 26 Abs. 3 BDSG nF.

cc) Schutz lebenswichtiger Interessen des Betroffenen oder eines Drit- 710 ten. Die Verarbeitung besonderer Kategorien personenbezogener Daten ist auch zum Schutz lebenswichtiger Interessen des Betroffenen oder eines Dritten zulässig (Art. 9 Abs. 2 lit. c DS-GVO). Anders als im Fall des Art. 6 Abs. 1 UAbs. 1 lit. c DS-GVO ist hier jedoch zusätzlich erforderlich, dass der Betroffene – wie bei einer **mutmaßlichen Einwilligung**[939] – körperlich oder rechtlich nicht in der Lage ist einzuwilligen.

dd) Tendenzbetriebe. Tendenzbetriebe wie Kirchen, Gewerkschaften, **711** Parteien und ihre Sonderorganisationen oder bestimmte Interessengemeinschaften (zB für LGBT-Rechte; Selbsthilfegruppen chronisch Kranker) fallen mit ihrer Verarbeitung der Daten ihrer aktuellen und ehemaligen Mitglieder, Spender und Interessenten in den Anwendungsbereich des Art. 9 Abs. 1 DS-GVO. Die Verarbeitung dieser Daten ist nach Art. 9 Abs. 2 lit. d DS-GVO zulässig, erfordert aber geeignete Garantien. Eine Weitergabe an Dritte außerhalb der Organisation darf nur mit Einwilligung des Betroffenen geschehen.

---

[937] *Jandt* in Roßnagel, Europäische Datenschutz-Grundverordnung, § 4 Rn. 309.
[938] *Kühling/Martini et al.* Die DS-GVO und das nationale Recht, S. 49 f.
[939] *Frenzel* in Paal/Pauly DS-GVO Art. 9 Rn. 29.

712   **ee) Offensichtlich vom Betroffenen veröffentlichte Daten.** Zulässig ist auch die Verarbeitung besonderer Kategorien personenbezogener Daten, wenn der Betroffene sie offensichtlich selbst veröffentlicht hat (Art. 9 Abs. 2 lit. e DS-GVO). In diesem Fall hat der Betroffene sich ähnlich deutlich wie bei einer Einwilligung des datenschutzrechtlichen Schutzes begeben.

    Beispiele: Veröffentlichung in einem sozialen Netzwerk, über Twitter oder auf einer Homepage. Es muss allerdings klar sein, dass der Betroffene die Veröffentlichung autorisiert hat. Eine solche bewusste Entscheidung, etwas öffentlich zu machen, ist nicht gegeben, wenn sich der Betroffene lediglich in der Öffentlichkeit zeigt.[940]

713   Nicht ganz unproblematisch ist, dass keine Rückausnahme vorgesehen ist; es sind Zwecke denkbar, die der Betroffene möglicherweise nicht bedacht hat und die in keinem Zusammenhang mit dem ursprünglichen Zusammenhang der Veröffentlichung stehen. Zumindest vom Wortlaut her ist keine Korrektur durch entgegenstehende Interessen des Betroffenen vorgesehen.

    Beispiel: Analyse der Postings in sozialen Netzwerken durch Krankenkassen oder Auskunfteien.

714   **ff) Rechtsverfolgung und Gerichte.** Art. 9 Abs. 2 lit. f DS-GVO ermöglicht die Verarbeitung besonderer Kategorien personenbezogener Daten zur gerichtlichen, behördlichen und außergerichtlichen (ErwGr 52 S. 3 DS-GVO) **Rechtsverfolgung** sowie durch **Gerichte** im Rahmen ihrer spruchrichterlichen („justiziellen") Tätigkeit.

715   **gg) Erhebliches öffentliches Interesse.** Art. 9 Abs. 2 lit. g DS-GVO enthält die wichtigste Verarbeitungsgrundlage für den öffentlichen Bereich. Voraussetzung ist hier neben einer gesetzlichen Grundlage, welche die allgemeinen Grenzen der Verhältnismäßigkeit und des Wesensgehalts des Rechts auf Datenschutz wahrt, und angemessenen Garantien ein erhebliches öffentliches Interesse, das die Verarbeitung der Daten erfordert. Anders als im Rahmen des Art. 6 Abs. 1 UAbs. 1 lit. e DS-GVO reicht daher nicht jedes öffentliche Interesse aus.

716   Eine allgemeine Rechtsgrundlage für die Verarbeitung durch öffentliche Stellen wegen eines erheblichen öffentlichen Interesse hat der Gesetzgeber in § 22 Abs. 1 Nr. 2 BDSG nF geschaffen: Gemäß § 22 Abs. 1 Nr. 2 lit. a BDSG nF muss die Verarbeitung aus Gründen eines erheblichen öffentlichen Interessens erforderlich sein und im konkreten Fall gegenüber den Interessen der betroffenen Person überwiegen. Dieser Auffangtatbestand wird in den anderen Alternativen der § 22 Abs. 1 Nr. 2 lit. b bis d BDSG nF (Abwehr einer erheblichen Gefahr für die öffentliche Sicherheit; zur Abwehr erheblicher Nachteile für das Gemeinwohl oder zur Wahrung erheblicher Belange des Gemeinwohls; Verteidigung, internationale Krisenbewältigung, Konfliktverhinderung oder humanitäre Maßnahmen) lediglich konkretisiert. Allerdings ist zweifelhaft, ob die Rechtsgrundlagen bestimmt genug sind und ausreichende Garantien enthalten, um die Verarbeitung genetischer und biometrischer Daten (zB Fingerabdrücke oder DNA-Proben zu rechtfertigen, → Rn. 722).

---

[940] *Brühann* in Grabitz/Hilf Recht der EU RL 95/46/EG Art. 8 Rn. 15.

hh) Individuelle Gesundheitsversorgung und Sozialvorsorge. Art. 9 **717**
Abs. 2 lit. h DS-GVO i.V.m. § 22 Abs. 1 Nr. 1 lit. b BDSG nF ermöglicht die
Verarbeitung besonderer Kategorien personenbezogener zum Zwecke der individuellen Gesundheitsversorgung und Sozialvorsorge; die Basis hierfür
kann eine gesetzliche Grundlage oder ein Vertrag mit einem Angehörigen eines Gesundheitsberufs (z.B. einem Arzt) sein. Generell dürfen die Daten zu
diesen Zwecken nur von Berufsgeheimnisträgern oder Personen verarbeitet
werden, die einer andere Gemeinhaltungspflicht unterliegen (Art. 9 Abs. 3
DS-GVO). Nicht erfasst von dieser Ausnahme sind nach bisheriger Lesart des
weitgehend wortgleichen Art. 8 Abs. 3 DSRL **private Krankenversicherungen**;[941] dies kann in der Praxis zu Problemen führen, wenn die Freiwilligkeit
der Einwilligung fraglich ist, weil der Betroffene auf den Abschluss der Versicherung angewiesen ist und die Bedingungen der Datenverarbeitung Bran-
chenstandards folgen (→ Rn. 174). Es ist daher im Moment nicht ersichtlich,
auf welcher Rechtsgrundlage die Datenverarbeitung durch private Krankenversicherungen erfolgen soll, da Art. 9 Abs. 2 DS-GVO auch keine Befugnis
zur Verarbeitung zur Erfüllung eines Vertrages – vergleichbar Art. 6 Abs. 1
UAbs. 1 lit. b DS-GVO – enthält.

ii) Öffentliche Gesundheit. Zulässig ist auf einer entsprechenden gesetz- **718**
lichen Grundlage die Verarbeitung, soweit sie für Zwecke der öffentlichen Gesundheit erforderlich ist (Art. 9 Abs. 2 lit. i DS-GVO); § 22 Abs. 1 Nr. 1 lit. c
BDSG nF enthält die entsprechende Rechtsgrundlage im nationalen Recht.
Zur öffentlichen Gesundheit gehört neben dem Schutz vor Pandemien und
ähnlich schwerwiegenden Erkrankungen die Gewährleistung der Qualitäts-
und Sicherheitsstandards in der Gesundheitsbranche sowie bei Arzneimitteln
und Medizinprodukten. Vorgeschrieben sind auch hier angemessene Garantien, u.a. die Einhaltung des Berufsgeheimnisses, wie Art. 9 Abs. 2 lit. i DS-
GVO hervorhebt, und eine strenge Zweckbindung durch das Verbot, dass
Dritte, namentlich Arbeitgeber, Versicherungen oder Finanzunternehmen
diese Daten zu anderen Zwecken nutzen (ErwGr 54 S. 3 DS-GVO).

**jj) Archive, Statistik sowie wissenschaftliche und historische For- 719
schung.** Auf einer gesetzlichen Grundlage, die „angemessene und spezifische Maßnahmen zur Wahrung der Grundrechte und Interessen" der Betroffenen beinhaltet, ist auch die Verarbeitung zulässig, soweit sie für die Zwecke
des Art. 89 Abs. 1 DS-GVO (Archive, Statistik, historische und wissenschaftliche Forschung) erforderlich ist (Art. 9 Abs. 2 lit. j DS-GVO; ausführlich →
Rn. 1346 ff.).
Entsprechende gesetzliche Grundlagen hat der deutsche Gesetzgeber in **720**
§ 27 Abs. 1 und § 28 Abs. 1 BDSG nF geschaffen, wobei er auch hier nur teilweise näher bestimmt hat, welche Garantien vorzusehen sind, sondern auf die
Beispiele des § 22 Abs. 2 BDSG nF verweist. Im Vergleich zu Art. 9 Abs. 2
lit. j DS-GVO hat der Gesetzgeber für die Verarbeitung für wissenschaftliche,
historische und statistische Zwecke eine etwas strengere Abwägung vorgese-

---

[941] Zu Art. 8 Abs. 3 DSRL *Art. 29-Gruppe* Advice paper on special categories of
data („sensitive data"), 2011, S. 9; *Simitis* in Simitis BDSG aF § 28 Rn. 317 m.w.N.;
anders zur neuen Rechtslage *Schulz* in Gola DS-GVO Art. 9 Rn. 30.

hen, weil diese Zwecke gegenüber den Interessen der betroffenen Person erheblich überwiegen müssen (§ 22 Abs. 1 S. 1 BDSG nF). Weitere Garantien sieht § 27 Abs. 3 BDSG nF vor (in Anlehnung an § 40 Abs. 2 BDSG aF, der aber für alle personenbezogene Daten galt): Nach § 27 Abs. 3 S. 1 BDSG nF besteht – ähnlich wie schon nach Art. 89 Abs. 1 DS-GVO – eine Pflicht zur Anonymisierung im Falle einer Verarbeitung für Zwecke der Statistik sowie der wissenschaftlichen und historischen Forschung, sofern dies mit dem Forschungs-[942] oder Statistikzweck vereinbar ist und die Interessen der betroffenen Person der Anonymisierung nicht entgegenstehen (zB wenn die betroffene Person ein Interesse an den Ergebnissen medizinischer Forschung hat). Bis zur Anonymisierung sind besondere Kategorien personenbezogener Daten zu pseudonymisieren, indem die Daten und die Zusatzinformationen zur Identifikation der betroffenen Personen getrennt aufbewahrt werden; sie dürfen nur zusammengeführt werden, wenn dies zu Zwecken der Statistik und Forschung erforderlich ist (§ 27 Abs. 3 S. 2 und 3 BDSG nF).

721   **c) Nationale Regelungsspielräume für genetische und biometrische Daten sowie Gesundheitsdaten.** Eine Besonderheit in der DS-GVO ist, dass die Mitgliedstaaten für die Verarbeitung genetischer und biometrischer Daten sowie von Gesundheitsdaten zusätzliche Bedingungen einführen können (Art. 9 Abs. 4 DS-GVO). Dies legt nahe, dass sie vom Datenschutzniveau der DS-GVO „nach oben" abweichen dürfen, z.b. um die Verarbeitung genetischer Daten durch Versicherungen oder Arbeitgeber im Vergleich zu Art. 9 Abs. 2 einschränken (vgl. §§ 18, 19 GenDG). Allerdings betont ErwGr 53 S. 5 DS-GVO, hierdurch dürfe nicht der grenzüberschreitende freie Datenverkehr beeinträchtigt werden. Bereits unterschiedliche nationale Regelungen lösen bei ausländischen Verantwortlichen einen Anpassungsbedarf aus und haben so einen negativen Einfluss auf den freien Datenverkehr. Es spricht daher viel dafür, dass Regelungen, die auf der Basis des Art. 9 Abs. 4 DS-GVO erlassen werden, nur für inländische Verantwortliche gelten dürfen.

722   **d) Rechtsgrundlagen im Anwendungsbereich der JI-RL.** In Umsetzung von Art. 10 JI-RL enthält § 48 Abs. 1 BDSG nF eine Erlaubnis für die Verarbeitung besonderer Kategorien von Daten für die Zwecke der JI-RL. Voraussetzung ist lediglich, dass die Verarbeitung dieser Datenkategorien für die Aufgabenerfüllung unbedingt erforderlich sein muss. Nach § 48 Abs. 1 S. 2 BDSG nF müssen geeignete Garantien zum Schutz der betroffenen Person vorgesehen werden. Welche Garantien dies aber sein sollen, lässt der Gesetzgeber auch hier offen und nennt – wie in § 22 Abs. 2 BDSG nF für den Bereich der DS-GVO – Beispiele und überlässt es den zuständigen Behörden festzulegen, welche Garantien angemessen sind. Dies ist aufgrund der Grundrechtsrelevanz der Verarbeitung sensibler Daten sehr problematisch. So ist es beispielsweise zweifelhaft, ob biometrische oder genetische Daten zur Identifikation auf der Basis von § 48 Abs. 1 BDSG nF verarbeitet werden können. Sowohl der

---

[942] Differenzierte Darstellung nach Forschungstypen bei *Simitis* in Simitis BDSG aF § 40 Rn. 67 ff.

EuGH[943] als auch der EGMR[944] verlangen, dass der Gesetzgeber „spezifische Garantien" vorsehen muss, um eine falsche oder missbräuchliche Verwendung zu verhindern. Ferner werden auch spezifische Vorgaben hinsichtlich der Verarbeitungsvoraussetzungen und Speicherdauer festzulegen sein.

IV. Verarbeitung von personenbezogenen Daten über strafrechtliche Verurteilungen und Straftaten

Keine besondere Kategorie personenbezogener Daten sind Daten über straf- **723** rechtliche Verurteilungen, Straftaten und damit zusammenhängende Sicherungsmaßregeln. Diesen Informationen wohnt einerseits die Gefahr einer Stigmatisierung inne, welche die Resozialisierung des Betroffenen empfindlich behindern kann (z.b. Websites über ehemalige Straftäter in der Nachbarschaft). Andererseits gibt es ein nachvollziehbares Interesse privater und öffentlicher Stellen, diese Informationen zu verarbeiten (z.b. durch potentielle Arbeitgeber oder im Rahmen der Zulassung zu einem bestimmten Gewerbe oder Beruf).

Art. 10 S. 1 DS-GVO unterwirft wie schon Art. 8 Abs. 5 DSRL diese Daten **724** nicht dem engen Regelungsregime des Art. 9 DS-GVO; die Zulässigkeit der Verarbeitung richtet sich grundsätzlich nach Art. 6 Abs. 1 DS-GVO. Allerdings muss die Verarbeitung unter behördlicher Aufsicht geschehen. Soll sie – etwa durch einen potentiellen Arbeitgeber – unabhängig von einer behördlichen Aufsicht erfolgen, ist hierfür eine gesetzliche Grundlage im nationalen Recht oder im Unionsrecht erforderlich; diese Rechtsgrundlage muss als Kompensation für die fehlende behördliche Aufsicht[945] andere geeignete Garantien vorsehen. Art. 10 S. 2 DS-GVO begrenzt den Umfang dieser Ausnahme allerdings wieder: Ein umfassendes Register strafrechtlicher Verurteilungen darf aufgrund des hohen Risikopotentials immer nur unter behördlicher Aufsicht geführt werden (zB Bundeszentralregister); hierdurch wird verhindert, dass die speziellen Regelungen zur Führung von Strafregistern, insbesondere zur Löschung von Verurteilungen, durch private Register umgangen werden können.[946]

Im Rahmen der Novellierung des BDSG hat der deutsche Gesetzgeber – **725** wie schon bisher im BDSG – keine speziellen Regelungen vorgesehen, welche die Verarbeitung dieser personenbezogenen Daten unabhängig von einer staatlichen Aufsicht unter speziellen Garantien erlauben.

Die JI-RL enthält keine speziellen Regelungen für die Verarbeitung von Da- **726** ten über strafrechtliche Verurteilungen und Straftaten. Da die Datenverarbeitung hier immer durch eine Behörde geschieht, ist eine ausreichende Aufsicht über die Verarbeitung dieser Daten im Anwendungsbereich der JI-RL immer gewährleistet.

---

[943] EuGH ZD 2013 608 Rn. 55 – Schwarz./.Stadt Bochum.
[944] EGMR NJOZ 2010, 696 § 103 – S. und Marper ./. UK; NJOZ 2014, 1279 § 30 – M.K. ./. Frankreich.
[945] *Frenzel* in Paal/Pauly DS-GVO Art. 10 Rn. 10.
[946] *Brühann* in Grabitz/Hilf Recht der EU RL 95/46/EG Art. 8 Rn. 22.

V. Verbot automatisierter Einzelfallentscheidungen und Profiling

1. Regelungsgegenstand

727 Das Verbot automatisierter Einzelfallentscheidung gemäß Art. 22 DS-GVO (zuvor Art. 15 DSRL/§ 6a BDSG aF) fällt von seinem Regelungsgegenstand und seiner Schutzrichtung im Vergleich zu anderen Regelungen der DS-GVO aus dem Rahmen. Art. 22 Abs. 1 DS-GVO verbietet es grundsätzlich, dass Entscheidungen, die eine Person erheblich beeinträchtigen, allein auf der Basis einer automatisierten Verarbeitung (einschließlich Profiling) getroffen werden. Auffällig ist zunächst, dass also nicht die Datenverarbeitung selbst geregelt wird, sondern die Ergebnisse und Folgen, die sich aus ihr ergeben. Primärer Anknüpfungspunkt ist das Verhältnis zwischen **Mensch und Maschine**: Eine Maschine soll allein keine wichtige Entscheidung über einen Menschen treffen; die (Letzt-)Entscheidung muss bei einem Menschen liegen. Hierdurch soll gewährleistet werden, dass eine „Person nicht zum bloßen Objekt von Computersystemen degradiert"[947] und die „Individualität des Einzelnen nicht negiert wird"[948].

728 Art. 22 DS-GVO ist hochaktuell, denn die Regelung greift – wenn auch recht unvollkommen – die Regelungsprobleme auf, die sich durch den Einsatz von **Algorithmen** stellen.

Algorithmen sind letztlich nur Rechenoperationen, die heute vielfältig Anwendung finden, z.B. im Zusammenhang mit personalisierter Werbung, Kaufempfehlungen, Bonitätswertungen (z.B. durch die SCHUFA), Routenberechnungen des Navigationsgeräts, etc. Die Bandbreite ist aber noch erheblich größer; einige weitere Beispiele: Algorithmen können aber auch helfen, die Muster betrügerischer Kreditkartenabrechnungen oder gefälschter Rechnungen oder im Rahmen intelligenter Videoüberwachung verdächtiges Verhalten zu identifizieren.[949] Hoch entwickelte Algorithmen erstellen sogar ein komplettes Persönlichkeitsprofil; ausreichend ist die Analyse eines zehnminütigen Telefonats durch Auswertung von Faktoren wie Stimme, Wortwahl und anderer Faktoren.[950] Algorithmen können sich durch **maschinelles Lernen** weiterentwickeln. Solche „intelligenten" Systeme können z.B. ihre eigenen Ergebnisse überprüfen und anhand ihrer „Erfahrungen" verbessern, indem sie etwa neue Zusammenhänge erkennen und zukünftig berücksichtigen.[951] Damit aber werden die Entscheidungen, die Algorithmen treffen, immer schwerer vorherzusagen und nachzuvollziehen.[952] Mit anderen Worten: „Sie tun etwas, und tun das vielleicht sogar sehr gut. Aber warum? Weiß man nicht."[953]

---

[947] *Dammann/Simitis* DSRL Art. 15 Rn. 2.

[948] *Mackenthun* in Taeger/Gabel BDSG aF § 6a Rn. 1.

[949] Hierzu *Spiecker gen. Döhmann* K&R 2014, 549 (551).

[950] *Geuter* Machines Of Loving Grace/Algorithmen sind keine guten Personenvermittler in WIRED v. 28.5.2015, abrufbar unter https://www.wired.de/collection/tech/auch-die-schlausten-computer-lernen-nur-vom-menschen.

[951] Ausführlich *Stiemerling* CR 2015, 762 (763 ff.); *Gleß/Weigend* ZStW 126 (2014) 561 (563 f.).

[952] *Gleß/Weigend* ZStW 126 (2014) 561 (564); *Stiemerling* CR 2015, 762 (764).

[953] *Geuter* Machines Of Loving Grace/Algorithmen sind keine guten Personenvermittler in WIRED v. 28.5.2015, abrufbar unter https://www.wired.de/collection/tech/auch-die-schlausten-computer-lernen-nur-vom-menschen.

Schantz

Ergebnisse, die auf statistischen Berechnungen und Algorithmen beruhen, **729** haben häufig den Nimbus einer erhöhten Objektivität und Präzision.[954] Es besteht daher die Gefahr, dass der Betroffene einer solchen Entscheidung hilflos gegenübersteht. Diese kafkaeske Situation kann nur vermieden werden, wenn er eine Möglichkeit hat, eine **Überprüfung** einer automatisierten Einzelfallentscheidung zu verlangen. Um eine Entscheidung überzeugend in Frage stellen zu können, muss ein ausreichendes Maß an **Transparenz** sichergestellt sein. Schließlich ist zu verhindern, dass Algorithmen – gewollt oder ungewollt – Menschen aufgrund bestimmter Merkmale **diskriminieren** und ein Mindestmaß an nach **Nachprüfbarkeit** aufweisen.[955]

2. Abgrenzung: Profilings und Bildung von Persönlichkeitsprofilen

a) Profiling. Art. 22 DS-GVO reguliert nur gewisse Entscheidungen, die **730** auf der Basis automatisierter Datenverarbeitungsvorgänge getroffen werden, nicht aber die vorgelagerten Phasen der Datensammlung und -auswertung. Häufig findet hier Profiling statt, das Art. 4 Nr. 4 DS-GVO definiert als

„jede Art der automatisierten Verarbeitung personenbezogener Daten, die darin besteht, dass diese personenbezogenen Daten verwendet werden, um bestimmte persönliche Aspekte, die sich auf eine natürliche Person beziehen, zu bewerten, insbesondere um Aspekte bezüglich Arbeitsleistung, wirtschaftliche Lage, Gesundheit, persönliche Vorlieben, Interessen, Zuverlässigkeit, Verhalten, Aufenthaltsort oder Ortswechsel dieser natürlichen Person zu analysieren oder vorherzusagen;"

Entscheidend für ein Profiling ist danach die Zielsetzung, den Betroffenen **731** zu bewerten und insbesondere sein Verhalten, seine Potentiale oder seine Neigungen und Interessen zu bewerten und zu analysieren. Typische Beispiele hierfür sind die Analyse des Verhaltens im Internet (Webtracking) sowie das Scoring durch Auskunfteien und Versicherungen, welches bisher in § 28b BDSG aF geregelt war und sich zukünftig in § 31 Abs. 1 BDSG nF findet. Der Unionsgesetzgeber hat sich entschieden, Profiling zwar zu definieren und an verschiedenen Stellen der DS-GVO zu erwähnen; so auch in Art. 22 Abs. 1 DS-GVO als Beispiel für eine automatisierte Verarbeitung. Rechtsfolgen werden an das Vorliegen von Profiling aber nicht geknüpft; eine Ausnahme findet sich nur in ErwGr 71 UAbs. 2 DS-GVO (→ Rn. 748 ff.).[956] Profiling wird vielmehr – wie ErwGr 72 DS-GVO klarstellt – als „normale" Form der Datenverarbeitung eingestuft.

---

[954] So schon die Begründung des Kommissionsentwurfs zur Vorgängerregelung in Art. 15 DSRL: „Das von der Maschine gelieferte Ergebnis, die immer höher entwickelte Software und Expertensysteme zugrundelegt, hat einen scheinbar objektiven und unbestreitbaren Charakter, dem der menschliche Entscheidungsträger übermäßige Bedeutung beimessen kann, wenn er seiner Verantwortung nicht nachkommt." (zitiert nach Dammann/Simitis, DSRL, Art. 15 vor Rn. 1.

[955] Vgl. *Härting* CR 2014, 528 (631 f.); *Thode* PinG 2015, 1 (7).

[956] Kritisch dazu Konferenz der Datenschutzbeauftragten des Bundes und der Länder Datenschutzrechtliche Kernpunkte für die Trilogverhandlungen zur Datenschutz-Grundverordnung v. 15.8.2015, 10 f.

Das Europäische Parlament hatte zwar ein Widerspruchsrecht gegen Profiling vorgeschlagen (Art. 20 Abs. 1 EP-E); es konnte sich aber gegen Rat und Kommission nicht durchsetzen, die lediglich das Verbot automatisierter Einzelfallentscheidungen, die erhebliche Auswirkungen auf den Betroffenen haben, fortführen wollten.

732   **b) Bildung von Persönlichkeitsprofilen.** Vom Profiling ist die Bildung von Persönlichkeitsprofilen zu unterscheiden. Während beim Profiling die Bewertung des Betroffenen charakteristisch ist, gibt bei der Bildung von Persönlichkeitsprofilen vor allem die Breite der gesammelten Informationen Anlass zur Sorge. Ausgangspunkt ist die Rechtsprechung des BVerfG, wonach eine vollständige Erfassung eines Menschen[957] oder seine lückenlose Überwachung über einen längeren Zeitraum[958] mit der Menschenwürde nicht vereinbar sei; ohne einen entsprechenden Freiraum von äußerer Einsichtnahme kann er, so das BVerfG, sich nicht frei vom „psychischen Druck öffentlicher Anteilnahme"[959] entfalten. Aber auch schon vor der vollständigen Erfassung einer Person sah das BVerfG die Gefahr, dass personenbezogene Daten „mit anderen Datensammlungen zu einem teilweise oder weitgehend vollständigen Persönlichkeitsbild zusammengefügt werden, ohne daß der Betroffene dessen Richtigkeit und Verwendung zureichend kontrollieren kann."[960] Eine zusätzliche Gefahr durch die Zusammenführung einer Menge von Daten über eine Person besteht ferner darin, dass aus den zusammengeführten Daten zusätzliche Erkenntnisse über den Betroffenen gezogen werden können.[961] Gerade diese Befürchtung ist angesichts der Möglichkeit, durch Big Data-Anwendungen typische Verhaltensweisen und Korrelationen aufzudecken, aktueller denn je.

733   Die DS-GVO greift diese Problematik nicht auf. Anders aber der EuGH in der Rechtssache *Google Spain*: Er maß der Verarbeitung der Daten durch den Internetsuchmaschinenbetreiber Google im Rahmen der Interessenabwägung nach Art. 7 lit. f DSRL (jetzt: Art. 6 Abs. 1 UAbs. 1 lit. f DS-GVO) eine besondere Schwere bei,

„da diese Verarbeitung [eine Suche nach dem Namen einer Person, Verf.] es jedem Internetnutzer ermöglicht, mit der Ergebnisliste einen strukturierten Überblick über die zu der betreffenden Person im Internet zu findenden Informationen zu erhalten, die potenziell zahlreiche Aspekte von deren Privatleben betreffen und ohne die betreffende Suchmaschine nicht oder nur sehr schwer hätten miteinander verknüpft werden können, und somit ein mehr oder weniger detailliertes Profil der Person zu erstellen."[962]

734   Die Bildung eines Persönlichkeitsprofils wie auch die Auswertung größerer Datenbestände über den Betroffenen ist daher generell bei der Abwägung nach Art. 6 Abs. 1 UAbs. 1 lit. f DS-GVO als besonders hohe Gefährdung der Interessen des Betroffenen zu berücksichtigen.

---

[957] BVerfGE 27, 1 (6) – Mikrozensus; 65, 1 (42 f.) – Volkszählung.
[958] BVerfGE 109, 279 (323) – Lauschangriff.
[959] BVerfGE 27, 1 (6 f.) – Mikrozensus.
[960] BVerfGE 65, 1 (43 f.) – Volkszählung.
[961] *Roßnagel/Pfitzmann/Garstka* Modernisierung des Datenschutzrechts, S. 118 f.
[962] EuGH NJW 2015, 2257 Rn. 80 – Google Spain.

3. Reichweite des Verbots automatisierter Einzelfallentscheidungen

Das Recht, gemäß Art. 22 Abs. 1 DS-GVO keinen automatisierten Einzel- **735** fallentscheidungen unterworfen zu werden, hängt von drei Voraussetzungen ab: (1.) Die Entscheidung muss ausschließlich auf einer automatisierten Verarbeitung beruhen und muss (2.) gegenüber dem Betroffenen rechtliche Wirkungen entfalten oder ihn in anderer Weise erheblich beeinträchtigen. Schließlich darf (3.) keine Ausnahme nach Art. 22 Abs. 2 DS-GVO vorliegen.

a) Ausschließlich auf einer automatisierenden Verarbeitung beru- 736 hende Entscheidung. Art. 22 Abs. 1 DS-GVO ist nur anwendbar, wenn die Entscheidung *ausschließlich* auf einer automatisierten Verarbeitung beruht, z.B. auf einem Bonitätsscoring der SCHUFA. Es reicht nicht aus, wenn die automatisierte Verarbeitung lediglich die Entscheidungsgrundlage ist[963] oder überwiegendes Kriterium für die Entscheidung.[964] Hierin zeigt sich der Schutzzweck des Art. 22 Abs. 1 DS-GVO: Die **Letztentscheidung soll bei einem Menschen liegen**. Was aber, wenn der Bearbeiter – wie in der Praxis häufig – gar keinen Entscheidungsspielraum hat („Der Computer sagt: Nein.")? Wenn der Bearbeiter bei einem bestimmten Ergebnis der automatisierten Verarbeitung, z.B. bei einem bestimmten Scorewert (sog. **Cut-off-Score**), keine andere Entscheidung treffen kann oder darf, ist seine Rolle darauf beschränkt, das von der automatisierten Verarbeitung bestimmte Ergebnis zu verkünden; seine Entscheidung stützt sich daher ausschließlich darauf.[965]

Rechtspolitisch zeigt sich hier die Unzulänglichkeit des Ansatzes. Automatisierte Datenverarbeitungen prägen die Entscheidung auch dann, wenn dem Bearbeiter ein Entscheidungsspielraum zusteht. Die automatisierte Verarbeitung wird vielfach die Entscheidung nicht nur für den Bearbeiter vorprägen, weil ihr ein hohes Maß an Objektivität und Überzeugungskraft zumessen wird. Gleiches wird für das Umfeld des Bearbeiters gelten, so dass er „auf der sicheren Seite" sein wird, wenn er dem Entscheidungsvorschlag folgt.

b) Rechtliche Wirkungen oder ähnlich erhebliche Beeinträchtigungen 737 für den Betroffenen. Art. 22 Abs. 1 DS-GVO soll nur negative Entscheidungen von einigem Gewicht für den Betroffenen erfassen. Klassische Fälle hierfür sind die Ablehnung des Abschlusses eines Kreditvertrags (vgl. ErwGr 71 UAbs. 1 S. 1 DS-GVO),[966] dessen Kündigung oder andere Fälle, in denen Bewerbern ein Vertragsabschluss versagt wird (z.B. ein Mobilfunk- oder Versicherungsvertrag). Erhebliche negative Auswirkungen auf den Betroffenen haben ferner das automatisierte „Aussieben" von Bewerbern für eine Stelle oder

---

[963] BGHZ 200, 38 Rn. 34 – SCHUFA m.w.N.

[964] *Roßnagel/Nebel/Richter* ZD 2015, 455 (459) mit Verweis auf Art. 20 Abs. EP-E, wonach es ausreichte, wenn die Entscheidung überwiegend auf den automatisierten Verarbeitung beruht.

[965] *Scholz* in Simitis BDSG aF § 6a Rn. 15; *Mackenthun* in Taeger/Gabel BDSG aF § 6a Rn. 17.

[966] *Brühann* in Grabitz/Hilf Recht der EU Art. 15 RL 95/46/EG Rn. 4; *Schulz* in Gola DS-GVO Art. 22 Rn. 14 und 16.

einen Studienplatz[967] sowie alle anderen Maßnahmen, die das berufliche Fort-kommen betreffen. Personalisierte Werbung, einer der häufigsten Fälle des Pro-filings, erfüllt dieses Kriterium nicht.[968] Vielfach dürfte die Beurteilung vom Einzelfall abhängen, z.b. im Falle individueller Preise von der Höhe der Ab-weichung vom Marktpreis, der anderweitigen Verfügbarkeit der Ware und wie stark der Betroffene auf den Erhalt der Ware oder Dienstleistung angewiesen ist.[969]

738   Behördliche Entscheidungen, z.b. automatisierte Steuerbescheide,[970] oder – prospektiv gedacht – die automatische Aufnahme eines Betroffenen auf eine „No-Fly-List" oder eine Kontrolle der Identität durch die Polizei wegen auffäl-ligen Verhaltens dürften bereits aufgrund ihrer unmittelbaren Grundrechtsrele-vanz eine erhebliche Beeinträchtigung für den Betroffenen bedeuten.

739   **c) Ausnahmen.** Das Recht, keinen Entscheidungen unterworfen zu wer-den, die ausschließlich auf automatisierten Verarbeitungen beruhen und für den Betroffenen erhebliche Auswirkungen haben, gilt in zwei Fällen gemäß Art. 22 Abs. 2 DS-GVO nicht:

– wenn der Betroffene ausdrücklich **eingewilligt** hat, einer automatisierten Einzelfallentscheidung unterworfen zu werden (lit. c),[971] oder
– wenn die automatisierte Entscheidung für den Abschluss oder die Erfüllung eines **Vertrags** zwischen dem Betroffenen und dem Verantwortlichen erfor-derlich ist (lit. a.).

Beispiele: Bonitätseinschätzung vor dem Abschluss eines Vertrags mit Kreditele-menten (d.h. auch wenn der Verantwortliche wie beim „Kauf auf Rechnung" in Vorleis-tung geht), die Identifikation von Betrugsversuchen durch Kreditkartenunternehmen, die vollautomatisierte Bearbeitung von Erstattungsanträgen durch eine private Kran-kenversicherung.

740   Der Verantwortliche muss nach Art. 22 Abs. 3 DS-GVO geeignete Garan-tien zum Schutz des Betroffenen vorsehen. Hierzu gehört als Mindeststandard, dass es dem Betroffenen möglich ist, eine **Überprüfung** der Entscheidung herbeizuführen, indem er verlangen kann, dass eine Person eingreift, er seinen Standpunkt darlegen und das Ergebnis der automatisierten Einzelfallentschei-dung wirksam anfechten kann. Es bleibt jedoch bei einem Verbot automati-sierter Einzelfallentscheidungen, soweit hiervon **Kinder** betroffen sind (ErwGr 71 DS-GVO).

741   Die Mitgliedstaaten und die EU dürfen automatisierte Einzelfallentschei-dungen in weiteren Fällen gesetzlich zulassen (Art. 22 Abs. 2 lit. c DS-GVO). Wenn sie aber von dieser **Öffnungsklausel** Gebrauch machen, müssen sie ge-

---

[967] *Dammann/Simitis* DSRL Art. 15 Rn. 5.

[968] Vgl. *Martini* in Paal/Pauly DS-GVO Art. 20 Rn. 23; *Buchner* in Kühling/Buch-ner DS-GVO Art. 22 Rn. 26. Weigl CR 2016, 102 (107): zur früheren Rechtlage *Dam-mann/Simitis* DSRL Art. 15 Rn. 5 mit Verweis auf die Begründung des Kommissions-entwurfs; aA *Scholz* in Simitis BDSG aF § 6a Rn. 31.

[969] Pauschal ablehnend *Dammann* ZD 2016, 307 (312 f.).

[970] Hierzu *Martini* in Paal/Pauly DS-GVO Art. 20 Rn. 7.

[971] *Piltz* K&R 2016, 629 (636) weist zu Recht auf den missverständlichen Wortlaut hin, der sich auf die Entscheidung, also das Ergebnis zu beziehen scheint.

setzlich ausreichende Schutzmaßnahmen zugunsten des Betroffenen vorsehen. Ferner erlaubt Art. 23 Abs. 1 DS-GVO (→ Rn. 1187 ff.) die Einschränkung von Art. 22 Abs. 1 DS-GVO.

Der deutsche Gesetzgeber hat automatisierte Einzelentscheidungen in **742** zwei Fällen **ausschließlich für Versicherungsverträge** zugelassen: Erstens soll eine automatisierte Einzelentscheidung zulässig sein, wenn dem Begehren des Betroffenen stattgegeben wurde (§ 37 Abs. 1 Nr. 1 BDSG nF). Diese Ausnahme ist bei genauer Betrachtung überflüssig, da das Verbot des Art. 22 Abs. 1 DS-GVO nach seinem Sinn und Zweck sowie nach seinem Wortlaut („erheblich beeinträchtigen") die betroffene Person nur vor negativen Entscheidungen durch eine Maschine schützen will. Zweitens soll eine automatisierte Entscheidung zulässig sein, wenn die Entscheidung auf der Anwendung verbindlicher Entgeltregelungen beruht (§ 37 Abs. 1 Nr. 2 BDSG nF). Hierdurch soll privaten Krankenversicherungen ermöglicht werden, automatisiert Kostenerstattungsanträge bearbeiten zu können.[972] Der Verantwortliche muss den Interessen des Betroffenen – wie auch Art. 22 Abs. 3 DS-GVO für die in der DS-GVO selbst enthaltenen Ausnahmen vorsieht – die Möglichkeit auf Eingreifen eines Menschen und die Darlegung des eigenen Standpunkts ermöglichen.

4. Transparenz der automatisierten Einzelentscheidung

Damit der Betroffene die Entscheidung überhaupt überzeugend in Fragen **743** stellen kann, muss er wissen, wie sie zustande gekommen ist. Der Verantwortliche ist daher verpflichtet, ihm „aussagekräftige Informationen über die **involvierte Logik** sowie die Tragweite und die Auswirkungen einer derartigen Verarbeitung" zur Verfügung zu stellen bzw. dem Betroffenen hierüber Auskunft zu geben (Art. 13 Abs. 2 lit. f.; Art. 14 Abs. 2 lit. g; Art. 15 Abs. 1 lit. h DS-GVO).

Unklar ist, wie weit die Verpflichtung des Verantwortlichen zur Transpa- **744** renz letztlich reicht. Nach Art. 15 Abs. 4 DS-GVO ist nur das Recht auf Kopie durch die Rechte und Freiheiten anderer Personen eingeschränkt,[973] während der korrespondierende ErwGr 63 S. 6 DS-GVO auch von einer Einschränkung des Auskunftsrechts spricht. Nach ErwGr 63 S. 6 DS-GVO soll das Auskunftsrecht –„Geschäftsgeheimnisse oder Rechte des geistigen Eigentums und insbesondere das Urheberrecht an Software" nicht beeinträchtigen; diese dürfen aber auch nicht zu einer vollständigen Verweigerung der Auskunft führen. Eindeutig lässt sich hieraus nur ableiten, dass der Verantwortliche seine Software und deren Quellcode nicht offenlegen muss.[974] Darüber hinaus wird häufig festgestellt, der Verantwortliche müsse nicht den Algorithmus oder die „Scoringformel" offenlegen.[975] Was das aber bedeutet, ist im Detail alles andere als klar.

---

[972] BT-Drs. 18/11325, S. 106.

[973] *Spindler* DB 2016, 937 (944); *Bräutigam/Schmidt-Wudy* CR 2015, 56 (62).

[974] *Gola/Klug/Körffer* in Gola/Schomerus BDSG aF § 6a Rn. 15–17.

[975] *Paal* in Paal/Pauly, DS-GVO, Art. 13 Rn. 31; *Ehmann/* in Ehmann/Selmayr DS-GVO Art. 18 Rn. 16; *Roßnagel/Nebel/Richter* ZD 2015, 445 (458).

BGHZ 200, 38 – SCHUFA: Illustrativ für das Regelungsproblem ist eine Entscheidung des BGH zu einem Auskunftsverlangen gegenüber der SCHUFA, auch wenn der Anspruch auf § 34 Abs. 4 S. 1 Nr. 3 und 4 BDSG aF beruhte. Danach hatte der Betroffene einen Anspruch auf Auskunft gegen Stellen, die – wie Auskunfteien – Daten zum Zweck der Übermittlung geschäftsmäßig erheben, nicht nur auf Mitteilung der Scorewerte, dh der Wahrscheinlichkeitswerte, sondern auch der zu deren Berechnung genutzten Datenarten und „das Zustandekommen und die Bedeutung der Wahrscheinlichkeitswerte einzelfallbezogen und nachvollziehbar in allgemein verständlicher Form". Die Klägerin verlangte nach der Ablehnung der Finanzierung eines Autokaufs von der SCHUFA Auskunft über die Berechnung ihres Scorewertes, einschließlich der Gewichtung der einzelnen Faktoren, und die herangezogenen Vergleichsgruppen. Der BGH verneinte den Anspruch. Diese Informationen seien Teil der Scoringformel, somit Geschäftsgeheimnis – und deren Offenlegung habe der deutsche Gesetzgeber nicht beabsichtigt.[976] Die Entscheidung des BGH lässt sich nur schwer auf Art. 15 Abs. 1 lit. h DS-GVO übertragen, da sie allein die Auslegung einer Vorschrift des deutschen Rechts betraf.[977] Zudem lehnte der BGH einen Auskunftsanspruch auf Basis der Vorgängerregelung von Art. 15 Abs. 1 lit. h DS-GVO ab (Art. 12 lit. a 3. Spiegelstrich DSRL); denn die Entscheidung träfe nicht die SCHUFA, sondern deren Kunden, die auf Basis des Scorewertes über einen Vertragsschluss oder dessen Konditionen entscheiden. Die Reichweite dieses Anspruchs ließ der BGH offen.[978]

745   Art. 15 Abs. 1 lit. a DS-GVO gibt dem Betroffenen einen Anspruch auf Offenlegung der verarbeiteten Daten und damit auch aller Daten, welche in die Entscheidung eingeflossen sind.[979] Bereits hieraus ergibt sich, dass die „involvierte Logik" dem Betroffenen im Vergleich zu § 34 Abs. 4 BDSG aF weitergehende Einblicke geben muss. Ebenso folgt dies aus dem Zweck der Regelung, die ja auch nur bei Beeinträchtigungen mit einigem Gewicht für den Betroffenen eingreift: Um eine Entscheidung in Frage stellen zu können, muss der Betroffene zumindest wissen, welche Faktoren für das Ergebnis entscheidend gewesen sind;[980] ferner muss der Betroffene aber auch ihre Bedeutung für das Ergebnis zumindest in groben Zügen kennen.[981] Von immer größerer Bedeutung sind ferner Vergleichsgruppen, denen der Betroffene aufgrund von Korrelationen zugeordnet wird.

Beispiele: Typisches Beispiel ist der Wohnort (sog. Redlining), auf den ein Scorewert nicht ausschließlich gestützt werden darf und über dessen Verwendung der Betroffene zu informieren ist (§ 31 Abs. 1 Nr. 3 und 4 BDSG nF). Als Hinweis für eine schlechte Bonität wird es teilweise auch bewertet, wenn eine bestimmte Schriftart auf einem Rechner installiert ist, weil diese typisch für Online-Poker ist;[982] vielleicht ist der Betroffene aber nur Grafikdesigner. Auch die verwendete Hardware, das Surfverhalten

---

[976] BGHZ 200, 38 Rn. 26 ff. – SCHUFA.

[977] Für offen hält *Spindler* DB 2016, 937 (944) die Frage; für eine Übertragung der Maßstäbe des BGH *Kamlah* in Plath DS-GVO Art. 13 Rn. 28.

[978] BGHZ 200, 38 Rn. 34 – SCHUFA.

[979] BGHZ 200, 38 Rn. 20 – SCHUFA für die Vorgängerregelung Art. 12 lit. a DSRL.

[980] *Scholz* in Simitis BDSG aF § 6a Rn. 40; *v. Lewinski* in Wolff/Brink BeckOK DatenschutzR BDSG aF, § 6a Rn. 52; aA *Mackenthun* in Taeger/Gabel BDSG aF § 6a Rn. 23.

[981] *v. Lewinski* in Wolff/Brink BeckOK DatenschutzR BDSG aF § 6a Rn. 52; de lege lata hierfür *Schade/Wolff* ZD 2014, 309 (311).

[982] *Krempl* Experten beklagen Wildwuchs beim Scoring zur Bonitätsprüfung, Heise Online v. 30.11.2015, abrufbar unter http://www.heise.de/newsticker/meldung/Experten-beklagen-Wildwuchs-beim-Scoring-zur-Bonitaetspruefung-3027780.html.

im Internet oder der Freundeskreis bei Sozialen Netzwerken können auffällige Muster für ein bestimmtes Verhalten enthalten. So lassen sich etwa über die Daten Sozialer Netzwerke depressive Nutzer sehr zuverlässig identifizieren.[983]

Adressat des Auskunftsverlangens und der Informationspflicht ist die **746** Stelle, welche die Entscheidung trifft. Was aber, wenn sie die Entscheidung einer anderen Stelle, z. B. einer Auskunftei, nur nachvollzieht? Muss sie dann auch Transparenz hinsichtlich der vorgelagerten Verarbeitung gewährleisten, also z. B. hinsichtlich des Scorings einer Auskunftei? Hierfür spricht, dass die Transparenzverpflichtung hinsichtlich der Logik, die zu der beeinträchtigenden automatisierten Einzelfallentscheidung geführt hat, sonst durch Arbeitsteilung leerlaufen würde, ja sogar umgangen werden könnte.[984] Letztlich muss der Verantwortliche seine Entscheidung inhaltlich rechtfertigen. Dementsprechend schränkt die DS-GVO die Informationspflicht und den Auskunftsanspruch auch nicht ein.

5. Diskriminierung und Qualitätssicherung

Algorithmen sind von Menschen entwickelt worden. Sie spiegeln daher die **747** Grundannahmen, Vorurteile und Weltsichten ihrer Programmierer wider, können fehlerhaft programmiert sein oder durch die verwendete Datenbasis beeinflusst sein.[985]

Beispiel: Ein Algorithmus erkennt einen Zusammenhang zwischen dem Weg eines Mitarbeiters zur Arbeit und der wahrscheinlichen Dauer seiner Beschäftigung in einem Betrieb. Zumindest in den USA leben aber gerade Farbige in den Außenbezirken, haben daher eine längere Anfahrt zur Arbeitsstelle und werden daher von diesem Algorithmus strukturell benachteiligt.[986] Zu Recht?

Dementsprechend verlangt ErwGr 71 UAbs. 2 S. 1 DS-GVO, dass Verant- **748** wortliche für ein Profiling (nicht beschränkt auf Profiling als Basis für automatisierte Einzelfallentscheidungen) „**geeignete mathematische oder statistische Verfahren**" verwenden. Eine ähnliche Verpflichtung hat der nationale Gesetzgeber für das Scoring vorgesehen, indem er die Verwendung personenbezogener Daten für das Scoring nur erlaubt, wenn diese aufgrund eines wissenschaftlich anerkannten mathematisch-statistischen Verfahren nachweisbar relevant für eine Aussage über eine Person sind (§ 31 Abs. 1 Nr. 2 BDSG nF). Ob diese nationale Regelung angesichts der Vorgaben in ErwGr 71 UAbs. 2 S. 1 DS-GVO unionsrechtlich zulässig ist, hängt auch davon ab, ob man eine Vorgabe in einem Erwägungsgrund für ausreichend hält, um eine derartige Verpflichtung zu begründen.

Ferner müssen Verantwortliche nach ErwGr 71 UAbs. 2 S. 1 DS-GVO **749** technische und organisatorische Maßnahmen treffen, um **Fehler zu vermeiden und zu korrigieren**. Hieraus ergibt sich eine Pflicht zur kontinuierlichen

---

[983] *Wolfangel* Können Maschinen rassistisch sein?, Technology Review, Januar 2016, 60.

[984] Vgl. *Scholz* in Simitis BDSG aF § 6a Rn. 42.

[985] *boyd/Crawford* 15 Information, Communication & Society 662 ff. (2012).

[986] *Wolfangel* Können Maschinen rassistisch sein?, Technology Review, Januar 2016, 61.

Beobachtung und Kontrolle des Profilings; diese ist besonders dann erforderlich, wenn selbstlernende Algorithmen verwendet werden, die sich selbst weiterentwickeln.

750 Durch diese Maßnahmen soll vermieden werden, Betroffene direkt oder aufgrund ihrer Wirkungen nach Rasse, ethnischen Herkunft, Religion oder Weltanschauung, Gewerkschaftszugehörigkeit, genetischer Anlagen, Gesundheitszustand oder sexueller Orientierung zu **diskriminieren**. Mit dem gleichen Ziel verbietet Art. 22 Abs. 4 DS-GVO automatisierte Einzelfallentscheidungen auf Basis dieser besonderen Kategorien von Daten nach Art. 9 Abs. 1 DS-GVO; Ausnahmen bestehen im Falle einer ausdrücklichen Einwilligung des Betroffenen oder aus Gründen eines erheblichen öffentlichen Interesses (Art. 9 Abs. 2 lit. a und g DS-GVO) mit entsprechenden Schutzmaßnahmen. Das Ergebnis dürfte bereits auf diesen Kategorien von Daten „beruhen", wenn diese das Ergebnis entscheidend beeinflusst haben. Dies entspricht der Allgemeinen Ausrichtung des Rates (Art. 20 Abs. 3 Rats-E), während das Europäische Parlament – im Vergleich enger – verbieten wollte, dass sich Profiling „ausschließlich" auf diese Daten stützt (Art. 20 Abs. 3 S. 3 EP-E).

751 Der deutsche Gesetzgeber hat von diesem Grundsatzsatz in § 37 Abs. 2 BDSG nF eine Ausnahme im Hinblick auf Gesundheitsdaten eingeführt. Hintergrund dieser sehr viel weiter gefassten Ausnahme ist der Wunsch der privaten Krankenversicherungen, Erstattungsanträge vollständig maschinell bearbeiten zu können.[987] Es erscheint allerdings zweifelhaft, ob das Interesse privater Unternehmen an Kostensenkungen ein erhebliches öffentliches Interesse isd Art. 9 Abs. 2 lit. g DS-GVO ist.

6. Automatisierte Einzelentscheidungen im Bereich der JI-RL

752 Automatisierte Einzelentscheidungen gewinnen auch im Bereich der Gefahrenabwehr und Strafverfolgung eine immer größere Bedeutung. Beispiel hierfür ist das *predictive policing*, das auch in Deutschland angewandt wird, um vorherzusagen, in welchen Gegenden bestimmte Straftaten mit einer höheren Wahrscheinlichkeit begangen werden. Auch wenn hierbei möglicherweise keine personenbezogenen Daten verarbeitet werden, ist das Ergebnis noch eine Entscheidung mit Auswirkungen auf eine Person. In anderen Ländern werden auch Entscheidungen über die Gefährlichkeit einer Person und die Wahrscheinlichkeit, mit der sie eine Straftat begehen wird, auf Algorithmen gestützt.

Beispiel: In Chicago wurde 2013 eine „Heat List" aufgebaut, ein „Ranking der gefährlichsten Personen in Chicago", die u. a. aufgrund ihrer Vorgeschichte und ihres Umfeldes mit hoher Wahrscheinlichkeit straffällig werden. Diese Personen wurden von der Polizei aufgesucht.[988]

753 § 54 BDSG nF gibt hier nur den Text von Art. 11 JI-RL wider, und dies auch noch nicht einmal ganz vollständig. Es besteht danach auch im Anwen-

---

[987] So aber die Gesetzesbegründung BT-Drs. 18/11325, S. 17.

[988] *Peterandel* Einst Stoff für Hollywood, jetzt Realität: Die Polizei ermittelt mit Algorithmen, WIRED v. 28.6.2016, abrufbar unter https://www.wired.de/collection/life/predictive-policing-was-einst-hollywood-vorbehalten-war-ist-bei-der-polizei-nun.

dungsbereich der JI-RL ein grundsätzliches Verbot automatisierter Einzelentscheidungen. Ausnahmen bedürfen einer gesetzlichen Grundlage, wenn sie für den Betroffenen nachteilige Rechtsfolgen haben oder ihn auf andere Art erheblich beeinträchtigen (§ 54 Abs. 1 BDSG-E). Wie sich aus Art. 11 Abs. 1 JI-RL ergibt, muss diese gesetzliche Ermächtigung auch geeignete Garantien vorsehen; hierzu gehört zumindest das Recht, dass der Verantwortliche auf Wunsch der betroffenen Person persönlich eingreift. Eine Entscheidung darf auch auf Kategorien besonderes sensibler Daten (§ 46 Nr. 14 BDSG nF) beruhen, soweit als Kompensation Garantien vorgesehen sind (§ 54 Abs. 2 BDSG nF). In keinem Fall darf es aber im Rahmen automatisierter Einzelentscheidung und auch bereits vorgelagert bei Profilingmaßnahmen zu einer Diskriminierung aufgrund besonderer Kategorien personenbezogener Daten kommen (§ 54 Abs. 3 BDSG nF).

Beispiel: Unzulässig ist danach Racial Profiling, also staatliche Maßnahmen und Beurteilungen, die Personen aufgrund ihrer ethnischen Herkunft einordnen. Gleichwohl kann es einen Anlass geben, um zB in einer öffentlichen Fahndung oder im Rahmen einer Rasterfahndung auf besondere Kategorien personenbezogener Daten abzustellen, wenn es hierfür konkrete Ermittlungsansätze gibt, die sich nicht genauer spezifizieren lassen.

VI. Internationaler Datenverkehr mit Staaten außerhalb der Union

1. Grundsätze

Daten bewegen sich heute in Sekundenschnelle um die Welt. Die Verarbeitung personenbezogener Daten richtet sich aber immer noch nach unterschiedlichen Regeln, denen teilweise auch sehr unterschiedliche Vorstellungen über den Schutz personenbezogener Daten zugrunde liegen. Insbesondere zwischen den USA und der EU lässt sich eine „digital privacy divide"[989] feststellen. Aus Sicht der Betroffenen besteht die Gefahr, dass die europäischen Datenschutzregelungen unterlaufen werden, indem die Datenverarbeitung in einen Drittstaat ausgelagert wird.[990] Denkbar ist auch, dass dann nach einer Analyse und Verknüpfung mit anderen Informationen diese Daten wieder zurück in die EU übermittelt werden.

Art. 25, 26 DSRL enthielten daher spezielle Anforderungen, welche die Datenübermittlung an Empfänger in Drittstaaten, dh außerhalb der EU oder des EWR,[991] oder an internationale Organisationen erfüllen müssen, um den Gefahren durch ein niedrigeres Datenschutzniveau zu begegnen. Diese Anforderungen müssen Datenverarbeitungen zusätzlich zu den allgemeinen Rechtmäßigkeitsvoraussetzungen erfüllen; es findet also eine **zweistufige Prüfung** statt. In den Art. 44 ff. DS-GVO führt der Unionsgesetzgeber diesen Ansatz fort (Art. 44 S. 1 1. HS DS-GVO). Er übernimmt auch die Systematik von Adäquanzentscheidungen (Art. 45 DS-GVO), geeigneten Garantien (Art. 46 DS-

754

755

---

[989] *Reidenberg* 38 Hous. L. Rev. 717, 718 (2001–2002).

[990] EuGH NJW 2015, 3151 Rn. 73 – Schrems.

[991] Die Mitgliedstaaten des EWR müssen die DS-GVO noch übernehmen. Bis dahin gelten sie als Drittstaaten.

GVO) wie verbindlichen internen Datenschutzvorschriften oder Standardvertragsklauseln und engen Ausnahmeklauseln (Art. 49 DS-GVO), regelt deren
Anforderungen aber erheblich ausführlicher.

756   Obwohl Kapitel V der DS-GVO die bisherige Systematik fortführt, hat die
Entscheidung des EuGH in der **Rechtssache *Schrems*** (→ Rn. 765) die Vor-
zeichen geändert, unter denen die Regelungen zur Drittstaatenübermittlung zu
lesen sind: Vorher herrschte das Verständnis vor, dass man bei der Übermittlung von Daten in Drittstaaten Abstriche beim Schutzniveau im Vergleich zur
EU hinnehmen muss, weil der Austausch personenbezogener Daten im internationalen Wirtschaftsverkehr unvermeidlich ist. Der EuGH leitet jedoch aus
Art. 8 Abs. 1 GRC die Verpflichtung ab, den Fortbestand des europäischen
Datenschutzniveaus auch dann zu gewährleisten, wenn die Daten in einen
Drittstaat übermittelt werden. Dies ist, so der EuGH, nur dann der Fall, wenn
das Datenschutzniveau im Drittstaat „der Sache nach gleichwertig" („*essenti-
ally equivalent*") sei.[992] Das Urteil des EuGH erging während des Trilogs zur
Datenschutz-Grundverordnung und führte zu einigen punktuellen Änderungen. So wurde Kapitel V DS-GVO der Auslegungsgrundsatz vorangestellt,
dass die Regelungen zur Drittstaatenübermittlung so anzuwenden sind, dass
das Schutzniveau der DS-GVO nicht untergraben wird (Art. 44 S. 2 DS-
GVO). Die Regelungssystematik des Kapitel V wurde nicht mehr grundsätzlich hinterfragt; insbesondere inwieweit die geeigneten Garantien und Ausnahmen gemäß Art. 46 und 49 DS-GVO mit diesem Grundsatz vereinbar sind,
muss noch kritisch diskutiert werden.

2. Anwendungsbereich

757   **a) Übermittlung in einem Drittstaat.** Die Regelungen zur Drittstaatenübermittlung sind auf jede Übermittlung in jeden Drittstaat anwendbar
(Art. 44 S 1 1. HS DS-GVO). „**Übermittlung**" in diesem Sinne („*transfer*")
ist jedoch anders zu verstehen als „Übermittlung" als Unterfall der Verarbeitung gemäß Art. 4 Nr. 2 DS-GVO („*transmission*").[993] Was unter „Übermittlung" im Sinne des Kapitel V zu verstehen ist, ist ebenso wie in der DSRL[994]
nicht definiert. Es entspricht aber dem Sinn und Zweck der Art. 44 ff. DS-
GVO, den Betroffenen vor den Gefahren einer Datenverarbeitung in einem
Drittstaat umfassend zu schützen. Dies spricht dafür, dass **jede Offenlegung
personenbezogener Daten gegenüber Empfängern in Drittstaaten** oder internationalen Organisationen die Voraussetzungen der Art. 44 ff. DS-GVO erfüllen muss.[995] Es ist also insbesondere nicht erforderlich, dass ein Verantwortlicher in der EU die Daten, die er hier von dem Betroffenem erhoben hat, an
einen Empfänger in einem Drittstaat übermittelt. Erfasst sind auch Fälle, in denen die Daten an einen unselbständigen Unternehmensteil oder einen Auf-

---

[992] EuGH NJW 2015, 3151 Rn. 72 f. – Schrems.
[993] *Pauly* in Paal/Pauly DS-GVO Vorbem. zu Art. 44 bis 50 Rn. 2; zur DSRL bereits
Jotzo Der Schutz personenbezogener Daten in der Cloud, S. 154.
[994] EuGH EuZW 2004, 245 Rn. 56 – Lindqvist.
[995] *Pauly* in Paal/Pauly DS-GVO Vorbem. zu Art. 44 bis 50 Rn. 2.

tragsverarbeiter in einem Drittstaat übermittelt werden[996] oder die Daten vom Verantwortlichem mit Sitz in einem Drittstaat direkt beim Betroffenen erhoben werden und dort erstmals durch einen Verantwortlichen verarbeitet werden (vgl. den Wortlaut des Art. 44 S. 1 1. HS DS-GVO).

Beispiel: Der Betroffene bestellt bei einem Versandhändler in den USA Waren, nimmt für eine Reise eine Hotelbuchung vor oder speichert Daten (unverschlüsselt) bei einem ausländischen Cloud-Anbieter. Die Zulässigkeit der Datenverarbeitung in Form der Erhebung der Daten beim Betroffenen müsste dann sowohl nach den allgemeinen Regelungen (Art. 5 ff. DS-GVO) als auch im Hinblick auf die Drittstaatenübermittlung nach Art. 44 ff. DS-GVO zulässig sein.

Gilt dies aber auch dann, wenn der Verantwortliche gemäß Art. 3 Abs. 2 **758** DS-GVO der DS-GVO unterliegt? Hiergegen spricht auf den ersten Blick, dass die DS-GVO selbst ein angemessenes Datenschutzniveau garantiert. Andererseits ist damit noch nicht garantiert, dass die übrigen Anforderungen an ein in der Sache gleichwertiges Datenschutzniveau erfüllt sind (z.B. Rechtsschutz, staatliche Zugriffsbefugnisse). Anders aber, wenn der Verantwortliche selbst gar nicht der DS-GVO unterliegt (weil er zB sein Angebot nicht auf Personen in der EU ausgerichtet hat); dann finden auch die Art. 44 ff. DS-GVO keine Anwendung.

b) Weiterübermittlungen. Die Perpetuierung des Schutzniveaus des eu- **759** ropäischen Datenschutzrechts endet nicht mit der Übermittlung an den Empfänger der Daten im Drittstaat. Übermittelt der Empfänger die Daten an andere Stellen in diesem oder einem anderen Drittstaat müssen nach Art. 44 S. 1 2. HS DS-GVO die Regelungen zur Drittstaatenübermittlung „und auch die sonstigen Bedingungen" der DS-GVO einhalten. Unklar ist, welche Regelungen damit gemeint sind. Der Kontext spricht dafür, dass damit in erster Linie die Voraussetzungen einer rechtmäßigen Übermittlung gemeint sind (vgl. ErwGr 101 S. 3 bis 5 DS-GVO).[997]

Es ist nicht klar, ob damit der Anwendungsbereich der DS-GVO auf Emp- **760** fänger in Drittstaaten ausgeweitet werden sollte, die nicht nach Art. 3 DS-GVO in ihren Anwendungsbereich fallen. Die Folge wäre eine extraterritoriale Wirkung, die das europäische Datenschutzrecht so bisher nicht kannte.[998] Art. 44 Abs. 1 2. HS DS-GVO kann daher auch als Verpflichtung der datenexportierenden Stelle verstanden werden, mittels geeigneter Garantien sicherzustellen, dass der Schutz der übermittelten Daten nicht durch eine Weiterübermittlung gefährdet wird.

---

[996] So schon die hM nach dem BDSG, obwohl in diesem Fall strenggenommen nach dem BDSG aF keine Übermittlung an einen Dritten (§ 3 Abs. 8 S. 2; Abs. 4 S. 2 Nr. 3 BDSG aF) vorlag, vgl *Düsseldorfer Kreis* Positionspapier zum internationalen Datenverkehr v. 12./13.2.2007 unter I.2.; *Schantz* in Wolff/Brink BeckOK DatenschutzR BDSG aF § 4b Rn. 12; *Hillenbrand-Beck* RDV 2007, 231 (232); *Simitis* in Simitis BDSG aF § 4b Rn. 8.

[997] *Zerdick* in Ehmann/Selmayr DS-GVO Art. 44 Rn. 15; tendenziell weiter *Pauly* in Paal/Pauly DS-GVO Art. 44 Rn. 5.

[998] Vgl. zur bisherigen Rechtslage *Schantz* in Wolff/Brink BeckOK DatenschutzR BDSG aF § 4b Rn. 10.

761   c) **Internetveröffentlichungen.** Eine Sonderstellung im Kontext der Dritt-staatenübermittlung nehmen bisher Veröffentlichungen auf Websites ein. Hintergrund ist das Urteil des EuGH in der Rechtsache *Lindqvist* aus dem Jahr 2003; darin entschied er, die Veröffentlichung von Daten auf einer Website, deren Hostprovider Server in der EU nutzt, sei keine Drittstaatenübermittlung.[999]

Die Katechetin Bodil **Lindqvist** veröffentlichte auf der Website der von ihr betreuten Website, die sich an die Konfirmanden der Gemeinde wendete, personenbezogene Daten über andere Gemeindemitarbeiter. Der EuGH zerlegte das Aufrufen einer Website in mehrere technische Schritte: Er unterschied zwischen dem Hochladen der Informationen auf den Server des Hostproviders und dem Abruf der Informationen durch die Websitebesucher von der Website des Hostproviders.[1000] Hätte daher die Gemeinde ihren eigenen Server genutzt, hätte der EuGH u. U. anders geurteilt, denn er klammerte den Abruf der Daten vom Server des Host-Providers ausdrücklich aus.[1001] Art. 25, 26 DSRL hielten keine Kriterien für die Internetbenutzung bereit. „Angesichts des Entwicklungsstands des Internets zur Zeit der Ausarbeitung der Richtlinie" könne, so der EuGH, nicht davon ausgegangen werden, dass der Gesetzgeber die Internetbenutzung als Drittstaatenübermittlung angesehen habe.[1002] Die Regelungen zur Drittstaatenübermittlung seien Sonderregelungen; sie würden aber zu „einer allgemeinen Regelung des Internets" werden. Eine Internetveröffentlichung wäre nicht mehr möglich, wenn die Kommission auch nur für einen Staat feststellen würde, dass er nicht über ein angemessenes Datenschutzniveau verfüge.[1003]

762   Das Internet ist heute allgegenwärtig, so dass sich schwerlich behaupten lässt, der Unionsgesetzgeber habe es noch nicht berücksichtigt. Trotzdem finden sich in der DS-GVO keine konkreten Aussagen zu dieser Konstellation. Es spricht daher viel dafür, dass die Aussagen des EuGH weiterhin aktuell sind. Sie greifen allerdings nicht, wenn Daten nicht allgemein zum Abruf veröffentlicht werden, sondern gezielt übermittelt werden.[1004] Gleiches muss gelten, wenn Informationen ins Internet gestellt werden und damit der Abruf aus einem Drittland beabsichtigt ist.[1005]

3. Angemessenes Datenschutzniveau im Drittstaat

763   Eine Übermittlung in einen Drittstaat, der über ein gleichwertiges Datenschutzniveau verfügt, birgt für den Bertoffenen keine besonderen Gefahren. Anders als Art. 25 Abs. 1 DSRL und § 4b Abs. 2 S. 2 BDSG aF reicht es nicht mehr aus, wenn der Verantwortliche dies prüft (ggf. im Abstimmung mit der

---

[999] EuGH EuZW 2004, 245 Rn. 70 f. – Lindqvist.

[1000] EuGH EuZW 2004, 245 Rn. 60 f. – Lindqvist.

[1001] EuGH EuZW 2004, 245 Rn. 62 – Lindqvist.

[1002] EuGH EuZW 2004, 245 Rn. 67 f. – Lindqvist.

[1003] EuGH EuZW 2004, 245 Rn. 68 f. – Lindqvist.

[1004] *Jotzo* Der Schutz personenbezogener Daten in der Cloud, S. 155.

[1005] *Information Commissioner's Office* The Eighth Data Protection Principle and International Data Transfers, Version 4.0, 2010, Ziff. 1.3.4.; *Taraschka* CR 2004, 280 (284 f.); *Roßnagel* MMR 2004, 99(100) („kein Freibrief für eine Umgehung"); Fechner JZ 2004, 246 (247); *Kuner* European Data Protection Law, 2nd ed. 2007, Rn. 4.08; *Kuner* Transborder Data Flows and Data Privacy Law, S. 13.

zuständigen Aufsichtsbehörde).[1006] Art. 45 Abs. 1 DS-GVO verlangt einen Beschluss, in dem die Kommission einem Staat oder einer internationalen Organisation ein angemessenes Datenschutzniveau bescheinigt. Hierdurch wird eine einheitliche Handhabung in der EU sichergestellt.

Ein Angemessenheitsbeschluss muss sich nicht auf einen ganzen Staat be- **764** ziehen, sondern kann auch auf einen Sektor oder ein Gebiet (z. B. theoretisch einen Bundesstaat der USA) begrenzt sein (Art. 45 Abs. 3 DS-GVO). Wichtigste Beispiele für einen sektoralen Angemessenheitsbeschluss ist der EU-US-Privacy Shield (→ Rn. 767 ff.) und Kanada.

a) Maßstab und Überwachungspflicht. Erforderlich ist ein „angemes- **765** senes" Datenschutzniveau. Angemessenheit bedeutet, dass es „der Sache nach gleichwertig" sein muss.[1007] Hierzu muss die Kommission das Datenschutzniveau in Recht und Praxis im Drittstaat umfassend prüfen. Art. 45 Abs. 2 DS-GVO nennt hier nur einige Faktoren, z. B. die materiellen Datenschutzregelungen, das menschenrechtliche und rechtsstaatliche Niveau des Empfängerstaates, die Existenz wirksamer Rechtsbehelfe für den Betroffenen (lit. a), die Existenz einer unabhängigen Datenschutzaufsicht (lit. b) und die internationalen Verpflichtungen des Drittstaates (lit. c), wobei hier die Ratifikation der Datenschutzkonvention des Europarates besonders hervorzuheben ist (ErwGr 105 S. 2 DS-GVO). Spätestens seit den Enthüllungen von *Edward Snowden* über die Praxis des US-Nachrichtendienstes NSA sind die Zugriffsbefugnisse von Behörden in den Fokus gerückt. Sie sind daher als Reaktion auf die Entscheidung des **EuGH im Fall *Schrems*** im Trilog ausdrücklich als Faktor aufgenommen worden.

Nach den Enthüllungen Whistleblowers *Edward Snowden* über die Zugriffsbefugnisse der US-Nachrichtendienste wandte sich der österreichische Jurastudent *Max Schrems* an die irische Datenschutzaufsichtsbehörde; er verlangte, die Übermittlung von Daten der irischen Tochter von Facebook in die USA zu untersagen. Die irische Datenschutzaufsichtsbehörde lehnte dies ab. Grundlage der Übermittlung sei die Safe-Harbor-Entscheidung der Kommission (Entscheidung 2000/520). Der Safe-Harbor-Mechanismus war ein System der Selbstzertifizierung, durch das sich US-Unternehmen zur Einhaltung bestimmter „Grundsätze" der Datenverarbeitung verpflichten konnten. Mit ihrer Entscheidung erkannte die Kommission diese Selbstverpflichtung als angemessenes Datenschutzniveau an. Der EuGH erklärte die Entscheidung 2000/520 für nichtig. Die Kommission habe es auch unterlassen, den innerstaatlichen Rechtsrahmen in den USA und insbesondere die Zugriffsbefugnisse von Behörden und den Rechtsschutzes dagegen zu prüfen.[1008] Dies war ein besonderes Versäumnis, enthielten die „Grundsätze" der Verarbeitung doch sogar einen Vorbehalt bezüglich des US-amerikanischen Rechts.[1009] Zum US-amerikanischen Recht äußerte sich der EuGH nicht direkt, sondern nur unter Bezugnahme auf eine kritische Analyse der Kommission, die fehlende Rechtsbehelfe und den unverhältnismäßigen Umfang der Eingriffe feststellte.[1010] Er machte jedoch zwischen den Zeilen deutlich, dass das US-amerikanische Recht kein in der Sache gleichwertiges Datenschutzniveau aufweist. Um ein gleichwertiges Daten-

---

[1006] *Albrecht/Jotzo* Das neue Datenschutzrecht der EU, Teil 6 Rn. 7.
[1007] EuGH NJW 2015, 3151 Rn. 73 – Schrems.
[1008] EuGH NJW 2015, 3151 Rn. 83 und 88 f. – Schrems.
[1009] EuGH NJW 2015, 3151 Rn. 84 ff. – Schrems.
[1010] EuGH NJW 2015, 3151 Rn. 90 – Schrems.

schutzniveau anzunehmen, müssten die Grundsätze erfüllt sein,[1011] die der EuGH im Urteil *Digital Rights Ireland* aufgestellt hatte.[1012]

766   Die Angemessenheit muss jedoch auch dauerhaft gewährleistet sein. Der EuGH verlangte daher in der Entscheidung im Fall *Schrems*, dass die Kommission in regelmäßigen Abstand und bei konkreten Anlässen prüft, ob ein angemessenes Datenschutzniveau im Drittstaat noch gewährleistet ist.[1013] Art. 45 Abs. 4 DS-GVO geht sogar noch weiter und verpflichtet die Kommission sogar zur **fortlaufenden Überwachung**; ferner muss die Kommission alle vier Jahre einen Evaluierungsbericht vorlegen (Art. 97 Abs. 2 lit. b DS-GVO). Kommt die Kommission zu dem Ergebnis, ein Drittstaat biete kein angemessenes Datenschutzniveau mehr, muss die Kommission ihren Angemessenheitsbeschluss ändern oder widerrufen (Art. 45 Abs. 5 DS-GVO) und den Dialog mit dem betroffenen Drittstaat suchen, dem sie ihre Entscheidung ausführlich erläutern muss. (Art. 45 Abs. 6; ErwGr 103 DS-GVO).

767   **b) Sonderfall: Datenübermittlung in die USA (Privacy Shield).** Die Vereinigten Staaten verfügen über kein gleichwertiges Datenschutzniveau. Es fehlt bereits an vergleichbaren allgemeinen Datenschutzregeln sowie einer unabhängigen Datenschutzaufsicht. Aufgrund der Bedeutung des transatlantischen Datenverkehrs entwickelte die Kommission in Zusammenarbeit mit den USA den Safe-Harbor-Mechanismus. Die zugrundeliegende Entscheidung der Kommission (2000/520) wurde zwar vom EuGH – wie eben dargestellt – für unwirksam erklärt. Der neue „EU-US-Datenschutzschild" („Privacy Shield", Durchführungsbeschluss (EU) 2016/1250) folgt aber der gleichen Grundstruktur: US-amerikanische Unternehmen verpflichten sich freiwillig gegenüber dem US-Handelsministerium, Daten, die aus der EU an sie übermittelt werden, nur nach bestimmten „Grundsätzen" (Anhang II Privacy Shield-Beschluss) zu verarbeiten. Die Einhaltung dieser Selbstverpflichtung überwachen die Federal Trade Commission, FTC, und das US-Verkehrsministerium; dementsprechend steht der Privacy Shield-Mechanismus auch nur Unternehmen offen, die der Aufsicht dieser Behörden unterliegen. Inhalt des Angemessenheitsbeschlusses ist es, dass die Kommission darin feststellt, Unternehmen, die eine solche Selbstverpflichtung abgäben, würden über ein angemessenes Datenschutzniveau verfügen (Art. 1 Privacy Shield-Beschluss, Durchführungsbeschluss (EU) 2016/2015).

768   Generell gab es im Zusammenhang mit dem Safe-Harbor-Mechanismus eine Reihe **kritischer Punkte**, auf welche die Kommission im Privacy Shield versuchte zu reagieren:

769   Entscheidend ist die **Effektivität der Aufsicht** durch die US-amerikanischen Behörden, an der aufgrund verschiedener empirischer Studien erhebliche Zweifel bestanden.[1014] Der Düsseldorfer Kreis (und später auch die

---

[1011] EuGH NJW 2015, 3151 Rn. 91 ff. – Schrems.

[1012] EuGH NJW 2014, 2169 Rn. 39 und 52 ff. – Digital Rights Ireland.

[1013] EuGH NJW 2015, 3151 Rn. 76 – Schrems.

[1014] Etwa *Marnau/Schlehahn* DuD 2011, 311 (313 f.); *Erd* K&R 2010, 624 (625 ff.); dagegen *Greer* RDV 2011, 267 (269 ff.); zusammenfassend *Schantz* in Wolff/Brink BeckOK DatenschutzR BDSG aF § 4b Rn. 32 f.

Art. 29-Gruppe) stellte daher im Jahr 2010 fest, ein Verantwortlicher, der Daten in die USA übermittle, müsse überprüfen, ob der Empfänger die Selbstverpflichtung einhalte.[1015] In Anhang IV und V des Privacy Shield-Beschlusses finden sich daher Briefe der zuständigen US-amerikanischen Behörden mit Zusagen zur Überwachung der Einhaltung der Selbstzusagen.

Problematisch bleiben die **Zugriffsbefugnisse der US-amerikanischen Behörden** und der Rechtsschutz dagegen. Im Privacy Shield-Beschluss attestiert die Kommission, dass die Zugriffsbefugnisse staatlicher Stellen in den USA den Anforderungen entsprechen, welche der EuGH an ein gleichwertiges Schutzniveau formuliert hat (ErwGr 64 bis 135 Privacy Shield-Beschluss). Rechtsschutz gegen Maßnahmen der Nachrichtendienste soll danach eine Ombudsperson, eine Staatssekretärin im US-amerikanischen Außenministerium, bieten, die Beschwerden an die internen Aufsichtsmechanismen der Nachrichtendienste weiterleitet (ErwGr 116 ff. Privacy Shield-Beschluss). Ob damit den Anforderungen des EuGH, vor allem im Hinblick auf einen effektiven Rechtsschutz, genüge getan ist, wird zu Recht bezweifelt,[1016] auch von der Art. 29-Gruppe[1017] und dem EDPS[1018]. **770**

c) Verfahren. Die Kommission erlässt Angemessenheitsbeschlüsse als Durchführungsrechtsakte gemäß Art. 93 Abs. 2 DS-GVO im Prüfverfahren (Art. 45 Abs. 3 S. 4 DS-GVO). Das Prüfverfahren gibt der Kommission eine mächtige Stellung. In letzter Konsequenz können die Mitgliedstaaten den Erlass eines Angemessenheitsbeschlusses nur mit qualifizierter Mehrheit verhindern.[1019] Im Rahmen der Bewertung soll der EDSA allerdings Gelegenheit zur Stellungnahme erhalten (ErwGr 105 S. 3 DS-GVO), auch wenn sein Votum die Kommission nicht bindet. **771**

d) Kompetenzen der Datenschutzaufsichtsbehörden. Die eigentliche Vorlagefrage in der Rechtssache *Schrems* (→ Rn. 765) betraf nicht die Gültigkeit des Angemessenheitsbeschlusses, sondern inwieweit er die Datenschutzaufsichtsbehörden bindet. Die irische Datenschutzaufsichtsbehörde argumentierte, sie könne eine Übermittlung in die USA nicht untersagen; die Kommission habe durch den Safe-Harbor-Beschluss bindend festgestellt, die Empfänger in den USA verfügten über ein angemessenes Datenschutzniveau. Der Vorrang des Unionsrechts und das Verwerfungsmonopol des EuGH stehen hier im Konflikt mit dem Schutz der Rechte der Betroffenen und einer effektiven Datenschutzaufsicht. Der EuGH suchte daher einen Mittelweg: Er billigte den Datenschutzaufsichtsbehörden das Recht zu, Beschwerden gegen die An- **772**

[1015] Beschluss des Düsseldorfer Kreises v. 28./29.4.2010; ebenso *Art. 29-Gruppe* Stellungnahme 05/2012 zum Cloud Computing, WP 196 v. 1.7.2012, S. 17 f.

[1016] *Börding* CR 2016, 431 (438 ff.); *Schreiber/Kohm* ZD 2016, 255 (257 ff.); Weichert ZD 2016, 209 (214 ff.); vorsichtiger *v. Lewinski* EuR 2016, 405 (418 f.); zusammenfassend auch *Pauly* in Paal/Pauly DS-GVO Art. 45 Rn. 20 ff.

[1017] *Art. 29-Gruppe* Opinion 01/2016 on the EU–U.S. Privacy Shield draft adequacy decision, WP 238 v. 13.4.2016.

[1018] *EDPS* Opinion on the EU–U.S. Privacy Shield draft adequacy decision, Opinion 4/2016 v. 30.5.2016.

[1019] Instruktive Darstellung der einzelnen Stufen des Prüfverfahrens bei *Pauly* in Paal/Pauly DS-GVO Art. 93 Rn. 11.

gemessenheit des Datenschutzniveaus in einem Drittstaat zu untersuchen. Kommen sie aber zu dem Ergebnis, dass kein angemessenes Datenschutzniveau im Drittstaat gegeben ist, müssen sie den Angemessenheitsbeschluss vor einem nationalen Gericht anfechten, das die Frage dann dem EuGH vorlegt; die Mitgliedstaaten haben entsprechende Klagemöglichkeiten zu schaffen.[1020]

773 Zur Umsetzung des Urteils des EuGH sieht § 21 Abs. 1 BDSG nF vor, dass die Datenschutzaufsichtsbehörden ein entsprechendes Verfahren vor dem BVerwG einleiten können. Dabei kommt es nicht darauf an, ob sie aufgrund einer Beschwerde oder aus eigener Initiative tätig werden. Konsequenterweise hat der Gesetzgeber das Verfahren nicht nur auf Angemessenheitsbeschlüsse bezogen, sondern auch auf Beschlüsse der Kommission zu Standardvertragsklauseln und Verhaltensregeln (vgl. § 21 Abs. 1 BDSG nF), da sich auch hier ein vergleichbarer Konflikt zwischen den Befugnissen der Aufsichtsbehörden und dem Vorrang des Unionsrechts ergibt. Wenn das BVerwG den angegriffenen Beschluss der Kommission – ggf. nach Anhörung der Kommission (§ 21 Abs. 4 S. 3 BDSG nF) – ebenfalls für rechtswidrig hält, legt es die Frage seiner Gültigkeit nach Art. 267 AEUV dem EuGH vor.

774 Nach der Logik des EuGH ist es den Datenschutzaufsichtsbehörden nicht erlaubt, bis zum Urteil des EuGH entgegenstehende Entscheidungen zu erlassen; dies würde den Vorrang des Unionsrechts unterlaufen und die einheitliche Anwendung des Unionsrechts gefährden. Ob dies auch in **Eilfällen** gilt oder wenn es sich nur um punktuelle Verstöße im Drittstaat handelt, ist noch ungeklärt. So ist es nach der Rechtsprechung des EuGH möglich, wenn gegen die Rechtmäßigkeit eines Unionsrechtsakts erhebliche Zweifel bestehen, darauf beruhende Durchführungsmaßnahmen auszusetzen, während der EuGH über deren Gültigkeit des Unionsrechtsakts entscheidet.[1021] Voraussetzung hierfür ist, dass dies erforderlich ist, um irreversible Schäden zu vermeiden, was bei einer Datenübermittlung in einen Drittstaat zumeist der Fall sein wird. Diese Fallgruppe erscheint auf den vorliegenden Fall übertragbar. Wenn es grundrechtlich geboten ist, den Datenschutzaufsichtsbehörden eine Klage gegen Angemessenheitsbeschlüsse zu ermöglichen, muss dies Maßnahmen des einstweiligen Rechtsschutzes einschließen.

775 Problematisch ist ferner, ob die Datenschutzaufsichtsbehörden einschreiten dürfen, wenn das Datenschutzniveau im Empfängerstaat nicht insgesamt in Zweifel gezogen wird, also **kein systemischer Mangel** vorliegt, sondern nur eine **Gefährdung Betroffener im Einzelfall** droht. Die Kommission hat sämtliche Angemessenheitsbeschlüsse im Dezember 2016 an die Folgerungen aus der Rechtssache Schrems angepasst (Durchführungsbeschluss (EU) 2016/2295).[1022] Art. 3 aller Angemessenheitsbeschlüsse sieht jetzt vor, dass die Datenschutzaufsichtsbehörden die Kommission informieren, wenn sie eine Übermittlung in einen Drittstaat verbieten oder aussetzen. Dies setzt aber voraus, dass sie trotz eines Angemessenheitsbeschlusses derartige Befugnisse noch haben und ausüben dürfen. Zudem erscheint es schwer vorstellbar, dass bei

---

[1020] EuGH NJW 2015, 3151 Rn. 38 ff., insbesondere Rn. 63 ff. – Schrems.
[1021] EuGH NVwZ 1991, 460 Rn. 23 ff. – Zuckerfabrik Süderdithmarschen.
[1022] ABl. 2016 L 344, 83.

Schantz

gravierenden Gefährdungen im Einzelfall der Vorrang des Europarechts die nationalen Behörden verpflichten könnte, „ihre Hände in den Schoß zu legen", wenn sie verhindern könnten.[1023] Dies gilt erst recht, wenn die Entscheidung den Inhalt des Angemessenheitsbeschlusses – die Bewertung des Datenschutzniveaus im Empfängerstaat insgesamt – gar nicht in Frage stellt, sondern nur einen „Ausreißer" im Einzelfall betrifft.

e) Frühere Angemessenheitsbeschlüsse. Zum Zeitpunkt des Erlasses **776** der DS-GVO hatte die Kommission (sektorale) Angemessenheitsentscheidungen gemäß Art. 25 Abs. 6 DSRL für elf Staaten erlassen: Andorra,[1024] Argentinien,[1025] Guernsey,[1026] Färöer Inseln,[1027] Isle of Man,[1028] Israel,[1029] Jersey,[1030] Kanada,[1031] Neuseeland,[1032] Schweiz[1033] und Uruguay.[1034] Gemäß Art. 45 Abs. 9 DS-GVO bleiben diese Beschlüsse in Kraft. Das EP, das diese Beschlüsse befristen wollte (Art. 41 Abs. 8 EP-E), konnte sich nicht durchsetzen, aber einen Kompromiss erreichen. Die Kommission wird danach verpflichtet, sie innerhalb einer angemessenen Frist zu überprüfen (ErwGr 106 S. 4 DS-GVO) und bis zum 25.5.2020 eine Evaluierung vorzulegen (Art. 97 Abs. 1 und Abs. 2 lit. a DS-GVO).

4. Angemessene Garantien

Weist der Empfängerstaat selbst kein ausreichendes Datenschutzniveau auf, **777** kann dieser Mangel durch angemessene Garantien des Empfängers im Drittstaat kompensiert werden (vgl. bisher Art. 26 Abs. 2 DSRL/§ 4c Abs. 2 S. 1 BDSG aF). Im Ergebnis muss so durch diese Garantien beim Empfänger im Drittstaat an gemessenes Datenschutzniveau gewährleistet werden. Hierzu müssen sie gemäß Art. 46 Abs. 1 DS-GVO insbesondere den Betroffenen **durchsetzbare Rechte einräumen** und ihnen **wirksame Rechtsbehelfe** zur Verfügung stellen. Den betroffenen Personen werden ihre Rechte in der Regel zivilrechtlich eingeräumt, entweder durch eine einseitige unwiderrufliche Garantieverklärung, auf deren Annahme verpflichtet wird (§§ 311, 151 S. 2 BGB) oder durch einen Vertrag zugunsten Dritter (§ 328 Abs. 1 BGB). Zu einem effektiven Rechtsbehelf gehört es, dass der Betroffene seine Rechte gegenüber Behörden und Gerichten geltend machen und den Ersatz erlittener Schäden verlangen kann. Ausreichend dürfte es aber auch sein, wenn sich ein

---

[1023] Siehe auch die Überlegungen von Generalanwalt Bot, Schlussanträge BeckRS 2015, 81603 Rn. 100 – Schrems mit Verweis auf EuGH NVwZ 2012, 417 – N.S.u.a.
[1024] ABl. 2010 L 277, 27.
[1025] ABl. 2003 L 168, 19.
[1026] ABl. 2003 L 308, 27.
[1027] ABl. 2010 L 58, 17.
[1028] ABl. 2004 L 151, 51, berichtigt in ABl. EU 2004 L 208, 47.
[1029] ABl. 2011 L 27, 39.
[1030] ABl. 2008 L 138, 21.
[1031] ABl. 2002 L 2, 13.
[1032] ABl. 2013 L 28, 11.
[1033] ABl. 2000 L 215, 1.
[1034] ABl. 2012 L 227, 11.

effektiver Rechtsschutz im Zusammenspiel mit der Rechtsordnung im Empfängerstaat ergibt.[1035]

778 Generell bedürfen angemessene Garantien einer Genehmigung im Einzelfall durch die zuständige Datenschutzaufsichtsbehörde, die ihre Meinung dann im **Kohärenzverfahren** mit den anderen betroffen Datenschutzaufsichtsbehörden abstimmt (Art. 46 Abs. 3 und 4 DS-GVO). Eine Genehmigung ist im Einzelfall jedoch nicht erforderlich, wenn eines der in Art. 46 Abs. 2 DS-GVO Instrumente gewählt wird:

779 **a) Verwaltungsvereinbarungen.** Rechtlich verbindliche **Verwaltungsvereinbarungen** zwischen öffentlichen Stellen eines Mitgliedstaats und eines Drittstaats (lit. a): Soweit diese nicht rechtlich verbindlich sind (z.B. ein *Memorandum of Unterstanding*) ist die Genehmigung der Datenschutzaufsichtsbehörde einzuholen (Art. 46 Abs. 3 lit. a DS-GVO); ein effektiver Rechtsschutz sowie wie durchsetzbare Rechte des Betroffenen müssen auch dann gegeben sein. Aus verfassungsrechtlicher Sicht ist jedoch zu beachten, dass nach der Rechtsprechung des Bundesverfassungsgerichts, das Fehlen eines angemessenen Datenschutzniveaus nur durch verbindliche Zusicherungen kompensiert werden kann.[1036] Es ist daher zweifelhaft, inwieweit deutsche Behörden auf rechtlich nicht verbindliche Verwaltungsvereinbarungen zurückgreifen können.

780 **b) Binding Corporate Rules.** Verbindliche interne Datenschutzvorschriften einer Unternehmensgruppe oder Gruppe von Unternehmen (*BCR = Binding Corporate Rules*, lit. b i.V.m. Art. 47 DS-GVO): BCRs schaffen innerhalb einer ausreichend verfestigten unternehmerischen Organisation ein eigenes, intern verbindliches Datenschutzregime; dieses muss Anforderungen hinsichtlich Inhalt und Durchsetzung genügen, die Art. 47 Abs. 2 DS-GVO in Anlehnung an die Arbeiten der Art. 29-Gruppe zusammenfasst. BCRs müssen im Kohärenzverfahren genehmigt werden (Art. 47 Abs. 1 DS-GVO), und zwar auch dann, wenn der Verantwortliche lediglich in einem Mitgliedstaat niedergelassen ist;[1037] denn nach einer Genehmigung könnten unter Nutzung dieses Instruments Daten aus der gesamten Union in Drittstaat abfließen.

781 **c) Standarddatenschutzklauseln.** Ein weiteres privatrechtliches Regime zur Sicherung eines angemessenen Datenschutzniveaus sind die sogenannten Standarddatenschutzklauseln, früher Standardvertragsklauseln (lit. c und d, bisher Art. 26 Abs. 4 DSRL). Hierin verpflichtet sich die empfange Stelle gegenüber dem Verantwortlichen zur Einhaltung bestimmter datenschutzrechtlicher Grundsätze. Während vertragliche Regelungen grundsätzlich von den Datenschutzaufsichtsbehörden genehmigt werden müssen (Art. 46 Abs. 3 lit. b DS-GVO), gilt dies nicht für die Standarddatenschutzklauseln, weil sie von der Kommission als Durchführungsrechtsakte erlassen werden. Dies macht sie sehr praxistauglich, führt aber dazu, dass Abweichungen zulasten

---

[1035] *Pauly* in Paal/Pauly DS-GVO Art. 46 Rn. 15.

[1036] BVerfGE 141, 220 Rn. 337 f. – BKA-Gesetz.

[1037] AA *Pauly* in Paal/Pauly DS-GVO Art. 47 Rn. 12; *Schröder* in Kühling/Buchner DS-GVO Art. 47 Rn. 25.

der Betroffenen von den Standardklauseln sie wieder genehmigungspflichtig machen (vgl. ErwGr 109).[1038] Bisher hat die Kommission drei Sets von Vertragsregelungen erlassen, eines davon für die Auftragsverarbeitung in einem Drittstaat.[1039] Neu ist, dass auch die Datenschutzaufsichtsbehörden Standarddatenschutzklauseln entwickeln können; allerdings müssen auch sie von der Kommission in einem Durchführungsrechtsakt genehmigt werden (Art. 46 Abs. 2 lit. d DS-GVO).

d) Codes of Conduct. Verantwortliche in Drittstaaten können nach Art. 46 **782** Abs. 2 lit. e DS-GVO ein angemessenes Datenschutzniveau zukünftig auch garantieren, indem sie sich vertraglich oder in anderer verbindlicher Form verpflichten (Art. 40 Abs. 3 S. 2 DS-GVO), genehmigte Verhaltensregeln (Codes of Conduct) einzuhalten. Diese werden von Verbänden oder anderen Vereinigungen entwickelt, um die Regelungen der DS-GVO zu präzisieren (Art. 40 Abs. 1 und 2 DS-GVO). Eine einheitliche Rechtsanwendung wird auch hier sichergestellt, indem die Kommission die Verhaltensregeln mittels eines Durchführungsrechtsakts für allgemeinverbindlich erklären muss (Art. 40 Abs. 9 i. V. m. Abs. 3 S. 1 DS-GV).

e) Zertifizierung. Neu ist auch die Möglichkeit, ein angemessenes Da- **783** tenschutzniveau zu demonstrieren, indem eine genehmigte Zertifizierungsstelle die Einhaltung der Regelungen der DS-GVO bescheinigt (lit. f). Zusätzlich müssen die Empfänger im Drittstaat sich zur Einhaltung rechtlich verbindlich verpflichten. Zwar müssen die Zertifizierungsstellen die Aufsichtsbehörden über eine geplante Zertifizierung informieren (Art. 43 Abs. 1 DS-GVO); aufgrund der Spielräume, die sich hier im Einzelfall bieten, und der fehlenden Einbindung anderer Aufsichtsbehörden, wird hier nicht zu Unrecht die Gefahr einer laxeren Praxis in einigen Mitgliedstaaten befürchtet.[1040]

f) Zugriffsbefugnisse öffentlicher Stellen im Empfängerstaat. Alle Va- **784** rianten geeigneter Garantien zeichnen sich dadurch aus, dass sie vor allem den Empfänger in den Blick nehmen, nicht aber die gesetzlichen Rahmenbedingungen, denen er unterworfen ist. Nach dem Urteil des EuGH in der Rechtssache *Schrems* ist daher fraglich, inwieweit eine Übermittlung auf diese Garantien gestützt werden kann, wenn im Empfängerstaat staatliche Stellen in einem Maß auf die Daten zugreifen können, das über Art. 23 DS-GVO hinausgeht.

[1038] *Pauly* in Paal/Pauly DS-GVO Art. 46 Rn. 19; zum bisherigen Recht Schantz in Wolff/Brink BeckOK DatenschutzR BDSG aF § 4c Rn. 44; *Gabel* in Taeger/Gabel BDSG aF § 4c Rn. 27.
[1039] Entscheidung der Kommission v. 15.6.2001 hins. Standardvertragsklauseln für die Übermittlung personenbezogener Daten in Drittländer nach der RL 95/46/EG, ABl. EG 1995 181, 19 und Änderungsentscheidung der Kommission 2004/915/EG v. 27.12.2004, ABl. EU 2004 L 285, 74; Beschl. der Kommission 2010/87/EU v. 5.2.2010, ABl. 2010 L 39, 5; durch den Durchführungsbeschluss (EU) 2016/2297, Abl. L 344/100 v. 17.12.2016 wurden die Entscheidungen an die Folgerungen aus dem Urteil des EuGH in der Rs. Schrems angepasst.
[1040] *Schuster/Hunzinger* CR 2015, 789 (794); weniger skeptisch *Pauly* in Paal/Pauly DS-GVO Art. 46 Rn. 39.

D. Grundprinzipien und Zulässigkeit der Datenverarbeitung

785   Die Standardvertragsklauseln enthalten Regelungen, die dazu führen, dass in diesem Fall die Vorgaben der Standardvertragsklauseln nicht mehr gegeben sind und eine Übermittlung unterbleiben muss. Art. 4 Abs. 1 lit. a der Entscheidungen über die Standardvertragsklauseln sah sogar eine spezielle Befugnis vor, dass die Datenschutzaufsichtsbehörden eine Übermittlung untersagen dürfen, wenn im Empfängerstaat Regelungen bestehen, die nicht mit Art. 13 DSRL vereinbar sind. Diese Befugnis ist mit dem Durchführungsbeschluss (EU) 2016/2297 abgeschafft worden. Dies geschah aber nicht, um die Befugnisse der Datenschutzaufsichtsbehörden zu beschneiden; es sollte vielmehr vermieden werden, dass der EuGH darin ähnlich wie im Fall der Safe Harbor-Entscheidung darin eine unzulässige Beschränkung der Befugnisse der Aufsichtsbehörden sieht (vgl. ErwGr 6 Durchführungsbeschluss (EU) 2016/2297). Die Möglichkeit einzuschreiten ergibt sich aber auch aus den Standardvertragsklauseln selbst, wenn sie auch nicht so offensichtlich ist: So muss der Datenimporteur nach Klausel 5 lit. a Standardvertragsklauseln I den Datenexporteuer über entsprechende Zugriffsbefugnisse informieren (ähnlich Standardvertragsklauseln II unter II.d); der Datenexporteur ist dann berechtigt und im Ergebnis wohl sogar verpflichtet, den Vertrag zu kündigen. Ferner stellt der Chapeau der Anlage 2 zu den Standardvertragsklauseln I klar, dass die Verarbeitung zwar vorbehaltlich des nationalen Rechts im Empfängerstaat erfolgt – aber nur wenn die dortigen Regelungen sich im Rahmen des Art. 13 DSRL halten; eine ähnliche Regelung enthält Art. 5 Fn. 1 der Standardvertragsklauseln für Auftragsverarbeiter.

786   Im Fall von BCRs ist lediglich vorgesehen, die Datenschutzaufsichtsbehörden über entsprechende gesetzliche Regelungen im Drittstaat zu informieren sind (Art. 47 Abs. 2 lit. m DS-GVO); in diesem Fall dürfte eine Pflicht der Datenschutzaufsichtsbehörde zum Widerruf der Genehmigung bestehen. Insbesondere die neu eingeführten Instrumente der genehmigten Verhaltensregeln und Zertifizierungen sind jedoch „blind" gegenüber staatlichen Zugriffsbefugnissen im Drittstaat und werden daher im Lichte der Rechtsprechung des EuGH korrigierend ausgelegt werden müssen, dass sie im Fall exzessiver staatlicher Zugriffsbefugnisse keine Übermittlung legitimieren können.

5. Ausnahmen

787   Wie schon Art. 26 Abs. 1 DSRL und § 4c Abs. 1 S. 1 BDSG enthält Art. 49 eine Reihe von Ausnahmen, die eine Übermittlung rechtfertigen, obwohl weder der Empfängerstaat noch die empfangende Stelle ein angemessenes Datenschutzniveau gewährleisten. Auch im Lichte des Art. 44 S. 2 DS-GVO sind diese Ausnahmen daher eng auszulegen.[1041] Hierzu gehört, dass auf diese Ausnahmen aus Gründen der Verhältnismäßigkeit nur zurückgegriffen wird, wenn es nicht möglich oder zumutbar ist, die Übermittlung auf geeignete Garantien zu stützen. Dies ist aber anzunehmen, wenn eine derartige Übermittlung wie-

---

[1041] *Pauly* in Paal/Pauly DS-GVO Art. 49 Rn. 2; so schon zu Art. 26 Abs. 1. DSRL/ § 4c Abs. 1 BDSG aF *Art. 29-Gruppe* Arbeitspapier über eine gemeinsame Auslegung des Artikels 26 Absatz 1 der Richtlinie 95/46/EG, WP 114 v. 25.11.2005, S. 9; *Schantz* in Wolff/Brink BeckOK DatenschutzR BDSG aF § 4c Rn. 5; *Gabel* in Taeger/Gabel BDSG aF § 4c Rn. 5.

derholt erfolgt oder eine größere Zahl von Personen betrifft.[1042] Gerade in Fällen des konzerninternen Datenaustauschs scheidet ein Rückgriff auf die Ausnahmen des Art. 49 DS-GVO daher häufig aus.

a) Einwilligung des Betroffenen (lit. a). Für eine Einwilligung des Be- **788** troffenen gelten die allgemeinen Voraussetzungen; allerdings muss er ausdrücklich einwilligen in die Übermittlung in einen Drittstaat ohne angemessenes Datenschutzniveau und ohne geeignete Garantien einwilligen und vorher über die damit verbundenen Risiken informiert worden sein.

b) Vertragsdurchführung (lit. b und c). Zulässig ist die Übermittlung, **789** soweit sie für die Durchführung eines Vertrags zwischen dem Betroffenen und dem Verantwortlichen (z.b. einen Mitarbeitereinsatz in einem multinationalen Konzern[1043]) erforderlich ist oder für die Anbahnung eines solchen Vertrags auf Antrag des Betroffenen (z.b. Prüfung der Bonität oder Abfrage der Kreditkartendaten im Zusammenhang mit einer Hotelreservierung). Entscheidend ist, dass gerade die Übermittlung in den Drittstaat ohne angemessenes Datenschutzniveau erforderlich ist; dies ist nicht der Fall, wenn die Übermittlung nur den Interessen des Verantwortlichen dient, der etwa durch eine Zentralisierung oder ein Outsourcing seine Kosten senken möchte.[1044] Eine Verarbeitung in einer weltweiten Cloud ist daher in der Regel nicht erforderlich.[1045]

Ebenso zulässig ist die Verarbeitung zum Zwecke der Erfüllung eines Ver- **790** trags zwischen den Verantwortlichen und einem Dritten im Interesse eines Betroffenen (Bsp. Hotelbuchung durch ein Reisebüro).

c) Notwendigkeit aus Gründen des öffentlichen Interesses (lit. d). Da **791** sich öffentliche Stellen, wenn sie hoheitliche Befugnisse ausüben, nicht auf die Ausnahmen nach Art. 49 Abs. 1 UAbs. 1 lit. a bis c berufen können (Art. 49 Abs. 3 DS-GVO), kommt für sie nur eine Übermittlung aus Gründen eines öffentlichen Interesses in Betracht. Hierbei handelt es sich nur um Interessen der Union und ihrer Mitgliedstaaten, nicht eines Drittstaates (Art. 49 Abs. 4 DS-GVO).[1046] ErwGr 112 S. 1 DS-GVO nennt hier insbesondere den Austausch zwischen Wettbewerbs-, Finanz- und Zollbehörden, der Finanzaufsicht und zu Zwecken der sozialen Sicherheit, des öffentlichen Gesund-

---

[1042] *Art. 29-Gruppe* Arbeitspapier über eine gemeinsame Auslegung des Artikels 26 Absatz 1 der Richtlinie 95/46/EG, WP 114 v. 25.11.2005, S. 11.

[1043] Zusammenfassend *Schantz* in Wolff/Brink BeckOK DatenschutzR BDSG aF § 4c Rn. 13.1 und 14; kritisch gegenüber einer weltweiten Personalverwaltung *Albrecht/Jotzo* Das neue Datenschutzrecht der EU, Teil 6 Rn. 20.

[1044] *v.d. Busche* in Plath BDSG aF § 4c Rn. 9; *Kuner* European Data Protection Law, 2nd ed., Rn. 4.109 und 4.111.

[1045] *Art. 29-Gruppe* Stellungnahme 5/2012 zum Cloud Computing, WP 196 v. 1.7.2012, S. 22 f. (Ausnahmen dürfen nur für Übermittlungen genutzt werden, die „weder wiederkehrend noch in großem Umfang oder strukturell" sind); *Albrecht/Jotzo* Das neue Datenschutzrecht der EU, Teil 6 Rn. 20; *Hornung/Sädtler* CR 2012, 638 (645); aA *Spindler* DB 2016, 937 (945).

[1046] *Pauly* in Paal/Pauly DS-GVO Art. 49 Rn. 18; *Art. 29-Gruppe* Arbeitspapier über eine gemeinsame Auslegung des Artikels 26 Absatz 1 der Richtlinie 95/46/EG, WP 114 v. 25.11.1995, S. 17 (zu Fluggastdaten); *Schantz* in Wolff/Brink BeckOK DatenschutzR BDSG aF § 4c Rn. 20.

heitsschutzes und der Bekämpfung des Dopings. Neben den Anforderungen der Art. 44 ff. DS-GVO sind hier aus innerstaatlicher Sicht im Rahmen des nationalen Handlungsspielraums die Grundrechte und insbesondere die Vorgaben des BVerfG zur Übermittlung von Informationen ins Ausland zu berücksichtigen.[1047]

792 Eher klarstellend ist § 85 Abs. 1 BDSG nF, der für Übermittlungen außerhalb des Anwendungsbereichs der DS-GVO Anwendung findet. Danach ist eine Übermittlung in ein Drittland auch erlaubt, wenn sie aus zwingenden Gründen der Verteidigung, zur Erfüllung internationaler Verpflichtungen auf dem Gebiet der Krisenbewältigung oder Konfliktverhinderung oder für humanitäre Maßnahmen erforderlich ist. In diesen Fällen wäre in der Regel bereits eine Übermittlung aus Gründen des öffentlichen Interesses oder aufgrund lebenswichtiger Interessen des Betroffenen gerechtfertigt (vgl. ErwGr 112 S. 5 DS-GVO).

793 **d) Erforderlichkeit zur Geltendmachung, Ausübung und Verteidigung von Rechtsansprüchen (lit. e).** Die Übermittlung zur Wahrung zivilrechtlicher Ansprüche ist zulässig, soweit sie im Rahmen eines Zivilprozesses in einem Drittstaat erforderlich ist. Hierbei kommt es nach dem Wortlaut nicht zwingend darauf an, dass es sich um ein Verfahren handelt, indem der Verantwortliche Partei ist; möglich erscheint auch ein Prozess einer ausländischen Tochtergesellschaft.

794 Anders als Art. 26 Abs. 1 lit. d DSRL verlangt Art. 49 Abs. 1 UAbs. 1 lit. e DS-GVO nicht mehr, dass die Verteidigung oder Geltendmachung von Ansprüchen vor einem Gericht erfolgt. Erfasst werden damit auch bisher strittige Konstellationen wie schiedsgerichtliche Verfahren oder US-amerikanische **Pre-trial discovery**-Verfahren.[1048] Allerdings muss der Verantwortliche alle verfahrensrechtlichen Schritte nutzen, um im Rahmen der Beweiserhebung die Übermittlung personenbezogener Daten auf das erforderliche Maß einzuschränken.

795 Neu ist, dass ErwGr 112 S. 1 DS-GVO diese Ausnahme auch auf Verwaltungsverfahren ausdehnt (z. B. vor der Wertpapieraufsicht SEC).[1049] Allerdings greift Art. 49 Abs. 1 UAbs. 1 lit. e DS-GVO hier nur insoweit, wie der Verantwortliche in einem solchen Verfahren Rechtsansprüche geltend macht oder verteidigt. Anderenfalls würden die Schranken, die Art. 49 Abs. 4 und Art. 48 DS-GVO ausländischen Auskunftsersuchen ziehen, umgangen werden.

796 **e) Lebenswichtige Interessen des Betroffenen oder eines Dritten (lit. f).** Möglich ist ferner eine Übermittlung zur Wahrung lebenswichtiger Interessen eines Betroffenen oder eines Dritten. Voraussetzung ist allerdings,

---

[1047] BVerfGE 141, 220 Rn. 332 ff. – BKA-Gesetz.

[1048] Zur Problematik *Art. 29-Gruppe* Arbeitsunterlage 1/2009 über Offenlegungspflichten im Rahmen der vorprozessualen Beweiserhebung bei grenzübergreifenden zivilrechtlichen Verfahren (pre-trial discovery), WP 158 v. 11.2.2009; *Gola/Klug/Körffer* in Gola/Schomerus BDSG aF § 4c BDSG aF Rn. 7a; *Schantz* in Wolff/Brink, BeckOK DatenschutzR § 4c BDSG aF Rn. 23 ff.

[1049] Vgl. zur bisherigen Rechtslage *Spindler* in Spindler/Schuster BDSG aF § 4c Rn. 14; *Schantz* in Wolff/Brink BeckOK DatenschutzR BDSG aF § 4c Rn. 22.

dass der Betroffene selbst aus physischen oder rechtlichen Gründen nicht in der Lage ist, einzuwilligen (z.B. Patient im Koma). Bedeutung hat diese Regelung vor allem im medizinischen Bereich.

f) Übermittlung aus öffentlichen Registern (lit. g). Soweit personenbe- **797** zogene Daten in Registern veröffentlicht werden, die entweder allgemein zugänglich sind (z.B. Handelsregister) oder aber bei Nachweis eines berechtigten Interesses (z.B. Grundbuch), ist eine Übermittlung an einen Empfänger in einem Drittstaat zulässig, wenn er selbst ein berechtigtes Interesse hat (Art. 49 Abs. 2 S. 2 DS-GVO). Ausgeschlossen ist eine Übermittlung ganzer Kategorien oder des gesamten Inhalts eines Registers (Art. 49 Abs. 2 S. 1 DS-GVO), um die Entstehung paralleler Register zu verhindern.

g) Zwingende überwiegende Interessen des Verantwortlichen. Eine **798** Neuerung und in gewisser Weise ein Systembruch ist die Einführung einer Befugnis zur Übermittlung in einen Drittstaat auf der Basis einer **Interessenabwägung** (Art. 49 Abs. 1 UAbs. 2 DS-GVO). Bereits der Entwurf der Kommission hatte ein solche „vorsichtige Flexibilisierung"[1050] vorgesehen, um unvorhergesehene Fallkonstellationen zu erfassen. Da eine solche Regelung das Potential hat, das restriktive System der Art. 44 ff. DS-GVO aus den Angeln zu heben, hat der Unionsgesetzgeber mehrfach deutlich gemacht, dass es sich hierbei selbst unter den Ausnahmen des Art. 49 Abs. 1 DS-GVO um eine Ausnahme handelt.

Eine Übermittlung nach Art. 49 Abs. 1 UAbs. 2 S. 1 DS-GVO ist danach **799** nur zulässig, wenn

– die zwingenden (und nicht nur berechtigten) Interessen des Verantwortlichen dies erfordern,
– die Interessen und Rechte des Betroffenen nicht überwiegen,
– der Verantwortliche nach Beurteilung aller Umstände der Übermittlung geeignete Garantien beim Empfänger vorgesehen hat und
– die Übermittlung nicht wiederholt erfolgt und nur eine begrenzte Zahl von Personen betrifft.

Zusätzlich muss der Verantwortliche die Datenschutzaufsichtsbehörde und **800** den Betroffenen informieren (Art. 49 Abs. 1 UAbs. 2 und 3 DS-GVO) sowie seine Beurteilung sowie die vorgesehenen Garantien im Verfahrensverzeichnis dokumentieren (Art. 49 Abs. 6 DS-GVO).

6. „Anti-FISA-Klausel"

Von politisch großer Bedeutung war in den Verhandlungen Art. 48 DS- **801** GVO. Die Forderung dieser Ausnahme des EP, die bereits in früheren Entwürfen der Kommission vorgesehen war, war eine Reaktion auf die Enthüllungen von *Edward Snowden*. Die Regelung steht aber auch im Konstellationen des Falls *Microsoft Irland*, in dem die US-amerikanischen Strafverfolgungsbehörden von Microsoft Inc. die Herausgabe von E-Mails forderten, die auf einem Server ihrer irischen Tochtergesellschaft gespeichert waren, statt den Weg der

---

[1050] *Albrecht/Jotzo* Das neue Datenschutzrecht der EU, Teil 6 Rn. 18.

internationalen Rechtshilfe zu beschreiten. Der *Court of Appeals for the Second Circuit* gab einer Beschwerde von Microsoft statt, weil der Gesetzgeber nicht beabsichtigt hatte, die Ermächtigungsgrundlage auf Daten außerhalb der USA zu erstrecken.[1051]

802 Art. 48 DS-GVO legt einen **Vorrang internationaler Übereinkünfte und Rechtshilfeabkommen** fest. Denn Herausgabeverlangen ausländischer Gerichte und Behörden dürfen nur erfüllt werden, wenn sie auf Basis eines solchen völkerrechtlichen Abkommens erfolgen. Allerdings gilt Art. 48 DS-GVO nur „unbeschadet anderer Gründe für die Übermittlung gemäß diesem Kapitel", bekräftigt also letztlich nur die Selbstverständlichkeit, dass eine Rechtsgrundlage gemäß Art. 44 ff. DS-GVO erforderlich ist. Die EU bezieht mit Art. 48 DS-GVO damit international eine „selbstbewusste und klare Position"[1052]. Der Regelungsgehalt von Art. 48 DS-GVO ist aber nur symbolisch.

7. Übermittlung in Drittstaaten im Anwendungsbereich der JI-RL

803 **a) Grundvoraussetzung: Gewährleistung eines angemessenen Datenschutzniveaus.** Die JI-RL ist im Gegensatz zur DS-GVO nur eine Mindestharmonisierung (Art. 1 Abs. 3 JI-RL). Dies eröffnet dem nationalen Gesetzgeber erhebliche Spielräume. Von diesen hat der deutsche Gesetzgeber Gebrauch gemacht, um die Vorgaben des BVerfG aus dem Urteil zum BKA-Gesetz sowie des EuGH aus der Rechtssache Schrems zu berücksichtigen.

Ähnlich wie der EuGH stellte auch das BVerfG klar, dass eine Übermittlung in einen Drittstaat nicht dazu führen dürfe, dass der Grundrechtsschutz durch datenschutzrechtliche Garantien ausgehöhlt werde, indem staatliche Stellen personenbezogene Daten an andere Staaten übermitteln. Ebenso müssen Übermittlungen unterbleiben, wenn im Empfängerstaat menschenrechtliche Standards nicht gewährleistet sind. Denn: „Keinesfalls darf der Staat seine Hand zu Verletzungen der Menschenwürde reichen."[1053] Aus datenschutzrechtlicher Sicht muss daher ein „angemessenes materielles datenschutzrechtliches Niveau für den Umgang mit den übermittelten Daten im Empfängerstaat" gewährleistet sein.[1054] Anderenfalls muss eine Übermittlung unterbleiben, denn der angemessene Umgang mit personenbezogenen Daten im Empfängerstaat ist kein „Abwägungsgesichtspunkt".[1055] Die Beurteilung des Datenschutzniveaus im Empfängerstaat muss sich auf „gehaltvolle" und „realitätsbezogene" Informationen über den Empfängerstaat stützen, dokumentiert und regelmäßig aktualisiert werden.[1056] Defizite des Datenschutzniveaus im Empfängerstaat können durch völkerrechtlich verbindliche Zusagen des Empfängerstaats kompensiert werden.[1057] Die Beurteilung des Datenschutzniveaus muss nicht vor jeder Übermittlung neu vorgenommen werden, sondern kann sich auf eine „generalisierende tatsächliche Einschätzung der Sach- und Rechtslage" stützen. Dies gilt aber nur solange, wie diese Einschätzung nicht durch gegenläufige Informationen erschüttert wird.[1058]

[1051] Court of Appeals for the Second Circuit ZD 2016, 480 (481).

[1052] *Albrecht/Jotzo* Das neue Datenschutzrecht der EU, Teil 6 Rn. 28.

[1053] BVerfGE 141, 220 Rn. 327 f. – BKA-Gesetz.

[1054] BVerfGE 141, 220 Rn. 335 f. – BKA-Gesetz.

[1055] BVerfGE 141, 220 Rn. 353 – BKA-Gesetz.

[1056] BVerfGE 141, 220 Rn. 339 – BKA-Gesetz.

[1057] BVerfGE 141, 220 Rn. 338 f. – BKA-Gesetz.

[1058] BVerfGE 141, 220 Rn. 337 – BKA-Gesetz.

VI. Internationaler Datenverkehr mit Staaten außerhalb der Union

Die **entscheidende Voraussetzung** für die Übermittlung personenbezoge- **804**
ner Daten in einen Drittstaat legt daher **§ 78 Abs. 2 BDSG nF** fest: Danach
muss eine Übermittlung unterbleiben, wenn „im Einzelfall ein datenschutzrechtlich angemessener und die elementaren Menschenrechte wahrender Umgang mit den Daten beim Empfänger nicht hinreichend gesichert ist". Ferner
scheidet die Übermittlung auch bei anderen überwiegenden schutzwürdigen
Interessen der betroffenen Person aus (§ 78 Abs. 2 S. 1 BDSG nF). Die Vorgabe des § 78 Abs. 2 BDSG nF ist in allen Fällen der Übermittlung in ein
Drittland zu beachten, denn §§ 79 Abs. 1, 80 Abs. 1, 81 Abs. 1 BDSG nF verweisen jeweils auf die allgemeinen Anforderungen des § 78 BDSG nF. Verfassungsrechtlich geboten ist auch eine Dokumentation der Beurteilung,[1059] die
allerdings nur teilweise vorgesehen hat (§ 79 Abs. 2 i.V.m. §§ 80 Abs. 3, 81
Abs. 3 BDSG nF).

Das BVerfG scheint in seiner Entscheidung zum BKA-Gesetz – aufbauend **805**
auf seinen Entscheidungen aus dem internationalen Rechtshilfeverkehr – mehr
Verständnis für die Pluralität der Rechtsordnungen und die Notwendigkeit internationaler Zusammenarbeit zu zeigen als der EuGH.[1060] Während der EuGH
seine Rechtsprechung auch auf die Anforderungen an Drittstaaten über-
trägt,[1061] ist das BVerfG an dieser Stelle nicht ganz eindeutig, da es zwar den
EuGH zitiert, zugleich aber nur die Garantien des „menschenrechtlichen
Schutzes personenbezogener Daten" verlangt.[1062] Im Rahmen der §§ 78 ff.
BDSG nF ist daher die Frage der Angemessenheit aufgrund des unionsrechtlichen Kontextes im Zweifel anhand des höheren Standards des EuGH zu bewerten.

b) Übermittlung an staatliche Stellen. Weitere Voraussetzung für die **806**
Übermittlung an eine für die Zweck der JI-RL nach § 45 BDSG nF zuständige
staatliche Stelle in einem Drittstaat oder internationale Organisation (§ 78
Abs. 1 Nr. 1 BDSG nF) ist eine der folgenden Alternativen:

– ein Angemessenheitsbeschluss der Kommission zu dem Empfängerstaat
  nach Art. 36 Abs. 3 JI-RL (§ 78 Abs. 1 Nr. 2 BDSG nF);
– verbindliche Garantien für den Schutz personenbezogener Daten (§ 79
  Abs. 1 Nr. 1 BDSG nF);
– das Vorliegen angemessener Garantien im Drittstaat aufgrund einer Beurteilung des Verantwortlichen (§ 79 Abs. 1 Nr. 2 BDSG nF);
– das Vorliegen eines Ausnahmetatbestands gemäß § 80 Abs. 1 BDSG nF, soweit nicht überwiegende Interessen der betroffenen Person überwiegen
  (§ 80 Abs. 2 BDSG nF): Zulässig ist eine Übermittlung danach
  – zum Schutz lebenswichtiger Interessen einer Person (Nr. 1),
  – zur Wahrung berechtigter Interessen des Betroffenen (Nr. 2),
  – zur Abwehr einer gegenwärtigen und erheblichen Gefahr für die öffent-
    liche Sicherheit eines Staates (Nr. 3),
  – im Einzelfall für die Zwecke der JI-RL gemäß § 45 BDSG nF (Nr. 4) und

---

[1059] BVerfGE 141, 220 Rn. 339 – BKA-Gesetz.
[1060] BVerfGE 141, 220 Rn. 325 und 331 – BKA-Gesetz.
[1061] EuGH NJW 2015, 3151 Rn. 91 ff. – Schrems.
[1062] BVerfGE 141, 220 Rn. 335 – BKA-Gesetz.

– im Einzelfall zur Ausübung und Verteidigung von Rechtsansprüchen im Zusammenhang mit den in § 45 BDSG nF genannten Zwecken (Nr. 5).

807 Aufgrund von § 78 Abs. 2 BDSG nF ist die Bedeutung dieser weiteren Übermittlungsvoraussetzung aber verhältnismäßig gering. Ein Angemessenheitsbeschluss oder völkerrechtlich verbindliche Garantien sind nach der Rechtsprechung des BVerfG lediglich Faktoren, die bei der Beurteilung des Datenschutzniveaus im Empfängerstaat zu berücksichtigen sind. Selbst ein Angemessenheitsbeschluss der Kommission ist daher – wie § 78 Abs. 2 BDSG nF klarstellt – nicht automatisch ausreichend, um ein angemessenes Datenschutzniveau anzunehmen. So können aktuelle Ereignisse und Entwicklungen Zweifel daran begründen, ob die Einschätzung der Kommission noch zutreffend ist.

808 Die weit gefassten Ausnahmen des § 80 Abs. 1 BDSG nF passen eigentlich nicht in die Systematik der §§ 78 ff. BDSG nF. Sie sind selbst keine Übermittlungsbefugnisse, sondern beruhen auf Art. 38 Abs. 1 JI-RL,[1063] der Übermittlungen in Fällen zulassen soll, in denen kein angemessenes Datenschutzniveau im Empfängerstaat besteht. In diesem Fällen muss eine Übermittlung jedoch nach der Rechtsprechung des BVerfG unterbleiben, da die Gewährleistung eines angemessenen Datenschutzniveaus keiner Abwägung zugänglich ist.[1064] Der deutsche Gesetzgeber hat jedoch sehr an den Art. 35 ff. JI-RL orientiert, obwohl er die zugrundeliegenden Wertungen verändert hat.

809 Eine Besonderheit besteht, wenn Daten übermittelt werden sollen, die **aus anderen Mitgliedstaaten** stammen. Zwar ist innerhalb der EU ein weitgehend freier Informationsfluss zwischen den mitgliedstaatlichen Behörden und Einrichtungen gewährleistet, da diese nicht schlechter behandelt werden dürfen als inländische Stellen (§ 74 Abs. 3 BDSG nF). Dieses Vertrauen endet jedoch im Falle einer Übermittlung in einen Drittstaat. Hier behält der Mitgliedstaat, aus dem die Informationen stammen, die Hoheit über „seine" Daten und muss vor einer Übermittlung zustimmen (§ 78 Abs. 3 S. 1 BDSG nF). Nur zur Abwehr unmittelbarer und ernsthafter Gefahren für die öffentliche Sicherheit eines Staates oder für die Interessen eines Mitgliedstaates darf davon abgesehen werden; in diesem Fall ist der Mitgliedstaat, der hätte zustimmen müssen, nachträglich unverzüglich zu informieren (§ 78 Abs. 3 S. 2 und 3 BDSG nF).

810 **c) Weiterübermittlung.** Auch beim Informationsaustausch zwischen Behörden besteht das Problem, dass einmal in einen „sicheren" Drittstaat übermittelte Daten von dort aus weiterübermittelt werden können. Die zuständigen Behörden des Empfängerstaates müssen sich daher verpflichten, dass eine Übermittlung an einen anderen Staat oder eine internationale Organisation nur mit Zustimmung der deutschen Behörde erfolgt (§ 78 Abs. 4 S. 1 BDSG nF). Im Rahmen der Erteilung der Zustimmung kommen sämtliche grundrechtlichen Bindungen voll zum Tragen. Eine Zustimmung darf daher – unabhängig von weiteren Faktoren (hierzu § 78 Abs. 4 S. 2 BDSG nF) – nur erteilt werden, wenn die direkte Übermittlung einer deutschen Behörde in den Drittstaat, an

---

[1063] Kritisch zu den weiten Ausnahmetatbeständen *Bäcker/Hornung* ZD 2012, 147 (151).
[1064] BVerfGE 141, 220 Rn. 353 – BKA-Gesetz.

die Daten weitergeleitet werden sollen, zulässig wäre (§ 78 Abs. 4 S. 3 BDSG nF). Hierbei ist wiederum insbesondere zu berücksichtigen, ob im Drittstaat ein angemessenes Datenschutzniveau besteht (§ 78 Abs. 2 BDSG nF).

d) Übermittlung an private Stellen. § 81 BDSG nF erlaubt in eng be- **811** grenzten Ausnahmefällen auch die direkte Übermittlung an private Stellen im Ausland. Dies ist untypisch, weil derartige Kontaktaufnahmen in der Regel erfolgen, um vom Empfänger im Drittstaat Auskünfte zu erhalten. Geschieht dies aber ohne Einschaltung der Behörden des Drittlandes, berührt dies dessen Souveränität.

Beispiel: Die Regelung zielt insbesondere auf direkte Anfragen bei ausländischen Telekommunikationsanbietern, Sozialen Netzwerken und Banken.[1065] Praktisch wichtigster Fall sind Auskunftsersuchen gegenüber großen ausländischen IT-Unternehmen wie Google oder Facebook. Die USA erlauben solche direkten Anfragen, soweit sie sich nur auf Bestandsdaten beziehen, nur ausländische Staatsangehörige betreffen und so den 4. Zusatzartikel der US-Verfassung nach hM nicht berühren.

Üblicherweise erfolgen derartige Anfragen daher auf der Basis von Rechts- **812** hilfeübereinkommen oder Vereinbarungen über die polizeiliche Zusammenarbeit. § 81 BDSG nF soll nur dann zur Anwendung kommen, wenn der Weg über die Behörden des Drittstaates „wirkungslos oder ungeeignet" wäre (§ 81 Abs. 1 Nr. 2 BDSG nF). Da internationale Rechtshilfeersuchen häufig im Kontext der Ermittlungen zulange dauern, ist der wichtigste Fall, dass der Weg über eine staatliche Stelle im Drittstaat dazu führen würde, dass die Daten nicht rechtzeitig übermittelt werden können.

Die Behörden im Empfängerstaat sind über die Übermittlung unverzüglich **813** zu informieren. Unverständlich ist, warum diese Information nach § 81 Abs. 2 BDSG nF unterbleiben soll, wenn sie „wirkungslos oder ungeeignet" wäre. Ziel der Informationspflicht ist es, dem Empfängerstaat die Möglichkeit zu geben, im Nachhinein gegenüber Deutschland zu protestieren. Aufgrund der Völkerrechtsfreundlichkeit der deutschen Rechtsordnung[1066] ist daher § 81 Abs. 2 BDSG nF so auszulegen, dass die Pflicht zur Information des Empfängerstaates grundsätzlich anzunehmen ist.

Da der Empfänger der Informationen eine private Stelle ist, besteht die Ge- **814** fahr, dass er die empfangenen Daten für eigene Zwecke verwendet. Er ist daher nach § 81 Abs. 4 BDSG nF zu verpflichten, die Daten nur für den Zweck zu verwenden, für den sie übermittelt worden sind, und hierauf hinzuweisen (§ 81 Abs. 1 Nr. 3 BDSG nF).

[1065] Vgl. BT-Drs. 18/11325, S. 120.
[1066] Hierzu allgemein BVerfGE 112, 1 (27) – Bodenreform III; zur Vornahme von Hoheitsakten auf dem Territorium eines anderen Staates ohne dessen Zustimmung vgl. BGH NJW 1969, 1428.

E. Technisch-Organisatorische Pflichten

I. Einleitung

Die DS-GVO **nimmt** in erheblichem Maße den Verantwortlichen und abge- **815**
schwächt den Auftragsverarbeiter (beide zusammen lassen sich als Verantwortliche iwS bezeichnen) **in die Pflicht**. Die Pflicht des Verantwortlichen im
weiteren Sinne ist neben den Grundsätzen für die Verarbeitung und die Rechte
der betroffenen Person sowie dem System der Aufsichtsbehörden eine vierte
zentrale Säule des Datenschutzrechts. Diese Säule ist anders als die Verarbeitungsgrundsätze, dadurch geprägt, dass sie nicht unterschiedslos für alle Verarbeitungsvorgänge gilt. In diesem Teil verfolgt die Verordnung vielmehr einen risikoorientierten Datenschutz (risikobasierten Ansatz – s. dazu auch
ErwGr 74 bis 77 DS-GVO). Insgesamt sind die Pflichten eher umfangreich.[1067]
Die Systematik der Pflichten des Verantwortlichen ist nicht ganz leicht zugänglich. Für Unternehmen ergeben sich durch die Grundverordnung sachlich
gesehen vor allem durch diese Pflichten nicht unerhebliche Anpassungspflich-
ten.[1068]

So kennt die DS-GVO zunächst **Sicherstellungspflichten** **816**

– zur Gewährleistung der Beachtung der Normen der DS-GVO in Art. 24 DS-GVO;
– zur Beachtung der Einhaltung der Grundsätze des Art. 5 (vgl. Art. 25 DS-GVO),
– zur Gewährleistung der Datensicherheit, Art. 32 DS-GVO.

Weiter kennt sie teilweise von der **Situation abhängige Pflichten**, und **817**
zwar:

– zur Aufstellung eines Verarbeitungsverzeichnisses bei großen Unternehmen gemäß
  Art. 30 DS-GVO;
– zur Datenschutz-Folgeabschätzung bei gefährlichen Verarbeitungen gemäß Art. 35
  und 36 DS-GVO;
– zur Benachrichtigung der betroffenen Person und der Aufsichtsbehörde bei erheblichen Datenschutzpannen gemäß Art. 33 und 34 DS-GVO;
– zur Bestellung eines Datenschutzbeauftragten gemäß Art. 37–38 DS-GVO.

Drittens ermuntert die DS-GVO den Verantwortlichen selbst, seine eigenen **818**
Datenschutzstandards zu setzen und **Gewährleistungsmechanismen** zu **implementieren**, vor allem durch:

– Den Erlass von Verhaltensregeln gemäß Art. 40 und 41 DS-GVO;
– Das Zertifizierungssystem gemäß Art. 42 und 43 DS-GVO.

[1067] *Dammann* ZD 2016, 307 (308).
[1068] S. dazu *Wybitul/Draf* BB 2016, 2101 ff.; *v.d. Bussche/Zeiter/Brombach* DB
2016, 1359 ff.

II. Allgemeine Pflichten

1. Mitwirkungspflicht gem. Art. 31 DS-GVO

819 Als eine **Grundpflicht** sieht **Art. 31 DS-GVO** eine Pflicht des Verantwortlichen des Auftragsverarbeiters vor, mit der Aufsichtsbehörde bei der Erfüllung ihrer **Aufgaben zusammen zu wirken**. Diese Kooperationspflicht gilt nach dem Normtext nur auf Anfrage. Es handelt sich um eine **subsidiäre Grundpflicht**, welche die Stellung der Aufsichtsbehörden noch einmal verstärken soll. Die systematische Stellung bei Art. 31 DS-GVO und nicht bei Art. 51 DS-GVO verdeutlicht, dass es eine **Pflicht** des Verarbeiters sein soll und kein Recht der Aufsichtsbehörden. Die Verletzung dieser Pflicht ist ein Bußgeldtatbestand gemäß Art. 83 Abs. 4 DS-GVO. Bei der Annahme einer Verletzung ist allerdings die Generalklauselartigkeit der Pflicht angemessen zu berücksichtigen (→ Rn. 385). Für den **Bereich der JI-RL** trifft § 68 BDSG nF eine vergleichbare Regelung, die allerdings nicht bußgeldbeschwert ist. Die Norm setzt Art. 26 IJ-RJ um.

2. Sicherstellungspflicht gem. Art. 24 Abs. 1 DS-GVO

820 **a) Allgemein.** Der Abschnitt über die Pflichten des Verantwortlichen und des Auftragsverarbeiters beginnt mit einer **allgemeinen Sicherstellungspflicht** des Verantwortlichen, technische und organisatorische Maßnahmen zu ergreifen, um erstens die Rechtskonformität der Verarbeitung sicherzustellen und **zweitens** darüber auch **Nachweise** bringen zu können (Art. 24 Abs. 1 DS-GVO).

821 Die Sicherstellungspflicht **wiederholt nicht nur** die Gültigkeit und die Befolgungspflicht der rechtlichen Vorgaben der Verordnung, sondern verlangt ein Tätigwerden schon im Vorfeld. Darüber hinaus legt es dem Verantwortlichen auf, einen **Nachweis führen zu können**. Er muss belegen können, für die Einhaltung der Rechtsnorm Vorsorge getroffen zu haben. Die Pflicht gilt nur für den Verantwortlichen und nicht für den Auftragsverarbeiter (anders als Art. 32 DS-GVO).

822 Art. 24 DS-GVO bildet eine **Generalklausel**, die immer dann relevant wird, wenn die Verordnung keine spezielleren Normen enthält. Die **Bedeutung** dürfte **erheblich** sein. Geht irgendwo etwas schief, dürfte dies zumindest auf eine Verletzung von Art. 24 DS-GVO hindeuten. Die Norm spricht von der Pflicht, Maßnahmen zu ergreifen, die eine Rechtskonformität sicherstellen. Sie schafft auf diese Weise ein hohes Niveau und dürfte deswegen ein erhebliches Überraschungspotential für die künftige Rechtsentwicklung enthalten.[1069]

823 Als Grundpflicht bildet sie zugleich einen **wesentlichen Pfeiler** der DS-GVO, auf den in vielfacher Weise die DS-GVO ausdrücklich oder mittelbar Bezug nimmt. So wird zunächst die Pflicht im Bereich des Datenschutzes in Art. 25 DS-GVO wiederholt, im Bereich der Datensicherheit in Art. 32 DS-GVO konkretisiert. Die **Datenschutz-Folgeabschätzung** stellt dazu **lex specialis** dar. Die Zertifizierungsregel ist sicher eine Maßnahme zur Umsetzung des

---

[1069] Vgl. *Martini* in Paal/Pauly DS-GVO Art. 24 Rn. 40.

Art. 24 DS-GVO und der Verhaltensregeln in gleicher Weise. Der EDSA hat gemäß Art. 70 Abs. 1 lit. e DS-GVO die Aufgabe, ggf. Leitlinien, Empfehlungen und Verfahren bereitzustellen zwecks Sicherstellung einer einheitlichen Anwendung der DS-GVO. Die Datenschutzbeauftragten (des Verantwortlichen) sollen den Verantwortlichen bei der Erfüllung dieser Aufgabe unterstützen und die Aufsichtsbehörden haben die Möglichkeit, durch Aufsichtsmaßnahmen oder durch Rat auf die Erfüllung hinzuwirken. In der Richtlinie zur Gefahrenabwehr und Strafverfolgung gibt es mit **Art. 19 JI-RL** eine **vergleichbare** Norm.

b) Inhalt der Pflicht. aa) Allgemein. Verlangt wird, geeignete **techni-** 824 **sche und organisatorische Maßnahmen (sog. TOM)** abhängig von der Situation umzusetzen, welche die Rechtmäßigkeit der Verarbeitung sicherstellen. Die Maßnahmen müssen geeignet sein, organisatorisch sein oder technisch sein. Der Begriff Maßnahme ist weit zu verstehen und umfasst alle Handlungen, die das in Art. 24 DS-GVO genannte Ziel erreichen.

bb) Organisatorische und technische Maßnahmen. Der **Unterschied** 825 zwischen organisatorischen und technischen Maßnahmen ist dabei **fließend** und im Ergebnis irrelevant. Technik meint Maßnahmen, die sich automatisch vollziehen und insbesondere Programme oder Instrumente und Maschinen betreffen. Hierzu gehören weiter etwa Steuerung des Software- und des Hardware-Prozesses der Verarbeitung, ebenso wohl Verschlüsselungs- und Passwortsicherungen. Organisatorische Maßnahmen beziehen sich vor allem auf den äußeren Rahmen der Verarbeitung und betreffen den Ablauf sowie die Einbettung in Organisation und Personal. Hierzu gehören etwa Zugriffs- und Zugangskontrollen, Aufsichtsstrukturen, Protokollierungspflichten.[1070]

cc) Geeignetheit. Die Geeignetheit bemisst sich nach der **Eignung,** die 826 **Einhaltung** der Datenschutznormen im weiteren Sinne **zu erreichen.** Die Rechtskonformität muss durch die Maßnahmen sichergestellt sein. Die Sicherstellungspflicht wird von der Verordnung entschärft, indem die zu ergreifenden Maßnahmen von der Verarbeitungssituation abhängig gemacht werden. Die **Situationsabhängigkeit** wird gemäß Art. 24 DS-GVO gebildet, insbesondere durch

– die Art, den Umfang, die Umstände und den Zweck der Verarbeitung,
– die Eintrittswahrscheinlichkeit des Risikos für die Rechte und Pflichten natürlicher Personen,
– die Schwere der Risiken für die Rechte und Freiheiten natürlicher Personen.

Rechte und Freiheiten natürlicher Personen meinen die **Grundrechte und** 827 **Grundfreiheiten des Betroffenen** und sind **weit** zu verstehen. Das Risiko meint das Gefährdungspotential für die Rechte und Freiheiten, wobei die Schwere den Blick auf den möglichen Schaden richtet, während sich die Eintrittswahrscheinlichkeit auf die Realisierungsgefahr konzentriert.[1071] Erfasst wird der Schutz sowohl vor immateriellen als auch vor materiellen Schäden.

[1070] Vgl. *Martini* in Paal/Pauly DS-GVO Art. 24 Rn. 22.
[1071] Vgl. *Martini* in Paal/Pauly DS-GVO Art. 24 Rn. 28; *Hartung* in Kühling/Buchner DS-GVO Art. 24 Rn. 16.

828 **dd) Nachweispflicht.** Der Verantwortliche hat den **Nachweis zu führen,** dass er die Pflicht erfüllt hat. Kann er ihn nicht führen, gilt die Pflicht als nicht erfüllt. Dies wird in der Literatur als eine **erheblich belastende Beweislastumkehr** verstanden.[1072] Der Sache nach führt die Norm ab einer gewissen Bedeutung der Datenverarbeitung des Verantwortlichen zu der Pflicht, ein Datenschutz-Management-System zu implementieren.[1073]

829 **ee) Frage der Begrenzung.** Fraglich ist, ob durch die Situationsabhängigkeit eine **Beschränkung** der zu ergreifenden Maßnahmen auf das angemessene Maß enthalten ist. Gegen eine Beschränkung auf angemessene Maßnahmen spricht zunächst der Normtextvergleich mit Art. 32 DS-GVO (dort sind Implementierungskosten genannt) als auch mit Art. 24 Abs. 2 DS-GVO (dort ist die Angemessenheit genannt). Dennoch wird man aus der Situationsabhängigkeit in Art. 24 DS-GVO den Schluss ziehen können, dass der Verantwortliche nur Maßnahmen ergreifen muss, die für **die jeweilige Situation angemessen sind.** Dies ergibt sich auch schon aus dem grundrechtlichen Grundsatz der Verhältnismäßigkeit.[1074] Beispiele für mögliche Maßnahmen nennt Art. 24 DS-GVO nicht. Beispielhaft aufgeführt sind in ErwGr 78 DS-GVO Datenminimierung, frühzeitige Pseudonymisierung, Schaffen von Transparenz, Schaffen von internen Überwachungsregeln, Einführung des Vier-Augen-Prinzips, Protokollpflichten, Berichtspflichten und Vergleichbares.

3. Datenschutzvorkehrungen gemäß Art. 24 Abs. 2 DS-GVO

830 Schwer zu verstehen ist die Konkretisierung in Art. 24 Abs. 2 DS-GVO. Danach hat der Verantwortliche **geeignete Datenschutzvorkehrungen anzuwenden,** sofern dies im angemessenen Verhältnis zur Verarbeitungstätigkeit steht. Diese Pflicht **geht über Abs. 1 hinaus** und sieht ausdrücklich eine Einschränkung auf ein angemessenes Verhältnis zur Verarbeitung vor. Der Begriff der **Datenschutzvorkehrung** ist irritierend und in Art. 4 DS-GVO nicht selbst definiert. Da auch die Maßnahmen nach Abs. 1 dem Datenschutz dienen, sind sie bei wörtlicher Auslegung auch Datenschutzvorkehrungen. Art. 24 Abs. 2 DS-GVO meint aber über Abs. 1 hinausgehende Maßnahmen. Aus der **Entstehungsgeschichte** und aus dem Vergleich mit den anderen Sprachfassungen ergibt sich, dass hier vor allem an **die Implementierung von Datenschutzmanagement** und **Datenschutzkonzepten** bis hin zu **umfassenden Compliance-Maßnahmen** gedacht wird. Datenschutzvorkehrungen sind Maßnahmen um Verstöße gegen die DS-GVO durch inhaltliche oder prozedurale Vorgaben zu vermeiden.[1075] Die Pflicht ist im Rahmen der **Verhältnismäßigkeit beschränkt.**[1076]

[1072] *Wybitul* ZD 2016, 253, 254; s.a. *Piltz* in Gola DS-GVO Art. 24 Rn. 11.

[1073] *Wichtermann* ZD 2016, 421 f.; *Thode* CR 2016, 714 ff.; *Wybityl/Draf* BB 2016, 2101 ff.

[1074] *Martini* in Paal/Pauly DS-GVO Art. 4 Rn. 11 und 15.

[1075] *Martini* in Paal/Pauly DS-GVO Art. 24 Rn. 40; *Hartung* in Kühling/Buchner DS-GVO Art. 24 Rn. 21.

[1076] *Martini* in Paal/Pauly DS-GVO Art. 24 Rn. 3; *Piltz* in Gola DS-GVO Art. 24 Rn. 53; *Bertermann* in Ehmann/Selmayr DS-GVO Art. 24 Rn. 6.

III. Technische Pflichten

1. Privacy by design and default (Art. 25 DS-GVO)

a) Allgemein. Nach Art. 25 Abs. 1 DS-GVO muss der Verantwortliche **831** geeignete **technische und organisatorische Maßnahmen** ergreifen, um den Anforderungen der DS-GVO zu genügen und um die Rechte der betroffenen Personen zu schützen. Die Maßnahmen müssen dafür ausgelegt sein, die Datenschutzgrundsätze wie etwa Datenminimierung wirksam umzusetzen und die notwendigen Garantien in die Verarbeitung aufzunehmen. Als Beispiel nennt die Verordnung die Pseudonymisierung. Die Maßnahmen müssen sowohl für den Zeitpunkt der Festlegung der Mittel für die Verarbeitung als auch zum Zeitpunkt der eigentlichen Verarbeitung vorgesehen werden.

Art. 25 Abs. 1 DS-GVO aber vor allem Art. 25 Abs. 2 DS-GVO beruhen **832** auf einer **Idee**, die in dieser Intensität in der DS-GVO **neu** ist. Dem Verantwortlichen werden in gewisser Form die **Obliegenheiten der betroffenen Person**, durch eigenes Verhalten die Umsetzung des Grundsatzes der Datenminimierung zu erreichen, übertragen. Der Verantwortliche wird in die Pflicht genommen, um aufgrund seiner höheren Verantwortlichkeit und seine in der Regel erhöhten Kenntnisse das Ziel der Datenminimierung zu erreichen, auch wenn es ggf gegen seine eigenen Interessen ist. Er kann sich nicht mehr darauf berufen, die betroffene Person hätte ja durch eigenes Handeln, wie etwa durch die Umgestaltung von Benutzungsprofilen oder entsprechend ausdrückliche Forderungen selbst die Datenminimierung herbeigeführt. Die Voreinstellungen sollen die Entscheidungssituationen verändern.[1077]

Das Ergreifen der Maßnahmen ist wie bei Art. 23 DS-GVO situationsab- **833** hängig, wobei die Beschreibung etwas von Art. 23 DS-GVO abweicht aber mit der von **Art. 32 DS-GVO identisch** ist. So sind die Maßnahmen zu ergreifen unter Berücksichtigung des Stands der Technik, der Implementierungskosten und der Art, des Umfangs, der Umstände und der Zwecke der Verarbeitung sowie der unterschiedlichen Eintrittswahrscheinlichkeit und Schwere der mit der Verarbeitung verbundenen Risiken für die Rechte und Freiheiten natürlicher Personen.

Die Überschrift „**Datenschutz durch Technikgestaltung**" – bezogen auf **834** Abs. 1 – ist dabei nicht ganz scharf, weil der Normtext nicht nur technische Ausgestaltungen, sondern auch andere verlangt. Art. 25 DS-GVO nennt spezifische Pflichten zum Datenschutz durch **Technikgestaltung** in Abs. 1, wobei diese einen Unterfall von Art. 24 DS-GVO bilden. Art. 32 DS-GVO ist hinsichtlich der Datensicherheit spezieller, ebenso Art. 89 Abs. 1 S. 2 DS-GVO (Sonderregelung für Archive, Wissenschaft und Statistik).

b) Pflicht zum Datenschutz durch Technikgestaltung gem. Art. 25 **835** **Abs. 1 DS-GVO.** Art. 25 Abs. 1 DS-GVO wurde neben Art. 24 DS-GVO erlassen, weil man der Auffassung war, er würde hinsichtlich des Konzepts des **Datenschutzes durch Technik** (privacy by design) inhaltlich stärkere Kontu-

---

[1077] *Krönke* Der Staat 55 (2016), 319 ff.

ren enthalten als Art. 24 DS-GVO.[1078] Ob dies tatsächlich der Fall ist, ist allerdings fraglich. Art. 25 Abs. 1 DS-GVO ist sicher spezieller, die Rechtslage hätte sich aber kaum geändert, wenn es Art. 25 Abs. 1 DS-GVO neben Art. 24 DS-GVO nicht gegeben hätte. Denn letztlich formuliert Art. 25 Abs. 1 DS-GVO eine **Selbstverständlichkeit**: Technik muss dem Recht folgen.[1079] Er macht allerdings das Gebot der datenschutzfreundlichen Technikgestaltung noch einmal deutlicher. Ziel ist es den Datenschutz bereits bei der Programmierung und Konzipierung von Datenverarbeitungsvorgängen zu integrieren. Der Datenschutz soll in die Technik integriert werden.[1080]

836   Die Besonderheit von Art. 25 DS-GVO besteht darin, dass dem Verantwortlichen **frühzeitig** die **Pflicht auferlegt** wird, Maßnahmen zu ergreifen. Schon bei der Ausgestaltung der Datenverarbeitungsvorgänge, dh vor der Verarbeitung selbst, ist der Datenschutz zu berücksichtigen. Trotz dieser Zielrichtung wird allerdings nur der Verantwortliche in die Pflicht genommen, **nicht die Hersteller** von Produkten, Diensten und Geräten, obwohl dies nahegelegen hätte. Nach Ew 78 S. 4 DS-GVO werden die Hersteller lediglich „ermuntert", das Recht auf Datenschutz bei der Entwicklung ihrer Produkte zu berücksichtigen. Der **Auftragsverarbeiter** ist ebenfalls **nicht genannt**. Der Begriff der technischen und organisatorischen Maßnahme ist identisch mit Art. 24 DS-GVO, meint hier aber vor allem Vorgänge in den Programmen und Geräten der Datenverarbeitung. Art. 25 Abs. 1 DS-GVO nennt ausdrücklich das Ziel, dass die Maßnahmen die Grundsätze des Art. 5 DS-GVO umsetzen, dh die Technik soll vor allem dem Grundsatz der Zweckbindung und der Datenminimierung genügen.[1081]

837   Die Maßnahmen müssen angemessen sein, das sind sie, wenn sie ein den Verarbeitungssituationen angemessenes Schutzniveau vermitteln und Kosten und Nutzen in einem angemessenen Verhältnis stehen. Die Kriterien des Art. 25 DS-GVO nennen ausdrücklich auch die Implementierungskosten.

838   **c) Pflicht zu datenschutzfreundlichen Voreinstellung gem. Art. 25 Abs. 2 DS-GVO. aa) Allgemein.** Deutlich von Art. 24 DS-GVO abgesetzt ist demgegenüber die Konkretisierung in Art. 25 Abs. 2 DS-GVO, die mit der Pflicht zu datenschutzfreundlichen Voreinstellungen (privacy by default) umschrieben wird. Nach Art. 25 Abs. 2 S. 1 DS-GVO trifft der Verantwortliche geeignete technische und organisatorische Maßnahmen, die sicherstellen, dass durch **Voreinstellungen** grundsätzlich nur personenbezogene Daten verarbeitet werden, die für den **jeweiligen Verarbeitungszweck erforderlich** sind. Gemeint ist die Situation, dass viele Online-Dienstleistungsanbieter bei der Grundeinstellung des Nutzerprofils die Erhebung von mehr Daten vorsehen, als sie für die in Anspruch genommenen Nutzungszwecke benötigen, wie etwa bei der Nutzung der Handystandortdaten. Art. 25 Abs. 2 S. 1 DS-GVO stellt nun sicher, dass nicht der Nutzer selbst die unnötige Datenerhebung ausstellen

---

[1078] Vgl. *Martini* in Paal/Pauly DS-GVO Art. 25 Rn. 9.

[1079] *Schantz* NJW 2016, 1841 (1846).

[1080] *Martini* in Paal/Pauly DS-GVO Art. 25 Rn. 10; *Baumgartner* in Ehmann/Selmayr DS-GVO Art. 25 Rn. 1; *Nolte/Werkmeister* in Gola, Art. 25 Rn. 1.

[1081] Vgl. *Martini* in Paal/Pauly DS-GVO Art. 25 Rn. 29.

muss, sondern sie von ihm eingestellt werden müssen. Damit reagiert der Gesetzgeber auf die Neigung der meisten Menschen, Voreinstellungen zu akzeptieren (sog. status quo bias), und verhindert, dass diese psychologische Prädisposition ausgenutzt wird.

Deutlich wird dieser Zweck in Art. 25 Abs. 2 S. 2 DS-GVO, der ausdrück- **839** lich darauf hinweist, dass die Verpflichtung für die Menge der zu erhebenden personenbezogenen Daten, den Umfang ihrer Verarbeitung, ihre Speicherpflicht und ihre Zugänglichkeit gilt. Weiter betont Art. 25 Abs. 2 S. 3 DS-GVO explizit, dass personenbezogene Daten nicht aufgrund von Voreinstellungen einer Vielzahl von natürlichen Personen zugänglich gemacht werden dürfen. Gemeint ist der Fall, dass bei sozialen Netzwerken nicht die höchste Publikationsstufe automatisch eingestellt sein darf.

Der **Datenschutz durch datenschutzfreundliche Voreinstellung** ist in **840** dieser Form **neu**, war einer der wesentlichen Gründe, mit dem die Reformbedürftigkeit des europäischen Datenschutzes begründet wurde, ist eine der **Innovationen** des europäischen Datenschutzrechtes und reagiert auf Missstände, insbesondere der sozialen Netzwerke. Art. 25 Abs. 2 DS-GVO darf als ausgesprochen gelungener Anfang gelten, entscheidend ist, inwieweit sie durchgesetzt werden kann. Weiter gehendere Forderungen, eine Pflicht auf die datenschutzfreundlichste Einstellung zu beziehen" hat der Normgeber nicht übernommen. Versteht man das Datenschutzrecht und auch das Prinzip der Datenminimierung nicht als ein Optimierungsgebot ist die Zurückhaltung bei der Übernahme dieses Maßstabs nachvollziehbar. Da die Aufsichtsbehörden scharfe Instrumente besitzen und die Verletzung der Norm zudem mit Ordnungswidrigkeiten beschwert ist und die Voreinstellung unschwer zu kontrollieren ist (Art. 83 Abs. 4 lit. a DS-GVO), dürften der Durchsetzung nicht zu große Hürden entgegenstehen.

bb) Inhalt. Die Voreinstellung ist die **standardmäßige Einstellung**, die **841** der Dienstanbieter im **Nutzungsprofil** einem Nutzer anbietet. Art. 25 Abs. 2 DS-GVO will der Daten- und Sammelleidenschaft moderner Big-Data-Dienstleister entgegenwirken. Geschützt werden sollen die Nutzer, die die technischen Implikationen der Inanspruchnahme von Diensten nicht umfassen und auch nicht in der Lage sind, durch Veränderung der Einstellungen einen höheren Datenschutz zu erreichen. Art. 25 DS-GVO reduziert nicht die Nutzerwahlfreiheit. Nutzer, die in der Lage sind die Datenverarbeitung zu überblicken, dürfen ihre zur Verfügung gestellten Datenmengen durch Veränderungen des Nutzungsprofils durchaus erweitern, Art. 25 DS-GVO meint nur die standardmäßige Inanspruchnahme. **Verstöße** gegen Art. 25 Abs. 2 DS-GVO wären etwa Einstellungen, bei denen die erstmalige Inanspruchnahme als automatische Einwilligung für die Weitergabe der Daten zu Werbezwecken verstanden würde.[1082] Voreinstellungen sind die Eingabevariablen, die der Verantwortliche dem Nutzer vorgibt, bevor dieser das System zu nutzen beginnt.[1083] Keine Voreinstellungen sind Verarbeitungsvorgaben, die der Nutzer Kraft au-

---

[1082] Vgl. *Martini* in Paal/Pauly DS-GVO Art. 25 Rn. 14.
[1083] *Martini* in Paal/Pauly DS-GVO Art. 25 Rn. 47.

tonomer Entscheidung selbst gewählt hat.[1084] Hat sich der Verarbeiter eigenen Konkretisierungsmaßstäben unterworfen, wie etwa Verhaltensregeln oder Zertifizierungsverfahren, wirkt das für die Frage der Erfüllung der angemessenen Maßnahmen als Indiz.

842   **d) Regelung im Bereich der JI-RL.** Im Bereich des § 45 BDSG nF enthält § 71 BDSG nF eine **Pflicht** sowohl zur **Technikgestaltung** als auch zur datenschutzfreundlichen **Voreinstellung**, die der Regelung in der Verordnung strukturell ähnlich ist und Vorgaben der Richtlinie umsetzt (Art. 20 JI-RL). Elemente des § 3a BDSG aF sind eingeflossen.[1085]

2. Datensicherheit gem. Art. 32 DS-GVO

843   **a) Grundlagen. aa) Allgemein.** Im Wege einer **Generalklausel** verpflichtet Art. 32 DS-GVO den Verarbeiter und den Auftragsverarbeiter auf eine der jeweiligen Verarbeitungssituation **angemessene Gewährleistung** der Sicherheit der Verarbeitung. Unter Berücksichtigung des Stands der Technik, der Implementierungskosten und der Art, des Umfangs, der Umstände und der Zwecke der Verarbeitung sowie der unterschiedlichen Eintrittswahrscheinlichkeit und Schwere des Risikos für die Rechte und Freiheiten natürlicher Personen treffen der Verantwortliche und der Auftragsverarbeiter geeignete technische und organisatorische Maßnahmen, um ein dem Risiko angemessenes Schutzniveau zu gewährleisten. Eine Parallelnorm zu Art. 32 DS-GVO findet sich in der Richtlinie zur Gefahrenabwehr und Strafverfolgung in Art. 29 RL 2016/680/EU.

844   **bb) Verhältnis von Datenschutz und Datensicherheit.** Das **Gebot** der **Datensicherheit** ist mit dem **Datenschutz nicht identisch**, aber eng verwandt. Während der Datenschutz das Persönlichkeitsrecht des Betroffenen im Umgang personenbezogener Daten schützen will, bezweckt die Datensicherheit die Verhinderung eines unzulässigen Zugriffs bzw. des Verlustes von personenbezogenen Daten mittels technischer und organisatorischer Maßnahmen.[1086] Spezielle Datensicherheitsvorgaben, vor allem für gefährdete Infrastruktur, wurden durch das IT-Sicherheitsgesetz in Deutschland eingeführt und nun auf europäischer Ebene auch durch die Richtlinie über Maßnahmen zur Gewährleistung eines hohen gemeinsamen Sicherheitsniveaus von Netz- und Informationssystemen in der Union (RL 2016/1148/EU vom 6.7.2016, kurz NIS-RL). Diese Pflichten sind im Vergleich zu Art. 32 DS-GVO weitgehender und spezieller.[1087]

845   Datenschutz und Datensicherheit stehen in einer **Wechselwirkung**. Art. 32 DS-GVO konkretisiert den Grundsatz der Integrität und Vertraulichkeit gemäß Art. 5 Abs. 1 lit. f DS-GVO. Die Verpflichtung zur Gewährleistung der Datensicherheit war schon im gegenwärtigen Recht enthalten. Die DSRL kennt ihn

---

[1084] *Martini* in Paal/Pauly DS-GVO Art. 25 Rn. 47.
[1085] BT-Drs. 18/11325, S. 118.
[1086] *Martini* in Paal/Pauly DS-GVO Art. 32 Rn. 1; s.a. *Piltz* in Gola DS-GVO Art. 32 Rn. 6.
[1087] *Emmert* DuD 2016, 34 ff.

in Art. 17 Abs. 1, Abs. 2 DSRL. Das deutsche Recht konkretisierte ihn in § 9 BDSG aF nebst der bekannten Anlage zu § 9 BDSG aF. Die DS-GVO verweist wiederholt auf die Pflicht aus Art. 32 DS-GVO, etwa bei dem Pflichtenkatalog des Auftragsverarbeiters gemäß Art. 28 Abs. 3 lit. c DS-GVO und beim Verzeichnis von Verarbeitungstätigkeiten gemäß Art. 30 Abs. 1 lit. g DS-GVO.

cc) Verhältnis zur allgemeinen Gewährleistungspflicht aus Art. 24 DS-GVO. Art. 32 DS-GVO ist **eng verknüpft** mit der **allgemeinen Gewährleistungspflicht** des Art. 24 DS-GVO. Während Art. 24 DS-GVO den Verantwortlichen dazu verpflichtet, durch technische und organisatorische Maßnahmen die Einhaltung der Anforderungen der Verordnung sicherzustellen, konkretisiert Art. 32 DS-GVO diese allgemeine Aussage gerade in Bezug auf die Datensicherheit. Art. 32 DS-GVO tritt somit neben Art. 24 DS-GVO.[1088] **846**

Während **Art. 25 DS-GVO** den Normgehalt von Art. 24 DS-GVO hinsichtlich des **Datenschutzes** konkretisiert, **konkretisiert Art. 32 DS-GVO** den Aspekt der **Datensicherheit**. Während Art. 25 DS-GVO den Datenschutz bei der Konzipierung von Datenverarbeitungssystemen und Prozessen verlangt und etwa Einfluss auf die Menge der verarbeitenden Daten bewirken will, soll Art. 32 DS-GVO den Betroffenen vor allem vor Vernichtung, Verlust und unbefugter Offenbarung von bereits erhobenen Daten schützen.[1089] **847**

dd) Folgen einer Verletzung. Flankiert wird die Pflicht zur Datensicherheit dadurch, dass Verletzungen Meldepflichten auslösen.[1090] Die Verletzung von Art. 32 DS-GVO bildet eine **Ordnungswidrigkeit** gemäß Art. 83 Abs. 4 lit. a DS-GVO. Im Bereich der Cyber-Sicherheit greifen Art. 14, 16 NIS-Rl. **848**

b) Inhalt. aa) Standards zur Datensicherheit. Die Pflicht aus Art. 32 DS-GVO besteht aus **drei Elementen.** Es geht um (1) geeignete, technische und organisatorische Maßnahmen, die (2) situationsabhängig ein (3) angemessenes Schutzniveau bieten sollen. Die Situationsabhängigkeit versteht sich von selbst. Ein Handwerksbetrieb benötigt andere technische Sicherheiten als eine Krankenkasse und die wiederum andere als Facebook und Google. **849**

Das Gesetz beschreibt die **Situationsabhängigkeit** und die Faktoren für die Angemessenheit selbst in Art. 32 Abs. 1 DS-GVO wie folgt: *„Bei der Beurteilung des angemessenen Schutzniveaus sind insbesondere die Risiken zu berücksichtigen, die mit der Verarbeitung verbunden sind, insbesondere durch — ob unbeabsichtigt oder unrechtmäßig — Vernichtung, Verlust, Veränderung oder unbefugte Offenlegung von beziehungsweise unbefugten Zugang zu personenbezogenen Daten, die übermittelt, gespeichert oder auf andere Weise verarbeitet wurden."* **850**

Danach wird die Situation vor allem **beeinflusst durch:** **851**

– Art, Umfang und Zweck der Verarbeitung;
– Eintrittswahrscheinlichkeit eines Schadens;
– Schwere des Risikos für die Rechte und Freiheiten natürlicher Personen.

[1088] *Martini* in Paal/Pauly DS-GVO Art. 32 Rn. 7.
[1089] Vgl. *Martini* in Paal/Pauly DS-GVO Art. 32 Rn. 9.
[1090] *Martini* in Paal/Pauly DS-GVO Art. 32 Rn. 12.

852 Einfluss auf die Angemessenheit besitzen nach Art. 32 Abs. 1 DS-GVO auch die Implementierungskosten. Dies bildet einen Einfluss des Grundsatzes der Verhältnismäßigkeit.[1091] Darüber hinaus ist der Stand der Technik („*state of the art*") maßgeblich. Der Stand der Technik verweist auf außerjuristische Regelungswerke. Es gibt von sachverständigen Kreisen entsprechende standardisierte Schutzkataloge, wie etwa die ISO 27001-Normreihe.[1092]

853 **bb) Handlungspflichten.** Die Verpflichteten müssen **technische und organisatorische Maßnahmen** ergreifen. Dieses Begriffspaar kommt in der DSRL häufig vor, vgl nur Art. 5 Abs. 1 lit. f DS-GVO. Das Begriffspaar meint der Sache nach alle Maßnahmen, die auf eine den Vorgaben der Verordnung entsprechende Verarbeitung abzielen.[1093]

854 Technische Maßnahme sind maschinelle und elektronische Sicherungen, wie Programme, Geräte und Vergleichbares. Die organisatorischen Maßnahmen sind dabei weit zu verstehen. Gemeint sind alle Vorkehrungen im Arbeitsablauf, in der Zugangsberechtigung zu Räumen und Daten, bei den Kontrollmechanismen, bei der Aufsicht und dem Weisungsverhältnis, beim Passwortmanagement (vgl. auch ErwGr 78 S. 3 DS-GVO). Beispiele von Maßnahmen organisatorischer und technischer Art sind in Art. 29 der Richtlinie (EU) 2016/680 enthalten. Zu ergreifen sind grundsätzlich **beide Maßnahmen**. Die Verordnung nennt in Art. 32 Abs. 1 2. Hs. DS-GVO vier mögliche Maßnahmen, die vom Gesetz als Mindestvorgaben formuliert sind („schließen unter anderem Folgendes ein"):[1094]

– die Pseudonymisierung und Verschlüsselung personenbezogener Daten;
– die Fähigkeit, die Vertraulichkeit, Integrität, Verfügbarkeit und Belastbarkeit der Systeme und Dienste im Zusammenhang mit der Verarbeitung auf Dauer sicherzustellen;
– die Fähigkeit, die Verfügbarkeit der personenbezogenen Daten und den Zugang zu ihnen bei einem physischen oder technischen Zwischenfall rasch wiederherzustellen;
– ein Verfahren zur regelmäßigen Überprüfung, Bewertung und Evaluierung der Wirksamkeit der technischen und organisatorischen Maßnahmen zur Gewährleistung der Sicherheit der Verarbeitung.

855 Erfasst werden die **Bereiche** der Pseudonymisierung, des Schutzes vor unbefugtem Zugriff, die Back-Up-Vorsorge und das Monitoring.[1095] Das Schutzniveau muss angemessen sein. Angemessen meint ein vernünftiges Verhältnis zwischen Aufwand für den Schutz und dem Risiko. Verlangt wird kein statisches Schutzniveau.[1096]

856 Trotz der Konkretisierung in Art. 32 Abs. 1 2. Hs. DS-GVO bleiben die **normativen Anforderungen** an die geforderten Sicherheitsmaßnahmen relativ **vage**. Der Vorschlag, entweder der Kommission oder dem EDSA die Mög-

---

[1091] *Martini* in Paal/Pauly DS-GVO Art. 32 Rn. 60.
[1092] *Martini* in Paal/Pauly DS-GVO Art. 32 Rn. 57.
[1093] *Martini* in Paal/Pauly DS-GVO Art. 32 Rn. 28; *Jandt* in Kühling/Buchner DS-GVO Art. 32 Rn. 5.
[1094] Vgl. *Martini* in Paal/Pauly DS-GVO Art. 32 Rn. 31.
[1095] Vgl. ausführlich *Martini* in Paal/Pauly DS-GVO Art. 32 Rn. 33 ff.
[1096] *Martini* in Paal/Pauly DS-GVO Art. 32 Rn. 46.

lichkeit der Konkretisierung durch Durchführungsakte zu geben, hat sich nicht durchgesetzt. Die einzige Konkretisierungsmöglichkeit, die bleibt, ist daher die im Selbstbindungsverfahren der Verhaltensregeln oder die Erlangung einer Zertifizierung. Darauf greift dann auch die Frage der Angemessenheit zurück.

Hat der Verantwortliche oder der Auftragsverarbeiter sich **verbindlichen Verhaltensregeln** hinsichtlich der Datensicherheit unterworfen oder ein **Zertifizierungsverfahren** durchlaufen, wirkt sich dies gemäß Art. 32 Abs. 3 DS-GVO als **Indiz** dafür aus, dass er ein angemessenes Schutzniveau einhält. Verpflichtet sind der Verantwortliche und der Auftragsverarbeiter, wobei diese die Einhaltung der Verpflichtung durch ihr Personal sicherstellen müssen gemäß Art. 32 Abs. 4 DS-GVO. Software-Hersteller und Gerätehersteller sind nicht verpflichtet.[1097]

c) Gewährleistungen im Bereich der JI-RL. Für den Anwendungsbereich von § 40 BDSG nF **sieht § 64 BDSG nF** eine ausführliche Vorschrift über die Vorgaben der Anforderungen an die Sicherheit der Datenverarbeitung vor. Die Norm ist inhaltlich an Art. 32 DS-GVO angelehnt, aber konkreter ausgeführt. Die sorgfältige Regelung dürfte mit dem Sicherheitsauftrag der öffentlichen Stellen verbunden sein. Die Norm dient der **Umsetzung** von **Art. 29 JI-RL.**[1098] § 64 BDSG nF verpflichtet den Verantwortlichen dazu, erforderliche technisch-organisatorische Maßnahmen zu treffen und stellt gleichzeitig klar, dass die Ausgestaltung der Maßnahmen Ergebnis eines Abwägungsprozesses sein soll, in den insbesondere der Stand der verfügbaren Technik, die entstehenden Kosten, die näheren Umstände der Verarbeitung und die in Aussicht zu nehmende Gefährdung für die Rechtsgüter der betroffenen Person einzustellen sind. Weiterhin wird klarstellend geregelt, dass bei der Festlegung der technisch-organisatorischen Maßnahmen die einschlägigen Standards und Empfehlungen, insbesondere technische Richtlinien, des Bundesamts für Sicherheit in der Informationstechnik zu berücksichtigen sind. Die Gedanken des § 9 BDSG aF werden übernommen, wonach die Erforderlichkeit der Maßnahmen daran zu bemessen ist, ob ihr Aufwand in einem angemessenen Verhältnis zum angestrebten Schutzzweck steht.

3. Selbständige Ausprägungen der JI-RL

Die meisten technischen Pflichten der verantwortlichen Stelle in der JI-RL entsprechen **strukturell denen in der Verordnung.** Allerdings kennt die Richtlinie eine Pflicht, die spezifisch auf die Besonderheit der Aufgabenerledigung im Rahmen der Richtlinie zugeschnitten ist, und das ist die Protokollierungspflicht aus Art. 25 JI-RL, die durch § 76 BDSG nF umgesetzt wird. Die Protokollierungspflicht ist im Bereich der Sicherheit von großer grundrechtlicher Bedeutung, da aufgrund der Vertraulichkeit vieler Informationserhebungseingriffe und der hohen Techniklastigkeit eine elektronische Dokumentation für spätere Kontrollen, datenschutzrechtlicher und justizieller Art, unerlässlich ist.

857

858

[1097] *Martini* in Paal/Pauly DS-GVO Art. 32 Rn. 27.
[1098] BT-Drs. 18/11325, S. 116.

859 Die gesetzliche Regelung gibt vor, was aufgezeichnet wird und zu welchem Zweck die Aufzeichnung dient. Dabei steht der **Kontrollaspekt** gemäß § 76 Abs. 3 BDSG nF im Vordergrund. Die Protokolldaten sind am Ende des folgenden Jahres zu löschen (§ 76 Abs. 4 BDSG nF). In der Gesetzesbegründung heißt es, **§ 76 BDSG nF** statuiere eine umfassende Pflicht des Verantwortlichen zur Protokollierung der unter seiner Verantwortung durchgeführten Datenverarbeitungen.[1099] Von der durch die JI-RL Richtlinie eröffneten Möglichkeit, die Protokolldaten über die Datenschutzkontrolle, Eigenüberwachung und Aufrechterhaltung der Datensicherheit hinaus auch im Zusammenhang mit der Verhütung oder Verfolgung von Straftaten einzusetzen, werde Gebrauch gemacht.

IV. Organisatorische Pflichten

1. Verzeichnis der Verarbeitungstätigkeiten gem. Art. 30 DS-GVO

860 **a) Allgemein.** Art. 30 DS-GVO kennt die Pflicht des Verantwortlichen, ein **Verzeichnis** der **Verarbeitungstätigkeiten** zu erstellen. Diese Pflicht bildet die Nachfolge des Verfahrensverzeichnisses nach § 4a BDSG aF.[1100] Die alten Meldepflichten gehen gem. ErwGr 89 f. in die die Datenschutz-Folgeabschätzung über. Darüber hinaus kennt es aber auch eine Verpflichtung des Auftragsverarbeiters in Art. 30 Abs. 2 DS-GVO, was ein Novum ist; ansonsten sind die Änderung begrenzt.[1101]. Die Verzeichnispflichten entsprechen im Wesentlichen den Auskunftsrechten der betroffenen Person nach Art. 15 DS-GVO.[1102] Die Pflicht folgt dem Prinzip des Datenschutzes durch Verfahren.[1103] und soll Transparenz ermöglichen,[1104] wobei allerdings das Verzeichnis **nur** auf **Anforderung** der Aufsichtsbehörde **vorzulegen** ist (vgl Art. 30 Abs. 4 DS-GVO) und nicht von sich aus zu veröffentlichen ist. Bedeutung kommt ihm dabei vor allem im Rahmen der Datenaufsicht zu, so wie den alten Meldepflichten.

861 **b) Ausnahme für Kleinunternehmen.** Die Pflicht zur Führung des Verzeichnisses gilt gemäß Art. 30 Abs. 5 DS-GVO **für kleinere Unternehmen** nicht, wobei die DS-GVO bewusst nicht auf den Begriff der kleineren und mittleren Unternehmen zurückgreift, indem sie nur an die Anzahl der Beschäftigten anknüpft und nicht an einen Mindestjahresumsatz. Danach gilt die Pflicht grundsätzlich nicht für Unternehmen und Einrichtungen, die weniger als 250 Mitarbeiter beschäftigen, sofern nicht die Rückausnahme nach Halbsatz 2 gegeben ist. Der Begriff Unternehmen ist in Art. 4 Nr. 18 DS-GVO definiert. Der Begriff Einrichtung ist weiter und meint jede organisatorische

---

[1099] BT-Drs. 18/11325, S. 119.

[1100] *Gossen/Schramm* ZD 2017, 7 ff.; anders dagegen das Verständnis bei *Hartung* in Kühling/Buchner DS-GVO Art. 30 Rn. 2; *Bertermann* in Ehmann/Selmayr DS-GVO Art. 30 Rn. 1.

[1101] Vgl. beispielsweise für den Gesundheitsbereich *Schütze/Spyra* RDV 2016, 285 (290 f.).

[1102] Vgl. *Martini* in Paal/Pauly DS-GVO Art. 30 Rn. 1.

[1103] *Martini* in Paal/Pauly DS-GVO Art. 30 Rn. 1.

[1104] *Martini* in Paal/Pauly DS-GVO Art. 30 Rn. 2.

Selbstständigkeit, wozu auch Behörden und soziale Einrichtungen gehören dürften.[1105]

Die Berechnung der **Mitarbeiterzahl**, insbesondere die Frage nach Teil- **862** zeitbeschäftigten, regelt die Norm nicht. Abgestellt werden dürfte auf die beschäftigten Personen, unabhängig von dem Umfang ihrer Beschäftigung. Unerheblich ist auch der Ort der Beschäftigung. Es genügt die Zurechnung zur jeweiligen Einrichtung. Bei Konzernunternehmen wird man auch die einzelnen Einrichtungen getrennt bewerten müssen, ein Konzern mit vier Töchtern, die jeweils unter 250 Mitarbeiter beschäftigen, bilden keine Einrichtung mit mehr als 250 Mitarbeitern.[1106]

Die zusätzlichen Tatbestandsmerkmale, die gegeben sein müssen, damit **863** eine Einrichtung mit weniger als 250 Mitarbeitern sich auf die Ausnahme berufen kann, sind **unglücklich** formuliert. Art. 30 Abs. 5 2. Hs. DS-GVO enthält drei Varianten: kein Risiko der Verarbeitung, nicht nur gelegentliche Verarbeitung und keine Verarbeitung besonders sensibler Datenkategorien gemäß Art. 9 und 10 DS-GVO. Die drei Zusatzvarianten sind im Deutschen so formuliert, dass der Verantwortliche, bei dem ein oder zwei der Kriterien vorliegen, dennoch unter die Privilegierung fällt. Der englische und französische Vertragstext als auch der Sinn der Norm verlangt aber, dass der Verantwortliche nur dann, wenn er keine der drei Zusatzkriterien erfüllt, sich auf die Privilegierung stützen kann.[1107] Weiter ist der Normtext deswegen unglücklich, weil er bei wörtlicher Auslegung so zu verstehen ist, dass dann, wenn die Verarbeitung dauerhaft erfolgt und nicht nur gelegentlich, die Privilegierung greift. Gemeint ist genau das Gegenteil. Die doppelte Verneinung ist hier als einfache Verneinung gemeint. Nur dann, wenn der Geschäftszweck gewissermaßen nicht die Datenverarbeitung selbst ist, können kleinere Unternehmen sich auf die Privilegierung berufen.[1108] Es dürfte sich um Übersetzungsfehler handeln, mit einem Korrigendum ist zu rechnen.

Bereinigt man den Normtext durch die Ratio, ergibt sich, dass die Ver- **864** zeichnispflicht nicht gilt für Einrichtungen mit weniger als 250 Mitarbeitern, sofern die Verarbeitung weder ein Risiko für die Rechte und Freiheiten der betroffenen Personen birgt, noch die Verarbeitung besondere Datenkategorien iSv Art. 9 Abs. 1 und Art. 10 DS-GVO betrifft und zudem die Verarbeitung nur gelegentlich und nicht dauerhaft erfolgt. Das Kriterium Risiko für die Rechte und Freiheit ist normativ zu verstehen und meint, dass kein hohes oder erhebliches Risiko für die Persönlichkeitsrechte der betroffenen Person iSd ErwGr 75 DS-GVO vorliegen darf.

Das Kriterium der gelegentlichen Verarbeitungstätigkeit dürfte vom Sinn her **865** keinen zeitlichen Aspekt meinen, sondern auf die Unternehmenstätigkeit gerichtet sein. Unternehmen, deren Haupttätigkeit Datenverarbeitung ist, können sich nicht auf die Privilegierung berufen, sondern nur solche, bei denen die Datenverarbeitung eine untergeordnete Bedeutung zum Hauptbetrieb aufweist.[1109]

[1105] Im Ergebnis ebenso *Martini* in Paal/Pauly DS-GVO Art. 30 Rn. 27.
[1106] *Martini* in Paal/Pauly DS-GVO Art. 30 Rn. 28.
[1107] Ausführlich *Martini* in Paal/Pauly DS-GVO Art. 30 Rn. 31.
[1108] Ebenso *Martini* in Paal/Pauly DS-GVO Art. 30 Rn. 33.
[1109] Ebenso *Martini* in Paal/Pauly DS-GVO Art. 27 Rn. 34.

866   **c) Führung eines Verzeichnisses.** Liegt kein Ausnahmetatbestand gemäß Art. 30 Abs. 5 DS-GVO vor, ist das **Verzeichnis** vom Verantwortlichen bzw. vom Auftragsverarbeiter **zu führen.** Es ist schriftlich oder elektronisch zu führen (Art. 30 Abs. 3 DS-GVO). Was im Verzeichnis aufgeführt wird, unterscheidet sich, je nachdem, ob der Verantwortliche oder Auftragsverarbeiter der Pflichtige ist. Das Verzeichnis für den Verantwortlichen **muss** u. a. **enthalten**: Die Kontaktdaten des Verantwortlichen und weiterer zentraler Personen, die Zwecke der Verarbeitung, die Beschreibung der Kategorien der betroffenen Personen, die personenbezogenen Daten sowie den Empfänger, insbesondere den Empfänger in Drittländern oder internationalen Organisationen. Im letzten Fall sind ggf. die ergriffenen geeigneten Garantien gemäß Art. 49 Abs. 1 UAbs. 2 DS-GVO zu nennen. Darüber hinaus sind die Löschungsfristen und die allgemeinen technischen und organisatorischen Maßnahmen zu benennen. Im Falle des Auftragsverarbeiters muss dieser neben den Kontaktdaten seiner (Unter-)Auftragsverarbeiter und der Verantwortlichen, für die er Daten verarbeitet, die Kategorien von Verarbeitungen aufführen, ggf. die Übermittlung von personenbezogenen Daten an Drittländer sowie die Nennung der geeigneten Garantien sowie die Beschreibung der technischen, organisatorischen Vorschriften. Das Verzeichnis umfasst dabei nicht die individuellen Vorgänge, ist also keine Protokollierung.

867   **d) Regelung im Bereich der JI-RL.** Im Bereich des § 45 BDSG nF kennt § **70 BDSG nF** die Pflicht, die Verarbeitungstätigkeiten zu verzeichnen. Die Pflicht ist an Art. 30 DS-GVO angelehnt, allerdings mit dem Unterschied, dass die öffentlichen Stellen uneingeschränkt verpflichtet sind und nicht erst ab einer gewissen Mindestzahl der Beschäftigten. Die Norm setzt **Art. 24 JI-RL** um. Das Verzeichnis dient dazu, der oder den Bundesbeauftragten einen Überblick über die beim Verantwortlichen durchgeführten Datenverarbeitungen zu erhalten. Es dient daher der Effektivität der Datenschutzaufsicht. Die Pflicht ist im Zusammenhang zu sehen mit der Konsultationspflicht und den Protokolldaten gemäß § 76 BDSG nF. Das Verzeichnis nach § 70 BDSG nF ist nicht identisch mit der Errichtungsanordnung für Dateien, die das Fachrecht für Sicherheitsdateien häufig kennt.

2. Datenschutz-Folgenabschätzung gem. Art. 35 DS-GVO

868   **a) Allgemein.** Deutlich **komplizierter** ist die Pflicht zur Datenschutz-**Folgenabschätzung** gem. Art. 35 DS-GVO. Art. 35 Abs. 1 DS-GVO verpflichtet Verantwortliche bei risikoreichen Arten der Verarbeitung personenbezogener Daten eine Datenschutz-Folgenabschätzung durchzuführen.[1110] Die **Datenschutz-Folgenabschätzung** wird als **regulatorische Innovation** bezeichnet.[1111] Die Verordnung sieht sie als Folgepflicht der bürokratischen Meldepflicht jeder Datenverarbeitung nach Art. 18 Abs. 1 DSRL (vgl. ErwGr 89 DS-GVO). Die Richtlinie Justiz und Inneres enthält in Art. 37 JI-RL eine speziellere Regelung.

[1110] *Wichtermann* DuD 2016, 797 ff.
[1111] *Martini* in Paal/Pauly DS-GVO Art. 35 Rn. 2; siehe auch *Schröder* Datenschutzrecht, Kap. 7 II. 5; s.a. *Baumgartner* in Ehmann/Selmayr DS-GVO Art. 30 Rn. 2.

IV. Organisatorische Pflichten

Das neue Verfahren ist **zweistufig** und verhältnismäßig einfach: Hat eine **869** Form der Verarbeitung voraussichtlich ein hohes Risiko für die Rechte und Freiheiten natürlicher Personen zur Folge, so führt der Verantwortliche vorab eine Abschätzung der Folgen der vorgesehenen Verarbeitungsvorgänge für den Schutz personenbezogener Daten durch. Kommt er zu dem Ergebnis eines hohen Risikos für die Betroffenen, muss er die Datenschutzaufsichtsbehörde konsultieren, bevor er mit der Verarbeitung beginnen darf (Art. 36 Abs. 1 DS-GVO). Es wird eine Parallele zur Umweltverträglichkeitsprüfung gezogen.[1112]

Die Pflicht nach Art. 35 Abs. 1 DS-GVO steht in engem **Zusammenhang** **870** mit der Pflicht zur **Technikgestaltung** und zur Gewährleistung der **Datensicherheit**.[1113] Diese Pflicht beruht auf einem risikobasierten Konzept.[1114] Risiko meint eine ernst zu nehmende Eintrittswahrscheinlichkeit eines Schadens.[1115] Art. 35 Abs. 1 DS-GVO nennt Risikofaktoren. Diese werden in ErwGr 91 näher umschrieben (große Zahl von Personen, neue Technologie, Erschweren der Ausübung der Rechte). Der Tatbestand des Art. 35 DS-GVO beruht auf einer Prognoseentscheidung, die grundsätzlich gerichtlich voll überprüfbar ist.[1116] Es sind die Folgewirkungen sensibler Verarbeitungsprozesse für das Recht auf Achtung der Privatsphäre gemäß Art. 7 GRC und der Schutz personenbezogener Daten gemäß Art. 8 GRC zu antizipieren.[1117]

Nach zutreffender Ansicht ist bei Art. 35 DS-GVO wohl gemeint, dass sich **871** im **Rahmen der Datenschutz-Folgenabschätzung** ergibt, dass **wirklich** ein hohes Risiko besteht, sodass das Risiko, das die Technikfolgenabschätzung auslöst und das Risiko, das eine Konsultationspflicht auslöst, nicht identisch sind.[1118] Bei der **Konkretisierung** dieser Pflicht sind folgende Fragen zu unterscheiden:

- Wann eine Folgenabschätzung erforderlich ist (Art. 35 Abs. 1, Art. 35 Abs. 3, Art. 35 Abs. 4, Art. 35 Abs. 5, Art. 35 Abs. 6, Art. 35 Abs. 10 DS-GVO);
- In welchem Verfahren die Folgenabschätzung durchzuführen ist (Art. 35 Abs. 2, Art. 35 Abs. 9 DS-GVO);
- Welchen Inhalt die Folgenabschätzung aufweist (Art. 35 Abs. 7, Abs. 8 DS-GVO;
- Welche Folgen die Folgen der Abschätzung nach sich führen (Art. 35 Abs. 1 DS-GVO).

Der Sache nach kommen die **Phasen** der Datenschutz-Folgenabschätzung **872** in Art. 35 DS-GVO **nur beschränkt zum Ausdruck**. Die Phase beginnt zunächst mit einer Beschreibung der einzusetzenden Technologie und der Frage, ob eine Folgenabschätzung notwendig ist. Anschließend folgt die eigentliche Bewertungsphase, deren Ergebnisse gemäß Art. 35 Abs. 7 lit. b und c DS-

---

[1112] *Martini* in Paal/Pauly DS-GVO Art. 35 Rn. 2.
[1113] *Martini* in Paal/Pauly DS-GVO Art. 35 Rn. 4.
[1114] *Martini* in Paal/Pauly DS-GVO Art. 35 Rn. 6.
[1115] Vgl. *Martini* in Paal/Pauly DS-GVO Art. 35 Rn. 15.
[1116] *Martini* in Paal/Pauly DS-GVO Art. 35 Rn. 19.
[1117] *Martini* in Paal/Pauly DS-GVO Art. 35 Rn. 3.
[1118] *Martini* in Paal/Pauly DS-GVO Art. 35 Rn. 4.

GVO zu formulieren ist. Dem folgt dann die Maßnahme und Kontrollphase mit den Folgen der Überprüfung und ggf. Konsultation.[1119]

873 **b) Pflicht zur Durchführung einer Datenschutz-Folgenabschätzung.** Art. 35 Abs. 1 DS-GVO legt zunächst bestimmte **Kriterien** fest (verwendete Technologien, Umfang, Umstand und Zweck der Verarbeitung), anhand derer die Frage, ob voraussichtlich ein hohes Risiko vorliegt, beantwortet werden kann.[1120] Das hohe Risiko bei Art. 35 Abs. 1 DS-GVO meint das hohe Risiko, das prognostiziert wird, und bei Art. 36 Abs. 1 DS-GVO meint es das hohe Risiko, das sich nach Durchführung einer genauen Folgenabschätzung ergibt.[1121]

874 Art. 35 Abs. 3 DS-GVO nennt dabei **Regelbeispiele** für Verarbeitungsfälle, bei denen von einer Pflicht zur Folgenabschätzung auszugehen ist: Dazu gehört zunächst Profiling als Datenverarbeitung in Vorbereitung einer automatisierten Einzelfallentscheidung nach Art. 22 Abs. 1 DS-GVO (Art. 35 Abs. 3 lit. a DS-GVO); die Betroffenheit besonderer Kategorien oder die Verarbeitung von Daten über Straftaten gemäß Art. 10 DS-GVO (Art. 35 Abs. 3 lit. b DS-GVO) sowie die Videoüberwachung des öffentlichen Bereichs (Art. 35 Abs. 3 lit. b und c DS-GVO). Bei der Videoüberwachung in nicht öffentlich zugänglichen Bereichen greift Art. 35 Abs. 3 lit. c DS-GVO nicht, so dass eine Datenschutz-Folgenabschätzung nur erforderlich ist, wenn aus anderen Gründen ein hohes Risiko besteht.[1122]

875 Die Datenschutz-Folgeabschätzung greift auch nicht bei Verarbeitungsvorgängen, die aus einer sogenannten **Negativliste** der Aufsichtsbehörde gemäß Art. 35 Abs. 5 DS-GVO besteht. Gemäß Art. 35 Abs. 5 DS-GVO kann die Aufsichtsbehörde eine Liste von Verarbeitungsvorgängen erstellen, die die Pflicht zur Folgenabschätzung auslösen.[1123] Sie hat die Liste dabei gemäß Art. 35 Abs. 6 DS-GVO im Kohärenzverfahren abzustimmen.

876 Beruht die Datenverarbeitung auf einer **gesetzlichen Verpflichtung** oder erfolgt sie aufgrund einer **Aufgabe im öffentlichen Interesse** bzw. zur **Ausübung von Hoheitsgewalt** und enthalten die rechtlichen Grundlagen konkrete Vorgaben über die Verarbeitung, ist der Verarbeitungsvorgang so determiniert, dass eine eigene Folgenabschätzung keinen rechten Sinn mehr macht, weshalb Art. 35 Abs. 10 DS-GVO in diesen Fällen die Pflicht ins **Ermessen** der Mitgliedstaaten stellt.

877 **c) Verfahren.** Muss eine Folgenabschätzung durchgeführt werden, ist an dieser gemäß **Art. 35 Abs. 2 DS-GVO** ein evtl existierender Datenschutzbeauftragter zu beteiligen, ggf. Standpunkte von Betroffenen gemäß Art. 35 Abs. 9 DS-GVO einzuholen und, je nach Ergebnis, gemäß Art. 36 DS-GVO die Aufsichtsbehörde zu konsultieren.

[1119] Vgl. *Martini* in Paal/Pauly DS-GVO Art. 35 Rn. 45.

[1120] Ausführlich *Wybitul/Ströbel* BB 2016, 2307 ff.

[1121] *Paal* in Paal/Pauly DS-GVO Art. 36 Rn. 6.

[1122] *Martini* in Paal/Pauly DS-GVO Art. 35 Rn. 31.

[1123] S. dazu *Martini* in Paal/Pauly DS-GVO Art. 27 Rn. 33.

d) Inhalt. Die **Folgenabschätzung** muss zumindest die in Art. 35 Abs. 7 **878** DS-GVO genannten Überlegungen **enthalten:**

– eine systematische Beschreibung der geplanten Verarbeitungsvorgänge und der Zwecke der Verarbeitung, gegebenenfalls einschließlich der von dem Verantwortlichen verfolgten berechtigten Interessen;
– eine Bewertung der Notwendigkeit und Verhältnismäßigkeit der Verarbeitungsvorgänge in Bezug auf den Zweck;
– eine Bewertung der Risiken für die Rechte und Freiheiten der betroffenen Personen gemäß Absatz 1 und
– die zur Bewältigung der Risiken geplanten Abhilfemaßnahmen, einschließlich Garantien, Sicherheitsvorkehrungen und Verfahren, durch die der Schutz personenbezogener Daten sichergestellt und der Nachweis dafür erbracht wird, dass diese Verordnung eingehalten wird, wobei den Rechten und berechtigten Interessen der betroffenen Personen und sonstiger Betroffener Rechnung getragen wird.

Zulässig ist es, **einzelne Verarbeitungsprozesse** gemäß Art. 35 Abs. 1 S. 2 **879** DS-GVO zu einer einheitlichen Datenschutz-Folgenabschätzung **zusammenzufassen**, sofern sie inhaltlich verbunden sind. Gegenstand der Datenschutz-Folgenabschätzung ist die Rechtmäßigkeit der geplanten Verarbeitungsverfahren. Dies wird nicht ausdrücklich normiert, liegt aber der Risikoabfolge zugrunde. Darüber hinaus dient sie aber auch der Abschätzung des Risikos einer möglichen Verletzung.[1124]

e) Folge der Datenschutz-Folgeneinschätzung. Was aus dem Umstand **880** folgt, dass der Verantwortliche die erforderliche Folgenabschätzung vorgenommen hat, ist in der Verordnung nur **unvollständig niedergelegt**. Zunächst folgt aus der Abschätzung ungeschrieben, dass der Betroffene die **Abhilfemaßnahmen**, die er selbst beschrieben hat, auch wirklich einhält. Bei der Frage der Bewertung und der Ergreifung der erforderlichen Maßnahmen darf der Verantwortliche selbst gesetzte Verhaltensregeln gemäß Art. 40 DS-GVO gebührend berücksichtigen (vgl. Art. 35 Abs. 8 DS-GVO).[1125]

Darüber hinaus verpflichtet Art. 35 Abs. 11 DS-GVO ihn ggf. dazu, die **881** **Richtigkeit** der Folgenabschätzung und die Einhaltung der vorgesehenen Garantien zu **überprüfen.**

Gemäß Art. 36 Abs. 2 DS-GVO hat die **Aufsichtsbehörde** weiter die Mög- **882** lichkeit, **konkrete Auflagen und Empfehlungen** zu formulieren, die dann vom Verantwortlichen ebenfalls einzuhalten sind.

Gemäß Art. 36 DS-GVO kann die Folgenabschätzung eine **Konsultations-** **883** **pflicht** auslösen.

Ein Verstoß gegen Art. 35 DS-GVO kann **Haftungsfolgen** gemäß Art. 82 **884** Abs. 2 DS-GVO und Geldbußen gemäß Art. 83 Abs. 4 lit. a DS-GVO auslösen. Im Falle der Auftragsverarbeitung unterstützt der Auftragsverarbeiter den Verantwortlichen bei der Folgenabschätzung gemäß Art. 28 Abs. 3 S. 2 lit. f. DS-GVO.

[1124] Vgl. *Martini* in Paal/Pauly DS-GVO Art. 35 Rn. 22.
[1125] *Martini* in Paal/Pauly DS-GVO Art. 35 Rn. 56.

885 Das Ergebnis der Folgenabschätzung ist bei der Entscheidung über geeignete Maßnahmen zum Schutz der Rechte und Freiheit der betroffenen Person **zu berücksichtigen** (vgl Art. 24 Abs. 1, S. 1; Art. 24 Abs. 2; Art. 25 Abs. 2; Art. 32 Abs. 1 und 2 DS-GVO).[1126]

886 **f) Konsultationspflicht.** Die **Konsultationspflicht** nach Art. 36 Abs. 1 DS-GVO wird erst als Folge einer Datenschutz-Folgenabschätzung aktuell, und zwar dann, wenn die Folgenabschätzung die Vermutung bestätigt hat, dass ein hohes Risiko besteht. Tatbestandsvoraussetzung gemäß Art. 35 DS-GVO ist das voraussichtliche Bestehen eines hohen Risikos. Art. 36 DS-GVO verlangt demgegenüber die Feststellung des Bestehens eines hohen Risikos. Daher greift die Konsultationspflicht nicht immer ein, wenn eine Folgenabschätzung durchzuführen ist. Art. 36 Abs. 3 DS-GVO legt näher dar, welche **Informationen** der Aufsichtsbehörde bei der Konsultation zur Verfügung zu stellen sind. Die Konsultationspflicht tritt nur ein, wenn der Verantwortliche nicht selbst geeignete Maßnahmen trifft, das Risiko einzudämmen.[1127]

887 **g) Gestaltungsbefugnisse der Mitgliedsstaaten.** Art. 36 Abs. 4 DS-GVO normiert eine **Stellungnahmepflicht** der Aufsichtsbehörden bei nationalen Normsetzungsverfahren im Bereich der Verfahren. Er setzt die Kompetenz der Mitgliedsstaaten voraus, Gesetzgebungsmaßnahmen, die die Verarbeitung betreffen, zu erlassen. Fraglich ist, ob die Norm konkludent nur auf Kompetenzen aus anderen Normen verweist oder mittelbar selbst solche vermittelt. Letzteres würde sich vom Zusammenhang her dann auf Normen zu Verarbeitungen mit hohem Risiko beziehen. Da Art. 36 Abs. 1 bis Abs. 3 DS-GVO aber die Konsultationspflicht mit der Aufsichtsbehörde regelt, liegt systematisch die Annahme nahe, Art. 36 Abs. 4 DS-GVO regele selbst **nur die Konsultationspflicht** und erweitere die Konkretisierungsbefugnisse der Aufsichtsbehörde nicht.

888 Nach Art. 36 Abs. 5 DS-GVO haben die Mitgliedsstaaten die Möglichkeit **eine weitere Konsultationspflicht einzuführen.** Diese Konsultationspflicht bezieht sich nach zutreffender Auslegung nicht nur auf die Verarbeitung mit hohem Risiko. Das Recht, greift bei allen Verarbeitungen zur Erfüllung einer im öffentlichen Interesse liegenden Aufgabe.[1128] Für diese Auslegung spricht der Umstand, dass in Art. 36 Abs. 5 DS-GVO ausdrücklich darauf hingewiesen wird, dass diese Variante auch außerhalb des Abs. 1 gilt.[1129]

889 Gemäß Art. 36 Abs. 5 DS-GVO können die Mitgliedsstaaten bei der Verarbeitung zur Erfüllung einer im öffentlichen Interesse liegenden Aufgabe, insbesondere der Verarbeitung zum Zwecke der sozialen Sicherheit und öffentlichen Gesundheit für bestimmte Verarbeitungsvorgänge eine **Genehmigungspflicht** vorsehen. Die Genehmigungspflicht wird von der Verordnung als Steigerung der Konsultationspflicht verstanden, auch wenn die Genehmi-

---

[1126] Vgl. *Martini* in Paal/Pauly DS-GVO Art. 35 Rn. 23.

[1127] *Martini* in Paal/Pauly DS-GVO Art. 35 Rn. 4; *Baumgartner* in Ehmann/Selmayr DS-GVO Art. 30 Rn. 7; *Jandt* in Kühling/Buchner DS-GVO Art. 36 Rn. 4.

[1128] *Paal* in Paal/Pauly DS-GVO Art. 36 Rn. 23; *Baumgartner* in Ehmann/Selmayr DS-GVO Art. 30 Rn. 19.

[1129] *Paal* in Paal/Pauly DS-GVO Art. 36 Rn. 4.

gungsbehörde nicht die Aufsichtsbehörde sein muss. Dieses Gestaltungsrecht der Mitgliedsstaaten knüpft an den Verarbeitungszweck an. Betroffen werden davon vor allem öffentliche Stellen sein.

h) Regelung im Bereich der JI-RL. Für den Bereich des § 45 BDSG nF **890** trifft § **67 BDSG nF** eine Regelung, die sehr weitgehend an Art. 35 DS-GVO angelehnt ist. Sie dient der Umsetzung von **Art. 27 der JI-RL**. Die Gesetzesbegründung betont, dass die Voraussetzungen zur Durchführung einer Datenschutz-Folgenabschätzung nur **unvollkommen gesetzlich** ausgestaltet werden können. Es können nicht die Einzelverarbeitungen, sondern nur die maßgeblichen Systeme und die Verfahren vorab in den Blick genommen werden.[1130] Systematisch mit der Folgenabschätzung verbunden, aber selbstständig geregelt, ist die **Anhörung** der oder des **Bundesbeauftragten** bei neu anzulegenden Dateisystemen, für die die Datenschutz-Folgenabschätzung ein hohes Gefahrpotenzial prognostiziert hat oder neue Technologien mit Gefahrpotenzial eingesetzt werden gem. § 69 BDSG nF. Die Regelung ist **ähnlich** wie die Konsultationspflicht nach Art. 36 DS-GVO und dient der Umsetzung von Art. 28 JI-RL.[1131] Der Begriff Konsultation in der Verordnung wird durch Anhörung ersetzt. Die inhaltlichen Vorgaben sind denen der Konsultationspflicht der Verordnung angeglichen.[1132]

3. Bestellung eines Datenschutzbeauftragten

Die DS-GVO differiert deutlicher als das alte Recht zwischen dem Daten- **891** schutzbeauftragten, der dem früheren betrieblichen Datenschutzbeauftragten entspricht, und der Aufsichtsbehörde, die in Deutschland ebenfalls Datenschutzbeauftragte heißen.

a) Allgemein. Die Reichweite der Pflicht, einen **betrieblichen Daten- 892 schutzbeauftragten**, der nun **Datenschutzbeauftragter** heißt, zu bestellen, war eine der Fragen, bei denen unter den Mitgliedsstaaten keine vollständige Einigung zu erzielen war.[1133] Die Norm war sehr umstritten.[1134] Dies ist der Grund für die gefundene Kompromissfassung.[1135] Nach Art. 37 DS-GVO gibt es **drei Formen von Datenschutzbeauftragten**:

– einen europaweit verpflichtenden Datenschutzbeauftragen in Fällen des Art. 37 Abs. 1 DS-GVO;
– einen in einzelnen Mitgliedsstaaten aufgrund mitgliedsstaatlichen Rechts erforderlichen Datenschutzbeauftragen, gemäß Art. 37 Abs. 4 S. 1 1. Hs. DS-GVO;
– einen fakultativen Datenschutzbeauftragen gemäß Art. 37 Abs. 4 S. 1 2. Hs. DS-GVO.

[1130] BT-Drs. 18/11325, S. 116.
[1131] BT-Drs. 18/11325, S. 117.
[1132] BT-Drs. 18/11325, S. 117.
[1133] Vgl. zu den Meinungsverschiedenheiten: *Paal* in Paal/Pauly DS-GVO Art. 37 Rn. 4.
[1134] *Albrecht* CR 2016, 88 (94); *Bergt* in Kühling/Buchner DS-GVO Art. 36 Rn.3 ff.
[1135] *Schröder* Datenschutzrecht, 2016, Kap. 7 II. 3; *Dammann* ZD 2016, 307 (308).

893   Der Datenschutzbeauftragte ist ein Instrument der **Eigenkontrolle**, das es auch in anderen Rechtsgebieten gibt, wie insbesondere im Umweltrecht.[1136] Eine verpflichtende Bestellung eines Datenschutzbeauftragten ist im europäischen Datenschutzrecht neu (vgl Art. 18 Abs. 2 Spiegelstrich 2 DSRL (95/46/ EG)). Ein Verstoß gegen die Pflicht aus Art. 37 DS-GVO ist gemäß Art. 83 Abs. 4 lit. a DS-GVO eine Ordnungswidrigkeit.

894   **b) Die unionsrechtlich festgelegten Fallgruppen.** Der europaweit verpflichtende Datenschutzbeauftragte ist gemäß Art. 37 Abs. 1 DS-GVO **in drei Fällen** vorgesehen:

– wenn der Verantwortliche eine **öffentliche Stelle** ist (mit Ausnahme von Gerichten),
– die **Kerntätigkeit** in der Durchführung von Verarbeitungsvorgängen besteht, welche aufgrund ihrer Art, ihres Umfangs und oder ihres Zweckes eine umfangreiche regelmäßige oder **systematische Überwachung** von betroffenen Personen **erforderlich** machen.[1137]
– die Kerntätigkeit des Verantwortlichen in der Verarbeitung besonders **schützenswerter Datenkategorien** gemäß Art. 9 DS-GVO oder Art. 10 DS-GVO Daten über strafrechtlich Verurteilte liegt.

895   Aufgrund der **ersten Fallgruppe** ist faktisch der **gesamte öffentliche Bereich** erfasst.[1138] Für den **Bund** regeln §§ 5–7 BDSG nF verhältnismäßig ausführlich den **behördlichen Datenschutzbeauftragten**. Das Bundesrecht regelt dabei auch Teile, die unionsrechtlich schon vorgegeben sind. Das Bundesrecht enthält zunächst die Pflicht zur Benennung (§ 5 Abs. 1 BDSG nF), die Möglichkeit der Schaffung eines gemeinsamen Datenschutzbeauftragten (§ 5 Abs. 2 BDSG nF), die Notwendigkeit des Vorliegens der beruflichen Qualifikation (§ 5 Abs. 3 BDSG nF), die Möglichkeit einen Beschäftigten oder einen externen Beauftragten zu wählen (§ 5 Abs. 4 BDSG nF) als auch die Pflicht der Veröffentlichung der Kontaktdaten (§ 5 Abs. 5 BDSG nF).

896   Die **Rechtsstellung** des Datenschutzbeauftragten wird in § 6 BDSG nF konkurrierend zu Art. 38 DS-GVO geregelt. Das Bundesrecht ist dabei für den Datenschutzbeauftragten **günstiger als das Unionsrecht**, insbesondere weil es der Sache nach einen Kündigungsschutz vorsieht (§ 6 Abs. 4 BDSG nF). Weiter regelt es die Vertraulichkeit gemäß § 6 Abs. 5 – Abs. 6 BDSG nF. Die detaillierte Regelung in Konkurrenz zum Unionsrecht wirft die **Frage** der **Unionskonformität** auf. Art. 37–39 DS-GVO enthalten keine ausdrücklichen Öffnungsklauseln. Allerdings verweist Art. 37 DS-GVO durch die ausdrückliche Sonderstellung des behördlichen Datenschutzbeauftragten konkludent auf die Ausgestaltungsbefugnis der Mitgliedstaaten im Organisationsbereich. Weiter ist durch die Möglichkeit, in weiteren Fällen Datenschutzbeauftragte durch mitgliedsstaatliches Recht zu normieren, die Materie insgesamt teilweise für das mitgliedsstaatliche Recht geöffnet. Schließlich geht man von einer Regelungs-

---

[1136] Vgl. *Paal* in Paal/Pauly DS-GVO Art. 37 Rn. 3: *Kort* ZD 2017, 3 ff.
[1137] S. dazu *Marschall/Müller* ZD 2016, 415 ff.
[1138] *Paal* in Paal/Pauly DS-GVO Art. 37 Rn. 6; *Peifer* GewArch 2014, 142 (146); *Bergt* in Kühling/ Buchner DS-GVO Art. 36 Rn. 16; s.a. *Heberlein* in Ehmann/Selmayr DS-GVO Art. 37 Rn. 19.

befugnis aufgrund der Organisationshoheit der Länder aus. Insofern ist von der **Unionsrechtskonformität** des § 6 BDSG nF im Ergebnis **auszugehen.**[1139]

§ 7 BDSG nF regelt weitere **Aufgaben** des behördlichen Datenschutzbeauf- **897** tragten. Die Norm ist ersichtlich als Ergänzung zu Art. 39 DS-GVO gemeint. Art. 39 Abs. 1 DS-GVO spricht ausdrücklich davon, dass er nicht abschließend sei. Ob die Ergänzung auf die ergänzenden Befugnisse in der Verordnung beschränkt ist oder sich auch auf das mitgliedsstaatliche Recht erstreckt, lässt die Norm offen. Da die Aufgaben auch für den Bereich gelten, für die die DS-GVO nicht gilt, ist an der Unionsrechtskonformität des § 7 BDSG nF kein Zweifel möglich. Allenfalls wäre § 7 BDSG nF einschränkend auszulegen auf die Bereiche, die nicht von der DS-GVO erfasst werden.

Zu den **Aufgaben** des § 7 BDSG nF gehören die Unterrichtung der Öffent- **898** lichkeit, die allgemeine Überwachung des Datenschutzrechts, die Beratung bei Fragen der Datenschutz-Folgenabschätzung, die Zusammenarbeit mit der Aufsichtsbehörde und Fragen im Bereich der gemeinsamen Verantwortlichen als auch der Datenschutzsicherheit.

Trotz des **erheblichen Beurteilungsspielraums** bei der **zweiten** und **drit- **899** ten** Fallgruppe nennt Art. 37 Abs. 1 DS-GVO **keine Konkretisierungstatbestände.** ErwGr 97 S. 2 DS-GVO grenzt die Kerntätigkeit von der Nebentätigkeit ab. Kerntätigkeit dürfte die sowohl qualitativ als auch quantitativ prägende Unternehmenstätigkeit sein. Es sind die Geschäftsbereiche, die für die Umsetzung der Unternehmensstrategie entscheidend sind und nicht bloß routinemäßige Verwaltungsaufgaben darstellen.[1140] Eine Unternehmseinheit kann mehr als eine Kerntätigkeit besitzen, aber wohl kaum mehr als zwei, es sei denn es finden sich organisatorische Aufteilungen.

Schwierig ist die Konkretisierung von Art. 37 Abs. 1 lit. b DS- GVO und **900** zwar vor allem deshalb, weil der Begriff „**Überwachung**" sich nicht auf die **Verarbeitung** bezieht, sondern auf **die betroffene Person.** Die Formulierung, ein Verarbeitungsvorgang mache die Überwachung von Privatpersonen erforderlich, bildet eine Aussage, die zum Widerspruch herausfordert. Deutlicher ist hier der englische Text: „which, by virtue of their nature, their scope and/or their purposes, require regular and systematic monitoring of data subjects on a large scale" (eine Verarbeitung, die eine reguläre oder systematisches Monitoring der betroffenen Personen erfordert). Gemeint sind damit offenbar Verarbeitungsformen wie **Profiling.**[1141] Einer Bestellungspflicht unterliegen damit insbesondere **Auskunftsdateien,** die **Scoring** durchführen, Unternehmen mit persönlich individualisierten Marktstrategien als auch Versicherungsunternehmen mit Risikobewertungen.[1142] Auch **Kleinunternehmen** können wohl betroffen sein.[1143]

[1139] Von der Zulässigkeit eines nationalen Kündigungsschutzes gehen aus: *Franck/Reif* ZD 2016, 339 ff.

[1140] *Paal* in Paal/Pauly DS-GVO Art. 37 Rn. 8; *Jaspers/Reif* RDV 2016, 61, 62; s. auch *Klug* ZD 2016, 315 (316); *Bergt* in Kühling/Buchner DS-GVO Art. 36 Rn. 19; *Heberlein* in Ehmann/Selmayr DS-GVO Art. 37 Rn. 25.

[1141] *Paal* in Paal/Pauly DS-GVO Art. 37 Rn. 8.

[1142] Vgl. *Jaspers/Reif* RDV 2016, 61 (62); *Paal* in Paal/Pauly DS-GVO Art. 37 Rn. 8.

[1143] *Kahlert/Licht* ITRB 2016, 178.

901   **c) Die durch deutsches Recht geschaffene Fallgruppe.** Der Datenschutzbeauftragte ist ferner einzurichten, wenn das **mitgliedsstaatliche Recht** es
vorschreibt. Weitere Kriterien nennt Art. 37 Abs. 4 DS-GVO nicht. Hier liegt
daher eine echte **Öffnungsklausel** für die Mitgliedsstaaten vor. Wie zu erwarten, hat das deutsche Recht von der Möglichkeit Gebrauch gemacht. Gemäß
§ 38 Abs. 1 BDSG nF müssen über Art. 37 Abs. 1 DS-GVO hinaus solche
Verantwortliche einen Datenschutzbeauftragten benennen, die in der Regel
mindestens zehn Personen ständig mit einer automatisierten Verarbeitung
personenbezogener Daten **beschäftigen**. Unabhängig von der Anzahl dieser
speziellen Beschäftigten besteht eine Pflicht gemäß § 38 S. 2 BDSG nF sofern
die Datenverarbeitung eine Datenschutz-Folgenabschätzung gemäß Art. 35
DS-GVO auslösen oder die Datenverarbeitung geschäftsmäßig zum Zwecke
der anonymisierten Übermittlung oder für Zwecke der Markt- und Meinungsforschung erfolgt. Hinsichtlich der Rechtsstellung, der Vertraulichkeit und der
Auskunftsverweigerungsrechte wird auf die Regelung zu den **Bundesbeauftragten verwiesen**. Die Zulässigkeit der gemeinsamen Datenschutzbeauftragten, der externen und internen Ernennung und der Erforderlichkeit der Qualifikation wird beim Bereich der Datenschutzbeauftragten für den nicht
öffentlichen Bereich anders als beim behördlich Beauftragten keine ausdrücklichen Anforderungen im Landesrecht aufgestellt. Dies liegt sachlich nahe.

902   **d) Der freiwillig errichtete Datenschutzbeauftragte.** Ein Verantwortlicher oder Auftragsverarbeiter kann jederzeit gemäß Art. 37 Abs. 4 S. 1
2. Hs. DS-GVO **freiwillig** einen Datenschutzbeauftragten **bestellen**. Auch der
freiwillige Datenschutzbeauftragte muss allerdings wohl die Aufgaben und
die Anforderungen des Datenschutzbeauftragten erfüllen, ansonsten würde
auch der Begriff des Datenschutzbeauftragten seine Konturen verlieren. Will
ein Verantwortlicher auf freiwilliger Basis eine Kontrollinstanz einführen, die
nicht die Anforderungen der Art. 37 DS-GVO erfüllt, kann er dies gern tun,
darf sie dann aber nicht Datenschutzbeauftragte nennen.

903   **e) Der gemeinsame Datenschutzbeauftragte.** Besteht eine Pflicht, einen Datenschutzbeauftragten zu bestellen, oder wird freiwillig eine solcher bestellt, so dürfen **Unternehmensgruppen** gemäß Art. 37 Abs. 2 DS-GVO und
öffentliche Stellen unter Berücksichtigung ihrer Organisationsstruktur gemäß
Art. 37 Abs. 3 DS-GVO einen gemeinsamen Datenschutzbeauftragten wählen.
Bei gemeinsamem Datenschutzbeauftragtem bedarf es nur eines einzigen Be-
nennungsaktes,[1144] der aber rechtlich allen Verantwortlichen zugerechnet wird.

904   Nicht in der Verordnung normiert ist die Frage, wann ein einzelner Verantwortlicher sich von dem gemeinsamen Datenschutzbeauftragten **lösen** kann.
Nahe liegt es, eine Abberufung jeweils für den einzelnen Verantwortlichen anzunehmen unter den gleichen Voraussetzungen, unter denen der Verantwortliche einen eigenen Datenschutzbeauftragten abberufen könnte.

905   **f) Persönliche Anforderungen an den Datenschutzbeauftragten.** Der
Datenschutzbeauftragte muss **fachlich qualifiziert** sein (Art. 37 Abs. 5;

[1144] *Jaspers/Reif* RDV 2016, 61 (63); *Paal* in Paal/Pauly DS-GVO Art. 37 Rn. 10;
Bergt in Kühling/Buchner DS-GVO Art. 36 Rn. 27.

ErwGr 97 DS-GVO), darf intern oder extern beschäftigt sein (Art. 37 Abs. 6 DS-GVO). Seine Kontaktdaten sind gemäß Art. 37 Abs. 7 DS-GVO zu veröffentlichen. Beim externen Datenschutzbeauftragten muss ein Dienstleistungsvertrag gemäß Art. 37 Abs. 6 DS-GVO geschlossen werden. Er darf andere Aufgaben und Pflichten bei den Verantwortlichen wahrnehmen gemäß Art. 38 Abs. 6 DS-GVO, sofern daraus kein Interessenkonflikt entsteht. Ob der externe Datenschutzbeauftragte eine juristische Person sein kann, wird nicht ausdrücklich thematisiert. Da kein Ausschluss enthalten ist, wird man von der Zulässigkeit ausgehen müssen, sofern bei dieser das erforderliche Fachwissen gesichert ist.[1145]

Die Einzelheiten zur **Ernennung** regelt die Datenschutzverordnung nicht, **906** wie etwa die Frage, ob es einer schriftliche Ernennung bedarf oder die Dauer der Ernennung.[1146] Die in der Entwurfsfassung ursprünglich vorgesehene Befristung auf zwei Jahre ist nicht Gesetz geworden. Eine Benennung auf unbestimmte Zeit ist ebenfalls möglich, wie eine Befristung, wohl auch unterhalb von zwei Jahren.[1147]

g) Aufgaben. Art. 39 DS-GVO führt nicht abschließend die **Aufgaben** **907** des Datenschutzbeauftragten auf, dazu zählen:

– Unterrichtung und Beratung der relevanten Personen über ihre datenschutzrechtlichen Rechte;
– Überwachung der Einhaltung der datenschutzrelevanten Pflichten, einschließlich der Zuweisung von Zuständigkeiten, der Sensibilisierung und Schulung der an den Verarbeitungsvorgängen beteiligten Mitarbeiter und der diesbezüglichen Überprüfungen;
– Mitwirkung bei der Datenschutz-Folgenabschätzung und Überwachung ihrer Durchführung;
– Zusammenarbeit mit der Aufsichtsbehörde und Fungieren als deren Anlaufstelle.

Gemäß Art. 39 Abs. 2 DS-GVO trägt der Datenschutzbeauftragte bei der **908** Erfüllung seiner Aufgaben dem mit den Verarbeitungsvorgängen verbundenen **Risiko** gebührend **Rechnung**, wobei er die Art, den Umfang, die Umstände und die Zwecke der Verarbeitung berücksichtigt.

h) Rechtsstellung. Zum Schutz der Funktion des Datenschutzbeauftrag- **909** ten normiert die Verordnung relativ sorgfältig seine **Stellung**.[1148] Das Verfahren der Ernennung, der Zeitpunkt der Ernennung, die Befristung oder die Form der Bestellung werden dagegen nicht geregelt.[1149] Die Anforderung an die Rechtsstellung des Datenschutzbeauftragten soll seine Unabhängigkeit bei der Erfüllung sicherstellen und ihm die Befugnisse ermitteln, die er braucht,

---

[1145] Vgl. dazu *Paal* in Paal/Pauly DS-GVO Art. 37 Rn. 16; für die Zulässigkeit: *Bittner* RDV 2014, 183 (186).
[1146] *Marschall/Müller* ZD 2016, 415 ff.
[1147] *Paal* in Paal/Pauly DS-GVO Art. 37 Rn. 16.
[1148] S. dazu *Wybitul/Gierke* BB 2017, 181 ff.
[1149] S. dazu *Marschall/Müller* ZD 2016, 415 (416).

um seine Aufgaben sinnvoll zu erfüllen.[1150] Die Regelungen entsprechen im System dessen, was unternehmensinternen Beauftragten grundsätzlich gewährleistet werden muss. Gemäß Art. 38 Abs. 1 DS-GVO ist er zunächst ordnungsgemäß und frühzeitig in alle mit dem Schutz personenbezogener Daten zusammenhängenden Fragen einzubinden, erhält gem. Art. 38 Abs. 2 DS-GVO die für die Erfüllung seiner Aufgaben erforderlichen Ressourcen und den Zugang zu personenbezogenen Daten und Verarbeitungsvorgängen sowie die zur Erhaltung seines Fachwissens erforderlichen Ressourcen zur Verfügung gestellt. Nach Art. 38 Abs. 3 DS-GVO ist seine Weisungsfreiheit sicher zu stellen. Er darf nicht wegen der Erfüllung seiner Aufgaben abberufen oder benachteiligt werden. Einen „wasserdichten" Kündigungsschutz vermittelt die Norm nicht, da betriebsbedingte Kündigungen möglich bleiben.[1151]

910 Der Datenschutzbeauftragte **berichtet unmittelbar** der höchsten Managementebene des Verantwortlichen oder des Auftragsverarbeiters. Nach Art. 38 Abs. 4 DS-GVO können ihn betroffene Personen zu Rate ziehen. Nach Art. 38 Abs. 5 DS-GVO ist er nach dem Recht der Union oder der Mitgliedstaaten bei der Erfüllung seiner Aufgaben an die Wahrung der Geheimhaltung oder der Vertraulichkeit gebunden.

911 Eine **persönliche Haftung** des Datenschutzbeauftragten sieht die Verordnung **nicht** vor. Die Ordnungswidrigkeitentatbestände der DS-GVO richten sich nicht gegen den Datenschutzbeauftragten selbst. Die Schadensersatzpflicht ist ebenfalls nicht an ihn adressiert. Sofern zwischen dem Datenschutzbeauftragten und dem Verantwortlichen ein Pflichtenverhältnis besteht, das die Unabhängigkeit des Datenschutzbeauftragten selbst nicht beeinträchtigt, kann der Datenschutzbeauftragte wegen Verletzung dieses Vertrags haften.[1152] Externen gegenüber bestehen keine Vertragsverhältnisse, so dass allenfalls eine deliktische Haftung infrage kommt.[1153] Eine Garantenpflicht Dritten gegenüber dürfte der Datenschutzbeauftragte nach zutreffender Ansicht nicht besitzen.[1154]

4. Benachrichtigungspflicht bei Datenschutzpannen

912 **a) Allgemein.** Bei gewissen **Sicherheitspannen** in der Datenverarbeitung – die DS-GVO spricht von „Verletzung des Schutzes personenbezogener Daten" (Art. 4 Nr. 12 DS-GVO) – sieht das europäische Recht eine Pflicht des Verantwortlichen vor, die **Aufsichtsbehörden** und evtl. die Betroffenen **zu informieren.** Der Grund ist einfach: Datenschutzpannen können für die betroffenen Personen erhebliche Folgen haben und es soll den Verantwortlichen nicht die Möglichkeit gegeben werden, durch Zuwarten und Hoffen wertvolle Zeit zu verschenken. Die Aufsichtsbehörden und der Betroffene sollen die Möglichkeit erhalten, auf diese Pannen zu reagieren, etwa, durch Änderung

---

[1150] *Paal* in Paal/Pauly DS-GVO Art. 38 Rn. 3.

[1151] *Paal* in Paal/Pauly DS-GVO Art. 38 Rn. 10; s.a. *Franck/Reif* ZD 2016, 339 (340).

[1152] *Paal* in Paal/Pauly DS-GVO Art. 37 Rn. 12.

[1153] *Paal* in Paal/Pauly DS-GVO Art. 37 Rn. 12.

[1154] Tendenziell aA BGH NJW 2009, 3173 ff.

von Passwörtern oder Sperrung von Konten und Kreditkarten. Der Betroffene soll zudem die Chance haben, ggf seinen Haftungsanspruch aus Art. 82 Abs. 1 DS-GVO geltend zu machen.[1155] Weiter dürften die negativen Wirkungen einer Mitteilung auf die Reputation des Verantwortlichen, insbesondere wenn sie an die Öffentlichkeit gerichtet ist, auch präventive Wirkungen beim Verantwortlichen auslösen.[1156]

Die Meldepflicht greift auch für den Auftragsverarbeiter in abgeschwächter **913** Form. Dieser muss Datenpannen dem Verantwortlichen gegenüber melden (Art. 33 Abs. 2 DS-GVO). Solche Selbstanzeigepflichten sind nicht in allen Wirtschaftszweigen gängig, erklären sich aber im Datenschutzrecht aus dem besonderen Charakter personenbezogener Daten.

Eine **Meldepflicht** gibt es bereits im deutschen Recht (**§ 42a BDSG aF**). **914** Diese ist aber weniger weitgehend, weil der Tatbestand enger ist und sie zudem von einer unrechtmäßigen Kenntnisnahme Dritter abhängt.[1157] Das deutsche Recht hat zudem durch das IT-Sicherheitsgesetz zusätzliche Meldepflichten zum Schutz kritischer Infrastrukturen geschaffen, zB § 8b Abs. 4 BSIG, § 44b AtG, § 11 Abs. 1c EnWG, § 109 Abs. 5 TKG.[1158] Die Meldepflicht zu Art. 33 DS-GVO ist eine Sonderregelung zu der allgemeinen Zusammenarbeitspflicht von Verantwortlichen und Aufsichtsbehörde gemäß Art. 31 DS-GVO.[1159] Eine Parallelnorm zu Art. 33 DS-GVO bildet Art. 4 Abs. 3 UAbs1 e-PrivacyRL.[1160] Für den Bereich der Netz- und Informationssysteme gibt es eine Ergänzung in Art. 14 Abs. 3 NIS-RL (EU) 2016/1148.[1161] Die Verletzung der Meldepflicht bildet eine Ordnungswidrigkeit gemäß Art. 83 Abs. 4 lit. a DS-GVO. Die Richtlinie für Justiz und Inneres enthält in Art. 30 JI-RL eine entsprechende Regelung.

b) Kollision mit dem Grundsatz „nemo tenetur se ipsum accusare". **915**
Die Meldepflicht verpflichtet den Verantwortlichen dazu, ggf. auch schuldhafte Verletzungen von mit Ordnungswidrigkeiten beschwerten Tatbeständen zu offenbaren. Nach deutschem Verständnis folgt aus der Menschenwürde in Verbindung mit der allgemeinen Handlungsfreiheit bzw. dem Recht auf ein faires Verfahren der Grundsatz, dass niemand verpflichtet ist, sich selbst anzuklagen („**Nemo tenetur se ipsum accusare**"). Würde die Selbstanzeigepflicht dazu führen, dass der Betroffene wegen des selbst angezeigten Normverstoßes eine Ordnungswidrigkeit auferlegt bekommt, läge darin zutreffender Weise eine Verletzung der Selbstbelastungsfreiheit.[1162] Einer solchen Verletzung ist vorzubeugen, indem man ein ungeschriebenes Verwertungsverbot für das anschließende Ordnungswidrigkeitenverfahren annimmt. Das BDSG nF sieht eine sol-

---

[1155] *Martini* in Paal/Pauly DS-GVO Art. 34 Rn. 7.

[1156] *Martini* in Paal/Pauly DS-GVO Art. 33 Rn. 1.

[1157] *Martini* in Paal/Pauly DS-GVO Art. 33 Rn. 59; *Schröder* Datenschutzrecht, Kap. 7 II. 7.

[1158] *Martini* in Paal/Pauly DS-GVO Art. 33 Rn. 60.

[1159] *Martini* in Paal/Pauly DS-GVO Art. 33 Rn. 5.

[1160] Vgl. *Martini* in Paal/Pauly DS-GVO Art. 33 Rn. 7.

[1161] Vgl. *Martini* in Paal/Pauly DS-GVO Art. 33 Rn. 8.

[1162] Vgl. ausführlich dazu *Wolff* Selbstbelastung, 1996, S. 129 ff.; *Martini* in Paal/Pauly DS-GVO Art. 33 Rn. 27; *Reif* in Gola DS-GVO Art 33 Rn. 12.

che Norm vor (§ 43 Abs. 4 BDSG nF). Der Gesetzgeber rechtfertigt diese Regelung mit der Öffnungsklausel in Art. 84 Abs. 1 DS-GVO.[1163] Der EuGH ist dem gegenüber deutlich großzügiger und bezieht die Selbstbelastungsfreiheit nicht auf Strafverfahren.[1164] Daher sieht ErwGr 85 DS-GVO auch vor, dass *die Meldung zu einem Tätigwerden der Aufsichtsbehörde im Einklang mit ihren in dieser Verordnung festgelegten Aufgaben und Befugnissen führen* kann. Ob damit ein Ausschluss einer Regelung wie § 43 BDSG nF gewollt ist, ist nicht ganz eindeutig, aber wohl eher zu verneinen. Ist die Selbstbelastungsfreiheit nicht berührt, bedarf es zu deren Schutz auch keines Verwertungsverbots.

916   **c) Entstehung der Benachrichtigungspflicht.** Die entscheidende Frage ist, **wann** die Benachrichtigungspflicht **ausgelöst** wird. Nach der Verordnung gilt dies im Falle der Kenntnisnahme über einer Verletzung des Schutzes personenbezogener Daten, es sei denn, dass die Verletzung des Schutzes personenbezogener Daten voraussichtlich nicht zu einem Risiko für die Rechte und Freiheiten natürlicher Personen führt.

917   **aa) Kenntnis.** Voraussetzung ist daher zunächst die **Kenntnisnahme** der Verletzung durch den Verantwortlichen. Kenntnisnahme meint positives Wissen. Das Wissen muss nicht bei der Geschäftsleitung vorliegen, es genügt, wenn es die Organisationseinheit weiß, die mit der Datenverarbeitung betraut ist. Diese Merkmal hat zur Folge, dass der Verantwortliche, der bewusst die Augen schließt, besser dasteht. Es wird daher in der Literatur zutreffender Weise vorgeschlagen, den Verantwortlichen, der bewusst und planmäßig darauf hinwirkt, dass sich Informationen und Indizien, aus denen sich eine Verletzung ergibt, zu entziehen, wie ein Verantwortlicher zu behandeln ist, der Kenntnis erlangt hat.[1165]

918   **bb) Verletzung des Schutzes personenbezogener Daten.** Neben der Kennt- nis setzt der Normtext weiter ein **positives** (Verletzung des Schutzes personenbezogener Daten) und ein **negatives Kriterium** (es sei denn, ein Risiko sei auszuschließen) voraus. Das zentrale Tatbestandsmerkmal ist die **Verletzung der Sicherheit personenbezogener Daten.** Die alte Regelung knüpfte an die rechtswidrige Übermittlung oder Kenntnisnahme, Erlangung bestimmter sensibler Datenkategorien an. Die Neuregelung gibt diese Präzisierung auf und verweist demgegenüber auf die Verletzung der Sicherheit personenbezogener Daten.

919   Da alle Vorgaben der DS-GVO dem Schutz personenbezogener Daten dienen, ist das Begriffspaar nicht aus sich heraus verständlich. Die Verordnung enthält daher eine Legaldefinition in Art. 4 Nr. 12. DS-GVO. Danach meint die, *„Verletzung des Schutzes personenbezogener Daten" eine Verletzung der Sicherheit, die, ob unbeabsichtigt oder unrechtmäßig, zur Vernichtung, zum Verlust, zur Veränderung, oder zur unbefugten Offenlegung von beziehungsweise zum unbefugten Zugang zu personenbezogenen Daten führt, die übermittelt, gespeichert oder auf sonstige Weise verarbeitet wurden;"*

[1163] BT-Drs. 18/11325, S. 108.
[1164] EuGH, Ents. v. 18.10.1989, Rs. 374/87 Rn. 29, EuZW 1991, 412 ff.
[1165] *Martini* in Paal/Pauly DS-GVO Art. 33 Rn. 19.

Nach dieser Definition ist entscheidend eine Verletzung der Sicherheit, die **920** zu einem Verletzungsergebnis führt (das in einem unberechtigten Zugriff im weiteren Sinne auf die Daten besteht). Beide Tatbestandsmerkmale sind ausgesprochen weit. Eine Verletzung der Sicherheit wird man nur annehmen können, wenn Normen verletzt wurden, die der Sicherheit dienen. Verschulden ist nicht erforderlich.[1166]

Beispiele: Ein USB-Stick geht verloren, ein Laptop wird gestohlen, personenbezogene Daten aus Versehen an falsche Adressaten versandt; eine Datenbank wird gehackt; es kommt zu Datenkontrollverluste, Identitätsdiebstähle, Verletzung von Vertraulichkeit von Daten, die einem Berufsgeheimnis unterliegen, Aufdeckung von Passwörtern und Passwortsystemen; Verlust des Pseudonymisierungsschlüssel.

Irrelevant ist, wer beim Verantwortlichen die Verletzung **verursacht** hat. **921** Die Verletzung kann in positivem Tun oder einem schuldhaften Unterlassen bestehen. Der Verantwortliche muss auch für Fehlverhalten seines Auftragsverarbeiters gerade stehen, wie im Umkehrschluss aus Art. 33 Abs. 2 DS-GVO folgt. Der Verantwortliche hat ferner auch Verletzungen zu melden, die aus Eingriffen Dritter in die Datenverarbeitung resultieren. Der erfolgreiche Zugriff Dritter auf die Daten bildet gewissermaßen per Definition eine Verletzung der Datensicherheit, unabhängig davon, ob der Betroffene Vorkehrungen gegen den Zugriff vorgesehen hat oder nicht. Sofern ein Zugriff von außen gelingt, waren sie zumindest nicht ausreichend.[1167]

cc) Kein Risiko. Eine **flächendeckende Selbstauskunft** des Verantwort- **922** lichen bei jeder Verletzung einer Norm, die die Sicherheit der Daten bezweckt und einen Verletzungserfolg nach sich zieht, wäre grundrechtlich nicht zu rechtfertigen. Daher lässt Art. 33 DS-GVO die Meldepflicht nicht entstehen, wenn **kein Risiko** für die Rechte und Freiheit natürlicher Personen entstanden ist. Es handelt sich bei diesem Ausschlusskriterium folglich um einen Ausdruck der risikobasierten Ansätze.[1168]

Der gleiche Passus kommt vor in Art. 27 Abs. 2 lit. a DS-GVO und Art. 30 **923** Abs. 5 DS-GVO. Gemeint ist, dass durch die Verletzung der Sicherheit nur **ein geringfügiges Risiko** entstanden ist, also ein Verhältnis von Eintrittswahrscheinlichkeit und Schadenshöhe vorliegt, das eine Meldung bei der Aufsichtsbehörde, bei einer vernünftigen Abwägung aller relevanten Umstände nicht notwendig erscheinen lässt.[1169]

ErwGr 85 DS-GVO gibt dabei Gesichtspunkte für die Abschätzung der **924** Abwägung. Auf Seiten der betroffenen Person ist die Gefahr einer Diskriminierung, finanzieller Verluste, Ansehensverluste, Aufhebung von Pseudonymisierung, Verlust der Vertraulichkeit von Berufsgeheimnissen etc. einzustellen.

dd) Gesamtbetrachtung. Trotz der Definition in Art. 4 Nr. 12 DS-GVO **925** und des Ausschlusskriteriums bleibt der **Tatbestand** ausgesprochen **weit**.

[1166] *Martini* in Paal/Pauly DS-GVO Art. 33 Rn. 16.
[1167] *Martini* in Paal/Pauly DS-GVO Art. 33 Rn. 17.
[1168] *Martini* in Paal/Pauly DS-GVO Art. 33 Rn. 21.
[1169] *Martini* in Paal/Pauly DS-GVO Art. 33 Rn. 22.

Dies sieht die DS-GVO auch und gibt gemäß Art. 70 Abs. 1, S. 2 lit. g DS-GVO dem europäischen Datenschutzausschuss auf, Leitlinien für die Handhabung von Art. 33 DS-GVO zu erlassen. Er muss dabei sich innerhalb des von Art. 33 DS-GVO selbst festgelegten Rahmens bewegen und kann die durch die Verordnung vorgegebenen Leitlinien nicht verändern. Weiter sieht Art. 40 Abs. 2 lit. i DS-GVO Art. 33 DS-GVO als eine Fallgruppe der Konkretisierung einer Pflicht durch Verhaltensregeln an.

926 **d) Rechtsfolge. aa) Meldepflicht.** Liegen die Pflicht auslösenden Tatbestandsmerkmale (positive Merkmale und kein Ausschlussgrund) vor, löst dies eine **Meldepflicht** des Verantwortlichen gegenüber der Aufsichtsbehörde und eingeschränkt auch gegenüber den Betroffenen (Art. 34 DS-GVO) aus. Die **Stufung** der Meldepflicht zwischen Aufsichtsbehörde und Betroffenen ist dabei neu. Die Meldepflicht ist unverzüglich zu erfüllen, d. h. ohne schuldhaftes Verzögern, wobei gegenüber der Aufsichtsbehörde eine maximale Grenze von **72 Stunden** eingeführt wird.

927 Die Meldepflicht gegenüber den **Betroffenen** greift nur dann, wenn zusätzlich zu den Voraussetzungen für die Meldepflicht der Aufsichtsbehörde gegenüber, **noch weitere Voraussetzungen** gemäß Art. 34 DS-GVO vorliegen, und zwar ein positives Merkmal und die Abwesenheit von drei Ausschlusskriterien. Danach greift die Meldepflicht der betroffenen Person gegenüber nur, wenn die Verletzung ein hohes Risiko für die persönlichen Rechte und Freiheiten natürlicher Personen zur Folge hat (Art. 34 Abs. 1 DS-GVO). Allerdings greift die Meldepflicht gemäß Art. 34 Abs. 3 DS-GVO auch in diesen Fällen nicht, wenn

– der Verantwortliche den Zugang zu den personenbezogenen Daten hinreichend sicher geschützt hatte, etwa durch Verschlüsselung;

– durch nachfolgende Maßnahmen sichergestellt wurde, dass das hohe Risiko für die Rechte und Freiheiten aller Wahrscheinlichkeit nach nicht mehr besteht;

– die Meldepflicht mit einem unverhältnismäßigen Aufwand verbunden wäre und statt ihrer eine Information der Öffentlichkeit mit vergleichbarem Informationswert tritt.

928 **bb) Inhalt der Meldung.** Die **Mindestanforderung** der Meldung wird im Gesetz niedergelegt. Die in Art. 33 Abs. 3 DS-GVO angeführten Inhaltsangaben sind der Aufsichtsbehörde gegenüber detailliert und genau zu beschreiben und den Betroffenen gegenüber gemäß Art. 34 Abs. 2 DS-GVO in klarer und einfacher Sprache zu verfassen. Zu den geforderten Inhalten gehören:

– eine Beschreibung der Art der Verletzung des Schutzes personenbezogener Daten, soweit möglich mit Angabe der Kategorien und der ungefähren Zahl der betroffenen Personen, der betroffenen Kategorien und der ungefähren Zahl der betroffenen personenbezogenen Datensätze;

– den Namen und die Kontaktdaten des Datenschutzbeauftragten oder einer sonstigen Anlaufstelle für weitere Informationen;

– eine Beschreibung der wahrscheinlichen Folgen der Verletzung des Schutzes personenbezogener Daten;

– eine Beschreibung der von dem Verantwortlichen ergriffenen oder vorgeschlagenen Maßnahmen zur Behebung der Verletzung des Schutzes personenbezogener Daten und gegebenenfalls Maßnahmen zur Abmilderung ihrer möglichen nachteiligen Auswirkungen.

cc) Dokumentation. Gemäß Art. 33 Abs. 5 DS-GVO **dokumentiert** der 929 Verantwortliche Verletzungen des Schutzes personenbezogener Daten einschließlich aller im Zusammenhang mit der Verletzung des Schutzes personenbezogener Daten stehenden Fakten, von deren Auswirkungen und der ergriffenen Abhilfemaßnahmen. Diese Dokumentation muss der **Aufsichtsbehörde** die Überprüfung der Einhaltung der Bestimmungen dieses Artikels ermöglichen. Diese Dokumentationspflicht ist unabhängig von der Meldepflicht.

Wenn der Verantwortliche eine Meldung abgegeben hat, dient sie der **Kon-** 930 **trolle**, ob die Meldung richtig war und ob die Reaktion angemessen war. Weiter greift sie auch dann, wenn die Meldepflicht nicht eingreift, weil kein hinreichendes Risiko für die Rechte und Freiheit natürlicher Personen besteht. In dieser Konstellation ermöglicht sie die Kontrolle, ob eine Meldung hätte abgegeben werden müssen. Die Dokumentationspflicht selbst ist ebenfalls als Ordnungswidrigkeit sanktioniert (Art. 83 Abs. 4 lit. a DS-GVO).

e) Regelung im Bereich der JI-RL. Innerhalb des **Anwendungsberei-** 931 **ches von § 45 BDSG nF** gibt es eine ähnliche Meldepflicht an die Bundesbeauftragte für Datenschutz gemäß § 65 BDSG nF und an die Betroffenen gemäß § 66 BDSG nF. Die Regelungen setzen Normen der Richtlinie um. § 65 BDSG nF dient der Umsetzung von **Art. 30 JI-RL** und § 66 BDSG nF der von Art. 31 JI-RL. § 65 BDSG nF legt den Umfang und die Modalitäten der Meldung von „Verletzungen des Schutzes personenbezogener Daten" nach § 46 Nr. 10 BDSG nF an die oder den Bundesbeauftragten fest. Ansatzpunkt der Meldung sind, wie sich auch aus der systematischen Stellung der Vorschrift im Bereich Sicherheit der Verarbeitung ergibt, Vorfälle wie etwa Datenabflüsse. Die Dokumentation i.S.v. § 65 Abs. 5 BDSG nF muss in **Qualität und Quantität** so beschaffen sein, dass sie der oder dem **Bundesbeauftragten** die **Überprüfung** der Einhaltung der gesetzlichen Vorgaben **ermöglicht**. Der nemo tenetur-Grundsatz wird durch § 65 Abs. 7 BDSG nF und § 66 Abs. 6 BDSG nF gewährleistet.

5. Bestellung eines Vertreters in der EU

a) Allgemein. Gem. Art. 3 Abs. 2 DS-GVO findet diese Verordnung un- 932 ter bestimmten Voraussetzungen auch Anwendung auf die Verarbeitung personenbezogener Daten von betroffenen Personen, die sich in der Union befinden, durch einen nicht in der Union niedergelassenen Verantwortlichen. Ist die Verordnung anwendbar, der Verantwortliche aber außerhalb der Union, ist die Durchsetzung der Pflichten etwas kompliziert. Daher verlangt Art. 27 Abs. 1 DS-GVO in diesem Fall, dass der **Verantwortliche einen Vertreter** in der Union schriftlich benennt (ErwGr 80 DS-GVO). Die Begriffsdefinition in Art. 4 Nr. 17 DS-GVO entspricht den Anforderungen des Art. 27 DS-GVO.

Diese **Bestellungspflicht gilt** gemäß Art. 27 Abs. 2 DS-GVO **nicht** für Be- 933 hörden und dann nicht, wenn die Verarbeitung untergeordnete Bedeutung hat.

Das ist der Fall, wenn sei gelegentlich erfolgt, keine umfangreiche Verarbeitung sensibler Daten umfasst und voraussichtlich nicht zu einem Risiko für die Rechte und Freiheiten natürlicher Personen führt. Das Institut des Vertreters dient der Umsetzung des Marktortprinzips.[1170] Der Vertreter dient als Anlaufstelle bei sämtlichen Fragen.[1171] Er erfüllt eine Serviceleistung und soll sowohl bei der Kommunikation der betroffenen Personen als auch bei der Kommunikation der Aufsichtsbehörden eine Anlaufstelle bieten.[1172] Ein vergleichbares Institut kannte die Datenschutzrichtlinie nicht, es gab eine Pflicht des Verantwortlichen gemäß Art. 4 Abs. 2 DS-GVO einen Vertreter zu bestellen, die jedoch von geringerem Umfang war.[1173]

934 **b) Anforderungen an den Vertreter.** Die Verpflichtung trifft sowohl den **Verantwortlichen** als auch den Auftragsverarbeiter, sofern sie außerhalb der Union niedergelassen sind , aber gemäß Art. 3 Abs. 2 DS-GVO in den Anwendungsbereich der DS-GVO fallen. In diesem Fall müssen sie einen Vertreter benennen. Die Ernennung muss schriftlich erfolgen. Eine E-Mail soll nicht genügen.[1174] Das überzeugt in dieser Generalität nicht richtig. Die DS-GVO verlangt nicht, dass der Verantwortliche die Bestellung der Aufsichtsbehörde **meldet**. Die Aufsichtsbehörde kann aber Mitteilung darüber verlangen, wer Vertreter in der Union ist, gemäß Art. 58 Abs. 1 lit. a DS-GVO.[1175] Als Vertreter kommen juristische und natürliche Personen in Frage. Sie können auch Unternehmensangehörige sein.[1176] Die gleiche Person darf für mehrere Mitgliedstaaten benannt werden.[1177] Auf das Institut des Vertreters greift die Datenschutzverordnung zurück bei:

- Art. 13 Abs. 1 bzw. Art. 14 DS-GVO hinsichtlich der Information bei der Datenerhebung;
- Art. 30 DS-GVO hinsichtlich der Pflicht das Verzeichnis der Verarbeitungstätigkeiten zuführen;
- Art. 31 DS-GVO hinsichtlich der Kooperationspflicht,
- Art. 58 Abs. 1 lit. a DS-GVO als Verpflichteter der Anweisung der Aufsichtsbehörde.

935 Nach Art 27 Abs. 3 DS-GVO muss der Vertreter in einem Mitgliedstaat **niedergelassen** sein, in dem sich betroffenen Personen befinden, deren personenbezogene Daten im Zusammenhang mit den ihnen angebotenen Waren oder Dienstleistungen verarbeitet werden oder deren Verhalten beobachtet wird. Der Verantwortliche hat den Vertreter zu beauftragen zusätzlich zu diesem oder an seiner Stelle insbesondere für Aufsichtsbehörden und betroffene Per-

---

[1170] Vgl. *Martini* in Paal/Pauly DS-GVO Art. 27 Rn. 1; *Hartung* in Kühling/Buchner DS-GVO Art. 27 Rn. 1.

[1171] *Martini* in Paal/Pauly DS-GVO Art. 27 Rn. 6.

[1172] Vgl. *Koós/Englisch* ZD 2014, 276 (279); *Martini* in Paal/Pauly DS-GVO Art. 27 Rn. 7.

[1173] *Martini in* Paal/Pauly DS-GVO Art. 27 Rn. 13.

[1174] *Martini* in Paal/Pauly DS-GVO Art. 27 Rn. 17; unklar *Bertermann* in Ehmann/Selmayr DS-GVO Art. 27 Rn. 5.

[1175] Vgl. *Martini* in Paal/Pauly DS-GVO Art. 27 Rn. 22.

[1176] *Martini* in Paal/Pauly DS-GVO Art. 27 Rn. 26.

[1177] *Martini* in Paal/Pauly DS-GVO Art. 27 Rn. 27.

sonen bei sämtlichen Fragen im Zusammenhang mit der Verarbeitung zur Gewährleistung der Einhaltung dieser Verordnung als Anlaufstelle zu dienen (Art. 27 Abs. 4 DS-GVO). Die Pflichten des Verantwortlichen selbst bleiben unberührt (Art. 27 Abs. 5 DS-GVO). Die Pflichten des Vertreters regelt die DS-GVO nicht ausdrücklich.

Aus dem Sinn ergibt sich aber, dass er die Fragen der Aufsichtsbehörden **936** und der betroffenen Personen rechtmäßig und bestmöglich **beantworten** muss.[1178] Er muss in einer der Sprachen der Union kommunizieren.

6. Selbständige Ausprägung der JI-RL

Auch bei den organisatorischen Pflichten sind die Pflichten des Verantwort- **937** lichen im Bereich der Richtlinie weitgehend strukturgleich, wie bei der Verordnung. Eine Besonderheit besteht auch hier. Gemäß § 77 BDSG nF, der Art. 48 JI-RL umsetzt, muss es der Verantwortliche ermöglichen, dass ihm vertrauliche Meldungen über in seinem Verantwortungsbereich erfolgende Verstöße gegen Datenschutzvorschriften zugeleitet werden können. Nach der Gesetzesbegründung hat der Verantwortliche im Zusammenhang mit der Meldung von Verstößen sowohl interne Meldungen als auch Hinweise von betroffenen Personen oder sonstigen Dritten in den Blick zu nehmen. Für beide Stränge bietet sich als Kontakt- und Beratungsstelle der Datenschutzbeauftragte an.[1179] Die Erfahrung hat gezeigt, dass sowohl die Information von Whistleblowern als auch von Betroffenen als Ansatzpunkt für Nachforschungen unersetzlich sind, auch wenn die Selbststilisierung vieler Hüter des Datenschutzes mitunter sachlich nicht angemessen ist.

V. Auftragsverarbeitung

1. Allgemein

Art. 28, 29 DS-GVO regeln die Bedingungen und Voraussetzungen für die **938** Auftragsverarbeitung. Auftragsverarbeiter meint eine selbstständige Stelle, die Daten unter Verantwortung des Verantwortlichen verarbeitet. Das Institut bleibt im Kern im Vergleich zum früheren Recht unverändert, allerdings wandelt sich der Name von **Auftragsdatenverarbeiter** zum **Auftragsverarbeiter**. Gemäß Art. 4 Nr. 8 DS-GVO ist dies jede Stelle, die personenbezogene Daten im Auftrag des Verantwortlichen verarbeitet. Der Auftragsverarbeiter ist grundsätzlich nicht selbst der Verantwortliche.[1180] Im Vergleich zu früher muss sich der Verantwortliche nach dem Verordnungstext wesentlich weitreichendere Kontrollrechte einräumen lassen. Im Gegenzug kann sich der Verantwortliche einer Haftung entziehen, indem er nachweist, dass er für den eingetretenen Schaden nicht verantwortlich ist. In diesem Fall haftet dann allein der Auftragsverarbeiter.

[1178] *Martini* in Paal/Pauly DS-GVO Art. 27 Rn. 51.

[1179] BT-Drs. 18/11325, S. 119.

[1180] *Martini* in Paal/Pauly DS-GVO Art. 28 Rn. 20; *Bertermann* in Ehmann/Selmayr DS-GVO Art. 28 Rn. 3.

939 Die **Rechtsfolge** einer Auftragsverarbeitung **normiert** Art. 28 DS-GVO **nicht**, sie ergibt sich vielmehr aus anderen Normen. Nach deutschem Recht bestand die Privilegierung darin, dass die Übermittlung der Daten von verantwortlichen Stellen und Auftragsverarbeitern nicht als Übermittlung angesehen wurde. Der Begriff der Übermittlung existiert in der DS-GVO als selbständige Verarbeitungsform nicht, da die Verordnung nur einen einheitlichen Verarbeitungsbegriff kennt. Daher ist eine Auslegung möglich, nach der die Verordnung dem Institut der Auftragsverarbeitung die Privilegierung der Datenübermittlung zwischen Verantwortlichen und Auftragsverarbeiter nehmen wollte.[1181] Überzeugend ist diese Auslegung angesichts der Sorgfalt der Regelung der Auftragsverarbeitung nicht.[1182] Daher ist von einer Weitergeltung der alten Privilegierung auszugehen. Liegt ein Auftragsverarbeitungsverhältnis vor, wird der Auftragsverarbeiter und die von ihm vorgenommene Datenverarbeitung dem Verantwortlichen zugerechnet, mit der Folge, dass der Datenfluss zwischen dem Verantwortlichen und dem Auftragsverarbeiter nicht als eine Weitergabe oder Verarbeitung anzusehen ist, die rechtfertigungsbedürftig ist. Vielmehr wird die Einschaltung des Auftragsverarbeiters ähnlich gesehen, wie die Einschaltung von abhängigen Personen. Da der Auftragsverarbeiter nicht selbst Verantwortlicher ist, ist der Datenfluss des Verantwortlichen zum Auftragsverarbeiter im Vergleich zu einem Datenfluss des Verantwortlichen zu einem Dritten datenschutzrechtlich privilegiert ist. Diese Privilegierung hinsichtlich der Frage der Rechtfertigung der Weitergabe der Daten verlangt es, dass nicht nur formal, sondern auch materiell die Verantwortlichkeit des Verantwortlichen für die Datenverarbeitung beim Auftragsverarbeiter wirklich gegeben ist. Daher verlangt das Unionsrecht strenge Voraussetzungen für den Einfluss des Verantwortlichen auf die Vorgänge bei dem Auftragsverarbeiter.

2. Grenzen der Auftragsverarbeitung

940 Verarbeitet eine andere Stelle die Daten aufgrund vertraglicher Grundlagen und im Interesse des Verantwortlichen, nicht aber „im Auftrag", handelt es sich nicht um eine Auftragsverarbeitung. Im deutschen Rechtskreis sprach man zur Abgrenzung von der Funktionsübertragung. Der Begriff der Funktionsübertragung ist nicht in der DS-GVO definiert, (und war es auch nicht im BDSG aF und nicht in der DSRL) sondern gilt als Synonym für die Übermittlung an einen Dritten.[1183] Nimmt man einen Unterschied zwischen der Übermittlung von Daten an einen Auftragsverarbeiter und an einen sonstigen Dritten an, kann man auch von einer Funktionsübertragung sprechen. Fraglich ist, ob es eine **Unterscheidung** zwischen **Auftragsverarbeiter** und **Drittem** noch gibt. Dies wird man annehmen müssen. Durch die Festlegung eigener Pflichten des Auftragsverarbeiters in der DS-GVO ist die Abgrenzung zur „Funkti-

---

[1181] Vgl. *Roßnagel/Kroschwald* ZD 2014, 495 (498); *Bertermann* in Ehmann/Selmayr DS-GVO Art. 28 Rn. 4 ohne greifbares Ergebnis.

[1182] So auch ausführlich *Schmidt/Freund* ZD 2017, 14 (15 ff.); s.a. *Krohm/Peltzer* RDV 2016, 307 ff.; *Hartung* in Kühling/Buchner DS-GVO Art. 28 Rn. 15 ff.

[1183] Art. 29-Gruppe Stellungnahme 1/2010 zu den Begriffen „für die Verarbeitung Verantwortlicher" und „Auftragsverarbeiter" WP 169 v. 16.2.2010, S. 37.

onsübertragung" (dh der Qualifizierung als Dritten) nicht entfallen.[1184] Dritter ist gemäß Art. 4 Nr. 10 DS-GVO jede Stelle, die nicht die betroffene Person, der Verantwortliche oder der Auftragsverarbeiter selbst ist. Der zentrale Unterschied zur Auftragsverarbeitung liegt darin, dass der **Dritte** selbst Verantwortlicher ist, während der Auftragsverarbeiter „nur" Auftragsverarbeiter ist und der Verantwortliche, der Verantwortliche isd DS-GVO bleibt. Die Übermittlung der Daten von Verantwortlichen an den **Dritten** bedarf der **Rechtfertigung** gemäß Art. 6, i.d.R. Art. 6 Abs. 1 UAbs. 1 lit. f DS-GVO.

Die **Abgrenzung** zwischen Drittem und Auftragsverarbeitung knüpft an die 941 Rechtsstellung des Auftragnehmers an. Der Auftraggeber kann nur dann Verantwortlicher sein, wenn ihm die Verantwortung für die Datenverarbeitung trotz der Übertragung der eigentlichen Arbeit an den Auftragnehmer verbleibt. Entscheidend ist daher, wie die Stellung des Auftragnehmers im Verhältnis zum Auftraggeber ausgestaltet ist.[1185]

Kann der Auftragnehmer **frei über die Art und Weise der** Datenverarbei- 942 tung **entscheiden**, ist er Dritter, ansonsten liegt eine Auftragsverarbeitung vor. Wann eine so frei verantwortliche Stellung vorliegt, dass eine Auftragsverarbeitung ausscheidet, hängt im Grenzbereich von einem Werturteil ab. Je freier der Auftragnehmer bei der Bestimmung der Art und Weise der Datenverarbeitung, d.h. der Festlegung der Handlungen ist, denen die Daten unterzogen werden, umso schneller ist der Bereich der Art. 25 f. DS-GVO verlassen.

So wird der Bereich der Auftragsverarbeitung verlassen, sobald dem Ser- 943 vice-Unternehmen eine **eigenständige** „rechtliche **Zuständigkeit**" für die Aufgabe, deren Erfüllung die Datenverarbeitung oder die Nutzung dient, **zugewiesen** wird.[1186] Wird nicht nur die Verarbeitung von Daten, sondern auch die Aufgabe, zu deren Erfüllung die Verarbeitung der Daten notwendig ist, übertragen, so liegt regelmäßig der Fall einer „Funktionsübertragung" vor.[1187]

Entscheidend ist, bei wem **de facto die Verantwortung** für die Verarbei- 944 tung **liegt**, selbst wenn sich diese Entscheidung als unrechtmäßig erweist oder die Datenverarbeitung in unrechtmäßiger Weise durchgeführt wird. Wichtigstes Abgrenzungskriterium ist hierbei die Entscheidungsbefugnis über die Daten und damit die datenschutzrechtliche Verantwortlichkeit. Generell kann von Auftragsverarbeitung ausgegangen werden, wenn sich der Auftraggeber die Entscheidungsbefugnis vorbehält und etwa ein Prüfregister vorgibt. Im Bereich Auslagerung des Personalmanagement kann eine Auftragsverarbeitung vorliegen, solange sich der Auftraggeber die volle Verantwortung für Personalentscheidungen und die Personaldatenverarbeitung vorbehält. Eine selbständige Verarbeitung liegt aber jedenfalls dann vor, wenn der Dienstleister **eigenständige Personalentscheidungsbefugnisse** erhält. Auch eine dienstleistende Konzernmutter ist insoweit grundsätzlich eigenständiger Normadressat und bezogen auf die Übermittlung Dritter in Beziehung zu den Konzerntöchtern, sofern nicht die rechtlichen Voraussetzung für eine Auftragsverarbeitung be-

---

[1184] AA *Härting* ITRB 2016, 137.
[1185] *Disselbeck* Industrialisierung, 2007, S. 332.
[1186] *Bergmann* Funktionsauslagerung, 2010, S. 526.
[1187] *Gola/Klug/Körffer* in Gola/Schomerus BDSG § 11 Rn. 9.

stehen.[1188] Die Möglichkeit, die internen Entscheidungen der Tochter gesellschaftsrechtlich zu beeinflussen, ändert daran nichts.

3. Voraussetzungen für die Auftragsverarbeitung

945   **a) Personell.** Wer Auftragsverarbeiter **sein kann, definiert** Art. 28 DS-GVO **nicht.** Es kommen natürliche und juristische Personen, Behörden und sonstige Einrichtungen in Frage.[1189] Der Verantwortliche ist nicht frei bei der Auswahl des Auftragsverarbeiters. Der Verantwortliche darf gemäß Art. 28 Abs. 1 DS-GVO nur einen Auftragsverarbeiter wählen, der hinreichend Garantien dafür bietet, dass geeignete technische und organisatorische Maßnahmen so durchgeführt werden, dass die Verarbeitung im Einklang mit den Anforderungen dieser Verordnung erfolgt und den Schutz der Rechte der betroffenen Person gewährleistet. Bei dieser Beurteilung darf gemäß Art. 28 Abs. 5 DS-GVO als Faktor herangezogen werden, ob der Auftragsverarbeiter genehmigte Verhaltensregeln gemäß Art. 40 DS-GVO oder eines genehmigten Zertifizierungsverfahrens gemäß Art. 42 DS-GVO einhält.

946   **b) Vereinbarung.** Die Grundlage der Auftragsverarbeitung ist ein **Vertrag** (in schriftlicher oder elektronischer Form) oder ein anderes **Rechtsinstrument** nach dem Unionsrecht oder dem Recht der Mitgliedstaaten, der bzw. das den Auftragsverarbeiter in Bezug auf den Verantwortlichen bindet. In welchen Vertragstyp diese Vereinbarung eingebunden ist, ist unerheblich. In Betracht kommen Dienstverträge, Werkverträge, Geschäftsbesorgungsverträge, aber auch Gestaltungen im Rahmen bestehender Geschäftsbeziehungen. So ist auch unbestritten, dass bei Unternehmen, die im Rahmen eines Konzerns miteinander verbunden sind, das Rechenzentrum eines Unternehmens die Datenverarbeitung für alle anderen konzernangehörigen Unternehmen übernehmen kann; es handelt insoweit im Wege der Auftragsverarbeitung.[1190]

947   Der **Vertrag** muss **regeln:**

– Gegenstand und Dauer der Verarbeitung,
– Art und Zweck der Verarbeitung, die Art der personenbezogenen Daten,
– die Kategorien betroffener Personen und
– die Pflichten und Rechte des Verantwortlichen.

948   Dieser Vertrag bzw. dieses andere Rechtsinstrument **sieht insbesondere** vor, dass

– der Auftragsverarbeiter die personenbezogenen Daten nur auf dokumentierte Weisung des Verantwortlichen verarbeitet (sofern unionales oder mitgliedstaatliches Recht keine verbindlichen Vorgaben für den Auftragsverarbeiter machen). Art. 28 Abs. 1 Nr. 1 DS-GVO wird als eine Stärkung des Weisungsrechts des Verantwortlichen verstanden;[1191]
– die Pflichten zur Datensicherheit gemäß Art. 32 DS-GVO eingehalten werden;

[1188] *Conrad* ITRB 2005, 164 (167).
[1189] *Martini* in Paal/Pauly DS-GVO Art. 28 Rn. 2.
[1190] *Dolderer/Garrel/Schlumberger* RDV 2001, 223 (226); *Buellesbach* in Roßnagel Handbuch Datenschutzrecht, Kapitel 6.1 Rn. 69; früh schon *Kilian*, Personalinformationssysteme, 1981, S. 80 ff.; *Conrad* ITRB 2005, 164 (166 f.).
[1191] *Albrecht* CR 2016, 88 (94).

– ein weiterer Auftragsverarbeiter nur gemäß der Vorgaben der Verordnung eingeschaltet wird, der den Verantwortlichen bei der Einhaltung seiner Pflichten unterstützt;
– der Verantwortliche nach Möglichkeit mit geeigneten technischen und organisatorischen Maßnahmen dabei unterstützt wird, seiner Pflicht zur Beantwortung von Anträgen auf Wahrnehmung der in Kapitel III genannten Rechte der betroffenen Person nachzukommen;
– nach Abschluss alle personenbezogenen Daten gelöscht oder zurückgegeben werden;
– alle mit der Verarbeitung vertrauten Personen zur Vertraulichkeit verpflichtet werden.

Weiter muss in der Rechtsgrundlage sichergestellt sein, dass der **Verant-** **949** **wortliche** den von der Verordnung verlangten **Einfluss besitzt.** Der Auftragsverarbeiter muss verpflichtet sein, dem Verantwortlichen alle erforderlichen Informationen zum Nachweis der Einhaltung der in diesem Art. niedergelegten Pflichten zur Verfügung zu stellen und Überprüfungen zu ermöglichen und dazu beizutragen. Dabei hat der Auftragsverarbeiter den Verantwortlichen unverzüglich zu informieren, falls er der Auffassung ist, dass eine Weisung des Verantwortlichen rechtswidrig ist.

Ein Auftragsverarbeiter, der **nicht** die **Möglichkeit** hat, die Verarbeitung **950** beim Auftragsverarbeiter **real zu kontrollieren, erfüllt nicht** die **Voraussetzungen** der Auftragsverarbeitung. Der Auftragsverarbeiter muss in der Lage und willens sein, dem Verantwortlichen jederzeit Zugang zu den Verarbeitungsvorgängen insoweit zu geben, dass der Verantwortliche die Einhaltung des Datenschutzrechtes kontrollieren kann. Kann der Auftragsverarbeiter die Datenbestände der einzelnen Verantwortlichen, für die er Daten verarbeitet, nicht zumindest visuell trennen, kann er diese Voraussetzung daher nicht erfüllen und es liegt keine Auftragsverarbeitung vor. Der Auftragsverarbeiter muss eine Kontrolle isoliert von der Verarbeitung, die er für den Verantwortlichen durchführt, ermöglichen können. Ein Auftragsverarbeiter, der überhaupt nicht vorhat, von seinem Kontrollrecht Gebrauch zu machen oder Kontrollbedingungen im Auftrag formuliert, die er selbst nicht wahrnehmen kann, gibt in Wirklichkeit die Kontrolle aus der Hand und erfüllt nicht die Voraussetzungen für eine Auftragsverarbeitung.

Für die Erteilung von Auftragsverarbeitungsverhältnissen kann die Kom- **951** mission nach Art. 28 Abs. 7 DS-GVO **Standardvertragsklauseln** festlegen. Auch eine Aufsichtsbehörde kann im Einklang mit dem Kohärenzverfahren gemäß Art. 63 DS-GVO Standardvertragsklauseln festlegen, Art. 28 Abs. 8 DS-GVO. **Verstößt** ein **Auftragsverarbeiter** gegen die Bedingung der Auftragsverarbeitung, ist er gemäß Art. 28 Abs. 10 DS-GVO als Verantwortlicher für die Verarbeitung verantwortlich. Gem. Art. 29 DS-GVO dürfen Auftragsverarbeiter und jede dem Verantwortlichen oder dem Auftragsverarbeiter unterstellte Person, die Zugang zu personenbezogenen Daten hat, diese Daten ausschließlich auf Weisung des Verantwortlichen verarbeiten, es sei denn, dass sie nach dem Unionsrecht oder dem Recht der Mitgliedstaaten zur Verarbeitung verpflichtet ist. Eine Parallelnorm findet sich in der JI-RL nebst Umsetzung im BDSG nF (§ 52 BDSG nF).

Diese Anforderungen der Auftragsverarbeitung gelten auch im Fall des **952** „**Cloud Computing**". Darunter versteht man die Nutzung von Programmen und Speicherplatz, die nicht auf dem lokalen Rechner installiert sind, sondern auf einem anderen Rechner, der aus der Ferne aufgerufen wird (bspw über das Internet). Sofern der Verantwortlich nicht über diese Kapazitäten in der Ferne die Verfügungsbefugnis hat, schaltet er somit eine andere Stelle in die Verarbeitung ein und muss daher entweder die Übermittlung an diese gem. Art. 6 bzw. Art. 9 DS-GVO rechtfertigen oder die Voraussetzungen der Auftragsverarbeitung erfüllen. Dazu gehört auch, dass der Auftragsverarbeiter dem Verantwortlichen auf Wunsch den Speicherplatz seiner Daten zeigen kann. Die tatsächlichen Erscheinungsformen des „cloud-computing" erfüllen in vielen Fällen weder die Voraussetzungen einer Verarbeitungsrechtfertigung gem. Art. 6, Art. 9 DS-GVO noch die der Datenverarbeitung. Insbesondere ist bei der Einwilligung nicht auf die Einwilligung des (übermittelnden) Verantwortlichen sondern auf die Einwilligung der betroffenen Person abzustellen. Allein die normative Kraft des Faktischen kann die Voraussetzung der DS-GVO aber nicht abändern.

4. Rechtsfolgen der Auftragsverarbeitung

953   Kern der Tätigkeit des Auftragsverarbeiters ist es, personenbezogene Daten als **verlängerter Arm**, gewissermaßen als Marionette des Verarbeiters, zu verarbeiten. Er agiert nach Weisung und ohne eigenen Wertungs- und Entscheidungsspielraum.[1192] Aufgrund der Auftragsverarbeitung muss der **Verantwortliche** nicht sämtliche Verarbeitungen innerhalb seiner eigenen Organisation durchführen, **behält** aber zugleich die **Herrschaft** über den Verarbeitungsvorgang.[1193]

954   Die Auftragsverarbeitung ist eine **Privilegierung** insofern, als der Auftragsverarbeiter nicht **Dritter** im Sinne der DS-GVO ist. Von dem Dritten ist der Empfänger iSv Art. 4 Nr. 10 DS-GVO zu unterscheiden. Empfänger ist jede organisatorische Stelle, der gegenüber Daten offengelegt werden, unabhängig davon, ob sie ein Auftragsverarbeiter oder ein Dritter ist. Eine Sonderregelung gilt für Behörden.

955   Der **Datenaustausch** zwischen Verantwortlichen und Auftragsverarbeiter ist keine **Übermittlung** der Daten iSv Art. 4 Nr. 2 DS-GVO. Er bedarf keiner eigenen Rechtsgrundlage.[1194] Dies ist in der DS-GVO weniger deutlich niedergelegt als gewünscht, ergibt sich aber aus der historischen Entstehung des Instituts. Der Wortlaut des Art. 28 DS-GVO, nach dem der Auftragsverarbeiter Daten verarbeitet, ist missverständlich, da die Verarbeitung grundsätzlich einen Rechtfertigungsbedarf gemäß Art. 6 DS-GVO auslöst. Der **Auftragsverarbeiter kann** sich nach zutreffender Ansicht auf den Rechtfertigungsgrund stützen, den der Verantwortliche für die Verarbeitung vorweisen kann.[1195] Lehnt man dies ab, dürfte immer Art. 6 Abs. 1 UAbs. 1 lit. f DS-GVO greifen, da die DS-GVO deutlich macht, dass sie gegen die Auftragsverarbeitung unter den in der DS-GVO niedergelegten Voraussetzungen keine Bedenken hat.

[1192] *Martini* in Paal/Pauly DS-GVO Art. 28 Rn. 2.

[1193] *Martini* in Paal/Pauly DS-GVO Art. 27 Rn. 8.

[1194] *Martini* in Paal/Pauly DS-GVO Art. 28 Rn. 8; aA *Härting* ITRB 2016, 137 (138 f.).

[1195] *Martini* in Paal/Pauly DS-GVO Art. 28 Rn. 10.

Die **Offenlegung** durch **Übermittlung** als Form der Verarbeitung isv Art. 4 **956**
Nr. 2 DS-GVO meint nur die Weitergabe an Dritte, nicht aber an den Auftragsverarbeiter, dh nicht an jeden Empfänger. Empfänger bleibt der Auftragsverarbeiter.[1196]

5. Sub-Auftragsverarbeiter

Sorgfältig geregelt ist die Einschaltung eines **Sub-Auftragsverarbeiters** **957**
durch den Auftragsverarbeiter. Dieses Sub-Auftragsverhältnis bedarf gemäß
Art. 28 Abs. 2 DS-GVO der Genehmigung durch den Verantwortlichen. Bei allgemeiner Genehmigung ist der Verantwortliche bei Einschaltung zu informieren. Dem Unter-Auftragsverarbeiter sind die gleichen Pflichten aufzuerlegen,
denen der erste Auftragsverarbeiter gemäß Art. 28 Abs. 4 DS-GVO unterliegt;
im Fall der Pflichtverletzung haftet der erste Auftragsverarbeiter ebenfalls.

6. Selbständige Pflichten des Auftragsverarbeiters

Die DS-GVO unterwirft, insofern neu,[1197] den Auftragsverarbeiter zusätz- **958**
lich **selbstständigen** Pflichten, wie etwa

– Vertreterbestellung gemäß Art. 27 Abs. 1 DS-GVO;
– Verzeichnis von Verarbeitungstätigkeiten gemäß Art. 30 Abs. 2 DS-GVO;
– Pflicht zur Zusammenarbeit gemäß Art. 31 DS-GVO;
– Gewährleistung der Sicherheit der Verarbeitung gemäß Art. 32 Abs. 1 DS-GVO;
– Meldung von Datenschutzverletzungen gemäß Art. 33 Abs. 2 DS-GVO;
– Benennung eines Datenschutzbeauftragten gemäß Art. 37 Abs. 1 DS-GVO;
– Anforderung an die Datenübermittlung an Drittländer gemäß Art. 44 S. 1 Hs. 1 DS-
  GVO.

Weiter haben die Aufsichtsbehörden erhebliche **Abhilfe- und Untersu-** **959**
chungsbefugnisse auch gegenüber den **Auftragsverarbeitern**, insbesondere
gemäß Art. 28 Abs. 1 lit. a, d, e, Abs. 2 lit. a DS-GVO. Gegen den Auftragsverarbeiter kann eine Geldbuße gemäß Art. 83 Abs. 4 lit. a DS-GVO verhängt
werden. Der Betroffene kann gerichtliche Rechtsbehelfe gemäß Art. 79 Abs. 1
DS-GVO gegen den Auftragsverarbeiter ergreifen. Er ist haftungsrechtlich
verantwortlich gemäß Art. 82 Abs. 2 DS-GVO, allerdings auf seine spezifischen Pflichten beschränkt.

7. Gestaltungsspielraum für die Mitgliedstaaten

Art. 28 DS-GVO verweist an vier Stellen auf das nationale Recht und gibt **960**
so den Mitgliedsstaaten das Recht, die Art und Weise der Auftragsverarbeitung
und insbesondere die **Pflichten zwischen ihnen** zu **konkretisieren**, ohne das
Institut selbst in Frage zu stellen. Dieses mitgliedstaatliche Recht übernimmt
dann die Funktion, die ein Vertrag zwischen dem Verantwortlichen und dem
Auftragsverarbeiter hat.[1198] Diese Normen sind (a) Art. 28 Abs. 3 UAbs. 1 S. 1

[1196] *Martini* in Paal/Pauly DS-GVO Art. 28 Rn. 9.
[1197] *Albrecht* CR 2016, 88 (94).
[1198] *Kühling/Martini ua* Die DS-GVO und das nationale Recht, S. 80 ff.; *Martini* in
Paal/Pauly DS-GVO Art. 28 Rn. 4.

DS-GVO; (b) Art. 28 Abs. 3 UAbs. 1 S. 2 lit. a DS-GVO; (c) Art. 28 Abs. 3 UAbs. 1 S. 2 lit. g DS-GVO; (d) Art. 3 Abs. 4 DS-GVO.

8. Die Pflichten gemäß der JI-RL und des BDSG

961 Innerhalb des **Bereiches des § 45 BDSG nF** findet sich eine ausführliche Normierung der Auftragsverarbeitung in **§ 62 BDSG nF,** die sowohl Art. 22 JI-RL umsetzt als auch innerhalb des bestehenden Freiraums Elemente von § 11 BDSG aF übernimmt als auch sich an **Art. 28 Abs. 4 DS-GVO orientiert.** Für diesen Bereich stellt die Gesetzesbegründung klar, dass sich am bisherigen Regelungsansatz, wonach der Verantwortliche für die Datenübermittlung an den Auftragsverarbeiter keiner gesonderten Rechtsgrundlage bedarf, nichts ändern solle.[1199]

[1199] BT-Drs. 18/11325, S. 115.

F. Durchsetzung des Datenschutzrechts

I. Staatliche Rechtsdurchsetzung

1. Das institutionelle Kontrollsystem der DS-GVO

Die **Einhaltung** des Datenschutzrechts kann für den Verantwortlichen im 962
konkreten Fall **sehr aufwendig** sein. Es besteht daher eine gewisse Tendenz,
die Datenschutzbestimmungen **nicht immer einzuhalten.** Die Mitgliedsstaaten wiederum, können durchaus ein Interesse haben, Datenschutzverstöße
nicht immer in strenger Weise zu verfolgen, um die eigene Wirtschaft nicht zu
sehr zu behindern. Die Verordnung gibt sich daher Mühe, durch unterschiedliche Maßnahmen eine **Rechtsdurchsetzung zu ermöglichen.** Das System
wird insgesamt zutreffend als wirksam eingeschätzt.[1200] Dazu gehört zunächst
ein eigenes institutionelles System, um die Durchsetzung des Datenschutzrechtes sicherzustellen. Dieses System besteht aus der Errichtung eigener Behörden, der Aufsichtsbehörden, die europaweit miteinander vernetzt werden,
und eines Koordinierungsgremiums, die dem Europäischen Datenschutzausschuss zugewiesen sind. Darüber hinaus regelt die Verordnung eine ganze
Reihe von Einzelrechten der Betroffenen, die die Durchsetzung des Datenschutzrechts ermöglichen, sowie sorgfältige Sanktionsmechanismen. Die
Kontrolle der datenschutzrechtlichen Bestimmungen außerhalb der DS-GVO
orientiert sich an dieser institutionellen Ausrichtung.

2. Der Europäische Datenschutzausschuss

a) Notwendigkeit der Koordination. Angesichts der Bedeutung der 963
Handlungen der Aufsichtsbehörden einerseits und dem Ziel der DS-GVO,
ein einheitliches Datenschutzniveau herzustellen, andererseits, und drittens
der Anzahl der Aufsichtsbehörden in der Union insgesamt, ist das Bedürfnis
nach einer Koordination und Abstimmung der Aufsichtsbehörden nachvollziehbar.

Der Koordinierung der Anwendung der DS-GVO durch die einzelnen Auf- 964
sichtsbehörden der Mitgliedsstaaten dienen zwei Instituten das sog Kohärenzverfahren und die Einrichtung des Europäischen Datenschutzausschusses.

b) Allgemein. aa) Von der Art.-29-Gruppe zum Europäischen Da- 965
tenschutzausschuss. Gem. Art. 68 ff. DS-GVO wird der EDSA errichtet. Er
tritt funktionell an die Stelle der Art.-29-Gruppe der Datenschutzrichtlinie. Er
ist mit der Art.-29-Gruppe aber nur teilweise vergleichbar, weil er deutlich
weitergehende Aufgaben und Befugnisse besitzt. Während die Art.-29-
Gruppe in Art. 30 DSRL über eine beschränkte Anzahl an beratenden Kompetenztiteln verfügt, erhält der Ausschuss gemäß Art. 70 DS-GVO umfassendere
Kompetenzen. Diese finden ihren Schwerpunkt zwar auch in einer beratenden
und empfehlenden Tätigkeit (Art. 70 DS-GVO), die sich aber im Bereich des

---

[1200] *Dieterich* ZD 2016, 260 ff.

Kohärenzverfahrens zur Mitentscheidungsbefugnis erweitert (Art. 65 DS-GVO). Die Organisation, Befugnisse, Aufgaben und Rechtsstellung werden in Art. 68 bis Art. 76 DS-GVO beschrieben.

966 **bb) Organisation.** Der Europäische Datenschutzausschuss **setzt** sich **zusammen** aus dem Leiter einer Aufsichtsbehörde pro Mitgliedsstaat und dem Europäischen Datenschutzbeauftragten (Art. 68 Abs. 3 DS-GVO). Das Stimmrecht des Europäischen Datenschutzbeauftragten ist gemäß Art. 68 Abs. 6 DS-GVO beschränkt. Das ist sachgerecht. Der Europäische Datenschutzbeauftragte ist primär zuständig für die Einhaltung der datenschutzrechtlichen Vorschriften durch die Organe der Europäischen Union, während es bei Art. 68 DS-GVO um die Kontrolle der DS-GVO und ihre Geltung in den Mitgliedsstaaten geht.

967 Der Ausschuss besitzt eine eigene **Rechtspersönlichkeit.** Er wählt einen Vorsitz und zwei Stellvertreter für die Dauer von fünf Jahren mit einmaliger Wiederwahlmöglichkeit gemäß Art. 73 DS-GVO. Der Vorsitz vertritt den Ausschuss (Art. 68 Abs. 2 DS-GVO) und hat weitere organisatorische Aufgaben gemäß Art. 74 DS-GVO. Der Ausschuss ist gemäß Art. 69 DS-GVO unabhängig.

968 Der Ausschuss wird von einem **Sekretariat** unterstützt, das in Art. 75 DS-GVO überraschend ausführlich normiert ist. Das Personal des Sekretariats wird vom Europäischen Datenschutzbeauftragten gestellt, wobei dessen Einflussmöglichkeiten gemäß Art. 75 Abs. 3, Abs. 4 DS-GVO abweichend von der zu seinem sonstigen Personal geregelt ist, da dieses Personal der Sache nach nicht ihm, sondern dem Ausschuss zur Verfügung stehen soll. In Art. 75 Abs. 6 DS-GVO sind die Aufgaben des Ausschusses geregelt, die insbesondere in unterstützender Tätigkeit bestimmt sind.

969 **cc) Vertretung bei mehr als einer Aufsichtsbehörde im Mitgliedsstaat.** Nach Art. 51 Abs. 3 DS-GVO gilt folgendes: Gibt es in einem Mitgliedsstaat **mehr als eine Aufsichtsbehörde**, so bestimmt dieser Mitgliedsstaat die Aufsichtsbehörde, die diese Behörden im Ausschuss vertritt, und führt ein Verfahren ein, mit dem sichergestellt wird, dass die anderen Behörden die Regeln für das Kohärenzverfahren nach Art. 63 DS-GVO einhalten (Ew 119). Art. 68 DS-GVO, der die Organisation des EDSA betrifft, übernimmt das und normiert, dass bei den Mitgliedsstaaten, bei denen mehr als eine Aufsichtsbehörde für die Überwachung der Anwendung der nach Maßgabe dieser Verordnung erlassenen Vorschriften zuständig ist, ein gemeinsamer Vertreter im Einklang mit den Rechtsvorschriften dieses Mitgliedsstaats benannt wird. Die entsprechende Formulierung bei der DSRL 95/46/EG sah kein Bestimmungsrecht der Mitgliedsstaaten vor, sondern dass die Kontrollstellen/Aufsichtsbehörden ihren Vertreter benennen.

970 Da es in **Deutschland** zur Zeit 18 Aufsichtsbehörden des Bundes und der Länder gibt, ist für Deutschland diese Regelung **relevant.** Sollte Deutschland von der Möglichkeit für die Kirchen (Art. 91 Abs. 2 DS-GVO) und Medien und Presse (Art. 85 Abs. 2 DS-GVO) von den Abweichungsmöglichkeiten auch für die Zukunft Gebrauch machen, könnte sich die Anzahl der nationalen Aufsichtsbehörden erhöhen. Auch die Aufsichtsbehörden der Kirche und der Presse etc. müssten irgendwie einbezogen werden.

I. Staatliche Rechtsdurchsetzung

Die DS-GVO enthält nur **wenige Vorgaben** für den **gemeinsamen Vertre-** **971**
ter. Diese sind:

– Zunächst muss der gemeinsame Vertreter für sich genommen ein Leiter einer Aufsichtsbehörde sein.
– Der gemeinsame Vertreter wird „bestimmt" bzw. „benannt".
– Weiter wird er in Einklang mit den Rechtsvorschriften dieses Mitgliedsstaates benannt.
– Schließlich besteht europarechtlich eine Pflicht zur Benennung eines Vertreters. Art. 68 Abs. 4 DS-GVO ist ebenso wie die strukturelle Vorgängervorschrift des Art. 29 DSRL dahingehend zu verstehen, dass jeder Mitgliedsstaat die Pflicht hat, nicht nur ein Mitglied in die Gruppe zu senden, sondern auch einen gemeinsamen Vertreter zu bestimmen. Würde Deutschland kein Mitglied entsenden, würde es seiner Pflicht aus Art. 68 Abs. 4 DS-GVO nicht nachkommen und eine Vertragsverletzung begehen.

Weiter gehen die Vorgaben aber nicht. So bleibt **eine ganze Reihe** von Fra- **972**
gen **ungeregelt**.

– Wer den gemeinsamen Vertreter (ggf. in Übereinstimmung mit den Rechtsnormen des Mitgliedsstaates) benennt, sagt Art. 68 Abs. 4 DS-GVO nicht.
– Ebenfalls gibt Art. 68 DS-GVO nicht vor, nach welchen Regeln, dh in welchem Verfahren dieser Vertreter bestimmt werden soll. Insoweit greift der ausdrückliche Verweis auf die nationalen Normen.
– Schließlich ist auch nicht in Art. 68 DS-GVO festgelegt, welchen Bindungen der Vertreter unterliegt, dh welchen Einfluss die nicht anwesenden Aufsichtsbehörden auf ihn haben.

Für diese **drei Fragen** (a) wer den gemeinsamen Vertreter benennt, (b) wie **973**
er benannt wird und (c) welche Bindungen an die Vorgaben der anderen Aufsichtsbehörden bestehen, ist daher das nationale Recht maßgeblich. Es bleibt daher zu klären, wem nach nationalem Recht die Kompetenzen für diese Fragen zustehen. Die **Gesetzgebungskompetenz** dürfte dem Bund zustehen, da nur eine einheitliche Regelung möglich ist, das Datenschutzrecht schwerpunktmäßig dem Bund zusteht und der Bund für die Erfüllung der Pflicht aus Art. 68 DS-GVO verantwortlich ist.[1201] Art. 23 Abs. 1 GG ist nicht relevant, da es nicht um Primärrecht geht und Art. 23 Abs. 2 GG eine Kompetenz der Bundesregierung voraussetzt, ohne sie zu regeln. Der Gesetzentwurf begründet die Gesetzgebungskompetenz des Bundes als Annex zu Art. 23 Abs. 1 GG. Im Ergebnis dürfte dies sachlich zutreffen.

Das Recht, die Aufsichtsbehörden zu vertreten, richtet sich nach der **Ver-** **974**
waltungskompetenz. Eine einheitliche Verwaltungskompetenz im Bereich des Datenschutzrechts besteht nicht. Von den Beratungsgegenständen des Datenschutzausschusses sind oft viele Aufsichtsbehörden gleichzeitig betroffen. Der Gesetzgeber ist daher verpflichtet, eine Lösung zu finden, die die unterschiedlich betroffenen Verwaltungskompetenzen sachgerecht zum Ausgleich

---

[1201] In die Richtung tendierend *Kühling/Martini* EuZW 2016, 448 (453); *Kühling/ Martini ua* Die DS-GVO und das nationale Recht, S. 140 f.

bringt und ein angemessenes Koordinationssystem enthält. Es steht ihm dabei ein **nicht unerheblicher Gestaltungsspielraum** zu.[1202] Er kann einen Ausschuss bilden, der sich intern einigt und mittels einer Geschäftsordnung Lösungen schafft, er kann einen Vertreter bestimmen, der sich intern sich vorab mit den Aufsichtsbehörden einigt, oder er kann ein roulierendes System schaffen. Auch eine wechselnde Vertretung, je nach Beratungsgegenstand, erscheint nicht völlig ausgeschlossen. Zu welchem Schritt der Gesetzgeber sich entschließt, wird in den nächsten Monaten bekannt werden.

975 Das BDSG nF löst die Bestimmung eines gemeinsamen **Vertreters (§§ 17–19 BDSG nF)** mit einem Kunstgriff. Es wird zu einen der **gemeinsame Vertreter** in der Form des **Bundesbeauftragten (§ 17 Abs. 1 S. 1 BDSG nF)** bestimmt. Daneben wird ein Stellvertreter **bestimmt**, der vom **Bundesrat** und nicht von den Aufsichtsbehörden **gewählt** wird (§ 17 Abs. 1 S. 2 BDSG nF). Sowohl die Verhandlungsführung als auch die entscheidende Stimme bei Meinungsverschiedenheiten besitzt grundsätzlich der gemeinsame Vertreter (demnach BfDI), in Ausnahmefällen aber der (vom Bundesrat gewählte) Vertreter. Die maßgebliche Bedeutung der Zuständigkeit des Gemeinsamen Vertreters bzw des Vertreters dürfte dabei die Verhandlungsmöglichkeit im EDSA sein.

976 Die Ausnahmefälle werden in offensichtlicher Anlehnung an die Regelung in Art. 23 Abs. 4–6 GG dann angenommen, wenn es um Aufgaben geht, für welche die Länder alleine das Recht zur Gesetzgebung haben oder welche die Einrichtung oder das Verfahren von Landesbehörden betreffen (§ 17 Abs. 2 BDSG nF bezogen auf die Verhandlungsführung und § 18 Abs. 2 BDSG nF hinsichtlich der Streitentscheidung). Der Gesetzgeber knüpft folglich für die Federführung an die Gesetzgebungskompetenz und nicht an die Verwaltungskompetenz an. Das ist der für die Länder ungünstigere Ansatzpunkt. Eine reine Landeszuständigkeit im Datenschutzbereich wird es faktisch selten geben, da der Datenschutz als Querschnittsmaterie idR immer auch den privaten Bereich betreffen wird und für diesen der Bund die Gesetzgebung besitzt. Der Bundesgesetzgeber verdeutlicht, dass ihm die Kontinuität durch die überwiegende Zuständigkeit des BfDI wichtiger ist als die interne Zuständigkeit für den Verwaltungsvollzug. Ob das maßgebliche Stimmgewicht bei Stimmgleichheit dagegen so zentral werden wird, kann man bestreiten.

977 Darüber hinaus legen die Regeln eine Mitwirkungspflicht der Aufsichtsbehörden untereinander und eine Informationspflicht des Vertreters gegenüber den anderen Aufsichtsbehörden fest (§ 18 Abs. 1 BDSG nF).

978 Die Bindungswirkung der internen Voreinigung wird pragmatisch und ebenfalls in Angrenzung zu Art. 23 GG bestimmt (§ 18 Abs. 3 BDSG nF). Diese Regelung dürfte sich erkennbar innerhalb des unionsrechtlichen und des verfassungsrechtlichen Gestaltungsspielraums bewegen.

979 **c) Aufgaben.** Der EDSA stellt die einheitliche Anwendung der DS-GVO in Europa sicher. Hierbei besitzt er zwei Arten von Kompetenzen. Er ist das zentrale Streitbeilegungs und Konsensfindungsorgan für die Abstimmung der Aufsichtsbehörden untereinander im Zusammenhang mit den Kohärenzver-

---

[1202] *Kühling/Martini* EuZW 2016, 448 (453); *Kühling/Martini* ua Die DS-GVO und das nationale Recht, S. 141 ff.

fahren. Die Einzelheiten werden im Zusammenhang mit den Aufsichtsbehörden zu erörtern sein. Darüber hinaus kann er aber durch Empfehlungen und Stellungnahmen in allgemeiner Form die Vorgaben der DS-GVO konkretisieren.

Der EDSA kann zu **allen Fragen der Auslegung und Durchführung der** **980** **DS-GVO Leitlinien und ähnliches erlassen.** Art. 70 S. 2 DS-GVO führt in nicht abschließender Form 25 Bereiche auf, zu denen der Ausschuss durch Standardbildung, Konkretisierungen, Prüfungen, Leitlinienbildung oder in anderer dort niedergelegter Form tätig werden kann. Die Handlungsformen werden dabei nicht wirklich konkretisiert. Die DS-GVO geht ersichtlich davon aus, der EDSA würde Beschlüsse fassen, die sie dann je nach Funktion als Beratung, Überwachung, Leitlinien, Empfehlungen oder Förderung bezeichnet. Die Bereiche, die genannt werden, sind etwa: die Mitwirkung im Kohärenzverfahren; Beratung der Kommission; Löschungsfragen öffentlicher Plattformen; alle Fragen der einheitlichen Anwendung der Verordnung; Meldepflichten; Profiling; interne Datenschutzvorschriften gemäß Art. 47 DS-GVO; Datenübermittlung in Drittländer mit darin enthaltenen Teilaspekten; Bemessung der Geldbuße; Verhaltensregeln; Akkreditierung; Zusammenarbeit zwischen den Aufsichtsbehörden; Austausch von Fachwissen; Dokumentationen; Führung eines öffentlich zugänglichen elektronischen Registers der Beschlüsse der Aufsichtsbehörden und Gerichte, die im Zusammenhang mit dem Kohärenzverfahren ergehen.

Die empfehlenden Stellungnahmen entfalten aber eine gewisse Bindung ge- **981** genüber dem EDSA selbst. Hier wird man die Rechtsprechung des EuGH hinsichtlich der Wirkung von weichen Stellungnahmen und Empfehlungen der Kommission über den Gesichtspunkt des Vertrauensschutzes entsprechend heranziehen können. Zwar ist die Rechtsprechung hinsichtlich der Wirkung von „soft law" gegenüber Bürgern entwickelt worden, während es beim EDSA im Verhältnis zur Aufsichtsbehörde um ein Behörde-Behörde-Verhältnis geht. Die Aufsichtsbehörden werden aber in dem System der DS-GVO ähnlich wie Bürger als eigenständige rechtliche Einheiten und nicht als Teil der staatlichen Verwaltung behandelt. Sie sind diejenigen, denen ein Klagerecht zusteht. Sie sind unabhängig und von der staatlichen Organisation getrennt. Ihnen steht die Nichtigkeitsklage gemäß Art. 263 AEUV zu. Daher kann man auch den Gedanken des Vertrauensschutzes zu ihren Gunsten aktivieren. Der EDSA ist daher auch bei der Fassung von bindenden Beschlüssen über den Gesichtspunkt des Vertrauensschutzes an seine empfehlende Stellungnahme gebunden. Ändert er seine Meinung, muss dies daher in einer Form geschehen, die den Vertrauensschutz angemessen berücksichtigt.

Eine Bindungswirkung gegenüber den Aufsichtsbehörden oder den Gerich- **982** ten entfalten die Beschlüsse zunächst nicht. Das ist der Grund, weshalb sie auch nicht anfechtbar sind. Es sind nur Auslegungshilfen – vergleichbar mit gerichtlichen Grundsatzentscheidungen. Sie entfalten keine bindende Wirkung außerhalb der Verfahren, zu denen sie ergangen sind und können daher auch nicht angefochten werden. Allerdings gelten hier die Besonderheiten, die gelten, sofern es um die Auslegung von Unionsrecht geht. Der EDSA ist ein vom Unionsrecht geschaffenes Organ zur Konkretisierung der Vorgaben der DS-GVO anhand von Einzelfällen. Will ein Gericht oder eine Behörde in einem vergleichbaren Fall einem bindenden Beschluss des EDSA folgen, liegt der Fall einer eindeutigen Aussage des Unionsrechts vor. Wollen sie davon abweichen, ist ein Fall gegeben, in dem Zweifel an der Auslegung von Unionsrecht besteht, dh oberste Gerichte müssen dann gemäß Art. 267 AEUV dem EuGH die Frage vorlegen, andere Gericht dürfen. Im Endergebnis heißt dies, dass die Verwaltungsgerichte und die Zivilgerichte in der unteren Instanz von den bindenden Beschlüssen des EDSA abweichen dürfen, ohne Vorlage, sofern die Verfahrensbeteiligten nicht formell an den Beschluss gebunden sind.

983 Schließlich erstellt der Ausschuss nach Art. 71 DS-GVO jährlich einen Bericht. Gerade in den nächsten Jahren werden die Stellungnahmen des EDSA die wahrscheinlich wichtigsten Leitlinien für die datenschutzrechtliche Praxis bieten, bis der EuGH Gelegenheit hatte, über die Auslegung der DS-GVO zu entscheiden.

984 **d) Verfahren.** In der Regel werden die Beschlüsse mit **einfacher Mehrheit** gefasst. Abweichendes kann der Ausschuss in seiner Geschäftsordnung gemäß Art. 72 Abs. 2 DS-GVO festlegen. Der EDSA beteiligt die Kommission gemäß Art. 79 Abs. 3 DS-GVO und den Ausschuss gemäß Art. 93 DS-GVO und gemäß Art. 70 Abs. 3 DS-GVO ggf auch interessierte Kreise. Die Sitzungen des Ausschusses sind vertraulich, sofern er diese Vertraulichkeit für erforderlich hält (Art. 76 DS-GVO). Ist das nicht der Fall, macht der Ausschuss gemäß Art. 79 Abs. 4 DS-GVO die Ergebnisse der Konsultation der Öffentlichkeit zugänglich. Die Kommission kann, wenn sie den EDSA um Rat ersucht, gemäß Art. 79 Abs. 2 DS-GVO, unter Berücksichtigung der Dringlichkeit des Sachverhalts eine Frist setzen.

3. Aufsichtsbehörden

985 **a) Von der Kontrollstelle zur Aufsichtsbehörde.** Verhältnismäßig **ausführlich** regelt die DS-GVO die Organisation, **Aufgaben** und **Zuständigkeiten** der **Aufsichtsbehörden.** Diese hießen bei der Datenschutzrichtlinie Kontrollstellen. Der Kern der Ausgestaltung der Aufsichtsbehörden ist gleich geblieben, so sind sie insbesondere durch eine Unabhängigkeit geprägt, die nach Ansicht des EuGH auch in der Konstellation gilt, in der die Aufsichtsbehörden die Tätigkeiten von Privaten kontrollieren. Der Aufbau der Vorschriften ist etwas unübersichtlich, da die DS-GVO mit den Regeln zur Unabhängigkeit beginnt, um auf diese Weise die Unabhängigkeit zu betonen.

986 **b) Hüter der Grundrechte und Rechtskonkretisierung.** Die DS-GVO weist den Aufsichtsbehörden die Funktion zu, die Grundrechte und Grundfreiheiten natürlicher Personen bei der Verarbeitung zu schützen. Der EuGH sprach einmal, etwas theatralisch und wohl über das Ziel hinausschießend, von den „**Hütern der Grundrechte**"[1203]. Sie haben gemäß Art. 51 Abs. 2 DS-GVO darüber hinaus aber auch die Funktion, einen Beitrag zur einheitlichen Anwendung dieser Verordnung in der gesamten Union zu leisten. Zu diesem Zweck sieht die DS-GVO Zusammenarbeitsformen vor. Angesichts der Auslegungsbedürftigkeit der Vorgaben der DS-GVO und dem Umstands, dass der

---

[1203] EuGH NJW 2010, 1265 Rn. 22 f. – Kommission/Deutschland.

I. Staatliche Rechtsdurchsetzung

Charakter der Verordnung außerhalb der Öffnungsbereiche Konkretisierungen durch die Mitgliedsstaaten sperrt, ist es ausgesprochen sinnvoll, dass die DS-GVO Regelungen zur Konkretisierung vorsieht. Allein eine Konkretisierung durch den EuGH dürfte angesichts der Bedeutung der datenschutzrechtlichen Regelungen zu langwierig sein.

Die **Begrifflichkeit** der Art. 51 ff. DS-GVO ist nicht immer ganz eindeutig. **987** Die Leitung der Behörde wird einmal als Mitglied der Aufsichtsbehörde und einmal als Leitung der Aufsichtsbehörde bezeichnet. Die Beschäftigten sind das Personal (vgl Art. 52 Abs. 5 DS-GVO).

c) Regelungsauftrag an die Mitgliedsstaaten. Gemäß Art. 51 DS-GVO **988** sieht jeder Mitgliedsstaat vor, dass eine oder mehrere unabhängige Behörden für die Überwachung der Anwendung dieser Verordnung zuständig sind. Das Unionsrecht nimmt bei den Vorgaben zur Aufsichtsbehörde Rücksicht auf die **Organisationshoheit** der Mitgliedsstaaten und schreibt daher keine verbindliche Organisationsform vor und umschreibt die Aufgaben und Befugnisse nicht abschließend, sondern geht insofern von einer Umsetzung der Mitgliedsstaaten aus. Die DS-GVO geht von einer mitgliedsstaatlichen organisatorischen Ausgestaltung der Aufsichtsbehörde aus, gibt aber erhebliche Vorgaben vor. Die Mitgliedsstaaten haben folgende **Regelungsaufträge**:

– Sie bestimmen, ob sie eine oder mehrere Aufsichtsbehörden vorsehen (Umkehrschluss aus Art. 51 Abs. 3 DS-GVO);
– Sie errichten die Aufsichtsbehörden durch Rechtsvorschriften (Art. 54 Abs. 1 lit. a DS-GVO iVm Art. 51 Abs. 1 DS-GVO).
– Sie legen die Qualifikationen und die Voraussetzungen der Mitglieder jeder Aufsichtsbehörde fest (Art. 54 Abs. 1 lit. b DS-GVO iVm Art. 53 Abs. 2 DS-GVO).
– Sie begründen eine Personalhoheit des Mitglieds der Aufsichtsbehörde (Art. 52 Abs. 5 DS-GVO).
– Sie legen ein transparentes Verfahren fest, mittels dessen die Mitglieder der Aufsichtsbehörde ernannt werden, wobei die Ernennung durch das Parlament, die Regierung, das Staatsoberhaupt oder von einer unabhängigen Stelle erfolgen kann (Art. 53 Abs. 1 iVm Art. 54 Abs. 1 lit. c DS-GVO).
– Sie regeln die Amtszeit (Mindestzeit von vier Jahren) und die Möglichkeit der Wiederernennung (Art. 54 Abs. 1 lit. d und e DS-GVO).
– Sie regeln die Inkompatibilitätsregelungen iwS für die Mitglieder jeder Aufsichtsbehörde und der Bediensteten und die nachwirkenden Pflichten (Art. 54 Abs. 1 lit. f iVm Art. 52 Abs. 3 DS-GVO).
– Sie organisieren eine Finanzhoheit der Aufsichtsbehörde mitsamt einer ihre Unabhängigkeit nicht beeinträchtigenden Finanzkontrolle (Art. 52 Abs. 6 DS-GVO).
– Sie gewährleisten eine personelle, technische, finanzielle und räumliche Ausstattung der Aufsichtsbehörde, die eine effektive Wahrnehmung der Aufgaben ermöglicht (Art. 52 Abs. 6 DS-GVO).
– Sie regeln den Beendigungsgrund der verpflichtenden Versetzung in den Ruhestand (Art. 53 Abs. 3 DS-GVO).
– Sie normieren die Amtsenthebungsgründe (Art. 53 Abs. 4 DS-GVO).

Die Ausführungsbestimmungen sind der Kommission gemäß Art. 51 **989** Abs. 4 DS-GVO bis spätestens 25. Mai 2018 mitzuteilen.

Wegen des weiten Ausfüllungsraums für die Organisation der Aufsichtsbe- **990** hörden hat sich daher durch die Umstellung von der Richtlinie zur Verordnung sachlich nicht so viel geändert wie im Vergleich zu den anderen Bereichen.

991   Die DS-GVO entlässt allerdings nicht alle Fragen in die Organisationshoheit der Mitgliedsstaaten, sondern enthält deutliche Vorgaben hinsichtlich folgender Bereiche:

- der Unabhängigkeit,
- der Aufgaben und Befugnisse,
- der Verschwiegenheitspflicht für Mitglieder und die Bediensteten gemäß Art. 52 Abs. 4 DS-GVO,
- der Beendigungsgründe für das Amt des Mitglieds gemäß Art. 53 Abs. 3 und 4 DS-GVO (Ende der Amtszeit, Rücktritt, verpflichtender Versetzung in den Ruhestand, Enthebung – wobei die letzten beiden Gründe durch mitgliedsstaatliches Recht auszugestalten sind).

992   **d) Unabhängigkeit der Aufsichtsbehörden gemäß Art. 52 DS-GVO. aa) Allgemein.** Der Grund für das institutionelle Vertrauen, das das europäische Recht den Aufsichtsbehörden gegenüber an den Tag legt, beruht auf deren **Unabhängigkeit**. Gemäß Art. 52 DS-GVO handelt jede Aufsichtsbehörde bei der Erfüllung ihrer Aufgaben und bei der Ausübung ihrer Befugnisse gemäß Art. 52 Abs. 1 DS-GVO völlig unabhängig. Die Unabhängigkeit ist primärrechtlich abgesichert (Art. 16 Abs. 2 S. 2 AEUV, Art. 8 Abs. 3 GRC). Die Unabhängigkeit, die in der DSRL noch auf einen Absatz beschrieben war, wird in der Verordnung näher ausgeführt. Auf diese Weise werden auch eine Reihe Auslegungsfragen, die das Urteil des EuGH zur Unabhängigkeit der Aufsichtsbehörden aufgeworfen hat,[1204] beantwortet. Der Verordnungsgeber greift ersichtlich auf die umfangreiche Rechtsprechung des **EuGH** zur Unabhängigkeit zurück.[1205] Der EuGH hat in seinem Urteil gegen Deutschland vom 9.3.2010 unter anderem entschieden:[1206]

„Diese Unabhängigkeit schließt nicht nur jegliche Einflussnahme seitens der kontrollierten Stellen aus, sondern auch jede Anordnung und jede sonstige äußere Einflussnahme, sei sie unmittelbar oder mittelbar, durch die in Frage gestellt werden könnte, dass die genannten Kontrollstellen ihre Aufgabe, den Schutz des Rechts auf Privatsphäre und den freien Verkehr personenbezogener Daten ins Gleichgewicht zu bringen, erfüllen."

993   **Zweieinhalb Jahre später** hat er in Bezug auf Österreich dann festgestellt:[1207] „Der Ausdruck ‚in völliger Unabhängigkeit' in Art. 28 Abs. 1 UAbs. 2 DSRL zum Schutz natürlicher Personen bei der Verarbeitung personenbezogener Daten und zum freien Datenverkehr ist dahin auszulegen, dass die für den Schutz personenbezogener Daten zuständigen Kontrollstellen mit einer Unabhängigkeit ausgestattet sein müssen, die es ihnen ermöglicht, ihre Aufgaben ohne äußere Einflussnahme wahrzunehmen. Dabei reicht der Umstand, dass eine solche Kontrollstelle insofern funktionell unabhängig ist, als ihre Mitglieder in Ausübung ihres Amtes unabhängig und an keine Weisungen gebunden sind, für sich allein nicht aus, um diese Kontrollstelle vor jeder äu-

---

[1204] EUGH NJW 2010, 1265; s. dazu nur: *Wolff* in FS für Hans Peter Bull, 2011, 1071 (1071 ff.).

[1205] S. o. Europäische Grundlagen, H.

[1206] EuGH NJW 2010, 1265 Rn. 30 – Kommission/Deutschland.

[1207] EuGH DÖV 2013, 34 LS 1 – Kommission/Österreich.

ßeren Einflussnahme zu bewahren. Die gemäß Art. 28 Abs. 1 UAbs. 2 DSRL erforderliche Unabhängigkeit soll nämlich nicht nur die unmittelbare Einflussnahme in Form von Weisungen ausschließen, sondern auch jede Form der mittelbaren Einflussnahme, die zur Steuerung der Entscheidungen der Kontrollstelle geeignet wäre. Im Übrigen verlangt diese Bestimmung in Anbetracht der Rolle der Kontrollstellen als Hüter des Rechts auf Privatsphäre, dass ihre Entscheidungen, und damit sie selbst, über jeden Verdacht der Parteilichkeit erhaben sind.‟

Folglich verstößt ein Mitgliedsstaat gegen seine Verpflichtungen aus **994** Art. 28 Abs. 1 UAbs. 2 DSRL, wenn er **nicht alle Vorschriften erlässt**, die erforderlich sind, damit das innerstaatliche Recht in Bezug auf die Kontrollstelle dem Kriterium der Unabhängigkeit **genügt**. Es verletzt die Unabhängigkeit der Aufsichtsbehörden insbesondere dann, wenn:

- ihr geschäftsführendes Mitglied ein der Dienstaufsicht unterliegender Staatsbediensteter ist,
- ihre Geschäftsstelle in die Dienststellen der nationalen Regierung eingegliedert ist und
- das Oberhaupt der nationalen Regierung über ein unbedingtes Recht verfügt, sich über alle Gegenstände ihrer Geschäftsführung zu unterrichten.

bb) Verbot jeglicher Beeinflussung. So bedeutet Unabhängigkeit ge- **995** mäß Art. 52 Abs. 2 DS-GVO zunächst, dass die Leiter und das Personal der Aufsichtsbehörde bei der Erfüllung ihrer Aufgaben und der Ausübung ihrer Befugnisse gemäß dieser Verordnung **weder direkter noch indirekter Beeinflussung** von außen unterliegen; sie ersuchen weder um Weisung noch nehmen sie Weisungen entgegen. Unzulässig ist die Aufsicht in der Form der Rechts- und Fachaufsicht,[1208] dh jegliche Einflussnahme,[1209] Weisungen,[1210] Anordnungen,[1211] Änderungsbegehren, Aufhebungsbegehren[1212] oder Ersetzungsbegehren.[1213] Unzulässig ist auch eine Dienstaufsicht, die der im Beamtenrecht üblichen entspricht. Weiter ist unbestritten, dass diese Aufzählung nicht abschließend ist, sondern jede Maßnahme erfasst wird, die auch nur den Eindruck erweckt, die Aufsichtsbehörden seien nicht frei bei der Auslegung und Anwendung der Datenschutzbestimmungen.[1214] Eine **Eingliederung** in die **Staatsverwaltung ist ausgeschlossen**, vielmehr ist eine organisatorische Selbständigkeit vonnöten.

Unstreitig ist die **Einbindung** der Aufsichtsbehörden **in den Staat zuläs-** **996** **sig**, so erwähnt der EuGH ausdrücklich als mögliche Einflussnahme die Ernennung durch das Parlament oder durch die Regierung, die Festlegung der Kompetenzen durch den Gesetzgeber,[1215] die Rechenschaftspflicht gegenüber

---

[1208] EuGH NJW 2010, 1265 Rn. 32 iVm 37 – Kommission/Deutschland.
[1209] EuGH NJW 2010, 1265 Rn. 30 – Kommission/Deutschland.
[1210] EuGH NJW 2010, 1265 Rn. 28 – Kommission/Deutschland.
[1211] EuGH NJW 2010, 1265 Rn. 30 – Kommission/Deutschland.
[1212] EuGH NJW 2010, 1265 Rn. 32 – Kommission/Deutschland.
[1213] EuGH NJW 2010, 1265 Rn. 32 – Kommission/Deutschland.
[1214] EuGH NJW 2010, 1265 Rn. 34 iVm 36 – Kommission/Deutschland.
[1215] EuGH NJW 2010, 1265 Rn. 44 – Kommission/Deutschland.

dem Parlament[1216] und die Zulässigkeit einer eingeschränkten Budgethoheit.[1217] Nach zutreffender Ansicht schließt sie aber einen Untersuchungsausschuss aus, der einer Fachaufsicht gleichkommt.[1218]

997   **cc) Frage der beschränkten Dienstaufsicht.** Nicht geklärt ist die Frage, ob eine beschränkte **Dienstaufsicht**, wie sie bei Richtern bekannt ist, möglich ist, mit der letzten Konsequenz, dass ggf eine Dienstenthebung möglich ist. Der EuGH hat dies noch nicht entschieden. Die Literatur ist uneinheitlich.[1219] Die DS-GVO für die EU-Organe kennt eine Amtsenthebung (Art. 42 Abs. 4 VO (EG) 45/2001).[1220] Es spricht mehr dafür, für Extremfälle eine solche Sanktion zuzulassen. Für diese Ansicht spricht zumindest, dass bei dem als Referenzbeispiel herangezogenen europäische Datenschutzbeauftragten die Möglichkeit besteht, ihn auf entsprechenden Antrag durch den Gerichtshof des Amtes zu entheben oder seiner Ruhegehaltsansprüche oder an ihrer Stelle gewährte Vergünstigungen für verlustig zu erklären, wenn er die Voraussetzungen für die Ausübung seines Amtes nicht mehr erfüllt oder er eine schwere Verfehlung begangen hat.

998   **dd) Die Frage der horizontalen Unabhängigkeit.** Das enge Kooperationssystem, das die DS-GVO einführt, wirft die Frage auf, ob die **Unabhängigkeit der Datenschutzbehörden** auch **horizontal**, dh zwischen den Aufsichtsbehörden, **wirkt**. Dabei gibt es mehrere Konstellationen, die es nahe legen, dass es zu **relevanten Meinungsverschiedenheiten** zwischen den **Aufsichtsbehörden untereinander kommt**. Zu nennen ist die Konstellation, bei der, bezogen auf den gleichen Verarbeitungsvorgang eines Verantwortlichen, sowohl eine betroffene Aufsichtsbehörde als auch eine federführende Aufsichtsbehörde bzw eine betroffene Aufsichtsbehörde und eine zuständige Aufsichtsbehörde einwirken können. Weiter wäre der Umstand zu nennen, dass der europäische Datenschutzausschuss bindende Beschlüsse auch gegenüber allen betroffenen Aufsichtsbehörden erlassen kann, mit der Folge, dass einige überstimmt werden können. Schließlich vertritt bei den Mitgliedsstaaten, bei denen mehrere Aufsichtsbehörden bestehen, eine Aufsichtsbehörde die anderen im Ausschuss, ohne dass zwingend gesichert ist, dass die Meinung der vertretenen Aufsichtsbehörde von der vertretenden für richtig gehalten wird. Es ist daher möglich, dass eine Aufsichtsbehörde sich durch die Art und Weise

---

[1216] EuGH NJW 2010, 1265 Rn. 45 – Kommission/Deutschland.

[1217] EuGH DÖV 2013, 34 Rn. 58 – Kommission/Österreich.

[1218] *Wolff* ThürVBl 2015, 205 ff.; aA *Ohler* ThürVBl 2015, 213 ff.

[1219] Von einer Zulässigkeit der eingeschränkten Dienstaufsicht gehen aus: *Poppenhäger* in Linck/Baldus/Lindner/Poppenhäger/Ruffert Die Verfassung des Freistaats Thüringen 2013 Art. 69 Rn. 8–10; *Wilde* in Wilde/Ehmann/Niese/Knoblauch, BayDSG Art. 35 2011 Rn. 26; *Kamp* in Heusch/Schönenbroicher Landesverfassung NRW 2010 Art. 77a Rn. 56. Von einer Unzulässigkeit der eingeschränkten Dienstaufsicht geht aus: *Brink* in Wolff/Brink BeckOK DatenschutzR 2013 § 38 BDSG aF Rn. 8; *Selmayr* in Ehmann/Selmayr DS-GVO Art. 52 Rn. 17. Offen *Ehmann/Helfrich* DSRL 1999 Art. 28 Rn. 6: einerseits: jegliche Form der Fach-, Rechts- und Dienstaufsicht ist unzulässig, andererseits: eine der richterlichen Unabhängigkeit vergleichbare Unabhängigkeit muss gewährleistet sein.

[1220] S. dazu EuGH ZD 2014, 301 Rn. 56 – Europäische Kommission/Ungarn.

des Auftretens einer anderen Aufsichtsbehörde ihr gegenüber in ihrer Unabhängigkeit verletzt fühlt.

Das **Kooperationssystem**, das die DS-GVO vorsieht, lebt allerdings davon, **999** dass die Datenschutzbehörden untereinander um die richtige Auslegung der DS-GVO **ringen**. Schlägt daher die betroffene Aufsichtsbehörde der zuständigen Aufsichtsbehörde etwa einen Lösungsvorschlag vor, wird dadurch **nicht** die **Unabhängigkeit** der zuständigen Aufsichtsbehörde verletzt. Maßt sich die betroffene Aufsichtsbehörde eine Zuständigkeit gegenüber dem Verantwortlichen an, die nur der zuständigen Aufsichtsbehörde zusteht, ist der **Verantwortliche** in seinen Rechten **verletzt**, weil eine unzuständige Behörde ihm gegenüber auftritt, **nicht** aber ist die zuständige **Aufsichtsbehörde** in ihrer Unabhängigkeit verletzt, nur weil eine andere Aufsichtsbehörde sich eine Zuständigkeit anmaßt. Wenn der EDSA einen Beschluss fasst, den die zuständige Aufsichtsbehörde für unzutreffend hält, ist sie deswegen nicht in ihrer Unabhängigkeit verletzt. Sie hat aber die Möglichkeit, auf eine Beschwerde des Betroffenen hin gegen die Verarbeitung des Verantwortlichen **Klage** zu erheben und auf diese Weise die Überprüfung der Entscheidung des europäischen Datenschutzausschusses vom EuGH über das Vorlageverfahren zu erreichen. Auch wenn die Frage noch nicht entschieden ist, liegt es vom System und dem Sinn der Unabhängigkeit daher nahe, dass die **Unabhängigkeit zwischen** den Aufsichtsbehörden selbst **nicht gilt**. Es gibt daher nur eine vertikale Unabhängigkeit, die die Aufsichtsbehörden vor Maßnahmen anderer staatlichen Stellen schützt. Die Unabhängigkeit schütz aber nicht vor Maßnahmen anderer Aufsichtsbehörden.

ee) Absichernde Garantien. **Abgesichert** wird die Unabhängigkeit durch **1000** verschiedene Regelungen, wie etwa die Befugnis der eigenen Personalauswahl (Art. 52 Abs. 5 DS-GVO) und die Pflicht der Mitgliedsstaaten sicherzustellen, dass das Personal ausschließlich der Leitung untersteht und die Finanzkontrolle so ausgestaltet ist, dass die Unabhängigkeit nicht beeinträchtigt wird (Art. 52 Abs. 5 DS-GVO).

ff) Friktionen mit deutschem Organisationsrecht. Die Unabhängig- **1001** keit der Aufsichtsbehörden in der von der DS-GVO vorgesehenen Form wäre **bei einer rein deutschen Regelung** nicht möglich, da sie **verfassungswidrig wäre**.[1221] Die Friktionen der Unabhängigkeit mit dem aus Art. 20 Abs. 2 S. 1 GG folgendem Gebot der demokratischen Legitimation jeglichen staatlichen Handelns sind gewaltig.[1222]

Das BVerfG folgert aus dem Demokratieprinzip aus Art. 20 Abs. 1 GG, **1002** dass alles amtliche Handeln mit Entscheidungsgewalt **demokratisch legitimiert** sein muss. Entscheidend sei das jeweils sachlich angemessene Legitimationsniveau. Die Legitimation kann vor allem auf drei Wegen erreicht wer-

---

[1221] *Bull* EuZW 2010, 488 (489).
[1222] *Indra Spiecker gen. Döhmann* JZ 2010, 787 ff.; *Bull* EuZW 2010, 488 ff.; in diese Richtung auch *Frenzel* DÖV 2010, 925 (928 ff.); verharmlosend dagegen: *Petri/ Tinnefeld* MMR 2010, 157 (160); *Roßnagel* EuZW 2010, 299 (300); EuGH NJW 2010, 1265 Rn. 40 f. – Kommission/Deutschland; *Albrecht* Anmerkung, jurisPR-ITR 15/2010 Anm. 4 unter C.

den: organisatorisch-personell oder sachlich-inhaltlich und eingeschränkt auch institutionell. Bei der organisatorisch-personellen Legitimation kommt es darauf an, wie sehr der mit der Wahrnehmung staatlicher Aufgaben betraute Amtswalter an das Parlament rückgekoppelt ist (Ernennung/Abberufung/ Dienstaufsicht). Die sachlich-inhaltliche Legitimation beruht auf einer inhaltlichen Steuerung, die bis zum Parlament zurück geht (Gesetzesbindung/ Rechtsaufsicht/Fachaufsicht) und die institutionelle blickt auf die Einbindung in den Staatsaufbau. Alle Stränge greifen ineinander. Defizite im Bereich der so begründeten demokratischen Legitimation sind bei verfassungsrechtlicher Legitimation (Art. 28 Abs. 2 GG/Art. 88 GG) und ggf. entsprechender Substitution durch Partizipationsrecht der Betroffenen (Selbstverwaltungskörperschaften oder Anstalten) denkbar.[1223] Entgegen gegenteiligen Beteuerungen[1224] gibt es im deutschen Recht auch keine Stelle, die mit der Befugnis ausgestattet ist, Ordnungswidrigkeitenbescheide und Untersagungsverfügungen gegenüber Privaten zu erlassen, ohne dabei einer Rechtsaufsicht und/oder Dienstaufsicht zu unterliegen.[1225] Bei den Aufsichtsbehörden ist aber gerade dies der Fall. Der mitunter als Beispiel genannte Bundesrechnungshof ist eine oberste Bundesbehörde und als unabhängiges Organ der Finanzkontrolle nur dem Gesetz unterworfen, und darf gem. § 105 BHO unter bestimmten Voraussetzungen auch Private prüfen, erlässt aber, soweit ersichtlich, weder Ordnungswidrigkeitenbescheide noch Änderungsverfügungen. Die Bundesnetzagentur und das Bundeskartellamt sind oberste Bundesbehörden, bei denen das Weisungsrecht bewusst transparent ausgestaltet ist (§ 117 TKG/§ 52 GWB). Beide Behörden können ersichtlich die Behauptung, die völlige Unabhängigkeit von Behörden mit Eingriffsbefugnis gleich der der Aufsichtsbehörden käme gegenwärtig schon vor, nicht stützten.

1003   Auch die Annahme, die Grundsätze der demokratischen Legitimation seien Prinzipien, die nicht rein durchgehalten werden,[1226] überzeugt nicht. Die Reichweite der demokratischen Legitimation, insbesondere die Bestimmung des im jeweiligen Einzelfall erforderlichen **Legitimationsniveaus**, kann schwierig sein und das Thema ist auch in seinen Grundfesten umstritten. Dass aber Stellen, die mit den **Befugnissen** ausgestattet sind, **die Art. 58 DS-GVO den Aufsichtsbehörden vermittelt**, grundsätzlich einer strengen demokratischen Legitimation unterliegen, ist bisher nicht streitig gewesen. Der Hinweis, Bedenken bezüglich des Gesichtspunkts der parlamentarischen Kontrolle seien deshalb nicht vorhanden, da der EuGH gerade eine parlamentarische Kontrolle durch das Parlament zugelassen habe,[1227] überzeugt ebenfalls

[1223] S. dazu BVerfGE 83, 60 (73); BVerfGE 93, 37 (67 ff.); BVerfGE 107, 59 (92 ff.); BVerfGE 111, 191 (216 ff.); *Bull* EuZW 2010, 488 (489 ff.); *Kahl* Staatsaufsicht 2000, 479 ff.
[1224] *Roßnagel* EuZW 2010, 299 (300); EuGH NJW 2010, 1265 Rn. 42 – Kommission/Deutschland.
[1225] Ausführlich *Bull* EuZW 2010, 488 (490); s. etwa die Aufzählung bei *Trute* in Hoffmann-Riehm/Schmidt-Aßmann/Voßkuhle Grundlagen des Verwaltungsrechts Bd. I 2006 § 6 Rn. 60 ff.
[1226] *Petri/Tinnefeld* MMR 2010, 157 (160).
[1227] *Roßnagel* EuZW 2010, 299 (300).

nicht.[1228] Der EuGH erwähnt eine Berufung durch das Parlament und eine Berichtspflicht, mehr nicht. Dies würde, gemessen an den Anforderungen für die Rückkopplung von Stellen innerhalb der Exekutive, nicht genügen. Zumindest die Möglichkeit der Abberufung und eigentlich auch die der Rechtsaufsicht wären als zusätzliche Mindestbestandteile erforderlich.

Die geltend gemachten Bedenken gegen die Unabhängigkeit auch für den **1004** privaten Bereich ändern nichts daran, dass die in Art. 58 DS-GVO angeordnete Unabhängigkeit **gültig ist** und am **Anwendungsvorrang** des **Europarechts** teilnimmt. Zwar wird man unterstellen können, dass die Abwesenheit jeglicher Rechts-, Fach- und Dienstaufsicht auch gegenüber dem Parlament bei der Ausführung des BDSG aF durch die Aufsichtsbehörde mit deutschem Verfassungsrecht nicht vereinbar ist, dennoch überschreiten diese Friktionen nicht die Integrationsgrenzen des Art. 23 GG. Art. 23 GG enthält der Sache nach drei Integrationsgrenzen, das Gebot der Einhaltung der Strukturgarantien des Art. 23 Abs. 1 S. 1 GG durch die EU, das Prinzip der Einzelermächtigung gemäß Art. 23 Abs. 1 S. 2 GG und den Identitätsvorbehalt gem. Art. 23 Abs. 1 S. 3 GG. Die beiden ersten Schranken sind offenbar eingehalten. Die völlige Unabhängigkeit ist sowohl mit den Strukturvorgaben des Art. 23 Abs. 1 S. 1 GG als auch mit dem Prinzip der Einzelermächtigung gemäß Art. 23 Abs. 1 S. 2 GG vereinbar. Auch der Identitätsvorbehalt des Art. 23 Abs. 1 S. 3 iVm Art. 79 Abs. 3 GG iVm Art. 20 GG ist nicht verletzt. Die Friktionen, die die Entscheidung mit dem Prinzip der demokratischen Legitimation aufwirft, sind nicht sehr erheblich. Erstens ist der sachliche Bereich des Tätigkeitsfelds der Aufsichtsbehörden beschränkt. Zweitens besteht eine Nähe zur Kontrolltätigkeit im staatlichen Bereich, bei der eine organisatorische Unabhängig nötig ist. Viertens hat das BVerfG ausdrücklich bei seiner Entscheidung über die Vorratsdatenspeicherung angenommen, dass bei der Kontrolle der Einhaltung der Datenschutzvorschriften bei der Ausführung der Vorratsdatenspeicherung durch die privaten Telekommunikationsunternehmen eine unabhängige Datenschutzkontrollstelle eingerichtet werden muss, und hat auf diese Weise eine Relativierung der demokratischen Legitimation der Verwaltungstätigkeit im Bereich der Datenschutzkontrolle konkludent auch nach deutschem Verfassungsrecht zugelassen.[1229] Auch wenn dieses obiter dictum aller Wahrscheinlichkeit nach auf eine Verwechslung mit der Datenschutzkontrolle im staatlichen Bereich zurückzuführen sein dürfte,[1230] so kann man dennoch nicht sagen, dass eine Freistellung der staatlichen Datenschutzkontrolle des privaten Bereichs durch unabhängige Stellen den Demokratiegrundsatz des Grundgesetzes in einer für Art. 23 Abs. 1 S. 3 GG erforderlichen Deutlichkeit verletzen würde.

e) Aufgaben der Aufsichtsbehörden. aa) Allgemein. Die DS-GVO **1005** trennt – wie das deutsche Recht – zwischen **Aufgaben und Befugnissen**. Die Aufgaben gibt sie in Art. 57 DS-GVO selbst weitgehend verbindlich vor. Die Verordnung führt in Art. 57 Abs. 1 DS-GVO 21 **Aufgaben** der Aufsichtsbe-

---

[1228] Zutreffend *Indra Spiecker gen. Döhmann* JZ 2010, 787 (790).
[1229] S. dazu BVerfG, Urt. v. 2.3.2010, Az: 1 BvR 256/08 = NJW 2010, 833 Rn. 225.
[1230] *Wolff* NVwZ 2010, 751 (752).

hörden auf, dazu gehören jeweils festgelegte Überwachungs-, Durchsetzungs-, Beratungs-, Unterstützungstätigkeiten zu folgenden Bereichen: Überwachung aller Normen der DS-GVO; Sensibilisierung und Aufklärung der Öffentlichkeit; Beratungstätigkeit gegenüber öffentlichen Stellen, Verantwortlicher, Auftragsverarbeitern sowie betroffenen Personen; Rechtsdurchsetzung betroffener Personen; Zusammenarbeit mit anderen Aufsichtsbehörden; Verfolgung datenschutzrechtsrelevanter Entwicklungen; Festlegung von Standardvertragsklauseln und Genehmigung von Klauseln gemäß Art. 46 Abs. 3 DS-GVO; Konkretisierung der Pflicht zur Folgenabschätzung; Förderung der Installierung von Verhaltensregeln und Zertifizierungsmechanismen; Mitwirkung bei der Akkreditierung einer Zertifizierungsstelle; die Unterstützung des DSA, Aufstellung eines internen Verzeichnisse über Datenschutzverstöße und die Abhilfemaßnahme. Besonders deutlich wird das weite Aufgabenfeld der Aufsichtsbehörde etwa an Art. 57 Abs. 1 lit. v DS-GVO, wonach zu den Aufgaben gehört: „jede sonstige Aufgabe im Zusammenhang mit dem Schutz personenbezogener Daten [zu] erfüllen." Als selbstständige Aufgabe bleibt die Erstellung der jährlichen Tätigkeitsberichte, die nun in Art. 59 S. 1 DS-GVO normiert ist.

1006 Für die betroffenen Personen sind die Leistungen der Aufsichtsbehörde gemäß Art. 57 Abs. 3 DS-GVO **unentgeltlich**, wobei die Möglichkeit einer Missbrauchsgebühr gemäß Art. 57 Abs. 4 DS-GVO besteht. Die Mitgliedsstaaten flankieren diese Vorgaben, indem sie die Normen festlegen, die die Beratungsbefugnisse der Aufsichtsbehörde (Art. 57 Abs. 1 lit. c DS-GVO) und die Gebührenordnung um die Missbrauchsgebühr erweitern.

1007 **bb) Entgegennahme von Beschwerden gemäß Art. 77 DS-GVO.** Gemäß Art. 77 DS-GVO hat jede betroffene Person das Recht, sich an ihre **Aufsichtsbehörde zu wenden**, unabhängig davon, ob diese zuständig ist oder nicht. Die Aufsichtsbehörde ist dann verpflichtet, auf diese Beschwerde sachlich zu reagieren. Die Einzelheiten der Beschwerde werden im Zusammenhang mit den Rechtsbehelfen des Betroffenen erörtert (→ Rn. 1257).

1008 Das Unionsrecht geht davon aus, dass die Aufsichtsbehörde, bei der die **Beschwerde eingereicht** wird, mit gewissen Pflichten belegt wird. Sie muss sich insbesondere gemäß Art. 77 Abs. 2 DS-GVO um die Beschwerde kümmern, sie muss die Beschwerde bescheiden, auch wenn sie sachlich nicht zuständig ist. Das **deutsche Recht ändert** diese Zuständigkeit in § 19 Abs. 2 BDSG nF. Danach muss die angerufene Aufsichtsbehörde, für den Fall, dass sie nicht zuständig ist, die Beschwerde an die federführende Aufsichtsbehörde bzw an die Aufsichtsbehörde, in der der Verantwortliche seine Niederlassung hat, weiterleiten. Fehlt es an einer solchen Behörde, ist die Beschwerde an die Aufsichtsbehörde abzugeben, in deren Zuständigkeitsbereich die betroffene Person ihren Wohnsitz hat. § 19 Abs. 2 BDSG nF ist eine mutige Umdefinition der unionsrechtlichen Vorgaben. Nach klassischen Regeln des Unionsrechts spricht viel dafür, dass die Konkretisierungsbefugnisse der Mitgliedsstaaten überschreitet.

1009 **cc) Befugnisse.** *(1) Allgemein.* Bei den **Befugnissen** gemäß Art. 58 DS-GVO lässt die Datenschutzverordnung den Mitgliedsstaaten weitergehende Ausgestaltungsspielräume als bei den Aufgaben. Die Ausübung der Befugnisse können sowohl durch Unionsrecht als auch durch mitgliedsstaatliches Recht normiert werden, sofern dieses im Einklang steht mit der Grundrechtecharta. Die Regelungen müssen geeignet sein und auch wirksame gerichtliche Rechtsbehelfe gewähren (Art. 58 Abs. 4 DS-GVO). Zwingend ist dabei die Ausgestaltung der Betretungsrechte nach Art. 58 Abs. 1 lit. e DS-GVO und die Regeln über die Unterrichtung der Öffentlichkeit (Art. 58 Abs. 3 lit. b DS-GVO). Dabei dürfen die Mitgliedsstaaten weitergehende Befugnisse gem. Art. 58 Abs. 6 DS-GVO normieren, sofern diese das Kohärenzverfahren nicht beeinträchtigten.

(2) Überblick. Die Befugnisse selbst teilt die Verordnung in **drei Gruppen** ein, und zwar Untersuchungsbefugnisse, Abhilfebefugnisse und Genehmigungsbefugnisse. Die **Untersuchungsbefugnisse** beziehen sich gemäß Art. 58 Abs. 1 lit. a bis f DS-GVO auf die Rechte: **1010**

– von den Verantwortlichen iwS die Bereitstellung aller relevanten Informationen und Zugang zu diesen zu verlangen,
– Datenschutzüberprüfungen durchzuführen,
– erteilte Zertifizierungen zu prüfen,
– auf vermeintliche Verstöße hinzuweisen,
– Zugang zu den Geschäftsräumen und Datenverarbeitungsanlagen zu erhalten.

Die **Abhilfebefugnisse** erstrecken sich gemäß Art. 58 Abs. 2 lit. a bis j DS-GVO auf das Recht: **1011**

– auf die Rechtswidrigkeit bestimmter Verarbeitungen hinzuweisen,
– Verwarnungen auszusprechen,
– die Erfüllung von Betroffenenrechten anzuweisen,
– Abhilfeanordnungen zu erlassen,
– die Benachrichtigung betroffener Personen über Rechtsverletzungen anzuweisen,
– eine Beschränkung der Verarbeitung anzuordnen,
– die Berichtigung oder Löschung ua anzuordnen,
– eine Zertifizierung zu widerrufen oder den Widerruf zu veranlassen oder die Entscheidung über eine Zertifizierung vorzugeben,
– Geldbußen zu verhängen,
– die Aussetzung der Übermittlung von Daten in ein Drittland anzuordnen.

Zu den **Genehmigungsbefugnissen** gehören wiederum gemäß Art. 58 Abs. 3 lit. a bis j DS-GVO auch die Befugnisse, die es ihr gestatten, **1012**

– die Beratung im Rahmen der Konsultation nach Art. 36 DS-GVO,
– Stellungnahmen an das nationale Parlament, die Regierung des Mitgliedsstaats oder an die Öffentlichkeit zu richten,
– Genehmigungen im Rahmen der Datenschutzfolgeabschätzung vorzunehmen, sofern der Mitgliedsstaaten eine solche gem. Art. 36 Abs. 5 DS-GVO vorsieht,
– Entwürfe von Verhaltensregeln gemäß Art. 40 Abs. 5 DS-GVO zu bewerten,
– Zertifizierungsstellen gemäß Art. 43 DS-GVO zu akkreditieren, Zertifizierungen zu erteilen und Zertifizierungskriterien zu billigen,
– Standarddatenschutzklauseln festzulegen,
– Vertragsklauseln gemäß Art. 46 Abs. 3 lit. a DS-GVO zu genehmigen,
– Verwaltungsvereinbarungen gemäß Art. 46 Abs. 3 lit. b DS-GVO zu genehmigen,
– interne Datenschutzvorschriften zu genehmigen.

1013   *(3) Das Klagerecht der Aufsichtsbehörden gemäß Art. 58 Abs. 5 DS-GVO. (a) Klagerecht va gegen Entscheidungen der Kommission.* Wie mehrfach zuvor hat der EuGH in der Rechtssache Schrems die Entscheidung der Kommission, mit der diese die Safe-Harbor-Erklärung als ausreichend für einen adäquaten Grundrechtsstandard erklärte, deshalb für nichtig erklären können, weil ein nationales Gericht im Rahmen eines Vorabentscheidungsverfahrens den EuGH mit der Frage befasst hat. Ohne eine solche Befassung des EuGH können nach dessen Ansicht Beschlüsse der Kommission nicht beseitigt werden. Nach Ansicht des EuGH sind Entscheidungen der Kommission im Rahmen des Systems der Datenübermittlung an Drittstaaten für alle Stellen verbindlich, auch für die Aufsichtsbehörden selbst.[1231] **Die Aufsichtsbehörden sind nicht berechtigt,** Entscheidungen der Kommission, die sie für rechtwidrig halten, unbeachtet zu lassen. Die Aufsichtsbehörden sind aber berechtigt und verpflichtet, Entscheidungen der Kommission auf ihre Vereinbarkeit hin mit dem primären und sekundären Unionsrecht, sofern es Datenschutz verwirklicht, zu prüfen. Sind sie der Auffassung, dass eine Entscheidung der Kommission Unionsrecht missachtet, **müssen** sie die Möglichkeit haben, diese Frage den nationalen **Gerichten** zur Entscheidung **vorzulegen**, damit diese dann ggf gemäß Art. 267 AEUV den EuGH mit der Frage befassen können. Notwendig ist daher bei diesem System, dass die Aufsichtsbehörden eine Klagebefugnis und ein Klagerecht erhalten.[1232] Art. 58 Abs. 5 DS-GVO sieht dies ausdrücklich vor.[1233] Das Recht ist durch das Recht der Mitgliedstaaten umzusetzen. Für Deutschland bedeutet dies einen kleinen Systembruch, der aber innerhalb des Gesamtsystems angelegt ist.

1014   Mit § 21 BDSG nF setzt der deutsche Gesetzgeber das Klagerecht so um, dass die Aufsichtsbehörde unmittelbar beim Bundesverwaltungsgericht einen Antrag auf Überprüfung bestimmter Entscheidungen der Kommission beantragen kann. Die Aufsichtsbehörde ist dann selbst beteiligungsfähig und nicht die Körperschaft, der sie angehört. Dies ist sachgerecht, weil auf diese Weise die Unabhängigkeit der Aufsichtsbehörde prozessual berücksichtigt wird. Die Entscheidungen, gegen die das Klagerecht der Aufsichtsbehörde besteht, sind **enumerativ** aufgeführt. Es sind:

– Angemessenheitsbeschlüsse der Europäischen Kommission,
– Beschlüsse über die Anerkennung von Standardschutzklauseln und
– Beschlüsse über die Allgemeingültigkeit von genehmigten Verhaltensregeln.

1015   Ob die Aufsichtsbehörden von diesem Klagerecht Gebrauch machen werden**, ist offen.** Wahrscheinlicher ist, dass sie, beflügelt durch ihre Unabhängigkeit, eine Entscheidung der Kommission, die sie für rechtswidrig halten, ignorieren und von ihren Aufsichtsbefugnissen gemäß Art. 58 DS-GVO Gebrauch machen. Die Folge wäre, dass ein Verantwortlicher, der bei der Gültigkeit der entsprechenden Entscheidungen der Kommission günstiger stünde, gegen die entsprechenden Maßnahmen der Aufsichtsbehörden Rechtsmittel einlegt mit der Begründung, die Aufsichtsbehörden würden die Bindungswirkung der

---

[1231] EuGH NJW 2015, 3151 Rn. 51 – Schrems.
[1232] EuGH NJW 2015, 3151 Rn. 65 – Schrems.
[1233] *Raab* Harmonisierung 2015, 141 ff.

Kommissionsentscheidung missachten. Die Wahrscheinlichkeit, dass Gerichte der Klage des Verantwortlichen alleine deswegen stattgeben, weil die Entscheidung der Aufsichtsbehörde im Widerspruch zu einer Entscheidung der Kommission steht, ist gering.

Näher liegt, dass die **Verwaltungsgerichte** die Rechtmäßigkeit der Kommissionsentscheidung prüfen und bei Zweifeln gemäß **Art. 267 AEUV** dem EuGH die Frage vorlegen. Dogmatisch müsste streng genommen eine Entscheidung der Aufsichtsbehörde, die einen europarechtswidrigen Beschluss der Kommission missachtet, allein wegen des Widerspruchs zu dem Beschluss für rechtswidrig erklärt werden. Angesichts der Kompliziertheit des Systems und der geringen Rechtsschutzmöglichkeiten gegen unionsrechtliche Entscheidungen ist es aber nicht wahrscheinlich, dass die Fachgerichte die Rechtsschutzmöglichkeiten des Betroffenen auf diese Weise verlängern. Es ist wahrscheinlicher, dass sie aus dem Gedanken des effektiven Rechtsschutzes, der auch im Unionsrecht verankert ist, unmittelbar die Rechtmäßigkeit der Kommissionsentscheidungen selbst zum Gegenstand des Verfahrens gegen belastende Entscheidungen der Aufsichtsbehörden machen werden. Sollte die Rechtsprechung sich auf diese Auslegung festlegen, wäre eine vorherige Anfechtung der Kommissionsentscheidung durch die Aufsichtsbehörde unnötig, weil diese Prüfung im Wege der Inzidentprüfung bei Klagen gegen Maßnahmen des Aufsichtsbehörden von Gerichten sowieso vorgenommen werden würde. Der Unterschied wäre dann, dass die Vorprüfung nicht beim BVerfG läge, sondern bei dem Fachgericht. Das BVerfG dürfte deutlich schneller sein als die Fachgerichte, sodass in diesem Unterschied gegebenenfalls eine gewisse Entwicklungschance der Konstruktion des § 21 BDSG nF liegen dürfte.

Das Klagerecht der Aufsichtsbehörden kann **erhebliche Unruhe** auch unter den Aufsichtsbehörden erzeugen. Die Zukunft wird zeigen, ob ggf. gesetzgeberische Maßnahmen für Koordination oder Sonstiges erforderlich sein sollten.

(b) Klagerecht gegen Maßnahmen des Datenschutzausschusses. Fraglich ist, ob das **Klagerecht** sich auch gegen Maßnahmen des **EDSA** richten muss. Dies hängt davon ab, ob die Aufsichtsbehörden von der Bindungswirkung der Beschlüsse des EDSA erfasst sein können, ohne nach Unionsrecht dagegen ein Klagerecht zu haben. Sollte das der Fall sein, greift die Parallele zu dem Fall der Bindung der Beschlüsse der Kommission. Der deutsche Gesetzgeber geht, wie § 21 BDSG nF deutlich macht, zutreffend davon aus, dass die Beschlüsse des EDSA keine anderen Aufsichtsbehörden binden, als die Behörden, an die die Beschlüsse **unmittelbar gerichtet** sind. Da diese Behörden die Nichtigkeitsklage gemäß **Art. 263 AEUV** wahrnehmen können, ist die Lösung des Gesetzgebers davon abhängig, dass den Beschlüssen des EDSA **keine weitere Bindungswirkung** beigemessen wird, als diejenige, die die Nichtigkeitsklage gemäß Art. 263 AEUV besitzt. Die Zukunft wird zeigen, ob dieser Optimismus berechtigt ist. Denkbar ist es, zwingend aber nicht.

f) Zuständige, federführende, betroffene Aufsichtsbehörden.
aa) Überblick. Erstaunlich kompliziert ist die Regelung der Zuständigkeit der Aufsichtsbehörden. Dies liegt daran, dass die DS-GVO bei der Zu-

1016

1017

1018

1019

ständigkeit der Aufsichtsbehörden unterschiedliche und zueinander nicht immer kompatible **Ziele** verfolgt:

- Einerseits soll jeder Bürger die Möglichkeit haben, sich an seine heimatliche Aufsichtsbehörde zu wenden. Dies soll ihm helfen.
- Andererseits soll aber ein Verantwortlicher, der Daten grenzüberschreitend verarbeitet, es nur noch mit einer einzigen Aufsichtsbehörde zu tun haben (sog One-Stop-Shop).
- Weiter soll eine Aufsichtsbehörde des einen Mitgliedsstaates keine Aufsicht über eine Behörde eines anderen Mitgliedsstaats ausüben dürfen;
- Schließlich sollen die Aufsichtsbehörden untereinander zwar nicht in den Genuss der Unabhängigkeit kommen, der gegenüber den Mitgliedsstaaten selbst gilt, es soll aber keine Aufsichtsbehörde eine übergeordnete Rolle gegenüber einer anderen erhalten.

1020   Nach der DS-GVO gilt folgendes System: **Grundsätzlich** ist gemäß Art. 55 Abs. 1 DS-GVO jede Aufsichtsbehörde für die Wahrnehmung der Aufgaben und Befugnisse im Hoheitsgebiet ihres eigenen Mitgliedsstaats zuständig.

1021   **Dies gilt nicht**, wenn es um **justizielle Tätigkeiten** von Gerichten geht (Art. 55 Abs. 3 DS-GVO).

1022   Dies **gilt auch dann nicht**, wenn es um eine Verarbeitung zur Erfüllung einer **gesetzlichen Pflicht, einer Aufgabe im öffentlichen Interes**se oder zur Ausübung von öffentlicher Gewalt geht und **die Aufsichtsbehörde nicht zugleich in dem Mitgliedsstaat** liegt, dem die Behörde zugehörig ist bzw die die Aufgabe dem Verantwortlichen übertragen hat (Art. 55 Abs. 2 DS-GVO).

1023   Dies **gilt weiter dann nicht**, wenn eine **federführende Behörde** zuständig ist. Dies ist gemäß Art. 56 DS-GVO grundsätzlich dann der Fall, wenn eine grenzüberschreitende Verarbeitung vorliegt. Liegt einer der beiden genannten Ausnahmen vor (Gerichte oder Behörden), greift der Grundsatz allerdings nicht. Bei einer grenzüberschreitende Verarbeitung ist grundsätzlich die federführende Aufsichtsbehörde am Sitz der Hauptniederlassung des Verantwortlichen, oder der einzigen Niederlassung des Verantwortlichen in der EU zuständig. Das Institut der federführenden Aufsichtsbehörde wird als **eine bahnbrechende Neuerung** verstanden.[1234] Da es einem Unternehmen im Fall der grenzüberschreitenden Verarbeitung einen Ansprechpartner zuweist (vgl Art. 56 Abs. 6 DS-GVO), wird das System auch als **One-Stop-Shop** bezeichnet.

1024   Die DS-GVO möchte hinsichtlich des sogenannten One-Stop-Shops, einen **wirtschaftlichen Unternehmensbegriff** und keinen **juristischen Unternehmensbegriff** anlegen. Gemäß EG 36 DS-GVO soll im Falle einer Unternehmensgruppe die Hauptniederlassung des beherrschenden Unternehmens als Hauptniederlassung der Unternehmensgruppe gelten. Dieser **wirtschaftliche Unternehmensbegriff** ist aber in der DS-GVO selbst **nicht ausdrücklich angelegt**. Art. 56 DS-GVO spricht von dem Verantwortlichen und nicht von der Unternehmensgruppe. Verantwortlicher ist gemäß Art. 4 Nr. 7 DS-GVO aber die natürliche oder juristische Person und nicht die Unternehmensgruppe. Die

---

[1234] *Dammann* ZD 2016, 307 (309).

Unternehmensgruppe ist in Art. 4 Nr. 19 DS-GVO gerade so definiert, dass damit verschiedene Verantwortliche erfasst werden. Auch die Definition der Hauptniederlassung in Art. 4 Nr. 16 DS-GVO widerspricht dem EG 36. Es stellt sich daher die Frage, ob bei der Auslegung des Art. 56 DS-GVO auf den Willen des Normgebers abzustellen ist oder auf den Normtext. Da die normsetzenden Instanzen ausreichend Gelegenheit hatten, ihren Willen in den Normtext niederzulegen, und der Normtext schon kompliziert genug ist, ist angesichts der verhältnismäßig klaren Eindeutigkeit des Art. 56 DS-GVO entgegen EG 36 DS-GVO davon auszugehen, dass hier das gilt, was in der DS-GVO selbst definiert ist und nicht das, was in den Erwägungsgründen als wünschenswert formuliert wird. Die Hauptniederlassung ist daher nicht wirtschaftlich, sondern **juristisch zu verstehen.** Die federführende Behörde ist nicht zuständig bei örtlich ratifizierten Beschwerden iSv Art. 56 Abs. 2 DS-GVO, soweit die federführende Aufsichtsbehörde das Verfahren nicht an sich zieht.

Das Unionsrecht kennt nur die Aufsichtsbehörden der Mitgliedsstaaten. **1025** Gibt es in einem Mitgliedsstaat **mehrere Aufsichtsbehörden** und liegt die federführende Aufsichtsbehörde **innerhalb dieses Mitgliedsstaates** muss das nationale Recht entscheiden, welche der Aufsichtsbehörden des Mitgliedsstaates die federführende ist. Gemäß § 19 Abs. 1 BDSG nF ist die Aufsichtsbehörde die federführende, in deren Zuständigkeit die Hauptniederlassung oder die einzige Niederlassung im Mitgliedsstaat liegt.

bb) Grenzüberschreitende Verarbeitung. Im Fall von **grenzüberschrei-** **1026** **tenden Verarbeitungen** tritt (von den genannten Ausnahmen abgesehen) an die Stelle der zuständigen Aufsichtsbehörde gemäß Art. 55 Abs. 1 DS-GVO grundsätzlich die federführende Aufsichtsbehörde. **Entscheidende Bedeutung** für die Zuständigkeit erhält daher die Frage, wann eine grenzüberschreitende Verarbeitung vorliegt. Dies ist in Art. 4 Nr. 23 DS-GVO definiert. Die Definition enthält zwei Fallgruppen. Gemäß Art. 4 Nr. 23 lit. a DS-GVO liegt eine grenzüberschreitende Verarbeitung vereinfacht gesprochen vor, wenn ein Verantwortlicher mehrere Niederlassungen in der Union hat und dort die Daten verarbeitet. Den zweiten Fall regelt: Art. 4 Nr. 23 lit. b DS-GVO. Erfasst wird eine „Verarbeitung personenbezogener Daten, die im Rahmen der Tätigkeiten von Niederlassungen eines Verantwortlichen oder eines Auftragsverarbeiters in der Union in mehr als einem Mitgliedstaat erfolgt, wenn der Verantwortliche oder Auftragsverarbeiter in mehr als einem Mitgliedstaat niedergelassen ist."

Beispiel: Ein großes europäisches Versandhaus A besitzt verschiedene Lagerstätten in Europa. Die Hauptniederlassung ist in Madrid. Die Bestellung des Kunden K aus Frankreich bezieht sich auf Ware, die in den Warenhäusern verschiedener Mitgliedsstaaten gelagert sind. Zuständig für die Verarbeitung der Bestellung von K ist die Aufsichtsbehörde von Spanien.

Der Normtext spricht von der Verarbeitung personenbezogener Daten in **1027** **verschiedenen Niederlassungen.** Fraglich ist, ob der Passus „Verarbeitung personenbezogener Daten" so zu verstehen ist, dass es sich um die Verarbeitung der gleichen personenbezogenen Daten handeln muss. Der Normtext kann dahingehend verstanden werden, dass es sich um die gleichen personenbezogenen Daten handeln muss, als auch dahingehend, dass überhaupt nur personenbezogene Daten verarbeitet werden müssen.

Beispiel: Der große Versandhandel B besitzt mehrere Niederlassungen in verschiedenen Mitgliedsstaaten der Union. Die Bestellungen aus den jeweiligen Mitgliedsstaaten werden in der jeweiligen Niederlassung abschließend bearbeitet.

Nach der ersten Variante (die gleichen personenbezogenen Daten müssen verarbeitet werden) liegt keine grenzüberschreitende Verarbeitung vor, nach der zweiten Auslegungsvariante (es genügt die Verarbeitung) liegt eine grenzüberschreitende Verarbeitung vor.

1028   Für die weite Auslegung streitet der Sinn des **Instituts der federführenden Aufsichtsbehörde.** Dieses soll gerade Verarbeiter mit mehreren Niederlassungen innerhalb der Europäischen Union davor schützen, mit mehreren Aufsichtsbehörden zu kommunizieren. Weiter spricht für diesen Gesichtspunkt der Umstand, dass in der Regel bei den betroffenen Unternehmen die personenbezogenen Daten in gleicher Form verarbeitet werden. Gegen die weite Auslegung spricht der Gedanke des Schutzes der personenbezogenen Daten. Danach sind Daten verschiedener Personen kategorial unterschiedlich, auch wenn die Verarbeitung vergleichbar sein mag. Darüber hinaus wäre dann die Voraussetzung von grenzüberschreitender Verarbeitung gewissermaßen auf die Fallgruppe der Existenz verschiedener Niederlassungen in verschiedenen Mitgliedsstaaten reduziert, weil so gut wie immer in einzelnen Niederlassungen personenbezogene Daten verarbeitet werden. Auch der Wortlaut von Grenzüberschreitung spricht gegen eine Auslegung, die allein die Existenz der Verarbeitung in verschiedenen Niederlassungen voraussetzt.

1029   Im Ergebnis wird man eine mittlere Auslegung vertreten müssen. So kann eine grenzüberschreitende Verarbeitung auch dann vorliegen, wenn Daten unterschiedlicher Personen betroffen sind, sofern **nur die Entscheidung der Art der Verarbeitung** innerhalb eines Unternehmens **einheitlich** getroffen wird. Besonderheiten der Verarbeitung, die dagegen örtlich ratifiziert sind, sind nicht grenzüberschreitend, auch wenn der Verantwortliche mehrere Niederlassungen innerhalb der Union besitzt. Diese Auslegung entspricht dem Normtext nicht völlig reibungslos, wird aber dem Sinn der Regelung am ehesten gerecht. Die Zukunft wird zeigen, ob diese Auslegung die Billigung des EuGH finden wird oder nicht.

1030   Legt man diese Auslegung zugrunde, ergibt sich ein **differenziertes Bild.** Da anzunehmen ist, dass die Verarbeitung von Bestellungen innerhalb von Versandhäusern auf einer einheitlichen Entscheidung beruht, ist im oben genannten Beispiel mit dem Versandhandel B von einer Grenzüberschreitung auszugehen. Anders ist dies bei einer örtlichen Ratifizierung der Verarbeitung. Die **örtliche Ratifizierung** ist dabei wertend zu verstehen. Beruht etwa im Fall einer einheitlichen Verarbeitung in allen Niederlassungen die Information an die betroffenen Personen auf einem Muster, das von der Zentrale in der Hauptniederlassung in der Konzernsprache verfasst wurde, und sind nur in der deutschen Fassung missverständliche Formulierungen enthalten, ist die deutsche Aufsichtsbehörde zuständig, da zwar die Verarbeitung und auch die Aufklärung auf zentralen Grundsätzen beruht, die Ausführung aber örtlich ratifiziert ist. Weitere Beispiele lassen sich anschließen.

I. Staatliche Rechtsdurchsetzung

Beispiel: Der Versandhandel C erstellt aufgrund eines speziellen Computerprogramms in der Niederlassung in Italien Kundenprofile. Das dafür eingesetzte Computerprogramm wird nur in Italien verwendet. Für die Einhaltung der Voraussetzung für Profiling ist nun nach zutreffender Ansicht nicht die Aufsichtsbehörde in Spanien zuständig, sondern die in Italien.

Beispiel: Der Versandhandel D hat in seinen Niederlassungen jeweils Videoüberwachungen vorgeschaltet, die den Hof, die Gebäude und auch die Straßen miteinbeziehen. Das Computerprogramm, das die Videoüberwachung steuert, ist in allen Niederlassungen identisch. In diesem Fall liegt eine örtliche Ratifizierung vor, sodass die Zuständigkeit der federführenden Aufsichtsbehörde für den Konzern sich nicht auf die Frage der Einhaltung der Voraussetzung der Videoüberwachung bezieht.

Beispiel: Der Versandhandel D betreibt zugleich Verkaufsshops und in den Verkaufsshops setzt er eine interne Videoüberwachung ein, die zugleich das Verkaufsverhalten der einzelnen Kunden analysiert. Für den Einsatz dieser Programme besteht wiederrum eine einheitliche Unternehmensentscheidung, die der Hauptniederlassung zuzurechnen ist, sodass hier wieder grenzüberschreitende Verarbeitung vorliegt.

Die **erste Variante** der grenzüberschreitenden Verarbeitung setzt eine Verarbeitung an **verschiedenen Orten** voraus, wobei diese Orte die Niederlassungen des Verantwortlichen sein müssen. Liegt die Verarbeitung bei der betroffenen Person, scheidet Art. 4 Nr. 23 lit. a DS-GVO aus. **1031**

Beispiel: Der große Versandhandel E installiert mit Zustimmung des jeweiligen Kunden auf dem Endgerät des Kunden kleine Computerprogramme, die das Kundenverhalten analysieren und Daten an den Versandhandel übermitteln. Der Versandhandel besitzt mehrere Niederlassungen. Eine grenzüberschreitende Verarbeitung iSv Art. 23 lit. a DS-GVO liegt nicht vor, da die Verarbeitung nicht in der Niederlassung des Versandhandels vorgenommen wird. Es handelt sich zunächst nur um eine Verarbeitung von der Niederlassung, die die Computerprogramme konkret installiert hat.

Die **zweite Variante** der grenzüberschreitenden Verarbeitung liegt gemäß Art. 4 Nr. 23 lit. b DS-GVO vor, wenn die Verarbeitung einer Niederlassung zuzurechnen ist und deren Verarbeitung erhebliche Auswirkungen auf betroffene Personen von verschiedenen Mitgliedsstaaten bewirkt. Hier kommt es nicht auf die multinationalen Orte der Verarbeitung, sondern auf die multinationalen Ort der Betroffenheit an. Der grenzüberschreitende Aspekt wird nicht durch den Umstand der Datenübermittlung oder durch den Ort der Verarbeitung hergestellt, sondern durch die Auswirkung der Verarbeitung. Aus dem Umstand, dass die Auswirkungen erheblich sein müssen, folgt zwingend, dass im Fall der nicht erheblichen Auswirkungen die Voraussetzungen der federführenden Aufsichtsbehörde nicht vorliegen. **1032**

Beispiel: Bei einem Schuhversandhandel mit alleinigem Sitz in Warschau, dessen AGBs bezogen auf die Auskunftsansprüche seiner Kunden nach Auffassung der deutschen Aufsichtsbehörden nicht den Anforderungen der DS-GVO genügen, nach Auffassung der polnischen Aufsichtsbehörden dagegen schon, stellt sich die Frage, ob die deutsche Aufsichtsbehörde zuständig ist. Sofern der polnische Versandhandel nur Bestellungen über das Internet entgegennimmt und diese in Polen verarbeitet und mit den personenbezogenen Daten abgesehen vom Bestellvorgang nicht unternimmt, besitzt die Datenverarbeitung in Warschau keine besondere Auswirkung auf die betroffene Person in Deutschland (Art. 4 Nr. 23 lit. b DS-GVO). Demnach liegt kein grenzüberschreitender Verkehr vor. Es gibt keine federführende Aufsichtsbehörde. Die deutsche Aufsichtsbehörde ist daher zuständig, weil die betroffenen Personen in Deutschland ansässig sind. Die deutsche Aufsichtsbehörde kann daher gegen den polnischen Schuhhandel die in ihren Augen erforderlichen Maßnahmen einleiten.

Beispiel: Wie gerade eben, nur werden keine Schuhe sondern Medikamente vertrieben. Und das Unternehmen erstellt aufgrund des Bestellverhaltens der Bürger potentielle Krankheitsbilder seiner Kunden, die es an andere Unternehmen verkauft. In diesem Fall handelt es sich nun um eine Verarbeitung, die erhebliche Gefährdungen für die betroffenen Personen bewirkt, sodass nun die federführende Behörde in Warschau zuständig ist. Sie muss die deutsche Aufsichtsbehörde gemäß Art. 60 DS-GVO einbinden.

Beispiel: Der allein in Warschau ansässige Spielzeughersteller installiert mit Einwilligung des Kunden ein Programm auf dem Endgerät des Kunden, das ausschließlich den Zweck hat, dem Kunden die wiederholte Bestellung zu erleichtern. Weitere Funktionen gehen von dem Programm nicht aus. Hier verarbeitet das Unternehmen zwar personenbezogene Daten in unterschiedlichen Mitgliedsstaaten der Union. Es verarbeitet sie aber nicht innerhalb verschiedener Niederlassungen und es gehen von ihnen auch keine Gefährdungen schwerer Art für den Kunden aus. Das Computerprogramm kann daher von jeder Aufsichtsbehörde in jedem Mitgliedsstaat in eigener Verantwortung auf seine Vereinbarkeit mit der DS-GVO überprüft werden.

1033 Nimmt ein Unternehmen **unterschiedliche** Verarbeitungen vor und sind diese Verarbeitungsvorgänge **voneinander abtrennbar** und erfüllen einige der Verarbeitungsvorgänge die Voraussetzung von Art. 4 Nr. 23 DS-GVO und andere nicht, so ist die federführende Aufsichtsbehörde bei Art. 4 Nr. 23 lit. b DS-GVO nur so weit verantwortlich, als es sich um eine grenzüberschreitende Verarbeitung handelt.

Beispiel: Der Versandhandel F für Elektroroller hat seine alleinige Niederlassung in Mailand. Er stellt Bestellformulare in allen wichtigen Landessprachen innerhalb der Union bereit. Diese Daten speichert es ausschließlich zu Vertragszwecken. Er bietet aber auch die Möglichkeit eines Ratenkaufes an. Für den Fall des Ratenkaufes verlangt er zusätzliche Informationen, um die Bonität des Betroffenen zu prüfen. Diese Daten sammelt es und wertet sie (vermutlich rechtswidrig) aus. Er hat einen Pauschalvertrag mit einem großen, europaweit arbeitenden Kreditberatungsinstitut, das sich auf Entschuldungen von Privatpersonen spezialisiert hat. Diesem gibt er die Adressen der Kunden weiter, bei denen eine Beratungsanfrage sinnvoll erscheint. In diesem Fall liegt es nahe, bezogen auf die Datenverarbeitung von Kunden ohne Ratenzahlung, die Voraussetzung von Art. 4 Nr. 23 lit. b DS-GVO abzulehnen, dagegen hinsichtlich der Ratenzahlungskunden eine einheitlich federführende Aufsichtsbehörde anzunehmen.

1034 Wann von einer **erheblichen Auswirkung** auf betroffene Personen auszugehen ist, wird in Art. 4 Nr. 23 lit. b DS-GVO nicht ausdrücklich konkretisiert. Die Voraussetzung der „erheblichen Auswirkung" ist sinngemäß auf Auswirkungen für die personenbezogenen Daten zu beschränken. Erhebliche Auswirkungen in finanzieller Form genügen alleine nicht.

Beispiel: Eine Rechtsanwaltskanzlei in Madrid hat sich spezialisiert auf die fernmündliche Beratung von Käufern von Immobilien in Spanien. Die Kanzlei verfügt über eine hohe Sprachkompetenz. Die Beratung ist auf die Beratung allgemeiner Fragen spezialisiert und sie schließt keine Immobilienkaufverträge. Sie beschränkt sich hinsichtlich der Verarbeitung der personenbezogenen Daten allein auf die Aufnahme der Kontaktadressen. Hier wäre die Voraussetzung der Art. 4 Nr. 23 lit. b DS-GVO bei wörtlicher Auslegung anzunehmen, weil in aller Regel der Kauf einer Immobilie für die betroffene Person erhebliche Auswirkungen besitzt. Bei teleologischer Auslegung liegt die Voraussetzung „erhebliche Auswirkungen" aber nicht vor. Erhebliche Auswirkungen in finanzieller Form genügen alleine nicht. Im vorliegenden Fall ist aber die Auswirkung für die personenbezogenen Daten minimal, sodass nicht von einer federführenden Aufsichtsbehörde in Madrid auszugehen ist.

Trotz des Instituts der federführenden Behörde kann es weiterhin zu den aus **1035** der Zeit der Datenschutzrichtlinie bekannten Fallgruppen kommen, bei denen die **Zuständigkeit der Aufsichtsbehörde** einerseits und das **anwendbare Recht** andererseits **auseinanderfällt** und zwar dann, wenn der Mitgliedsstaat in dessen Gebiet ein Verantwortlicher seine alleinige Niederlassung hat, von den Öffnungsklauseln Gebrauch gemacht hat.

Beispiel (fiktiv): Der Schuhversandhandel S mit alleinigem Sitz in Warschau speichert nur Kundendaten allein zur Verkaufsabwicklung. Die Bestellungen nimmt er auch in Deutsch über eine in Deutschland bereitgestellte Website entgegen. Die Regelung zur Auskunft genügen nach zutreffender Ansicht der deutschen Aufsichtsbehörde nicht den Vorgaben der DS-GVO, sie genügen demgegenüber aber den Sonderregeln des polnischen Rechts, da Polen von der Ausnahmeregelung im Auskunftsbereich Gebrauch gemacht hat
Es ist zu trennen zwischen der Frage der zuständigen Behörde und des anzuwendenden Rechts. Die Voraussetzung einer federführenden Aufsichtsbehörde ist nach der hier vertretenen Ansicht nicht anzunehmen, da keine erheblichen Auswirkungen für die betroffenen Personen vorliegen. Demnach ist die deutsche Aufsichtsbehörde zuständig, sofern Kunden aus Deutschland über die Website bestellen. Die Sonderregelung zum Auskunftsrecht betreffen Niederlassungen, die in Polen ansässig sind. Dies ist vorliegend der Fall. Die Frage ist, ob die Beschränkungen aber auch hinsichtlich Wirkungen gelten, die über die Grenze hinauswirken. Bezogen auf die divergierenden Sonderregelungen innerhalb der Mitgliedsstaaten, die aufgrund der unterschiedlichen Öffnungsklauseln weiterhin bestehen werden, ist zutreffenderweise weiterhin von dem Niederlassungsprinzip auszugehen. Legt man dies zugrunde, ist für den Versandhandel in Warschau das polnische Recht maßgeblich. Die deutsche Aufsichtsbehörde muss daher die Erfüllung der Auskunftsansprüche durch das Unternehmen am Maßstab des polnischen Rechts beurteilen.

cc) Die Zuständigkeiten und Befugnisse der federführenden Aufsichtsbehörde.
1036
Die **federführende Aufsichtsbehörde** ist diejenige, bei der entweder die Hauptniederlassung oder die einzige Niederlassung des Verantwortlichen in der EU ansässig ist.

Beispiel: Eine europäische Kette von Schuhläden verwendet die Adressen ihrer Versandkunden zur Werbung; in allen Niederlassung. Der Sitz ist in Madrid. Die deutsche Aufsichtsbehörde will dies beanstanden, die spanische nicht – federführend ist die spanische Behörde.

Die **Zuständigkeit** der federführenden Aufsichtsbehörde ist insoweit **ein-** **1037** **geschränkt**, als diese das **Verfahren** gemäß Art. 60 DS-GVO einhalten muss, das wiederum Rechte der betroffenen Aufsichtsbehörden vorsieht. Betroffene Aufsichtsbehörden sind die Aufsichtsbehörden in den Mitgliedsstaaten, in denen

– der Verantwortliche oder der Auftragsverarbeiter eine Niederlassung hat,
– die Verarbeitung erhebliche Auswirkungen auf betroffene Personen mit Wohnsitz im Zuständigkeitsbereich dieser Aufsichtsbehörde hat oder
– eine Beschwerde bei der Aufsichtsbehörde eingereicht wurde.

1038   Die **angerufene Aufsichtsbehörde** wird von der DS-GVO nur der Sache nach als selbstständige Kategorie gebildet, begrifflich selbstständig gefasst wird sie nicht. Es ist die betroffene Aufsichtsbehörde, bei der die Betroffenheit allein durch die Anrufung durch eine betroffene Person beruht, dh eine an sich unzuständige Aufsichtsbehörde bei der eine zulässige Beschwerde gemäß Art. 77 DS-GVO eingelegt wird. Das deutsche Recht bemüht sich mit § 19 Abs. 2 BDSG nF, die angerufene Aufsichtsbehörde als selbstständige Kategorie abzuschaffen.

4. Kooperationsformen der Aufsichtsbehörden

1039   Die einheitliche Geltung der DS-GVO einerseits und die organisatorische Zerstückelung der Aufsichtsbehörden andererseits führen dazu, dass gewisse **Kooperationsformen** zwischen den Aufsichtsbehörden notwendig werden. Die DS-GVO kennt der Sache nach vier Kooperationsformen, wobei sich die ersten drei auf Abstimmungen zwischen den Aufsichtsbehörden und die vierte auf solche mit dem EDSA beziehen.

1040   **a) Amtshilfe gemäß Art. 61 DS-GVO.** Die einfachste Form der Zusammenarbeit der Aufsichtsbehörden ist die gegenseitige **Amtshilfe**. Gemäß Art. 61 DS-GVO sind die Aufsichtsbehörden zur wechselseitigen Amtshilfe verpflichtet und übermitteln insbesondere maßgebliche Informationen in der Regel innerhalb von einem Monat. Der Austausch soll elektronisch erfolgen. Die Kommission ist gemäß Art. 67 DS-GVO berechtigt, Durchführungsrechtsakte für den elektronischen Austausch vorzusehen.

1041   **b) Gemeinsame Maßnahmen der Aufsichtsbehörden.** Die **zweite Form** der Kooperation sind die **gemeinsamen Maßnahmen** der Aufsichtsbehörden. Das sind gemeinsame Untersuchungen und gemeinsame Durchsetzungsmaßnahmen gegen die Verantwortlichen gemäß Art. 62 DS-GVO. Hat ein Verantwortlicher oder Auftragsverarbeiter mehrere Niederlassungen oder betrifft seine Verarbeitung eine bedeutende Zahl betroffener Personen in mehr als einem Mitgliedsstaat, können sich die Aufsichtsbehörden bei der Durchführung von Maßnahmen koordinieren, insbesondere in der Weise, dass Mitglieder der Aufsichtsbehörden anderer Länder im Einvernehmen mit der Aufsichtsbehörde des Mitgliedsstaates, in dem die Handlung vorgenommen wird, für diese tätig werden. Die Handlungen werden nach außen dem Mitgliedsstaat, in dem die Handlung vorgenommen wird, zugerechnet. Interne Schadensersatzansprüche sind ausgeschlossen. Die Handlungen werden dem Ort der Handlung zugerechnet, auch wenn die Rechtsgrundlage gegebenenfalls das Recht des Entsendestaates ist. Inwiefern diese Form der gemeinsamen Maßnahme in der Praxis relevant wird, bleibt abzuwarten.

1042   **c) Die Zusammenarbeit mit der federführenden Aufsichtsbehörde.** Der Regelfall der Zusammenarbeit im Fall der **grenzüberschreitenden Verarbeitung** ist Art. 60 DS-GVO. Hier gilt: Die federführende Aufsichtsbehörde muss gemäß Art. 60 DS-GVO die anderen betroffenen Aufsichtsbehörden beteiligen und koordiniert das Vorgehen gegen den Verantwortlichen. Sorgfältig geregelt ist das Zusammenwirken der betroffenen Aufsichtsbehörde mit der federführenden Aufsichtsbehörde. Das Verfahren um die federführende Behörde ist so ausgestaltet, dass diese gegebenenfalls mit der Behörde, bei der eine Beschwerde eingelegt wurde, einen Entscheidungsentwurf entwirft und die anderen Aufsichtsbehörden beteiligt. Kommt es zu einer einvernehmlichen Lösung zwischen den Aufsichtsbehörden, gilt diese und sie ist grundsätzlich von der federführenden Aufsichtsbehörde nach außen zu vertreten (Art. 60 Abs. 7 DS-GVO). Liegt dagegen bei der betroffenen Aufsichtsbehörde eine Beschwerde einer betroffenen Person vor, der nicht abgeholfen wird, handelt insoweit die Aufsichtsbehörde gegenüber der betroffenen Person gemäß Art. 60 Abs. 8 DS-GVO. Sofern die betroffene Aufsichtsbehörde innerhalb der vorgesehenen Fristen einem Entscheidungsvorschlag der federführenden Aufsichtsbehörde widerspricht, wird das Kohärenzverfahren ausgelöst, ansonsten gilt der vorgeschlagene Entwurf.

Beispiel: Der internationale Versandkonzern mit Hauptniederlassung in Madrid erstellt aufgrund einer einheitlichen Entscheidung in den jeweiligen Niederlassungen Kundenprofile der Kunden im jeweiligen Mitgliedstaat. Die zuständige Aufsichtsbehörde in Deutschland möchte weitergehende Korrekturmaßnahmen durchsetzen als die zuständige aufsichtführende Behörde in Spanien. Die beiden Behörden können sich nicht auf einen gemeinsamen Entwurf einigen. Die deutsche Aufsichtsbehörde legt Einspruch gegen den Entwurf der federführenden Aufsichtsbehörde ein. Der Streit wird durch den EDSA gemäß Art. 65 Abs. 1 lit. a DS-GVO entschieden. Das BDSG nF versucht durch nationales Recht diese Abstimmungen in der Bedeutung zu relativieren, indem es, sofern dies rein tatsächlich möglich ist, ein Auseinanderfallen der betroffenen Behörde, die im Wege einer Beschwerde betroffen wird, und einer federführenden Behörde ausschließt, indem es eine Abgabepflicht der angerufenen Behörde an die federführende Behörde vorsieht (§ 19 BDSG nF).

Von diesem Regelfall bei grenzüberschreitendem Verkehr gibt es **Ausnahmen**, und zwar, wenn der Verantwortlich eine Behörde iwS ist, Art. 55 Abs. 2 DS-GVO, und im Fall der örtlich ratifizierten Betroffenheit gemäß Art. 56 Abs. 2 DS-GVO Für die auf das Gebiet des Mitgliedsstaates beschränkten Maßnahmen bleiben die anderen Aufsichtsbehörden gemäß Art. 56 Abs. 2 DS-GVO zuständig, wobei hier gewisse Konsultationspflichten gemäß Art. 56 Abs. 3 ff. DS-GVO bestehen, um der federführenden Aufsichtsbehörde die Möglichkeit zu geben, das Verfahren an sich zu ziehen. **1043**

Beispiel: Eine europäische Kette von Schuhläden überlässt die Gestaltung der Läden den jeweiligen Niederlassungen. Die bayerische Aufsichtsbehörde will die Art der Videoüberwachung in dem Laden in Nürnberg beanstanden.

d) Kohärenzverfahren. aa) Allgemein. Das **Kohärenzverfahren** ist ein **Koordinationsverfahren** zwischen den Aufsichtsbehörden unter Beteiligung des EDSA.[1235] Es greift vor allem bei potentiellen Grenzüberschreitungen.[1236] Es gibt **zwei Stufen**, die sich in der Verbindlichkeit der Vorgaben des EDSA unterscheiden. Der EDSA kann empfehlende Stellungnahmen gemäß Art. 64 Abs. 1 DS-GVO oder verbindliche Stellungnahmen gemäß Art. 65 DS-GVO abgeben. Unabhängig von dem Kohärenzverfahren bleibt den Auf- **1044**

[1235] S. dazu *Kühling/Martini ua* Die DS-GVO und das nationale Recht, S. 107 ff.
[1236] *Albrecht* CR 2016, 88 (96).

sichtsbehörden immer die Möglichkeit, dringliche Maßnahmen gemäß Art. 66 DS-GVO vorzunehmen.

1045 **bb) Empfehlende Stellungnahme.** Der Unterschied zwischen den Stellungnahmen einerseits und den bindenden Beschlüssen andererseits liegt, wie der Name schon sagt, in der **Verbindlichkeit.** Die empfehlenden Stellungnahmen legen eine Ansicht nahe, ohne deren Beachtung mit Rechtszwang zu verlangen.

1046 Die DS-GVO bindet die Aufsichtsbehörde, außer in den Fällen der grenzüberschreitenden Verarbeitung auch bei Beschlüssen mit allgemeiner Wirkung an eine Zusammenarbeit mit dem EDSA gemäß Art. 64 DS-GVO. Die DS-GVO sieht sechs Fälle vor, in denen der Ausschuss für die Abgabe einer **Stellungnahme zu einem Entwurf** einer zuständigen Aufsichtsbehörde zuständig ist. Diese sind (Art. 64 Abs. 1 DS-GVO):

– Annahme einer Liste der Verarbeitungsvorgänge, die der Anforderung einer Datenschutz-Folgenabschätzung gemäß Art. 35 Abs. 4 DS-GVO unterliegen;
– Genehmigung von Verhaltensregeln bei Verarbeitungen in mehreren Ländern;
– Billigung der Kriterien für die Akkreditierung einer Stelle nach Art. 41 Abs. 3 DS-GVO oder einer Zertifizierungsstelle nach Art. 43 Abs. 3 DS-GVO;
– Festlegung von Standard-Datenschutzklauseln für Übermittlung in Drittländer;
– Genehmigung von Vertragsklauseln gemäß Art. 46 Abs. 3 lit. a DS-GVO;
– Annahme verbindlicher interner Vorschriften iSv Art. 47 DS-GVO.

1047 Die Zuständigkeiten gemäß Art. 64 Abs. 1 DS-GVO sind dadurch gekennzeichnet, dass die Entscheidung der zuständigen Aufsichtsbehörden sich auf Rechtsfragen bezieht, die **allgemeine Bedeutung im Bereich des Tätigkeitsfelds der Aufsichtsbehörden** haben. Sie müssen nicht unbedingt grenzüberschreitende Verarbeitungen erfassen (wie etwa bei Art. 64 Abs. 1 lit. a und c DS-GVO. Die Stellungnahmen beziehen sich daher auf einzelne konkrete Maßnahmen der Aufsichtsbehörden, die aber allgemeingültige Rechtsfragen betreffen können. Gemäß Art. 64 Abs. 3 DS-GVO gibt der Ausschuss eine Stellungnahme zu diesen Angelegenheiten nicht ab, sofern er bereits eine Stellungnahme zu derselben Angelegenheit abgegeben hat. Die DS-GVO geht daher davon aus, dass die in Art. 64 Abs. 1 DS-GVO genannten Entscheidungen der Aufsichtsbehörden sachlich gleich sein können, auch wenn es jeweils um unterschiedliche Zuständigkeiten der Aufsichtsbehörden geht.

1048 Noch generalisierender ist die **zweite Fallgruppe**, in der der Ausschuss Stellungnahmen abgeben kann. Gemäß Art. 64 Abs. 2 DS-GVO kann der Ausschuss auf Antrag tätig werden bei einer Angelegenheit mit allgemeiner Geltung oder mit Auswirkung in mehr als einem Mitgliedsstaat. Dies ist auch dann anzunehmen, wenn eine zuständige Aufsichtsbehörde den Verpflichtungen zur Amtshilfe gemäß Art. 61 DS-GVO oder zu gemeinsamen Maßnahmen gemäß Art. 62 DS-GVO nicht nachkommt. Art. 64 Abs. 2 DS-GVO ist nicht so zu verstehen, dass die relevanten Fragen immer das Verhältnis der Aufsichtsbehörden untereinander betreffen muss.

Beispiel: Eine Aufsichtsbehörde beantragt hinsichtlich einer gängigen Unternehmenssoftware zu entscheiden, ob eine bestimmte Benutzereinstellung den datenschutzrechtlichen Sicherheitsbestimmungen genügt.

Die Stellungnahmen sollen dabei nicht nur das materielle Recht betreffen, **1049** sondern auch die Pflichten der Aufsichtsbehörden. Sie können von ihrem Charakter her daher über den Einzelfall hinausgehen und allgemeine Standards vorgeben. Aus diesem **allgemeinen Charakter** erklärt sich auch die Regelung in Art. 64 Abs. 3 DS-GVO, nach der der Ausschuss nicht entscheiden muss, wenn er der Auffassung ist, er habe die Sache schon mittels einer Stellungnahme entschieden.

Das **Verfahren** zum Erlass der empfehlenden Stellungnahmen ist **überra-** **1050** **schend sorgfältig** geregelt. Dies liegt daran, dass die Nichtbefolgung einer empfehlenden Stellungnahme durch eine Aufsichtsbehörde dazu führen kann, dass der Ausschuss einen bindenden Beschluss fasst (Art. 65 Abs. 1 lit. c DS-GVO). Die Verfahrensvorschriften sehen gewisse Fristen für die Beteiligung der anderen Aufsichtsbehörden und der Kommission, insbesondere der betroffenen Aufsichtsbehörden, vor (Art. 64 Abs. 3, 8 DS-GVO). Antragsberechtigt sind im Falle von Art. 64 Abs. 1 die zuständige Aufsichtsbehörde und bei Art. 64 Abs. 2 DS-GVO jede Aufsichtsbehörde, die Kommission und der EDSA-Vorsitz. Zuständige Aufsichtsbehörden sind sowohl die zuständige federführende Aufsichtsbehörde als auch die zuständige Aufsichtsbehörde gemäß Art. 55 DS-GVO.

Fraglich ist, welche **Bindung** die **Stellungnahmen** entwickeln. Die Stel- **1051** lungnahmen sind an die Aufsichtsbehörden gerichtet. Eine unmittelbare Bindungswirkung entfalten sie aber nicht. Dies ist gerade der Unterschied zwischen den Stellungnahmen und den bindenden Beschlüssen. Daher besitzen die Aufsichtsbehörden auch kein Klagerecht gegen die Stellungnahmen. Dennoch geht die DS-GVO von einer mittelbaren Wirkung aus. Werden sie von den Aufsichtsbehörden nicht befolgt, kann dies aber gemäß Art. 65 Abs. 1 lit. c DS-GVO Anlass für einen bindenden Beschluss sein. Dritten gegenüber entfalten sie keine unmittelbare Wirkung, Hier gilt aber das zu Art. 70 DS-GVO Gesagte (→ Rn. 980 ff.).

Der **inhaltliche Maßstab** für den EDSA bei Abgabe der Stellungnahme **1052** setzt Art. 64 DS-GVO als selbstverständlich voraus. Der EDSA hat die Konkretisierung auf der Grundlage der Auslegung der Vorschriften der Verordnung vorzunehmen. Er darf den Rahmen der Verordnung nicht überschreiten.

cc) Bindenden Beschlüsse. *(1) Allgemein.* Art. 65 DS-GVO legt die **1053** **bindenden Beschlüsse** fest. Während die empfehlenden Beschlüsse mit dem Begriff Stellungnahme versehen werden, wird der verbindliche Beschluss als eine Streitbeilegung verstanden. Die DS-GVO kennt drei Fälle der verbindlichen Beschlüsse:

– im Falle der **Koordinierung** zwischen einer federführenden Aufsichtsbehörde und sonstigen Aufsichtsbehörden, wenn keine Einigung eintritt;

F. Durchsetzung des Datenschutzrechts

Beispiel: Ein internationale Versandkonzern mit Hauptniederlassung in Madrid erstellt aufgrund einer einheitlichen Entscheidung in den jeweiligen Niederlassungen Kundenprofile der Kunden im jeweiligen Mitgliedsstaat. Die zuständige Aufsichtsbehörde in Deutschland möchte weitergehende Korrekturmaßnahmen durchsetzen als die zuständige federführende Behörde in Spanien.

– wenn unklar ist, **welche Aufsichtsbehörde** die **federführende** ist;

Beispiel: Zwei Aufsichtsbehörden streiten darüber, ob eine bestimmte Verarbeitung die Voraussetzung für eine grenzüberschreitende Verarbeitung erfüllt.

Beispiel: Zwei Aufsichtsbehörden streiten darüber, ob eine Holding über eine Konzernmutter den Sitz für die gesamte Holding begründet.

– wenn im Falle der Beteiligung des Ausschusses zur Abgabe einer Stellungnahme der Ausschuss **nicht beteiligt** wurde oder die Aufsichtsbehörde der Stellungnahme **nicht folgen** möchte.

Beispiel: Der EDSA beschließt im Januar 2018, dass bestimmte Verarbeitungsformen nicht den Anforderungen eine Datenschutz-Folgenabschätzung unterliegen. Die Aufsichtsbehörde in Bayern hält das für unrichtig und fordert das Unternehmen U auf, genau in einem solchen Fall eine Folgenabschätzung durchzuführen.

Auch wenn der Normtext nicht ganz eindeutig ist, bezieht sich das Recht zum verbindlichen Beschluss auch auf den Fall, dass eine **Stellungnahme** iSv **Art. 64 Abs. 2 DS-GVO** nicht beachtet wird.

Beispiel: Der EDSA beschließt auf Antrag einer Aufsichtsbehörde , dass bei einer gängigen Unternehmenssoftware eine bestimmte Benutzereinstellung den datenschutzrechtlichen Sicherheitsbestimmungen genügt. Eine Aufsichtsbehörde eines Mitgliedsstaats hält dies für zu lasch und möchte bei einem Unternehmen, das diese Voraussetzung einhält, gemäß Art. 58 Abs. 2 DS-GVO vorgehen.

Bei den bindenden Beschlüssen geht es zunächst primär nicht um die verbindliche Auslegung der materiellen Vorgaben der DS-GVO, sondern um die **Streitbeilegung** bzw **Sanktionierung** von Aufsichtsbehörden. Anstelle einer gerichtlichen Entscheidung, die, ähnlich wie ein Organstreit, Kompetenzstreitigkeiten zwischen Aufsichtsbehörden klären müsste, tritt der EDSA mit der Möglichkeit der Streitbeilegung. Mittelbar sind die bindenden Beschlüsse aber dennoch auch Vorgaben hinsichtlich des materiellen Rechts. Will sich eine Aufsichtsbehörde nicht an eine empfehlende Stellungnahme, die Vorgaben zum materiellen Recht enthalten kann, halten, kann ihr das Recht, abweichende Rechtsauffassungen zu vertreten, gemäß Art. 65 Abs. 1 lit. c DS-GVO im Wege eines bindenden Beschlusses genommen werden.

1054 *(2) Reichweite der Bindungswirkung.* **Wem** gegenüber die **Bindungswirkung** besteht, sagt die Verordnung nicht ausdrücklich. Zunächst ist von einer Bindungswirkung gegenüber Aufsichtsbehörden auszugehen. Welche Aufsichtsbehörde gebunden ist, ist wiederum auch nicht ausdrücklich normiert. Art. 65 DS-GVO spricht aber von „Einzelfällen", die durch die verbindlichen Beschlüsse geklärt werden; in der Überschrift heißt es „Streitbeilegung". Art. 65 Abs. 6 DS-GVO legt fest, dass die federführende Aufsichtsbehörde und gegebenenfalls die angerufene Aufsichtsbehörde den Beschluss ihrem

Handeln zugrunde legen müssen. **EG 143 DS-GVO** spricht von Adressaten der Beschlüsse des EDSA. Die DS-GVO geht folglich erkennbar davon aus, die Beschlüsse des EDSA seien an einzelne Behörden gerichtet. Es handelt sich nicht um adressatenlose Beschlüsse, sondern um adressatenspezifische Beschlüsse, die zudem nicht staatengerichtet, sondern individualgerichtet sind.[1237] Die Folge ist, dass die Aufsichtsbehörden, die nicht die federführende oder die betroffenen Aufsichtsbehörden sind, zwar ggf als Mitglied im EDSA über den Beschluss abstimmen können, aber selbst nicht daran gebunden sind, weil sie nicht am Einzelfall beteiligt sind. Ein anderer Einzelfall, der die gleiche Rechtsfrage aufwirft, an dem aber andere Behörden beteiligt sind, bedarf daher eines erneuten Beschlusses des EDSA.

Gebunden sind die Aufsichtsbehörden, **die Adressaten sind.** Die verbindli- **1055** chen Beschlüsse müssen die Aufsichtsbehörden, an die die Beschlüsse gerichtet sind, ihren Handlungen zugrunde legen. Die Bindungswirkung tritt auch ein, wenn die Aufsichtsbehörde im EDSA gegen den Beschluss gestimmt hat und überstimmt wurde. Nach außen bleiben die Aufsichtsbehörden für ihre Handlungen verantwortlich und die Betroffenen können nicht unmittelbar gegen die Beschlüsse des Datenschutzausschusses vorgehen (sofern sie nicht ausnahmsweise selbst unmittelbar Adressaten der Beschlüsse sind), sondern nur inzident deren Rechtmäßigkeit überprüfen lassen.

Hält eine gebundene Aufsichtsbehörde die Bindung nicht ein, verhält sie **1056** sich unionsrechtswidrig und **verwirklicht** für den **Mitgliedsstaat**, dem sie angehört, eine **Vertragsverletzung.**

Im Falle einer **Meinungsstreitigkeit** zwischen einer **betroffenen** und einer **1057** **federführenden** Aufsichtsbehörde kann es sein, dass eine von beiden, Mitglied im EDSA ist, die andere nicht. Der Sinn des Kohärenzverfahrens gebietet es dann, dass der EDSA verfahrensmäßig diese **ungleiche Stellung** ausgleicht und etwa die betroffene Behörde ausdrücklich zu Wort kommen lässt, sofern die Aufsichtsbehörde, die den Mitgliedsstaat vertritt, nicht gleichgewichtig für diese abwesende Behörde sprechen kann.

Der EG 143 DS-GVO geht davon aus, dass die Beschlüsse unmittelbare **1058** Wirkung gegenüber einzelnen Verantwortlichen entfalten, sofern sie an diese adressiert sind. Ein unmittelbares Anhörungsrecht vor dem EDSA ist in diesem Fall nicht vorgesehen, vielmehr genügt die Anhörung vor einer der Aufsichtsbehörden. Trotz der fehlenden Anhörung, entfalten sie auch diesen gegenüber Bindung. In diesem Fall sind die Beschlüsse ihnen aber konkret bekanntzumachen. Die Betroffenen müssen sich dann innerhalb der Zweimonatsfrist des Art. 263 Abs. 6 AEUV mit **der Nichtigkeitsklage** wehren, anderenfalls können sie sich nicht auf seine Rechtswidrigkeit berufen (ErwGr 143 DS-GVO). Die Norm ist eindeutig. Bei bindenden Beschlüssen sind die Adressaten gebunden, sonst niemand. Andere Stellen, insbesondere die Gerichte, sind allenfalls mittelbar an die Beschlüsse gebunden, insofern, als eine abweichende Auslegung der herangezogenen Datenschutznormen nicht als „zweifelfrei" iSv Art. 267 AEUV verstanden werden können.

[1237] S. zu diesem Unterschied *Schroeder* in Streinz AEUV Art. 288 Rn. 137.

1059   Art. 65 Abs. 1 lit. a und b DS-GVO beziehen sich auf Konstellationen, bei denen es eine federführende Aufsichtsbehörde gibt. Dies ist nur möglich, wenn der Verantwortliche keine Behörde ist (Art. 55 Abs. 2 DS-GVO). Diese Beschlüsse des EDSA können sich daher nicht an Behörden richten. Anders ist dies bei Art. 65 Abs. 1 lit. c DS-GVO. Hier sind gewisse Fallgestaltungen denkbar, in denen der Verantwortliche eine Behörde ist (Art. 64 Abs. 1 lit. a, c, f DS-GVO), so dass nicht völlig ausgeschlossen ist, dass die Beschlüsse des EDSA auch Behörden unmittelbar als Adressaten oder mittelbar treffen.

1060   Art. 65 Abs. 1 lit. c DS-GVO bezieht sich auf die empfehlenden Stellungnahme und **sanktioniert** so in gewisser Weise alle materiell-rechtlichen Vorgaben des EDSA gemäß Art. 64 DS-GVO mit einer latenten Verbindlichkeit. Die Grundverordnung geht daher bei Art. 64 Abs. 1, 2 DS-GVO iVm Art. 65 Abs. 1 lit. c DS-GVO ersichtlich davon aus, dass die Wirkungen der Stellungnahmen über die Einzelfälle hinausgehen. Die gilt ebenso im Bereich der Kompetenzstreitigkeiten im Fall von Art. 65 Abs. 1 lit. a und b DS-GVO.

> **Beispiel:** Die Frage der Zuständigkeit der federführenden Aufsichtsbehörde hängt davon ab, ob man das Webtracking mittels Cookies als ein Fall der „erheblichen Auswirkung" isv Art. 4 Nr. 23 lit. b DS-GVO betrachtet oder nicht.

1061   Diese **dirigierende Wirkung** der Beschlüsse wird man über die Frage der Bindungswirkung nicht unmittelbar auffangen können. Die Stellungnahmen sind nicht verbindlich, die verbindlichen Beschlüsse sind nur für die Adressaten verbindlich, dennoch soll in beiden Fällen die Entfaltungskraft weiter reichen, als rechtlich durchgesetzt werden kann.

1062   *(3) Verfahren zur Beschlussfassung.* Der bindende Beschluss benötigt zunächst eine **Zweidrittelmehrheit.** Er ist grundsätzlich innerhalb von einem Monat zu fassen. Kommt keine Zweidrittelmehrheit zustande, trifft der Ausschuss binnen zwei Wochen eine Beschluss mit einfacher Mehrheit. Der Vorsitzende hat einen Stichentscheid bei Stimmengleichheit (Art. 65 Abs. 2 und 3 DS-GVO). Die Anhörungsrechte werden sehr zurückhaltend geregelt (keine formale Anhörung der betroffenen oder federführenden Aufsichtsbehörde, sofern sie nicht Mitglied im EDSA ist keine Anhörung des Verantwortlichen, wenn der Beschluss sich an ihn richtet). Hier ist ggf ungeschrieben aus Gründen der Rechtsstaatlichkeit und des Rechtsschutzes eine Anhörung dennoch vorzunehmen, wenn andernfalls die Instanzen ihre Ansichten nicht ausreichend haben vortragen können.

1063   *(4) Entscheidungsmaßstab.* Maßstab für die Fassung der bindenden Beschlüsse sind die **Vorgaben** der **DS-GVO.** Der Ausschuss darf den **Rahmen** der DS-GVO nicht verlassen. Verlassen ist er, wenn die vom EDSA vertretene Position auch bei großzügiger Anwendung der Methodenregeln sachlich nicht mehr nachvollziehbar ist. Da der EDSA eingerichtet worden ist, um im kollektiven Wege sachkundig die DS-GVO zu konkretisieren, ist davon auszugehen, dass der EuGH diesem eine gewisse Entscheidungsprärogative einräumen wird müssen. Dies läge sachlich zumindest nahe.

1064   *(5) Rechtsschutz.* Für den Rechtsschutz gegen Beschlüsse des Ausschusses gilt: Nach ErwGr 143 DS-GVO haben die Adressaten bindender Beschlüsse (Verantwortliche des Ausgangsverfahren und beteiligte (betroffenen und federführende) Aufsichtsbehörden) die Möglichkeit der **Nichtigkeits-klage** gemäß Art. 263 Abs. 4 AEUV. Erheben sie diese nicht innerhalb der zwei Monaten nach Art. 263 Abs. 6 AEUV, erwächst der Beschluss ihnen gegenüber in Bestandskraft.

Die Klagemöglichkeit der Aufsichtsbehörde ist formal angreifbar, da **1065** diese keine juristische Person ist, wie es Art. 263 Abs. 3 AEUV verlangt. Sie sind idR eine Behörden, dh Stellen eines Organs der Mitgliedsstaaten. Weiter ist das Klagerecht der Aufsichtsbehörden auch deshalb nicht ganz zwingend, da ihre Unabhängigkeit nicht den anderen Aufsichtsbehörden oder dem EDSA gegenüber gilt. Sie werden im Kohärenzsystem aber **wie juristische Personen des Privatrechtsverkehrs** verstanden. Daher ist es sachgerecht, ihnen auch die Nichtigkeitsklage zuzuweisen. Das Rechtsschutzbedürfnis dürfte dabei in keinem Fall die Klagemöglichkeit der Aufsichtsbehörde einschränken. Sofern sie im EDSA überstimmt wurden, dürfen sie auf jeden Fall Nichtigkeitsklage erheben, obwohl sie am Beschluss beteiligt waren. Haben sie zugestimmt, dürfen sie dennoch klagen, da die Zustimmung und die Frage der gerichtlichen Überprüfung unterschiedliche Interessenslagen widerspiegeln.

Würden die Beschlüsse des EDSA aufgrund extensiver Auslegung Bin- **1066** dungswirkung gegenüber **Nicht-Adressaten** entfalten, dürfte Art. 263 AEUV ausscheiden. In diesen Fällen kann die Bindungswirkung nur über ein Vorlageverfahren nach Art. 267 AEUV und evtl einer Aufhebung durch den EuGH beseitigt werden. Nicht vorlageberechtigte Stellen müssen Rechtsschutz vor den nationalen Gerichten nachsuchen. Den Aufsichtsbehörden muss daher dann, wenn es zu einer Bindungswirkung ohne Adressatenstellung kommen sollte, gemäß Art. 58 Abs. 4 DS-GVO eine solche eingeräumt werden.

Hinsichtlich der **weichen Wirkung** der nicht-bindenden Beschlüsse (Stel- **1067** lungnahmen und Empfehlungen) gilt das Gleiche, das schon zu Art. 70 DS-GVO dargelegt wurde (→ Rn. 982)

dd) Konfliktfälle ohne federführende Behörde. Das Kohärenzverfah- **1068** ren ist ausgerichtet auf Konflikte zwischen der betroffenen Aufsichtsbehörde und der federführenden Aufsichtsbehörde. Es gibt aber **Konfliktlagen**, bei denen es Konflikte zwischen Aufsichtsbehörden geben kann, **ohne** dass es eine **federführende Aufsichtsbehörde** gibt. Diese Kollisionsfälle lassen sich wiederrum in zwei Fallgruppen unterscheiden: Die erste Gruppe bildet die Konstellation, dass alle beteiligten Aufsichtsbehörden jeweils für sich gemäß Art. 55 DS-GVO zuständig sind und die zweite Fallgruppe sind solche Konstellationen, bei denen nur eine Aufsichtsbehörden gemäß Art. 55 DS-GVO zuständig ist, andere aber von Betroffenen angerufen wurden, ohne zuständig zu sein.

(1) Mehrere zuständige Aufsichtsbehörden. Liegt eine einheitliche Verar- **1069** beitung eines Verantwortlichen vor, die nicht die Voraussetzung der grenzüberschreitenden Verarbeitung auslöst (→ Rn. 1026 ff.), so kann es sein, dass es gegenüber den gleichen Verantwortlichen zu inhaltlich widersprüchlichen Beanstandungen durch die jeweils zuständigen Aufsichtsbehörden kommt. Die Behörden haben hier die Möglichkeit, sich **intern** zu einigen (Art. 61 DS-GVO, Amtshilfe). Sie haben auch die Möglichkeit gemäß **Art. 64 Abs. 2 DS-**

GVO eine nichtbindende Stellungnahme des Datenschutzausschusses herbeizuführen. Wird diese Einigung nicht erzielt, bleibt es bei der Möglichkeit divergierender Entscheidungen.

1070 *(2) Die angerufene Aufsichtsbehörde.* Reicht eine betroffene Person eine Beschwerde gemäß Art. 77 DS-GVO bei einer Aufsichtsbehörde ein, die nicht die zuständige Aufsichtsbehörde des Art. 55 DS-GVO ist, und bei der es auch nicht um einen Fall der grenzüberschreitenden Verarbeitung iSv Art. 56 DS-GVO geht, ist diese Aufsichtsbehörde nach dem Unionsrecht betroffenes aber nicht zuständige Aufsichtsbehörde. In diesem Fall bestehen nun unionsrechtlich **mehrere Möglichkeiten**:

– Erstens kann die angerufene Aufsichtsbehörde die Beschwerde zurückweisen mit dem Hinweis, sie sei nicht zuständig. Vom Sinn der DS-GVO wird man verlangen müssen, dass sie gleichzeitig die zuständige Aufsichtsbehörde angibt, damit der Betroffene weiß, an wen er sich wenden muss. Zulässig sind auch Hilfestellungen der Aufsichtsbehörde dahin gehend, dass sie das Schreiben des Beschwerdeführers schon in die Landessprache der zuständigen Behörde übersetzt oder sich anbietet, die Kontaktaufnahme zu fördern.

– Die zweite Möglichkeit ist, dass die angerufene Aufsichtsbehörde das Schreiben des Beschwerdeführers an die zuständige Aufsichtsbehörde weiterleitet und ggf übersetzt und dem Beschwerdeführer dies mitteilt.

– Die dritte Möglichkeit besteht darin, dass die angerufene Aufsichtsbehörde die Rechtsfrage, die der Betroffene geäußert hat, beantwortet. Sofern sie damit keine Maßnahmen gegen den Verantwortlichen verbindet, wird man diese Form des Eingreifens wohl für zulässig halten. Die DS-GVO hat durch die Möglichkeit, die Beschwerde bei der unzuständigen Aufsichtsbehörde einzulegen, gewissermaßen das Risiko selbst geschaffen.

– Hält die angerufene Aufsichtsbehörde die Beschwerde für begründet, kann sie dennoch nicht gegen den Verantwortlichen vorgehen, weil sie nicht gemäß Art. 54 DS-GVO zuständig ist. Ihr Handeln wäre nach außen rechtswidrig.

– Eine weitere Möglichkeit bestünde darin, dass die betroffene Aufsichtsbehörde das Anliegen des Betroffenen für zulässig hält und mit einer fachlichen Wertung, ggf. schon mit einem Formulierungsvorschlag bzw Vorgehensvorschlag sich an die zuständige Aufsichtsbehörde wendet. Fraglich ist, ob der Verfahrensvorschlag und die ggf enthaltene Aufforderung an die zuständige Behörde, tätig zu werden, die Unabhängigkeit der zuständigen Behörde verletzen. Da die DS-GVO durch die Schaffung der Beschwerdemöglichkeit bei der unzuständigen Aufsichtsbehörde diese Kooperationsform aber ersichtlich will, liegt darin keine Verletzung der Unabhängigkeit der Aufsichtsbehörde. Zutreffender Ansicht nach wird man daher dieses Vorgehen der angerufen Aufsichtsbehörde gegenüber der zuständigen Aufsichtsbehörde für möglich halten.

– Die sechste Möglichkeit besteht darin, dass die angerufene Aufsichtsbehörde das Vorgehen des Beschwerdeführers sachlich für unbegründet hält und es sachlich zurückweisen möchte. Mit diesem Bescheid treibt sie die betroffene Person aber in eine Klage gegen ihren eigenen Bescheid. Der Bescheid dürfte inhaltlich rechtswidrig sein, weil die Aufsichtsbehörde nicht zuständig ist. Andererseits ist der Umweg über die zuständige Aufsichtsbehörde unnötig, wenn beide Behörden einer Meinung sind. Stimmt die zuständige Behörde dem Vorschlag der angerufenen Aufsichtsbehörde im Vorfeld zu, dann darf die angerufene Behörde die Beschwerde zurückweisen und für die zuständige Behörde den anschließenden Prozess führen (Art. 60 Abs. 8 DS-GVO analog).[1238]

Das BDSG nF reduziert gemäß **§ 19 Abs. 2 BDSG nF** die unionsrechtlich **1071** gegebenen Möglichkeiten ganz erheblich. Danach muss die angerufene Aufsichtsbehörde, die nicht zuständig ist, die Beschwerde an die sachlich zuständige Aufsichtsbehörde weiterreichen. Die empfangende Aufsichtsbehörde wird dann nach deutschem Recht zu der Behörde erklärt, bei der die Beschwerde eingereicht wurde. Sie muss dann die Beschwerde bescheiden. Von einer Pflicht, die gleiche Sprache zu verwenden wie die Behörde, bei der die Beschwerde eingereicht wurde, wird man ausgehen müssen, weil ansonsten die Regelung in § 19 Abs. 2 BDSG nF die Rechte der betroffenen Person erheblich verschlechtern würde. Art. 77 DS-GVO geht erkennbar davon aus, dass die Pflichten gemäß Art. 77 Abs. 2 DS-GVO die Behörde treffen, bei der die Beschwerde eingereicht wurde. Das deutsche Recht versucht nun, das Unionsrecht umzudefinieren. Auch wenn die Regelung des § 19 Abs. 2 BDSG nF sachlich vernünftig und einleuchtend ist und insofern glücklicher ist als die Regelung des Art. 77 DS-GVO, ändert § 19 Abs. 2 BDSG nF ohne erkennbaren Rechtfertigung das Unionsrecht und verstößt somit gegen den Anwendungsrang des Unionsrechts und dürfte eine gerichtliche Überprüfung auf seine Unionskonformität kaum „überleben".

e) Die Besonderheiten des BDSG nF und der JI-RL. Das Kohärenz- **1072** system der DS-GVO beschränkt sich auf die Verarbeitung im Zusammenhang mit der DS-GVO. Im Bereich der **Richtlinie** gibt es kein vergleichbares Abstimmungssystem. Dies ist nicht in sich widersprüchlich, da das Abstimmungssystem innerhalb der DS-GVO vor allem für den privaten Bereich greift. Bei dem Bereich der Richtlinie und dem Bereich außerhalb des Unionsrechts verbleibt es daher bei den bekannten Abstimmungsstrukturen.

5. Das Verhältnis des speziellen Aufsichtsytems zu sonstigen Aufsichtsbehörden

Die DS-GVO gibt die Kontrolle der Einhaltung des Datenschutzrechts in **1073** die Hände der Aufsichtsbehörden. Es gibt in vielen Wirtschaftsbereichen aber noch andere Behörden, die zumindest die **allgemeine Aufsicht**, die die über die Ordnungsmäßigkeit der Ausübung der Wirtschaftstätigkeit ist, ausüben. Es bleibt daher zu klären, ob diese Behörden auch die Einhaltung des Datenschutzrechts prüfen und ggf mit ihren Mitteln durchsetzen können.

Das deutsche Recht erkennt dies und weist im Zusammenhang mit den Auf- **1074** sichtsbehörden ausdrücklich darauf hin, dass die Anwendung und die Aufsicht der **Gewerbeordnung** unberührt bleibt (§ 40 Abs. 6 BDSG nF). Weswegen

---

[1238] In der Sache ebenso *Gierschmann* ZD 2016, 51 (52).

die Unberührtheit anderer Aufsichtsverhältnisse nicht ebenfalls genannt wird, bleibt allerdings offen.

1075 **Mehrfachzuständigkeiten** für die Einhaltung öffentlich-rechtlicher Vorgaben sind keine Besonderheit. Im Zweifel ist daher davon auszugehen, dass eine Behörde die Einhaltung aller Vorschriften kontrollieren darf, die in ihrem Aufgabenbereich fallen. Das Datenschutzrecht stellt Anforderungen an die wirtschaftliche Tätigkeit der Unternehmen und ist daher grundsätzlich auch von der allgemeinen Wirtschaftsaufsicht kontrollierbar. Die generelle Zuständigkeit der anderen Aufsichtsbehörden ist dennoch **erheblich eingeschränkt**, und zwar im Bereich des **Ordnungswidrigkeitenrechts**. Die Befugnisse der Art. 83 ff. DS-GVO sollen ersichtlich nur den Aufsichtsbehörden zustehen. Andere Behörden können Ordnungswidrigkeitensanktionen nur dann verhängen, wenn das nationale Recht ihnen diese Möglichkeit verleiht – Art. 84 DS-GVO lässt dies zu.

6. Das System der Aufsichtsbehörden in Deutschland

1076 **a) Allgemein.** Deutschland hat ein **föderales Aufsichtsbehördensystem**. Die Aufsichtsbehörden iSd DS-GVO sind zunächst die unabhängigen Datenschutzbeauftragten der Länder und des Bundes. In Schleswig-Holstein heißt die Behörde Unabhängiges Datenschutzzentrum. Bis zu den Entscheidungen des EuGH zur Unabhängigkeit der Datenschutzbehörden waren die unabhängigen Beauftragten nur für die Kontrolle des öffentlichen Bereichs zuständig, dh der Verarbeitung durch öffentliche Stellen. Die Kontrolle des privaten Bereichs war Behörden übertragen worden, die in die Verwaltungshierarchie eingegliedert waren. Nach den EuGH-Urteilen wurden die Gesetze geändert und den unabhängigen Datenschutzbeauftragten auch die Kontrolle des privaten Bereichs übertragen; nur in Bayern nicht, dort wurde eine weitere unabhängige Stelle eingerichtet. Die Unabhängigkeit der Aufsichtsbehörde wurde gestärkt.

1077 **b) Aufsichtsbehörden der Kirchen und der Presse.** Die DS-GVO lässt es zu, dass für **Kirchen** (Art. 91 Abs. 2 DS-GVO) und für die **Presse** (Art. 85 Abs. 2 DS-GVO) eigene Aufsichtsbehörden errichtet werden, ebenso für die **Gerichte** (Art. 53 Abs. 3 DS-GVO). Welche Anforderungen an die spezifischen Aufsichtsbehörden zu stellen sind, ist, soweit ersichtlich, gerichtlich noch nicht geklärt.

1078 **c) Der Bundesbeauftragte.** Entsprechend dem bisherigen Recht kennt auch das neue Recht die oder den **Bundesbeauftragten für den Datenschutz und die Informationsfreiheit** (§§ 8–16 BDSG nF). Der Bundesbeauftragte ist eine Aufsichtsbehörde im iSd DS-GVO, sodass die Regeln des BDSG nF den Anforderungen gemäß Art. 51–59 DS-GVO genügen müssen.

1079 Die Neuregelung sieht im Vergleich zur bisherigen Regelung im BDSG aF einige **maßvolle Veränderungen** vor, insgesamt ist die Einrichtung des Bundesbeauftragten aber vergleichbar mit der Altregelung. Der Bundesbeauftragte ist Dienststelle für Bundesbeamte. Personalverwaltungsaufgaben darf er trotz der Unabhängigkeit gemäß § 8 Abs. 3 BDSG nF auf andere Einrichtungen übertragen. § 10 BDSG nF definiert die Unabhängigkeit in knapper Form.

Eine Rechnungsprüfung durch den Bundesrechnungshof wird gemäß § 10 Abs. 2 BDSG nF für zulässig erklärt. Angesichts der knappen Unabhängigkeitsbestimmung wird man daneben unmittelbar auf Art. 52 Abs. 1 DS-GVO zurückgreifen können.

Der Bundesbeauftragte wird vom Bundestag **gewählt**. Er muss fachlich **1080** einschlägig sein und die Befähigung zum Richteramt oder zum höheren Verwaltungsdienst haben. Er ist wie bisher selbst nicht Beamter, sondern steht im öffentlich-rechtlichen Amtsverhältnis, das der Sache nach der **Besoldungsgruppe B 11** zugeordnet wird. Dies bedeutet eine deutliche Verbesserung im Vergleich zur bisherigen Regelung und ist dem erheblichen Bedeutungszuwachs des Bundesbeauftragten geschuldet. Kommt der Bundesbeauftragte aus der Verwaltung, und hat er vorher ein Amt gemäß B 9 oder vergleichbar erhalten, steht er versorgungsrechtlich sehr viel besser dar, als wenn er ein Quereinsteiger ist (§ 12 Abs. 4 BDSG nF). Dies ist eine Unsinnigkeit, die die Neuregelung aus der Altregelung übernommen hat. Wie bisher darf der Bundesbeauftragte keine anderen Ämter wahrnehmen (§ 13 Abs. 1 BDSG nF).

Nicht ganz **spannungsfrei** ist einerseits die Aufgabe des Bundesbeauftrag- **1081** ten die Öffentlichkeit über Datenschutz zu informieren und gleichzeitig dabei aber Vertraulichkeit über die Prüfvorgänge zu bewahren. Daher regelt die gesetzliche Regel zunächst ein Auskunftsverweigerungsrecht und Zeugnisverweigerungsrecht gemäß § 13 Abs. 3 BDSG nF, gleichzeitig eine Verschwiegenheitspflicht gemäß § 13 Abs. 4 BDSG nF und die Befugnis der Sensibilisierung und Aufklärung über die Datenverarbeitung gemäß § 14 Abs. 1 Nr. 3 BDSG nF.

Der Bundesbeauftragte ist gemäß § 9 BDSG nF zuständig für die **öffentli- 1082 chen Stellen des Bundes**, nicht aber für die Gerichte, sofern sie justizielle Tätigkeiten wahrnehmen. Die öffentlichen Stellen des Bundes sind definiert in § 2 Abs. 1 BDSG nF. Darunter fallen zunächst die Bundesbehörden im weiteren Sinne als auch die von ihnen gegründeten Personen des Privatrechts. Aus diesem Grunde gilt auch die Deutsche Telekom als öffentliche Stelle des Bundes, sofern es um die Zuständigkeit des Bundesbeauftragten geht.

Die **Aufgaben** des Bundesbeauftragten gemäß § 14 BDSG nF entsprechen **1083** den Aufgaben einer Aufsichtsbehörde, bezogen auf die Tätigkeit der Behörden des Bundes und der öffentlichen Unternehmen, die dem Bund zugewiesen sind. Nicht in § 14 BDSG nF, sondern in § 21 BDSG nF, ist darüber hinaus die Aufgabe als gemeinsamer Vertreter der deutschen Aufsichtsbehörden im EDSA zu fungieren, genannt.

Darüber hinaus besitzt der Bundesbeauftragte auch die Aufgabe die **deut- 1084 sche Gesetzgebung** im Bereich des Datenschutzes **zu beraten**. Da die Gesetzgebungsbefugnis des Bundestages weitergeht als die Verwaltungszuständigkeit des Bundesbeauftragten wird die Aufgabe des § 14 Abs. 1 Nr. 4 BDSG nF als Transformationsrahmen zu einer relativ weiten Aufgabenstellung im Bereich der Beratung der Gesetzgebung für fast alle Bereiche des Datenschutzes. Diese Beratungsfunktion ist stark ausgeprägt. Der Bundesbeauftragte darf sich von sich aus an die Parlamente wenden (§ 14 Abs. 2 BDSG nF). Weiter hat er wie bisher die Aufgabe einen Datenschutzbericht zu erstellen (§ 15 BDSG nF).

1085   Bei den **Befugnissen** unterscheidet § 16 BDSG nF zwischen den Bereichen, die unter die DS-GVO fallen und denen die nicht darunter fallen. In dem Aufsichtsbereich außerhalb der DS-GVO hat der Bundesbeauftragte nur das alte Beanstandungsrecht. Die scharfen exekutiven Kontrollbefugnisse, die die DS-GVO für die Aufsichtsbehörden vorsieht, **gelten nur im Anwendungsbereich der DS-GVO**. Außerhalb des Anwendungsbereichs der Richtlinien gelten Befugnisse nicht und innerhalb des Anwendungsbereichs der Richtlinie nur eingeschränkt. Diese Differenzierung entspricht den verfassungsrechtlichen Anforderungen. Die Einräumung der Unabhängigkeit in dem Umfang wie das Unionsrecht es verlangt einerseits und die Einräumung der scharfen Überwachungsbefugnisse des Art. 58 DS-GVO andererseits, wären mit dem verfassungsrechtlichen Grundsatz der demokratischen Legitimation jedes staatlichen Verhaltens nicht vereinbar.

1086   Da der Gesetzgeber die Befugnisse des Bundesbeauftragten aber reduziert hat, hat er auch die Bedenken, die gegen die Einräumung einer weitgehenden Unabhängigkeit bestehen, erheblich reduziert. Auf diese Weise ist es hier möglich, die Unabhängigkeit des Bundesbeauftragten uneingeschränkt zu lassen, unabhängig davon, ob der Bundesbeauftragte nun innerhalb des Bereichs der DS-GVO-Grundverordnung tätig wird oder nicht. Der Nachteil liegt nun darin, dass bei den Befugnissen differenziert werden muss.

1087   Auch in dem Bereich der DS-GVO verweist das Gesetz nicht ausschließlich auf Art. 58 DS-GVO. Zwar werden dem Bundesbeauftragten die Befugnisse aus Art. 58 DS-GVO eingeräumt, er wird aber verpflichtet, im Regelfall vorher die Aufsichtsbehörde anzurufen und zu versuchen auf diesem Wege vor der Wahrnehmung seiner Aufsichtsbefugnisse eine Beseitigung der Mängel zu erreichen (§ 16 Abs. 1 S. 2 BDSG). Er wird daher gesetzlich dazu **verpflichtet** in einer bestimmten Weise die Anforderungen des Verhältnismäßigkeitsgrundsatzes **einzuhalten**. Der Verhältnismäßigkeitsgrundsatz selbst gilt streng genommen im Verhältnis des Bundesbeauftragten zu Behörden nicht, dennoch hat der Gesetzgeber sich von diesem Gedanken leiten lassen. Die Frage, die sich aufdrängt, besteht darin, ob das Europarecht mit Art. 58 DS-GVO eine Relativierung der Befugnisse der Aufsichtsbehörden in verfahrensrechtlicher Art zulässt. Gemäß Art. 58 Abs. 4 DS-GVO folgt die Ausübung der in Art. 58 Abs. 1 – Abs. 31 DS-GVO genannten Befugnisse unter anderem gemäß dem Recht der Mitgliedsstaaten. Die Verordnung geht daher von einer Konkretisierung durch mitgliedstaatliches Recht aus. Da das mitgliedstaatliche Recht hier die Ausübung der Befugnisse nicht wirklich hemmt und in Eilfällen von der vorherigen Anrufung abgesehen werden kann, wird man dies im Ergebnis wohl – trotz nahe liegender Bedenken, als eine zulässige Ausgestaltung der Befugnisse durch mitgliedstaatliches Recht ansehen müssen. § 16 Abs. 1 BDSG nF **dürfte** daher **unionsrechtskonform** sein.

1088   § 16 Abs. 3 BDSG nF stellt klar, dass die Befugnisse des Bundesbeauftragten sich auch auf Daten beziehen, die dem Fernmeldegeheimnis gemäß **Art. 10 GG** unterliegen. Dies ist wichtig, da der Bundesbeauftragte die Kontrollbehörde für die deutschen Nachrichtendienste ist, die in vielfältiger Weise in Art. 10 GG eingreifen dürfen. Es überrascht allerdings, weswegen nicht auch in gleicher Weise eine Klarstellung für **Art. 13 GG** vorgenommen wurde. Das Bundeskriminalamt besitzt Befugnisse, die in Art. 13 GG eingreifen. Aufgrund der ausdrücklichen Erwähnung des Art. 10 GG stellt sich die Frage, ob Daten, die durch Eingriffe in Art. 13 GG erhoben wurden, nun von der Kontrolle durch den Bundesbeauftragten freigestellt sind. Dies dürfte kaum der Fall sein. Da § 16 Abs. 3 BDSG nF deklaratorisch ist, wird man aus einer fehlenden parallelen Vorschrift zu Art. 13 GG keinen Umkehrschluss folgern können.

Das Unionsrecht sieht die Möglichkeit vor, dass Aufsichtsbehörden gegenüber Behörden auch **Ordnungsgeldmaßnahmen** verhängen können. Das deutsche Recht sieht dies nicht vor. Die Wirtschaftsunternehmen des Bundes, die im Rahmen der Zuständigkeit des Bundesbeauftragten als öffentliche Stellen des Bundes gelten (wie etwa die Telekom), werden hinsichtlich der Sanktionen allerdings als nicht öffentliche Stellen behandelt und können somit Adressaten von Geldbußen sein (vgl. § 2 Abs. 5 BDSG nF). **1089**

d) Die Aufsichtsbehörden der Länder. Für den **Bereich der Datenschutz-Grundverordnung** regelt das Bundesrecht die Aufsichtsbehörden der Länder, sofern es um die Anwendung der Vorschriften über den Datenschutz bei **nicht öffentlichen Stellen** geht (§§ 40–44 BDSG nF). Die Kontrolle der Anwendung der Normen der DS-GVO durch öffentliche Stellen der Länder fällt außerhalb des Gesetzgebungsbereiches des Bundes, sodass hier die Landesgesetze entsprechende Regelungen treffen müssen. Auch die Organisationsfragen der Aufsichtsbehörden regelt das Bundesrecht nicht, vielmehr ist die Organisation der Behörden grundsätzlich Sache der Landesgesetzgeber. **1090**

Bei § 40 Abs. 1 BDSG nF ein kleines kompetenzielles Problem bei den Fällen. Die gesetzliche Regelung der Eingriffsbefugnisse der Aufsichtsbehörden gegenüber Privaten, die die Datenverarbeitung nicht zu wirtschaftlichen Zwecken verfolgen, aber dennoch in den Anwendungsbereich der DS-GVO fallen (bspw. Homepage einer Privatperson), kann der Bund nicht auf Art. 74 Abs. 1 Nr. 11 GG stützen. Hier stellt die Einhaltung der Datenschutzbestimmungen in der Sache nach hoheitliche Kontrolle von Regeln des bürgerlichen Rechts (Art. 74 Abs. 1 Nr. 1 GG) dar, das eigentlich **allgemeines Polizeirecht** bildet, das typischer Weise zu regeln Sache der Länder ist. Theoretisch könnte man die Regelung der Behördenbefugnisse als Einrichtung der Behörden i.S.v. Art. 84 GG verstehen mit der Folge, dass die Länder Abweichungen vorsehen können. **1091**

Überraschend ist die **Auswahl** der Gegenstände, mit der sich die Bundesregelung befasst. Sie enthält Normen: **1092**

– zur Datenverarbeitung der Aufsichtsbehörde nebst Fragen der Zulässigkeit der Zweckentfremdung (§ 40 Abs. 3 BDSG nF);
– zur Auskunftserteilungspflicht der Verantwortlichen gegenüber der Aufsichtsbehörde nebst Auskunftsverweigerungsrechts (§ 40 Abs. 4 BDSG nF);
– sowie zum Betretungsrecht (§ 40 Abs. 5 BDSG nF).
– Weiter wird die Beratungspflicht und das Abberufungsrecht bezogen auf den Datenschutzbeauftragten normiert (§ 40 Abs. 6 BDSG nF).

Die **sporadische Regelung** zu den Aufsichtsbehörden entspricht dem **Respekt** der unmittelbar geltenden Vorschriften der **Datenschutz-Grundver-** **1093**

ordnung einerseits als auch der Regelungskompetenz des Landesgesetzgebers andererseits. Trotz der Zurückhaltung bleibt fraglich, ob der Gesetzgeber nicht hinsichtlich der Frage der Zweckentfremdung seine Regelungsbefugnis überschritten hat. Bei der Zweckentfremdung hat der Gesetzgeber der Sache nach die mutmaßliche Einwilligung als Rechtfertigung normiert. Die Zweckentfremdung kann nur auf Tatbestände des Art. 23 DS-GVO oder auf die Einwilligung gestützt werden, sofern es um nicht kompatible Zwecke geht (Art. 6 Abs. 4 DS-GVO). § 40 Abs. 2 BDSG nF gilt ersichtlich auch für nicht kompatible Zwecke, sodass Art. 6 Abs. 4 DS-GVO maßgeblich ist. § 40 Abs. 2 S. 2 Nr. 1 BDSG nF will die mutmaßliche Einwilligung gewissermaßen als einen Fall der Einwilligung von Art. 6 Abs. 4 DS-GVO qualifizieren. Dies ist formal nicht unangreifbar, sachlich aber überzeugend, sodass bei wohlwollender Auslegung nicht von einer Unionswidrigkeit auszugehen ist.

1094   Die Regelungen zu den **Aufsichtsbehörden der Länder** bedürfen ersichtlich zu ihrer unmittelbaren Anwendbarkeit noch der **Ergänzung** durch die Landesgesetzgeber. Es ist davon auszugehen, dass die Landesgesetzgeber im Jahr 2017 bzw. 2018 die entsprechenden Regelungen erlassen werden.

7. Klagerecht gemäß Art. 78 DS-GVO gegen Beschlüsse der Aufsichtsbehörde

1095   a) **Allgemein.** Die Aufsichtsbehörden sind nach der Konzeption der DS-GVO nicht nur Hüter der Grundrechte, sondern auch **machtvolle staatliche Aufsichtsbehörden**, von denen Grundrechtsbelastungen in erheblichem Umfang ausgehen können. Daher garantiert die Verordnung Rechtsschutz gegen ihre Maßnahmen in Art. 78 DS-GVO.

1096   Gem. Art. 78 Abs. 1 DS-GVO hat jede natürliche oder juristische Person unbeschadet eines anderweitigen verwaltungsrechtlichen oder außergerichtlichen Rechtsbehelfs das **Recht auf einen wirksamen gerichtlichen Rechtsbehelf** gegen einen sie betreffenden rechtsverbindlichen Beschluss einer Aufsichtsbehörde. Gleiches gilt gemäß Art. 78 Abs. 2 DS-GVO, wenn die nach den Art. 55 und 56 DS-GVO zuständige Aufsichtsbehörde sich nicht mit einer Beschwerde befasst oder die betroffene Person nicht innerhalb von drei Monaten über den Stand oder das Ergebnis, der gemäß Art. 77 DS-GVO erhobenen Beschwerde, in Kenntnis gesetzt hat. Für Verfahren gegen eine Aufsichtsbehörde sind gem. Art. 78 Abs. 3 DS-GVO die Gerichte des Mitgliedsstaats zuständig, in dem die Aufsichtsbehörde ihren Sitz hat. Gemäß Art. 78 Abs. 4 DS-GVO legt die Aufsichtsbehörde dem Gericht eine ggf. vorliegende Stellungnahme oder einen Beschluss des Ausschusses im Rahmen des Kohärenzverfahrens vor.

1097   Das Klagerecht des Art. 78 DS-GVO steht auch juristischen Personen zu, auch solchen des **öffentlichen Rechts.** Dies ist auch notwendig, weil nur so die Behörden des öffentlichen Rechts sich mittelbar gegen bindende Beschlüsse des Datenschutzausschusses wehren können, da sie selbst kein Vorlagerecht gemäß Art. 267 AEUV besitzen.

1098   Das deutsche Recht setzt Art. 78 DS-GVO und Art. 52 JI-Rl durch § 20 BDSG nF um. In § 20 Abs. 1 BDSG nF ist für die Klage der **Verwaltungsrechtsweg** gegeben, außer wenn es sich um ein Bußgeldverfahren handelt (§ 20

Abs. 1 S. 2 BDSG nF). In diesem Fall sind die ordentlichen Gerichte zuständig. Für den Verwaltungsgerichtsweg gilt gemäß § 20 Abs. 2 BDSG nF grundsätzlich die Verwaltungsgerichtsordnung. Die Rechtslage wäre auch ohne § 20 Abs. 2 BDSG nF nicht anders gewesen. § 20 Abs. 3–7 BDSG nF enthält dabei vier verwaltungsgerichtliche Konkretisierungen. Gemäß § 20 Abs. 4 und Abs. 5 BDSG nF ist die Aufsichtsbehörde selbst beteiligungsfähig und Beteiligter des Verwaltungsprozesses. Es ist nicht die Körperschaft beteiligungsfähig, der sie zuzurechnen ist. Die eigene Beteiligungsfähigkeit ist der Sache nach die Folge der Unabhängigkeit der Aufsichtsbehörde. Sie ist als Behörde zwar keine juristische Person, aber aufgrund ihrer Unabhängigkeit ähnlich wie Rechtsträger konstruiert. § 20 Abs. 6 BDSG nF sieht vor, dass ein Vorverfahren nicht stattfindet und stellt daher eine gesetzliche Regelung iSv § 80 VwGO dar. Nach § 20 Abs. 7 BDSG nF darf die Aufsichtsbehörde, sofern sie gegenüber einer anderen Behörde tätig wird, keine sofortige Vollziehung anordnen. Durch die Ausnahme soll die Gleichrangigkeit aller Verwaltungsträger sichergestellt werden. Die Regelung zum gerichtlichen Rechtsschutz in § 20 BDSG nF hält sich innerhalb des unionsrechtlichen Rahmens. Sie sieht die Klagemöglichkeit vor, ohne diese einzuschränken. Unionsrechtliche oder verfassungsrechtliche Bedenken gegen diese Vorschrift bestehen nicht. § 20 Abs. 2 BDSG nF legt fest, dass das Verwaltungsgericht örtlich zuständig ist, in dessen Bezirk die Aufsichtsbehörde ihren Sitz hat. Gemäß § 52 Nr. 2 und Nr. 5 VwGO würde sich auch aus allgemeinen Regeln das Gleiche ergeben.

Vergleichbar sind die Vorgaben im Zusammenhang mit der **Richtlinie** Jus- **1099** tiz und Inneres. Gemäß **Art. 53 Abs. 1 JI-Rl** müssen die Mitgliedsstaaten den Betroffenen einen wirksamen rechtlichen Rechtsbehelf gegen betreffende rechtsverbindliche Beschlüsse der Aufsichtsbehörde vorsehen, gemäß Art. 53 Abs. 2 JI-Rl auch für den Fall deren Untätigkeit und gemäß Art. 53 Abs. JI-Rl sind die Gerichte des Mitgliedsstaates zuständig, in dem die Aufsichtsbehörde ihren Sitz hat. § 61 BDSG nF setzt dies um und regelt den Rechtsschutz gegen eine verbindliche Entscheidung der oder des Bundesbeauftragten (Abs. 1) bzw. gegen eine Untätigkeit im Bereich einer Beschwerde nach § 60 BDSG nF. Die Norm überführt § 21 BDSG aF in das BDSG nF.[1239]

b) Die Anfechtungssituation. Das Klagerecht gem. Art. 78 Abs. 1 DS- **1100** GVO richtet sich vom Normtext her **gegen** rechtsverbindliche **Beschlüsse** der Aufsichtsbehörden. Es setzt daher voraus, dass der Betroffene solche Beschlüsse auch erhält. Im ErwGr 143 sind die relevanten Maßnahmen der Aufsichtsbehörden genannt, es handelt sich dabei um Maßnahmen iSv Art. 58 Abs. 1 DS-GVO (Untersuchungsbefugnisse), Art. 58 Abs. 2 DS-GVO (Abhilfebefugnisse), Art. 58 Abs. 3 DS-GVO (Genehmigungsbefugnisse) oder Ablehnung und Abweisung von Beschwerden gemäß Art. 77 DS-GVO. Gegen rechtlich nicht bindende Maßnahmen steht das Klagerecht nicht zu. Auch verbindliche Verfahrensanordnungen, wie insbesondere Ausübung von Untersuchungsbefugnissen nach Art. 58 DS-GVO, löst das Klagerecht aus.[1240]

[1239] BT-Drs. 18/11325, S. 114.
[1240] Vgl. *Koerffer* in Paal/Pauly DS-GVO Art. 58 Rn. 3.

1101 Ins **deutsche Recht** eingebettet, dürften die Maßnahmen vor allem belastende Verwaltungsakte darstellen. Die DS-GVO geht dabei davon aus, dass das Klagerecht gemäß der Prozessordnung der Mitgliedsstaaten verwirklicht wird. Bei Art. 78 Abs. 1 DS-GVO dürfte dies vor allem in Form der **Anfechtungsklage** geschehen. Es ist dabei zulässig, die Einhaltung der jeweiligen Voraussetzung zu verlangen, dh vor der Anfechtungsklage muss ein Widerspruch eingelegt werden, sofern das Landesrecht dies vorsieht, ansonsten nicht. Die Klagebefugnis ergibt sich unmittelbar aus Art. 78 DS-GVO.[1241]

1102 Bei der Anfechtungsklage gemäß Art. 78 Abs. 1 DS-GVO sind **folgende Konstellationen vorstellbar:**

> **Beispiel:** Eine betroffene Person erhält eine belastende Maßnahme iSv Art. 58 DS-GVO durch eine Aufsichtsbehörde. Hier greift die Anfechtungsklage gemäß § 42 VwGO iVm § 20 Abs. 2 BDSG nF.

1103 **c) Die Verpflichtungssituation.** Schwieriger ist die Rechtslage, wenn der Betroffene sich mit einer **Beschwerde** gemäß Art. 77 DS-GVO an die **Aufsichtsbehörde wendet.** Wendet er sich an die **zuständige Aufsichtsbehörde** und **lehnt** diese die Beschwerde **ab,** bleibt ihm die **Verpflichtungsklage** in Form der Versagungsgegenklage offen, gemäß § 42 Abs. 2 VwGO iVm § 20 Abs. 2 BDSG nF. Dies setzt voraus, dass man die Ablehnung der Beschwerde als einen Verwaltungsakt qualifiziert. Lehnt man dies ab, würde anstelle der Verpflichtungsklage die allgemeine Leistungsklage treten. **Handelt** die Behörde **überhaupt nicht,** ist die Verpflichtungsklage in Form der Untätigkeitsklage die richtige Klageart, sofern es sich beim begehrten Handeln um einen Verwaltungsakt handelt, ansonsten bleibt die allgemeine Leistungsklage in Form der Unterlassungsklage offen.

1104 Noch komplizierter wird die Situation, wenn der Betroffene sich mit seiner Beschwerde gemäß Art. 77 DS-GVO an **nicht zuständige Aufsichtsbehörde wendet.** In diesem Fall müsste nach dem Unionsrecht die angerufene Behörde handeln. Nach dem deutschen Recht gemäß § 19 Abs. 2 BDSG nF leitet diese die Beschwerde aber an die zuständige Behörde weiter mit der Folge, dass diese dann als angerufene Behörde gilt. Nach deutschem Recht wäre daher in dem Fall, in dem der Betroffene die Beschwerde bei einer nicht zuständigen Aufsichtsbehörde seines Wohnortes einlegt, diese verpflichtet die Beschwerde an die zuständige Behörde weiterzuleiten und diese wäre dann verpflichtet über die Beschwerde zu entscheiden mit der Folge, dass eventuell gerichtlicher Rechtsschutz gemäß § 20 BDSG nF gegen diese einzulegen ist. Hält die betroffene Person den § 19 Abs. 2 BDSG für nicht anwendbar, müsste sie prozessual die Weitergabe ignorieren und die angerufene Behörde verklagen und das Gericht müsste dann prüfen, ob § 19 Abs. 2 BDSG gegen den Anwendungsvorrang des Unionsrechts verstößt.

1105 **d) Die Leistungssituation bei anderen Anträgen.** Schwierig ist die Einordnung, wenn es nicht um eine Beschwerde geht, sondern um **andere Anträge,** denen die Aufsichtsbehörde nicht nachkommt. Dies ist der Fall, wenn die Aufsichtsbehörde eine begehrte Leistung, insbesondere eines Verantwort-

---

[1241] *Koerffer* in Paal/Pauly DS-GVO Art. 78 Rn. 7.

lichen nicht erbringt, wie etwa in den Fallgestaltungen des Art. 58 Abs. 3 lit. d DS-GVO (Verhaltensregeln), e, f (Zertifizierung), h, i, j (Genehmigungen). Das Problem beruht darauf, dass Art. 78 Abs. 1 DS-GVO ein Klagerecht nur gegen einen die betroffen Personen **betreffenden** rechtsverbindlichen **Beschluss** eröffnet und Art. 78 Abs. 2 DS-GVO nur für den Fall der Beschwerde ein Leistungsbegehren gerichtlich für durchsetzbar erklärt.

Zutreffend dürfte der Vorschlag sein, einen „die betroffene Person betref- **1106** fenden rechtsverbindlichen Beschluss" iSv Art. 78 Abs. 1 DS-GVO auch dann anzunehmen, sofern der Antrag **ausdrücklich abgelehnt** wird.[1242] Wird die Aufsichtsbehörde dagegen überhaupt nicht tätig, sind Art. 78 Abs. 1 und Abs. 2 DS-GVO **nicht erfüllt**. Fraglich ist, ob insoweit auf **§ 42 Abs. 2 VwGO** zurückgegriffen werden kann. Unionsrecht kann unstreitig subjektive Rechte vermitteln. Sieht die DS-GVO etwa die Genehmigung von Verhaltensregeln durch die Aufsichtsbehörde vor (Art. 58 Abs. 3 DS-GVO) vermittelt dies dem Antragsteller ein subjektives Recht gegenüber der Aufsichtsbehörde auf Entscheidung über den Antrag. § 20 Abs. 1 BDSG nF lässt ein solch weites Verständnis der Klagemöglichkeiten ausdrücklich zu. Art. 78 DS-GVO will ausdrücklich keine Ausschlusswirkung gegenüber anderen Klagemöglichkeiten entfalten. Daher wird man die Verpflichtungsklage und für den Fall, dass es nicht um einen Verwaltungsakt geht, die Leistungsklage ergänzend neben Art. 78 DS-GVO zulassen müssen.[1243] Die Garantie kommt nur natürlichen Personen zugute, juristische Personen sind nicht betroffene Personen im Sinne des europäischen Datenschutzrechts (vgl Art. 4 Nr. 1 DS-GVO). Das Recht aus Art. 75 DS-GVO soll andere Rechtsbehelfe nicht verdrängen, wie der Normtext betont.

II. Sanktionen

1. Allgemein

Die DS-GVO möchte die Einhaltung der Datenschutzbestimmungen, so gut **1107** es geht, absichern. Der materielle Standard soll Realität werden. Das materielle Datenschutzrecht soll mit **„Zähnen"** versehen werden und kein Papiertiger bleiben. Die Normativität des materiellen Datenschutzrechts soll durch **Sicherungsbestimmungen** ergänzt werden. Zu diesen Sicherungen gehört zunächst das System der Aufsichtsbehörden. Ihre Unabhängigkeit und ihre weitgehenden Befugnisse sind, wie ein Blick auf die Praxis zeigt, ein wirksames Mittel den Datenschutz durchzusetzen. Darüber hinaus versucht die Grundverordnung in vielfacher Weise, die Verantwortlichen in weiterem Sinne selbst zu motivieren über eigene Verhaltensregeln, Bestellung von Datenschutzbeauftragten und Zertifizierungssysteme, die Vorgaben zu konkretisieren. Schließlich normiert sie ein System von **Sanktionen** im weiteren Sinne. Zu diesen Sanktionen im weiteren Sinne gehören die Garantie der Klagemöglichkeiten bei Verletzung von Datenschutzbestimmungen, die Haftungsrege-

---

[1242] So *Koerffer* in Paal/Pauly DS-GVO Art. 78 Rn. 4.
[1243] So *Koerffer* in Paal/Pauly DS-GVO Art. 78 Rn. 4.

lungen im Sinne eines Schadenersatzanspruches und die Sanktionen im engeren Sinne, d.h. die Ordnungswidrigkeitentatbestände und die Strafnormen.

2. Ordnungswidrigkeitensanktionen gemäß Art. 83 DS-GVO

1108   **a) Allgemein.** Die DS-GVO setzt als zentrales Instrument der Rechtsdurchsetzung auf Sanktionen und bei diesen wiederum auf **Ordnungswidrigkeiten.** Diesen Ansatz kannte schon die Datenschutzrichtlinie, die Verordnung verschärft dieses Prinzip aber erheblich.[1244] So sind erstens die Beträge deutlich höher[1245] und zweitens wird für die Unternehmen, der aus dem Wettbewerbsrecht bekannte Anknüpfungspunkt an dem Umsatz, übernommen.[1246]

1109   Die Vorgaben zum Ordnungswidrigkeitenrecht in Art. 83 DS-GVO sind **schwer zu verstehen.** Art. 83 DS-GVO legt die Ordnungswidrigkeitentatbestände in Abs. 4 und Abs. 5 selbst fest, macht in Abs. 2 Vorgaben für die Anwendung, indem er Kriterien für die Bestimmung der Höhe der Geldbuße festlegt, und so die Grundlage für eine unmittelbare Anwendbarkeit schafft. Art. 83 Abs. 9 DS-GVO sieht aber den Fall vor, dass die Rechtsordnung eines Mitgliedsstaates Geldbußen nicht kennt. Für diesen Fall will die DS-GVO keine Festsetzung einer Geldbuße durch die Aufsichtsbehörden, sondern durch die Gerichte. Daran ist erkennbar, dass Art. 83 DS-GVO von der **Implementierung** einer Ordnungswidrigkeitenbefugnis der Aufsichtsbehörde in dem jeweiligen **Mitgliedsstaat abhängig ist** und insofern auf eine Teilumsetzung angewiesen ist.

1110   Die Ordnungswidrigkeitensanktion wird ausdrücklich als **unabhängig** von **anderen Abhilfemöglichkeiten** der Aufsichtsbehörde begriffen. Die Abhilfemöglichkeiten gemäß Art. 58 Abs. 2 DS-GVO werden von der Verordnung bewusst nicht als Sanktionen, sondern als Maßnahmen bezeichnet. Dabei ist der Verweis in Art. 83 Abs. 2 DS-GVO auf Art. 58 Abs. 2 lit. a – h und i DS-GVO fehlerhaft. Es muss lauten: Art. 58 Abs. 2 lit. a – h und lit. j DS-GVO.[1247]

1111   **b) Effektiver Rechtsschutz.** Für die Ausgestaltung des Ordnungswidrigkeitenrechts verlangt Art. 83 Abs. 8 DS-GVO die **Gewährleistung des effektiven Rechtsschutzes.** Die Norm ist eigentlich überflüssig, weil diese Gewährleistung schon durch Art. 78 Abs. 1 DS-GVO garantiert wird. Sie verdeutlicht aber, dass das Europarecht den Ordnungswidrigkeitentatbestand nicht abschließend regeln möchte. Die Ordnungswidrigkeitentatbestände von Art. 83 Abs. 2 bis Abs. 5 DS-GVO gelten nur, wenn der Verantwortliche bzw. der Auftragsverarbeiter keine Behörde oder öffentliche Stelle ist. Ist er eine solche, setzt der Abs. 7 DS-GVO eine Zulassung des Ordnungswidrigkeitentatbestands durch die Mitgliedsstaaten voraus. Dieses Recht des Mitgliedsstaates kann sich vom Sinn her aber wohl nur auf die Anwendbarkeit der Art. 82 Abs. 1 – Abs. 6 DS-GVO als solche beziehen. Die Gestaltungsbefugnis des Art. 83 Abs. 7 DS-GVO darf nicht dahin gehend verstanden werden, dass die Mitgliedsstaaten die inhaltlichen Vorgaben abändern dürfen.

[1244] *Schröder* Datenschutzrecht Kap. 7 II. 8.
[1245] *Wybitul* BB 2016, 1077 ff.
[1246] *Albrecht* CR 2016, 88 (96).
[1247] *Frenzel* in Paal/Pauly DS-GVO Art. 83 Rn. 8.

c) Ordnungswidrigkeiten von Behörden. Deutschland hat von dieser 1112
Möglichkeit nicht Gebrauch gemacht. Die Zulassung von **Ordnungswidrig-**
keiten gegen Behörden wäre in Deutschland ein **Paradigmenwechsel.**[1248]
Dies deshalb, weil die Ordnungswidrigkeiten als alte Übertretungen aus dem
deutschen Strafrecht entstanden sind und das Strafrecht wiederum auf dem
Schuldprinzip beruht, das wiederum gedanklich an die Autonomie des Mens-
chens anknüpft. Diese Anknüpfung an die Autonomie ist mit einer an Recht
und Gesetz gebundenen und demokratisch legitimierten Staatsverwaltung
schwer vereinbar. Daher erklärt § 43 Abs. 3 BDSG nF ausdrücklich, dass gegen Behörden oder öffentliche Stellen keine Geldbußen verhängt werden, obwohl Art. 83 Abs. 7 DS-GVO die Mitgliedsstaaten dazu ermächtigt. Wirtschaftsunternehmen des Bundes sind von dieser Ausnahme nicht erfasst.

d) Die beiden Ordnungswidrigkeitengruppen. Der Art. 83 DS-GVO 1113
normiert in Abs. 4 und Abs. 5 zwei Ordnungswidrigkeitgruppen, denen er
unterschiedliche Obergrenzen zuordnet. Nur solche Verletzungen, die in
Abs. 4, Abs. 5 vorgesehen sind, sind Ordnungswidrigkeiten nach der DS-
GVO. Ist eine Bestimmung der DS-GVO in Abs. 4 und Abs. 5 nicht aufgeführt, ist diese zunächst nicht mit Ordnungswidrigkeiten beschwert.

Fraglich ist, ob unter „Verstößen gegen die folgenden Bestimmungen" iSv 1114
Art. 83 DS-GVO auch der Fall greift, dass ein **Mitgliedsstaat** von einer **Öff-**
nungsklausel Gebrauch gemacht hat und an Stelle der unionsrechtlichen
Norm, die in Art. 83 DS-GVO genannt ist, nun eine nationale Norm steht. Die
Gesetzesbegründung zum BDSG nF nimmt dies an.[1249] Zur Begründung wird
angeführt, dass die Erwägungsgründe für parallele Konstellationen von einer
strukturellen Gleichheit von Unionsnormen und ersetzenden nationalen Normen ausgehen (Ew 146 S. 5 für das Schadensersatzrecht und ErwGr 149
Satz 1 für das Strafrecht). Dies überzeugt nicht. Der Fall der Ordnungswidrigkeitentatbestände ist in den Erwägungsgründen gerade nicht aufgeführt und
Art. 83 Abs. 5 lit. d DS-GVO erwähnt ausdrücklich die nationalen Normen
auf der Grundlage der Öffnungsklauseln gemäß Art. 85 ff. BDSG nF und
schließt daher im Umkehrschluss Normen aufgrund anderer Öffnungsklauseln
aus.

Die Normen, die gemäß Art. 83 **Abs. 4** DS-GVO als Ordnungswidrigkeiten 1115
mit dem milderen Rahmen belebt sind, sind Verstöße gegen die Einbindungs-
vorschriften von Kindern, gegen die Anonymisierungsgebote des Art. 11 DS-
GVO, gegen die Pflichten für den Verantwortlichen und den Auftragsverarbeiter gemäß den Art. 25–39 DS-GVO sowie gewisse Normen im Zusammenhang mit den Zertifizierungsvorschriften und den Verhaltensregeln.

Dem **höheren Geldbußerahmen** zugeordnet sind Verstöße gegen die 1116
Grundsätze für die Verarbeitung personenbezogener Daten gemäß Art. 5 DS-
GVO, das Rechtmäßigkeitsangebot der Verarbeitung gemäß Art. 6 DS-GVO,
die Bedingung der Einwilligung gemäß Art. 7 DS-GVO und die besonderen
Datenschutzkategorien. Ebenfalls hierzu werden die Betroffenenrechte gemäß
der Art. 12–22 DS-GVO gezählt, sowie die Übermittlungsbestimmungen an

---

[1248] *Frenzel* in Paal/Pauly DS-GVO Art. 83 Rn. 28.
[1249] BT-Drs. 18/11325, S. 107.

Drittstaaten und – überraschenderweise – die Pflichten, die die Mitgliedsstaaten aufgrund der Öffnungsklauseln regeln. Hier bestehen erhebliche rechtsstaatliche Probleme aus der Sicht der Bestimmtheit (→ Rn. 1144).

1117 Die **beiden** Ordnungswidrigkeiten**gruppen unterscheiden** sich insofern, als die mit dem geringeren Rahmen sich mehr an Pflichten des Verantwortlichen orientieren, während die mit dem höhere Rahmen sich mehr an Schutzbestimmungen für den Betroffenen orientieren.

1118 Die Sanktionierung von Art. 5 DS-GVO wird aufgrund der Weite der dort normierten Grundsätze zutreffend für problematisch gehalten.[1250] Die Annahme, der **Bestimmtheitsgrundsatz** sei verletzt, ist gut vertretbar. Der Charakter als Generalklausel der einzelnen in Art. 5 DS-GVO genannten Grundsätze kann aber dadurch aufgefangen werden, dass aufgrund der Weite der entsprechenden Vorgaben, der Begriff der Verletzung eng verstanden wird. Nur klare Verstöße gegen die Prinzipien lösen den Ordnungswidrigkeitenbegriff aus.

1119 Daneben kennt Art. 83 Abs. 6 DS-GVO noch den Ordnungswidrigkeitentatbestand der Nichtbefolgung einer **Verfügung** der Aufsichtsbehörden. Auch hier sind zwei Gruppen vorgesehen. Zunächst die Gruppe der Anweisung im Zusammenhang mit der Übermittlung an Drittstaaten gemäß Art. 83 Abs. 5 lit. e DS-GVO. Darüber hinaus die Gruppe der Anweisung der Aufsichtsbehörden gemäß Art. 58 Abs. 2 DS-GVO. Die Ordnungswidrigkeitensanktionierung von Verfügungen der Aufsichtsbehörden steht neben der Möglichkeit, Zwangsgeld im Rahmen der Verwaltungsvollstreckung zu erlassen.[1251]

1120 **e) Der Sanktionsrahmen. aa) Obergrenzen.** Als Obergrenze ist jeweils **entweder** ein **Geldbetrag** (10 000 000 € bei Abs. 4 und 20 000 000 € bei Abs. 5 und Abs. 6) **oder** ein **Prozentsatz** des gesamten weltweit erzielten **Jahresumsatzes** im Falle eines Unternehmens gemeint (2% bzw. 4%). Bei Unternehmen soll die Alternativität dadurch aufgelöst werden, dass der höhere Betrag genommen wird.

1121 **bb) Unternehmensbegriff.** Fraglich ist, ob für die Berechnung des weltweiten Jahresumsatzes, der eher **kleinräumige Unternehmensbegriff** gemäß Art. 4 Nr. 18 DS-GVO herangezogen werden soll oder ein **wirtschaftlicher Unternehmensbegriff**, der auch die Konzernstruktur berücksichtigt.[1252] Der Normtext lässt eigentlich keinen Auslegungsspielraum zu und spricht für die Heranziehung des engen Unternehmensbegriffes gemäß Art. 4 Nr. 18 DS-GVO. Allerdings versucht der ErwGr 150 DS-GVO durch den Verweis auf die Art. 101 und 102 AEUV einen wirtschaftlichen Unternehmensbegriff einzuführen, der allerdings mit der grammatikalischen Auslegung kaum vereinbar sein dürfte.[1253]

[1250] Vgl. *Frenzel* in Paal/Pauly DS-GVO Art. 83 Rn. 24.

[1251] Vgl. *Frenzel* in Paal/Pauly DS-GVO Art. 83 Rn. 26.

[1252] Ausführlich *Faust/Spittka/Wybitul* ZD 2016, 120 ff.; *Wybitul* ZD 2016, 253 (254).

[1253] Frenzel in *Paal/Pauly DS-GVO* Art. 83 Rn. 20; *Wybitul* ZD 2016, 253 (254); s.a. *Spindler* DB 2016, 937 (947); *Albrecht* CR 2016, 88 (96) („Gesamtunternehmen"); kritisch auch *Faust/Spittka/Wybitul* ZD 2016, 120 ff.; ausführlich *Cornelius* NZWiSt 2016, 421 ff.

cc) Gleichzeitige Begehung zweier Tatbestände. Durch den Umstand, **1122**
dass einerseits die Verletzung bestimmter Vorschriften unmittelbar mit Ordnungswidrigkeiten beschwert ist und andererseits die Verfügung der Aufsichtsbehörden auch mit Ordnungswidrigkeiten beschwert ist, kann es sein,
dass die Unternehmen gewissermaßen zweimal einen Ordnungswidrigkeitentatbestand erfüllen. Zum einen, wenn sie gegen die Vorschriften verstoßen und
zum anderen, wenn sie den darauf gestützten Abhilfebescheid der Aufsichtsbehörde nicht befolgen.

f) Bemessungsgrundsätze. Der **Grundtatbestand** zur Verhängung der **1123**
Geldbuße ist in Art. 83 Abs. 1 DS-GVO niedergelegt. Danach stellt jede Aufsichtsbehörde sicher, dass die Verhängung von Geldbußen gemäß Art. 83 DS-
GVO für Verstöße gegen diese Vorschrift gemäß den Abs. 5 und 6 in jedem
Einzelfall wirksam, verhältnismäßig und abschreckend ist. Der Auftrag an die
Aufsichtsbehörden gemäß Art. 83 Abs. 1 DS-GVO begründet keine Pflicht
der Aufsichtsbehörden zum Erlass eines Ordnungswidrigkeitenbescheides,
sondern stellt den Erlass in deren **Ermessen**, auch wenn der Normtext insoweit unscharf ist. Die Abschreckung ist nur innerhalb der Verhältnismäßigkeit
möglich.[1254]

Art. 83 Abs. 3 DS-GVO regelt für den Fall, dass der Verantwortliche mit **1124**
dem gleichen Verarbeitungsvorgang mehrere Normen verletzt, dass die festge-
setzte Sanktion nicht den gesetzlichen Höchstrahmen für den schlimmsten
Verstoß überschreiten darf. Bei der Bemessung kann durchaus berücksichtigt
werden, dass mehrere Datenschutznormen verletzt wurden, allerdings darf
insgesamt der Höchstrahmen nicht übersteigt werden.[1255] Fraglich ist, ob diese
Grenze auch gilt, wenn ein Ordnungswidrigkeitentatbestand sich auf den Nor-
menverstoß als solchen und **zum anderen** auf die **Verfügung der Aufsichtsbehörde** bezieht. Da die Verfügung der Aufsichtsbehörde sich auch auf Normen bezieht, wird man auch insoweit Art. 83 Abs. 3 DS-GVO zum Schutze
des Verantwortlichen heranziehen können.

Sowohl für die Frage des „Ob" des Einschreitens als auch für die Bemes- **1125**
sung, dh des „wie" der Geldbuße, gibt Art. 83 Abs. 3 DS-GVO **Kriterien** vor:
das Kriterium der Wirksamkeit, der Verhältnismäßigkeit und der Abschreckung. Wäre eine Sanktion nur dann wirksam und abschreckend, wenn sie unverhältnismäßig wäre, darf die Berufung auf die Wirksamkeit und die Abschreckung dennoch nicht den Grundsatz der Verhältnismäßigkeit aushöhlen,
vielmehr bildet die Verhältnismäßigkeit die äußerste Grenze einer zulässigen
Geldbuße.[1256] Für die Bemessung der Geldbuße im Einzelfall gibt Art. 83 DS-
GVO sehr detaillierte Anforderungen, indem er elf Bemessungsvorgaben auf-
führt.

g) Ermessen. Die Aufsichtsbehörde entscheidet nach pflichtgemäßem **1126**
Ermessen über die Verhängung und die Höhe der Geldbuße.[1257] Die unionsrechtliche Pflicht, die Normen der Verordnung nicht uneffektiv werden zu las-

---

[1254] Vgl. *Frenzel* in Paal/Pauly DS-GVO Art. 83 Rn. 7.
[1255] Vgl. *Frenzel* in Paal/Pauly DS-GVO Art. 83 Rn. 17.
[1256] *Frenzel* in Paal/Pauly DS-GVO Art. 83 Rn. 7.
[1257] *Frenzel* in Paal/Pauly DS-GVO Art. 83 Rn. 12.

sen, sind in das Ermessen einzustellen. Art. 83 Abs. 2 DS-GVO verdeutlicht, dass keine Pflicht zur Verhängung einer Ordnungswidrigkeitensanktion besteht.[1258]

1127   **h) Zuständigkeit anderer Behörden.** Art. 83 DS-GVO weist die Befugnis Ordnungswidrigkeiten zu verhängen den **Aufsichtsbehörden** zu. Fraglich ist, ob damit auch die Verhängung von Geldbußen durch **andere Behörden** ausgeschlossen ist. Da der Art. 83 DS-GVO nur von Aufsichtsbehörden spricht, wäre die Zuweisung der Befugnis für die Verhängung von Geldbußen an andere Behörden als die Aufsichtsbehörden eine unzulässige Interpretation.

1128   **i) Konkretisierung des Ordnungswidrigkeitenrechts durch nationales Recht.** § 41 Abs. 1 BDSG nF erklärt hinsichtlich der Fragen des Ordnungswidrigkeitenrechts das **OWiG** auch für Verstöße nach Art. 83 Abs. 4–6 DS-GVO **für anwendbar**, da dieses gemäß § 2 Abs. 2 S. 2 OWiG nur für Bundes- und Landesrecht gilt. Auch wenn hinsichtlich des „ob" der Ordnungswidrigkeitenverwirklichung die DS-GVO keine ausdrückliche Öffnungsklausel enthält, wird man diese Konkretisierung für zulässig halten können.

1129   Nach **§ 41 Abs. 1 S. 2 BDSG nF** finden §§ 17, 35 und 36 OWiG, dh die Normen über Höhe der Geldbuße und über die Zuständigkeit der Verwaltungsbehörde keine Anwendung, da insoweit die **DS-GVO abschließende Regelung** enthält. Danach sind die Aufsichtsbehörden für die Verhängung von Geldbußen zuständig und die Maßstäbe für die Höhe der Buße ergeben sich aus Art. 83 Abs. 2 DS-GVO.

1130   **j) Insbesondere Verschuldenserfordernis.** Art. 83 DS-GVO nennt das **Verschulden** nicht als **Voraussetzung** für die **Verhängung** der Geldbuße. Art. 83 Abs. 2 lit. b DS-GVO nennt die Unterscheidung zwischen Vorsätzlichkeit oder Fahrlässigkeit als ein Umstand, der bei der Bemessung der Geldbuße zu berücksichtigen ist. Dies lässt sich so deuten, dass entweder Fahrlässigkeit oder Vorsatz erforderlich ist, aber auch so verstehen, dass schuldlose Verstöße unionsrechtlich mit einer Ordnungswidrigkeitensanktion zu belegen sind. Der ausdrückliche Gestaltungsspielraum, den Art. 83 DS-GVO den Mitgliedstaaten einräumt (Art. 83 Abs. 8 und Abs. 9 DS-GVO), findet sein Schwergewicht zwar in Verfahrensfragen, nimmt aber zudem Rücksicht auf das hergebrachte Verständnis des Ordnungswidrigkeitenrechts in den Mitgliedstaaten (Art. 83 Abs. 9 DS-GVO). Wäre unionsrechtlich auf das Verschuldenselement zu verzichten, wäre dies für das deutsche Recht eine enorme Änderung. Der Ew 151 akzeptiert, dass die Ordnungswidrigkeiten der DS-GVO in Dänemark im Gewand des Strafverfahrens und als Strafe verhängt werden. Dann wird das Unionsrecht wohl auch die Geltung des Schuldgrundsatzes in Deutschland akzeptieren. Im Bereich des Strafrechts wäre wohl zugleich die Integrationsschranke berührt (Art. 23 Abs. 1 S. 3 iVm Art. 79 Abs. 3 GG iVm Art. 1 Abs. 1 GG), bei den Ordnungswidrigkeiten ginge es wohl noch, wäre aber dennoch systematisch ein erheblicher Bruch. Es ist nicht anzunehmen, dass die DS-GVO diese Veränderung ohne jede Verdeutlichung vornehmen wollte.

[1258] *Frenzel* in Paal/Pauly DS-GVO Art. 83 Rn. 10; undeutlich *Albrecht* CR 2016, 88 (96); *Spindler* DB 2016, 937 (947).

II. Sanktionen

Man wird vom Begriff der Geldbuße her, das **Verschulden** als **begriffsimma-nent** verstehen können.[1259] Ordnungswidrigkeiten gem. Art. 83 DS-GVO setzen daher nach deutschem Verständnis Verschulden voraus. Das Strafrecht in Dänemark wird auch nicht ohne Verschuldenserfordernis auskommen.

k) Verfahren zur Verhängung. Die Verordnung selbst regelt das **Ver-** **1131** **fahren zur Verhängung** von Bußgeldern **nicht.** Art. 83 Abs. 8 DS-GVO fordert ausdrücklich, dass die Mitgliedsstaaten angemessene Verfahrensgarantien vorsehen. Der Bund verweist **in § 41 Abs. 2 BDSG nF** auf das **OWiG** und das Strafverfahren. § 41 Abs. 2 S. 2 BDSG nF nimmt dabei einige Normen aus dem Verweis heraus. Betroffen davon sind die Vorschriften über die Verwarnung, weil diese schon in der Verordnung geregelt seien (Art. 58 Abs. 2 lit. b DS-GVO).[1260] Das scheint zumindest eine vertretbare Interpretation zu sein. Weiter werden einzelne Vorschriften zu Geldbußen gegen eine juristische Person (§ 88 OWiG) und zu Nebenfolgen sowie zur Vollstreckung von Bußgeldentscheidungen (§§ 87, 99 f. OWiG) ausgeschlossen. Weiter benötigt gemäß § 31 Abs. 2 S. 3 OWiG, im Gegensatz zum Normalverfahren, die Staatsanwaltschaft im Zwischenverfahren die Zustimmung der Aufsichtsbehörde zur Einstellung. Hiermit soll erkennbar der Unabhängigkeit der Datenschutzaufsicht Rechnung getragen werden.[1261]

l) Die Ordnungswidrigkeitensanktion gegen juristische Personen. **1132** Die Verordnung geht erkennbar davon aus, dass die Ordnungswidrigkeitentatbestände von dem Verantwortlichen und dem Auftragsverarbeiter erfüllt werden können, **unabhängig** von deren **Rechtsform.** Die Ordnungswidrigkeitentatbestände des deutschen Rechts wurden bisher so gehandhabt, als würden die Pflichten primär die handelnden natürlichen Personen treffen und könnten unter den Voraussetzungen von § 30 OWiG auch auf die juristische Person erstreckt werden. Das Unionsrecht geht erkennbar von einer anderen Prämisse aus. **Juristische Personen** des Zivilrechts können unionsrechtlich Ordnungswidrigkeiten begehen.

Verletzt ein Beschäftigter einer juristischen Person eine datenschutzrechtli- **1133** che Pflicht aus der Verordnung, die die juristische Person als Verantwortliche oder den Auftragsverarbeiter trifft, kann diese Tat nur als Ordnungswidrigkeit geahndet werden, wenn sie der juristischen Person **zugerechnet** werden kann und zwar sowohl die Handlung als auch das Verschulden. Die Konstruktion über die Zurechnung ist erforderlich, weil erstens eine juristische Person nicht selbst handeln kann und darüber hinaus das Ordnungswidrigkeitenrecht in Deutschland eine Verschuldensvoraussetzung und die juristische Person nicht selbst Verschulden unmittelbar treffen kann, da sie keine Handlungen vornimmt. Diese Zurechnung ermöglicht § 30 OWiG, aber nicht für jeden Beschäftigten, sondern nur für die dort genannte Gruppe, den sog **Repräsentanten.** § 30 OWiG normiert ausdrücklich, dass Pflichten, die mit Ordnungs-

[1259] *Frenzel* in Paal/Pauly DS-GVO Art. 83 Rn. 8; aA *Härting* Datenschutz-Grundverordnung, Rn. 253; unentschieden *Bergt* in Kühling/Buchner DS-GVO Art. 83 Rn. 34 ff.
[1260] BT-Drs. 18/11325, S. 107.
[1261] BT-Drs. 18/11325, S. 107.

widrigkeiten beschwert sind und eine juristische Person treffen als Ordnungswidrigkeiten geahndet werden, wenn die Handlung von einer der dort näher
genannten vertretungsberechtigten oder aufsichtsberechtigten Person vorgenommen wird.

1134 § 30 OWiG gestattet die Verhängung von Geldbußen gegen juristische Personen und Personenvereinigungen, obschon diese nicht selbst, sondern nur
mittels ihrer Organe und Vertreter handeln können.[1262] Der Verstoß wird de
jure so **zugerechnet**, wie wenn sie selbst gehandelt hätte.[1263] § 30 OWiG wird
dabei durch § 130 OWiG ergänzt, der die Haftung des Inhabers für ein Orga-
nisationsverschulden begründet, das dann über § 30 OWiG auch der juristischen Person zugerechnet werden kann.[1264] Die Aufsichtspflichtverletzung
nach § 130 OWiG ist in der Praxis die bedeutsamste Anknüpfungstat des § 30
OWiG. Im Allgemeinen werden Straftaten und Ordnungswidrigkeiten im Betrieb und Unternehmen nämlich nicht durch Organe usw, sondern unterhalb
des Leitungsbereichs durch Personen begangen, deren Fehlverhalten als Be-
zugstat nach § 30 OWiG nicht ausreicht. Die Aufsichtspflichtverletzung ermöglicht daher einen „Durchgriff" auf den Unternehmensträger, wenn ein
nach § 30 OWiG tauglicher Repräsentant der juristischen Person zumindest
seine Aufsichtspflicht verletzt hat.[1265]

1135 Es ist nicht ausgeschlossen, dass durch die Konstruktion der Zurechnung
über § 30 OWiG, § 130 OWiG und stellenweise § 9 OWiG, die Verfolgung der
Ordnungswidrigkeiten in Deutschland bei juristischen Personen **erschwert**
wird. Es wäre im Einzelfall denkbar, die nationalrechtlichen Vorschriften des
OWiG hinsichtlich der Zurechnung von juristischen Personen dann über das
Effektivitätsgebot, das unionsrechtlich gilt, wenn nationales Recht zur Umsetzung von Europarecht eingeführt wird, heranzuziehen und das OWiG so auszulegen, dass eine Zurechnung zur juristischen Person ggf leichter ermöglicht
wird.

3. Weitere Sanktionen gem. Art. 84 DS-GVO

1136 a) **Allgemein.** Die Ordnungswidrigkeitensanktionen in Art. 83 DS-GVO
sollen **keine abschließende Beschreibung** der Sanktion von Verstößen gegen das Datenschutzrecht bilden. Dies wird am Art. 84 DS-GVO deutlich,
nach dem die Mitgliedsstaaten die Vorschriften über andere Sanktionen für
Verstöße gegen diese Verordnung — insbesondere für Verstöße, die keiner
Geldbuße gemäß Art. 83 DS-GVO unterliegen — festlegen und alle zu deren
Anwendung erforderlichen Maßnahmen treffen. Diese Sanktionen müssen
gem. Art. 84 Abs. 1 S. 2 DS-GVO wirksam, verhältnismäßig und abschreckend sein. Art. 84 Abs. 1 DS-GVO besitzt vor allem einen eröffnenden Charakter.[1266] Gemäß Art. 84 Abs. 2 DS-GVO teilt die Kommission bis zum
25. Mai 2018 die Rechtsvorschriften, die sie aufgrund von Abs. 1 erlässt, mit.

[1262] *Bohnert/Krenberger/Krumm* OWiG § 30 Rn. 18.
[1263] *Bohnert/Krenberger/Krumm* OWiG § 30 Rn. 18.
[1264] *Bohnert/Krenberger/Krumm* OWiG § 30 Rn. 3.
[1265] *Rogall* in Karlsruher Kommentar zum OWiG § 30 Rn. 92.
[1266] *Frenzel* in Paal/Pauly DS-GVO Art. 84 Rn. 8.

Ebenso auch alle späteren Änderungen. Die **Notifizierungspflicht** gilt für neue Regel.[1267]

b) Insbesondere Strafnomen. aa) Allgemein. Die Sanktionsnormen, **1137** die Art. 84 DS-GVO im Blick hat, sind die **Straftatbestände**.[1268] Die DS-GVO formuliert die Straftatbestände für die Verletzung von Datenschutzrecht nicht selbst. Hier achtet sie den Grundsatz der Subsidiarität.[1269] Die Normierung der Ordnungswidrigkeitentatbestände in Art. 84 DS-GVO soll nach ErwGr 152 die Normierung von Straftatbeständen nicht ausschließen.

Fraglich ist, ob es zulässig wäre, die Verletzung einer Norm, die nach **1138** Art. 83 DS-GVO als **Ordnungswidrigkeit** qualifiziert wurde, in gleicher Form, dh ohne eine besondere Schwere der Begehung oder zusätzliches Tatbestandsmerkmal durch Recht der Mitgliedsstaaten als **Straftat zu qualifizieren**. Zutreffender Ansicht nach dürfte die reine Hochzonung von Ordnungswidrigkeit zum Straftatbestand mit Art. 83, 84 DS-GVO kaum zu vereinbaren sein.[1270] Es muss sich vielmehr um eine qualifizierte Begehung handeln. Die nicht verdrängende Wirkung der Ordnungswidrigkeiten dürfte nur eingreifen, wenn es um schwere Verstöße geht. Beispiele von selbstständigen Straftatbeständen sind gegenwärtig etwa die Vertraulichkeit des Wortes (§ 201 StGB), höchstpersönlicher Lebensbereich durch Bildaufnahmen (§ 201 a StGB), Ausspähen und Abfangen von Daten (gemäß § 202 a, § 202 b, § 202 c StGB), Datenhehlerei (§ 202 d StGB). Weitere Normen bestehen etwa im TKG und bisher im BDSG aF und BDSG nF.

Das **BDSG nF** regelt in § 42 BDSG nF **selbstständige Straftatbestände**, **1139** bei denen eine große Zahl von nicht allgemein zugänglichen personenbezogenen Daten übermittelt wird oder zugänglich gemacht wird, und dabei gewerbsmäßig gehandelt wird. Gemäß § 42 Abs. 2 BDSG nF ist auch strafbar, wer nicht allgemein zugängliche personenbezogene Daten verarbeitet oder durch unrichtige Angaben erschleicht und hierdurch gegen Entgelt oder in Bereicherungsabsicht handelt. Die Straftaten sind Antragsdelikte. § 43 Abs. 4 BDSG nF enthält die Umsetzung des Grundsatzes nemo tenetur se ipsum accusare (→ Rn. 915). In der Gesetzesbegründung wird auf Art. 49 Abs. 1 S. 3 GRC hingewiesen, nach dem für alte Taten das günstigere Gesetz greife. § 34 Abs. 3 BDSG nF entspricht § 44 Abs. 2 BDSG aF.[1271]

bb) Verbot der Doppelbestrafung. Erlässt der Mitgliedstaat eine Straf- **1140** norm und erfüllt der Betroffene, sowohl die Strafform als auch einen Ordnungswidrigkeitentatbestand nach Art. 83 DS-GVO, greift das **Verbot der Doppelbestrafung** gemäß Art. 50 GRC. Die Mitgliedsstaaten handeln beim Erlass von Strafnormen im Rahmen von Art. 84 DS-GVO im Anwendungsbereich des Unionsrechts, sodass der Anwendungsbereich der Grundrechtecharta gemäß Art. 81 Abs. 1 DS-GVO eröffnet ist (vgl. auch ErwGr 149 DS-GVO).[1272]

[1267] *Frenzel* in Paal/Pauly DS-GVO Art. 84 Rn. 7.

[1268] BT-Drs. 18/11325, S. 108.

[1269] *Frenzel* in Paal/Pauly DS-GVO Art. 84 Rn. 1.

[1270] AA wohl *Frenzel* in Paal/Pauly DS-GVO Art. 84 Rn. 4.

[1271] BT-Drs. 18/11325, S. 108 f.

[1272] Ebenso *Frenzel* in Paal/Pauly DS-GVO Art. 84 Rn. 6.

1141   **c) Erweiterungen bei den Ordnungswidrigkeiten. aa) Erweiterung der Tatbestände.** Art. 84 DS-GVO erfasst aber nicht nur Straftatbestände, sondern auch Ordnungswidrigkeitentatbestände. So lässt der **Erwägungsgrund 152** es ausdrücklich auch zu, dass die Sanktionen **verwaltungsrechtlicher Art** sind. Welche Sanktionen dies sein können, wird nicht eingeschränkt. Die unionsrechtlichen Ordnungswidrigkeiten werden in Art. 83 DS-GVO geregelt. Ob diese Sanktionen verwaltungsrechtlicher Art sind, ist fraglich. In Zusammenhang mit Art. 2 JI-RL geht der Gesetzgeber mit § 43 BDSG davon aus, es handele sich um Straftaten iSd Unionsrechts. Unabhängig von dem Charakter der Ordnungswidrigkeiten sind dem deutschen Recht Sanktionen verwaltungsrechtlicher Art nicht geläufig. Der Erwägungsgrund kann daher so verstanden werden, dass die Mitgliedsstaaten nicht nur berechtigt sind, andersartige Sanktionen, die nicht Strafsanktionen und Ordnungswidrigkeitensanktionen sind, zu schaffen, sondern auch weitere Ordnungswidrigkeitentatbestände kreieren dürfen.

1142   Fraglich ist, ob die **weiteren Ordnungswidrigkeitentatbestände** eine **Vergleichbarkeit** mit den Tatbeständen von Art. 83 DS-GVO haben müssen. Dies wird man verneinen müssen. Die Verordnung will, wie Art. 84 DS-GVO verdeutlicht, mit Art. 83 DS-GVO einen **Mindestbestand** einheitlich normieren, schließt aber nicht aus, die Verletzung anderer Normen als eine Ordnungswidrigkeitensanktion zu erklären. Der Sinn des Art. 84 DS-GVO legt es nahe, den Mitgliedsstaaten einen möglichst weiten Spielraum zu eröffnen und ihnen sowohl weitere Ordnungswidrigkeitentatbestände als auch sonstige Sanktionen zu gestatten.

1143   Das BDSG nF macht von dieser Befugnis Gebrauch und erklärt den Verstoß gegen die Vorschriften zu Verbraucherkrediten zu Ordnungswidrigkeit. Da der **Verbraucherkredit** der Sache nach auf der VerbrauchkreditRL beruht, könnte man schon darüber streiten, ob **§ 43 Abs. 1 BDSG nF** überhaupt auf Art. 84 Abs. 1 DS-GVO beruht.

1144   **bb) Erweiterung auf andere Personen.** Die **Angestellten** selbst treffen die Pflichten der Verordnung in aller Regel nicht, da sie nicht unter den Personenkreis des § 30 OWiG fallen. Eine weitere Form der Erweiterung iSv Art. 84 Abs. 1 DS-GVO bestünde darin, die Pflichten, die als Ordnungswidrigkeiten sanktioniert sind, auf andere Personen zu erweitern.

> **Beispiel:** Der Angestellte A eines großen Versicherungsunternehmens will alle von ihm betreuten Versicherungsnehmer hinsichtlich einer Unfall-Haftpflicht-Versicherung auf eine Änderung der Rechtslage hinweisen und sendet ihnen eine Rundmail, bei der er die Mailadressen von 300 Personen für alle sichtbar in das Adressatenfeld einträgt. Hier liegt ein Verstoß gegen § 6 Abs. 1 DS-GVO iVm Art. 83 Abs. 5 lit.a DS-GVO vor. Die Pflichtverletzung wurde aber nicht von einem Organ iSv § 30 OWiG erfüllt. Nur wenn Anlass für die Geschäftsleitung bestanden hätte, auf den sorgsamen Umgang mit Adressatenfeldern bei Mails hinzuweisen und diese es nicht getan hat bzw nicht ausreichend überwacht hat, könnte mittelbar über § 130 OWiG eine Ordnungswidrigkeitsahndung eintreten. Dass dann wegen Verletzung der Aufsichtspflicht und nicht wegen Verletzung von Art. 6 DS-GVO die Verhängung einer Geldbuße erfolgt, dürfte an einer ausreichenden Umsetzung des Unionsrechts nichts ändern.

1145   So wäre es wohl unionsrechtlich **möglich**, die Verletzung der Pflichten, die eine juristische Person als Verantwortliche treffen, auch auf die **Mitarbeiter**

344   *Wolff*

und Angestellten der juristischen Person **zu erstrecken.** Der Referentenentwurf des Bundesinnenministeriums aus November 2016 sah ursprünglich eine nationalrechtliche Vorschrift vor, die die Ordnungswidrigkeitentatbestände auch auf Angestellte erstreckte. Diese Vorschrift ist nicht Gesetz geworden. Es bleibt daher bei den allgemeinen Regeln des Ordnungswidrigkeitenrechts. Die Landesgesetze weichen soweit ersichtlich, bisher insoweit von der Bundesregelung nicht ab.

Davon zu trennen ist die Verfolgung der **Repräsentanten** iSv § 30 OWiG. **1146** Die Norm lässt dabei eine Interpretation zu, sodass die Pflicht, die den Repräsentierten trifft, aber vom Repräsentanten verletzt wird, auch als Pflichtverletzung des Repäsentanten **selbst verstanden** wird. § 30 OWiG würde in dieser Auslegung somit den Ordnungswidrigkeitentatbestand, der unmittelbar durch die Verordnung geschaffen wird, über die juristische Person hinaus auf deren Repräsentanten erstrecken. Sofern das deutsche Ordnungswidrigkeitenrecht davon ausgehen sollte, dass § 30 OWiG die Erstreckung einer materiellen, mit Ordnungswidrigkeiten beschwerten Pflicht, die die juristische Person trifft, auch auf die Repräsentanten iSv § 30 OWiG zulässt, wäre dies unionsrechtlich zumindest möglich. Von Art. 84 Abs. 1 DS-GVO wäre dies gedeckt. Ob die deutsche Rechtspraxis diesen Weg gehen wird, wird sich zeigen. Das BDSG nF wollte ersichtlich keine Erstreckung der Ordnungswidrigkeiten über die Verantwortlichen/Auftragsverarbeiter hinaus, sodass es fraglich ist, ob man diese Beschränkung über die Berufung auf § 30 OWiG umgehen kann. Sollte man § 30 OWiG so verstehen, wäre die Norm gemäß Art. 84 Abs. 3 DS-GVO als Erweiterung der Kommission zu melden.

cc) Erweiterung auf andere Behörden. Fraglich ist, ob die Mitglieds- **1147** staaten Geldbußenkataloge erlassen dürfen, die den Erlass der Geldbuße **anderen Behörden zuweisen.** Mit Art. 84 DS-GVO wäre dies ohne weiteres vereinbar. Art. 84 DS-GVO spricht ausdrücklich davon, dass andere Sanktionen, die in Art. 83 DS-GVO vorgesehen sind, möglich sind. Eine Sanktion, die von einer anderen Behörde kommt, ist daher eine andere Sanktion. Die Erwägungsgründe sprechen ausdrücklich von verwaltungsrechtlichen Sanktionen (ErwGr 152). Daher bleibt es den Mitgliedsstaaten unbenommen, die Befugnis Ordnungswidrigkeitentatbestände zu sanktionieren, auch anderen Behörden als den Aufsichtsbehörden zuzuweisen.

4. Die Regelung außerhalb der Verordnung

Die Sanktionen für Datenschutzverletzungen **außerhalb** der **Verordnung** **1148** richten sich vornehmlich nach dem Fachrecht. Das BDSG nF enthält wenig Regelungen. So sind keine ausdrücklichen Ordnungswidrigkeitentatbestände im BDSG nF geregelt. In § 84 BDSG nF wird der Straftatbestand des § 52 BDSG nF auf den Bereich der Richtlinie erstreckt. Sonstige Sanktionen in Form von Ordnungswidrigkeiten sind nicht vorgesehen. Das Fachrecht kann Ordnungswidrigkeitentatbestände auch für den Datenschutzbereich schaffen, sofern es nicht in Kollision zur Verordnung gerät. Eine Exklusivität der Aufsichtsbehörden ist für diese Regelung dabei weder geboten noch ratsam.

III. Individuelle Rechtsdurchsetzung

1. Grundvoraussetzung: Transparenz durch Informationspflichten

1149   Ein wesentliches Anliegen der DS-GVO ist die Stärkung des Transparenzprinzips (Art. 5 Abs. 1 lit. a und ErwGr 39 DS-GVO). Denn gemäß Art. 8 Abs. 2 S. 1 GRC dürfen personenbezogene Daten nur nach Treu und Glauben verarbeitet werden. Eine wesentliche Ausprägung einer Datenverarbeitung nach Treu und Glauben ist aber, dass der Betroffene die maßgeblichen Faktoren der Verarbeitung seiner Daten nachvollziehen kann.[1273] Nur so kann er informiert und damit autonom über die Verarbeitung seiner Daten entscheiden.[1274] Ferner muss der Betroffene überhaupt wissen, dass jemand Daten über ihn verarbeitet, um einen Anlass zu haben, von seinen Betroffenenrechten Gebrauch zu machen.[1275]

Die zunehmende Digitalisierung des Alltags durch vernetzte Gegenstände (sog. **Internet der Dinge**) zeigt, wie wichtig es ist, dass der Betroffene weiß, dass es überhaupt zu einer Datenverarbeitung kommt, zu welchen Zwecken sie geschieht, wer dafür verantwortlich ist und wie er ihn erreichen kann. Alltägliche Gegenstände, mit deren Gebrauch bisher keine Datenverarbeitung verbunden war (z.B. Fernseher, Auto), sind nun mittels Sensoren in der Lage, ununterbrochen eine Vielzahl von personenbezogenen Daten zu erheben.[1276] Eine Sprachsteuerung setzt z.B. voraus, dass sie immer bereit ist, Befehle entgegenzunehmen (z.B. persönliche Assistenten wie Amazon Alexa oder Siri).[1277] Wie diese Geräte funktionieren, ist für den durchschnittlichen Nutzer nicht kontrollierbar und auch nur beschränkt beeinflussbar. Umso mehr muss der Betroffene daher darauf vertrauen, dass Informationspflichten diese Informationsasymmetrie verringern.

1150   Art. 13 und 14 DS-GVO verpflichtet den Verantwortlichen, den Betroffenen über die wichtigsten Rahmenbedingungen der Verarbeitung der ihn betreffenden Daten zu informieren. Die Regelungen unterscheiden – wie schon Art. 10 und 11 DSRL – danach, ob die **Daten beim Betroffenen erhoben worden sind oder auf andere Weise** (z.B. aus allgemeinzugänglichen Quellen oder durch Übermittlung Dritter). Unterschiede ergeben sich vor allem bei den Ausnahmen von der Informationspflicht (→ Rn. 1163 ff.) und dem Zeitpunkt der Information des Betroffenen (→ Rn. 1159 f.). Werden die Daten direkt beim Betroffenen erhoben, spricht in der Regel nichts dagegen, ihn zeitgleich zu informieren. Dies gilt auch dann, wenn die Datenerhebung ohne Mitwirkung des Betroffenen (z.B. mittels einer Videokamera) oder heimlich geschieht. Stammen die Daten aus einer anderen Quelle, fehlt es häufig an einem direkten Kontakt mit dem Betroffenen.

[1273] EuGH ZD 2015, 577 Rn. 32 – Bara.

[1274] Vgl. EuGH ZD 2011, 79 Rn. 58 – Deutsche Telekom (Veröffentlichung in Teilnehmerverzeichnissen gemäß Art. 12 e-PrivacyRL).

[1275] EuGH ZD 2015, 577 Rn. 33 – Bara.

[1276] *Roßnagel* Datenschutz in einem informatisierten Alltag, 134 f.; Art. 29-Gruppe, Opinion 8/2014 on the Recent Developments on the Internet of Things, WP 223 v. 16.9.2014, S. 6 f.; *Forum Privatheit* Das versteckte Internet, S. 8 f.

[1277] *Zuckerman* Beware the Listening Maschines, The Atlantic Monthly v. 17.6.2015.

a) Inhalt der Informationspflicht. Art. 13 und 14 DS-GVO unterschei- **1151**
den zwischen „Pflichtinformationen", die im Falle jeder Datenverarbeitung zu
geben sind (jeweils Absatz 1) und solchen Informationen, die dem Betroffenen, wie sich aus ErwGr 60 S. 2 DS-GVO ergibt, nur mitgeteilt werden müssen, wenn dies für eine faire und transparente Verarbeitung erforderlich ist (jeweils Absatz 2).[1278] Viele der in Art. 13 Abs. 2 und Art. 14 Abs. 2 DS-GVO
genannten Informationen werden aber für den Betroffenen typischerweise von
großer Bedeutung sein, sodass diese Voraussetzung in der Regel vorliegt. Dies
gilt insbesondere für die Informationen zum Vorliegen einer automatisierten
Einzelfallentscheidung mit erheblichen Auswirkungen auf den Betroffenen
sowie zur Speicherdauer und der Quelle der verarbeiteten Daten.[1279] Da
Art. 13 Abs. 2 und Art. 14 Abs. 2 DS-GVO im Übrigen vor allem allgemeine
Hinweise zur Rechtslage enthalten, spricht viel dafür, in der Praxis dem Betroffenen **generell alle Informationen zur Verfügung zu stellen,** die Art. 13
und 14 DS-GVO auflisten.[1280]

Der Umfang der Informationen, die dem Betroffenen gemäß Art. 13 und 14 **1152**
DS-GVO mitzuteilen sind, ist sehr ähnlich und unterscheidet sich nur in wenigen Punkten.

(1) Es fällt auf, dass der Betroffene bei einer Direkterhebung (Art. 13 DS-GVO)
nicht über die Kategorien der verarbeiteten Daten zu informieren ist. Vielfach wird er in
diesem Fall zwar wissen, welche Informationen über ihn erhoben worden sind, weil er
diese z. B. selbst bereitgestellt hat.[1281] Es sind aber auch ein Konstellationen denkbar, in
denen der Betroffene den Umfang der Datenerhebung gar nicht beurteilen kann oder sie
gar nicht bemerkt, z. B. die Datenverarbeitung durch die umfangreiche Sensorik in einem Auto. Im Ergebnis wird eine transparente Information ohne Nennung der betroffenen Datenkategorien, soweit diese nicht offensichtlich sind, praktisch kaum möglich
sein.

(2) Im Falle des Art. 14 DS-GVO ist zusätzlich die Quelle der Information anzuge-
ben (Art. 14 Abs. 2 lit. f DS-GVO); dies ist bei einer Direkterhebung überflüssig, da die
Daten vom Betroffenen stammen.

(3) Dafür ist der Betroffene im Falle der Direkterhebung darüber aufzuklären, ob es
eine vertragliche oder gesetzliche Pflicht zur Bereitstellung der Daten durch den Betroffenen gibt, sie für einen Vertragsschluss erforderlich sind und welche Folgen es hätte,
wenn er die Daten nicht bereitstellen würde (Art. 13 Abs. 2 lit. f DS-GVO). Hierdurch
wird der Entscheidungsfreiheit des Betroffenen Rechnung getragen. Der Betroffene
muss wissen, ob ihn eine Mitwirkungspflicht trifft oder ob er die Datenerhebung vermeiden kann (z. B. indem er einen videoüberwachten Bereich nicht betritt).

(4) Schließlich ist das berechtigte Interesse gemäß Art. 6 Abs. 1 UAbs. 1 lit. f DS-
GVO im Fall des Art. 14 DS-GVO keine Pflichtinformation (Art. 14 Abs. 2 lit. b DS-
GVO). In der Praxis wird das berechtigte Interesse dem Betroffenen aber in der Regel
offenzulegen sein. Wenn Informationen über ihn ohne Einwilligung oder gesetzliche
Verpflichtung verarbeitet werden, ist diese Information für ihn entscheidend, um überhaupt zu verstehen, warum der Verantwortliche meint, Daten über ihn verarbeiten zu
dürfen.

[1278] *Kamlah* in Plath DS-GVO Art. 13 Rn. 16; unklar *Paal* in Paal/Pauly DS-GVO
Art. 13 Rn. 22 f.

[1279] Ähnlich *Paal* in Paal/Pauly DS-GVO Art. 13 Rn. 22.

[1280] Ebenso *Paal* in Paal/Pauly DS-GVO Art. 13 Rn. 23.

[1281] Hierauf weist *Kamlah* in Plath DS-GVO Art. 13 Rn. 32 hin.

1153 Daraus ergibt sich, dass der Betroffene immer informiert werden muss über:

- die Kategorien der verarbeiteten Daten (dem Wortlaut nach nur im Falle des Art. 14 DS-GVO);
- den Namen und die Kontaktdaten des Verantwortlichen und – bei Unternehmen aus Drittstaaten – seines Vertreters in der Union gemäß Art. 27 DS-GVO sowie ggf. des betrieblichen Datenschutzbeauftragten;
- den Zweck und die Rechtsgrundlage der Datenverarbeitung sowie im Falle des Art. 6 Abs. 1 UAbs. 1 lit. f DS-GVO die überwiegenden berechtigten Interessen des Verantwortlichen oder Dritter (letzteres im Falle des Art. 14 dem Wortlaut nach eigentlich nur, wenn für eine faire und transparente Datenverarbeitung erforderlich);
- die Empfänger oder Kategorien von Empfängern;
- eine (beabsichtigte) Übermittlung in einen Drittstaat und die Rechtsgrundlage nach Art. 44 ff. DS-GVO hierfür.

1154 Soweit es für eine faire und transparente Datenverarbeitung erforderlich ist, sind zusätzlich folgende Informationen zu geben über:

- die Speicherdauer oder – falls noch offen – die hierfür maßgeblichen Kriterien;
- die Quelle der personenbezogenen Daten und insbesondere ob sie aus allgemein zugänglichen Quellen stammen (nicht bei Erhebung beim Betroffenen), wobei bei verschiedenen Quellen allgemeine Angaben ausreichen (ErwGr 61 letzter Satz DS-GVO);
- das Bestehen einer gesetzlichen oder vertraglichen Verpflichtung zur Bereitstellung der Daten, ihrer Erforderlichkeit für einen Vertragsabschluss und die Folgen einer Weigerung des Betroffenen, die Daten bereitzustellen (nur bei Direkterhebung nach Art. 13 DS-GVO);
- das Vorliegen einer automatisierten Einzelfallentscheidung nach Art. 22 DS-GVO sowie die „involvierte Logik" (hierzu → Rn. 743 ff.) und die Auswirkungen für den Betroffenen;
- das Recht zum Widerruf einer Einwilligung, die Betroffenenrechte nach Art. 15 ff. DS-GVO sowie das Beschwerderecht bei einer Datenschutzaufsichtsbehörde.

1155 **b) Bereitstellung der Informationen.** Das Datenschutzrecht folgt mit den umfangreichen Informationspflichten der Art. 13 und 14 DS-GVO dem im Verbraucherschutzrecht gebräuchlichen **Informationsmodell**. Insbesondere der Umfang der Informationen, die ein Betroffener wahrnehmen kann, ist aber begrenzt (sog. **information overload**).[1282] Es besteht zudem die Gefahr, dass der Betroffene „abstumpft", wenn er sehr häufig Informationen über Datenverarbeitungen erhält, und diese ungelesen „wegklickt".[1283] Ähnliche Bedenken werden gegen die Einwilligung vorgebracht (→ Rn. 471).

[1282] Etwa *Spindler* Gutachten 69. DJT (2012), F 99 und 105 m.w.N.; *Paal* in Paal/Pauly DS-GVO Art. 12 Rn. 5.

[1283] *Spindler* Gutachten 69. DJT (2012), F 99; *Roßnagel* DuD 2016, 561 (563) spricht gar von „Zwangs"-Information; bereits zuvor *Roßnagel* Datenschutz in einem informatisierten Alltag, S. 133 f.

III. Individuelle Rechtsdurchsetzung

Der Unionsgesetzgeber hat versucht, diesen Schwierigkeiten auf verschiedene Arten Rechnung zu tragen. Hinsichtlich der inhaltlichen Präsentation legte er fest, dass die Informationen dem Betroffenen „in **präziser, transparenter, verständlicher und leicht zugänglicher Form** in einer **klaren Sprache**" zur Verfügung gestellt werden müssen (Art. 12 Abs. 1 DS-GVO). Bei der Beurteilung der Verständlichkeit ist zu berücksichtigen, an welchen Adressatenkreis der Verantwortliche sich wendet[1284]; dies stellt Art. 12 Abs. 1 S. 1 2. HS DS-GVO für Kinder ausdrücklich klar. Die Kriterien entsprechen denen, die Art. 7 Abs. 2 S. 1 DS-GVO an vorformulierte Einwilligungserklärungen anlegt (→ Rn. 522 ff.). Soweit die Informationen zugleich Teil der Einwilligungserklärung sind oder den Anschein einer Einwilligung erwecken,[1285] können zudem die AGB-rechtlichen Transparenzanforderungen zu beachten sein.[1286]

1156

Hinsichtlich der **Form**, in der die Informationen zur Verfügung gestellt werden müssen, besteht keine Vorgabe (Art. 12 Abs. 1 S. 2 DS-GVO). Sie müssen aber für den Betroffenen **leicht zugänglich** sein. ErwGr 58 S. 2 DS-GVO nennt hier die Information über eine öffentlich zugängliche Website. Diese Option kommt freilich nur in Betracht, wenn die Information gegenüber allen Betroffenen einheitlich erfolgen kann, z. B. bei Werbung im Internet. Die Möglichkeit der Information über eine Website scheint jedoch nicht auf Internetangebote begrenzt zu sein. Gerade bei vernetzten Geräten oder einer Videoüberwachung wird es häufig – schon aus Platzgründen oder fehlender Displays – nicht möglich sein, alle Informationen darzustellen.[1287] Eine Alternative könnte es daher sein, den Betroffen darauf hinzuweisen, dass eine Verarbeitung seiner Daten stattfindet und er weitere Informationen auf einer bestimmten Website abrufen kann. Die Art. 29-Gruppe schlägt für ähnliche Situationen eine Information mittels eines QR-Codes vor.[1288] Zur Auffindbarkeit der Informationen auf einer Website können die Diskussionen zur Informationspflicht nach § 13 Abs. 1 S. 2 TMG erste Anhaltspunkte liefern.[1289]

1157

Dem Betroffenen kann das Verständnis der Informationen durch bildliche Darstellungen erleichtert werden (ErwGr 58 S. 1 DS-GVO). Diese sind für den Betroffenen umso leichter wahrnehmbar je gebräuchlicher sie sind. Art. 12 Abs. 7 DS-GVO gibt den Verantwortlichen daher die Option, die Informationen – zusätzlich oder in Kombination mit einer Darbietung in Textform – in Form standardisierter **Piktogramme** anzubieten. Die Standardisierung soll durch die Kommission mittels eines delegierten Rechtsakts geschehen (Art. 12 Abs. 8 DS-GVO). Art. 12 Abs. 7 S. 2 DS-GVO verlangt

1158

[1284] *Paal* in Paal/Pauly DS-GVO Art. 12 Rn. 25 f.

[1285] Vgl. LG Hamburg K&R 2009, 735 (zu den Nutzungsbedingungen von Google von 2008).

[1286] *Spindler/Nirk* in Spindler/Schuster Recht der elektronischen Medien § 13 TMG Rn. 10; Nitsch CR 2014, 272 (274 ff.) zum geltenden Recht.

[1287] *Roßnagel* Datenschutz in einem informatisierten Alltag, S. 134.

[1288] *Art. 29-Gruppe* Opinion 8/2014 on the Recent Developments on the Internet of Things, WP 223 v. 16.9.2014, S. 18.

[1289] Zusammenfassend *Spindler/Nirk* in Spindler/Schuster TMG § 13 Rn. 2 ff.; *Conrad/Hausen* in Auer-Reinsdorff/Conrad Handbuch IT- und Datenschutzrecht § 36 Rn. 125 ff.

zudem, dass die verwendeten Symbole maschinenlesbar sein müssen; hierdurch wird die Möglichkeit für Softwarelösungen eröffnet. Denkbar sind z.b. Browser, die den Betroffenen auf Umstände der Datenverarbeitung aufmerksam machen, denen er mehr Aufmerksamkeit schenken sollte. Vorbild hierzu sind die „Creative Commons"-Lizenzen.[1290]

1159 **c) Zeitpunkt.** Ein wesentlicher Unterschied zwischen Art. 13 und 14 DS-GVO ist der Zeitpunkt, zu dem der Betroffene informiert werden muss. Im Falle der Direkterhebung muss er die Informationen vor bzw. zeitgleich mit der Erhebung der Daten erhalten; nur so ist es ihm möglich, sich zu entscheiden, die Daten dem Verantwortlichen doch nicht zur Verfügung zu stellen.

1160 In allen anderen Konstellationen muss der Verantwortliche den Betroffenen innerhalb einer unter den konkreten Umständen angemessenen Frist informieren, spätestens aber einen Monat nach Erlangung der Daten. Eine Information kann aber auch früher geboten sein, wenn es bereits vor Ablauf dieser Frist zu einer direkten Kommunikation mit dem Betroffenen kommt, wenn die Daten an einen Dritten übermittelt werden oder wenn der Verantwortliche hierzu die Absicht hat (Art. 14 Abs. 3 DS-GVO).

1161 **d) Information über Zweckänderungen.** Ausdrücklich sehen Art. 13 Abs. 3 und Art. 14 Abs. 4 DS-GVO eine Pflicht des Verarbeiters vor, die betroffenen Personen vor einer Zweckänderung über diesen neuen Verarbeitungszweck zu informieren.[1291] Im Ergebnis kommt es daher zu einer **Stärkung der Zweckbindung durch höhere Transparenz.** Das beabsichtigte höhere Maß an Transparenz bei Zweckänderungen kann nur verwirklicht werden, wenn gegenüber dem Betroffenen ein deutlicher Hinweis erfolgt. Die bloße Änderung der Datenschutzerklärung auf einer Website dürfte daher nicht ausreichen.

1162 Für den Verantwortlichen stellt die Pflicht zur Information über Zweckänderungen in Fällen der Direkterhebung eine große Herausforderung dar. Häufig ist die betroffene Person nicht mehr so leicht erreichbar wie bei der Erhebung. Die Situation ähnelt dann eher der Verarbeitung ohne Erhebung beim Betroffenen nach Art. 14 DS-GVO; dies spiegelt sich aber nicht in den Ausnahmen wieder, die diesen praktischen Schwierigkeiten Rechnung tragen könnten (→ Rn. 1169). Daher sollte die Erstinformation des Betroffenen absehbare Zweckänderungen umfassen,[1292] sofern keine weitere Möglichkeit besteht, ihn zu kontaktieren. Eine Verarbeitung der Daten für Zwecke, die zum Zeitpunkt der Erhebung nicht absehbar waren – und mit denen der Betroffene auch nicht rechnen musste – ist damit sehr eingeschränkt.

1163 **e) Ausnahmen. aa) Erhebung bei der betroffenen Person.** Werden die Daten beim Betroffenen erhoben, lässt es sich schwer rechtfertigen, ihn nicht bei dieser Gelegenheit zu informieren. Dementsprechend entfällt in

---

[1290] *Albrecht* CR 2016, 88 (93); *Spindler* DB 2016, 637 (641).

[1291] Für eine solche Pflicht bereits nach Art. 10, 11 DSRL *Brühann* in Grabitz/Hilf Recht der EU Art. 11 DSRL Rn. 13. Für eine Information über die Rechtsgrundlage der Zweckänderung und ggf den Empfänger *Bäcker* in Kühling/Buchner DS-GVO Art. 13 Rn. 72.

[1292] So auch *Piltz* K&R 2016, 629 (630).

dieser Konstellation die Pflicht, den Betroffenen zu informieren, nur, wenn
der **Betroffene über alle Informationen bereits verfügt** (Art. 13 Abs. 4
DS-GVO).[1293]

Wie bereits ausgeführt, ist für den Verantwortlichen insbesondere schwie- **1164**
rig, die betroffene Person nach einer Direkterhebung über eine **Zweckänderung** gemäß Art. 13 Abs. 3 DS-GVO zu informieren. Häufig ist der Betroffenen dann nicht mehr erreichbar, wenn der Verantwortliche die Daten zu
Zwecken verarbeiten will, die bei der Erhebung noch nicht absehbar waren.
Der Verantwortliche steht dann vor ähnlichen praktischen Problemen, die betroffene Person zu informieren wie im Falle des Art. 14 DS-GVO. Hier hat der
Unionsgesetzgeber jedoch eine Ausnahme vorgesehen, wenn die Information
der betroffenen Person einen unverhältnismäßigen Aufwand bedeuten würde
(Art. 14 Abs. 5 lit. b DS-GVO).

Die Bundesregierung hatte ursprünglich versucht, diesen Gedanken in ein- **1165**
geschränkter Form auch auf Art. 13 Abs. 3 DS-GVO zu übertragen.[1294] Zusätzlich zu einem **unverhältnismäßigen Aufwand**, den die Information der
betroffenen Person verursachen würde, musste dessen Interesse an der Information über die Zweckänderung aufgrund des Kontextes der Erhebung gering
sein. Es war allerdings äußerst zweifelhaft, inwieweit es dem deutschen Gesetzgeber erlaubt ist, die Entscheidung des Unionsgesetzgebers zu korrigieren.
Diese Ausnahme ist im Gesetzgebungsverfahren allerdings bis zur Bedeu-
tungslosigkeit zusammengeschmolzen: Von einer Information kann gemäß
§ 32 Abs. 1 Nr. 1 BDSG nF nur noch abgesehen werden, wenn eine Reihe ku-
mulativer Voraussetzungen vorliegen: Erstens müssen die betroffenen Daten
„analog gespeichert" sein. Dieser Terminus ist bisher unbekannt; nicht darunter fallen dürfte jede automatisierte Verarbeitung. Denkbar ist also allenfalls
ein Karteikasten mit einer Kundenkartei. Zweitens darf die Weiterverarbeitung nur dazu dienen, die betroffene Person in „nicht digitaler Form" zu kontaktieren (zB per Post). Im Ergebnis verzögert die Ausnahme die Information
daher – ähnlich wie im Fall des Widerspruchs gegen Direktmarketing nach
Art. 21 Abs. 4 DS-GVO – bis zum Zeitpunkt der absehbaren Kommunikation
mit der betroffenen Person.[1295] Drittens muss die Verarbeitung mit dem Erhebungszweck vereinbar sein. Schließlich muss das Informationsinteresse der
betroffenen Person unter Berücksichtigung des Erhebungskontextes gering
sein; dies dürfte in der Regel anzunehmen sein.

Eine Information über eine Zweckänderung kann auch unterbleiben, wenn **1166**
die Daten zur **Geltendmachung, Ausübung oder Verteidigung rechtlicher
Ansprüche** verarbeitet werden (§ 32 Abs. 1 Nr. 5 BDSG nF). Dieser Zweck
genießt in der DS-GVO eine herausgehobene Bedeutung (vgl. Art. 9 Abs. 2
lit. f; Art. 17 Abs. 3 lit. e; Art. 21 Abs. 1 S. 2; Art. 49 Abs. 1 UAbs. 1 lit. e DS-
GVO). Art. 23 Abs. 1 lit. j DS-GVO, auf den sich die Gesetzesbegründung

---

[1293] *Paal* in Paal/Pauly, DS-GVO Art. 13 Rn. 35 hält im Verweis auf ErwGr 63 eine
Übertragung der Ausschlussgründe des Art. 14 Abs. 5 DS-GVO für „diskutabel", weist
aber selbst darauf hin, dass viel dafürspreche, dass ErwGr 63 nur auf Art. 14 beziehe.
[1294] BT-Drs. 18/11325, S. 102 f.
[1295] BT-Drs. 18/12144, S. 4.

stützt,[1296] erfasst nur die Durchsetzung von zivilrechtlichen Ansprüchen (zB im Rahmen der Zwangsvollstreckung) und trägt diese Ausnahme daher zumindest nicht vollständig. Sie ist aber auch zum Schutz der Rechte des Verantwortlichen sowie Dritter (Art. 23 Abs. 1 lit. i DS-GVO) erforderlich. Ein Absehen von der Information der betroffenen Person ist aber nur zulässig, wenn dies die Rechtsdurchsetzung gefährden würde und wenn die Interessen des Verantwortlichen gegenüber den Interessen der betroffenen Person an der Informationserteilung überwiegen. Eine Gefährdung der Rechtsdurchsetzung wird man nur annehmen können, wenn es Hinweise gibt, dass die betroffene Person Maßnahmen ergreifen wird, die eine Rechtsverfolgung erheblich erschweren (zB Vermögensverschiebungen).

1167 Weitere Ausnahmen von der Pflicht zur Information über Zweckänderungen betreffen die **Verarbeitung durch Behörden** und die Weitergabe von Informationen eines Privaten an eine öffentliche Stelle. So unterbleibt die Information der betroffenen Person, wenn dies die Erfüllung einer Aufgabe einer öffentlichen Stelle gefährden würde, die den in Art. 23 Abs. 1 lit. a bis lit. e DS-GVO genannten Zielen dient, und dies gegenüber den Interessen der betroffenen Person an der Informationserteilung überwiegt (§ 32 Abs. 1 Nr. 2 BDSG nF). § 32 Abs. 1 Nr. 3 BDSG nF variiert dies letztlich, da danach eine Informationserteilung unter den gleichen Voraussetzungen unterbleiben kann, wenn sie die „öffentliche Sicherheit und Ordnung" oder das Wohl des Bundes oder eines Landes gefährden würde. Schließlich darf eine Information unterbleiben, wenn dadurch die „vertrauliche Übermittlung von Daten an öffentliche Stellen" gefährdet werden würde. Diese Ausnahme zielt auf **Hinweise, die Private Behörden geben** und die als Ansatzpunkt für Strafverfolgungsmaßnahmen dienen können sowie auf Whistleblower.

Beispiel: Eine Autovermietung bemerkt an der Stoßstange eines Mietwagens Blut und informiert hierüber die Polizei. Eine derartige Übermittlung fällt nicht unter die JI-RL, da diese nur für die zuständigen Behörden gilt (vgl. Art. 2 Abs. 2 lit. d DS-GVO).

1168 Der deutsche Gesetzgeber hat versucht, die Einschränkung des Informationsrechts bei Zweckänderungen abzumildern, indem er den Verantwortlichen verpflichtet, zum einen geeignete Schutzmaßnahmen zu ergreifen, worunter er insbesondere öffentliche Informationen versteht (§ 32 Abs. 2 S. 1 BDSG nF), und zum anderen die Gründe für das Unterbleiben der Information schriftlich zu dokumentieren (§ 32 Abs. 2 S. 2 BDSG nF). Warum der Gesetzgeber sich entschieden hat, auf diese kompensatorischen Maßnahmen in den Fällen der Rechtsdurchsetzung und der Mitteilung von Hinweisen an Behörden zu verzichten (§ 32 Abs. 2 S. 3 BDSG nF) und sie anders zu behandeln, erschließt sich nicht. Schließlich stellt § 32 Abs. 3 BDSG nF klar, dass die Information der betroffenen Person über die Zweckänderung innerhalb von zwei Wochen nachzuholen ist, nachdem der Grund für ihr Unterbleiben weggefallen ist.

1169 **bb) Nicht bei der betroffenen Person erhobene Daten.** Großzügiger sind die Ausnahmen, wenn die Daten nicht beim Betroffenen erhoben wor-

---

[1296] BT-Drs. 18/11325, S. 103.

den sind. Zusätzlich kann auch die Information des Betroffenen verzichtet werden, wenn

– die Informationserteilung sich als **unmöglich** erweist oder einen **unverhältnismäßigen Aufwand** erfordert (Art. 14 Abs. 5 lit. b DS-GVO, z.B. wegen fehlender Kontaktdaten des Betroffenen). Hierbei kommt es nicht nur auf die Unverhältnismäßigkeit des Aufwands im konkreten Einzelfall an, denn nach ErwGr 62 letzter Satz DS-GVO kann auch der Aufwand durch eine große Zahl Betroffener unverhältnismäßig sein. Beispielhaft wird hier auch die Verarbeitung zu statistischen, wissenschaftlichen, historischen Zwecken oder für Archivzwecke genannt. In diesen Konstellationen kann von einer Information aber auch häufig deshalb abgesehen werden, weil die Rechte des Betroffenen durch andere Gewährleistungen geschützt sind (vgl. Art. 89 Abs. 1 DS-GVO) und die Beeinträchtigung ihrer Interessen und Rechte typischerweise gering ist.[1297] Ob daher bei Big Data-Anwendungen allein wegen der Zahl der Betroffenen von einer Informationspflicht abgesehen werden kann,[1298] ist im Einzelfall zu beurteilen.
– die Erlangung oder Offenlegung der Informationen auf einer **gesetzlichen Grundlage** erfolgt und diese geeignete Maßnahmen zum Schutz des Betroffenen enthält (Art. 14 Abs. 5 lit. c DS-GVO). Hintergrund dieser Ausnahme ist, dass der Betroffene sich in diesen Fällen auf Basis des Gesetzes über die Umstände der Verarbeitung seiner Daten informieren kann.
– die personenbezogenen Daten einem **Berufsgeheimnis** unterliegen (Art. 14 Abs. 5 lit. d DS-GVO, z.B. ein Rechtsanwalt erhält von seinem Mandanten personenbezogene Daten über den Prozessgegner).

§ 33 Abs. 1 BDSG nF führt eine Reihe zusätzlicher Ausnahmen ein. Diese **1170** dienen – wie die Ausnahmen von der Informationsflicht über Zweckänderungen nach Art. 13 Abs. 3 DS-GVO – vor allem öffentlichen Zwecken, nämlich der **Gewährleistung der Aufgabenerfüllung** einer öffentlichen Stelle für die Zwecke des Art. 23 Abs. 1 lit. a bis lit. e DS-GVO (§ 33 Abs. 1 Nr. 1 lit. a BDSG nF) und der Abwehr **von Gefahren für die öffentliche Sicherheit und Ordnung** oder für das Wohl des Bundes oder eines Landes (§ 33 Abs. 1 Nr. 1 lit. b und Nr. 2 lit. b BDSG nF). Auch hier ist eine Interessenabwägung vorzunehmen. Diese fehlt zwar im Fall des § 33 Abs. 1 Nr. 2 lit. b BDSG nF, ist aber auch dort aus Gründen der Verhältnismäßigkeit hineinzulesen, da kein Grund besteht den Verzicht auf die Information der betroffenen Person aus Gründen der öffentlichen Sicherheit im Falle von öffentlichen und nichtöffentlichen Stellen unterschiedlich zu behandeln. Es soll aber grundsätzlich nicht in der Hand einer nichtöffentlichen Stelle liegen zu beurteilen, ob die Information der betroffenen Person die öffentliche Sicherheit und Ordnung gefährden würde; dies muss nach § 33 Abs. 1 Nr. 2 lit. b HS. 1 BDSG nF die zuständige öffentliche Stelle feststellen, der die Verhütung dieser Gefahren ja auch obliegt. Eine Rückausnahme besteht im Falle der Verarbeitung zu Zwecken der

---

[1297] Vgl. zu Art. 11 DSRL *Brühann* in Grabitz/Hilf Recht der EU Art. 11 RL/95/46/EG Rn. 8 f.
[1298] So *Werkmeister/Brandt* CR 2016, 233 (236); aA *Bäcker* in Kühling/Buchner DS-GVO Art. 13 Rn. 55.

Strafverfolgung (§ 33 Abs. 1 Nr. 2 lit. b HS. 2 BDSG nF). Warum eine nicht-öffentliche Stelle im Falle der Strafverfolgung auf einmal in der Lage sein soll, diese Frage zu beurteilen, erschließt sich nicht.[1299]

1171 Eine öffentliche Stelle des Bundes darf die betroffene Person über die Übermittlung von Daten an die Nachrichtendienste und das Bundesverteidigungsministerium in einem Fall, der die Sicherheit des Bundes berührt, nur informieren, wenn der Empfänger der Daten zugestimmt hat (§ 33 Abs. 3 BDSG nF; bisher § 19 Abs. 3 BDSG aF).

1172 Im Bereich der privaten Datenverarbeitung ist die wichtigste Ausnahmeregelung § 33 Abs. 1 Nr. 2 lit. a BDSG nF, die zwei Fälle betrifft. Von einer Information der betroffenen Person kann danach abgesehen werden, wenn

– dies – ähnlich wie nach § 32 Abs. 1 Nr. 5 BDSG nF (→ Rn. 1166) – die Geltendmachung, Ausübung oder Verteidigung rechtlicher Ansprüche gefährden würde oder

– lediglich Daten „aus zivilrechtlichen Verträgen" zur „Verhütung von Schäden durch Straftaten" verarbeitet werden.

In beiden Fällen darf zudem das Informationsinteresse des Betroffenen nicht überwiegen.

1173 Die zweite Ausnahme zielt vor allem auf die Betrugspräventionsdateien im wirtschaftlichen Verkehr[1300] und vor allem auf die Verarbeitung durch **Warn- und Hinweissysteme der Versicherungswirtschaft**, mit denen Versicherungsbetrug verhindert werden soll, aber auch „**schwarze Listen**" von Kunden im Versandhandel. Nicht unter diese Ausnahme dürfte sich die Tätigkeit von Auskunfteien fassen lassen. Diese verarbeiten zum einen nicht nur die Vertragsdaten; zum anderen ermitteln sie die Bonität des Vertragspartners und treffen damit eine Aussage über sein zukünftiges Verhalten. Eine Straftat in Form eines Eingehungsbetruges liegt aber nur vor, wenn die betroffene Person zum Zeitpunkt des Vertragsschlusses bereits wusste, dass die die eingegangenen Verpflichtungen nicht begleichen kann.

1174 § 33 Abs. 1 Nr. 2 lit. a BDSG nF verlangt seinem Wortlaut nach nicht, dass das Unterbleiben der Information der betroffenen Person erforderlich ist, um diesen Zweck zu erreichen. Die Regelung ist daher unionsrechtskonform so auszulegen. Nur in diesem Rahmen kann eine Ausnahme von Art. 14 DS-GVO nach Art. 23 Abs. 1 DS-GVO gerechtfertigt sein. In vielen Fällen ist es aber zweifelhaft, ob eine Verhütung von Schäden durch Straftaten eine Verarbeitung im Verborgenen erfordert. Die Schadensprävention wird idR auch erreicht, wenn die betroffene Person über die Verarbeitung informiert wird. Das höhere Maß an Transparenz führt nicht nur dazu, dass Straftäter abgeschreckt werden und betroffene Personen gegen eine falsche Eintragung in einer Warndatei vorgehen können; dies ist aber sogar im Interesse der angeschlossenen Unternehmen, weil hierdurch die Qualität der Daten verbessert wird.[1301]

[1299] Unergiebig ist auch der Bericht des Innenausschusses BT-Drs. 18/12144, S. 5.
[1300] BT-Drs. 18/12144, S. 5.
[1301] Ähnlich kritisch zur „Vorgängerregelung" in § 33 Abs. 2 S. 1 Nr. 7 lit. b BDSG aF *Dix* in Simitis BDSG aF § 33 Rn. 111; *Gola/Klug/Körffer* in Gola/Schomerus BDSG aF § 33 Rn. 40.

Wie im Falle des § 32 BDSG nF muss der Verantwortliche auch hier kom- **1175** pensatorische Maßnahmen ergreifen und die Gründe für das Absehen von der Information dokumentieren (§ 33 Abs. 2 BDSG nF; → Rn. 1168).

f) Rechtsfolgen bei Verletzung der Informationspflicht. Nicht eindeu- **1176** tig geregelt ist, welche Folgen eine fehlerhafte oder unterlassene Information für die Zulässigkeit der Datenverarbeitung hat. Nicht für sich allein überzeugend ist das Argument, dass Verstöße gegen Art. 13 und 14 DS-GVO unabhängig von der Rechtmäßigkeit der Verarbeitung mit einem Bußgeld belegt sind (vgl. Art. 83 Abs. 4 lit. b DS-GVO).[1302] Soweit die Datenverarbeitung auf der Basis einer Einwilligung erfolgt, wird sie unwirksam sein, weil der Betroffene nicht ausreichend informiert eingewilligt hat;[1303] eine Ausnahme wird man nur für die Informationen annehmen können, die mehr den Charakter allgemeiner Hinweise haben.

Ähnliches gilt, wenn der Betroffene bei der Datenerhebung nicht zur Mit- **1177** wirkung verpflichtet war: Dann hätte er in Kenntnis der Umstände der Datenverarbeitung möglicherweise seine Mitwirkung verweigert (zB Betreten eines videoüberwachten Areals). In dieser Konstellation schützen Art. 13, 14 DS-GVO als flankierende Regelungen und Ausprägung des Grundsatzes einer fairen und transparenten Datenverarbeitung (Art. 5 Abs. 1 lit. a DS-GVO) die Autonomie des Betroffenen. Nur informiert kann er selbst entscheiden, ob er sich der Situation, in der die Datenerhebung folgt, aussetzen will oder nicht. Dies spricht dafür, auch in diesen Fällen eine Unwirksamkeit der Verarbeitung anzunehmen.

g) Informationspflichten außerhalb des Datenschutzrechts. Transpa- **1178** renzpflichten können sich nicht nur aus der DS-GVO ergeben, sondern auch aus vertraglichen Verpflichtungen oder wettbewerbsrechtlichen Vorgaben. Dies gilt insbesondere im Zusammenhang mit vernetzten Alltagsgegenständen (**Internet der Dinge**).

Beispiele:
(1) Ein Käufer eines Autos verweigerte die Abnahme, weil dort personenbezogene Daten im Navigationsgerät gespeichert werden würden. Das Gericht folgte den Argumenten des Klägers zwar nicht. Es stellte aber fest, es könne ein Sachmangel vorliegen, wenn eine „nicht beeinflussbare Weiterleitung personenbezogener Daten aus dem Fahrzeug an Dritte zu befürchten ist".[1304] Will ein Verkäufer vermeiden, dass sich der Käufer auf einen solchen Sachmangel berufen kann, muss er den Käufer über diesen Umstand vor dem Kauf informieren (vgl. § 442 Abs. 1 S. 1 BGB).
(2) Im Fall einer Klage eines Verbraucherverbands gegen die deutsche Vertriebsgesellschaft eines südkoreanischen Fernseherstellers kamen datenschutzrechtliche Ansprüche zwar nicht in Betracht, denn die Vertriebsgesellschaft erhob selbst keine Daten über die Nutzer mittels des internetfähigen Fernsehers (SmartTV). Das LG

[1302] Hierauf abstellend *Kamlah* in DS-GVO Art. 13 Rn. 17.; *Albrecht/Jotzo* Das neue Datenschutzrecht der EU, Teil 4 Rn. 8; i.E. auch *Franck* in Gola DS-GVO Art. 13 Rn. 37.

[1303] Insgesamt wie hier *Bäcker* in Kühling/Buchner DS-GVO Art. 13 Rn. 66. Vgl. zu § 4 Abs. 3 BDSG *Scholz/Sokol* in Simitis BDSG aF § 4a Rn. 60; *Bäcker* in Wolff/Brink BeckOK DatenschutzR BDSG § 4 aF Rn. 79; aA *Albrecht/Jotzo* Das neue Datenschutzrecht der EU, Teil 3 Rn. 41.

[1304] OLG Hamm ZD 2016, 230 – Land Rover.

Frankfurt a.M.[1305] nahm aber einen Anspruch aus § 5a Abs. 2, § 8 UWG i.V.m. § 13 Abs. 2 TMG gegen die Vertriebsgesellschaft an. Für viele Kunden sei der Datenschutz wichtig und beeinflusse ihr Kaufverhalten. Die Käufer rechneten bei Alltagsgegenständen nicht damit, dass über ihr Nutzungsverhalten Daten möglicherweise ohne ihre Zustimmung über sie erhoben und weitergeleitet werden würden. Die Vertriebsgesellschaft treffe daher eine Pflicht zur Information, ggf. durch einen Aufdruck auf der Verpackung (!).

1179   **h) Besonderheiten im Anwendungsbereich der JI-RL.   aa) Zweistufige Informationspflicht.** Die Herangehensweise der JI-RL in Art. 12 f. und ihr folgend in §§ 55 f. BDSG nF unterscheidet sich grundlegend von der DS-GVO. Vorgesehen ist eine **zweistufige Form der Information** der betroffenen Person:

– Die **erste Stufe** (Art. 12 JI-RL, § 55 BDSG nF) umfasst allgemeine Informationen über die Zwecke, zu denen Daten verarbeitet werden, Betroffenenrechte und die zuständige Datenschutzaufsichtsbehörde sowie das Recht, sich an sie zu wenden. Diese Informationen können auch auf der Website einer Behörde veröffentlicht werden (ErwGr 42 S. 2 JI-RL).[1306] Letztlich handelt es sich hierbei um **allgemeine Bürgerinformationen**, die dem Einzelnen kaum erlauben abzuschätzen, ob und zu welchem Zweck Daten über ihn verarbeitet werden.

– Diese Informationen – zumindest zur Rechtsgrundlage der Verarbeitung, ihrer Dauer sowie ggf. den Empfängern – erhält die betroffene Person nach § 56 Abs. 1 BDSG nF in einer **zweiten Stufe** nur, wenn dies in **speziellen Rechtsvorschriften angeordnet** ist. Art. 13 Abs. 2 JI-RL spricht vage von einer Informationspflicht „in besonderen Fällen". Wann diese Informationspflicht greift, muss sich daher aus dem jeweiligen Fachrecht ergeben.

1180   Selbst wenn man berücksichtigt, dass staatliche Ermittlungsmaßnahmen häufig verdeckt erfolgen müssen, verwundert dieser Ansatz: Der Unionsgesetzgeber in Art. 12 f. JI-RL und ihm folgend der deutsche Gesetzgeber in §§ 55 f. BDSG nF legen an die Transparenz staatlicher Datenverarbeitungsvorgänge einen geringen Maßstab an als im Anwendungsbereich der DS-GVO. Den unmittelbar grundrechtsverpflichteten Staat treffen bei der Verarbeitung personenbezogener Daten danach geringere Anforderungen als Private, und dies in einem typischerweise sehr eingriffsintensiven Bereich staatlicher Datenverarbeitung. Rechtspolitisch ist dies eine Schieflage.

1181   Auch grundrechtlich werfen die Regelungen Fragen auf, zumal es dem Bundesgesetzgeber freigestanden hätte, über den Standard der JI-RL hinauszugehen: Der Einzelne hat ein Interesse daran zu erfahren, dass über ihn Daten verarbeitet werden und zu welchem Zweck dies geschieht. Anderenfalls besteht die Gefahr, dass sich der Einzelne in der Ausübung seiner Freiheit gehemmt fühlt,[1307] möglicherweise sogar ein Gefühl „diffuser Bedrohlichkeit" entsteht.[1308] Im Ausgangspunkt muss staatliche Datenverarbeitung daher aus

---

[1305] LG Frankfurt a.M. BeckRS 2016, 10907 – Samsung SmartTV.
[1306] Siehe auch BT-Drs. 18/11325, S. 116.
[1307] BVerfGE 120, 351 (365) – Bundeszentralamt für Steuern.
[1308] BVerfGE 141, 220 Rn. 135 – BKA-Gesetz.

Gründen der Verhältnismäßigkeit soweit wie möglich offen[1309] und transparent erfolgen. Die Transparenz der Datenverarbeitung ist auch eine Ausprägung des Grundsatzes von Treu und Glauben, der bei jeder Datenverarbeitung einzuhalten ist.[1310] Grundsätzlich muss daher die betroffene Person über jede Verarbeitung ihrer Daten durch staatliche Stellen informiert werden und nicht nur in „bestimmten Fällen". Allein die Vermeidung von Verwaltungsaufwand kann eine pauschale Ausnahme nicht rechtfertigen. Natürlich kann eine Ausnahme geboten sein, wenn verdeckt Informationen erhoben werden müssen (hierzu sogleich); auch in diesem Fall ist die betroffene Person aber nachträglich zu informieren.[1311]

bb) Ausnahmen. § 56 Abs. 2 BDSG nF erlaubt, von der Information der **1182** betroffenen Person abzusehen oder sie aufzuschieben, wenn hierdurch die Erfüllung der Aufgaben nach § 45 BDSG nF, die öffentliche Sicherheit oder Rechtsgüter Dritter gefährdet werden würden und das Interesse an der Vermeidung dieser Gefahren gegenüber dem Informationsinteresse der betroffenen Person überwiegt. Diese Ausnahmetatbestände sind ausgesprochen weit gefasst[1312] und müssen im Lichte der Rechtsprechung des BVerfG restriktiv ausgelegt werden. Wenn etwa durch die Information der betroffenen Person bestimmte Ermittlungsmethoden oder Informationsquellen der zuständigen Behörden offengelegt werden müssten, kann diese abstrakte Gefährdung der Aufgabenerfüllung nicht die Information im Einzelfall dauerhaft ausschließen.[1313] Fraglich ist, ob es möglich ist, von einer Benachrichtigung im wohlverstandenen Interesse der betroffenen Person abzusehen, wenn sie als Drittbetroffener nur geringfügig von einer Ermittlungsmaßnahme betroffen ist (vgl. § 101 Abs. 4 S. 4 StPO);[1314] § 56 Abs. 2 BDSG nF und Art. 13 Abs. 3 JI-RL nennen als Rechtfertigungsgründe nur die Rechtsgüter anderer Personen, nicht des Betroffenen.

2. Betroffenenrechte

a) Geltendmachung der Betroffenenrechte. Die Geltendmachung der **1183** Betroffenenrechte steht unter zwei Leitmotiven: Erstens soll sie ohne weitere Voraussetzungen möglich sein. Dementsprechend darf von dem Betroffenen für die Erfüllung der Betroffenenrechte gemäß Art. 13 ff. DS-GVO und Art. 34 DS-GVO **kein Entgelt** verlangt werden, es sei denn er macht diese Rechte offenkundig unbegründet oder exzessiv geltend. Dann kann der Verant-

---

[1309] Zum Vorrang offener vor verdeckter Informationserhebung BVerfGE 115, 320 (347) – Rasterfahndung; BVerfGE 120, 378 (402) – Automatische Kennzeichenerfassung. Zu Art. 8 GRC *Kingreen* in Calliess/Ruffert EUV/AEUV Art. 8 GRC Rn. 16.

[1310] *Sobotta* in Grabitz/Hilf/Nettesheim Recht der EU Art. 16 AEUV Rn. 47; vgl. auch EuGH ZD 2015, 577 Rn. 34 – Bara (zu Art. 6 DSRL).

[1311] BVerfGE 141, 220 Rn. 136 ff. mwN; EuGH NJW 2017, 717 Rn. 121 – Tele2 Sveridge AB ua; EGMR BeckRS 2016, 21494, § 286 ff. – Zakharov ./. Russia.

[1312] Kritisch bereits zu Art. 13 Abs. 3 JI-RL *Schwichtenberg* DuD 2016, 605 (608); Bäcker/Hornung ZD 2012, 147 (150 f.).

[1313] *Bäcker/Hornung* ZD 2012, 147 (151); vgl. BVerfGE 141, 220 Rn. 261 – BKA-Gesetz zum Einsatz verdeckter Ermittler.

[1314] Für eine Unvereinbarkeit mit der JI-RL *Bäcker/Hornung* ZD 2012, 147 (151).

wortliche ein angemessenes Entgelt, insbesondere zur Deckung seiner Verwaltungskosten,[1315] verlangen oder die Erfüllung verweigern (Art. 15 Abs. 5 S. 1 DS-GVO). Exzessiv soll vor allem eine wiederholte Geltendmachung sein. Hierbei ist aber nicht allein die Zahl oder Häufigkeit entscheidend.[1316] Aufgrund der hohen Bedeutung der Betroffenenrechte für die Verwirklichung von Art. 7, 8 GRC sollen nur Fälle des Rechtsmissbrauchs ausgeschlossen sein.[1317] Hiervon lässt sich aber dann nicht mehr sprechen, wenn der Betroffene objektiv Anlass für die Vermutung hatte, dass sich zwischen seinen Ersuchen die Sachlage verändert hat.[1318] Die Beweislast für den Nachweis eines solchen Rechtsmissbrauchs liegt beim Verantwortlichen (Art. 12 Abs. 5 S. 3 DS-GVO).

1184 Das zweite Leitmotiv ist, dass der Verantwortliche dem Betroffenen nicht nur bei der Geltendmachung der Betroffenenrechte keine unnötigen Steine in den Weg legt, sondern ihn unterstützt und ihm die Geltendmachung erleichtert (Art. 12 Abs. 2 S. 1 DS-GVO).[1319] Dies ist Ausfluss des Prinzips einer Verarbeitung nach Treu und Glauben (Art. 5 Abs. 1 lit. a DS-GVO; Art. 8 Abs. 2 S. 1 GRC).

1185 Dies zeigt sich insbesondere bei der Frage, wie der Betroffene gegenüber dem Verantwortlichen seine **Identität** nachweisen soll. Gelingt dies nicht, kann der Verantwortliche die Erfüllung der Rechte des Betroffenen verweigern (Art. 12 Abs. 2 S. 2 und Art. 11 Abs. 2 S. 2 DS-GVO). Der Verantwortliche muss den Betroffenen aber hierüber informieren und ihm Gelegenheit geben, ergänzende Informationen zur Verfügung zu stellen (Art. 11 Abs. 2 S. 2 DS-GVO; Art. 12 Abs. 6 DS-GVO). Dabei muss er dem Betroffenen seine Authentifizierung erleichtern, indem er selbst alle vertretbaren Maßnahmen ergreift, um die Identität des Betroffenen zu überprüfen (ErwGr 64 S. 1 DS-GVO). Hierzu gehört, dass er ihm z.B. bei Online-Diensten erlaubt, seine Berechtigung wie auch sonst bei der Nutzung nachzuweisen (ErwGr 57 S. 3, ErwGr 64 S. 1 DS-GVO). Daraus lassen sich einige verallgemeinerungsfähige Grundsätze ableiten: Erstens darf der Verantwortliche nicht mit zweierlei Maß messen und strengere Maßstände anlegen als sonst, wenn der Betroffene seine Rechte geltend macht. So muss der Betroffene z.B. nicht mit seinem Klarnamen Auskunft verlangen, wenn der Verantwortliche die Daten dem Betroffenen über ein anderes Identifizierungsmerkmal zuordnet (z.B. Pseudonym des Betroffenen, IP-Adresse).[1320] Zweitens müssen die technischen Möglichkeiten, die für die Verarbeitung genutzt werden, auch zugunsten des Betroffenen eingesetzt werden, wenn dieser seine Rechte geltend macht.

[1315] Nach EuGH ZD 2014, 248 Rn. 30 waren die Kosten der Erfüllung des Auskunftsanspruchs die Obergrenze, da Art. 12 lit. a DSRL vorsah, das Entgelt dürfe nicht übermäßig sein.

[1316] So aber *Kamlah* in Plath DS-GVO Art. 12 Rn. 20.

[1317] Ähnlich *Paal* in Paal/Pauly DS-GVO Art. 12 Rn. 66.

[1318] Vgl. *Brühann* in Grabitz/Hilf Recht der EU Art. 12 RL 95/46/EG Rn. 4 zu Art. 12 DSLR, der eine Auskunft „in angemessenen Abständen" vorsah, wonach grundlos wiederholte Anfragen ausgeschlossen werden sollten.

[1319] AA *Kamlah* in Plath DS-GVO Art. 12 Rn. 11 („nur allgemeines Behinderungsverbot").

[1320] *Art. 29-Gruppe* Guidelines on the right to data portability WP 242 v. 13.12.2016, 11.

Während Art. 12 lit. a DSRL den Verantwortlichen verpflichtete, ohne zu- **1186** mutbare Verzögerung auf einen Antrag des Betroffenen zu reagieren, setzt die DS-GVO bei der Kommunikation des Verantwortlichen mit dem Betroffenen an. Grundsätzlich muss der Verantwortliche den Betroffenen unverzüglich, **spätestens aber nach einem Monat**, darüber informieren, was er aufgrund der Ausübung seiner Betroffenenrechte getan hat (Art. 12 Abs. 3 S. 1 DS-GVO) oder aus welchen Gründen er untätig geblieben ist (Art. 12 Abs. 4 DS-GVO). Bleibt er untätig, muss er den Betroffenen auf sein Beschwerderecht und die Möglichkeit gerichtlichen Rechtsschutzes hinweisen. Die Frist kann bei einer hohen Komplexität oder einer großen Zahl von Anfragen um zwei Monate verlängert werden; dann muss der Verantwortliche dem Betroffenen innerhalb eines Monats über den Zwischenstand informieren (Art. 12 Abs. 3 S. 2 und 3 DS-GVO).

b) Beschränkung der Betroffenenrechte nach Art. 23 DS-GVO. Im **1187** Vergleich zum deutschen Recht fällt auf, dass die DS-GVO nur eine sehr geringe Zahl von Ausnahmen von den Betroffenenrechten enthält. Neben Art. 89 Abs. 2 und 3 für die Verarbeitung zu Zwecken der Forschung, Statistik und in Archiven (→ Rn. 1356 ff.) erlaubt Art. 23 Abs. 1 DS-GVO – wie Art. 13 DSRL – vor allem für gewichtige öffentliche Zwecke Ausnahmen von den Betroffenenrechten:

– Nationale Sicherheit;
– Landesverteidigung;
– Öffentliche Sicherheit:
– die Verhütung, Ermittlung, Aufdeckung oder Verfolgung von Straftaten oder die Strafvollstreckung, einschließlich des Schutzes vor und der Abwehr von Gefahren für die öffentliche Sicherheit;
– den Schutz sonstiger wichtiger Ziele des allgemeinen öffentlichen Interesses der Union oder eines Mitgliedsstaats, insbesondere eines wichtigen wirtschaftlichen oder finanziellen Interesses der Union oder eines Mitgliedsstaats, etwa im Währungs-, Haushalts- und Steuerbereich sowie im Bereich der öffentlichen Gesundheit und der sozialen Sicherheit;
– den Schutz der Unabhängigkeit der Justiz und den Schutz von Gerichtsverfahren;
– die Verhütung, Aufdeckung, Ermittlung und Verfolgung von Verstößen gegen die berufsständischen Regeln reglementierter Berufe;
– Kontroll-, Überwachungs- und Ordnungsfunktionen, die dauernd oder zeitweise mit der Ausübung öffentlicher Gewalt für die unter den Buchstaben a bis e und g genannten Zwecke verbunden sind;
– den Schutz der betroffenen Person oder der Rechte und Freiheiten anderer Personen;
– die Durchsetzung zivilrechtlicher Ansprüche.

Die Auflistung der Rechtsgüter, zu deren Schutz die Betroffenenrechte ein- **1188** geschränkt werden dürfen, zeigt, dass es sich vor allem um Rechtsgüter aus der öffentlichen Sphäre handelt. Dies gilt auch für die „Durchsetzung" zivilrechtlicher Ansprüche (Art. 23 Abs. 1 lit. j DS-GVO), und den Schutz der Rechte und Freiheiten anderer Personen (Art. 23 Abs. 1 lit. i DS-GVO). Mit der Durchsetzung zivilrechtlicher Ansprüche („enforcement of civil law claims") zielt der Unionsgesetzgeber vor allem auf die Zwangsvollstreckung;[1321] dies zeigt sich auch daran, dass er hier nicht – wie sonst im Rahmen der Betroffenenrechte (zB Art. 21 Abs. 1 S. 2 oder Art. 17 Abs. 3 lit. e DS-GVO) – die Formulierung „Geltendmachung, Ausübung und Verteidigung von Rechtsansprüchen" verwendet. Die Ausnahme zum Schutz der Rechte und Freiheiten anderer Personen (Art. 23 Abs. 1 lit. i DS-GVO) ist ebenfalls eng auszulegen. Anderenfalls besteht die Gefahr, dass hierüber die harmonisierende Wirkung der DS-GVO ausgehebelt wird. Dies droht dann, wenn der nationale Gesetzgeber Ausnahmen für typisch datenschutzrechtliche Problemlagen vorsieht, die im Rahmen der Betroffenenrechte auf europäischer Ebene hätten geregelt werden müssen. Dementsprechend fallen nur gewichtige private Rechtsgüter (zB Wahrung von Betriebsgeheimnissen oder des Berufsgeheimnisses oder menschenrechtlich geschützte Interessen) hierunter.[1322]

1189 Die Ausnahmen sind nur zulässig, soweit sie „in einer demokratischen Gesellschaft" verhältnismäßig sind und den Wesensgehalt der Grundrechte achten. Ausnahmen von den Betroffenenrechten der Art. 12 ff. DS-GVO müssen daher so eng wie möglich ausgestaltet sein; pauschale Ausschlüsse von Betroffenenrechte sind nicht zulässig. Art. 23 Abs. 2 DS-GVO stellt im Sinne einer „Check-Liste", die auf der Rechtsprechung von EGMR und EuGH beruht, eine Reihe von Angaben und Kriterien zusammen, die ein Gesetz erfüllen muss, mit dem die Betroffenenrechte eingeschränkt werden.

1190 **c) Auskunftsrecht.** Das Auskunftsrecht ist das **wichtigste Recht des Betroffenen**, was sich auch an seiner Verankerung in Art. 8 Abs. 2 S. 2 GRC zeigt. Die Informationspflichten nach Art. 13, 14 DS-GVO verschaffen ihm Kenntnis darüber, wer Daten über ihn zu welchen Zwecken verarbeitet. Das Auskunftsrecht erlaubt ihm aber genauere Informationen darüber, welche Daten im weiteren Zeitverlauf über ihn verarbeitet und wie sie genutzt werden. Dies versetzt den Betroffenen in die Lage, seine weiteren Rechte auf Löschung und Berichtigung sowie sein Widerspruchsrecht geltend zu machen (vgl, ErwGr 63 S. 1 DS-GVO)[1323] oder die Rechtmäßigkeit der Verarbeitung überprüfen zu lassen.

1191 **aa) Umfang des Auskunftsanspruchs.** Der Betroffene kann gemäß Art. 15 Abs. 1 DS-GVO von dem Verantwortlichen nicht nur eine Bestätigung verlangen, ob der Verantwortliche über ihn Daten verarbeitet (Art. 15 Abs. 1 1. Hs. DS-GVO), sondern darüber hinaus weitere Informationen, die weitgehend deckungsgleich mit denen sind, die ihm der Verantwortliche schon aufgrund der Informationspflicht nach Art. 13, 14 DS-GVO in der Regel zu einem früheren Zeitpunkt zur Verfügung gestellt hat:

[1321] *Paal* in Paal/Pauly DS-GVO Art. 23 Rn. 43.
[1322] *Paal* in Paal/Pauly DS-GVO Art. 23 Rn. 42; siehe bereits die Begründung zum insoweit wortgleichen Art. 13 DSRL abgedruckt in *Dammann/Simitis* EU-Datenschutz-Richtlinie Art. 13 vor Rn. 1.
[1323] EuGH EuZW 2009, 546 Rn. 49 und 51 f. – Rijkeboer; EuGH ZD 2014, 515 Rn. 44 – Y.S., M. und S.

– die verarbeiteten personenbezogenen Daten über den Betroffenen;
– die Verarbeitungszwecke (lit. a);
– die Kategorien personenbezogener Daten, die verarbeitet werden (lit. b);
– die Empfänger oder Kategorien von Empfängern, insbesondere bei Übermittlungen in Drittstaaten (lit. c);
– die Speicherdauer oder– falls diese noch nicht feststeht – die Kriterien hierfür (lit. d);
– die Betroffenenrechte sowie das Recht zur Beschwerde bei einer Datenschutzaufsichtsbehörde (lit. e und f);
– die Herkunft der Daten, soweit sie nicht direkt vom Betroffenen erhoben worden sind (lit. h);
– das Bestehen einer automatisierten Einzelfallentscheidung sowie die involvierte Logik und Tragweite der Entscheidung für den Betroffenen (lit. h, hierzu → Rn. 743 ff.).
– im Falle einer Drittstaatenübermittlung: die geeigneten Garantien gemäß Art. 46 DS-GVO (Art. 15 Abs. 2 DS-GVO), d. h. die mit Empfängern abgeschlossenen (Standard-)Vereinbarungen oder die Binding Corporate Rules der Unternehmensgruppe.[1324]

bb) Gegenstand der Datenverarbeitung. Von besonderer Bedeutung ist **1192** es für den Betroffenen regelmäßig zu erfahren, welche personenbezogenen Daten der Verantwortliche über ihn verarbeitet. Der Betroffene erhält dabei allerdings nur eine Aufstellung der ihn betreffenden personenbezogenen Daten, nicht etwa Zugang zu den Dokumenten, in denen diese Daten erhalten sind.

EuGH, Rs. Y.S., M. und S.: Instruktiv zum Umfang des Auskunftsrechts ist in dieser Hinsicht die (durchaus kritikwürdige) Entscheidung des EuGH in der Rechtssache Y.S., M. und S. Die Kläger des Ausgangsverfahrens wollten Auskunft über die rechtliche Bewertung, welche die Grundlage für die Entscheidung des niederländischen Minister voor Immigratie, Integratie en Asiel über ihren Antrag auf befristete Aufenthaltserlaubnis war. Nach Ansicht des EuGH war die rechtliche Analyse bereits nicht als personenbezogenes Datum einzustufen, so dass sich das Auskunftsrecht nach Art. 12 lit. a DSRL (jetzt: Art. 15 Abs. 1 und 3 DS-GVO) gar nicht auf sie beziehe. Ziel des Auskunftsrechts sei es nicht, dem Betroffenen einen Zugang zu behördlichen Dokumenten zu ermöglichen, sondern nur die ihn betreffenden personenbezogenen Daten zu überprüfen und ggf. seine Betroffenenrechte geltend zu machen.[1325] Dementsprechend könne der Betroffene nur Auskunft über die personenbezogenen Daten verlangen, die der rechtlichen Analyse zugrunde lagen. Sollte ihm daher trotzdem das Originaldokument ausgehändigt werden, könnten andere Informationen unkenntlich gemacht werden.[1326] Überzeugen kann die Entscheidung des EuGH nicht; möglicherweise ist sie dem asylrechtlichen Kontext geschuldet. Auch der EuGH räumt ein, es handle sich bei der rechtlichen Analyse nicht um „rein abstrakte Rechtsauslegung", sondern um eine rechtliche Beurteilung des konkreten Falls[1327] und insbesondere der Glaubhaftigkeit der Betroffenen.[1328] Derartige Werturteile über eine Person sind aber ein typischer Fall perso-

---

[1324] *Weigl* CRi 2016, 102 (107).
[1325] EuGH ZD 2014, 515 Rn. 45–47 – Y.S., M. und S.
[1326] EuGH ZD 2014, 515 Rn. 58–60 – Y.S., M. und S.
[1327] EuGH ZD 2014, 515 Rn. 40 – Y.S., M. und S.
[1328] EuGH ZD 2014, 515 Rn. 15 – Y.S., M. und S.; kritisch hierzu auch *Tracol* Computer Law & Security Review 31 (2015) 112 (116 f.).

nenbezogener Daten.[1329] Ähnlich zu behandeln sind aber rechtliche Bewertungen wie die Subsumtion, ob eine bestimmte Person einen Anspruch auf einen Aufenthaltstitel hat,[1330] während abstrakte, lehrbuchartige Darstellungen der Rechtslage keinen Bezug zu dem Betroffenen und seiner Situation haben.

1193 Der Unionsgesetzgeber zeigt durchaus Sensibilität dafür, dass die Auskunft über sämtliche Daten, die zu einer Person verarbeitet werden kann, sehr umfangreich ausfallen kann. Verarbeitet ein Verantwortlicher daher über einen Betroffenen größere Datenmengen, kann er vom Betroffenen verlangen, dass dieser sein **Auskunftsersuchen präzisiert** (ErwGr 63 letzter Satz DS-GVO). Allerdings darf diese Einschränkung im Hinblick auf die grundrechtliche Gewährleistung des Auskunftsrechts (Art. 8 Abs. 2 S. 2 GRC) auch nicht dazu führen, dass das Auskunftsrecht der betroffenen Person gerade dann eingeschränkt wird, wenn es besonders notwendig ist; dies ist nämlich dann der Fall, wenn über eine Person sehr viele Daten verarbeitet werden (zB durch soziale Netzwerke). Ferner regt der Gesetzgeber an, dem Betroffenen „nach Möglichkeit" mittels **Fernzugang** über das Internet Einsicht in die ihn betreffenden Daten zu gewähren (ErwGr 63 S. 4 DS-GVO).

1194 cc) **Quelle und Herkunft der Daten.** Für den Betroffenen ist darüber hinaus von besonderem Interesse, an wen Daten an ihn übermittelt worden sind und woher die Daten stammen.

Beispiel: Enthält die Warndatei der Versicherungen fälschlicherweise den Hinweis, der Betroffene weise bestimmte Risikomerkmale auf, wird die Warndatei selbst sich kaum in der Lage sehen, diesen Falscheintrag zu korrigieren. Daher ist es für den Betroffenen wichtig zu erfahren, wer diese Information gemeldet hat, damit er sich direkt an dieses Unternehmen wenden kann. Die Kenntnis der Empfänger versetzt ihn in die Lage nachzuvollziehen, welche Versicherungen seinen Antrag möglicherweise aufgrund des falschen Eintrags abgelehnt haben.

1195 Gemäß Art. 15 Abs. 1 lit. g DS-GVO kann der Betroffene Auskunft über „alle verfügbaren Informationen über die **Herkunft der Daten** verlangen". Diese sehr weit gefasste Formulierung weist bereits auf zwei Punkte hin: Erstens kann sich der Betroffene nicht – wie im Rahmen der Informationspflicht – auf allgemeine Auskünfte zurückziehen, wenn verschiedene Quellen benutzt worden sind (ErwGr 61 letzter Satz DS-GVO).[1331] Zweitens ist seine Auskunftspflicht aber auf die verfügbaren Informationen beschränkt. Einen Verantwortlichen trifft unmittelbare keine Pflicht, die Herkunft von personenbezogenen Daten zu dokumentieren (vgl Art. 30 Abs. 1 DS-GVO).[1332] Eine Dokumentation der Herkunft der Daten kann sich aber aus anderen Gesichts-

---

[1329] *Art. 29-Gruppe* Stellungnahme 4/2007 zum Begriff „personenbezogene Daten", WP 136 v. 20.6.2007, S. 7.

[1330] So auch die Kritik bei *Brouwer/Zuiderveen Borgesius* 17 European Journal of Migration and Law 259 unter 4.1 (2015).

[1331] Für ähnliche Maßstäbe wie bei Art. 14 DS-GVO aber *Kamlah* in Plath DS-GVO Art. 15 Rn. 13.

[1332] *Dix* in Simitis BDSG aF § 34 Rn. 22; *Gola/Schomerus* BDSG aF § 34 Rn. 10. Für die DSRL war dies umstritten, siehe *Brühann* in Grabitz/Hilf Recht der EU Art. 12 RL 95/46/EG Rn. 9 einerseits und *Ehmann/Helfrich* EG-DatenschutzRL Art. 12 Rn. 45 andererseits.

punkten ergeben, z.B. um nachzuweisen, dass der Grundsatz der Richtigkeit der verarbeiteten Daten eingehalten ist (Art. 5 Abs. 1lit. d i.V.m. Abs. 2 DS-GVO).

dd) Empfänger oder Kategorien von Empfängern. Anders bei der **1196** Auskunft über die Empfänger oder Kategorien von Empfängern: Der EuGH hat hier bereits entschieden, dass die praktische Wirksamkeit des Auskunftsrechts erfordert, dass es sich auch auf Daten der Vergangenheit beziehen muss und dementsprechend eine Pflicht besteht, die Empfänger für einen angemessenen Zeitraum zu speichern.

EuGH, Rs. Rijkeboer: Herr Rijkeboer verlangte von der Stadtverwaltung Rotterdam Auskunft, an wen die Stadtverwaltung seine von ihr gespeicherten Basisdaten in den letzten beiden Jahren übermittelt hatte. Der EuGH urteilte, der Anspruch auf Auskunft könne nur praktische Wirksamkeit entfalten, wenn er sich auch auf die Vergangenheit beziehe. Die Frage sei daher, welcher Zeitraum einzubeziehen sei. Ein wichtiger Anhaltspunkt sei die Speicherdauer der Daten der betroffenen Person; andere Faktoren seien die Sensibilität der Daten oder die Dauer der Rechtsbehelfsfristen (also ob der Betroffene noch gegen eine rechtswidrige Verarbeitung vorgehen kann). Die Richtlinie verlange jedoch nicht, dem Verantwortlichen unverhältnismäßige Lasten aufzuerlegen, die z.B. durch eine hohe Zahl von Abfragen entstehen können. Zu berücksichtigen sei auch der Grundsatz der Datensparsamkeit. Die Mitgliedsstaaten müssten, so der EuGH, einen gerechten Ausgleich zwischen den Interessen des Betroffen und des Verantwortlichen herstellen.[1333] Im konkreten Fall hielt der EuGH eine Speicherung der Empfänger des letzten Jahres für einen zu kurzen Zeitraum. Zum Vergleich: Gemäß § 34 Abs. 4 S. 1 Nr. 1 BDSG aF hatten Auskunfteien die Empfänger zwölf Monate zu speichern; in bestimmten Fällen der Übermittlung zu Werbezwecken sogar zwei Jahre (§ 34 Abs. 1a BDSG aF).

Das Urteil des EuGH erging zur DSRL und gibt daher keine eindeutige ver- **1197** allgemeinerungsfähige Lösung vor, sondern nur den Rahmen für den nationalen Gesetzgeber. Dennoch erscheinen die Wertungen auf Art. 15 DS-GVO übertragbar, obwohl ErwGr 64 S. 2 DS-GVO vorsieht, dass der Verantwortliche Daten nicht nur deshalb speichern muss, weil jemand später einen Auskunftsanspruch geltend machen könnte. Zum einen schließt dieser Satz an Ausführungen zum Nachweis der Identität des Betroffen an; dies spricht dafür, dass er sich nur auf diesen Kontext bezieht. Zum anderen wäre das Auskunftsrecht, das auch in Art. 8 Abs. 2 S. 2 GRC verankert ist, erheblich seiner Effektivität beraubt, wenn der Verantwortliche keine Auskunft geben kann, wem er die Daten übermittelt hat.

Der Betroffene kann wählen, ob er vom Verantwortlichen die Namen der **1198** Empfänger oder lediglich die Kategorien der verschiedenen Empfänger erfahren möchte.[1334] Würde man dem Verantwortlichen die Entscheidung über den Inhalt der Auskunft überlassen, würde dies die praktische Wirksamkeit des Auskunftsrechts erheblich beeinträchtigen, weil die Kenntnis der konkreten Empfänger häufig – wie im eingangs gebildeten Beispiel – für den Betroffenen große Bedeutung hat.

ee) Recht auf Kopie. Nach Art. 15 Abs. 3 S. 1 DS-GVO kann der Betrof- **1199** fene eine Kopie der Daten verlangen, die der Verantwortliche über ihn verar-

---

[1333] EuGH EuZW 2009, 546 Rn. 54–66 – Rijkeboer.
[1334] *Bräutigam/Schmidt-Wudy* CR 2015, 56 (60); *Bäcker* in Kühling/Buchner DS-GVO Art. 15 Rn. 16 f.; aA *Paal* in Paal/Pauly DS-GVO Art. 15 Rn. 26.

beitet. Bei elektronischer Anfrage erhält der Betroffene die Daten ebenfalls elektronisch in einem gängigen Format (Art. 15 Abs. 3 S. 2 DS-GVO). Der Betroffene kann bereits nach Art. 15 Abs. 1 DS-GVO Auskunft darüber verlangen, welche Daten zu seiner Person verarbeitet werden. Daher ist der Mehrwert dieses Rechts bisher nicht klar. Möglicherweise erschöpft er sich der Mehrwert des Rechts auf Kopie darin, dass der Betroffene diese Auskunft schriftlich oder elektronisch und damit in einer dauerhaften Form erhält. Denkbar ist aber, dass die betroffene Person einen Ausdruck seiner Daten in der Form erhält, wie sie beim Betroffenen verarbeitet werden (zB einen Screenshot); dies würde dem Betroffenen erlauben, die Authentizität der Auskunft zu prüfen und den Kontext der Verarbeitung seiner Daten besser zu verstehen. Hierzu würde passen, dass die Ausnahme des Art. 15 Abs. 4 DS-GVO zum Schutz der Rechte und Freiheiten anderer Personen, deren Daten hierbei miterfasst werden könnten, sowie Immaterialgüterrechten (vgl. ErwGr 63 S. 8 DS-GVO) nur für das Recht auf Kopie gilt.

1200 **ff) Ausnahmen.** Der besondere Stellenwert des Auskunftsrechts wird dadurch bestätigt, dass die DS-GVO selbst – wie schon Art. 12 DSRL – keine **Ausnahmen** vorsieht, sondern nur den Mitgliedsstaaten hierzu in beschränktem Umfang die Möglichkeit gibt (Art. 23 Abs. 1, Art. 89 Abs. 2 und 3 DS-GVO). Es gibt daher keinen Anlass, darin eine Regelungslücke zu sehen, die es erlauben würde, die Ausnahmen der Informationspflicht gemäß Art. 14 Abs. 5 DS-GVO lit. b GVO zu übertragen.[1335] Wie der EuGH im Fall *Rijkeboer* demonstriert hat, ist es aber nicht ausgeschlossen, den Umfang der vorzuhaltenden Daten aus Gründen der Verhältnismäßigkeit des Aufwands des Verantwortlichen einzuschränken.[1336]

1201 Das Recht auf Kopie ist beschränkt durch die Rechte und Freiheiten anderer Personen (Art. 15 Abs. 4 DS-GVO). Hierunter fallen nach ErwGr 63 S. 5 DS-GVO vor allem Betriebsgeheimnisse, Immaterialgüterrechte und das Urheberrecht an Software. Wie der folgende Satz klarstellt, ist ein Ausgleich zwischen diesen Rechten und dem Recht auf Kopie zu suchen; denn sie dürfen nicht dazu führen, dass dem Betroffenen jede Auskunft verweigert wird.

1202 Der deutsche Gesetzgeber hat von seinem Recht zur Einschränkung des Auskunftsrechts Gebrauch gemacht, indem er zunächst eine Auskunft immer dann ausgeschlossen hat, wenn die betroffene Person nicht nach § 33 Abs. 1 und 3 BDSG nF zu informieren wäre (§ 34 Abs. 1 Nr. 1 BDSG nF). Zurecht gibt es jedoch eine Ausnahme: Dies gilt nicht, wenn eine nichtöffentliche Stelle gemäß § 33 Abs. 1 Nr. 2 lit. a BDSG nF Vertragsdaten zur Schadensprävention verarbeitet.

1203 Schwer nachvollziehbar ist hingegen der Ausschluss des Auskunftsrechts, wenn die Auskunftserteilung mit einem **unverhältnismäßigen Aufwand** verbunden wäre und Daten betrifft, die entweder nur aufgrund gesetzlicher oder satzungsmäßiger **Aufbewahrungspflichten** nicht gelöscht werden dürfen oder nur den Zwecken der **Datensicherung** oder **Datenschutzkontrolle** die-

---

[1335] Hierfür *Härting* Datenschutz-Grundverordnung, Rn. 684; ablehnend *Werkmeister/Brandt* CR 2016, 233 (236).
[1336] EuGH EuZW 2009, 546 Rn. 59 ff. – Rijkeboer.

Schantz

nen. Die Nutzung zu anderen Zwecken muss ferner durch technische und organisatorische Maßnahmen ausgeschlossen sein (§ 34 Abs. 1 Nr. 2 BDSG nF). Es erschließt sich nicht, warum dem Betroffenen in dieser Konstellation keine Auskunft darüber gegeben werden kann, dass seine Daten aufbewahrt werden, um zB steuerrechtlichen Aufbewahrungspflichten zu genügen. Paradox ist es sogar, wenn der betroffenen Person eine datenschutzrechtliche Auskunft mit dem Argument verweigert werden kann, die Daten dienten nur der Datenschutzkontrolle; diese Kontrolle erfolgt nicht nur durch die Aufsichtsbehörden gerade im Interesse der betroffenen Personen, sondern auch durch die betroffene Person selbst, ua durch Ausübung ihres Auskunftsrechts.[1337] Die Einschränkung soll dem Verantwortlichen den Aufwand für die Auskunftserteilung ersparen; sie lässt sich daher auch nicht auf Art. 23 Abs. 1 lit. i DS-GVO stützen. Der Unionsgesetzgeber hat von einer solchen Ausnahme außerhalb von Art. 14 Abs. 5 lit. b DS-GVO gerade abgesehen (→ Rn. 1188).

Als Gewährleistung der Rechte der betroffenen Person ist zu dokumentie-   **1204** ren und ihr gegenüber zu begründen, warum ihr keine Auskunft erteilt wird (§ 34 Abs. 2 S. 1 und 2 BDSG nF). Die Begründung kann unterbleiben, wenn hierdurch der Zweck, aufgrund dessen die Auskunft verweigert wird, gefährdet werden würde. Klargestellt ist auch, dass Daten der betroffenen Person, die im Zusammenhang mit der Auskunftserteilung erarbeitet werden einer engen Zweckbindung unterliegen, und ihre Verarbeitung für andere Zwecke eingeschränkt ist (§ 34 Abs. 2 S. 3 BDSG nF).

Eine Besonderheit sieht § 34 Abs. 3 BDSG nF vor, wenn eine öffentliche   **1205** Stelle des Bundes die Auskunft verweigert. Dies wird in der Regel geschehen, um zu vermeiden, dass die Offenlegung bestimmter Informationen im Rahmen der Auskunft die **öffentliche Sicherheit gefährdet** (§ 33 Abs. 1 Nr. 1 i. V. m. § 34 Abs. 1 Nr. 1 BDSG nF). In diesem Fall kann die betroffene Person verlangen, dass die BfDI „zwischengeschaltet" wird. Sie wird von der öffentlichen Stelle informiert, soweit die zuständige oberste Bundesbehörde (zB das Bundesinnenministerium) hierdurch nicht die Sicherheit des Bundes oder eines Landes gefährdet sieht. Die BfDI kann aufgrund der Auskunft nun die Datenverarbeitung prüfen und die betroffene Person über das Ergebnis informieren. Auch hierbei darf sie aber keine Rückschlüsse über den Erkenntnisstand der Behörde erkennen lassen.

§ 34 Abs. 4 BDSG nF (bisher § 19 Abs. 1 S. 3 BDSG aF) enthält eine Aus-   **1206** nahme für Datenverarbeitungsvorgänge durch öffentliche Stellen, die weder automatisiert noch nicht automatisiert in einem Dateisystem erfolgen, also nicht in den Anwendungsbereich der DS-GVO fallen. Das Auskunftsrecht besteht hier nur, soweit die betroffene Person Angaben macht, die das Auffinden der Daten ermöglichen (zB Aktenzeichen, Name des Bearbeiters); zusätzlich darf das Informationsinteresse nicht außer Verhältnis zum Aufwand stehen. Rechtfertigen lässt sich diese Ausnahme damit, dass in diesen Fällen die Informationen kaum nach Personen erschlossen sind, von ihrer Verarbeitung daher eine geringere Gefahr für den Betroffenen ausgeht. Trotzdem erscheint diese

---

[1337] Ähnlich *Dix* in Simitis BDSG aF § 34 Rn. 58 (auch unter Hinweis auf die Pflicht zur Protokollierung von Zugriffen aufgrund der Rechtsprechung des EGMR BeckRS 2013, 13920 § 44 – I. ./. Finnland).

Ausnahme sehr weitgehend, denn das Recht auf informationelle Selbstbestimmung bezieht sich auch auf jegliche Form von Akten.[1338] Soweit der Betroffene bereits das Auffinden der Informationen ermöglicht hat, gibt es keinen Grund, warum er sein Informationsinteresse näher darlegen muss.[1339]

1207   **d) Berichtigung.** Gemäß Art. 16 S. 1 DS-GVO kann der Betroffene vom Verantwortlichen die Berichtigung von Daten über ihn verlangen. Die Regelung basiert auf Art. 8 Abs. 2 S. 2 GRC und dient der Gewährleistung des Grundsatzes der Richtigkeit der verarbeiteten Daten (Art. 5 Abs. 1 lit. d DS-GVO). Werden über einen Betroffenen falsche Daten verarbeitet und auf deren Grundlage Entscheidungen getroffen, kann dies für den Betroffenen erhebliche Nachteile haben. Aus diesem Grund muss der Verantwortliche auch unabhängig von einem Berichtigungsanspruch des Betroffenen angemessene Maßnahmen treffen, dass die von ihm verarbeiteten Daten richtig und aktuell sind (Art. 5 Abs. 1 lit. d DS-GVO).[1340]

1208   Die Daten müssen „unrichtig" sein. Der Betroffene muss daher nachweisen, dass die verarbeiteten Daten falsch sind. Einem solchen Beweis sind jedoch nur Tatsachen zugänglich. Eine Berichtigung von Meinungen oder Prognosen scheidet daher aus. Gleiches gilt für Daten, die zugleich andere Personen betreffen. Weisen Daten zugleich einen Zeitbezug auf, würde eine Berichtigung ihren Aussagegehalt verfälschen. Sie sind möglicherweise inhaltlich falsch, aber „im Hinblick auf die Zwecke ihrer Verarbeitung" (Art. 5 Abs. 1 lit. d DS-GVO) richtig.

Beispiel: Enthält ein Protokoll die Aussage, dass jemand in einer Sitzung etwas Bestimmtes gesagt hat, ist zweifelhaft, ob der Betroffene eine Berichtigung verlangen kann (vgl. 58 Abs. 1 S. 2 BDSG nF für den Anwendungsbereich der JI-RL). Denn das Protokoll schreibt zwar dem Betroffenen eine Aussage zu, spiegelt aber zugleich nur das wider, was der Protokollführer aufgezeichnet hat.

1209   Daneben kann der Betroffene die Vervollständigung der ihn betreffenden Daten verlangen (Art. 16 S. 2 DS-GVO). Es spricht viel dafür, dieses Recht auf Daten zu beschränken, die für den Verarbeitungszweck relevant sind; das Recht auf Vervollständigung soll sicherstellen, dass der Verantwortliche von einer vollständigen Tatsachengrundlage ausgeht. Als Mittel zur Vervollständigung nennt die Regelung eine „ergänzende Darstellung", eine Art „Gegendarstellung"[1341] des Betroffenen.

Beispiel: Im o. g. Beispiel des Protokolls kann der Betroffene das Protokoll nicht ändern, aber eine ergänzende Erklärung beifügen, was er aus seiner Sicht wirklich gesagt hat.

1210   **e) Löschungsrecht („Recht auf Vergessenwerden"). aa) „Recht auf Vergessenwerden"?** Gemäß Art. 17 Abs. 1 DS-GVO kann der Betroffene vom Verantwortlichen die Lösung ihn betreffender personenbezogener Daten

---

[1338] BVerwGE 130, 29 Rn. 24 f. – Auskunftsanspruch gegenüber BND.

[1339] Siehe schon *Mallmann* in Simitis BDSG aF § 19 Rn. 47.

[1340] Hierauf weist zu Recht *Piltz* K&R 2016, 629 (632) hin; vgl. zur Pflicht, unrichtige Daten zu berichtigen oder zu löschen EuGH NVwZ 2009, 379 Rn. 60 – Huber.

[1341] *Härting* Datenschutz-Grundverordnung Rn. 689.

verlangen. Die Kommission hatte in ihrem Entwurf statt dem hergebrachten Begriff des Löschungsrechts ein „Recht auf Vergessenwerden" vorgeschlagen, das jetzt als Klammerzusatz neben dem „Recht auf Löschung" auch seinen Weg in die Überschrift des Art. 17 DS-GVO gefunden hat. Das „Recht auf Vergessenwerden" beinhaltete im Vorschlag der Kommission kein Verfallsdatum für Informationen[1342] oder einen „digitalen Radiergummi". Ziel der Kommission war es lediglich, das Löschungsrecht durch diesen Begriff politisch aufzuwerten. Hierbei ist es im Ergebnis auch geblieben. Allerdings hat der Unionsgeber das Löschungsrecht behutsam zum Schutze von Kindern (→ Rn. 1214) und durch Erweiterung der Pflichten des Verantwortlichen (vgl. Art. 17 Abs. 2 DS-GVO → Rn. 1215 f.) gegenüber dem geltenden Recht weiterentwickelt.

Auch der EuGH nahm in seinem Urteil in der Rechtssache *Google Spain* **1211** den Terminus „Recht auf Vergessenwerden" nicht auf, sondern wies lediglich darauf hin, dass sich die Interessenlage, die eine Datenverarbeitung rechtfertigt, in zeitlichen Verlauf verändern kann.[1343] Der EuGH hat aber ein speziell auf Internetsuchmaschinen und vergleichbare Informationsintermediäre zugeschnittenes „**Recht auf Delisting**" entwickelt. Informationen werden hierdurch zwar nicht „vergessen", sie sind aber nach einiger Zeit etwas schwerer auffindbar. Hierin kann man durchaus eine Parallele zum Verblassen von älteren Erinnerungen im menschlichen Gedächtnis sehen.[1344]

EuGH Rs. Google Spain: Herr Costeja González wandte sich an die spanische Datenschutzaufsichtsbehörde AEPD, weil die katalonische Tageszeitung *La Vanguardia* in ihrem Online-Archiv auch im Jahr 2010 noch zwei Anzeigen aus dem Jahr 1998 über die Zwangsversteigerung seines Grundstücks wegen offener Forderungen der Sozialversicherung enthielt. Seine Beschwerde gegen die Zeitung wurde von der AEPD abgewiesen, weil die Veröffentlichung auf einer behördlichen Anordnung beruhte. Da die Anzeige aber bei einer Suche nach seinem Namen mit der Internetsuchmaschine Google ebenfalls noch immer angezeigt wurde, erhob er auch Beschwerde gegen Google; dieser Beschwerde gab die AEPD statt und wies Google an, die entsprechenden Links als Ergebnisse bei einer Suche nach Herrn Costeja González zu entfernen. Gegen diese Entscheidung ging Google gerichtlich vor. Das Gericht legte dem EuGH u. a. die Frage vor, ob der Löschungsanspruch gegeben sei.

Der EuGH stellte zunächst klar, dass die Speicherung der Suchergebnisse, deren Indexierung und das Anzeigen von Suchergebnissen eine Datenverarbeitung gemäß Art. 2 lit. b DRSL (Art. 4 Nr. 2 DS-GVO) sei und Google hierfür der Verantwortliche (Art. 2 lit. d DSRL/Art. 4 Nr. 7 DS-GVO), obwohl Google auf den Inhalt der Websites keinen Einfluss habe.[1345] Für die Frage, ob Herrn Costeja González ein Löschungsrecht (Art. 12 lit. b DSRL) oder ein Widerspruchsrecht (Art. 14 Abs. lit. a DSRL) zusteht, kam es darauf an, ob die Datenverarbeitung gemäß Art. 7 lit. f DSRL (Art. 6 Abs. 1 UAbs. 1 lit. f DS-GVO) zulässig ist. Der EuGH sah in einer Datenverarbeitung durch die Suchmaschine eine schwerwiegende Beeinträchtigung der Rechte der Betroffenen, weil es mit einer Suche nach dem Namen einer Person möglich sei, „ein mehr oder we-

---

[1342] Grundlegend *Mayer-Schönberger* Delete, S. 199 ff.; zu den technischen Möglichkeiten *Jandt/Kieselmann/Wacker* DuD 2013, 235, 239 ff.

[1343] EuGH NJW 2014, 2257 Rn. 92 – Google Spain.

[1344] Zum Wert des Vergessens älterer Informationen *Mayer-Schönberger* Delete, 135 ff.

[1345] EuGH NJW 2014, 2257 Rn. 21–41 – Google Spain.

niger detailliertes Profil" einer Person zu erstellen.[1346] Eine Entfernung der Links berühre zwar auch das Informationsinteresse der Internetnutzer, weil die Suchergebnisse den Zugang zu den Informationen erheblich erleichtern. „Im Allgemeinen" überwiege aufgrund der Schwere des Eingriffs in Art. 7, 8 GRC aber das Interesse des Betroffenen gegenüber dem Informationsinteresse der Öffentlichkeit und den wirtschaftlichen Interessen der Internetsuchmaschine, auch wenn ihr kein unmittelbarer Schaden daraus entsteht. Bei der Abwägung könnten aber auch die Art der Information, ihr Bezug zum Privatleben des Betroffenen und das Informationsinteresse der Öffentlichkeit, etwa aufgrund der Rolle des Betroffenen im öffentlichen Leben, eine Rolle spielen[1347] und eben auch das Alter einer Information, weil das Informationsinteresse daran mit zunehmender Zeit idR abnimmt.[1348] Ein Interesse der Öffentlichkeit sei im Fall von Herrn Costeja González aber nach 16 Jahren nicht mehr ersichtlich.[1349] Da die Beeinträchtigung durch die „bloße" Veröffentlichung auf der Website weit weniger schwerwiegend sei, bedeutet die Entfernung des Links nicht notwendigerweise, dass die Veröffentlichung auf der Website rechtswidrig ist.[1350]

1212 Die Entscheidung des EuGH hat zu erheblichen Diskussionen geführt. Erstens wird die **Vermutung des EuGH kritisiert, dass die Interessen des Betroffenen überwiegen.**[1351] Zweitens hat das Urteil bewusst gemacht, dass Internetsuchmaschinen das „Tor zur digitalen Welt" sind und großen Einfluss auf den Informationsfluss und die Meinungsbildung haben. Was dort nicht gelistet ist, wird kaum wahrgenommen. Genau aus diesem Grund ist es auch besonders effektiv, wie der EuGH selbst herausstellt, nicht gegen den Urheber einer Veröffentlichung, sondern den Suchmaschinenbetreiber vorzugehen.[1352] Ein Internetsuchmaschinenbetreiber befindet sich in dieser Konstellation in einer Art Schiedsrichterposition. In Anlehnung an die Rechtsprechung des BGH zu Internetforen[1353] hätte es sich daher angeboten, dem Suchmaschinenbetreiber die Pflicht aufzuerlegen, zumindest in Fällen, die nicht eindeutig sind, auch den **Herausgeber der Website anzuhören**.[1354] Nach Ansicht der Art. 29-Gruppe darf der Suchmaschinenbetreiber den Webmaster datenschutzrechtlich allerdings nur in schwierigen Fällen einbeziehen, wenn er zusätzliche Informationen benötigt.[1355] Ein dritter Fragenkomplex betrifft die **territoriale Reichweite des Löschungsanspruchs** im Internet. Bezieht er sich auch auf außereuropäische Domains (z.B. google.com)? Reicht es aus, wenn Internetnutzer auf die europäischen Domains umgeleitet werden, dies aber umge-

---

[1346] EuGH NJW 2014, 2257 Rn. 37 und 80 – Google Spain.

[1347] EuGH NJW 2014, 2257 Rn. 80 f. – Google Spain.

[1348] EuGH NJW 2014, 2257 Rn. 92 – Google Spain.

[1349] EuGH NJW 2014, 2257 Rn. 98 – Google Spain.

[1350] EuGH NJW 2014, 2257 Rn. 87 f. – Google Spain.

[1351] Etwa *Piltz* K&R 2014, 566 (570); *Arning/Moos/Schefzig* CR 2014, 447 (452 ff.).

[1352] EuGH NJW 2014, 2257 Rn. 84 f. – Google Spain.

[1353] BGH NJW 2012, 148 Rn. 27 – Blogbetreiber.

[1354] Ebenso unter Verweis auf die Rechtsprechung des EuGH zu Netzsperren *Spindler* JZ 2014, 981 (986); skeptisch *Art. 29-Gruppe* Leitlinien für die Umsetzung des Urteils des EuGH in der Rechtssache C-131/12 Google Spain/AEPD und Mario Costeja González, WP 225 v. 26.11.2014, S. 12.

[1355] *Art. 29-Gruppe* Leitlinien für die Umsetzung des Urteils des EuGH in der Rechtssache C-131/12 Google Spain/AEPD und Mario Costeja González, WP 225 v. 26.11.2014, S. 12.

hen können?[1356] Dies ist letztlich nicht nur eine datenschutzrechtliche, sondern eine völkerrechtliche Frage. Französische[1357] und kanadische[1358] Gerichte haben einen „globalen Löschungsanspruch" anerkannt.

bb) Anspruchsvoraussetzungen. Der Betroffene muss darlegen, dass ei- **1213** ner der in Art. 17 Abs. 1 DS-GVO genannten **Löschungsgründe** vorliegt. Diese Löschungsgründe sind sehr ausdifferenziert, was allerdings unnötig kompliziert ist. Denn im Kern liegt den meisten von ihnen (lit. a bis d) zugrunde, dass Daten immer zu löschen sind, wenn ihre weitere Verarbeitung und damit auch ihre Speicherung gegen die Verordnung verstößt (vgl. ErwGr 65 S. 3 a.E. DS-GVO). Dies ist der Fall, wenn hierfür keine Rechtsgrundlage gemäß Art. 6 Abs. 1 DS-GVO vorliegt oder der Betroffene der weiteren Verarbeitung widersprochen hat. Fehlt es an einer Rechtsgrundlage für die weitere Verarbeitung personenbezogener Daten, muss der Verantwortliche sie aufgrund von Art. 6 Abs. 1 DS-GVO auch aus eigener Initiative löschen, da bereits die weitere Speicherung unzulässig wäre. Daher muss der Verantwortliche in regelmäßigen Intervallen prüfen, ob eine weitere Speicherung der Daten erforderlich ist (vgl. Art. 5 Abs. 1 lit. d; ErwGr 39 S. 10 DS-GVO).[1359] Zusätzlich sind die Daten zu löschen, wenn dies einer unionsrechtlichen oder mitgliedsstaatlichen Verpflichtung entspricht (Art. 17 Abs. 1 lit. e DS-GVO); für eine nationale Regelung sind die Spielräume allerdings aufgrund der Vollharmonisierung der DS-GVO gering.

Nicht eindeutig ist der Mehrwert des Art. 17 Abs. 1 lit. f DS-GVO. Danach **1214** sind personenbezogene Daten zu löschen, die in Bezug auf angebotene Dienste der Informationsgesellschaft, dh Internetangebote, gemäß Art. 8 Abs. 1 DS-GVO erhoben worden sind. Art. 8 Abs. 1 DS-GVO regelt die Einwilligung durch **Kinder** im Zusammenhang mit Internetangeboten, die sich an Kinder wenden. Es ist nicht klar, ob der Verweis in Art. 17 Abs. 1 lit. f DS-GVO auf Art. 8 Abs. 1 DS-GVO nur klarstellen soll, dass es sich um Internetangebote handelt, die sich an Kinder wenden, oder das Löschungsrecht auf Fälle begrenzt, in denen eine Einwilligung erteilt worden ist.[1360] Würde Art. 17 Abs. 1 lit. f DS-GVO sich aber nur auf Fälle beziehen, in denen eine Einwilligung vorliegt, wäre er weitgehend sinnlos.[1361] In diesem Fall würde bereits

---

[1356] Befürwortend *Leutheusser-Schnarrenberger* DuD 2015, 586 (588); *Art. 29-Gruppe* Leitlinien für die Umsetzung des Urteils des EuGH in der Rechtssache C-131/12 Google Spain/AEPD und Mario Costeja González, WP 225 v. 26.11.2014, S. 11; ablehnend *Holznagel/Hartmann* MMR 2016, 228 (232); differenzierend van *Alsenoy/Koekkoek* 5 Int'l Data Privacy Law 105 (2015).

[1357] High Court of Paris CRi 2015, 54 (54) – M. et Mme. X. et M. Y. v. Google France.

[1358] Court of Appeal for British Columbia, Equustek Solutions Inc. v. Google Inc., 2015 BCCA 265, para. 81–99.

[1359] *Kamlah* in Plath DS-GVO Art. 17 Rn. 6; *Paal* in Paal/Pauly DS-GVO Art. 17 Rn. 7; *Piltz* K&R 2016, 629 (632).

[1360] So *Paal* in Paal/Pauly DS-GVO Art. 17 Rn. 28; *Piltz* K&R 2016, 629 (632).

[1361] Zweifel am Mehrwert daher bei *Roßnagel/Nebel/Richter* ZD 2015, 455 (458); *Nolte/Werkmeister* in Gola DS-GVO Art. 17 Rn. 26 ff.; aA *Albrecht/Jotzo* Das neue Datenschutzrecht der EU, Teil 4 Rn. 1; *Herbst* in Kühling/Buchner DS-GVO Art. 17 Rn. 35, die Bedeutung der Regelung liege darin, dass sie den Rückgriff auf andere Rechtsgrundlagen ausschlösse.

Art. 17 Abs. 1 lit. b DS-GVO greifen; eine weitere Verarbeitung wäre mit dem Widerruf der Einwilligung unzulässig. Soll die Regelung nicht nur symbolische Bedeutung haben und Minderjährige effektiv davor schützen, dass sie die langfristigen Folgen ihres Handelns im Netz nicht überblicken können, müsste sie auch Fälle erfassen, in denen die Verarbeitung nicht auf einer Einwilligung beruht.[1362]

1215   **cc) Verpflichtungen des Verantwortlichen.** Der Verantwortliche muss nicht nur die Daten selbst unverzüglich löschen, wobei der hierfür erforderliche Zeitraum einzelfallabhängig zu bestimmen sein dürfte. Hat er die Daten **veröffentlicht**, trifft ihn gemäß Art. 17 Abs. 2 DS-GVO eine zusätzliche Verpflichtung: Er muss andere Verantwortliche, die diese Daten verarbeiten, darüber informieren, dass der Betroffene von ihnen die Löschung aller Links zu diesen Daten und aller Kopien davon fordert. Eine Verpflichtung der Empfänger zur Löschung ist damit allerdings nicht automatisch verbunden.[1363] Der Unionsgesetzgeber versucht, mit dieser Regelung auf das Problem zu reagieren, dass Informationen kaum mehr für den Betroffenen beherrschbar sind, sobald sie im Internet veröffentlicht sind. Die begrenzten Möglichkeiten des Verantwortlichen sind dem Gesetzgeber allerdings auch bewusst, weshalb dieser nur zu Maßnahmen verpflichtet ist, die technisch und wirtschaftlich angemessen sind.[1364]

Beispiele: In Betracht kommt etwa eine Information von Suchmaschinen durch Meta-Tags, die Suchmaschinen zum Entfernen der Seite aus dem Index auffordern. Denkbar erscheint auch eine Information von Abonnenten über einen RSS-Feed[1365] oder die Information von Internetarchiven, welche die Website in der früheren Version gespeichert haben könnten.

1216   Eine ähnliche Verpflichtung hat jüngst auch der BGH unter Verweis auf Art. 17 DS-GVO in einer äußerungsrechtlichen Streitigkeit angenommen; er verpflichtete hier den Urheber einer rechtswidrigen Tatsachenäußerung, im Rahmen des Möglichen der fortdauernden Rufbeeinträchtigung durch Abrufbarkeit der Äußerungen auf Internetplattformen entgegenzutreten.[1366] Es könnte sich daher eine Konvergenz der äußerungsrechtlichen und datenschutzrechtlichen Verpflichtungen abzeichnen.[1367] Bemerkenswert ist jedoch, dass Art. 17 Abs. 2 DS-GVO **keine Ingerenzpflicht** ist, also nicht voraussetzt, dass die Daten rechtswidrig veröffentlicht worden sind. Nicht eindeutig ist, ob der Verantwortliche die Maßnahmen, zu denen ihn Art. 17 Abs. 2 verpflichtet, nur auf Wunsch des Betroffenen ergreifen muss. Der Wortlaut des Art. 17 Abs. 2 DS-GVO („verlangt hat") und des ErwGr 66 S. 2 DS-GVO („Antrag") sprechen hierfür, ebenso die Erwägung, dass der Betroffene möglicherweise die

---

[1362] *Schantz* NJW 2016, 1841 (1845).

[1363] *Hornung/Hofmann* JZ 2013, 163 (167); *Paal* in Paal/Pauly DS-GVO Art. 17 Rn. 32.

[1364] Zu möglichen Maßnahmen *Hornung/Hofmann* JZ 2013, 163 (168 ff.).

[1365] Vgl. zur äußerungsrechtlichen Verantwortlichkeit für die Verbreitung mittels RSS-Feed als „internettypischer Gefahr" BGH NJW 2015, 193 Rn. 21.

[1366] BGH NJW 2016, 56 Rn. 12 ff. und 40.

[1367] *Peifer* NJW 2016, 23 (25).

Information Dritter nicht möchte, um einen „Barbara-Streisand-Effekt"[1368] zu vermeiden.

dd) Ausnahmen. Die Ausschlussgründe für das Löschungsrecht gemäß **1217** Art. 17 Abs. 3 DS-GVO werfen ähnliche Fragen auf wie die Löschungsgründe. Denn Art. 17 Abs. 3 lit. b und c DS-GVO verweisen letztlich nur auf das **Vorliegen einer Rechtsgrundlage** nach Art. 6 Abs. 1 UAbs. 1 lit. c und e bzw. Art. 9 Abs. 2 lit. h und i und Abs. 3 DS-GVO.

Auch Art. 17 Abs. 3 lit. a DS-GVO hat letztlich nur symbolische Bedeu- **1218** tung. Danach unterbleibt eine Löschung, wenn dies zur Ausübung des Rechts auf **freie Meinungsäußerung und Information** erforderlich ist. Die Ergänzung der Informationsfreiheit war eine unmittelbare Reaktion des Rates auf die Entscheidung des EuGH in der Rechtssache *Google Spain*. Die Meinungsfreiheit ist aber ebenso wie alle weiteren Grundrechte bereits auf der Ebene der Zulässigkeit der Verarbeitung zu berücksichtigen, insbesondere im Rahmen von Art. 6 Abs. 1 UAbs. 1 lit. f DS-GVO. Gerade dies hat der EuGH im Fall *Google Spain* demonstriert.[1369] Es dürfte daher bereits kein Löschungsgrund nach Art. 6 Abs. 1 UAbs. 1 lit. f vorliegen.

Schließlich unterbleibt eine Löschung, soweit eine Löschung die Verar- **1219** beitung der Daten für die **privilegierten Zwecke** des Art. 89 DS-GVO unmöglich machen oder ernsthaft beeinträchtigen würde (Art. 17 Abs. 3 lit. d DS-GVO) oder wenn sie im Zusammenhang mit der Geltendmachung, Ausübung oder Verteidigung von Rechtsansprüchen erforderlich sind (Art. 17 Abs. 3 lit. e DS-GVO).

Der deutsche Gesetzgeber hat in § 35 BDSG nF zudem drei weitere Ausnah- **1220** men vom Löschungsrecht vorgesehen. Eher selbstverständlich ist es, dass die Löschung unterbleibt, wenn der Verantwortliche Grund zu der Annahme hat, dass durch eine Löschung **schutzwürdige Interesse des Betroffenen** beeinträchtigt werden (§ 35 Abs. 2 BDSG nF; bisher § 35 Abs. 3 Nr. 2 BDSG aF); die Verarbeitung zu anderen Zwecken ist dann eingeschränkt und der Betroffene ist über das Unterbleiben der Löschung zu informieren. Allerdings darf die Bedeutung des Ausnahmetatbestands nicht überschätzt werden: Der Betroffene muss zuvor ja selbst nach Art. 17 Abs. 1 DS-GVO die Löschung verlangen oder gemäß Art. 18 Abs. 1 lit. b DS-GVO die Einschränkung der Verarbeitung. Der Verantwortliche muss sich also über den Wunsch des Betroffenen hinwegsetzen, um die betroffene Person darauf aufmerksam machen, dass sie sich möglicherweise selbst durch ihren Löschungswunsch schadet.

Hiervon zu unterscheiden ist die Konstellation, dass der Verantwortliche personenbezogene Daten aus eigener Initiative löscht (zB weil er gemerkt hat, dass die Verarbei-

---

[1368] Als Fotografen die kalifornische Küstenlinie für wissenschaftliche Zwecke fotografierten, wandte sich die US-amerikanischen Schauspielerin, Regisseurin und Sängerin Barbara Streisand dagegen, dass auch ein Bild veröffentlicht wurde, auf dem ihr Haus zu sehen ist. Damit machte sie überhaupt erst darauf aufmerksam, dass das Bild ihr Haus zeigte. Am Ende der Auseinandersetzung kannte die breite Öffentlichkeit das Bild ihres Hauses. Genau dies wollte sie eigentlich vermeiden.

[1369] EuGH NJW 2014, 2237 Rn. 80 f. zum Informationsinteresse; zum Ausgleich mit der Meinungsfreiheit bereits zuvor EuGH EuZW 2004, 245 Rn. 86 und 89 – Lindqvist; EuGH MMR 2009, 175 Rn. 53 ff. – Satakunnan Markkinapörssi und Satamedia.

tung rechtswidrig ist). In diesem Fall kann die betroffene Person ein Interesse daran haben, dass die Daten nicht gelöscht werden (zB weil sie als Beweismittel erforderlich sind, damit sie Schadensersatz geltend machen kann).

1221 Werden Daten nicht automatisiert verarbeitet, soll an die Stelle der Löschung soll ebenfalls die Einschränkung der Verarbeitung treten, wenn es aufgrund der besonderen Art der Speicherung nur mit einem **unverhältnismäßig hohen Aufwand** möglich wäre, die Daten zu löschen (§ 35 Abs. 1 BDSG nF; bisher § 20 Abs. 3 Nr. 3, § 35 Abs. 3 Nr. 3 BDSG aF). Die Regelung zielt vor allem auf Altfälle wie die Speicherung von Daten auf Microfiche, bei der es schwierig wäre, einzelne Informationen zu löschen.[1370] Dennoch ist eine unionsrechtliche Legitimation für diese Ausnahme von den Betroffenenrechten in Art. 23 Abs. 1 DS-GVO eher zweifelhaft. In jedem Fall ist sie aber eng auszulegen, denn es gilt der Grundsatz, dass sich die Technik nach den rechtlichen Vorgaben richten und der Verantwortliche gewährleisten muss, dass personenbezogene Daten unverzüglich und vollständig gelöscht werden können (vgl. Art. 25 Abs. 1 DS-GVO).

1222 Unionsrechtlich problematisch ist auch die Möglichkeit, einem Löschungswunsch nicht nachzukommen, wenn die betroffenen Daten aufgrund **vertraglicher oder satzungsmäßiger Aufbewahrungsfristen** nicht gelöscht werden dürfen (§ 35 Abs. 3 BDSG nF; bisher § 20 Abs. 3 Nr. 1, § 35 Abs. 3 Nr. 1 BDSG aF). Es handelt sich hierbei nicht um Verpflichtungen, die im Verhältnis zwischen dem Verantwortlichen und der betroffenen Person bestehen (dann wäre die weitere Verarbeitung zur Erfüllung des Vertrags erforderlich, Art. 6 Abs. 1 UAbs. 1 lit. b DS-GVO), sondern zwischen dem Verantwortlichen und Dritten. Die Ausnahme erweitert Art. 17 Abs. 3 lit. b DS-GVO, der eine Löschung ausschließt, wenn dies zu einer Kollision mit einer gesetzlichen Verpflichtung führen würde. Im Falle des § 35 Abs. 3 BDSG nF beruht die Pflichtenkollision aber auf einer privatautonomen Bindung des Verantwortlichen gegenüber Dritten. Dabei ist es nicht ausgeschlossen, dass die weitere Verarbeitung des Verantwortlichen auf ein überwiegendes Interesse gemäß Art. 6 Abs. 1 UAbs. 1 lit. f DS-GVO gestützt werden kann. § 35 Abs. 3 BDSG nF räumt den Interessen des Verantwortlichen aber generell und ohne weitere Abwägung den Vorrang ein. Eine solche Ausnahme lässt sich daher nicht auf Art. 23 Abs. 1 lit. i DS-GVO stützen.

1223 **f) Einschränkung der Verarbeitung.** Art. 18 Abs. 1 DS-GVO gibt dem Betroffenen das Recht, in bestimmten Situation die Einschränkung der Verarbeitung zu fordern. In der Sache handelt es im eine **Sperrung** i.S.d. § 3 Abs. 4 S. 1 Nr. 4 BDSG aF. Art. 4 Nr. 3 DS-GVO definiert die Einschränkung der Verarbeitung als „Markierung" mit dem Ziel der Einschränkung der Verarbeitung. Die Einschränkung der Verarbeitung selbst soll vor allem durch technische Mittel geschehen, die sicherstellen, dass die Daten nicht für andere Zwecke genutzt oder geändert werden (z.B. die Überspielung auf ein anderes Verarbeitungssystem; Sperrung von Nutzern im Rechte- und Rollenmanagement oder die Entfernung von einer Website, ErwGr 67 DS-GVO).

[1370] BT-Drs. 18/12144, S. 5.

In der Sache erfasst die Einschränkung der Verarbeitung gemäß Art. 18 **1224**
Abs. 1 DS-GVO **zwei Fallgruppen:**

– **Zwischenphasen,** in denen noch nicht klar ist, ob Daten auf Antrag des Betroffenen berichtigt werden müssen (lit. a) oder ob der Widerspruch des Betroffenen nach Art. 21 Abs. 1 DS-GVO durchgreift (lit. d); teilweise wird eine analoge Anwendung auf Fälle vorgeschlagen, in denen nicht die Richtigkeit aber die Zulässigkeit der Verarbeitung bestritten wird.[1371]
– Die Daten werden **nur noch für einen Zweck aufbewahrt** und hätten sonst gelöscht werden müssen. Dies ist zum einen der Fall auf Wunsch des Betroffenen (lit. b) oder – in den Fällen des Art. 17 Abs. 3 lit. e DS-GVO – zum Zwecke der Geltendmachung, Ausübung und Verteidigung von Rechtsansprüchen des Betroffenen (lit. c).

Ein Zugriff auf Daten, deren Verarbeitung eingeschränkt ist, lässt Art. 18 **1225**
Abs. 2 zu, wenn der Betroffene einwilligt, die Daten für die Rechtsverteidigung erforderlich sind, zum Schutze der Rechte einer anderen Person oder aufgrund eines wichtigen öffentlichen Interesses. Vor der Aufhebung der Einschränkung der Verarbeitung ist der Betroffene zu informieren (Art. 18 Abs. 3 DS-GVO).

Ein Problem in der Praxis ist, ob Dritte über die Einschränkung der Verar- **1226**
beitung informiert werden dürfen.[1372] Dies ist vor allem dann relevant, wenn die Empfänger auf die Vollständigkeit der Daten vertrauen. Die Mitteilung der Einschränkung ist selbst ein personenbezogenes Datum. Dass sie Dritten mitgeteilt werden darf, ergibt sich bereits auch aus der Vepflichtung des Verantwortlichen nach Art. 19 S. 1 DS-GVO.

**g) Folgeverpflichtungen von Berichtigung, Löschung und Beschrän- 1227
kung der Verarbeitung.** Art. 19 S. 1 DS-GVO erlegt Verantwortlichen die Verpflichtung auf, Empfänger, denen Daten (gezielt) offengelegt worden sind, über die Berichtigung, Löschung oder Einschränkung der Verarbeitung dieser Daten zu informieren. Wie Art. 17 Abs. 2 DS-GVO steht auch diese Pflicht zur „**Folgenbeseitigung**"[1373] unter dem Vorbehalt des Möglichen; sie greift nicht, wenn die Information der Empfänger unmöglich ist oder mit unverhältnismäßigem Auffand verbunden ist.

Der Betroffene hat gemäß Art. 19 S. 2 DS-GVO einen **korrespondieren- 1228
den Auskunftsanspruch** gegen den Verantwortlichen über die Empfänger der betroffenen Daten. Dieser Anspruch ermöglicht dem Verantwortlichen, dem Informationsfluss selbst nachzugehen.

h) Widerspruch. Art. 21 DS-GVO räumt dem Betroffenen das Recht ein, **1229**
einer nach der DS-GVO zulässigen Datenverarbeitung zu widersprechen. Folge ist, dass die Daten gelöscht werden müssen (Art. 17 Abs. 1 lit. c DS-GVO). Im Rahmen des Art. 21 DS-GVO ist das voraussetzungsfreie Widerspruchsrecht gegen Direktwerbung (Art. 21 Abs. 2 DS-GVO) vom allgemeinen Widerspruchsrecht des Art. 21 Abs. 1 DS-GVO zu unterscheiden.

[1371] Hierfür *Kamlah* in Plath DS-GVO Art. 18 Rn. 7.
[1372] *Kamlah* in Plath DS-GVO Art. 18 Rn. 9.
[1373] *Kamlah* in Plath DS-GVO Art. 19 Rn. 2.

1230 **aa) Allgemeine Widerspruchsrecht.** Das allgemeine Widerspruchsrecht des Art. 21 Abs. 1 DS-GVO ist in den Fällen der Verarbeitung nach Art. 6 Abs. 1 UAbs. 1 lit. e und f DS-GVO anwendbar. Es dient dazu, **atypische Fälle** aufzufangen, die sich aus der „besonderen Situation" des Betroffenen ergeben. Der Vorteil des Widerspruchs liegt aus Sicht des Betroffenen vor allem darin, dass bis zu einer endgültigen Entscheidung die Verarbeitung der Daten eingeschränkt ist (Art. 18 Abs. 1 lit. d DS-GVO). Sein Widerspruchsrecht ist jedoch eingeschränkt, wenn eine Datenverarbeitung der wissenschaftlichen oder historischen Forschung oder der Statistik dient und diese Verarbeitung zur Erfüllung einer im öffentlichen Interesse liegenden Aufgabe erfolgt (Art. 21 Abs. 6 DS-GVO).

1231 Der Verantwortliche kann die Verarbeitung trotzdem fortsetzen, wenn er zwingende schutzwürdige Gründe für die Verarbeitung nachweisen kann, die gegenüber den Interessen des Betroffenen überwiegen. Letztlich findet damit eine **Interessenabwägung mit erhöhten Anforderungen** statt. Eine Weiterverarbeitung ist auch möglich für die Geltendmachung, Ausübung und Verteidigung von Rechtsansprüchen (Art. 21 Abs. 1 S. 2 DS-GVO).

1232 § 36 1. Alt. BDSG nF wiederholt einerseits den Inhalt des Art. 21 Abs. 1 S. 2 DS-GVO, indem er das Widerspruchsrecht auch bei einem zwingenden öffentlichen Interesse ausschließt, das gegenüber den Interessen der betroffenen Person überwiegt. Andererseits erweitert § 36 2. Alt. BDSG nF die Ausnahmen vom Widerspruchsrecht auf alle Fälle, in denen „eine Rechtsvorschrift zur Verarbeitung verpflichtet". Die Ausnahme führt § 20 Abs. 5 S. 2, § 35 Abs. 5 S. 2 BDSG aF fort, die auf Art. 14 lit. a S. 1 2. Hs DSRL beruhten. Eine vergleichbare Ausnahme vom Widerspruchsrecht sieht Art. 21 DS-GVO jedoch nicht vor. Letztlich stellt § 36 2. Alt. BDSG nF das Widerspruchsrecht pauschal zur Disposition des nationalen Gesetzgebers, ohne an die Ziele des Art. 23 Abs. 1 DS-GVO anzuknüpfen, die eine solche Einschränkung des Widerspruchsrechts im Einzelfall rechtfertigen könnten. Dies ist unionsrechtlich nicht überzeugend.

1233 **bb) Verarbeitung zu Zwecken der Direktwerbung.** Das Recht, der Verarbeitung zu Zwecken der Direktwerbung zu widersprechen, hat – wie nach § 28 Abs. 4 S. 1 und 2 BDSG aF – demgegenüber **keine weiteren Voraussetzungen.** Es handelt sich hierbei um einen Ausgleich dafür, dass der Unionsgesetzgeber die Datenverarbeitung zu diesen Zwecken an anderer Stelle privilegiert: So hat er die Direktwerbung allgemein als berechtigtes Interesse anerkannt (ErwGr 47 letzter Satz DS-GVO).

1234 Der Betroffene ist auf sein Widerspruchsrecht spätestens bei der ersten Kommunikation in getrennter Form hinzuweisen. Eine Pflicht zu einem Hinweis auf das Widerspruchsrecht ergibt sich ebenfalls aus Art. 14 Abs. 2 lit. c, Abs. 3 lit. b DS-GVO.[1374] Es ist nicht eindeutig, ob Art. 21 Abs. 4 DS-GVO durch das Erfordernis einer getrennten Information eine zusätzliche Information erfordert.

1235 Nach Art. 21 Abs. 5 DS-GVO kann der Widerspruch auch durch „technische Spezifikationen" ausgeübt werden (z.B. durch Browsereinstellungen).

[1374] *Piltz* K&R 2016, 629 (635).

Hiermit lässt die DS-GVO Raum für technische Standards (z.B. „**Do not track**").[1375] Soweit sich die Anwendungsbereiche überschneiden, geht Art. 21 Abs. 5 DS-GVO den Regelungen der e-Privacy-RL vor und bewirkt insoweit – abweichend von Art. 95 DS-GVO – eine Änderung.[1376] In der Praxis kommt diese Möglichkeit vor allem in Bezug auf Webtracking zu Zwecken personalisierter Werbung im Internet in Betracht.

i) Recht auf Datenportabilität. Wenn eine Person über einen längeren **1236** Zeitraum einen E-Mailanbieter benutzt, dort ihre E-Mails archiviert und ein Verzeichnis ihrer Kontakte angelegt, ist ein Wechsel zu einem anderen Anbieter für sie häufig schwierig. Möchte sie zu einem Konkurrenten wechseln, z.B. weil ihr derzeitiger Anbieter seine Datenschutzbestimmungen zu seinem Nachteil ändert, wird sie häufig von einem Wechsel zurückschrecken, denn es wäre sehr aufwändig, ihr E-Mailarchiv und ihre Kontakte zu übertragen. Ähnlich Probleme stellen sich z.b. bei der Nutzung Sozialer Netzwerke oder von Cloud-Diensten. Durch diese Schwierigkeiten entsteht ein sog. **Lock-in-Effekt**, der die Ausübung der wirtschaftlichen Entscheidungsfreiheit und damit den Wettbewerb verhindert.

Genau hier setzt die Idee des Rechts auf Datenportabilität gemäß Art. 20 **1237** Abs. 1 DS-GVO an, das mit der DS-GVO neu eingeführt worden ist. Die Kosten eines Wechsels (switching costs) sollen verringern werden, indem der Betroffene das Recht erhält, die Herausgabe der Daten zu verlangen, die er bereitgestellt hat, oder, soweit technisch machbar, ihre direkte Übermittlung an einen anderen Anbieter (Art. 20 Abs. 2 DS-GVO). Der Verantwortliche muss ihm die Daten in einem „strukturierten, gängigen und maschinenlesbaren" und damit interoperablen Format aushändigen, damit ein anderer Anbieter die Informationen auch verwenden kann. Das Recht auf Datenportabilität dient daher primär einem **wettbewerbspolitischen** Ziel.[1377] Dies zeigt sich auch daran, dass die Ausübung des Rechts auf Datenportabilität nicht automatisch zur Löschung der Daten beim Verantwortlichen führt, sondern nur wenn hierfür die Voraussetzungen nach Art. 17 vorliegen (Art. 20 Abs. 3 S. 1 DS-GVO). Allerdings dürfte dies meist der Fall sein, weil es sich ja um Daten handelt, die der Betroffene selbst bereitgestellt hat.

Der Unionsgesetzgeber hatte zwar vor allem Soziale Netzwerke und an- **1238** dere Internetdienste vor Augen; der Anwendungsbereich des Rechts auf Datenportabilität ist jedoch erheblich weiter und erfasst alle Datenverarbeitungsvorgänge mithilfe **automatisierter Verfahren** (Art. 20 Abs. 1 lit. b DS-GVO). Ausgenommen sind lediglich Verarbeitungen im öffentlichen Bereich (Art. 20 Abs. 3 S. 2 DS-GVO). Da es sich um Daten handeln muss, die der Betroffene bereitgestellt hat, erfasst das Recht auf Datenportabilität nur Daten, die auf Basis einer **Einwilligung oder zur Durchführung eines Vertrags** zwischen Betroffenem und Verantwortlichem verarbeitet werden (Art. 20 Abs. 1 lit. a DS-GVO).

[1375] *Albrecht* CR 2016, 88 (93).

[1376] *Pauly* in Paal/Pauly DS-GVO Art. 95 Rn. 2.

[1377] Für ein Recht auf Datenportabilität daher auch die *Monopolkommission* Wettbewerbspolitik: Herausforderung digitale Märkte, Sondergutachten 68, 2015, Rn. 335.

1239   Nicht eindeutig definiert die DS-GVO, wann der Betroffene Daten „**bereitgestellt**" hat. Klar „bereitgestellt" hat der Betroffene die Daten, die er direkt
eingegeben oder hochgeladen hat (z. B. Fotos auf eine Online-Community wie
flickr oder durch Gesundheitsarmbänder erhobene Daten). Gleiches muss aber
auch gelten, wenn der Betroffene Daten von Dritten erhalten hat (zB Instant
Messages, E-Mails). Auch hier stammen die Daten aus der Sphäre des Betroffenen. Was ist aber mit Daten, die der **Verantwortliche über den Betroffenen
erhoben** hat und welche die Nutzung des Angebots des Verantwortlichen nur
erheblich angenehmer machen (zB zum Film- oder Musikgeschmack des Betroffenen oder seine Kundenhistorie)? Im Sinne des Wettbewerbs wäre auch
eine „Mitnahme" dieser Informationen wünschenswert, denn die Angebote
anderer Anbieter sind sonst in der Anfangsphase viel weniger zielgenau. Hier
wird man differenzieren müssen zwischen den Daten, die der Betroffene selbst
durch die Nutzung eines Dienstes erzeugt hat (zB die gesehenen Filme) einerseits und Erkenntnissen und Empfehlungen, die der Verantwortliche daraus
abgeleitet hat, andererseits. Nur die Rohdaten, die unmittelbar auf der Nutzung eines Angebotes durch den Betroffenen beruhen, hat der Betroffene
durch seine Nutzung zur Verfügung gestellt und dürften daher von Art. 20 DS-
GVO erfasst sein.[1378] Angesichts der wettbewerbsrechtlichen Zielsetzung ist es
nicht ganz glücklich, dass das Recht sich nur auf **personenbezogene Daten**
bezieht; der Personenbezug dürfte jedoch regelmäßig schon dadurch ergeben,
dass gerade der Betroffene diese Daten bereitgestellt hat.

1240   Nach Art. 20 Abs. 4 DS-GVO darf das Recht auf Datenportabilität nicht die
Rechte und Freiheiten anderer Personen beeinträchtigen. Dies könnte auf den
ersten Blick dafür sprechen, dass das Recht auf Datenportabilität nicht greift,
soweit **personenbezogene Daten Dritter** betroffen sind.[1379] Dies würde aber
den vom Gesetzgeber intendierten Anwendungsbereich des Rechts auf Datenportabilität nahezu leerlaufen lassen; Profile in sozialen Netzwerken, Chat-
Verläufe, Fotos oder empfangene E-Mails wären dann nicht vom Recht auf
Datenportabilität umfasst.[1380]

Aber nicht nur der Zweck, sondern auch die Gesetzgebungsgeschichte sprechen für
eine andere Auslegung. Ursprung des Art. 20 Abs. 4 DS-GVO war Art. 18 Abs. 2aa
Rat-E, wonach das Recht auf Datenportabilität nicht das geistige Eigentum beeinträchtigen sollte. Weder Europäisches Parlament noch Kommission forderten vergleichbare
oder weitere Einschränkungen; es wäre daher sehr ungewöhnlich, wenn das Recht auf
Datenportabilität im Trilog über die Ausgangspositionen aller Teilnehmer hinaus eingeschränkt worden wäre. Dies zeigt vielmehr, dass Art. 20 Abs. 4 DS-GVO vor allem dem
Schutz des geistigen Eigentums dient. Zu einem anderen Ergebnis führt auch nicht
ErwGr 68 S. 8 DS-GVO; danach bleiben die Rechte Dritter unberührt, wenn das Recht
auf Datenportabilität auch Datensätze umfasst, die auch Dritte betreffen. Hierdurch
wird nur klargestellt, dass es sich im Verhältnis zwischen Betroffenem und Dritten um

---

[1378] *Art. 29-Gruppe* Guidelines on the right to data portability, WP 242 v.
13.12.2016, S. 8 f.

[1379] *Jülicher/Röttgen/v. Schönfeld* ZD 2016, 358 (359); *Härting* Datenschutz-Grundverordnung, Rn. 732; *Paal* in Paal/Pauly DS-GVO Art. 20 Rn. 3; aA *Herbst* in Kühling/
Buchner DS-GVO Art. 20 Rn. 20; *Piltz* in Gola DS-GVO Art. 20 Rn. 36.

[1380] *Art. 29-Gruppe* Guidelines on the right to data portability, WP 242 v.
13.12.2016, 7 ff.; ebenso *Schantz* NJW 2016, 1841 (1845).

eine Datenverarbeitung handelt, die einer Verarbeitungsgrundlage bedarf. Auch dies wird in der ursprünglichen ausführlicheren Fassung des Satzes in ErwGr 55 Rat-E noch deutlicher; sie betonte, dass die „Anforderungen dieser Verordnung an die Rechtmäßigkeit Verarbeitung personenbezogener Daten in Bezug auf andere betroffene Personen unberührt" bleiben.

j) Besonderheiten im Anwendungsbereich der JI-RL. Die Betroffe- **1241** nenrechte der JI-RL sind weitgehend parallel zu den Regelungen der DS-GVO gestaltet. Auch der deutsche Gesetzgeber behält diese Nähe in den §§ 57 ff. BDSG nF bei. Dies gilt auch für die Modalitäten der Ausübung und das Verfahren zur Behandlung von Anträgen der betroffenen Person. So ist die Ausübung der Betroffenenrechte auch hier – außer im Fall des Missbrauchs – kostenlos (§ 59 Abs. 3 BDSG nF). Der Betroffene ist unverzüglich über den Umgang mit seinem Ansinnen zu informieren (§ 59 Abs. 2 BDSG nF), ebenso wenn die Entscheidung gefallen ist, seinen Antrag ganz oder teilweise nicht zu erfüllen (§ 57 Abs. 6 S. 1; § 58 Abs. 6 S. 1 BDSG nF). Der Verantwortliche muss die Gründe seiner Entscheidung dokumentieren (§ 57 Abs. 8 iVm § 58 Abs. 7 BDSG nF) und den Betroffenen schriftlich hierüber informieren, soweit dies nicht dem Grund der Ablehnung zuwiderlaufen würde (§ 57 Abs. 6 S. 2 und 3; § 58 Abs. 6 S. 2 und 3 BDSG nF). Der Betroffene kann sich dann entscheiden, seine Rechte über die BfDI geltend zu machen (§ 57 Abs. 7 iVm § 58 Abs. 7 BDSG nF).

Eine **Auskunft** kann aus den gleichen Gründen abgelehnt werden wie die **1242** Erfüllung der Informationspflicht (§ 57 Abs. 4 iVm § 56 Abs. 2 BDSG nF, hierzu → Rn. 1182). Zusätzlich ist – wie in § 34 Abs. 1 Nr. 2 BDSG nF – vorgesehen, dass eine Auskunft verweigert werden kann, wenn die Daten nur noch aufgrund gesetzlicher Aufbewahrungsfristen, zur Datensicherung oder Datenschutzkontrolle aufbewahrt werden, eine Verwendung für andere Zwecke durch technische oder organisatorische Ausnahmen ausgeschlossen ist und die Auskunftserteilung einen unverhältnismäßigen Aufwand bedeuten würde. Neben rechtspolitischen Bedenken (→ Rn. 1203) ist auch hier die unionsrechtliche Grundlage zweifelhaft, da Art. 15 Abs. 1 JI-RL eine Ausnahme vom Auskunftsrecht allein zur Vermeidung von Aufwand für die Verwaltung nicht vorsieht. Den gleichen Bedenken begegnet die Möglichkeit, eine Auskunft zu verweigern, wenn die betroffene Person keine Angaben macht, die das Auffinden der Daten mit einem Aufwand ermöglichen, der nicht außer Verhältnis zum Informationsinteresse der betroffenen Person steht (§ 57 Abs. 2 BDSG nF). Soweit Daten an einen Nachrichtendienst oder – im Zusammenhang mit der Sicherheit des Bundes – an das Bundesverteidigungsministerium übermittelt worden sind, darf hierüber dem Betroffenen nur mit Zustimmung der empfangenden Behörde Auskunft gegeben werden (§ 57 Abs. 5 BDSG nF).

Das Recht auf **Berichtigung** weist im Anwendungsbereich einige Beson- **1243** derheiten auf. So wird klargestellt, dass der Inhalt von Zeugenaussagen oder Beurteilungen (zB Sachverständigengutachten) nicht inhaltlich korrigiert werden kann, sondern nur mit dem Argument, dass die Aussage so nicht getätigt worden ist (§ 58 Abs. 1 S. 2 BDSG nF). § 58 Abs. 1 S. 3 BDSG nF enthält eine Regelung für *non-liquet*-Fälle, in denen nicht festgestellt werden kann, ob ein Datum zutrifft; in diesem Fall sind die Daten nicht zu löschen, sondern ihre Verarbeitung ist einzuschränken. Schließlich hat der Betroffene ein Recht auf Vervollständigung seiner Daten (§ 58 Abs. 1 S. 4 BDSG nF).

1244   An die Stelle der Löschung soll gemäß § 58 Abs. 3 BDSG nF nach dem Ermessen des Verantwortlichen die **Einschränkung der Verarbeitung** treten, wenn eine Löschung die Interessen der betroffenen Person beeinträchtigen würde, die Daten für Beweiszwecke in Verfahren, die in den Anwendungsbereich der JI-RL fallen, aufbewahrt werden müssen oder die Löschung nur mit unverhältnismäßigem Aufwand durchgeführt werden könnte. Ob ein Absehen von der Löschung wegen des damit verbundenen Aufwands unionsrechtlich zulässig ist, ist zweifelhaft, denn letztlich geht es hier um die Begrenzung des Verwaltungsaufwands, den keine Ausnahme nach Art. 16 Abs. 4 JI-RL trägt. In allen anderen Fällen wird das Ermessen des Verantwortlichen jedoch in der Regel „auf Null" reduziert sein, da eine Löschung kaum angebracht ist, wenn eine dieser Ausnahmen vorliegt.

1245   Auch im Bereich der JI-RL existieren **Folgepflichten.** Nach einer Löschung, Berichtung oder Einschränkung der Verarbeitung muss der Verantwortliche alle Empfänger der Daten informieren (§ 58 Abs. 5 S. 1 und 2 BDSG nF). Im Falle einer Berichtigung muss er dies aber auch demjenigen mitteilen, der sie ihm übermittelt hat und der die Daten dann seinerseits zu berichten, löschen oder ihre Verarbeitung einschränken muss (§ 58 Abs. 5 S. 3 BDSG nF).

3. Schadensersatz

1246   Art. 82 DS-GVO führt – in Anknüpfung an Art. 23 DSRL – einen unionsrechtlichen gesetzlichen Schadensersatzanspruch ein. Daneben bleibt weiterhin Raum für Schadensersatzansprüche nach dem nationalen Recht (ErwGr 146 S. 4 DS-GVO), insbesondere also aufgrund vertraglicher Regelungen sowie gemäß §§ 823 ff. BGB. Bisher haben Schadensersatzansprüche wegen Datenschutzverstößen in der Praxis keine große Bedeutung. Dies könnte sich ändern, weil nun auch Verbände Schadensersatzansprüche für Betroffene geltend machen können (Art. 80 Abs. 1 DS-GVO) und Schadensersatz ausdrücklich auch für immaterielle Schäden gewährt wird. Es ist daher wahrscheinlich, dass die präventive Wirkung des Schadensersatzanspruchs zunehmen wird und damit auch seine Bedeutung als Instrument zur Durchsetzung des Datenschutzrechts.[1381]

1247   a) **Haftungsadressaten und Anspruchsberechtigte.** Anspruchsberechtigt sind gemäß Art. 82 Abs. 1 **nicht nur Betroffene.**[1382] Ansprüche von anderen Personen dürften aber nur in Betracht kommen, wenn sie materielle Schäden erlitten haben.

Beispiele: Unter Verletzung der DS-GVO wird eine Bonitätsprognose über einen Betroffenen erstellt. Diese führt nun dazu, dass dessen Ehepartner schlechtere Finanzierungskonditionen erhält. Zu diskutieren sein dürften zukünftig Ansprüche Drittbetroffener im Zusammenhang mit Big Data-Analysen, wenn diese gegen die DS-GVO verstoßen. Werden hierbei Korrelationen ermittelt und diese auf Dritte angewendet, indem sie dieser Vergleichsgruppe zuordnet werden, kann es passieren, dass der Dritte hierdurch einen finanziellen Nachteil erleidet. Es stellt sich aber die Frage, ob die DS-GVO gerade vor solchen Schäden schützen soll, also ein Pflichtwidrigkeitszusammenhang gegeben ist.

[1381] *Wybitul* ZD 2016, 253 (253 f.).
[1382] AA *Frenzel* in Paal/Pauly DS-GVO Art. 82 Rn. 7.

Während nach Art. 23 DSRL und § 7 BDSG nur der **Verantwortliche** haf- **1248** tete, ist nun auch ein **Auftragsverarbeiter** zum Schadenersatz verpflichtet, wenn er seinen Pflichten nach der DS-GVO nicht nachkommt (Art. 82 Abs. 2 S. 1 DS-GVO) oder die Daten nicht entsprechend den Weisungen seines Auftraggebers verarbeitet. In letzterem Fall würde er, indem er Daten weisungswidrig verarbeitet, sowieso zum Verantwortlichen (vgl. Art. 28 Abs. 10 DS-GVO) und als solcher haften.

b) Anspruchsvoraussetzungen. Voraussetzung für eine Haftung nach **1249** Art. 82 Abs. 1 DS-GVO ist zunächst **Kausalität** zwischen einem Verstoß gegen die DS-GVO und einem materiellen oder immateriellen Schaden. Ist dieser Grundtatbestand erfüllt, haften hierfür zunächst grundsätzlich Verantwortlichen, welche gegen die DS-GVO verstößt (Art. 82 Abs. 2 S. 1 DS-GVO).[1383] ErwGr 146 S. 5 DS-GVO stellt klar, dass ein Verstoß gegen die DS-GVO auch vorliegt, wenn die Verarbeitung die Vorgaben delegierter Rechtsakte oder nationaler Bestimmungen nicht einhält, welche die DS-GVO präzisieren.

Für die Verantwortlichkeit für die Verarbeitung, die Rechtswidrigkeit der **1250** Verarbeitung, deren Kausalität für den entstandenen Schaden und den entstandenen Schaden selbst, enthält die DS-GVO keine Regelungen zur Beweislastverteilung. Grundsätzlich trägt daher der Geschädigte hierfür die **Beweislast**.[1384] Bei der Auslegung von Art. 82 DS-GVO ist jedoch zu beachten, dass es sich um einen unionsrechtlichen Haftungstatbestand handelt, der nicht nach den Maßstäben des nationalen Haftungsrechts auszulegen ist. Das nationale Recht darf auch durch verfahrensrechtliche Regelungen ihm nicht seine Wirksamkeit nehmen,[1385] z. B. indem es überzogene Anforderungen an die Darlegungs- und Beweislast stellt.[1386] Es ist daher zu berücksichtigen, welche Darlegungsmöglichkeiten dem Geschädigten zur Verfügung stehen und dass nach dem Grundsatz der Rechenschaftspflicht („accountability") grundsätzlich der Verantwortliche in der Lage sein muss, die Einhaltung seiner Verpflichtungen nachzuweisen (Art. 5 Abs. 2; Art. 24 Abs. 1 DS-GVO).

Art. 82 Abs. 3 DS-GVO erlaubt jedoch eine **Haftungsbefreiung**. Hierzu **1251** muss der Verantwortliche oder Auftragsverarbeiter nachweisen, „dass er in keinerlei Hinsicht für den Umstand, durch den der Schaden eingetreten ist, verantwortlich ist". Vielfach wird Art. 82 DS-GVO aufgrund dieser Regelung – wie schon § 7 S. 2 BDSG – als Haftung für vermutetes Verschulden[1387] eingeordnet. Art. 82 Abs. 3 DS-GVO verwendet – wie schon Art. 23 Abs. 2 DSRL – den Begriff der Verantwortlichkeit. Ob Verantwortlichkeit mit Verschulden gleichzusetzen ist, ist alles andere als klar. ErwGr 118 KOM-E (wie schon ErwGr 55 DSRL) nannte als Beispiele fehlender Verantwortlichkeit ein

---

[1383] Zu weitgehend *Frenzel* in Paal/Pauly DS-GVO Art. 82 Rn. 13, der mit Verweis auf den Terminus „Beteiligung" auch Verantwortliche in den Kreis der Haftenden einbeziehen will, die für die rechtswidrige Verarbeitung gar nicht verantwortlich sind.

[1384] *Spindler* DB 2016, 937 (947).

[1385] *Frenzel* in Paal/Pauly DS-GVO Art. 82 Rn. 11.

[1386] EuGH EuZW 2014, 586 Rn. 32 f. – Kone AG u. a. (zum kartellrechtlichen Schadensersatz beim umbrella pricing).

[1387] *Gola/Piltz* RDV 2016, 279 (284); *Härting* Datenschutz-Grundverorndung Rn. 234.

Fehlverhalten des Betroffenen oder höhere Gewalt; dieses Verständnis macht den Haftungstatbestand zwar nicht zu einer Gefährdungshaftung, rückt ihn aber zumindest in die Nähe einer verschuldensunabhängigen Unrechtshaftung ähnlich § 8 Abs. 1 BDSG.[1388] Eine Haftung scheidet danach selbstverständlich aus, wenn der Verantwortliche oder Auftragsverarbeitung seine Pflichten nach der DS-GVO eingehalten hat. Daneben dürfte eine Haftungsentlastung vor allem in Betracht kommen, wenn die Schadensursache nicht aus der Sphäre des Verantwortlichen stammte und die datenschutzrechtliche Verpflichtung, gegen die er verstoßen hat, gerade nicht den Zweck hatte, Vorkehrungen gegen solche Schäden zu treffen.

Beispiele: Verschaffen sich Hacker Zugriff auf personenbezogene Daten der Kunden eines Unternehmens, entlastet dies das Unternehmen nicht, wenn es zugleich seine Pflicht zur Gewährleistung der Datensicherheit nach Art. 32 DS-GVO verletzt hat. Ebenso kann sich ein Unternehmen nicht darauf berufen, dass ein Auftragsverarbeiter Daten weisungswidrig verarbeitet hat, wenn das Unternehmen seine Pflichten zur Auswahl und Überwachung des Auftragsverarbeiters verletzt hat.

1252 Zu beachten ist auch im Kontext des Art. 82 DS-GVO die Haftungsprivilegierung für **Intermediäre** nach Art. 12 ff. der Richtlinie 2000/31/EG, die durch die DS-GVO unberührt bleibt (Art. 2 Abs. 4 DS-GVO). Solange sie ihre neutrale Rolle nicht verlassen, haften danach Intermediäre erst ab dem Zeitpunkt der Kenntnis des Normverstoßes.[1389] Diese Privilegierung dürfte jedoch nicht für Verstöße gegen technisch-organisatorische Normen greifen, da diese Verpflichtungen in keinem Zusammenhang mit dem Inhalt der Daten oder dem konkreten Verarbeitungszweck stehen.

1253 Mehrere Schädiger haften als **Gesamtschuldner** (Art. 82 Abs. 4 DS-GVO), so dass der Geschädigte von jedem grundsätzlich den Ersatz des vollen Schadens verlangen kann.[1390] Im Innenverhältnis haften die Schädiger anteilig entsprechend ihrer Verantwortung für den Schaden. Art. 82 Abs. 5 DS-GVO gibt ihnen einen entsprechenden **Regressanspruch**.

1254 c) **Haftungsumfang.** Während es strittig war, ob ein Geschädigter gemäß § 7 S. 1 BDSG auch immateriellen Schadensersatz verlangen kann,[1391] umfasst der Anspruch nach Art. 82 DS-GVO eindeutig **materielle und immaterielle**

[1388] Rechtspolitisch ablehnend *Spindler* Gutachten 69. DJT, F 128 f.

[1389] *Spindler* Gutachten 69. DJT, F 127 f.

[1390] ErwGr 146 S. 8 DS-GVO erlaubt eine Begrenzung auf eine anteilsmäßige Haftung, wenn in einem Verfahren alle Schädiger haftbar gemacht werden können und so ein vollständiger und wirksamer Schadensersatz gewährleistet ist. Diese Möglichkeit scheint zumindest im deutschen Recht hypothetisch, weil eine vollständige Kompensation des Geschädigten erst mit Zahlung des Schadensersatzes, also nach dem Prozess, erreicht ist. Jede andere Lösung würde dem Geschädigten das Risiko eines weiteren Prozesses gegen den anderen Schädiger aufbürden, wenn ein Schädiger den titulierten Anspruch nicht erfüllt.

[1391] Zum Streitstand *Quaas* in Wolff/Brink BeckOK DatenschutzR § 7 Rn. 55 m.w.N.; ablehnend aus der Rechtsprechung, weil sich dies „eindeutig" aus der Gesetzgebungsgeschichte ergebe BGH ZD 2017, 187 Rn. 13 ff.; OLG Düsseldorf BeckRS 2016, 03782 Rn. 36; anders zu Art. 23 DSRL Google, Inc. v. Vidal-Hall [2015] EWCA Civ. 311 para. 70 et seq., CRi 2015, 89 (91).

Schäden. Für die Bemessung eines „vollständigen und wirksamen Schadensersatzes" verweist ErwGr 146 S. 3 DS-GVO auf die Rechtsprechung des EuGH. Der EuGH hat in seiner Rechtsprechung bisher mit Verweis auf das Effektivitätsprinzip betont, dass Schadensersatzansprüche eine abschreckende Wirkung haben müssen, um die Ziele der unionsrechtlichen Regelungen durchzusetzen.[1392] In die Bemessung eines angemessenen Schadensersatzes wegen eines Schadens, der typischerweise immateriell ist, werden daher zukünftig auch präventive Erwägungen einfließen müssen.

d) Schadensersatz im Anwendungsbereich der JI-RL. Eine weitergehende Haftung besteht im Anwendungsbereich der JI-RL, da sich der Gesetzgeber hier an §§ 7, 8 BDSG aF orientiert hat. Im Bereich der automatisierten Verarbeitung handelt es sich sogar um eine **verschuldensunabhängige Haftung** für Schäden, die durch eine rechtswidrige Verarbeitung verursacht worden sind (§ 83 Abs. 1 S. 1 BDSG nF). Die zuständige Behörde kann sich nur im Falle einer rechtswidrigen nicht-automatisierten Verarbeitung exkulpieren (§ 83 Abs. 1 S. 2 BDSG nF). Für den Umfang des Schadensersatzes gelten die gleichen Maßstäbe wie nach Art. 82 DS-GVO (vgl. ErwGr 88 JI-RL), insbesondere sind immaterielle Schäden zu ersetzen (§ 83 Abs. 2 BDSG nF). Bemerkenswert ist eine **Beweiserleichterung** zugunsten der betroffenen Person im Hinblick auf die Kausalität: Sind mehrere Verantwortliche an einer automatisierten Verarbeitung beteiligt, haftet jeder von ihnen (§ 83 Abs. 3 BDSG nF), wenn sich Verursacher nicht ermitteln lässt. Erfasst werden hiervon insbesondere Konstellationen, in denen Daten rechtswidrig in einer Datenbank gespeichert werden oder unrichtig sind, sich aber nicht mehr feststellen lässt, welche Stelle hierfür verantwortlich ist (vgl. § 8 Abs. 4 BDSG aF).

Das Mitverschulden der betroffenen Person ist gemäß § 254 BGB zu be **1256** rücksichtigen. Es findet die deliktische Verjährung Anwendung (§ 83 Abs. 4 und 5 BDSG nF).

1255

4. Beschwerde

Ist der Betroffene der Ansicht, eine Verarbeitung seiner Daten verstoße ge **1257** gen die DS-GVO, kann er bei einer Datenschutzaufsichtsbehörde gemäß Art. 77 Abs. 1 DS-GVO bzw. im Anwendungsbereich der JI-RL gemäß § 60 Abs. 1 BDSG nF Beschwerde einlegen. Dieses Recht leitet der EuGH unmittelbar aus Art. 8 Abs. 1 und 3 GRC her.[1393] Der Betroffene kann auch einen Verband nach Art. 80 Abs. 1 DS-GVO mandatieren, sein Beschwerderecht für ihn geltend zu machen. Ferner können die Mitgliedsstaaten Verbänden das Recht einräumen, unabhängig von einem konkreten Einzelfall Verstöße gegen die DS-GVO im Wege einer Beschwerde geltend zu machen (Art. 80 Abs. 2 DS-GVO; ausführlich → Rn. 1273 ff.).

Es ist nicht näher bestimmt, welche Datenschutzaufsichtsbehörde zuständig **1258** ist; der Betroffene hat daher die Wahl.[1394] Beispielhaft nennt Art. 75 Abs. 1 DS-GVO die Behörde des Mitgliedsstaats, in dem der Betroffene seinen ge-

---

[1392] Zuletzt EuGH EuZW 2016, 183 Rn. 44 m.w.N. – Arjona Camacho.
[1393] EuGH NJW 2015, 3151 Rn. 58 – Schrems.
[1394] *Koerffer* in Paal/Pauly DS-GVO Art. 77 Rn. 4.

wöhnlichen Aufenthalt hat, in dem seine Arbeitsstelle liegt oder in dem der Verstoß stattfand. Im Ergebnis darf die betroffene Person aber nur eine einzige Beschwerde einlegen und sich nicht an mehrere Aufsichtsbehörden gleichzeitig wenden (ErwGr 141 S. 1 DS-GVO).[1395] Die Behörde, an die sich der Bürger wendet, bleibt auch dann sein Ansprechpartner, wenn in der Sache selbst eine andere Behörde zuständig ist und die Entscheidung trifft (Art. 77 Abs. 2; Art. 60 Abs. 7 S. 2 DS-GVO).[1396]

1259 Sobald eine Beschwerde eingelegt ist, hat die angerufene Datenschutzaufsichtsbehörde sie mit der „gebotenen Sorgfalt" zu prüfen.[1397] Wie ErwGr 141 DS-GVO klarstellt, richtet sich die Tiefe der Untersuchung danach, was im Einzelfall angemessen ist; maßgeblich werden hierfür neben der Schwere des Verstoßes auch die Angaben des Betroffenen und die Möglichkeiten zur Ermittlung des Sachverhalts sein. Im Fall von exzessiven oder offenkundig unbegründeten Beschwerden kann die Datenschutzaufsichtsbehörde eine Bearbeitung ablehnen (Art. 57 Abs. 4 DS-GVO). Es ist allerdings nicht erforderlich, dass der Betroffene in seiner Beschwerde den Verstoß bereits vollständig darlegt. Die Möglichkeit zur Anrufung einer Datenschutzaufsichtsbehörde soll ihm gerade dann helfen, wenn er selbst mit seinen Mitteln (zB durch Ausübung des Auskunftsrechts) nicht in der Lage ist, den Sachverhalt zu ermitteln. Dementsprechend spricht Art. 77 Abs. 1 DS-GVO – anders als Art. 79 Abs. 1 DS-GVO für den gerichtlichen Rechtsschutz – auch nur von der Geltendmachung eines „mutmaßlichen" („alleged") Verstoßes. Bei längeren Untersuchungen oder im Falle der Einschaltung anderer Datenschutzaufsichtsbehörden, ist der Betroffene über den Zwischenstand zu informieren (ErwGr 141 DS-GVO).

1260 In der Regel wird der Betroffene – wie schon nach bisherigem Recht[1398] – keinen Anspruch auf eine bestimmte Maßnahme einer Aufsichtsbehörde haben.[1399] Allerdings kann dieses Ermessen auch „auf Null" reduziert sein, z.B. wenn eine Datenverarbeitung rechtswidrig erfolgt; in diesem Fall besteht zu deren Untersagung nach Art. 58 Abs. 2 lit. d DS-GVO keine Alternative. In jedem Fall hat der Betroffene allerdings einen Anspruch darauf, innerhalb von drei Monaten nach Eingang seiner Beschwerde entweder einer Entscheidung zu erhalten oder über den Bearbeitungsstand informiert zu werden. Diesen Anspruch kann er mit der speziellen Untätigkeitsklage des Art. 78 Abs. 2 DS-GVO bzw. gemäß § 61 Abs. 2 BDSG nF durchsetzen. Zuständig ist das Verwaltungsgericht am Sitz der Aufsichtsbehörde (§ 20 Abs. 1 Abs. 1, Abs. 3 BDSG nF).

5. Klage gegen Verantwortliche und Auftragsverarbeiter

1261 **a) Gerichtsstand.** Art. 79 Abs. 1 DS-GVO räumt dem Betroffenen das Recht ein, gegen Verantwortliche oder Auftragsverarbeiter vorzugehen, wenn diese gegen ihre Pflichten nach der DS-GVO verstoßen und ihn hierdurch in

---

[1395] Piltz K&R 2017, 85 (88).
[1396] *Koerffer* in Paal/Pauly DS-GVO Art. 77 Rn. 4.
[1397] EuGH NJW 2015, 3151 Rn. 63 – Schrems.
[1398] Etwa VG Darmstadt MMR 2011, 416 (416).
[1399] So *Koerffer* in Paal/Pauly DS-GVO Art. 77 Rn. 5.

seinen Rechten verletzen. Diese Möglichkeit des *private enforcement* steht ihm unabhängig von seinen sonstigen Rechten zur Verfügung; dies stellt Art. 79 Abs. 1 DS-GVO klar. Der Betroffene kann also parallel eine Beschwerde bei einer Datenschutzaufsichtsbehörde einreichen und selbst gegen den Verantwortlichen Vorgehen.

Zuständig sind zum einen die Gerichte des Staates, in dem der beklagte Verantwortliche oder Auftragsverarbeiter eine Niederlassung hat (Art. 79 Abs. 2 S. 1 DS-GVO, zum Begriff der Niederlassung→ Rn. 326 ff.). Nach dem Wortlaut der Regelung ist es nicht erforderlich, dass die Datenverarbeitung im Rahmen der Tätigkeit dieser Niederlassung erfolgt ist. Der Betroffene kann seinen Anspruch aber auch vor den Gerichten des Mitgliedsstaates geltend machen, in dem er seinen gewöhnlichen Aufenthaltsort („habitual residence") hat (Art. 79 Abs. 2 S. 2 DS-GVO)[1400] – eine erhebliche Erleichterung in der Praxis, die der Logik des europäischen Verbraucherschutzrechts folgt.[1401] Aufenthaltsort ist der Ort, den der Betroffene als ständigen oder gewöhnlichen Mittelpunkt seines Lebensinteresses mit der Absicht gewählt hat, ihm Dauerhaftigkeit zu verleihen.[1402] Diese Möglichkeit besteht nach Art. 79 Abs. 2 S. 3 DS-GVO allerdings dann nicht, wenn die Verarbeitung durch eine Behörde in Ausübung hoheitlicher Befugnisse erfolgte. Entsprechen dem völkerrechtlichen Grundsatz *par in parem non habet imperium*[1403] soll so verhindert werden, dass die Gerichte eines anderen Staates über die Rechtmäßigkeit des hoheitlichen Handelns eines Staates entscheiden.

1262

Welches Gericht innerhalb eines Mitgliedsstaates zuständig ist, lässt die DS-GVO offen. Da die Regelungen der DS-GVO auch der VO (EU) Nr. 1215/2012 (Brüssel Ia-VO) vorgehen (ErwGr 147 DS-GVO), richtet sich die örtliche und sachliche Zuständigkeit nach dem nationalen Recht. Im Falle von Behörden, die im Rahmen ihrer hoheitlichen Befugnisse agieren, ist daher das Verwaltungsgericht an deren Sitz zuständig (§ 52 Nr. 5 VwGO), ebenso bei Klagen gegen eine Datenschutzaufsichtsbehörde (§ 20 Abs. 3 BDSG nF).

1263

Schwieriger ist die Situation bei Klagen gegen einen privaten Verantwortlichen oder Auftragsverarbeiter. Nicht immer ist bei ausländischen Beklagten der deliktische Gerichtsstand (§ 32 ZPO)[1404] oder der Gerichtsstand der Niederlassung oder des Vermögens (§ 21 Abs. 1, § 23 ZPO) gegeben. § 44 Abs. 1 BDSG-E begründet daher zwei besondere Gerichtsstände, zwischen denen die betroffene Person wählen kann: am Ort der inländischen Niederlassung des Verantwortlichen oder Auftragsverarbeiters oder am gewöhnlichen Aufenthaltsort der betroffenen Person. Diese Gerichtsstände gelten sowohl für Beklagte aus Deutschland als auch aus anderen Mitgliedsstaaten oder Drittstaaten.

1264

Bei Beklagten aus Drittstaaten ist die Zustellung von Klagen häufig sehr zeitaufwändig. Soweit es sich um einen Beklagten aus einem Drittland han-

1265

[1400] *Martini* in Paal/Pauly DS-GVO Art. 79 Rn. 28.

[1401] Vgl. Art. 17 f. Brüssel Ia-VO.

[1402] *Martini* in Paal/Pauly DS-GVO Art. 79, Rn. 27 f.

[1403] Hierzu BVerfGE 16, 27 (62) – Iranische Botschaft.

[1404] Vgl. BGHZ 184, 313 Rn. 20 ff. – New York Times; BGHZ 197, 213 Rn. 7 – Google Autocomplete.

delt, der gemäß Art. 27 Abs. 1 DS-GVO einen Vertreter in der EU benennen muss, können daher gemäß § 44 Abs. 3 S. 1 BDSG nF Klagen gegen den Verantwortlichen oder Auftragsverarbeiter auch ihm zugestellt werden. Sobald eine Klage wirksam zugestellt ist, kann das Gericht ohnehin die Benennung eines inländischen Zustellungsbevollmächtigten anordnen (§ 184 Abs. 1 S. 1 ZPO).

1266 **b) Verfahrensaussetzung.** Etwas mysteriös ist Art. 81 DS-GVO, der Regelungen für den Fall enthält, dass an Gerichten in unterschiedlichen Mitgliedsstaaten „Verfahren zu demselben Gegenstand in Bezug auf die Verarbeitung durch denselben Verantwortlichen oder Auftrags anhängig" sind.

Beispiel: Facebook ändert seine Datenschutzrichtlinien. Hiergegen wenden sich Nutzer aus verschiedenen Mitgliedsstaaten der EU.

1267 Gemäß Art. 81 Abs. 1 DS-GVO muss ein später angerufenes Gericht zum Gericht, bei dem die erste Klage anhängig ist, Kontakt aufnehmen. Problematischer aus Sicht der Betroffenen im Hinblick auf einen schnellen und effektiven Rechtsschutz ist jedoch, dass ein später angerufenes Gericht die Möglichkeit hat, das Verfahren bis zu einer Entscheidung des früher angerufenen Gerichts auszusetzen (Art. 81 Abs. 2 DS-GVO) oder sich als erstinstanzliches Gericht gar für unzuständig zu erklären (Art. 81 Abs. 3 DS-GVO). Voraussetzung für eine Abweisung wegen Unzuständigkeit ist neben einem Antrag der Parteien, dass das zuerst angerufene Gericht auch für diese Klage zuständig wäre und eine Verbindung der Klagen nach dem dortigen Prozessrecht zulässig wäre.

1268 Es handelt sich dabei nicht um eine bloße Regelung zur Rechtshängigkeit. Wie aus dem Wortlaut der Regelung deutlich wird, ist eine Identität der Parteien der Verfahren nur aufseiten des beklagten Verantwortlichen oder Auftragsverarbeiters erforderlich.[1405] In der Sache muss zwischen den Verfahren eine so „enge Beziehung" bestehen, dass es „geboten erscheint (…) zu vermeiden, dass in getrennten Verfahren einander widersprechende Entscheidungen ergehen" (ErwGr 143 S. 2 DS-GVO). Diese Definition ist erkennbar Art. 30 Abs. 3 Brüssel Ia-VO entlehnt. Wann eine solche Konstellation im Datenschutzrecht vorliegen kann, ist aber fraglich, weil ein Gericht Klagen verschiedener Betroffener gegen einen Verantwortlichen nur mit Wirkung *inter partes* entscheidet. Denkbar wäre solche „enge Beziehung" möglicherweise, wenn der Beklagte eine Datenschutzaufsichtsbehörde ist.

Beispiel: Eine Datenschutzaufsichtsbehörde im Mitgliedsstaat A hat der Beschwerde eines Betroffenen aus dem Mitgliedsstaat B teilweise entsprochen und eine Anordnung gegen den Verantwortlichen erlassen. Sowohl der Verantwortliche (vor den Gerichten des Mitgliedsstaates B) als auch der Betroffene (vor den Gerichten des Mitgliedsstaates A, weil die Datenschutzaufsichtsbehörde, bei der er die Beschwerde eingelegt hat, ihm die Entscheidung bekannt gibt, vgl. Art. 60 Abs. 8 DS-GVO) wollen gegen diese Entscheidung vorgehen. In dieser Konstellation besteht die Gefahr, dass es zu widersprechenden Entscheidungen kommt, so dass eine Koordinierung der Verfahren sinnvoll erscheint.

[1405] *Frenzel* in Paal/Pauly DS-GVO Art. 81 Rn. 4.

IV. Kollektive Rechtsdurchsetzung

1. Einleitung

Nur selten stürzen sich Betroffene in die Schlacht mit einem multinationa- **1269** len Unternehmen, machen Auskunftsansprüche geltend, verlangen die Löschung ihrer Daten, erheben Beschwerden bei den zuständigen Behörden und sogar in einem fremden Staat schließlich Klage, wie dies *Max Schrems* tat, dessen Verfahren letztlich den Safe-Harbor-Mechanismus zu Fall brachte. Der Regelfall sieht anders aus: Betroffene scheuen es, ihre Rechte gegenüber Behörden und datenverarbeitenden Unternehmen geltend zu machen. Ein solches Verhalten ist auch durchaus verständlich, denn die Durchsetzung datenschutzrechtlicher Ansprüche ist mühevoll, nicht zuletzt wegen der häufig technischen Hintergründe, und bürdet dem Betroffenen ein erhebliches Prozesskostenrisiko auf, während sein Schaden meist nur immaterieller Natur ist.

Diese **rationale Apathie** führt dazu, dass die private Rechtsdurchsetzung **1270** im Datenschutzrecht sehr schwach ausgeprägt ist und die Rechtsdurchsetzung vor allem bei den Datenschutzaufsichtsbehörden liegt. Diese können aber in einer Welt allgegenwärtiger Datenverarbeitung nicht jede Datenverarbeitung kontrollieren. Eine Möglichkeit, die Durchsetzung des Datenschutzrechts zu verbessern, ist die kollektive Rechtsdurchsetzung. Hierbei werden zivilrechtliche Ansprüche von Verbänden oder auch Wettbewerbern angegriffen. Im deutschen Recht gibt es hierzu bereits eine gewisse Tradition (→ Rn. 1275 ff.); die DS-GVO öffnet zumindest die Türe für solche Formen ihrer Durchsetzung.

2. Prozessstandschaft

Art. 80 Abs. 1 DS-GVO führt eine eigenständige Art der **Prozessstand-** **1271** **schaft** ein. Danach kann ein Betroffener bestimmte Organisationen beauftragen, in seinem Namen eine Beschwerde oder Klage gegen einen Verantwortlichen oder eine Datenschutzaufsichtsbehörde zu erheben. Die Mitgliedsstaaten können auch die Möglichkeit einräumen, die Organisation mit der Geltendmachung von Schadensersatz zu beauftragen.

Beauftragt werden können Einrichtungen, Organisationen oder Vereinigun- **1272** gen, die über drei Merkmale verfügen: (1.) Sie dürfen nicht mit Gewinnererzielungsabsicht handeln, (2.) sie müssen ordnungsgemäß nach dem Recht eines Mitgliedsstaates gegründet sein und (3.) ihre satzungsmäßigen Ziele müssen im öffentlichen Interesse liegen sowie im Bereich des Datenschutzes. Art. 80 Abs. 1 DS-GVO stellt damit strengere Kriterien auf als §§ 3, 4 UKlaG und Art. 3 Richtlinie 2009/22/EG.[1406]

3. Verbandsklage

a) Vorgaben der DS-GVO. Art. 80 Abs. 2 DS-GVO regelt den Fall, dass **1273** ein Verband Datenschutzverstöße geltend machen möchte, auch wenn ihn kein Betroffener mandatiert hat. Eine Befugnis hierzu sieht Art. 80 Abs. 2 DS-

---

[1406] Ähnlich auch Frenzel in Paal/Pauly DS-GVO Art. 80 Rn. 8.

GVO nicht vor. Er gibt den Mitgliedsstaaten aber die Möglichkeit, eine Befugnis zugunsten von Verbände einzuführen, Beschwerden und Klagen zu erheben. Auffällig ist, dass es keine Möglichkeit geben soll, dass diese Verbände Schadensersatz geltend machen; dies stellt ErwGr 142 S. 3 DS-GVO noch einmal apodiktisch fest. Hierin zeigt sich die große Angst der Mitgliedsstaaten vor „amerikanischen Verhältnissen" mit einer *class action* und einer Klageindustrie.[1407]

1274 Da nicht alle Mitgliedsstaaten von der Option Gebrauch machen werden, eine Verbandsklage einzuführen, stellen sich noch ungeklärte Fragen: Darf ein Verband gegen einen Verantwortlichen mit Sitz in einem anderen Mitgliedsstaat und ohne Niederlassung im Heimatstaat des Verbands vorgehen? Wenn ja, vor welchen Gerichten? Der EuGH entschied zuletzt, dass es gemäß Art. 6 Abs. 1 Rom II-VO auf das Recht des Staates ankomme, in dem die kollektiven Verbraucherinteressen beeinträchtigt werden, also das Recht des Heimatstaates des Verbands.[1408] Zwar ging es in dem Verfahren auch um Datenschutzrecht; die Einkleidung war aber verbraucherschutzrechtlich. Es ist daher unklar, ob der Fall übertragbar ist.

1275 **b) Verbandsklagen im deutschen Recht.** Das deutsche Recht sieht bereits seit längerer Zeit ein Verbandsklagerecht in bestimmten Fällen vor. So können die anspruchsberechtigten Stellen nach § 3 UKlaG gegen vorformulierte Einwilligungserklärungen gemäß § 1 UKlaG vorgehen, soweit Einwilligungserklärungen Teil von Allgemeinen Geschäftsbedingungen sind.[1409]

1276 Im Februar 2016 hat der Gesetzgeber das Verbandsklagerecht auf weitere Fälle ausgeweitet: Anspruchsberechtigte Stellen können nach dem UKlaG auch wegen Verstößen gegen Verbraucherschutzvorschriften vorgehen (§ 2 Abs. 1 UKlaG). Der Gesetzgeber hat nun in § 2 Abs. 2 S. 2 Nr. 11 UKlaG legal definiert, dass Regelungen, welche die Zulässigkeit der Verarbeitung der Daten eines Verbrauchers durch einen Unternehmer regeln, Verbraucherschutzgesetze sind. Begrenzt ist die Klagebefugnis allerdings zunächst auf bestimmte Zwecke, die der Gesetzgeber besonders problematisch fand, weil hier Verbraucherdaten „kommerzialisiert" werden: Werbung, Markt- und Meinungsforschung, Auskunfteien, die Erstellung von Persönlichkeits- und Nutzungsprofilen, den Adress- und Datenhandel sowie zu allen anderen kommerziellen Zwecken, die diesen Fällen vergleichbar sind. Eine Rückausnahme, deren Sinn sich nicht leicht erschließt, ergibt sich aus § 2 Abs. 2 S. 2 UKlaG. Danach liegt kein „vergleichbarer" Fall vor, wenn die Daten „ausschließlich für die Begründung, Durchführung oder Beendigung eines rechtsgeschäftlichen oder rechtsgeschäftsähnlichen Schuldverhältnisses mit dem Verbraucher" verarbeitet werden. Da die Datenverarbeitung in diesen Fällen rechtmäßig ist (§ 28 Abs. 1 S. 1 Nr. 1 BDSG aF; Art. 6 Abs. 1 UAbs. 1 lit. b DS-GVO), ist diese Einschränkung eher deklaratorisch.[1410]

[1407] *Frenzel* in Paal/Pauly DS-GVO Art. 80 Rn. 8.
[1408] Vgl. jüngst EuGH NJW 2016, 2727 Rn. 39 – Verein für Konsumenteninformation/Amazon EU Sàrl.
[1409] Hierzu ausführlich *Nietsch* CR 2014, 272 (273 ff.).
[1410] *Halfmeier* NJW 2016, 1126 (1128).

Durch die Ausweitung des Verbandsklagerechts im UKlaG hat der Gesetz- **1277** geber die Frage entschärft, welche Regelungen Marktverhaltensregelungen isd § 3a UWG sind. Dies wird für eine Reihe von datenschutzrechtlichen Vorschriften, insbesondere bei der Verarbeitung für Werbezwecke angenommen, ist aber zwischen den Gerichten strittig.[1411] Diese Frage wird damit allerdings nicht unwichtig, denn nach § 8 Abs. 3 UWG können neben Verbänden auch Wettbewerber wettbewerbsrechtliche Ansprüche geltend machen. Diese kommen nicht nur wegen Verstoßes gegen Marktverhaltensregeln, sondern auch wegen Verletzung anderer wettbewerbsrechtlicher Pflichten in Betracht. So kann eine unterlassene Aufklärung von Verbrauchern über Datenverarbeitungsvorgänge gegen das Irreführungsverbot (§§ 5, 5a UWG) verstoßen.[1412]

V. Selbstregulierung

1. Verhaltensregeln

a) Allgemein. Die Normen der DS-GVO sind hinsichtlich der eigentli- **1278** chen Verarbeitung sehr weit. Bereichsspezifische Vorgaben fehlen weitgehend. Die ursprünglich im Entwurf der DS-GVO vorgesehene Konkretisierungsmöglichkeit durch den Erlass von Durchführungsrechtsakten und delegierten Rechtsakten durch die Kommission wurde weitgehend gestrichen.[1413] Neben den Empfehlungen durch den europäischen Datenschutzausschuss sieht die DS-GVO auch eine **Konkretisierung durch Verbände und Vereinigungen** in Form von Verhaltensregeln gemäß Art. 40 Abs. 1 DS-GVO vor. Bei dem Institut der Verhaltensregeln handelt es sich um eine Maßnahme der Selbstregulierung. ErwGr 98 DS-GVO weist auf den Zweck hin, auf diese Weise die Anwendung der DS-GVO zu erleichtern und Rechtssicherheit für die Betroffenen und den Verantwortlichen zu erreichen.[1414]

Das Institut **bestand** im Kern schon **bisher** im europäischen und deutschen **1279** Recht (Art. 27 DSRL; § 38a BDSG). Allerdings sind die Privilegierungen, die in der DS-GVO nun an den Erlass von Verhaltensregeln geknüpft werden, deutlich weitergehend als im bisherigen Recht (→ Rn. 1291), dennoch ist die Grundstruktur ähnlich.[1415] Die alten Verhaltensregeln waren in Deutschland **praktisch bedeutungslos**. Über die Gründe streitet man sich.[1416] Sicher ist, dass die schwachen Wirkungen der genehmigten Verhaltensregeln einen maßgeblichen Grund bilden.[1417] An ihre Stelle trat die individuelle **Genehmigung** von Rechtseinschätzungen des einzelnen Verarbeiters durch die **Aufsichtsbe-**

[1411] Überblick bei *Podszun/de Toma* NJW 2016, 2987 (2989 ff.).

[1412] Vgl. LG Frankfurt a.M. ZD 2016, 494 (496) – Samsung SmartTV; siehe auch *Huppertz/Ohrmann* CR 2011, 449 (452).

[1413] *Albrecht* CR 2016, 88 (97).

[1414] So auch *Paal* in Paal/Pauly DS-GVO Art 40 Rn. 3; *Kranig/Peinting* ZD 2014, 3 (4).

[1415] *Laue/Nink/Kremer* Datenschutzrecht 2016, § 8 Rn. 4.

[1416] *Petri* in Simitis BDSG aF § 38a Rn. 6 ff.

[1417] *Meltzian* in Wolff/Brink BeckOK-DatenschutzR BDSG aF § 38a Rn. 3; *Laue/Nink/Kremer* Datenschutzrecht § 8 Rn. 3.

hörden. Die Aufsichtsbehörde genehmigte Arbeitsabläufe und Verarbeitungs-
bedingungen in der Praxis oftmals, wobei die Genehmigung die Zusage der
Aufsichtsbehörde enthielt, nicht von sich aus einzuschreiten, sofern die Umstände sich nicht ändern. Der Unterschied zwischen der Rechtspraxis und der
Gesetzeslage bestand daher vor allem darin, dass die Praxis ein Bedürfnis nach
Genehmigung der Regeln des einzelnen Unternehmens und nicht aller Unternehmen eines Verbandes hatte.

1280   Nach Art. 40 Abs. 1 DS-GVO können Verbände und Vereinigungen Regeln
ausarbeiten, welche die Anwendung der Verordnung präzisieren, die dann von
der Aufsichtsbehörde genehmigt werden oder von der Kommission für allgemeinverbindlich erklärt werden können. Der einzige zwingende Gesichtspunkt über die Präzisierung der DS-GVO hinaus ist die Implementierung eines
Aufsichtsmechanismus gemäß Art. 40 Abs. 4 DS-GVO in Verbindung mit
Art. 41 DS-GVO, der sicherstellt, dass die Einhaltung der Verhaltensregel
durch eine unabhängige Stelle kontrolliert wird. Verantwortliche außerhalb
der Union können sich genehmigten Verhaltensregeln unterwerfen und auf
diese Weise einen angemessenen Datenschutzstandard sicherstellen (Art. 40
Abs. 3 DS-GVO, → Rn. 782). Art. 40 Abs. 1 DS-GVO verpflichtet die Mitgliedsstaaten, die Aufsichtsbehörden und den EDSA ausdrücklich den Erlass
von Verhaltensregeln zu fördern.

1281   **b) Inhalt von Verhaltensregeln.** Die Verhaltensregeln können die DS-
GVO **inhaltlich präzisieren.** Die Formulierung ähnelt Art. 6 Abs. 2, Art. 6
Abs. 3 S. 4, Art. 88 DS-GVO. Gemeint ist, dass innerhalb der **Auslegungs-
spannbreite** der Normen der DS-GVO eine Konkretisierung festgelegt wird,
wie etwa im Bereich der Datensicherheit oder Zulässigkeit der Datenverarbeitung nach Art. 6 Abs. 1 UAbs. 1 lit. b und f DS-GVO. Art. 40 Abs. 2 DS-GVO
nennt wichtige Beispiele:

- faire und transparente Verarbeitung;
- die berechtigten Interessen des Verantwortlichen in bestimmten Zusammenhängen;
- Erhebung personenbezogener Daten;
- Pseudonymisierung personenbezogener Daten;
- Unterrichtung der Öffentlichkeit und der betroffenen Personen;
- Ausübung der Rechte betroffener Personen;
- Unterrichtung und Schutz von Kindern und Art und Weise, in der die Einwilligung
  des Trägers der elterlichen Verantwortung für das Kind einzuholen ist;
- die Maßnahmen und Verfahren gemäß den Art. 24 und 25 DS-GVO und die Maßnahmen für die Sicherheit der Verarbeitung gemäß Art. 32 DS-GVO;
- die Meldung von Verletzungen des Schutzes personenbezogener Daten an Aufsichtsbehörden und die Benachrichtigung der betroffenen Person von solchen Verletzungen des Schutzes personenbezogener Daten;
- die Übermittlung personenbezogener Daten an Drittländer oder an internationale Organisationen oder
- außergerichtliche Verfahren und sonstige Streitbeilegungsverfahren zur Beilegung
  von Streitigkeiten zwischen Verantwortlichen und betroffenen Personen im Zusammenhang mit der Verarbeitung, unbeschadet der Rechte betroffener Personen gemäß
  den Art. 77 und 79 DS-GVO.

1282   Die Verhaltensregeln müssen dabei nicht sämtliche Regeln der Verordnung
präzisieren, sondern können sich auf **einzelne Regelungsgegenstände be-**

schränken.[1418] Einen besonderen Anwendungsbereich der Verhaltensregeln dürften datenschutzspezifische Anforderungen an die technische Ausgestaltung bestimmter Situationen bilden.[1419] Inhaltlich dürfte eine Orientierung an einschlägigen ISO-Standards nahe liegen.[1420] Die inhaltlichen Vorgaben der Verhaltensregeln müssen dabei die Vorgaben der Datenschutzrichtlinie nicht optimieren, ein datenschutzrechtlicher Mehrwert muss nicht erreicht werden, es reicht, dass die Vorgaben der Verordnung innerhalb des Auslegungsspielraums der Norm präzisiert und konkretisiert werden.

c) Urheber und Bindung. Die Verhaltensregeln stammen von **Verbänden oder Vereinigungen.** Die organisatorischen Voraussetzungen für die Eignung als Verband oder Vereinigung sind gering. Die Organisation muss nur eine bestimmte Kategorie von Verantwortlichen oder Auftragsverarbeiter vertreten, dh es ist eine gewisse **homogene Mitgliedschaft** erforderlich. Die Mitgliedschaft muss nicht alle relevanten Vertreter erfassen.[1421] Verbände meint insbesondere Berufsverbände, in denen die Angehörigen einer bestimmten Berufsgruppe zusammengeschlossen sind, ebenso die wirtschaftsbezogenen Verbände, wie Gewerkschaften und Arbeitgeberverbände.[1422] Vereinigungen sind sonstige Organisationen, wie etwa hoheitliche Zusammenschlüsse zu Kammern oder freiwillige Zusammenschlüsse wie Innungen.[1423] Konzerne und Unternehmensgruppen können ebenfalls als Vereinigungen verstanden werden, allerdings wird man eine gewisse Mindestanzahl an Mitgliedern verlangen müssen.[1424] Vereinigungen von Betroffenen, insbesondere Verbraucherschutzverbände oder Datenschutzverbände, sind vom Normtext her nicht erfasst. Auch Verhaltensregeln einzelner Unternehmen sind nicht zulässig. Nicht erforderlich ist, dass der Verband einen vollständigen oder wesentlichen Teil einer Branche repräsentiert.[1425] Die organisatorische Unbestimmtheit ist für den Verband als solches verkraftbar, da die Verhaltensregeln erst bei Genehmigung durch die Aufsichtsbehörde wirksam werden. **1283**

Wie der **Entwurf** der Verhaltensregeln von den Verbänden oder Vereinigungen erstellt wird, sagt Art. 40 DS-GVO nicht. Im Ew 99 DS-GVO wird vorgeschlagen, die maßgeblichen Interessensträger möglichst frühzeitig einzubinden.[1426] **1284**

Schwierigkeiten bereitet die Unbestimmtheit aber bei der Frage, **wer** an die genehmigten Verhaltensregeln **gebunden ist.** Eine Bindung tritt ein auf Seiten der Aufsichtsbehörde und des Verbandes iSv Antrag und Genehmigung. Die Frage ist aber, ob auch die **Mitglieder** des Verbandes oder der Vereinigung gebunden sind. Eine Bindung ihnen gegenüber tritt **nicht per se ein.** Der Verband oder die Vereinigung muss die Bindung seiner Mitglieder intern um- bzw **1285**

[1418] *Paal* in Paal/Pauly DS-GVO Art. 40 Rn. 13.
[1419] Vgl. *Paal* in Paal/Pauly DS-GVO Art. 40 Rn. 14; *Kraska* ZD 2016, 153 (154).
[1420] *Kraska* ZD 2016, 153 (154).
[1421] Vgl. *Paal* in Paal/Pauly DS-GVO Art. 40 Rn. 11.
[1422] *Paal* in Paal/Pauly DS-GVO Art. 40 Rn. 9.
[1423] *Paal* in Paal/Pauly DS-GVO Art. 40 Rn. 11.
[1424] *Paal* in Paal/Pauly DS-GVO Art. 40 Rn. 11.
[1425] Vgl. *Paal* in Paal/Pauly DS-GVO Art. 40 Rn. 12.
[1426] Zustimmend *Paal* in Paal/Pauly DS-GVO Art. 40 Rn. 16.

durchzusetzen[1427] bzw die Möglichkeit schaffen, dass seine Mitglieder sich ihnen unterwerfen.

1286 Noch schwieriger wird es, wenn die genehmigten Verhaltensregeln durch die **Kommission** für **allgemeingültig** erklärt werden (Art. 40 Abs. 9 DS-GVO). Die Bindung kann dann nur für die Kategorie von Verantwortlichen gelten, die durch den Verband **zumindest teilweise repräsentiert** wurden und auf die sich die Verhaltensregeln beziehen. Der Sinn der Verhaltensregeln ist gerade, bereichsspezifische Regelungen zu erlassen, so dass sie auch personell bereichsspezifisch eingegrenzt sein müssen. Die **Allgemeingültigkeitserklärung** der Kommission muss gegebenenfalls die personelle Bindung hinreichend **klarstellen**.

1287 Keine Bindung entfalten die Verhaltensregeln gegenüber **Dritten**, die außerhalb der Union niedergelassen sind. Sie können sich allerdings genehmigten und für allgemeinverbindlich erklärten Verhaltensregeln selbst unterwerfen, damit sie den Nachweis geeigneter Garantien iSv Art. 46 Abs. 2 lit. e DS-GVO führen können, gemäß Art. 40 Abs. 3 DS-GVO.[1428] Aus Art. 46 Abs. 2 lit. e DS-GVO lässt sich nicht folgern, dass die Wirkung auch ohne Erklärung der allgemeinen Gültigkeit eintrete.[1429] Art. 40 Abs. 3 DS-GVO vermittelt den Eindruck, als müsste sich der Verarbeiter im Drittstaat nur den Verhaltensregeln rechtlich unterwerfen, um einen gesicherten Datenschutzstandard garantieren zu können. Aus Art. 40 Abs. 7 DS-GVO folgt allerdings, dass die Verhaltensregeln spezifische Garantien für die Übermittlung an Drittstaaten enthalten müssen, denkbar sind Bestimmungen zur Sicherstellung der Kontrollmöglichkeiten der zivilrechtlichen Institution. Der ausreichende Standard dieser Garantien wird von der Aufsichtsbehörde gemäß Art. 40 Abs. 5 DS-GVO ausdrücklich geprüft.[1430]

1288 **d) Verbindlichkeit.** Art. 40 DS-GVO kennt **zwei Verbindlichkeitsformen**: Die verbandsbezogene Verbindlichkeit, herbeigeführt durch die **Genehmigung** der Aufsichtsbehörden, und die branchenweite Verbindlichkeit, herbeigeführt durch die **Allgemeinverbindlichkeitserklärung** der Kommission.

1289 Das **Genehmigungsverfahren** beginnt mit der Vorlage des Entwurfs durch den Verband oder die Vereinigung gemäß Art. 40 Abs. 5 DS-GVO bei der zuständigen Aufsichtsbehörde. Die Aufsichtsbehörde bewertet den Entwurf und kann ihn genehmigen, wenn sie der Auffassung ist, er sei mit der DS-GVO vereinbar. Der Normtext unterscheidet zwischen Stellungnahme und Genehmigung, der Sache nach dürfte der Normtext aber keine beschränkende Wirkung gegenüber der Aufsichtsbehörde besitzen.[1431] Geht es um Verarbeitungsvorgänge, die sich auf mehrere Mitgliedstaaten beziehen, muss sie den EDSA gemäß Art. 40 Abs. 5 DS-GVO einbinden. Die **genehmigte Verhaltensregel**

[1427] *Kranig/Peinting* ZD 2014, 3 (4).

[1428] Vgl. *Paal* in Paal/Pauly DS-GVO Art. 40 Rn. 17.

[1429] Ausführlich *Spindler* ZD 2016, 407 (410); im Ergebnis ebenso *Bergt* CR 2016, 670 (671 f.); *Albrecht/Jotzo* Das neue Datenschutzrecht der EU, 2017, Teil 5 Rn. 29.

[1430] S. ausführlich zu dem Gegenstand der Prüfung *Paal* in Paal/Pauly DS-GVO Art. 40 Rn. 21.

[1431] *Paal* in Paal/Pauly DS-GVO Art. 40 Rn. 21.

entfaltet **Wirksamkeit**, die nichtgenehmigte nicht. In den Fällen, in denen der EDSA von einer Genehmigungsfähigkeit ausgeht, beteiligt dieser wiederum gemäß Art. 40 Abs. 8 DS-GVO die Kommission. Die genehmigten Verhaltensregeln sind zu veröffentlichen (Art. 40 Abs. 6 DS-GVO) und in ein Register aufzunehmen, das der EDSA führt (Art. 40 Abs. 11 DS-GVO).

Die Genehmigung ist nur möglich, wenn die Verhaltensregeln einen **Auf-** **1290** **sichtsmechanismus** vorsehen (Art. 40 Abs. 4 DS-GVO). Die Installierung des Aufsichtsmechanismus ist gemäß Art. 41 Abs. 6 DS-GVO allerdings bei öffentlich-rechtlichen Verbänden nicht möglich mit der Folge, dass diese zwar Verhaltensregeln erlassen können, diese aber bei öffentlich-rechtlichen Verbänden, wie etwa den Berufskammern, nicht genehmigt werden können.[1432]

Welche **Wirkung die Genehmigung** hat, sagt Art. 40 DS-GVO nicht.[1433] **1291** Der **Begriff** der Genehmigung klingt so, als sei eine verhaltensregelkonforme Verarbeitung als rechtmäßig anzusehen. Völlig anders ist das Ergebnis, wenn man die konkreten Aussagen der DS-GVO zu den Wirkungen betrachtet. Werden die Verhaltensregeln eingehalten, gilt die **Vermutung**, dass die Datenschutzverordnung eingehalten wird. Die DS-GVO nimmt auf die Verhaltensregeln an **fünf Stellen Bezug** und privilegiert den Verantwortlichen bzw. den Auftragsverarbeiter, der sich an die Verhaltensregeln hält:

– Art. 24 Abs. 3 DS-GVO: Für die allgemeine Sicherstellungspflicht der Einhaltung der Verordnung;
– Art. 28 Abs. 5 DS-GVO : Die Pflichten des Auftragsverarbeiters;
– Art. 32 Abs. 3 DS-GVO: Die Sicherstellungspflicht für die Sicherheit der Datenverarbeitung;
– Art. 35 Abs. 8 DS-GVO: Datenschutzfolgeabschätzung;
– Art. 46 Abs. 2 lit. e DS-GVO: Gewährleistung eines angemessenen Datenschutzniveaus durch Dritte außerhalb der Union.

Wie an diesen Regelungen zu ersehen ist, kann ein Verarbeiter, der geneh- **1292** migte Verhaltensregeln einhält, **dennoch** gegen die **DS-GVO verstoßen.** Auch die Verwirklichung einer **Geldbuße** ist möglich. Die Genehmigung entfaltet danach keine verbindliche konkretisierende Wirkung. Verhaltensregeln bilden keine eigene Rechtsgrundlage zur Verarbeitung personenbezogener Daten.[1434] Die Einhaltung von Verhaltensregeln wird als **Indiz** für ein rechtmäßiges Verhalten des Verantwortlichen gewertet.

Die Genehmigung hat den **Inhalt**, dass die **Prüfung** der Verhaltensregeln **1293** durch die Aufsichtsbehörde am Maßstab der Verordnung keinen Widerspruch zur Verordnung **feststellen konnte**, wobei diese Feststellung keine verdrängende Wirkung gegenüber den hoheitlichen Pflichten der Verordnung entfaltet. Der Sache nach wird die Genehmigung somit zu einem **hoheitlich erstellten Rechtsgutachten.** Man muss daher bei den Sanktionen berücksichtigen, dass die Betroffenen den Widerspruch zur Verordnung nicht erkennen konnten, etwa in Form der Anerkennung eines unverschuldeten Verbotsirrtums. Weiter kann man bei der Beurteilung, ob ein Verhalten rechtmäßig ist, von ei-

---

[1432] *Spindler* ZD 2016, 407 (408).
[1433] *Spindler* ZD 2016, 407 (411).
[1434] *Laue/Nink/Kremer* Datenschutzrecht 2016 § 8 Rn. 6.

ner Vermutung der Rechtmäßigkeit ausgehen.[1435] Drittens enthält die Genehmigung die Erklärung der Aufsichtsbehörde gegen eine Verarbeitung, die die Verhaltensregeln einhält, nicht von sich aus vorzugehen.[1436] Die **Genehmigung ist danach eine Zusicherung oder Zusage,** bei gleichbleibenden Verhältnissen von sich aus nicht einzuschreiten.

1294 Nach den allgemeinen Regeln ist bei Schweigen des Unionsrechts auf das Verwaltungsrecht des jeweiligen Mitgliedsstaates zwecks Ausführung des Unionsrechts zurückzugreifen (Art. 197 Abs. 1, Art. 291 Abs. 1 AEUV).[1437] In der Literatur wird die Genehmigung als feststellender Verwaltungsakt gemäß § 35 VwVfG verstanden.[1438] Das dürfte unrichtig sein. Ein **feststellender Verwaltungsakt** würde in **Bestandskraft** erwachsen und ein Verhalten am Maßstab der Verhaltensregeln könnte nicht mehr als rechtswidrig betrachtet werden. Das steht aber erkennbar im Gegensatz zur Intention der Verordnung.[1439] Die Genehmigung ist daher eine **Willenserklärung** der Behörde, ähnlich wie die Zusage, mit dem Inhalt, nicht von sich aus gegen eine verhaltensregelkonforme Verarbeitung vorzugehen.[1440]

1295 Dies hat Folgen für den **Rechtsschutz.** Will man die Genehmigung gerichtlich erstreiten, ist die allgemeine Leistungsklage zu erheben. Will man eine belastende Auflage beseitigen, ist sie in der Form der Unterlassungsklage zu erheben. Der Normtext sagt nicht, ob die Aufsichtsbehörde zur Genehmigung verpflichtet ist, wenn die Verhaltensregeln den Standard der DS-GVO nicht unterschreiten, aber nicht den Standard erreichen, den die Aufsichtsbehörde für angemessen hält. Der Literaturstand ist nicht einheitlich.[1441] Zutreffender Weise wird man eine Pflicht der Aufsichtsbehörde annehmen müssen, Verhaltensregeln zu genehmigen, die im Einklang mit der DS-GVO sind.[1442] Die ausdrücklich festgelegte **Pflicht für die Aufsichtsbehörde,** die Ausarbeitung von Verhaltensregeln zu fördern (Art. 57 lit. m DS-GVO) weist in diese Richtung. Rechtsschutz steht dabei den Verbänden zu, nicht aber ihren Mitgliedern. Sie haben die Wahl, sich entweder an den Verhaltensregeln zu orientieren oder unmittelbar an der Verordnung.

1296 Genehmigte Verhaltensregeln kann die Kommission für **allgemeingültig** erklären. Die Erklärung der Allgemeinverbindlichkeit erfolgt durch einen Durchführungsrechtsakt, der im Prüfverfahren erlassen wird (Art. 40 Abs. 9

[1435] *Laue/Nink/Kremer* Datenschutzrecht 2016 § 8 Rn. 22; *Bergt* CR 2016, 670 (677).

[1436] Vgl. *Spindler* ZD 2016, 407 (412); in diese Richtung wohl auch, wenn auch unscharf *Laue/Nink/Kremer* Datenschutzrecht 2016 § 8 Rn. 20.

[1437] *Ohler* in Streinz EUV/AEUV 2. Aufl. 2012 Art. 197 Rn. 2.

[1438] *Laue/Nink/Kremer* Datenschutzrecht 2016 § 8 Rn. 12; *Bergt* CR 2016, 670 (676); zu § 38a BDSG: *Petri* in Simitis BDSG aF § 38a Rn. 25; *Bergt* in Kühling/ Buchner DS-GVO Art. 40 Rn. 40; *Schweinoch* in Ehmann/Selmayr DS-GVO Art. 40 Rn. 34.

[1439] Ebenso *Spindler* ZD 2016, 407 (411).

[1440] Vgl. *Spindler* ZD 2016, 407 (412); in diese Richtung wohl auch, wenn auch unscharf *Laue/Nink/Kremer* Datenschutzrecht 2016 § 8 Rn. 20.

[1441] *Spindler* ZD 2016, 407 (408); offen *Paal* in Paal/Pauly DS-GVO Art. 40 Rn. 21 f.

[1442] Ebenso *Spindler* ZD 2016, 407 (408); zur alten Rechtslage schon *Abel* RDV 2003, 11 (12); *Schweinoch* in Ehmann/Selmayr DS-GVO Art. 40 Rn. 34.

iVm Art. 93 Abs. 2 DS-GVO); die Kommission kann also von einer Genehmigung nur durch eine qualifizierte Mehrheit der Mitgliedsstaaten abgehalten werden. Nachdem Verhaltensregeln für allgemein verbindlich erklärt worden sind, sind sie zu veröffentlichen (Art. 40 Abs. 10 DS-GVO).

Auch bei der Erklärung der **Allgemeingültigkeit** ist die **Wirkung** nicht **1297** ganz klar,[1443] insbesondere ob die Erklärung der Kommission, die Verhaltensregeln zu verbindlichen Normen werden lässt, oder ob der Charakter als zivilrechtliche Norm erhalten bleibt und nur der Adressatenkreis sich erweitert. Es ist zwar grammatikalisch möglich, auch die genehmigten Verhaltensregeln nur als Angebot an die Verarbeiter zu verstehen, da der Text von „gültig" und nicht von „verbindlich" spricht,[1444] dennoch liegt es näher, nun von **hoheitlichen Normen** und nicht mehr von zivilrechtlichen Normen auszugehen.[1445] Der Unterschied zwischen der Genehmigung durch die Aufsichtsbehörde gemäß Art. 40 Abs. 5 DS-GVO einerseits und der Erklärung der allgemeinen Gültigkeit ist daher **kategorial**, auch wenn die DS-GVO dies nicht sehr deutlich macht.[1446] Die oben genannten sechs Fälle der Berücksichtigung der Einhaltung der genehmigten Verhaltensregeln gelten nur für die genehmigten und nicht für die für allgemein gültig erklärten. Bei diesen tritt eine weitergehende Bindungswirkung ein.

Für die Annahme einer **Geltung gegenüber jedermann** streitet zunächst **1298** der Normtext, auch das genannte Organ, die Kommission, spricht für die Annahme, es werde eine Verbindlichkeit herbeigeführt. In die gleiche Richtung weist der Umstand, dass Art. 40 Abs. 9 DS-GVO auf Art. 93 DS-GVO verweist. Eine normative Wirkung wird dem hoheitlichen Charakter der Durchführungsakte gem. Art. 291 AEUV besser gerecht als eine der Genehmigung gem. Art. 40 Abs. 5 DS-GVO vergleichbare Wirkung als Zusage.[1447] Wäre es bei Art. 40 Abs. 9 DS-GVO nur um eine Erweiterung der Adressaten der Wirkung des Art. 40 Abs. 5 DS-GVO gegangen, hätte es nähergelegen, die Erklärung in die Hände des EDSA zu legen. Schließlich spricht die **Unabhängigkeit der Aufsichtsbehörde** massiv für die Annahme einer Verpflichtungswirkung. Würde Art. 40 Abs. 9 DS-GVO nur eine der Genehmigung vergleichbare Wirkung enthalten, würde der Sache nach die Kommission eine Selbstverpflichtung zu Lasten der Aufsichtsbehörde abgeben, was mit deren Unabhängigkeit kaum zu vereinbaren wäre. Durchführungsrechtsakte, die auch die Aufsichtsbehörde binden, sind dagegen ohne Beeinträchtigung der Unabhängigkeit möglich. **Auch der deutsche Gesetzgeber** geht von einer Verbindlichkeitswirkung der Allgemeingültigkeitserklärung von genehmigten Verhaltensregeln aus, da er den Aufsichtsbehörden gemäß **§ 21 Abs. 1 BDSG nF** ein Klagerecht dagegen einräumt. Der Gesetzgeber geht daher zumindest zwingend

---

[1443] S. dazu *Spindler* ZD 2016, 407 (411).

[1444] So *Bergt* CR 2016, 670 (675).

[1445] AA *Spindler* ZD 2016, 407 (411); *Bergt* CR 2016, 670 (675); *Bergt* in Kühling/Buchner DS-GVO Art. 40 Rn. 51; *Schweinoch* in Ehmann/Selmayr DS-GVO Art. 40 Rn. 37; wie hier wohl *Härting*, DS-GVO, 2016 Rn. 788; *Paal* in Paal/Pauly DS-GVO Art. 40 Rn. 28.

[1446] Zu Recht kritisch aus diesem Grund *Spindler* ZD 2016, 407 (411).

[1447] Anders *Spindler* ZD 2016, 407 (411).

davon aus, dass auch die Aufsichtsbehörde, die nicht am Genehmigungsverfahren beteiligt war, an die Erklärung der Kommission gebunden ist.

1299 An diese allgemeine Gültigkeitserklärung sind **alle Behörden und Gerichte gebunden.** Die Aufsichtsbehörden könnten sie vor Gericht bringen. Der EuGH kann sie aufheben.[1448] Erfasst werden alle Verantwortlichen, die die Kriterien der Mitgliedschaft des Verbandes erfüllen (unabhängig von dem örtlichen Bezug).[1449]

1300 **e) Überwachung. aa) Allgemein.** Gemäß Art. 40 Abs. 4 DS-GVO müssen die Verhaltensregeln zwingend Regelungen enthalten, die eine **Überwachung** der Verhaltensregeln durch eine **unabhängige Stelle** ermöglichen. Die Anforderungen, die diese Stelle erfüllen müssen, sind in Art. 41 DS-GVO ausführlich normiert. Eine Ungenauigkeit finde sich im Normtext von Art. 41 Abs. 1 DS-GVO. Die Stelle kann die Einhaltung nicht nur überwachen, sondern muss sie auch überwachen.[1450] Die Pflicht gründet auf dem Vertrag mit dem Verband oder der Vereinigung, ohne deren Begründung die Verhaltensregeln nicht genehmigt werden können.

1301 **bb) Akkreditierung.** Die Überwachungsstelle muss von der Aufsichtsbehörde **akkreditiert** worden sein. Die allgemeinen Akkreditierungskriterien sind in Art. 41 Abs. 2 DS-GVO niedergelegt, es sind vier:

– Nachweis der Unabhängigkeit und das Fachwissen;
– Festlegung eines geeigneten Verfahrens, das die Bewertung ermöglicht, ob Verantwortliche und Auftragsverarbeiter fähig sind, die Verhaltensregeln anzuwenden und das eine Überwachung und Kontrolle ermöglicht;
– Festlegung für eine effektive Beschwerdemöglichkeit der betroffenen Personen;
– Beleg der Abwesenheit eines Interessenkonflikts.

1302 Fallen die Voraussetzungen weg, ist gemäß Art. 40 Abs. 5 DS-GVO die Akkreditierung zu widerrufen. Die Aufsichtsbehörde kann die Akkreditierungskriterien konkretisieren. Diese Konkretisierung ist im Kohärenzverfahren gemäß Art. 63 DS-GVO abzustimmen (Art. 41 Abs. 3 DS-GVO). Eine Abstimmung hinsichtlich der Stellen, die konkret mit der Überwachung betraut werden, sollte im Rahmen des Genehmigungsverfahrens stattfinden.

1303 **cc) Überwachung.** Die Überwachungsstellen müssen durch die Verbände oder die Vereinigung **Befugnisse eingeräumt** werden. Dazu gehören: die Möglichkeit der Einhaltung der Verhaltensregeln, die Existenz von Abhilfemöglichkeiten und die Installation von Beschwerdemöglichkeiten, zudem die Möglichkeit den Beschwerden nachzugehen (vgl Art. 41 Abs. 4 DS-GVO). Als Mindestbefugnis wird die Möglichkeit genannt, Mitglieder von den Verhaltensregeln auszuschließen. Die Überwachungsstellen müssen diese Befugnisse bei Bedarf ergreifen und ggf. Beschwerden nachgehen.[1451]

[1448] *Bergt* CR 2016, 670 (675).
[1449] AA *Spindler* ZD 2016, 407 (411).
[1450] *Paal* in Paal/Pauly DS-GVO Art. 41 Rn. 5.
[1451] Vgl. *Paal in* Paal/Pauly DS-GVO Art. 41 Rn. 14.

2. Zertifizierungen

a) Allgemein. Die DS-GVO kennt auch die Möglichkeit auf **freiwilliger** **1304**
Basis das eigene Verarbeitungsverfahren **zertifizieren** zu lassen, um auf diesem Wege die **Rechtskonformität prüfen** und **bescheinigen** zu lassen.[1452] Die
Zertifizierung dient dem **Zweck der Eigenkontrolle** und der wettbewerbs-
rechtlich relevanten Bescheinigung der Rechtskonformität. Dieser Gedanke ist
nicht neu. Im Umweltrecht und Produktsicherheitsrecht ist er lange bekannt
und von mäßigem Erfolg geprägt. Das bisherige Datenschutzrecht kennt auch
die Zertifizierung mit beschränkter, praktischer Bedeutung. In Deutschland ist
mit § 9a BDSG aF zwar der Grundstein für ein Datenschutzaudit gelegt worden, das Ausführungsgesetz hierzu ist aber nie gefolgt.

Der Grund der beschränkten Durchsetzungskraft des Zertifizierungsverfah- **1305**
rens liegt darin, dass die Zertifizierung, die eine Einhaltung der Datenschutzbestimmung bescheinigt, die **Aufsichtsbehörden** in **keiner Form bindet**. Die
Zertifizierung umfasst die Zertifizierung im engeren Sinne, aber ebenfalls
auch Datenschutzsiegel und Datenschutzprüfzeichen.

Von einer besonderen Relevanz ist das **Europäische Datenschutzsiegel** ge- **1306**
mäß Art. 42 Abs. 5 S. 2 DS-GVO.[1453] Art. 42 Abs. 1 DS-GVO kennt eine För-
derpflicht für die Aufsichtsbehörden, die Mitgliedsstaaten und den Europäischen Datenschutzausschuss wie bei den Verhaltensregeln.

b) Eckdaten des Zertifizierungsverfahrens. Die Datenschutzverord- **1307**
nung legt nur die **Eckpunkte** für das Zertifizierungsverfahren fest. Diese sind:

– Das Zertifizierungsverfahren ist freiwillig (Art. 42 Abs. 3 DS-GVO);
– Das Zertifizierungsverfahren muss transparent und für jeden zugänglich sein
  (Art. 42 Abs. 3 DS-GVO);
– Zertifiziert wird lediglich, dass eine Datenverarbeitung rechtmäßig ist;
– Das Ergebnis bindet die Aufsichtsbehörden nicht und mindert auch nicht die Verant-
  wortung des Datenverarbeiters (Art. 42 Abs. 4 DS-GVO);
– Die Zertifizierung ist zeitlich auf drei Jahre beschränkt und widerrufbar;
– Der EDSA führt ein öffentliches Register aller Zertifizierungsverfahren und Prüfsie-
  gel (Art. 42 Abs. 8 DS-GVO);
– Die Zertifizierung darf nur von akkreditierten Stellen nach dem Verfahren des
  Art. 43 DS-GVO durchgeführt werden. Die Akkreditierung erfolgt durch die Auf-
  sichtsbehörden und/oder die Stellen, die nach Art. 4 Abs. 1 Verordnung (EG)
  Nr. 765/2008 bereits die Akkreditierung im Rahmen der Produktsicherheit durchführen; dies ist in Deutschland die Deutsche Akkreditierungsstelle (DAkk). Der
  deutsche Gesetzgeber hat sich in § 39 BDSG nF entschieden, beide Optionen zu
  wählen und die DAkk und die Datenschutzaufsichtsbehörden zu benennen;
– Der Antragsteller muss der Zertifizierungsstelle alle erforderlichen Informationen
  bereitstellen;
– Verantwortliche außerhalb der Union können durch eine Zertifizierung den Nachweis des angemessenen Datenschutzniveaus führen (Art. 42 Abs. 2 iVm Art. 46
  Abs. 2 lit. f. DS-GVO.

[1452] S. dazu *Albrecht* CR 2016, 88 (94).
[1453] Vgl. *Paal* in Paal/Pauly DS-GVO Art. 42 Rn. 14.

1308 **c) Inhalt der Prüfung.** Die Zertifizierung ist eine **Qualitätsprüfung** nach konkretisierenden Kriterien, die die Rechtskonformität bescheinigen soll. Die konkretisierenden Kriterien werden entweder von der akkreditierten Zertifizierungsstelle, von den Aufsichtsbehörden iSv Art. 58 Abs. 3 DS-GVO oder von dem EDSA gemäß Art. 63 DS-GVO bereitgestellt (Art. 42 Abs. 5 DS-GVO), sofern nicht die Kommission gemäß Art. 43 Abs. 9 DS-GVO verbindliche Regeln erlässt.

1309 Die Zertifizierung der **Rechtskonformität** ist der Sache nach eine **rechtliche Selbstverständlichkeit**.[1454] Eine Zertifizierung der Erfüllung von weitergehenden Anforderungen – gewissermaßen eines „Goldstandards" – sieht Art. 42 DS-GVO nicht vor.[1455] Welche Anforderungen für die Erteilung des Zertifikats bestehen, legt die Zertifizierungsstelle selbst fest, sofern die Kommission nicht von Art. 43 Abs. 9 DS-GVO Gebrauch gemacht hat.

1310 **d) Die Akkreditierung der Zertifizierungsstellen.** Die **akkreditierten Zertifizierungsstellen** besitzen erhebliche Gestaltungsfreiheit, daher legt die DS-GVO viel Wert auf die Akkreditierung. Kurz gefasst gilt:

- Die Akkreditierung bescheinigt grundsätzlich Fachwissen und Unabhängigkeit;
- Sie wird von den Akkreditierungsstellen vorgenommen (Art. 43 Abs. 1 lit. a DS-GVO) oder von der gemäß der Verordnung Nr. 765/2008 errichteten nationalen Akkreditierungsstelle gemäß Art. 43 Abs. 1 lit. b DS-GVO;
- Die Akkreditierung ist zeitlich befristet und widerrufbar (Art. 43 Abs. 4, Abs. 7 DS-GVO);
- Die Zertifizierungsstellen sind für die Rechtmäßigkeit des Verfahrens verantwortlich (Art. 43 Abs. 4 DS-GVO);
- Die Akkreditierungsstelle teilt der Aufsichtsbehörde die erteilten Zertifikate mit (Art. 43 Abs. 5 DS-GVO).

1311 **e) Rechtsfolgen der Zertifizierung.** Die erteilte **Akkreditierung** kann von den Verantwortlichen **eingesetzt** werden in dem Sinne, als sie bescheinigt, dass ein unabhängiger Dritter nach einem geregelten Verfahren der Auffassung war, er halte die Datenschutzvorschriften ein. Darüber hinaus kennt die Verordnung an einigen Stellen eine Privilegierung des Verantwortlichen, der eine Zertifizierung in relevanter Weise besitzt. So kann die Einhaltung eines genehmigten Zertifizierungsverfahrens als **Gesichtspunkt** herangezogen werden bei:

- Art. 24 Abs. 3 DS-GVO: Erfüllung der Pflichten des Verantwortlichen nach Art. 24 Abs. 1 DS-GVO;
- Art. 28 Abs. 3 DS-GVO: für den Auftragsverarbeiter;
- Art. 33 Abs. 3 DS-GVO: Sicherstellung der Sicherheit der Verarbeitung;
- Art. 83 Abs. 2 lit. j DS-GVO: Berücksichtigung bei der Verhängung von Geldbußen.

1312 Bei der **Datenschutzfolgeabschätzung** ist die Zertifizierung, anders als die Einhaltung der Verhaltensregeln, **nicht** ausdrücklich **erwähnt**.

[1454] Vgl. *Roßnagel/Nebel/Richter* ZD 2015, 455 (459).
[1455] Vgl. *Paal* in Paal/Pauly DS-GVO Art. 42 Rn. 6.

G. Besondere Verarbeitungssituationen

In Kapitel IX (Art. 85 ff. DS-GVO) sind für verschiedene Lebensbereiche **1313** Sondernomen und Öffnungsklauseln vorgesehen. Die Sondernormen für besondere Verarbeitungssituationen sind ausgesprochen ärgerlich, weil sie die Einheitlichkeit des Datenschutzes schwächen, die durch die DS-GVO bewirkt werden sollte. Es ist auch nicht unmittelbar nachvollziehbar, weshalb Bestimmungen, die für sich genommen ausgewogen sein sollen und zudem noch ausgesprochen vage sind, in bestimmten Situationen keine sachgerechten Ergebnisse erzielen sollen.

I. Medien und Meinungsfreiheit

Art. 85 DS-GVO enthält zwei Regelungsaufträge an die Mitgliedstaaten: **1314** Zum einen sollen sie das Recht auf Datenschutz mit der Meinungs- und Informationsfreiheit in Einklang bringen (Art. 85 Abs. 1 DS-GVO). Zum anderen enthält Art. 85 Abs. 2 DS-GVO das alte Medienprivileg des Art. 9 DS-RL. Danach müssen die Mitgliedstaaten Ausnahmen für die Verarbeitung zu journalistischen, wissenschaftlichen, künstlerischen oder literarischen Zwecken von allen Regelungen der DS-GVO bis auf Kapitel VIII, dh Rechtsbehelfe und Haftung, vorsehen, soweit dies erforderlich ist, um die Meinungs- und Informationsfreiheit mit dem Recht auf Datenschutz in Einklang zu bringen.

1. Ausgleich zwischen Datenschutz und Meinungs- und Informationsfreiheit

Der Sinn des Auftrags an den nationalen Gesetzgeber, die Meinungs- und In- **1315** formationsfreiheit mit dem Recht auf Datenschutz in Einklang zu bringen, ist unklar.[1456] Bisher erfolgte dieser Ausgleich nach der Rechtsprechung des EuGH, indem die betroffenen Grundrechte bei der Auslegung der DSRL und des sie umsetzenden nationalen Rechts, vor allem der Interessenabwägung nach Art. 7 lit. f DSRL (nun Art. 6 Abs. 1 UAbs. 1 lit. f DS-GVO), zu berücksichtigen sind.[1457] Wenn nun der Unionsgesetzgeber selbst unmittelbar geltende Datenschutzregeln erlässt, würde es dieser Logik entsprechen, wenn er auch selbst den Ausgleich zwischen den verschiedenen Grundrechten herstellt. Dies tut der Unionsgesetzgeber auch, wie z.B. Art. 17 Abs. 3 lit. a DS-GVO zeigt.[1458]

Nimmt man die Regelung des Art. 85 Abs. 1 DS-GVO jedoch wörtlich, hat **1316** sie für die Vollharmonisierung des Datenschutzes in Europa eine nicht zu unterschätzende Sprengkraft: Sobald die Meinungs- oder Informationsfreiheit betroffen ist, wäre nicht die DS-GVO anwendbar, sondern das nationale

---

[1456] Ähnlich *Spindler* DB 2016, 937 (938 f.).

[1457] EuGH EuZW 2004, 95 Rn. 90 – Lindqvist; EuGH NJW 2015, 2257 Rn. 81 und 91 ff. – Google Spain (wenn auch ohne ausdrücklichen Bezug zu Art. 11 GRC); vgl. auch BGHZ 181, 328 Rn. 27 ff. – spickmich.de.

[1458] So ausdrücklich *Lenaerts* EuGRZ 2015, 353 (360).

Recht.[1459] Der nationale Gesetzgeber wäre zwar auch hier an die europäischen Grundrechte gebunden, weil er im Anwendungsbereich des Unionsrechts handelt und – mehr noch – einen Auftrag des Unionsgesetzgebers verwirklicht.[1460] Der Anwendungsbereich der unmittelbar anwendbaren Regelungen der DS-GVO wäre jedoch empfindlich eingeschränkt.[1461] Nahezu jede Veröffentlichung berührt die Informations-[1462] und Meinungsfreiheit. Und letztlich ist Datenschutzrecht Kommunikationsregulierung.[1463] Vorgeschlagen worden ist daher in Art. 85 Abs. 1 DS-GVO lediglich einen Auftrag an den nationalen Gesetzgeber zu sehen, das bestehende nationale Recht anzupassen. Dies ergebe sich zum einen aus dem Umkehrschluss zu Art. 85 Abs. 2 DS-GVO, da nur dieser Ausnahmen von den Regelungen der DS-GVO vorsieht; zudem werde in ErwGr 153 S. 1 DS-GVO deutlich, dass „im Recht der Mitgliedstaaten" die (bestehenden) „Vorschriften über die Meinungsäußerung und Informationsfreiheit (…) mit dem Recht auf Schutz der personenbezogenen Daten gemäß dieser Verordnung in Einklang gebracht werden" sollten.[1464] Diese Lesart lässt sich viel besser mit dem primären Ziel der DS-GVO vereinbaren, das Datenschutzrecht zu vereinheitlichen; ihr ist daher zu folgen. Sie reduziert Art. 85 Abs. 1 DS-GVO aber zu einer rein deklaratorischen Vorschrift, weil in diesen Fällen ohnehin die Regelungen der DS-GVO dem nationalen Recht vorgehen würden.

2. Privilegierung der Verarbeitung zu journalistischen, wissenschaftlichen, künstlerischen und literarischen Zwecken

1317 Art. 85 Abs. 2 DS-GVO ist die Nachfolgeregelung von Art. 9 DSRL, der u.a. das sogenannte Medienprivileg enthielt. Sie verpflichtet die Mitgliedstaaten, für die Datenverarbeitung zu journalistischen, wissenschaftlichen, künstlerischen und literarischen Zwecken „Abweichungen und Ausnahmen" von allen Regelungen der DS-GVO mit Ausnahme der Regelungen zu Rechtsschutz, Haftung und Sanktionen (Kapitel VIII) vorzusehen, soweit dies erforderlich ist, um die Meinungs- und Informationsfreiheit mit dem Schutz personenbezogener Daten in Einklang zu bringen. Gegenüber Art. 9 DSRL ist diese Ausnahmeregelung auf wissenschaftliche Zwecke ausgedehnt worden; ferner können nun auch Ausnahmen und Abweichungen von den Vorgaben an Selbstregulierungsmechanismen vorgesehen werden.

1318 **a) Umfang der Abweichungen und Ausnahmen.** Der Umfang der möglichen Ausnahmen und Abweichungen von der DS-GVO geht potentiell sehr

---

[1459] Vgl. *Benecke/Wagner* DVBl. 2016, 600 (602 f.).

[1460] *Albrecht/Janson* CR 2016, 500 (504 f.).

[1461] Vgl. EuGH MMR 2009, 175 Rn. 48 – Satakunnan Markkinapörssi und Satamedia: „Schließlich würde eine allgemeine Ausnahme von der Anwendung der Richtlinie zugunsten veröffentlichter Informationen die Richtlinie weitgehend leerlaufen lassen. Es würde nämlich ausreichen, dass die Mitgliedstaaten Daten veröffentlichen ließen, um diese dem von der Richtlinie vorgesehen Schutz zu entziehen."

[1462] Vgl. nur EuGH NJW 2015, 2257 Rn. 81 und 91 ff. – Google Spain.

[1463] *Härting* Internetrecht, Annex: Datenschutz im 21. Jahrhundert, Rn. 17.

[1464] *Kühling/Martini* et. al. Die DS-GVO und das nationale Recht, S. 286 ff.; i.E. ähnlich *Schiedermair* in Ehmann/Selmayr DSGV Art. 85 Rn. 1, die darin ein „Abwägungsgebot" sieht.

weit und führt dazu, dass die Harmonisierungswirkung der DS-GVO in diesem Bereich nahezu ins Leere geht. Der Unionsgesetzgeber hat den Mitgliedstaaten diesen Regelungsbereich dennoch überlassen, weil das Medienrecht bisher fast ausschließlich von den Mitgliedstaaten geregelt ist und sich kein europäischer Mindeststandard herausgebildet hat.[1465] Eine Vorgabe hat der Unionsgesetzgeber jedoch gemacht: Er hat Mitgliedstaaten verpflichtet, die erforderlichen Abweichungen und Ausnahmen von der DS-GVO gesetzlich vorzusehen (ErwGr 153 S. 4 DS-GVO) und diese Regelungen zu notifizieren (Art. 85 Abs. 3 DS-GVO). Angesichts der jüngeren Mediengesetzgebung in Ungarn und Polen sollte hierdurch verhindert werden, dass das Datenschutzrecht zur Einschränkung der Pressefreiheit eingesetzt wird.[1466] Zudem wäre es auch nicht ausreichend, die Pressefreiheit lediglich im Rahmen der Auslegung der DS-GVO zu berücksichtigen; die damit einhergehenden Unsicherheiten könnten zu einem *chilling effect* führen, der durch klare gesetzliche Regelung zumindest abgemildert werden kann.

Ziel des Art. 85 Abs. 2 DS-GVO ist es nicht, die Datenverarbeitung zu journalistischen, wissenschaftlichen, künstlerischen und literarischen Zwecken vollständig aus dem Anwendungsbereich auszuklammern, sondern nur eine praktische Konkordanz zwischen den betroffenen Grundrechten herzustellen. Die Ausnahmen und Abweichungen müssen aber nach der Rechtsprechung des EuGH auf das Notwendige beschränkt sein.[1467] Dies betrifft nach dem Wortlaut des Art. 85 Abs. 2 DS-GVO nicht nur die Frage, wann Art. 7, 8 GRC gegenüber Art. 10 GRC zurücktreten muss, sondern auch die Frage, wann eine mitgliedstaatliche Abweichung oder Ausnahme von der DS-GVO erforderlich ist. **1319**

Der deutsche Gesetzgeber hat die Ausnahmeregelung des Art. 9 DSRL – auch im internationalen Vergleich[1468] – bisher sehr weitreichend genutzt: Aufgrund seiner begrenzten Gesetzgebungskompetenz hat der Bundesgesetzgeber lediglich Regelungen für die Deutsche Welle vorsehen können (§ 41 Abs. 2 bis 4, § 42 BDSG aF). Danach gelten für die Deutsche Welle nur das Datengeheimnis (§ 5 BDSG aF), die Haftungsregelung des § 7 BDSG aF sowie die technisch-organisatorischen Vorgaben des § 9 BDSG aF und die Vorgaben für Verhaltensregeln gemäß § 38a BDSG aF. Auf der Grundlage seiner bis zur Föderalismusreform bestehenden Rahmengesetzgebungskompetenz für Presse[1469] verpflichtete der Bund die Länder, ebensolche Regelungen für Presseunternehmen vorzusehen (§ 41 Abs. 1 BDSG aF). Für die Deutsche Welle sah der Bund vor, dass jemand, der durch eine Berichterstattung in seinem Persönlichkeitsrecht beeinträchtigt ist, grundsätzlich einen Auskunftsanspruch über die ihn betreffenden Daten hat; die Auskunft kann aber zum Schutz der Beteiligten Journalisten oder Informanten verweigert werden oder, wenn durch die „Ausforschung der Informationen" die journalistische Aufgabe der Deutschen Welle vereitelt werden würden (§ 41 Abs. 3 S. 1 und 2 BDSG aF). Ferner hat der Betroffene einen Berichtigungsanspruch (§ 41 Abs. 3 S. 3 BDSG aF). Schließlich setzte § 42 BDSG aF anstelle der BfDI eine eigenständige Datenschutzaufsichtsbe-

---

[1465] *Albrecht* CR 2016, 88 (97).

[1466] *Albrecht/Janson* CR 2016, 500 (503).

[1467] EuGH MMR 2009, 175 Rn. 56 – Satakunnan Markkinapörssi und Satamedia.

[1468] Kritisch hierzu etwa *Benecke/Wagner* DVBl. 2016, 600 (603); *Dix* in Simitis BDSG aF § 41 Rn. 6.

[1469] Vgl. *Benecke/Wagner* DVBl. 2016, 600 (603).

hörde ein. Die Länder haben für Telemedien (§ 57 RStV) und den privaten Rundfunk (§ 47 i.V.m. § 57 RStV) sowie für die Presse in den Landespressegesetzen und den öffentlich-rechtlichen Rundfunk in den entsprechenden Landesrundfunkgesetzen[1470] ähnliche Regelungen vorgesehen. Eine Rechtfertigung für die weitreichende Freistellung ist, dass ein Schutz des Betroffenen durch die Selbstregulierung der Presse (Pressekodex und Beschwerdeordnung des Deutschen Presserates) erreicht werde.[1471] Das novellierte BDSG enthält keine allgemeinen Regelungen zum Medienprivileg mehr, da der Bundesgesetzgeber der Ansicht ist, durch die Föderalismusreform seine Gesetzgebungskompetenz eingebüßt zu haben.[1472]

1320   ErwGr 153 S. 6 DS-GVO legt fest, dass für Datenverarbeitungen, die Art. 85 Abs. 2 DS-GVO unterfallen, das **Herkunftslandprinzip** gilt, also das Recht des Heimatstaates des Verantwortlichen.

1321   **b) Begünstigte.** Die wichtigste Frage im Zusammenhang mit der Art. 85 Abs. 2 DS-GVO ist, wann ein journalistischer Zweck anzunehmen ist. Wie ErwGr 153 S. 7 DS-GVO im Anschluss an die Rechtsprechung des EuGH[1473] klarstellt, ist der Begriff des Journalismus aufgrund seiner wichtigen Funktion für eine demokratische Gesellschaft weit auszulegen.

Wie weit eine solche Begünstigung möglicherweise gehen kann, hat der Fall *Satakunnan Markkinapörssi und Satamedia* vor Augen geführt; sie betraf die alphabetisch, regional sowie nach Einkommensklassen geordnete Veröffentlichung öffentlich verfügbarer Steuerdaten (→ Rn. 107). Der EuGH stellte in seiner Entscheidung klar, dass es nicht auf das Medium der Verbreitung für die Definition des journalistischen Zwecks ankomme.[1474] Ebenso sei nicht entscheidend, ob ein Einzelner die Informationen veröffentliche oder ein Medienunternehmen oder ob diese mit Gewinnerzielungsabsicht handelten; kommerzieller Erfolg sei für den Fortbestand des professionellen Journalismus sogar unverzichtbar.[1475] Für eine journalistische Tätigkeit sei charakteristisch, ob sie „ausschließlich zum Ziel [hat] Informationen, Meinungen oder Ideen in der Öffentlichkeit zu verbreiten". Dies könne, so der EuGH, auch der Fall sein, wenn öffentlich verfügbare Informationen verbreitet werden; dies habe aber das vorlegende Gericht zu beurteilen.[1476] Die finnischen Gerichte kamen zu dem Ergebnis, die Veröffentlichung der Daten in diesem Umfang diene keiner öffentlichen Debatte, sondern lediglich der Neugier der Mitmenschen; im Ergebnis lehnten sie eine Verarbeitung für journalistische Zwecke daher ab.[1477] Der EGMR bestätigte diese Entscheidung und sah keinen Verstoß gegen die EMRK.[1478]

1322   Festzuhalten ist daher, dass es nach der Rechtsprechung des EuGH weder auf das Medium der Verbreitung, noch auf die Organisationsform ankommt.

[1470] Überblick bei *Kühling/Martini et. al.* Die DS-GVO und das nationale Recht, S. 293 f.

[1471] Hierzu *Buchner* in Wolff/Brink, BeckOK DatenschutzR BDSG aF § 41 Rn. 3 ff.

[1472] BT-Drs. 18/11325, S. 79.

[1473] EuGH MMR 2009, 175 Rn. 56 – Satakunnan Markkinapörssi und Satamedia.

[1474] EuGH MMR 2009, 175 Rn. 60 f. – Satakunnan Markkinapörssi und Satamedia.

[1475] EuGH MMR 2009, 175 Rn. 58 f. und 61 – Satakunnan Markkinapörssi und Satamedia.

[1476] EuGH MMR 2009, 175 Rn. 62 – Satakunnan Markkinapörssi und Satamedia.

[1477] EGMR Urt. v. 21.7.2015, Beschwerde Nr. 931/13, Satakunnan Markkinapörssi Oy und Satamedia ./. Finnland, § 17 ff. (zum weiteren Verfahrensgang).

[1478] EGMR Urt. v. 21.7.2015, Beschwerde Nr. 931/13, Satakunnan Markkinapörssi Oy und Satamedia ./. Finnland, § 70 ff. (zum weiteren Verfahrensgang).

I. Medien und Meinungsfreiheit

Sowohl die „elektronische Presse" als auch selbständige Journalisten sind erfasst, auch wenn sie sich nur im Rahmen eines Blogs äußern.[1479] Das BVerwG hat jüngst eine Einschränkung vorgenommen; in anderen Organisationen als Medienunternehmen ist das Medienprivileg nur auf „organisatorisch in sich geschlossene, gegenüber den sonstigen (betrieblichen) Stellen abgeschottete, in der redaktionellen Tätigkeit autonome Organisationseinheiten anwendbar".[1480] Eine vom Vorstand einer Wählervereinigung mit eigenen Artikeln bestückte Zeitschrift erfüllte diese Kriterien daher nicht.

Die entscheidende Abgrenzung verläuft daher in der Frage, ob ein journalistischer Zweck schon vorliegt, wenn jemand nur Informationen veröffentlicht oder inwieweit es einer journalistisch-redaktionellen Bearbeitung bedarf. Relevant wird dies insbesondere im Hinblick auf Intermediäre im Internet (z.B. Bewertungsportale, Suchmaschinen, Soziale Netzwerke), die nach der Rechtsprechung des EuGH auch hinsichtlich veröffentlichter Inhalte Dritter als Verantwortliche anzusehen sind (→ Rn. 361).[1481] Der EuGH hatte in *Satakunnan Markkinapörssi und Satamedia* keine Anforderungen an die redaktionelle Bearbeitung aufgestellt, obwohl die redaktionelle Aufbereitung der Daten in Form von geordneten Listen denkbar gering war.[1482] Die Tendenz geht jedoch dahin, dass eine reine Informationszusammenstellung ohne redaktionelle Aufbereitung nicht ausreicht.[1483]

1323

Beispiele: So verwehrte der BGH einem Lehrerbewertungsportal die Berufung auf das Medienprivileg; das Bewertungsportal **„spickmich.de"** habe nur die Kommentare der Nutzer aufgelistet und die arithmetische Mittel ihrer Bewertungen ermittelt, ohne sie selbst redaktionell zu bearbeiten. Ferner hob der BGH hervor, dass die „meinungsbildende Wirkung für die Allgemeinheit prägender Bestandteil des Angebots und nicht nur schmückendes Beiwerk" sein müsse.[1484] Dies ist gerade nicht der Fall bei Angeboten, bei denen der kommerzielle Zweck im Vordergrund steht, z.B. einem Informationsportal für Bauunternehmen über öffentliche Ausschreibungen.[1485] Auch die Ergebnisse einer Suchmaschine unterfallen nicht dem Medienprivileg, wie der EuGH *en passant* im Fall *Google Spain* mitgeteilt hat.[1486] Deutlich wird der Unterschied zwischen einer bloßen Informationszusammenstellung und einer redaktionellen Bearbeitung am Fall „Bilderbuch Köln". Während die Veröffentlichung von Panoramaaufnahmen, etwa im Rahmen von Google Street View, keine journalistische Tätigkeit ist, nahm das LG Köln dies im Falle eines Angebotes an, das zusätzlich zu den Bildern historische Informationen und anderes Hintergrundwissen enthielt.[1487]

[1479] *Lent* ZUM 2013, 914 (917 ff.) zu den verschiedenen Telemedienangeboten.

[1480] BVerwG ZD 2016, 93 Rn. 5; ebenso *Buchner* in Wolff/Brink BeckOK DatenschutzR BDSG aF § 41 Rn. 20; *Gola/Klug/Körffer* in Gola/Schomerus BDSG aF § 41 Rn. 8.

[1481] Hier besteht eine Querverbindung zur Diskussion um eine „Freiheit der Internetdienste" *Spindler* Gutachten zum 69. DJT, F 26 ff.; *Spindler* JZ 2014, 981 (987) jeweils m.w.N.

[1482] Vgl. EuGH MMR 2009, 175 Rn. 57 ff. – Satakunnan Markkinapörssi und Satamedia.

[1483] *Frey* in Plath BDSG aF § 41 Rn. 12.

[1484] BGHZ 181, 328 Rn. 21 f. – spickmich.de.

[1485] VGH Mannheim NJW 2014, 2667 (2668) zu §§ 54, 55 RStV.

[1486] EuGH NJW 2014, 2257 Rn. 85 – Google Spain.

[1487] LG Köln NJOZ 2010, 1933 (1935) – Stadt-Bilderbuch.

1324   Das Medienprivileg schützt wie auch die Pressefreiheit alle Schritte der journalistischen Arbeit von der Recherche bis zur Veröffentlichung und späteren Archivierung (ErwGr 153 S. 3 DS-GVO).[1488] Nicht erfasst werden jedoch Datenverarbeitungen, die zu wirtschaftlichen Zwecken erfolgen oder der Verwaltung dienen und nur mittelbar zur journalistischen Arbeit beitragen (z.b. Akquisition, Werbung, Gebühreneinzug, Personal).[1489]

II. Informationsfreiheit

1. Die Vorgaben der DS-GVO

1325   Der Anspruch auf **Transparenz** der Unterlagen bei Behörden tritt, geregelt in den Informationsfreiheitsgesetze des Bundes und der Länder, entgegen vielseitiger entgegengesetzter Beschwörungen, durchaus in **Widerspruch** zum Datenschutz. Art. 86 DS-GVO sieht diesen Konflikt und gestattet sowohl dem Unionsgesetzgeber als auch den Mitgliedsstaaten, den **Konflikt** zwischen Informationsfreiheit und Datenschutz durch **spezielle Regeln aufzulösen**. Bezogen auf den staatlichen Bereich und dem privaten Sektor, der eine im öffentlichen Interesse liegende Aufgabe erfüllt, darf spezielles Recht erlassen werden, um den Zugang der Öffentlichkeit zu amtlichen Dokumenten mit dem Recht auf Schutz personenbezogener Daten in Einklang zu bringen. Eine Pflicht solches Recht zu erlassen besteht nicht. Die auf dieser Grundlage erlassenen Normen bilden dann eine Rechtsgrundlage für eine Verarbeitung gem. Art. 6 Abs. 1 UAbs. 1 lit. c DS-GVO sofern das nationale Recht eine Pflicht zur Offenbarung vorsieht bzw. Art. 6 Abs. 1 UAbs. 1 lit. e Va. 1 DS-GVO sofern die Herausgabe als Ermessensnorm formuliert sein sollte.

1326   Art. 86 DS-GVO rechtfertigt nicht dazu, den Datenschutz vollständig der Informationsfreiheit zu opfern, sondern verlangt vielmehr ein angemessenes Verhältnis zwischen der Informationsfreiheit einerseits und Datenschutz andererseits zu erlassen. Der Sache nach dürfte es daher darum gehen, konkretisierende Regeln der **Verarbeitungsgrundlagen nach Art. 5 und Art. 6 DS-GVO** für den Fall der **Informationsfreiheit** zu erlassen. Zutreffend wir darauf hingewiesen, dass zumindest das Mindestschutzniveau der DS-GVO unberührt bleiben muss.[1490] Allerdings sind die normativen Vorgaben des Art. 85 DS-GVO schwach, da keine inhaltlichen Maßstäbe für Abwägung enthalten sind.[1491]

2. Deutsches Recht

1327   Sofern die Ländern und der Bund schon jetzt **Informationsfreiheitsgesetze** bzw. **Transparenzgesetze** erlassen haben, sehen diese regelmäßig einen Schutz personenbezogener Daten vor, lassen aber in beschränktem Umfang

---

[1488] BGHZ 183, 359 Rn. 23 ff. – Online Archive I (zum Archiv des Deutschlandfunks).

[1489] BGHZ 183, 359 Rn. 23 ff. – Online Archive I.

[1490] *Pauly* in Paal/Pauly DS-GVO Art. 87 Rn. 8.

[1491] *Dammann* ZD 2016, 307 (310).

die Übermittlung zu.[1492] Diese bisherige Rechtslage dürfte dem Art. 86 DS-GVO entsprechen. Eine Pflicht der Länder, die noch keine Regelungen haben, diese nun zu erlassen, besteht nicht.

III. Kennziffern

1. Allgemein

Art. 87 DS-GVO eröffnet den Mitgliedsstaaten die Möglichkeit die spezifischen Bedingungen durch mitgliedsstaatliches Recht festzulegen, unter denen eine **Kennziffer** Gegenstand einer Verarbeitung sein darf.[1493] Es muss sich dabei um eine **nationale** Kennziffer oder um eine Kennziffer von **allgemeiner Bedeutung** handeln. Die Sonderregelungen haben dabei sicherzustellen, dass die Kennzeichen nur unter Wahrung geeigneter Garantien für die Rechte und Freiheiten der betroffenen Personen verwendet werden dürfen. Die Norm ist eine Nachfolgeregelung zu Art. 8 Abs. 7 DSRL. Der zentrale Begriff für diese Regelung ist dabei der Begriff der Kennziffer. Er wird in der DS-GVO nicht konkretisiert. **1328**

Kennziffern oder Kennzeichen sind **numerische Festlegungen** von Personen, die **anstelle** des **Namens** treten. Eine nationale Kennziffer, durch die gewissermaßen an die Stelle des Namens eine Zahl tritt, kennt Deutschland nicht. Kennzeichen von allgemeiner Bedeutung bestehen allerdings. So wären etwa die Sozialversicherungsnummer oder die Steuer-Identifikationsnummer[1494] als solche einzustufen. Die Sonderregelungen für die Kennziffer dürfen das Mindestniveau der DS-GVO nicht unterschreiten. **1329**

2. Deutsches Recht

Sonderregelungen, die von der Ermächtigung des Art. 87 DS-GVO Gebrauch machen, sind, soweit ersichtlich, noch nicht neu erlassen worden. Spezielles Fachrecht im Bereich der Datenverarbeitung, das auch für Kennziffern gilt, gibt es dagegen, wie etwa der Sozialdatenschutz. **1330**

IV. Arbeitnehmerdatenschutz

1. Reichweite

Eine Öffnungsklausel mit großem Anwendungsbereich bildet Art. 88 DS-GVO: Die Datenverarbeitung im **Beschäftigungskontext**.[1495] Danach darf hinsichtlich der Verarbeitung personenbezogener Beschäftigtendaten im Beschäftigungskontext nationales Sonderrecht erlassen werden. Der Beschäftig- **1331**

[1492] Ausführlich *Kühling/Martini ua* Die DS-GVO und das nationale Recht, S. 296 f.

[1493] *Kühling/Martini ua* Die DS-GVO und das nationale Recht, S. 297 f.

[1494] Zu deren Verfassungsmäßigkeit BFH Urt. v. 18.1.2012, Az. II R 49/10.

[1495] Siehe dazu *Benecke/Wagner* DVBl 2016, 600 (603 ff.); *Düwell/Brink* NZA 2016, 665 ff.; *Thüsing* BB 2016, 2165 ff.; *Jerchel/Schubert* DuD 2016, 782 ff.; *Kort* ZD 2016, 555 ff.; *Maschmann* DB 2016, 2480 ff.; *Spelge* DuD 2016, 775 ff.; *Tiedemann* ArbRB 2016, 334 ff.; *Stelljes* DuD 2016, 787 ff.

tenkontext ist **nicht definiert**, gemeint ist die **abhängige Arbeit** im weiteren Sinne unter Einschluss der Beamten, Soldaten und Richter sowie Praktikantenverhältnisse und ehrenamtlich Beschäftigte.[1496] Die Verarbeitung muss im Kontext dieser abhängigen Arbeit stehen. Art. 88 Abs. 1 DS-GVO nennt Teilbereiche und zwar die Zwecke der Einstellung, der Erfüllung des Arbeitsvertrages, einschließlich der Erfüllung von durch Rechtsvorschriften oder Kollektivvereinbarungen festgelegten Pflichten des Managements, der Planung und der Organisation der Arbeit, der Gleichheit und Diversität am Arbeitsplatz, der Gesundheit und der Sicherheit am Arbeitsplatz, der Schutz des Eigentums der Arbeitgeber und der Schutz des Eigentums der Kunden sowie die Zwecke der Inanspruchnahme der mit dem Beschäftigten zusammenhängenden individuellen und kollektiven Rechte und Leistungen und für Zwecke der Beendigung des Beschäftigungsverhältnisses.

1332   Erfasst werden daher zunächst die personenbezogenen Daten des **konkreten Beschäftigungsverhältnisses**. Die Verordnung schließt die Freiwilligkeit der Einwilligung im Arbeitnehmerverhältnis nicht generell aus, entsprechende Regelungsvorschläge haben sich nicht durchsetzen können (s. ausdrücklich ErwGr 155 DS-GVO).[1497] Unter Art. 88 DS-GVO fallen auch Normen über die Erfassung personenbezogener Daten im Zusammenhang mit Überwachungsmaßnahmen wie Videoüberwachung etc.[1498] Möglich sind daher etwa Regelungen, die die Einwilligung einschränken oder ausschließen, die Erlaubnistatbestände für die Verarbeitung enthalten und vergleichbares.[1499]

Ob und wenn ja unter welchen Voraussetzungen der Arbeitgeber zum TK-Leistungsanbieter wird, wenn er den Beschäftigten die Nutzung von Kommunikationsmittel des Betriebes auch zu privaten Zwecken gestattet, dürfte auch eine Fragestellung sein, die unter Art. 85 DS-GVO fällt, da der Bezug zum Arbeitsverhältnis eng ist. In der Sache liegt es näher, die Frage inhaltlich zu verneinen.[1500]

2. Spezifische Vorschriften

1333   Die abweichenden Vorschriften dürfen nicht beliebigen Inhalt haben. Vielmehr müssen sie **spezifische Vorschriften** zur Gewährleistung des Schutzes der Rechte und Freiheiten des Betroffenen enthalten. Der zentrale Angelpunkt bei Art. 88 DS-GVO ist die Formulierung: „**spezifischere Vorschriften**". Dieser Begriff lässt sich in unterschiedlicher Weise deuten. Die **formale** Deutung geht dahin, dass die Vorschriften nur konkreter auf das Beschäftigungsverhältnis bezogen sein müssen. Demnach wäre jede Vorschrift, die konkret für Beschäftigungsverhältnisse erlassen wurde, „spezifischer" und unabhängig von ihrem inhaltlichen Schutzstandard.[1501] Die zweite Interpretationsmöglichkeit

---

[1496] *Riesenhuber* in Wolff/Brink BeckOK DatenschutzR DS-GVO Art. 88 Rn. 30; differenzierend *Maier* DuD 2017, 169 ff.

[1497] Vgl. *Pauly* in Paal/Pauly DS-GVO Art. 88 Rn. 8.

[1498] Vgl. *Pauly* in Paal/Pauly DS-GVO Art. 88 Rn. 13 f.; *Riesenhuber* in Wolff/Brink BeckOK DatenschutzR DS-GVO Art. 88 Rn. 91 ff.

[1499] *Riesenhuber* in Wolff/Brink BeckOK DatenschutzR DS-GVO Art. 88 Rn. 74.

[1500] Gegen eine Qualifizierung als Dienstanbieter *Klein* CR 2016, 606 (612).

[1501] So *Riesenhuber* in Wolff/Brink BeckOK DatenschutzR DS-GVO Art. 88 Rn. 67 ff.

wäre **materieller** Art, die spezifischer isv konkreter und inhaltlich nicht hinter dem Standard der DS-GVO zurückfallend verstehen würde. Bei der materiellen Auslegung bildet die DS-GVO gewissermaßen den Rahmen, innerhalb dessen sich die spezifischere Rechtsvorschrift bewegt.

Nach der **wörtlichen Auslegung** sind beide Auslegungsvarianten möglich. **1334** Im Ergebnis wird man die formale Interpretation aus verschiedenen Gründen ablehnen müssen. Die DS-GVO möchte durch die Öffnungsklausel dem Wunsch der Mitgliedsstaaten, ihr bereichsspezifisches Datenschutzrecht nicht völlig aufgeben zu müssen, Rechnung tragen. Sie möchte dabei aber nicht den eigenen Harmonisierungsanspruch aufgeben. Noch deutlicher wird die Argumentation, wenn man systematisch auf Art. 6 Abs. 2 DS-GVO zugreift. Aus Art. 6 Abs. 2 DS-GVO wird deutlich, dass die Verordnung die Formulierung „spezifischere Bestimmungen" so meint, dass diese sich innerhalb des Rahmens, den die Verordnung setzt, bewegen müssen. Spezifischere Bestimmungen dürfen sich daher nur in dem Rahmen bewegen, den die DS-GVO vorgibt. Sie dürfen den Standard der Grundverordnung nicht unterschreiten, sondern nur konkretisieren und daher rechtsklarer werden lassen. Den Mitgliedsstaaten ist nicht gestattet, von den Grundregeln abzuweichen.[1502]

Erlassen der Mitgliedsstaat oder die Tarifvertragsparteien Regelungen, die **1335** mit Art. 5 und Art. 6 DS-GVO nicht vereinbar sind, überschreiten sie die Öffnungsklausel des Art. 88 DS-GVO und die entsprechende Vorschrift kommt nicht zur Anwendung. Vielmehr tritt dann an ihre Stelle die Regelung in der Verordnung. Zulässig ist etwa die Fixierung von Verarbeitungsverboten, die die Interessenabwägung gem. Art. 6 Abs. 1 UAbs. 1 lit. f DS-GVO verdrängen, da sie den Standard des Schutzes der Rechte und Grundfreiheiten der betroffenen Person nicht absenken. Weiter ist nicht ganz klar, ob eine „spezifischere Voraussetzung" auch dann gegeben ist, wenn der Mitgliedsstaat diese Regelung in **ein allgemeines Datenschutzrecht** integriert. Dies wird man im Ergebnis annehmen können, da die Frage, wie die Mitgliedsstaaten von den Öffnungsklauseln Gebrauch machen, in ihrer Gestaltungsfreiheit liegt.

3. Kollektivverträge

Art. 88 Abs. 1 DS-GVO gestattet den Mitgliedsstaaten entweder durch **1336** Rechtsvorschriften oder durch **Kollektivvereinbarungen** spezifischere Vorschriften vorzusehen.[1503] Die Rechtsvorschriften können von den Mitgliedsstaaten kommen oder auf Kollektivvereinbarungen beruhen. Beide „Rechtssetzungsmöglichkeiten" stehen erkennbar nebeneinander.[1504] Die Formulierung ist **unglücklich**. Kollektivvereinbarungen werden nicht von den Mitgliedsstaaten erlassen, sondern von den Partnern der Kollektivvereinbarungen, d.h. den Tarifvertragsparteien oder den Parteien der Betriebsvereinbarung. Die englische Fassung („Member States may provide") ist entsprechend. Gemeint ist, dass die Kollektivvereinbarungen den Mitgliedsstaaten zugerechnet werden.

[1502] *Düwell/Brink* NZA 2016, 665 (667).
[1503] *Traut* RDV 2016, 312 ff.
[1504] *Düwell/Brink* NZA 2016, 665 (666).

1337   Trotz des undeutlichen Normtexts will Art. 88 Abs. 1 DS-GVO den Mitgliedsstaaten eine Möglichkeit eröffnen, ohne dass die DS-GVO sie verpflichtet, von dieser Eröffnung **Gebrauch zu machen**. Sofern die Mitgliedsstaaten
keine spezifischeren Vorschriften für den Beschäftigungskontext erlassen, gelten die allgemeinen Vorschriften der DS-GVO. Die Trarifvertragsparteien dürfen sich daher nicht unmittelbar auf Art. 88 DS-GVO stützen. Die Ermächtigung richtet sich an die Mitgliedsstaaten und nicht an die Parteien der
Kollektivvereinbarungen.

1338   Kollektivvereinbarungen können zutreffender Ansicht nach die Wirkung in
Art. 88 Abs. 1 DS-GVO nur dann entfalten, wenn der **Mitgliedsstaat** deutlich
gemacht hat, in welcher Form auch immer, dass er von der Öffnungsklausel
des Art. 88 Abs. 1 DS-GVO Gebrauch gemacht hat.[1505] Am einfachsten ist es,
wenn er die Ermächtigung in Gesetzform vorsieht. Das wird man aber nicht
zwingend verlangen müssen, sofern die Entscheidung nur hinreichend deutlich ist

4. Schutzbestimmungen

1339   Die Verordnung gibt nicht nur die Vorgabe, dass es sich um spezifische Vorschriften zur Gewährleistung des Schutzes handeln muss, vielmehr verlangt
Art. 88 Abs. 2 DS-GVO auch, dass dort, **besondere Maßnahmen** zur Wahrung der menschlichen Würde, der berechtigten Interessen und der Grundrechte der betroffenen Personen vorgesehen werden müssen. Die Verarbeitung
muss dabei den Grundsätzen der **Transparenz** genügen.[1506] Die Einhaltung
der Schutzbestimmungen ist dabei nicht so zu verstehen, dass die Mitgliedsstaaten, die von der Öffnungsklausel Gebrauch machen, die dort genannten
Einzelbereiche regeln müssen. Es genügt, wenn im Ergebnis die Gesamtrege-
lung zugunsten des Beschäftigtendatenschutzes den genannten Schutzbestimmungen genügt und zwar in Kombination der unionsrechtlichen Regelungen
mit den nationalen Regelungen, die auf die Öffnungsklausel gestützt werden.

5. Unternehmensgruppen

1340   Art. 88 Abs. 2 DS-GVO rechtfertigt **Sonderregelungen** für die Übermittlung personenbezogener Daten **innerhalb von Unternehmensgruppen**. Dies
ist eine Ermächtigung für Konzernstrukturen, Sonderregelungen zu erlassen.
Dies ist ein **Novum**. Das alte Datenschutzrecht kannte kein Konzernprivileg in
irgendeiner Form, Art. 88 Abs. 2 DS-GVO lässt nun gewisse Sonderregelungen zu. Der Umfang der Privilegierung dürfte sich aber in Grenzen halten.
Art. 88 Abs. 2 DS-GVO passt zu der an anderen Stelle vorgenommen Anerkennung des legitimen Interesses an konzern- bzw. gruppenweiten Übermittlung zu bestimmten Zwecken (vgl. ErwGr 48 DS-GVO).[1507]

[1505] *Riesenhuber* in Wolff/Brink BeckOK DatenschutzR DS-GVO Art. 88 Rn. 49;
aA *Pauly in* Paal/Pauly DS-GVO Art. 88 Rn. 6.
[1506] Ausführlich *Riesenhuber* in Wolff/Brink BeckOK DatenschutzR DS-GVO
Art. 88 Rn. 78 ff.
[1507] Vgl. *Pauly* in Paal/Pauly DS-GVO Art. 88 Rn. 12.

6. Meldepflicht (Notifzierung)

Sonderregelungen im Beschäftigungskontext sind gemäß Art. 88 Abs. 3 **1341** DS-GVO der Kommission anzuzeigen. Die **Meldepflicht** bezieht sich zutreffender Ansicht nach **nicht auf die Kollektivverträge**, erstreckt sich dagegen auch auf den Fall der **Beibehaltung** alter spezifischer Vorschriften. Allgemeines Arbeitsrecht, das auch Einfluss auf die Datenverarbeitung hat, muss demgegenüber zutreffender Ansicht nach, weil nicht spezifisch, nicht gemeldet werden. Die Frist bis zum 25. Mai 2018 bildet keine Ausschlussfrist für die Wahrnehmung der Öffnungsklausel. Auch späterer Gebrauch der Öffnungsklausel ist möglich, die Meldepflicht tritt dann unmittelbar mit Erlass der Vorschrift ein.[1508] Die Verletzung der Meldepflicht lässt die Rechtmäßigkeit der Inanspruchnahme der Öffnungsklausel unberührt, stellt allerdings eine Unionsrechtsverletzung dar.

7. Deutsches Recht

Deutschland hatte mit § 32 BDSG aF eine Sondernorm im Beschäftigungs- **1342** kontext erlassen. Die Literatur geht dennoch überwiegend davon aus, sie sei materiell von Art 88 DS-GVO erfasst.[1509] Seit Jahren bemühte sich der Gesetzgeber, konkretisierendes Datenschutzrecht im Beschäftigungsverhältnis zu erlassen. Die Ermächtigung von Art. 88 DS-GVO wäre nun ein guter Zeitpunkt gewesen, das Beschäftigungsrecht noch einmal neu in die Hände zunehmen.Sie wurde versäumt.

§ 26 BDSG nF macht von der Öffnungsklausel Gebrauch. Diese Vorschrift **1343** hat sich im Rahmen des deutschen Gesetzgebungsverfahrens erheblich verändert hat. Die spezielle Regelung zur Einwilligung in § 26 Abs. 2 BDSG nF, die Regelung zu den personenbezogenen Daten in § 26 Abs. 3 BDSG nF und die ausdrückliche Ermächtigung an die Tarifvertragspartner gemäß § 26 Abs. 4 BDSG nF sind erst in der letzten Fassung aufgenommen worden. Die Neuregelung entspricht nun im Absatz 1 der überkommenen Regelung des § 32 Abs. 1 BDSG aF. § 26 Abs. 2 BDSG nF enthält eine Sonderreglung für die **Einwilligung** im Beschäftigungskontext. § 26 Abs. 3 BDSG nF enthält unter bestimmten Bedingungen die Möglichkeit der Verarbeitung besonderer Daten im Bereich des Beschäftigtenkontextes. § 26 Abs. 4 BDSG nF öffnet nun ausdrücklich die Möglichkeit, spezifische Vorschriften auch durch **Kollektivvereinbarungen** zu schaffen. Der Begriff der Kollektivvereinbarung in **§ 26 Abs. 4 BDSG nF** ist ersichtlich unionsrechtlich gemeint und erfasst daher auch die Betriebsvereinbarungen. Die Kollektivvereinbarungen müssen dabei die Schutzstandards von Art. 88 Abs. 2 DS-GVO beachten. Fraglich ist, ob damit eine Pflicht für die Tarifvertragsparteien verbunden ist, ausdrückliche Normen iSv Art. 88 Abs. 2 DS-GVO aufzunehmen. Hier bietet sich eine parallele Regelung an. Der Bundesgesetzgeber will ersichtlich die Vorgaben des Art. 88

[1508] *Riesenhuber* in Wolff/Brink BeckOK DatenschutzR DS-GVO Art. 88 Rn. 95.
[1509] *Kutzki* öAT 2016, 115 ff.; *Kühling/Martini ua* Die DS-GVO und das nationale Recht, S. 298.

Abs. 2 DS-GVO an die Tarifvertragsparteien weiterreichen. Wenn Art. 88 Abs. 2 DS-GVO nicht verlangt, dass in jedem Fall die speziellen Normen zu den Schutzstandards des Art. 88 Abs. 2 DS-GVO enthalten sein müssen, sondern es ausreicht, wenn die spezifischen Vorschriften im Zusammenhang mit den unionsrechtlichen Vorschriften die Schutzstandards des Art. 88 Abs. 2 erfüllen, gilt dies auch für die Kollektivvereinbarungen.

1344   § 26 Abs. 5 BDSG nF verpflichtet ausdrücklich den Verantwortlichen die Standards in Art. 5 DS-GVO auch im Arbeitnehmerschutz einzuhalten. Auf diese Weise will Deutschland die Vorgaben des Art. 88 Abs. 2 DS-GVO erfüllen. § 26 Abs. 7 BDSG nF erweitert wie bisher den Arbeitnehmerdatenschutz auch auf **Papierakten unabhängig** davon, ob der Anwendungsbereich des Bundesdatenschutzgesetzes im Übrigen vorliegt. Die Vorschrift ist so zu verstehen, dass sie auch dann zu Anwendung kommt, wenn § 1 Abs. 1 S. 2 BDSG nF nicht erfüllt ist. Insofern hat sich keine Änderung zum alten Recht ergeben. § 26 Abs. 8 BDSG nF **definiert** den Begriff der **Beschäftigten**. Beamtinnen und Beamte sowie Richterinnen und Richter und Soldatinnen und Soldaten werden ebenfalls unter § 26 BDSG nF gefasst. Enthalten die Beamtenrechtsvorschriften des Bundes und der Länder besondere Vorschriften zum Personalaktenwesen dürften diese Vorschriften als spezifische Vorschriften gegenüber § 26 BDSG nF zu verstehen sein und auch von der Öffnungsklausel des Art. 88 DS-GVO erfasst werden.

1345   § 26 BDSG nF hält sich auf den ersten Blick **innerhalb** der **Öffnungsklausel** des Art. 88 DS-GVO. Die Regelungsgegenstände, die dort niedergelegt sind, sind als Fragen des „Beschäftigungskontexts" iSv Art. 88 DS-GVO zu verstehen. Die Konkretisierung der Einwilligung ist sinnvoll und thematisch von Art. 88 DS-GVO erfasst. Die ausdrückliche Weitergabe der Regelungsbefugnis an die Kollektivvertragsparteien ist naheliegend.

V. Wissenschaftliche und historische Forschung, Archive und Statistik

1. Grundgedanke

1346   Die DS-GVO räumt an einer Vielzahl von Stellen der Verarbeitung zu Archivzwecken, für die wissenschaftliche und historische Forschung sowie für Zwecke der Statistik eine bevorzugte Stellung ein. So ist die Zweckbindung gelockert (Art. 5 Abs. 1 lit. b 2. Hs. DS-GVO), ebenso der Grundsatz der begrenzten Speicherdauer (Art. 5 Abs. 1 lit. e DS-GVO). Ferner erlaubt Art. 9 Abs. 2 lit. j DS-GVO die Verarbeitung besonderer Kategorien von Daten. Auch von der Informationspflicht (Art. 14 Abs. 5 lit. b DS-GVO), dem Löschungsrecht (Art. 17 Abs. 3 lit. b DS-GVO) und dem Widerspruchsrecht (Art. 21 Abs. 6 DS-GVO) sind Ausnahmen vorgesehen; von den übrigen Betroffenenrechten erlaubt Art. 89 Abs. 2 und 3 DS-GVO Ausnahmen im nationalen Recht. Diese Privilegierungen und Ausnahmen gelten aber nur, wenn keine anderen Zwecke mit der Datenverarbeitung verfolgt werden (Art. 89 Abs. 4 DS-GVO). Hierdurch soll eine „Flucht in die Privilegierung" ausgeschlossen werden, indem etwa Forschungsvorhaben mit anderen Zwecken verbunden werden.[1510] Zum Ausgleich dieser Privilegierungen legt Art. 89 Abs. 1 DS-GVO Mindeststandards für die Verarbeitung fest (→ Rn. 1352 ff.).

Der Hintergrund dieser Privilegierung ist, dass die Verarbeitung für archiva- **1347** rische oder wissenschaftliche Zwecke nicht nur den Interessen des Verantwortlichen dient, sondern zugleich auch der Gesellschaft insgesamt (vgl. ErwGr 113 S. 4 DS-GVO). Im Falle der Forschung kann sich der Verantwortliche zudem auf die Forschungsfreiheit (Art. 13 S. 1 GRC) berufen. Bei einer Verarbeitung zu statistischen Zwecken sind zudem die Gefährdungen für den Einzelnen relativ gering, weil am Ende aggregierte Daten als Ergebnis stehen müssen (→ Rn. 1350 f.).

2. Definitionen

a) Archive. Was die Verarbeitung für „Archivzwecke" umfasst, definiert **1348** die DS-GVO nicht. ErwGr 158 S. 4 nennt lediglich beispielhaft die eindeutigen Fälle der Archive zur Aufarbeitung des Unrechts von totalitären Regimen (z.B. Stasi-Akten-Archiv) und von Völkermord. Aus der Verpflichtung der Mitgliedstaaten nach ErwGr 158 S. 2, „**Aufzeichnungen von bleibendem Wert für das allgemeine öffentliche Interesse**" zu erwerben, zu erhalten und bereitzustellen, lässt sich jedoch schließen, dass dies der Gegenstand von Archiven iSd DS-GVO sein soll. Allerdings privilegiert die DS-GVO nur die Verarbeitung für Archivzwecke, die **im öffentlichen Interesse** liegen. Es ist nicht eindeutig, ob dies eine öffentliche Anerkennung als Archiv voraussetzt oder nur den Gegenstand des Archivs betrifft. Relevant wird diese Abgrenzung bei der Frage, ob Firmenarchive, Archive politischer Stiftungen oder Internet-Archive sich auf diese Privilegierung berufen können. Derartige Archive fallen auch nicht unter die Archivgesetze, sondern verarbeiten personenbezogene Daten auf allgemeiner datenschutzrechtlicher Grundlage.

b) Wissenschaftliche und historische Forschung. Der Gegenstand der **1349** Forschung ist nach ErwGr 159 S. 2 DS-GVO weit auszulegen. Erfasst wird hiervon **jede Art von Forschung**, unabhängig von ihrer Finanzierung, auch die private Forschung. Im Bereich der historischen Forschung, wir klargestellt, dass hiervon auch die Genealogie erfasst wird (Art. 160 DS-GVO). Im Übrigen ist die DS-GVO vor allem für die zeitgeschichtliche Forschung relevant, da sie keine Verstorbenen schützt, sondern nur lebende natürliche Personen.

c) Statistik. Was Statistik ist, definiert die DS-VO bedauerlicherweise **1350** nicht. Sie gibt aber Anhaltspunkte: Entscheidender Ansatzpunkt ist der Begriff der „statistischen Ergebnisse", denn Statistik ist alles, was ihrer Erstellung dient (ErwGr 162 S. 3 DS-GVO). Statistische Ergebnisse zeichnen sich dadurch aus, dass sie keine personenbezogenen Daten mehr enthalten, sondern **aggregierte Daten** sind. Dies entspricht dem traditionellen Verständnis von Statistik: Die Risiken für das Persönlichkeitsrecht des Einzelnen sind gering, weil die Verarbeitung personenbezogener Daten nur eine notwendige Zwischenstufe ist und weil die Person des Einzelnen für den Zweck keine Rolle spielt; im Rahmen der Statistik tritt das Interesse am Einzelnen hinter dem

---

[1510] *Pauly* in Paal/Pauly DS-GVO Art. 89 Rn. 18.

„Gesetz der großen Zahl" zurück. Diesem Gedanken folgend engt auch ErwGr 162 S. 5 DS-GVO den Anwendungsbereich der Statistik noch weiter ein, indem klargestellt wird, dass diese „Ergebnisse oder personenbezogenen Daten **nicht für Maßnahmen oder Entscheidungen gegenüber Einzelnen** Personen genutzt werden dürfen".

1351 Auch wenn die DS-GVO daher den Begriff „statistische Zwecke" verwendet, wird damit eigentlich kein konkreter Zweck im Sinne eines Verwendungskontextes oder eines zugrundeliegenden Interesses beschrieben, sondern mehr eine Verarbeitungsmethode. Da die **öffentliche Statistik** eindeutig unter diese Ausnahme fällt (vgl. ErwGr 163 DS-GVO), stellt sich vor allem die Frage, ob auch die Verarbeitung für die **kommerzielle Statistik** privilegiert ist. Anders als im Fall von Archiven muss die Verarbeitung nicht im öffentlichen Interesse erfolgen. Eine Verarbeitung für private Zwecke ist damit nicht offensichtlich ausgeschlossen.[1511] Allerdings erlegt die Einschränkung, dass diese Ergebnisse für keine Maßnahmen oder Entscheidungen gegenüber einer Person verwendet werden dürfen, dem Einsatz der Statistik für wirtschaftliche Zwecke Grenzen auf. So scheidet ein Einsatz im Zusammenhang mit Scoring, Profiling oder gar automatisierten Einzelfallentscheidungen iSv Art. 22 Abs. 1 DS-GVO aus.[1512] Ebenfalls ausgeschlossen erscheinen andere Verwendungen, mit denen versucht wird, auf den Betroffenen Einfluss zu nehmen, zB personalisierte Preise, individualisierte Werbung oder Vorhersagen über das Verhalten von Kunden. So könnte ein Unternehmen statistisch auswerten, wie hoch der Anteil ihrer Kunden ist, die zu einem Wechsel zur Konkurrenz tendieren, nicht aber, welche Kunden eine hohe Wechselneigung aufweisen.[1513] Ist damit auch „Big Data" Statistik? Big Data ist ein unscharfer Begriff, der ein Phänomen beschreibt, so dass eine pauschale Einordnung ausscheidet.[1514]

Beispiel: Wird aufgrund der Auswertung von Suchanfragen einer Internetsuchmaschine die Entwicklung einer Grippewelle nachvollzogen, spricht viel für eine Statistik. Werden durch eine Big Data-Analyse Rückschlüsse auf eine Person gezogen, fällt dies nicht mehr unter Statistik.

3. Anforderungen an die Datenverarbeitung

1352 Art. 5 Abs. 1 lit. b 2. Hs. DS-GVO fingiert, dass die Weiterverarbeitung für Archivzwecke sowie für die historische und wissenschaftliche Forschung sowie Zwecke der Statistik immer mit dem Erhebungszweck vereinbar ist. Diese Privilegierung erleichtert erheblich die **Zusammenführung von Datenbeständen**, weniger die Erhebung zusätzlicher personenbezogener Da-

[1511] Für eine Anwendung auf private Statistik *Mayer-Schönberger/Padova* XVII Colum. Sci. & Tech.L. Rev. 315, 326 f. (2016).
[1512] *Buchner* DuD 2016, 155 (157); Richter DuD 2016, 581 (585).
[1513] Beispiel bei *Mayer-Schönberger/Padova* XVII Colum.Sci. & Tech.L. Rev. 315, 323 (2016).
[1514] Vgl. auch *Mayer-Schönberger/Padova* XVII Colum.Sci. & Tech.L. Rev. 315, 329 (2016) („significant part of what Big Data is all about"); *Spindler* GRUR 2016, 1112 (1117); vorsichtig bis skeptisch Buchner DuD 2016, 155 (157); *Richter* DuD 2016, 581 (583 ff.); *Schantz* NJW 2016, 1841 (1842).

ten.[1515] Geht man – wie die wohl hM – davon aus, dass keine weitere Rechtsgrundlage erforderlich ist, bedeutet dies: Die Verarbeitung von Daten, die irgendeine Stelle einmal rechtmäßig für einen beliebigen Zweck erhoben hat, ist für diese privilegierten Zwecke ohne weitere Voraussetzungen zulässig ist. Bei dieser sehr schematischen Betrachtung bleiben die Interessen und Vertraulichkeitserwartungen des Betroffenen außen vor, was im Hinblick auf Art. 7 und 8 GRC sehr problematisch ist.[1516] Art. 5 Abs. 1 lit. b 2. Hs. und ErwGr 50 S. 2 DS-GVO müssen daher eng auslegt werden (hierzu ausführlich → Rn. 413).[1517]

Die Datenverarbeitung zu den in Art. 89 DS-GVO genannten Zwecken **1353** muss insbesondere als Kompensation für die Lockerung der Zweckbindung bestimmte **Mindestanforderungen** erfüllen, die Art. 89 Abs. 1 DS-GVO festlegt.[1518] Der Verantwortliche muss eine dreistufige Prüfung durchführen: Er muss zunächst prüfen,

(1.) ob er seinen Zweck auch ohne personenbezogene Daten, dh mit anonymisierten Daten, erreichen kann (Art. 89 Abs. 1 S. 4 DS-GVO) oder,

(2.) wenn nicht, mit pseudonymisierten Daten (Art. 89 Abs. 1 S. 3 DS-GVO).

(3.) Ist auch dies nicht möglich, müssen die Rechte der Betroffenen durch geeignete Garantien sichergestellt sein.[1519] Diese müssen insbesondere den Grundsatz der Datenminimierung gewährleisten (ErwGr 156 S. 2 DS-GVO). Denkbar sind aber vor allem Garantien, welche die weitere Verarbeitung betreffen (zB Verschlüsselung, Zugangsbeschränkungen, Verschwiegenheitsverpflichtungen, Weitergabeverbote, Verfahrensregelungen).

Nach Art. 89 Abs. 1 DS-GVO muss der Verantwortliche selbst die geeigne **1354** ten Garantien vorsehen; ErwGr 156 S. 4 DS-GVO verpflichtet jedoch auch die Mitgliedstaaten zum Erlass entsprechender gesetzlicher Regelungen – ein gewisser Widerspruch; der deutsche Gesetzgeber hat ihn so aufgelöst, dass er in § 27 Abs. 3 BDSG nF eine an Art. 89 Abs. 1 DS-GVO angelehnte Garantie gestützt auf Art. 9 Abs. 2 lit. j DS-GVO für sensible Daten eingeführt hat. Es wäre zu begrüßen gewesen, wenn der Unionsgesetzgeber nicht nur umfangreiche Privilegierungen geschaffen hätte, sondern auch die kompensatorischen Regelungen selbst eindeutig festgelegt hätte;[1520] erste Ansatzpunkte hätten die Regelungen des BStatG bieten können.[1521]

Nach § 27 Abs. 4 BDSG nF (bisher § 40 Abs. 3 BDSG aF) dürfen perso **1355** nenbezogene Daten, die für Forschungszwecke verarbeitet werden, nur in zwei Fällen veröffentlicht werden: Entweder muss der Betroffene einwilligen oder die Veröffentlichung personenbezogener Daten muss erforderlich sein,

---

[1515] *Pauly* in Paal/Pauly DS-GVO Art. 89 Rn. 4; *Molnár-Gábor/Korbel* ZD 2016, 274 (277).

[1516] *Schantz* NJW 2016, 1841 (1844); aA *Ziegenhorn/v. Heckel* NVwZ 2016, 1585 (1590), die übersehen, dass es nicht um einen logischen Schluss, sondern um eine Frage der Stimmigkeit des Systems geht.

[1517] *Buchner* DuD 2016, 155 (157); *Ziegenhorn/v. Heckel* NVwZ 2016, 1585 (1589).

[1518] *Pauly* in Paal/Pauly DS-GVO Art. 89 Rn. 10; *Spindler* GRUR 2016, 1112 (1117); *Ziegenhorn/v. Heckel* NVwZ 2016, 1585 (1590).

[1519] *Pauly* in Paal/Pauly DS-GVO Art. 89 Rn. 12.

[1520] Ähnliche Kritik bei *Dammann* ZD 2016, 307 (310).

[1521] *Richter* DuD 2016, 581 (586).

um Ergebnisse der zeitgeschichtlichen Forschung darzustellen. Hintergrund der Beschränkung auf die zeitgeschichtliche Forschung ist, dass die Personen, die Gegenstand sonstiger historischer Forschung sind, in der Regel schon verstorben sind.[1522] Die Regelung ist nur als zusätzliche Garantie zu verstehen; die Veröffentlichung von personenbezogenen Daten im Rahmen zeitgeschichtlicher Forschung muss daher zusätzlich die allgemeinen Anforderungen an die Verarbeitung erfüllen. Im Rahmen der Interessenabwägung des Art. 6 Abs. 1 UAbs. 1 lit. f DS-GVO fließt dabei ein, dass die Daten sich auf eine Person von zeitgeschichtlichem Interesse beziehen und dementsprechend nicht nur ein wissenschaftliches Interesse, sondern häufig auch ein Informationsinteresse der Öffentlichkeit besteht.

4. Ausnahmen von den Betroffenenrechten

1356   Art. 89 Abs. 2 und 3 DS-GVO erlauben es den EU sowie den Mitgliedstaaten, gesetzliche Ausnahmen von den Betroffenenrechten einzuführen. Dies ist zulässig, soweit die Erfüllung der Betroffenenrechte die Verwirklichung der privilegierten Zwecke unmöglich oder ernsthaft beeinträchtigen würde und eine Ausnahme zur Erfüllung dieser Zwecke notwendig ist. Dies ist im Vergleich zu Art. 23 DS-GVO eine relativ hohe Hürde und scheint auf den ersten Blick der „Privilegierung" der Verarbeitung für diese Zwecke zu widersprechen. Allerdings handelt es sich auch hierbei um eine Kompensation für die Lockerung anderer Pflichten zugunsten dieser Zwecke.

1357   Der deutsche Gesetzgeber hat von der Ausnahme des Art. 89 Abs. 2 DS-GVO in § 27 Abs. 2 S. 1 BDSG nF zugunsten der Statistik sowie der historischen und wissenschaftlichen Forschung sehr weitgehend ohne weitere Differenzierung Gebrauch gemacht. Darüber hinausgehend soll das Auskunftsrecht im Fall wissenschaftlicher Forschung ausgeschlossen sein, wenn die Auskunftserteilung einen unverhältnismäßigen Aufwand erfordern würde (§ 27 Abs. 2 S. 2 BDSG nF). Für diese Ausnahme gibt es in Art. 89 Abs. 2 DS-GVO keine Grundlage. Auch das Argument, wissenschaftliche Zwecke seien durch die DS-GVO privilegiert, so dass auch über Art. 89 Abs. 2 DS-GVO hinaus Ausnahmen von den Betroffenenrechten möglich sein müssen,[1523] ignoriert den kompensatorischen Charakter der Betroffenenrechte und würde die Spezialregelung in Art. 89 Abs. 2 DS-GVO unterlaufen.

1358   Vergleicht man Art. 89 Abs. 3 mit Abs. 2 DS-GVO, fällt auf, dass die Möglichkeit für Ausnahmen zugunsten von **Archiven** sogar noch etwas weitergehen. Sie erlaubt auch Ausnahmen von der Informationspflicht bei Berichtigungen und Löschungen sowie vom Recht auf Datenportabilität (Art. 19, 20 DS-GVO). Gleichwohl ist der nationale Gesetzgeber in § 28 BDSG nF im Vergleich zu den Ausnahmen für Statistik und Forschung etwas zurückhaltender gewesen:

1359   So wird das Recht auf Auskunft ausgeschlossen, soweit das Archivgut noch nicht erschlossen ist oder keine Angaben gemacht werden, die das Auffinden des Archivguts mit vertretbaren Aufwand ermöglichen (§ 28 Abs. 2 BDSG

[1522] *Simitis* in Simitis BDSG aF § 40 Rn. 81.
[1523] BT-Drs. 18/11325, S. 102.

nF). Hierdurch wird dem Umstand Rechnung getragen, dass es kaum möglich ist, jeweils das gesamte Archiv nach personenbezogenen Daten zu durchsuchen, und zwar schon gar nicht, wenn es sich um Archivgut handelt, dass noch gar in das Archiv aufgenommen ist.

An die Stelle einer Berichtigung tritt das Recht der betroffenen Person den **1360** Unterlagen im Archiv eine Gegendarstellung beizufügen (§ 28 Abs. 3 BDSG nF). Diese Lösung räumt einerseits der betroffenen Person die Möglichkeit ein, die Richtigkeit einer Information zu bestreiten, ohne aber andererseits die historische Integrität des Archivgutes zu beeinträchtigen. Mit der Funktionslogik von Archiven wäre es unvereinbar, wenn historische Dokumente inhaltlich verändert werden würden.

Eingeschränkt sind aufgrund dieser Überlegungen gemäß § 28 Abs. 4 **1361** BDSG nF auch das Recht auf Einschränkung der Verarbeitung, das Recht auf Datenportabilität und das Widerspruchsrecht (das Löschungsrecht ist bereits nach Art. 17 Abs. 3 lit. d DS-GVO ausgeschlossen). Voraussetzung ist zwar, dass die Erfüllung des Rechts auch im konkreten Einzelfall die Erfüllung der Archivzwecke unmöglich machen oder erheblich beeinträchtigen muss und die Einschränkung der Betroffenenrechte erforderlich sein muss. Das Widerspruchsrecht und das Recht auf Einschränkung der Verarbeitung kollidieren mit dem Zweck von Archiven – der unbeeinträchtigten Aufbewahrung historischer Informationen – und dürften daher idR eingeschränkt sein. Das Recht auf Datenportabilität dürfte ohnehin nur in dem höchst seltenen Fall anwendbar sein, dass die betroffene Person ihre Daten selbst dem Archiv zur Verfügung gestellt hat.

VI. Berufsgeheimnisträger

1. Verhältnis zwischen Datenschutzrecht und beruflichen Geheimhaltungspflichten

Neben dem Datenschutzrecht gibt es verschiedenste standesrechtliche und **1362** strafrechtliche Regelungen (zB § 43a Abs. 2 BRAO; § 203 StGB), welche die Verschwiegenheit von Berufsgeheimnisträgern regeln. Zu diesen Berufsgeheimnisträgern gehören etwa Rechtsanwälte, Ärzte, psychologische Psychotherapeuten, Steuerberater oder Wirtschaftsprüfer. Der Anwendungsbereich der Regelungen über Berufsgeheimnisse überschneidet sich mit der DS-GVO. Auch Berufsgeheimnisse schützen die Vertraulichkeit von Informationen und die Kontrolle hierüber. Der Schutz erfasst aber nicht nur personenbezogene Daten, sondern alle Informationen, die etwa ein Mandant oder Patient dem Berufsgeheimnisträger anvertraut. Dies sind häufig nicht nur Informationen über sich selbst, sondern auch über Dritte. Vielfach weisen sie gar keinen Personenbezug auf (zB Betriebsgeheimnisse). Geschützt werden darüber hinaus auch juristische Personen und sogar Verstorbene. Die DS-GVO geht an verschiedenen Stellen daher davon aus, dass auch neben der DS-GVO Berufsgeheimnisse existieren und sogar einen besonderen Schutz bieten (vgl Art. 9 Abs. 2 lit. i und Abs. 3; Art. 14 Abs. 5 lit. d; Art. 90 Abs. 1 DS-GVO). Dementsprechend stellt auch § 1 Abs. 2 S. 2 BDSG nF noch einmal klar, dass die datenschutzrechtlichen Regelungen den Schutz des Berufsgeheimnisses unangetastet lassen.

2. Befugnisse der Datenschutzaufsichtsbehörden

1363   Aus Sicht des Datenschutzrechts gibt es im Zusammenhang mit dem Berufsgeheimnis zwei Problemkreise: Der erste Problemkreis betrifft die Befugnisse der Datenschutzaufsichtsbehörden.[1524] Diese können ohne Anlass beispielsweise eine Kanzlei aufsuchen und Einsicht in die Verwaltung der Mandantenakten nehmen. Hierbei ist es nicht ausgeschlossen, dass sie Kenntnis von mandatsbezogenen Informationen erlangen, die dem Berufsgeheimnis unterliegen. Art. 90 Abs. 1 S. 1 DS-GVO erlaubt daher den Mitgliedstaaten, Ausnahmen von der Befugnis der Datenschutzaufsichtsbehörden, Zugang zu allen notwendigen Informationen zu erlangen und sowie zu den Geschäftsräumen des Betroffenen zu erlangen (Art. 58 Abs. 1 lit. e und f DS-GVO), vorzusehen, soweit dies zum Schutz des Berufsgeheimnisses erforderlich und verhältnismäßig ist. Art. 90 Abs. 1 S. 2 DS-GVO dehnt diese Ausnahme auf Auftragsverarbeiter aus.

1364   Erforderlich ist eine solche Ausnahme nur, soweit die Datenschutzaufsichtsbehörde Kenntnis von Informationen nehmen könnte, die dem Berufsgeheimnis unterliegen.[1525] Dementsprechend beschränkt § 29 Abs. 3 S. 1 BDSG nF die Befugnisse der Datenschutzaufsichtsbehörden insoweit, wie es sonst zu einem Verstoß gegen § 203 Abs. 1, 2a und 3 StGB kommen würde. Der Kreis der geschützten Personen ist dabei sehr weit gezogen und umfasst zB auch Versicherungen und ärztliche Verrechnungsstellen (§ 203 Abs. 1 Nr. 6 StGB). Erlangt eine Datenschutzaufsichtsbehörde im Rahmen ihrer Tätigkeit zufällig trotzdem Kenntnis von Informationen, die einer solchen Geheimhaltungspflicht unterliegen, werden auch sie zu Geheimhaltungsverpflichteten (§ 29 Abs. 3 S. 2 BDSG nF). Damit ist insbesondere ausgeschlossen, dass die Aufsichtsbehörden derartige Zufallsfunde an andere Behörden weitergeben müssen. So enthält § 13 Abs. 4 S. 5 BDSG nF etwa eine Pflicht zur Weitergabe von Informationen an die Finanzbehörden; § 29 Abs. 3 S. 2 BDSG nF schließt diese Pflicht als speziellere Regelung aus, soweit die Informationen einem Berufsgeheimnis unterliegen.

3. Einschränkung der Betroffenenrechte

1365   Ferner stehen die Betroffenenrechte Dritter in einem Spannungsverhältnis zur Vertraulichkeit der Beziehung zwischen Berufsgeheimnisträger und seinem Auftraggeber. Art. 14 Abs. 5 lit. d DS-GVO erkennt dies im Falle der Informationspflicht, sieht aber keine entsprechenden Ausnahmen von dem Auskunftsrecht (so aber noch Art. 15 Abs. 2c EP-E) und der Informationspflicht nach Art. 19 S. 2 DS-GVO vor. Derartige Ausnahmen sind gestützt auf Art. 23 Abs. 1 lit. i DS-GVO in § 29 Abs. 1 und 2 BDSG nF eingeführt worden.

1366   § 29 Abs. 1 S. 1 BDSG nF erweitert zunächst die Ausnahme von der Informationspflicht nach Art. 14 Abs. 5 lit. d DS-GVO über den Kreis der Berufs-

---

[1524] Zum bisherigen Recht KG NJW 2011, 324 (325).
[1525] *Spindler* DB 2016, 937 (939); kritisch *Dammann* ZD 2016, 307 (310) („Achillesferse").

geheimnisträger hinaus auf sämtliche Fälle, in denen durch die Erfüllung der Auskunftspflicht „Informationen offenbart würden, die ihrem Wesen nach, insbesondere wegen der überwiegenden Interessen eines Dritten, geheim gehalten werden müssen" (so schon § 33 Abs. 2 S. 1 Nr. 3 BDSG aF). Erfasst werden damit **auch vertragliche Verschwiegenheitspflichten**, die gerade nicht auf einer Rechtsvorschrift beruhen. § 29 Abs. 1 S. 2 BDSG nF schließt die oben dargestellte Lücke und führt eine umfassende Ausnahme vom Auskunftsrecht entsprechend § 34 Abs. 7 iVm § 33 Abs. 2 S. 1 Nr. 3 BDSG aF ein, die sowohl die gesetzlichen und satzungsmäßigen beruflichen Verschwiegenheitspflichten schützt als auch Fälle, in denen Informationen ihrem Wesen nach geheim gehalten werden müssen. Auch von der Pflicht, die betroffenen Personen über „Datenpannen" nach Art. 33 Abs. 1 DS-GVO zu informieren, ist eine Ausnahme vorgesehen (§ 29 Abs. 1 S. 3 BDSG nF), allerdings mit einer Rückausnahme: Die betroffenen Personen sind trotz der Verschwiegenheitspflichten zu informieren, wenn ihre Interessen, insbesondere wegen drohender Schäden, die Geheimhaltungsinteressen überwiegt.

Beispiel: Verliert ein Geheimhaltungsverpflichteter Passwörter, Kreditkarteninformationen der betroffenen Person oder ähnlich sensible Informationen, kann es angezeigt sein, die betroffene Person zu informieren, damit sie Maßnahmen zur Schadensvermeidung treffen kann (zB Änderung des Passworts).

Schließlich wäre die Vertraulichkeit des Informationsflusses zwischen Geheimhaltungsverpflichtetem und Geheimnisherr (zB zwischen Rechtsanwalt und Mandant) gefährdet, wenn die betroffene Person darüber zu informieren wäre. Eine solche Informationspflicht kann sich aus Art. 13 Abs. 3 DS-GVO ergeben, wenn die Daten von der betroffenen Person ursprünglich für einen anderen Zweck erhoben worden sind. § 29 Abs. 2 BDSG nF sieht daher von der Informationspflicht nach Art. 13 Abs. 3 DS-GVO eine Ausnahme vor, soweit nicht das Informationsinteresse des Betroffenen überwiegt; dies dürfte jedoch in der Regel nicht der Fall sein, weil es einem Verantwortlichen kaum verwehrt werden kann, vertraulich den Rat eines Berufsgeheimnisträgers einzuholen. **1367**

VII. Kirchen

1. Allgemein

Die Sonderregelung für die **Kirchen** in Art. 91 DS-GVO ist die **schwächste** Norm unter den besonderen Verarbeitungssituationen. Gemäß Art. 91 DS-GVO dürfen Kirchen oder religiöse Vereinigungen oder Gemeinschaften Regeln weiter anwenden, sofern diese erstens mit der DS-GVO in Einklang gebracht werden und zweitens sofern umfassende Regelungen zum Schutz natürlicher Personen zum Zeitpunkt des Inkrafttretens der DS-GVO angewendet werden.[1526] Der Sache nach vermittelt Art. 91 Abs. 1 DS-GVO daher einen Bestandsschutz. Der Zeitpunkt des Inkrafttretens war gem. Art. 99 Abs. 1 DS-GVO im Mai 2016. Diese Voraussetzung wurde daher entweder schon erfüllt **1368**

[1526] S. dazu *Dammann* ZD 2016, 307 (311).

oder die Chance ist dahin. Art. 91 DS-GVO bietet daher nur einen **Bestandsschutz**. Diese Organisationen unterliegen gemäß Art. 91 Abs. 2 DS-GVO der Aufsicht durch eine unabhängige Aufsichtsbehörde, die besonderer Art sein kann, allerdings die in Kapitel VI niedergelegten Bedingungen erfüllen muss.

2. Bisherige Rechtslage in Deutschland

1369   Eine Sonderregelung für das Datenschutzrecht der Kirchen gab es bisher in der **Datenschutzrichtlinie nicht** und auch nicht im BDSG aF. Art. 91 DS-GVO **verlangt** kein Sonderrecht der Kirchen, sondern **lässt** es nur **zu**. In **Deutschland** gibt es die Auffassung, das kirchliche Selbstverwaltungsrecht gemäß Art. 140 GG iVm Art. 137 Abs. 3 WRV gewährleiste kirchliches Selbstbestimmungsrecht und gestatte auch den Erlass eigener Datenschutzregelungen. Die evangelische und die römisch-katholische Kirche haben eigene Datenschutzgesetze. Nach einer starken Ansicht sollen diese Gesetze die Anwendbarkeit des staatlichen Datenschutzrechts verdrängen.[1527] Zutreffend dürfte demgegenüber die Auffassung sein, dass das kirchliche Selbstbestimmungsrecht nicht die Verdrängung des staatlichen Datenschutzrechtes rechtfertigt, weil es keine eigenen Angelegenheiten regelt. Selbst wenn es sich um eine kirchliche Selbstverwaltungsaufgabe handeln würde, wäre das BDSG aF als ein allgemein anwendbares Gesetz vorrangig. Nun ist die Frage durch Art. 91 DS-GVO für die Zukunft geklärt. Art. 91 DS-GVO gestattet den Kirchen ein Sonderregime, sofern sie ein solches bisher hatten und sie dieses der Verordnung anpassen.[1528] Kirchen sind die Religionsgemeinschaften, die auf europäischem Boden traditionell bestehen. Religiöse Gemeinschaften sind solche Zusammenschlüsse von Personen mit religiösen Motiven.

3. Der Tatbestand des Art. 91 DS-GVO

1370   **a) Umfassende Regelung.** Die Privilegierung des Art. 91 DS-GVO gilt unter zwei Voraussetzungen. Das gegenwärtige Recht **muss umfassende** Regelungen enthalten. Damit ist gemeint, dass die Gesamtheit der Regelung **einen in sich geschlossenen Charakter aufweisen** muss. Umfassend ist aber wohl **nicht** iSv **abschließend** gemeint. Mit Art. 91 DS-GVO wären wohl auch Regelwerke zu vereinbaren, die einzelne Lücken enthalten, bei denen dann die Verordnung ergänzend hinzutritt.[1529]

1371   **b) Anpassung an die DS-GVO.** Weiter müssen diese Regeln mit der Verordnung im Einklang sein. Sie dürfen nicht über den Rahmen hinweggehen, den die Verordnung setzt. Es muss ein **kohärentes Datenschutzsystem** begründet werden. Der Sache nach handelt es sich gewissermaßen um den Raum, den auch Verarbeitungsregeln einnehmen können. Das umfassende Regelwerk der Kirchen darf allerdings, anders als staatliche Regeln, auch in größerem Umfang die Verordnung wiederholen. Die Kirchen sind daher berech-

---

[1527] Vgl. *Preuß* ZD 2015, 217 (220 ff. m.w.N.); vgl. *Pauly* in Paal/Pauly DS-GVO Art. 91 Rn. 9.

[1528] Vgl. *Pauly* in Paal/Pauly DS-GVO Art. 91 Rn. 17.

[1529] In diese Richtung auch *Pauly* in Paal/Pauly DS-GVO Art. 91 Rn. 22.

tigt, ihr Regelwerk zu ändern und es anzupassen. Wollen sie auf das Privileg des Art. 91 DS-GVO zurückgreifen, müssen sie alle entgegenstehenden Normen aufheben. **Die Änderungen** müssen das Ziel haben, das umfassende Regelwerk **anzupassen**. Nicht möglich ist es, ein nicht hinreichend umfassendes Regelwerk durch Änderungen umfassend zu machen. Das Änderungsrecht setzt das Eingreifen des Bestandschutzes voraus.

c) Aufsichtsbehörde. Die Kirchen unterliegen gem. Art. 91 Abs. 2 DS- **1372** GVO der Aufsicht durch eine **Aufsichtsbehörde**. Sie kann eine **eigene Aufsichtsbehörde** sein, muss aber die Kriterien des Kapitels 4 genügen. Es kann daher keine Instanz sein, die innerhalb der Kirche Weisungen der Kirche unterliegt. Man wird auch verlangen müssen, dass es eine Aufsichtsbehörde des Staates und nicht der Kirchenorganisation selbst ist. Die Literatur spricht zu recht von einer unlösbaren Aufgabe.[1530]

VIII. Datenverarbeitung der Gerichte

Die Datenerarbeitung von **Gerichten** unterfällt der Verordnung. Die Ver- **1373** ordnung sieht aber für die richterliche Tätigkeit eine Reihe von Ausnahmevorschriften vor. So gelten gemäß **Art. 9 Abs. 2 lit. f DS-GVO** die Vorgaben über die besonderen Kategorien nicht für Datenverarbeitung im Rahmen der Rechtsprechung, gleiches gilt für die Pflicht einen Datenschutzbeauftragten zu benennen (Art. 37 Abs. 1 lit. a DS-GVO). Die Zuständigkeit der Aufsichtsbehörden erstreckt sich nicht auf die justizielle Tätigkeit gemäß **Art. 55 Abs. 3 DS-GVO**; mit Blick auf Art. 8 Abs. 3 GRC ist diese Ausnahme eng auszulegen, so dass sie nur die richterliche Entscheidungsfindung von der Aufsicht ausschließt, nicht aber zB die Aktenführung der Gerichte. Selbst in diesen Ausnahmebereichen soll an die Stelle der Aufsicht eine gerichtsinterne Aufsicht treten (ErwGr 20 S. 3 DS-GVO).

Aus dem Umstand, dass die Aufsichtsbehörden für die Datenverarbeitung **1374** im Rahmen der richterlichen Tätigkeit nicht zuständig sind, folgt aber nicht, dass das materielle Datenschutzrecht bei richterlichen Tätigkeiten nicht relevant wird. Die Gerichte müssen die **Vorgaben** der DS-GVO **vollständig** beachten. Im Rahmen des Beweiserhebungsrechtes und im Bereich der Urteilsbegründung können in erheblicher Weise personenbezogene Rechte Dritter und auch der Beteiligten beeinträchtigt werden. Es obliegt daher den Gerichten selbst, das Datenschutzrecht verantwortungsvoll anzuwenden. Rechtsschutz gegen eine datenschutzwidrige Handhabung der Gerichte ist wegen der richterlichen Unabhängigkeit schwer durchzusetzen. Rein rechtlich muss es aber möglich sein, auch Rechtsschutz gegen den Richter einzuholen, sofern dadurch die richterliche Tätigkeit selbst nicht beeinträchtigt wird.

[1530] *Dammann* ZD 2016, 307 (311).

IX. Sonstige Bereiche außerhalb des Art. 16 AEUV

1375 Wie oben dargelegt, geht das Unionsrecht zwingend davon aus, dass es Datenverarbeitungen der Mitgliedsstaaten gibt, die **außerhalb des Anwendungsbereiches der DS-GVO** und der Richtlinie liegen. Der BDSG nF nimmt diesen Bereich in zweifacher Hinsicht auf. Zum einen schafft es im ersten Teil Normen, die für alle drei Bereiche gleichermaßen gelten und darüber hinaus schafft es im Teil 4, der aus einer einzigen Vorschrift besteht, eine Vorschrift, die nur für den Bereich außerhalb des Unionsrechts gilt. Dieser Teil ist spät in das Gesetz eingefügt worden. Der Referentenentwurf von November 2016 hatte die Vorschrift noch nicht vorgesehen. Sie ist systematisch vom Ausgangspunkt her überzeugend. Schöner wäre es, wenn die allgemeine Verweisungsnorm für den rein nationalen Bereich (§ 1 Abs. 8 BDSG nF) auch hier verankert worden wäre.

1376 § 85 BDSG nF enthält drei **selbständige Regelungen**. § 85 Abs. 1 BDSG nF betrifft die Übermittlung an Drittstaaten.[1531] Die Rechtsgrundlage für die Verarbeitung selbst in diesem Bereich richtet sich nach § 3 BDSG nF bzw. spezialgesetzlichen Grundlagen. § 85 Abs. 1 BDSG nF betrifft nur die Übermittlung. Diese ist dann zulässig, wenn sie zur Erfüllung eigener Aufgaben aus zwingenden Gründen der Verteidigung oder zur Erfüllung über- oder zwischenstaatlicher Verpflichtungen einer öffentlichen Stelle des Bundes auf dem Gebiet der Krisenbewältigung oder Konfliktverhinderung oder für humanitäre Maßnahmen erforderlich ist. Der Empfänger ist darauf hinzuweisen, dass die übermittelten Daten nur zu dem Zweck verwendet werden dürfen, zu dem sie übermittelt wurden.

1377 § 85 Abs. 2 BDSG nF befreit unter bestimmten Bedingungen den **Geschäftsbereich** des **Bundesministeriums des Inneren** von der Kontrolle der Bundesbeauftragten. Für das Bundesamt für Verfassungsschutz, den Bundesnachrichtendienst und den Militärischen Abschirmdienst sind vergleichbare bereichsspezifische Regelungen in den jeweiligen Spezialgesetzen aufgenommen.[1532]

1378 Gemäß § 85 Abs. 3 BDSG nF wird das Informationsrecht aus Art. 13 DS-GVO, sofern es sich als Reflex auch auf weitere Bereiche erstrecken kann, eingeschränkt. § 85 Abs. 3 BDSG nF enthält einen speziellen Ausschluss von den Informationspflichten gemäß Art. 13 Absatz 1 und 2 DS-GVO, der nur für öffentliche Stellen gilt, die nicht in den Anwendungsbereich der DS-GVO und der Richtlinie (EU) 2016/680 fallen, soweit keine spezialgesetzliche Regelung besteht. Nach der Gesetzesbegründung sei der Ausschluss notwendig, um bei Verarbeitungen personenbezogener Daten im Bereich der nationalen Sicherheit und der Erfüllung über- oder zwischenstaatlicher Verpflichtungen auf dem Gebiet der Krisenbewältigung oder Konfliktverhinderung, die nicht spezialgesetzlich geregelt sind, die bisherigen Ausnahmen von den Informationspflichten aus § 19a Absatz 3 iVm § 19 Abs. 4 BDSG aF zu erhalten.[1533]

[1531] BT-Drs. 18/11325, S. 120.
[1532] BT-Drs. 18/11325, S. 120 f.
[1533] BT-Drs. 18/11325, S. 121.

Anhang
Rechtsprechungsübersicht: Datenschutzrechtliche Entscheidungen des Europäischen Gerichtshofs

EuGH EuR 2004, 276 – Österreichischer Rundfunk	EuGH Urt. v. 20.5.2003, Rs. C-465/00, C-138/01 und C-139/01 (Österreichischer Rundfunk u.a.)
EuGH EuZW 2004, 245 – Lindqvist	EuGH Urt. v. 6.11.2003, Rs. C-101/01 – Bodil Lindquist
EuGH NJW 2006, 2029 – Fluggastdaten	EuGH Urt. v, 30.5.2006, Rs. C-317, 318/04 – Europäisches Parlament/Rat der EU
EUGH NJW 2008, 743 – Promusicae	EuGH Urt. v. 29.1.2008 Rs. C-275/06 – Promusicae
EuGH NJW 2010, 1265 – Kommission/Deutschland	EuGH Urt. v. 14,10.2008, Rs. C-518/07 (Kommission/Deutschland) [Aufsichtsbehörde]
EuGH NVwZ 2009, 389 – Huber	EuGH Urt. v. 16.12.2008, Rs. C-l524/06 – Huber: Ausländerzentralregister
EuGH MMR 2009, 175– Satakunnan Markkinapörssi und Satamedia	EuGH Urt. v. 16.12.2008, Rs. C-73/07 – Satakunnan Markkinapörssi und Satamedia
EuGH NJW 2009, 1801 – Irland/Europäisches Parlament und Rat	EuGH Urt. v. 10.2.2009, Rs. C-201/06 – Irland/Europäisches Parlament und Rat
EuGH EuZW 2009, 546 – Rijkeboer	EuGH Urt. v. 7.5.2009, Rs. C-553/07 – College van burgemeester en wethouders van Rotterdam/M.E. E. Rijkeboer
EuGH EuZW 2010, 617 – Kommission/Bavarian Lager Co Ltd	EuGH Urt. v . 29.6.2010 – C-28/08 P – Kommission/Bavarian Lager Co Ltd
EuGH MMR 2011, 122 – Volker und Markus Schecke	EuGH (Große Kammer), Urt. v. 9.11.2010, Rs. C-92/09 und C93/09 – Volker und Markus Schecke – und Eifert/Land Hessen
EuGH EuZW 2012, 37 – ASNEF	EuGH Urt. v. 24.11.2011, C-468/10 – Federación de Comercio Electrónico y Marketing Directo [FECEMD]) u. Rs. C-469/10 – Administración de Estado
EuGH DÖV 2013, 34 – Kommission/Österreich	EuGH Urt. v. 16.10.2012, Rs. C-614/10 – Kommission/Österreich

EuGH NZA 2013, 723 – Worten	EuGH Urt. v. 30.5.2013, Rs. C-342/12 – Worten: Arbeitszeiterfassung
EuGH NJW 2015, 463– Michael Schwarz	EuGH Urt. v. 17.10.2013, Rs C-212/13 – Michael Schwarz gegen Stadt Bochum
EuGH ZD 2013, 608 – Schwarz ./. Stadt Bochum	EuGH. Urt. v. 17.10.2013, C-291/12 – Schwarz ./. Stadt Bochum
EuGH EuZW 2014, 459 – Digital Rights Ireland	EuGH Urt. v. 8.4.2014, verb. Rs. C-293/12 u. C-594/12 – Digital Rights Ireland und Seitlinger u.a.
EuGH ZD 2014, 301 – Europäische Kommission gegen Ungarn	EuGH Urt. v. 8.4.2014, C-288/12 – Europäische Kommission gegen Ungarn
EuGH NJW 2015, 2257 – Google Spain	EuGH Urt. v. 13.5.2014, Rs C-131/12 – Google Spain SL und Google Inc. gegen AEPD und Mario Costeja González
EuGH ZD 2014, 515 – Y.S., M. und S. (Auskunftsrecht Ayslverfahren)	EuGH Urt. v. 17.7.2014, Rs. C-141/12 und C-372/12, C-141/12, C-372/12 – Y.S., M. und S. gegen Minister voor Immigratie, Integratie en Asiel
EuGH NJW 2015, 464 – Ryneš	EuGH Urt. v. 11.12.2014, Rs. C-212/13 – František Ryneš gegen ad pro ochranu osobních údajů
EuGH ZD 2015, 420 – Willems	EuGH Urt. v. 16.4.2015, verb Rs C-446/12 vibs C-49/12 – Willems u.a. gegen Burgemeester van Nuth
EuGH EuZW 2015, 747 – Coty Germany GmbH gegen Stadtsparkasse Magdeburg	EuGH Urt. v. 16.7.2015, Rs. C-580/13 – Coty Germany GmbH gegen Stadtsparkasse Magdeburg
EuGH NJW 2015, 3636 Weltimmo	EuGH Urt. v. 1.10.2015, Rs C-230/14 – Weltimmo s.r.o. gegen Nemzeti Adatvédelmi és Információszabadság Hatóság
EuGH NJW 2015, 3151– Schrems	EuGH (Große Kammer), Urt. v. 6.10.2015, Rs. C-352/14 – Maximillian Schrems gegen Data Protection Commissioner
EuGH ZD 2015, 577– Bara	EuGH Urt. v. 1.10.2015, Rs C-201/14 – Smaranda Bara u.a. gegen Preedintele Casei Naionale de Asigurări de Sănătate und andere
EuGH EuZW 2016, 183– Arjona Camacho	EuGH Urt. v. 17.12.2015, C-407/14 – Arjona Camacho
EuGH ZD 2011, 79 – Deutsche Telekom	EuGH Urt. v. 5.5.2011, C-543/09 – Deutsche Telekom

EuGH NJW 2016, 2727 – Verein für Konsumenteninformation ./. Amazon EU Sàrl	EuGH Urt. v. 28.7.2016, Rs. C-191/15, – Verein für Konsumenteninformation ./. Amazon EU Sàrl
EuGH NJW 2016, 3579 – Breyer	EuGH Urt. v. 19.10.2016, Rs C-582/14 – Patrick Breyer gegen Bundesrepublik Deutschland
EuGH NJW 2017, 717 – Tele 2 Sverige	EuGH Urt. v. 21.12.2016, C-203/15, C-698/15 – Tele 2 Sverige AB/Postoch telestyrelsen und Secretary for the Home Department/Vortson u.a.
EuGH ZD 2017, 324 – Rīgas satiksme	EuGH Urt. v. 4.5.2017, C-13/16 – Valsts policijas Rīgas régiona pārvaldes Kārtības policijas pārudde ./. Rīgas påsvaldības SIA ‚Rīgas satiksme'
EuGH ZD 2017, 325 – Manni	EuGH Urt. v. 9.3.2017, C-398/15 – Camera di Commercio, Industria, Artiginato e Agricoltura di Lecce ./. Salvatore Manni

Sachverzeichnis

Die Zahlen bezeichnen die Randnummern.